数字经济学

SHUZI JINGJIXUE

周小亮 ◎ 编著

中国财经出版传媒集团
经济科学出版社
Economic Science Press

图书在版编目（CIP）数据

数字经济学/周小亮编著. -- 北京：经济科学出版社，2023.4
（数字经济学教学与研究丛书）
ISBN 978 -7 -5218 -4735 -2

Ⅰ. ①数… Ⅱ. ①周… Ⅲ. ①信息经济学 - 高等学校 - 教材 Ⅳ. ①F062.5

中国国家版本馆 CIP 数据核字（2023）第 074894 号

责任编辑：孙丽丽 纪小小
责任校对：隗立娜 杨 海
责任印制：范 艳

数字经济学
周小亮 编著
经济科学出版社出版、发行 新华书店经销
社址：北京市海淀区阜成路甲 28 号 邮编：100142
总编部电话：010 - 88191217 发行部电话：010 - 88191522
网址：www.esp.com.cn
电子邮箱：esp@esp.com.cn
天猫网店：经济科学出版社旗舰店
网址：http://jjkxcbs.tmall.com
北京季蜂印刷有限公司印装
787×1092 16 开 31.75 印张 670000 字
2023 年 5 月第 1 版 2023 年 5 月第 1 次印刷
ISBN 978 -7 -5218 -4735 -2 定价：118.00 元

前　言

数字经济是继农业经济、工业经济之后的主要经济形态，是以数据资源为关键要素，以现代信息网络为主要载体，以信息通信技术融合应用、全要素数字化转型为重要推动力，促进公平与效率更加统一的新经济形态。当下，数字技术正在全球范围内掀起新一轮的生产方式和理论思想革命浪潮，将引领经济社会发展迈向数字经济的“技术—经济”新范式。

“数字经济”这一概念最早出现在唐·泰普斯科特（Don Tapscott）于1996年出版的著作《数据时代的经济学：对网络智能时代机遇和风险的再思考》中。1998年，美国商务部发布了《浮现中的数字经济》报告，报告中呈现了在信息技术扩散和渗透的推动下，从工业经济走向数字经济的发展趋势，并将数字经济的特征概括为“因特网是基础设施，信息技术是先导技术，信息产业是带头和支柱产业，电子商务是经济增长的发动机”。由此数字经济的提法正式成形，拉开了数字经济发展的序幕。从1994年中国正式接入国际互联网起，中国互联网领域的商业模式主要历经了从信息传播到电子商务再到社交媒体的演变。2013年至今，中国数字经济处于移动互联网时代，以智能手机和通信技术为载体，线上线下界限日益模糊，中国数字经济基本格局成型。数字经济的未来国家战略将围绕大数据、云计算、物联网、人工智能和5G等新一代信息技术的应用展开。

2022年1月，国务院印发了《“十四五”数字经济发展规划》（以下简称《规划》）。《规划》指出，“数字经济在生产要素、生产关系和生产力方面都发生了全面的变革。在数字经济中，数据已成为关键生产要素，网络基础设施构成了新的生产关系，大数据、云计算、人工智能已成为数字经济的重要生产力”。同时，《规划》进一步对我国未来数字经济发展做出设想与布局，提出“到2025年，数字经济核心产业增加值占国内生产总值比重达到10%，数据要素市场体系初步建立，产业数字化转型迈上新台阶，数字产业化水平显著提升，数字化公共服务更加普惠均等，数字经济治理体系更加完善。展望2035年，力争形成统一公平、竞争有序、成熟完备的数字经济现代市场体系，数字经济发展水平位居世界前列”。2022年10月，习近平总书记在党的二十大报告中指出：“加快数字经济发展，促进数字经济与实体经济深度融合。”新一代信息技术与各产业结合形成数字生产力和数字经济，是现代经济体系发展的重要方向；新一代数字技术给产业发展与实体经济带来全面而深刻的影响；数据要素正在成为劳动力、资本、土地、技术、管理之外最先进、最活跃的新生产要素，驱动实体经济在生产主体、生产对象、生产工具和生产方式上发生深刻变革。高质量发展是今后中国式现代化建设的首要任务。产业升级与实体经济高质量对数字经济发展产生巨大需求，我们有必要也有条件和能力把握以数字技术为核心的新一代科技和产业变革历史机遇，加快发展数字经济，促进数字经济和实体经济深度融合，以信息化培育新动能，用新动能推动经济高质量发展。数字经济正成为全球与中国未来技术变革和经济发展的重心所在。

从生产方式演变和经济理论发展来看，从农业社会至今，在技术变革的作用下，生产方式历经了以小批量、多品种、定制化为特征的农业生产方式，到以大批量、单一品种的大规模生产为特征的工业生产方式，再到以大批量、多品种的大规模定制化，以及小批量、多品种的个性化定制为特征的信息化生产方式演变。20 世纪 60 年代末到 70 年代初，人类开始将数字信息作为生产要素投入经济活动中，数字经济就此萌芽。随着互联网的兴起并开始改变传统经济活动的方式和基本规律，数字经济进入了发展阶段。与生产方式相适应，经济理论也在不断发展与演变。不同于立足工业经济生产方式实践的均衡范式新古典经济学，数字经济时代的经济学理论发展正迈向复杂经济学范式。在数字经济背景下，经济不一定处于均衡状态，而是一个不断变化的、充满不确定性的复杂系统。这无疑对建立在均衡范式上的主流经济学理论带来了新的挑战。

为此，我们期望将数字经济发展中产生的新对象、新现象和新问题，以及基于此的研究和实践中出现的新思想、新方法，汇总、梳理和编写成一部系统性的数字经济学教材，以反映中国特色数字经济实践与理论成果。本书对主要的内容和结构做出了合理规划，主要有以下部分：

第一，数字经济基础理论篇。本书从数据要素与数字经济、数字经济供求主体与市场特征、数字经济的技术与基础设施支撑、数字经济统计测度的框架与方法、数字经济的相关理论基础等方面介绍数字经济的基本理论知识，以期为学生构建完整的数字经济知识体系，奠定学科理论及基础。

第二，数字经济宏观篇。本书从数字经济发展的条件、特征与规律，数字经济发展战略、模式与政策，数字政府，数字经济全球化的机遇、风险与防控等方面介绍宏观经济社会层面数字经济的发展情况与各类特征。

第三，数字经济中观篇。本书从数字产业化与数字产业、产业数字化、数字市场、数字金融、数字贸易等方面介绍中观行业层面数字经济发展的模式、趋势与特征。

第四，数字经济微观篇。本书从企业数字化、数字化生活、数字劳动等方面介绍微观企业和微观个体层面数字经济发展的趋势与特征。

教材体例上，各章主要由学习目标、内容提要、主体内容、扩展阅读及案例、本章提要、概念复习、阅读资料、课后思考题等部分组成，以便于学生和教师等教材使用者直观把握各章框架与重难点内容，通过预习—学习—复习的科学安排有效提升学习效率。教材内容整体难度适中，内容安排深度与广度得当，可适用于需要系统学习数字经济学相关理论与实践知识的普通高等学校、科学研究机构的本科生与研究生，以及对数字经济学感兴趣的阅读者。

全书框架由周小亮拟订，书稿由周小亮总纂定稿，审阅了第1～9章的相关内容，与李若曦、吴洋宏一起编写第1章“绪论”、第6章“数字经济的相关理论基础”，并统领了第8章“数字经济发展战略、模式与政策”的编写。李若曦参与了第1章的编写；宋立参与了第2章的编写；王诗杩参与了第3章的编写，审阅了第10～18章的相关内容；林栋参与了第4章的编写；宝哲参与了第5章的编写；吴洋宏参与了第6章的编写；余文涛参与了第7章的编写；李广昊参与了第8章的编写；王子成参与了第9章的编写；孙湘湘与王子薇参与了第10章的编写；李若曦与简翔才参与了第11章的编写；赵亮参与了第12章的编写；李祥民参与了第13章的编写；陈秋林参与了第14章的编写；曾佳玲与林文贞参与了第15章的编写；李婷与李慧鹏参与了第16章的编写；陈莹参与了第17章的编写；卢雨婷参与了第18章的编写。

受作者水平所限，书中难免存在疏漏之处，恳请读者提出宝贵的批评和建议，使本书日臻完善。

目　录

第 1 章
绪论

学习目标

（1）了解农业、工业、信息化社会生产方式的基本差异，掌握不同生产方式的生产特点、市场特征和对产品价值的认识；

（2）了解全球与中国数字经济的产生和发展过程，掌握中国未来数字经济战略的主要方向；

（3）认识经济思想史上三次重要的经济理论革命与综合；

（4）理解数字经济对基于均衡范式的传统主流经济学理论带来的新挑战；

（5）认识数字经济学的研究对象，了解数字经济学的方法体系。

内容提要

随着大数据、云计算、物联网、移动互联网和人工智能等新一代信息技术的兴起，数字经济的蓬勃发展深刻影响和改变着人类的生产生活方式，这无疑将会对经济学理论带来新要求与新挑战。不同于立足工业经济生产方式实践的均衡范式新古典经济学，数字经济时代的经济学理论发展正迈向复杂经济学范式。本章分析的主线是数字经济发展所引发的生产方式变革，及这种生产方式变革对经济学理论带来的挑战与发展。学习研究的内容具体包括社会生产方式的历史演变、数字经济的产生与发展、经济学的革命与综合、数字经济生产方式对主流经济学的挑战、数字经济学的研究对象与方法体系。

1.1 社会生产方式的历史演变

在以采集与渔猎为代表性特征的原始生产方式之后，人类社会生产方式依次历经了基于耕作与养殖的农业生产方式、基于大机器生产的工业生产方式，以及基于计算机与通信技术的信息生产方式的历史演变。

1.1.1 农业生产方式

农业文明的兴起是人类社会发展的第一次转折。相较于认识自然和改造自然能力较弱的原始社会时期，在农业社会时期，科学技术开始逐渐形成，如冶炼技术的发展，以及金属工具的使用极大改善了石器时代的艰辛劳动条件。人类由“完全依赖自然的赏赐”进入了“主动利用自然资源生产食物”的生产阶段，其标志就是动物的驯养繁殖和植物的种植，人们由此开始了从事种植业为主的定居式生活。人们主要以家庭协作为单位，依附于土地，靠农业种植和家庭养殖等来获取生活资料，较少进行农产品和手工产品交换，过着“自给自足”的生活。“男耕女织”的生产方式就是小农社会的基本生活方式。因此，从生产方式的本质特征进行抽象，农业生产方式表现为小批量、多品种的定制化生产，呈现随机网络特征。在该生产方式下，重农学派认为财富是由土地生产出来的产品，财富的真正源泉是农业劳动，剩余价值“纯产品”是由土地决定的。

1.1.2 工业生产方式

18 世纪 60 年代蒸汽机的出现与广泛应用，拉开了工业革命的序幕，形成了以机器为主的大工业生产体系。煤、石油、天然气等不能再生的化石燃料成为社会的主要能源，动力逐步代替人力和畜力。这场以机器生产代替手工生产为标志的工业技术革命，促使人类社会的生产力水平大幅提升。伴随着工业的迅速发展，农业人口开始向工业和城市集中，城市化进程加快。大部分农业人口失去生产资料，成为不得不依靠在机械化工厂里出卖劳动力来维持基本生活需要的“无产者”，为占有生产资料和拥有资本的“资本家”赚取利润。以大机器为代表的工业生产方式打破了农业生产方式中生产与消费的统一，人类历史上首次出现了大规模的销售系统和商业体系。因此，不同于农业生产方式小批量、多品种的定制化特征，工业生产方式表现为大批量、单一品种的大规模生产。工业生产方式下，市场特征表现为强调产品数量的完全竞争市场，呈现规则网络特征。同时，劳动价值论强调机器生产加工创造了价值，生产劳动是物化在商品中的劳动。

1.1.3 信息化生产方式

20 世纪 40 ~ 50 年代，以电子计算机和通信技术为主要标志的科学技术革命正式兴起，推动人类社会从工业社会向后工业社会转变。后工业社会这一概念由美国未来学家丹尼尔·贝尔（Daniel Bell）提出，也被后来的一些学者称为“信息社会”“网络社会”或“知识社会”。伴随信息技术的发展，使用机械化设备在流水线上进行的大规模集中化生产，将逐步转变为使用智能化工具的适度规模个性化生产。工业社会生产中利用的机器体系是依照决定性原理进行机械动作的装置，无法自动控制和调节，缺乏灵活性，因此需要劳动者在生产过程中进行监控和操作，以弥补机器体系的不足。这就决定了工业社会的生产必须把成千上万的工人集中到工厂里，在生产流水线上按照一个固定的模子，大规模生产单一品种的产品。而信息时代，在生产中广泛利用的计算机，可以通过自动控制和调节随时改变机器的行为模式，从而改变产品的款式，同样一套制造系统可以灵活生产各种产品。随着数字经济的发展，大数据、云计算、物联网、移动互联网和人工智能等新一代信息技术日趋成熟，信息化生产方式的产品差异化和定制化特征将更为突出。新一代信息技术通过需求发现和新商业模式开拓，令服务这一非生产性活动创造出更高的附加值，并且这一部分价值在数字经济时代正逐渐占据主导。

信息技术降低了生产和设计的成本，改进了传统大机器工业大批量、少品种的生产方式。这使得企业可以随时根据市场需求变化，按客户或个人的需求生产多品类和多式样的产品。生产方式从大工业下单一品种的大规模制造，转向信息化下大批量、多品种的大规模定制，以及小批量、多品种的个性化定制。信息化生产方式下，市场特征表现为强调产品质量差异的异质性完全竞争市场，呈现复杂网络特征。基于多品种的定制化需求，信息化生产方式下的劳动以脑力劳动为主，对劳动的理解由复杂劳动和简单劳动深化到创造性劳动与非创造性劳动，智力和知识成为比生产经验和传统劳动技能更为重要的劳动素质。在对价值剩余的认识上，也进一步深化为强调以创新替代物质要素投入创造新价值，剩余价值来源于创新。数字经济时代的技术革新和生产方式改变正在使工业经济的加工价值论演进为创新价值论。

扩展阅读 1 – 1

新一轮信息革命对生产方式产生深刻影响

新一轮信息革命对生产方式的深刻影响，表现为信息化带来的产业技术路线革命性变化和商业模式突破性创新，进而形成信息技术驱动下的产业范式变迁、企业组织形态重构以及就业和消费方式变化。当前，新一轮信息革命的图景尚未完全展开，对人类生产方式的影响尚不能精准预知。但是，至少以下几个方面的影响将是巨大而深刻的。

生产方式智能化。互联网作为创新最活跃、赋能最显著的产业，正加速向各产业尤其是制造业产业链、供应链、价值链渗透，推动制造业发生深刻变革。网络化协同、个性化定制、服务化延伸、智能化生产正在成为“新制造”的共同特点。生产领域的技术变革和商业模式创新还推动人类生活方式和社会领域的数字化、智能化转型，智慧交通、智慧医疗、数字化学习、智能家居等正在孕育兴起。

产业形态数字化。随着信息化深入发展，我们正在经历从管理数字化、业务数字化向产业数字化转变的阶段。数字化不仅促进形成新的产业形态，而且推动传统产业向更高级产业形态转型升级。可以预见，未来大部分产业将成为数字化产业或与数字化技术深度融合，数据将成为企业的战略性资产和价值创造的重要来源。

产业组织平台化。在新一轮信息革命浪潮下，平台企业正在成为一种新组织形态。2019 年，全球市值前 10 大公司中有 7 家是平台企业。不同于传统的企业形态，平台企业是一种兼具传统企业组织和市场功能的新形态；不同于传统企业专注于内部管理，平台企业更强调外部的连接性及其网络效应。以信息技术为基础的开放平台为共享经济拓展了没有边界的市场空间，大大提高了全社会的资源利用效率。比如，共享汽车逐渐成为一种成熟的商业模式，共享出行的提供者通过不断创新的商业模式促进汽车利用效率不断提高。

这些变革也会对劳动就业产生影响。人类历史上的产业技术革命既是对劳动者的解放，也形成了对劳动者的替代。随着生产过程自动化的推进和机器人大规模使用，新一轮信息革命在不断创造新就业岗位的同时，也在形成对劳动者的替代，其中既有对人类体力劳动的替代，也有对人类脑力劳动的替代。机器对劳动者的替代，能够把人类从繁重危险和简单机械的劳动中解放出来，提高生产效率，使技术成为人类逐步实现自由的手段。在这一过程中，适应能力较差的劳动者难免会面临较高的失业风险。但只要采取有效措施加以应对，就业问题是能够得到妥善解决的。

资料来源：赵昌文．认识和把握新一轮信息革命浪潮 [N]．人民日报，2019-06-14 (13).

1.2　数字经济的产生与发展

数字经济是信息技术发展的产物，是继农业经济、工业经济之后的一种新型经济形态。随着信息技术的发展及其带来的生产方式改变，数字经济在发展的各个阶段呈现出不同特点。本节主要介绍全球和中国数字经济的产生与发展。

1.2.1 数字经济的产生

信息技术是数字经济产生的技术背景，信息技术的变革推动着数字经济的发展，因此数字经济的产生源于信息技术的诞生。1946年，世界上第一台通用计算机埃尼阿克（ENIAC）诞生于美国宾夕法尼亚大学，人类社会迈入计算机时代。1971年，美国英特尔公司生产了全球第一个微处理器4004，自此全球进入芯片时代。1979年，采用Intel 8808处理器的IBM－PC5150计算机诞生，是第一部具有真正意义的个人计算机。计算机与芯片技术的兴起和发展，为数字经济发展提供了物理硬件支持和数据载体，人类开始将数字信息作为生产要素投入经济活动中，标志着数字经济的产生。

数字化的信息具有可复制、动态性和低成本的优势，不仅大幅降低了经济活动的成本，还扩大了经济活动的范围。大型企业内部网的建设和专用数据软件的开发，使得企业生产活动的效率得到了前所未有的提升。由于信息传递的效率大幅提升，企业内外部的边界开始模糊。需求信息的实时、动态传输催生了需求导向的生产方式，改变了传统的供应链构成，模糊了生产与消费的边界。企业层面上，企业内部结构不断下沉、缩减和融合，越来越扁平化；外部的企业间合作是基于技术需求而开展的，出现了更多的跨部门和跨行业协作，推动了不同行业与商业模式的整合。在国家层面，由于数字生产要素的投入和产出不再受距离与时间的限制，出现了虚拟产品的国际贸易和跨国界生产的虚拟组织，跨国企业全球管理成本大幅下降，推动了新一轮的全球化浪潮。

1.2.2 数字经济的发展

19世纪60年代，为应对来自苏联的技术威胁，美国在其国防部内设立了高级研究计划局（Advanced Research Projects Agency，ARPA），以推进将最先进的技术应用于美国国防，避免苏联的技术超越。互联网的雏形阿帕网（ARPANET）就是源于高级研究计划局的阿帕网计算机网络系统研究计划。1969年，第一个真正意义上的计算机网络阿帕网诞生，互联网时代拉开序幕。90年代之前，互联网处于早期开发阶段，众多专家学者的探索和贡献推动了早期互联网技术的发展。1974年，互联网之父文特·瑟夫（Vint Cerf）和鲍勃·卡恩（Bob Kahn）缔造了TCP/IP通信协议；1985年，世界上第一个域名诞生；1989年，蒂姆·伯纳斯·李（Tim Berners－Lee）撰写了第一个基于互联网的超文本系统提案《关于信息管理的建议》，正式提出万维网的设想；1990年，世界上第一个搜索引擎出现；1991年6月，全球联网商业用户首次超过学术研究用户，标志着真正迈入数字经济网络阶段；1994年，雅虎在美国成立，此后互联网门户网站相继崛起。

20世纪90年代到21世纪初，随着互联网的高速发展和广泛应用，全球掀起了数字经济的浪潮。这一时期数字信息通过互联网开始改变传统经济活动的方式和基本规律，数字经济进入了发展阶段。该阶段以互联网的高速发展和应用为显著特征，数字经济主要集中于电子商务，消费互联网的发展是其核心。区别于数字经济产生时期的单向、单线程特征，由于互联网连接下参与者之间的互动，数字发展阶段是基于互联网的信息化生产方式，表现为双向、多向和多线程特征，这给经济发展带来了新的特点。建立在数字网络基础上的经济活动，其边际收益是随着参与网络的节点数量的增加而增长的，并呈现指数增长的规律。

1.2.3　数字经济的大发展

大数据、云计算、物联网、移动互联网和人工智能等技术的成熟和应用带来了数字经济的大发展。数字经济真正的爆发式增长发生在 2008 年全球金融危机之后。英国是最早出台数字经济政策的国家，2009 年发布“数字英国”计划，是数字化首次以国家顶层设计形式出现。德国推行“工业 4.0”，不断升级高科技创新战略，积极推动中小企业数字化转型，提升数字经济竞争力。金融危机后，美国开始加大对数字战略的推进力度，先后布局云计算、大数据、先进制造、5G、量子通信等前沿领域，在推动以移动互联网、人工智能、区块链等为代表的新一代信息技术快速发展的同时，也加快了先进技术的应用进程。2017 年，美国数字经济总量约为 11.50 万亿美元，居全球首位，占美国 GDP 的比例为60%左右。[①] 2018 年，数字行业为英国经济贡献了 1 490 亿英镑，占英国 GDP 的 7.7%，数字行业增速是英国国民经济增速的 6 倍。[②]

近年来，全球信息技术产业蓬勃发展，各国纷纷加快信息基础设施建设，提升数字经济产业竞争力，优化数字战略布局。美国国际开发署发布了《数字战略（2020—2024)》，试图在全球范围构建以自身为主导的数字生态系统。英国政府在 2017 年出台《数字发展战略》后，相继推出配套的《政府转型战略（2017—2020)》《政府数字服务：2021—2024 年战略》。欧盟分别在 2018 年、2022 年实施《通用数据保护条例》和《数字市场法案》，并准备推出《数字服务法案》，以此提升欧盟的全球数字规则话语权。2017 年日本经济产业省发布“互联工业”战略，积极推动人工智能、物联网、云计算等科技手段应用到生产制造领域。由此可见，在国家战略和产业政策的引导下，数字经济将得到进一步发展，世界将进入数字经济时代。

1.2.4　中国数字经济的发展历程

中国数字经济的主要商业模式经历了一段较长时间的演变，从信息传播到电子商务，从网络服务到智能决策，新模式和新企业不断涌现，商业模式的重心向用户端倾

---

① 中国信息通信研究院. G20 国家数字经济发展研究报告［R］. 2018 - 12.

② 英国推进数字政府建设［EB/OL］. 中国经济网，http：//www. ce. cn/xwzx/gnsz/gdxw/202109/22/t20210922_36933043. shtml，2021 - 09 - 22.

斜，技术成为行业的核心驱动力。

1.2.4.1 中国数字经济的萌芽期：1994～2002年

1994年，中国正式接入国际互联网，进入了互联网时代。以互联网行业崛起为显著特征，伴随互联网用户数量的高速增长，一大批业内的先锋企业相继成立。三大门户网站新浪、搜狐、网易先后创立，阿里巴巴、京东等电子商务网站进入初创阶段，百度、腾讯等搜索引擎和社交媒体得到空前发展。这一阶段，中国数字经济的商业模式仍较为单一，以新闻门户、邮箱业务、搜索引擎为代表业态，增值服务以信息传播和获取为中心。萌芽期初创企业模仿国外成功商业模式的现象极为普遍，技术创新尚未得到足够重视，流量争夺和用户积累是竞争的核心内容。2000年前后，以科技股为代表的纳斯达克股市崩盘，全球互联网泡沫破灭，国内互联网产业也未能幸免，经历了约2～3年的低迷阶段。

1.2.4.2 中国数字经济的高速发展期：2003～2012年

经历短暂的低迷阶段后，中国数字经济于2003～2012年步入高速增长期。随着互联网用户数量持续保持两位数增长，以网络零售为代表的电子商务首先发力，带动数字经济由萌芽期进入新的发展阶段。2003年上半年，阿里巴巴推出个人电子商务网站"淘宝网"，以成功的本土化商业模式迫使eBay退出中国市场，并在此后发展为全球最大的顾客对顾客（consumer to consumer，C2C）电子商务平台；2003年下半年，阿里巴巴推出的支付宝业务，则逐渐成为第三方支付领域的龙头。2005年《国务院关于加快电子商务发展的若干意见》发布，标志着以电子商务为代表的数字经济发展成为国家战略的重要组成部分。2007年，国家发布《电子商务发展"十一五"规划》，将电子商务服务业确定为国家重要的新兴产业。2006年我国电子商务交易总额超1.5万亿元①，2012年达42.3万亿元②。

同时，新兴业态不断涌现，"博客""微博"等自媒体的出现，使网民个体能够对社会经济产生前所未有的深刻影响。在社交网络服务（Social Networking Site，SNS）的普及下，人际联络方式发生重大变革，社交网络与社交关系间形成了紧密联系。2005年，"博客"的兴起成为互联网最具革命意义的变化之一，网民得以以个人姿态深度参与到互联网中。同年，腾讯注册用户（QQ用户）过亿，即时聊天工具成为网民标配。2009年，以社交网站为基础的虚拟社区游戏迅速升温，开心网、腾讯开心农场等成为大众时尚。同年，"微博"正式上线，这种单帖字数限制在140个字符以内的微型博客，凭借即时分享的强大优势迅速传播，产生了极大的影响力。

---

① 中华人民共和国商务部新闻办公室．2006年我国电子商务交易额超过15 000亿元，商务部即将发布中国电子商务报告（2006－2007）［EB/OL］．中国政府网，http：//www.mofcom.gov.cn/article/ae/ai/200803/20080305435984.shtml，2008－03－19.

② 中华人民共和国商务部电子商务司．中国电子商务报告（2021）［EB/OL］．中国政府网，http：//www.mofcom.gov.cn/article/bnjg/202211/20221103368045.shtml，2022－11－16.

2012 年，中国网民数量增速下降至 9.92%，结束了近十年两位数增长的态势，宣告业内依靠网民数量高速增长形成的发展和盈利模式将面临挑战。[①] 同时，根据中国互联网络信息中心（China Internet Network Information Center，CNNIC）发布的报告，截至 2012 年底，中国手机网民规模达到 4.2 亿人，使用手机上网的网民首次超过台式电脑，中国数字经济发展进入新阶段。

1.2.4.3 中国数字经济的成熟期：2013 年至今

自手机网民数量规模化以来，互联网行业迎来移动端时代，中国数字经济的基本格局已经形成，并迈入成熟期。以信息互通为基础，智能手机全面连接起人类的线上和线下生活，并且产生了深远的双向影响。在成熟阶段，数字经济业态主要有两大特征。第一，传统行业互联网化。以网络零售为基础，生活服务的各个方面几乎都在向线上转移。打车可以使用“滴滴打车”，叫外卖可以使用“饿了么”“美团外卖”等，甚至洗衣、家政等业务也能够通过互联网解决。第二，基于互联网的模式创新不断涌现。以摩拜为代表的共享出行业态，突破了原有共享单车的“有桩”模式，通过以模式创新为核心的方式，为中国数字经济注入了新的活力。网络直播模式的崛起也具有一定代表性，特别是 2016 年淘宝直播上线之后，网络直播模式与网购和海淘的进一步融合，直播电商真正成为一种强有力的变现模式。此外，以抖音、bilibili、小红书为代表的自媒体平台发展亦日益多元化，吸引了大量创作者入驻，数字创意产业蓬勃发展。随着多渠道网络服务（Multi - Channel Network，MCN）模式的日趋成熟，内容生产、运营和推广模式也日益丰富与高效。MCN 是一种多频道网络的产品形态，将专业内容生产联合起来，在资本的有力支持下，保障内容的持续输出，从而最终实现商业的稳定变现。但同时，由于热点炒作、霸王条款等问题，对于 MCN 的科学监管也日益受到关注。

1.2.4.4 中国数字经济的未来国家战略方向

未来，中国的数字经济发展战略方向主要集中于以大数据、云计算、物联网和人工智能等为代表的新一代通信技术的开发与应用。2017 年“数字经济”一词首次出现在《政府工作报告》中。2017 年 3 月，国务院总理李克强在《政府工作报告》中提出，要加快培育壮大新兴产业。全面实施战略性新兴产业发展规划，加快新材料、人工智能、集成电路、生物制药、第五代移动通信等技术研发和转化，做大做强产业集群。这也是“人工智能”这一表述首次出现在《政府工作报告》中。[②] 2017 年 12 月，中共中央政治局就实施国家大数据战略进行第二次集体学习，“习近平指出，要构建以数据为关键要素的数字经济。建设现代化经济体系离不开大数据发展和应用。我们要坚持供给侧结

---

① 中华人民共和国国务院新闻办公室. CNNIC 发布第 31 次《中国互联网络发展状况统计报告》[EB/OL]. 中国政府网，http://www.scio.gov.cn/m/zhzc/9/6/Document/1337077/1337077.htm，2013 - 07 - 17.

② 21 世纪经济报道. 政府工作报告首提 AI、数字经济互联网、科技界代表委员聚焦 AI [EB/OL]. 中国政府网，http://www.gov.cn/xinwen/2017 - 03/07/content_5174503.htm，2017 - 03 - 07.

构性改革为主线，加快发展数字经济，推动实体经济和数字经济融合发展，推动互联网、大数据、人工智能同实体经济深度融合，继续做好信息化和工业化深度融合这篇大文章，推动制造业加速向数字化、网络化和智能化发展。要深入实施工业互联网创新发展战略，系统推进工业互联网基础设施和数据资源管理体系建设，发挥数据的基础资源作用和创新引擎作用，加快形成以创新为主要引领和支撑的数字经济"①。2020 年 4 月，国家发展和改革委员会（以下简称"国家发改委"）、中共中央网络安全和信息化委员会办公室（以下简称"中央网信办"）印发《关于推进"上云用数赋智"行动 培育新经济发展实施方案》的通知，提出大力培育数字经济新业务，深入推进企业数字化转型，形成数字生态体系。2020 年 7 月，国家发改委、中央网信办、工业和信息化部（以下简称"工信部"）等 13 个部门联合印发了《关于支持新业态新模式健康发展 激活消费市场带动扩大就业的意见》，提出积极探索线上服务新模式，加快推进产业数字化转型，鼓励发展新个体经济，培育发展共享经济新业态。

2022 年 1 月，国务院印发了《"十四五"数字经济发展规划》（以下简称《规划》）②。《规划》指出，以数据为关键要素，以数字技术与实体经济深度融合为主线，加强数字基础设施建设，完善数字经济治理体系，协同推进数字产业化和产业数字化，赋能传统产业转型升级，培育新产业新业态新模式，不断做强做优做大我国数字经济，为构建数字中国提供有力支撑。到 2025 年，数字经济核心产业增加值占国内生产总值比重达到 10%，数据要素市场体系初步建立，产业数字化转型迈上新台阶，数字产业化水平显著提升，数字化公共服务更加普惠均等，数字经济治理体系更加完善。展望 2035 年，力争形成统一公平、竞争有序、成熟完备的数字经济现代市场体系，数字经济发展水平位居世界前列。《规划》部署了八方面重点任务。一是优化升级数字基础设施。加快建设信息网络基础设施，推进云网协同和算网融合发展，有序推进基础设施智能升级。二是充分发挥数据要素作用。强化高质量数据要素供给，加快数据要素市场化流通，创新数据要素开发利用机制。三是大力推进产业数字化转型。加快企业数字化转型升级，全面深化重点行业、产业园区和集群数字化转型，培育转型支撑服务生态。四是加快推动数字产业化。增强关键技术创新能力，加快培育新业态新模式，营造繁荣有序的创新生态。五是持续提升公共服务数字化水平。提高"互联网 + 政务服务"效能，提升社会服务数字化普惠水平，推动数字城乡融合发展。六是健全完善数字经济治理体系。强化协同治理和监管机制，增强政府数字化治理能力，完善多元共治新格局。七是着力强化数字经济安全体系。增强网络安全防护能力，提升数据安全保障水平，有效防范各类风险。八是有效拓展数字经济国际合作。加快贸易数字化发展，推动"数字丝绸

① 新华社．习近平主持中共中央政治局第二次集体学习并讲话［EB/OL］．中国政府网，http：//www.gov.cn/xinwen/2017 - 12/09/content_5245520.htm，2017 - 12 - 09.

② 新华社．国务院印发《"十四五"数字经济发展规划》［EB/OL］．中国政府网，http：//www.gov.cn/xinwen/2022 - 01/12/content_5667840.htm，2022 - 01 - 12.

之路”深入发展，构建良好国际合作环境。围绕八大任务，《规划》明确了信息网络基础设施优化升级等 11 个专项工程。

2022 年 10 月，中国共产党第二十次全国代表大会胜利召开。党的二十大报告指出，“坚持把发展经济的着力点放在实体经济上，推进新型工业化，加快建设制造强国、质量强国、航天强国、交通强国、网络强国、数字中国”。并进一步强调“加快发展数字经济，促进数字经济和实体经济深度融合，打造具有国际竞争力的数字产业集群”①。2022 年 10 月，在第十三届全国人民代表大会常务委员会第三十七次会议上，《关于数字经济发展情况的报告》总结了我国数字经济取得的显著成效，研判了当前面临的总体形势，并基于此安排了下一步工作，作出了“到 2025 年，数字经济迈向全面扩展期，数字化创新引领发展能力大幅提升，智能化水平明显增强，数字技术与实体经济深度融合取得显著成效，具有国际竞争力的数字产业集群初步形成，数字经济治理体系更加完善，我国数字经济竞争力和影响力稳步提升。展望 2035 年，数字经济迈向繁荣成熟期，力争形成统一公平、竞争有序、成熟完备的数字经济现代市场体系，数字经济发展基础、产业体系发展水平位居世界前列”的整体部署。②

在一系列国家顶层设计的发展战略和政策支持下，中国数字经济蕴藏着极大的发展潜力。数字经济将通过与实体经济的有效结合进一步扩大规模，吸纳就业，提高生产效率，为新发展阶段下的中国经济提供新的动力来源。

扩展阅读 1-2

数字经济发展方兴未艾

“云端”展览让人足不出户领略文物的魅力，5G+8K 技术呈现史上“最清晰”冬奥会，工业互联网让传统制造企业实现高端定制生产……放眼全国，数字经济发展方兴未艾，给人们的生产生活带来广泛而深刻的影响。

一组数据勾勒出数字经济发展的壮阔图景：我国数字经济规模从 2012 年的 11 万亿元增长到 2021 年的 45.5 万亿元，连续多年稳居世界第二，数字经济占国内生产总值比重由 21.6% 提升至 39.8%。

---

① 习近平. 高举中国特色社会主义伟大旗帜 为全面建设社会主义现代化国家而团结奋斗——在中国共产党第二十次全国代表大会上的报告［EB/OL］. 中国政府网，http：//www.gov.cn/xinwen/2022-10/25/content_5721685.htm，2022-10-25.

② 何立峰. 国务院关于数字经济发展情况的报告——2022 年 10 月 28 日在第十三届全国人民代表大会常务委员会第三十七次会议上［EB/OL］. 中国人大网，http：//www.npc.gov.cn/npc/c30834/202211/dd847f6232c94c73a8b59526d61b4728.shtml，2022-11-14.

一、数字基础设施不断完善

在珠穆朗玛峰连绵起伏的雪山中，耸立着的5G基站将5G信号送上世界之巅，不仅打通了“生命信号”，而且刷新了全球通信技术的新高度。

近年来，我国5G基站建设如火如荼，5G网络覆盖的广度和深度不断拓展。截至今年8月底，我国5G基站总数达到210.2万个。

“当前，以5G为代表的新一代信息通信技术创新活跃。我国5G网络建设全球领先，技术创新不断突破，规模化应用进入关键期，为数字经济发展注入了强劲动力。”中国信息通信研究院副院长王志勤说。

不只是5G。工业和信息化部数据显示，截至2022年8月底，窄带物联网、4G基站总数分别达到75.5万个、593.7万个，多网协同发展、城乡普遍覆盖、重点场景深度覆盖的网络基础设施格局已形成。这是我国数字基础设施不断完善的一个缩影。

工业和信息化部部长金壮龙表示，加快建设高速泛在、天地一体、云网融合、智能敏捷、绿色低碳、安全可控的智能化综合性数字信息基础设施，打通经济社会发展的信息“大动脉”，是抢抓新一轮科技革命和产业变革机遇、促进数字产业化和产业数字化、打造发展新动能的必然选择。

党的十八大以来，我国深入把握信息技术发展演进趋势，统筹发展和安全，全面实施网络强国战略，数字基础设施实现跨越发展——建成全球规模最大、技术领先的光纤和移动通信网络，全国所有地级城市均建成光网城市，光纤网络接入带宽实现从10兆到百兆再到千兆的指数级增长；移动网络实现从“3G突破”到“4G同步”再到“5G引领”的跨越，全国所有地级市和县城城区实现5G全覆盖。历史性地实现全国行政村“村村通宽带”……

二、数字消费新业态层出不穷

数据显示，从2012年到2022年，我国网民规模从5.64亿人增长到10.51亿人，互联网普及率从42.1%提升到74.4%。

与此同时，“互联网+”深度融入教育、养老、扶贫等多个领域。电子商务、远程办公、远程医疗、在线教育等互联网应用全面普及，移动支付年交易规模达到527万亿元，以网络购物、直播带货等为代表的数字消费新业态、新模式，逐渐成为社会大众特别是年轻人喜爱的消费方式。

党的十八大以来，数字技术、数字经济不断满足人们个性化品质化多样化需求，让群众享受到看得见、摸得着的实惠。

如今，在城里，扫码点餐、刷脸支付等日渐流行，为市民们的日常生活带来更多便利；在乡村，数字技术让传统农业加快向智慧农业转变，直播带货等让农产品走出大山，越来越多的农民鼓起了腰包。

大量市县医院、乡镇卫生院等部署了5G远程医疗设备，让患者平均看病时间大幅缩短，就医效率明显提升；5G网络及应用连起城市和农村课堂，让村里的孩子也能享受城里的优质教育资源……

数据多跑路，百姓就能少跑腿。十年来，我国数字政府治理服务效能显著提升。《数字中国发展报告（2021年）》显示，我国电子政务在线服务指数全球排名提升至第9位，“掌上办”“指尖办”已成为各地政务服务标配，“一网通办”“跨省通办”取得积极成效。超90%的省级行政许可事项实现网上受理和“最多跑一次”。

新冠肺炎疫情暴发以来，数字技术、数字经济在支持抗击新冠肺炎疫情、恢复生产生活方面发挥了重要作用。

三、赋能千行百业成效显著

2022年9月，世界数字经济大会暨第十二届智博会在浙江宁波举行，一批人工智能、区块链、数字孪生、元宇宙等数字经济前沿领域及数字化改革的最新成果集中发布，尽显数字经济魅力。

党的十八大以来，我国数字产业化快速发展，初步构建起先进完备的信息技术产业体系。从2012年到2021年，电信业务收入从1.08万亿元增长到1.47万亿元。移动通信、光通信领域部分关键技术达到国际先进水平。涌现出一批骨干龙头企业，9家互联网企业进入全球市值前30强。

同时，数字技术与各行业加速融合，工业数字化转型提速，工业企业生产设备数字化水平持续提升，更多企业迈上“云端”。5G、工业互联网、大数据、云计算、人工智能在工业制造、港口、矿山等行业领域加速应用，应用案例累计超过5万个，新技术新业态新模式发展活跃，赋能千行百业成效显著。

国务院印发的《“十四五”数字经济发展规划》明确，“十四五”时期，我国数字经济转向深化应用、规范发展、普惠共享的新阶段。

专家表示，要加强关键核心技术攻关，加快新型基础设施建设，推动数字经济和实体经济融合发展，推进重点领域数字产业发展，规范数字经济发展，完善数字经济治理体系，积极参与数字经济国际合作。未来，我国必将能够充分发挥海量数据和丰富应用场景优势，促进数字技术与实体经济深度融合，赋能传统产业转型升级，催生新产业新业态新模式，不断做强做优做大数字经济。

资料来源：刘坤．数字经济发展方兴未艾［N］．光明日报，2022-10-10（10）．

1.3 经济学的革命与综合

17 世纪中期，古典经济学的诞生标志着经济学作为一门具备独立体系的科学登上学科舞台。四百年来，经济学家们纷纷从不同视角，运用不同工具与模型，对这一年轻学科进行实证与规范分析，试图解释经济现象，应对经济难题。经济学发展至今，主要历经了亚当·斯密革命—古典经济学—边际革命—新古典经济学—凯恩斯革命—新古典综合学派的三次革命与综合，且伴随着数字经济的蓬勃发展，正迎来第四次革命。

1.3.1 古典经济学的确立与综合

1.3.1.1 亚当·斯密革命与古典经济学的确立

从英国经济学家威廉·配第（William Petty）开始，以亚当·斯密（Adam Smith）的《国民财富的性质和原因的研究》（简称《国富论》）为标志，古典经济学将研究从此前重商主义关注的流通领域拓展到生产领域，认为任何一个部门的劳动都是国民财富的源泉，在批评重商主义只有对外贸易才能创造财富的偏见的同时，也克服了重农主义只有农业劳动才能创造财富的狭隘思维，从而明确了劳动价值论的观点。这标志着古典经济学的正式确立，从而使经济学成为一门有独立体系的科学。所以，著作《国富论》被认为是经济自由主义的开山之作，亚当·斯密也因此被称为“经济学之父”。

1.3.1.2 约翰·穆勒的综合

历经两百多年的发展，到了 17 世纪中期，经济学家约翰·穆勒（John Stuart Mill）对古典经济学进行了第一次综合。他将亚当·斯密的生产费用说、詹姆斯·穆勒（James Mill）等的工资基金说、纳索·威廉·西尼尔（Nassau William Senior）的节欲说、大卫·李嘉图（David Ricardo）的地租论等思想进行融合，从生产的不同方面说明了生产要素价值的决定与价格的形成，即劳动的报酬是工资、资本的报酬是利润以及土地的报酬是地租。穆勒全面系统地吸收并综合了前人成果，提出了经济学说史上第一次有着集大成意义的经济理论，他的经济学思想集中反映在其经济学著作《政治经济学原理》中。

然而，由于对一个很小的经济问题却不能给出令人信服的解释，古典经济学最终出现了危机。这个问题就是，一瓶刚出厂的葡萄酒的价格是十几元或几十元，但一瓶有着百年历史的葡萄酒，其价格却可以达到几万元甚至十几万元，是什么原因造成如此悬殊的价格差异？按照古典经济学的标志性理论——劳动价值论，商品的价值取决于凝结在商品中的无差别人类劳动。但是，从葡萄酒的生产过程来看，从葡萄的采集、发酵、酿制、装瓶到出厂，凝结在一瓶葡萄酒中的古人劳动和现代人劳动几乎没有差别，那为什么两者的价格会相差如此之大呢？假定不存在保存成本，如果认为老酒比新酒昂贵的理由在于老酒少，体现为物以稀为贵，则显然是站在劳动价值论的对立面——边际主义的立场来解释问题的。在这样的背景下，古典经济学迅速衰败下来。

1.3.2 边际革命与新古典经济学

1.3.2.1 边际革命

19世纪70年代，奥地利经济学家卡尔·门格尔（Carl Menger）、英国经济学家威廉姆·斯坦利·杰文斯（William Stanley Jevons）、瑞士洛桑派的法国经济学家里昂·瓦尔拉斯（Leon Walras）几乎同时提出了边际效用价值论，开始了边际革命。这一理论反对劳动价值论，认为商品的价值不是取决于商品中所包含的客观劳动量，而是取决于人们对商品效用的主观评价。这是一种与古典经济学家持对立观点的理论思想。边际主义者强调，商品在市场上的定价与消费者消费商品所能获得的边际效用相关，这种主观性、取决于心理的感受决定了商品的价值，且由于边际效用递减规律的作用，消费者对产品效用的主观心理评价存在递减。这是对古典经济学劳动价值论的一次革命。

按照边际效用理论，老酒比新酒昂贵是因为老酒的数量少，心理上的边际效用高，所以人们愿意出高价购买老酒。而新酒由于可以大规模生产，给人们带来的满足感相对较低，自然出价低。可以发现，边际效用价值论创造了一种全新的经济学分析方法——边际分析法，即增量分析，这一概念不仅被看作是对经济分析工具的一次补充，也被认为是经济科学研究方法上的一项重要革新。

1.3.2.2 新古典经济学

阿尔弗雷德·马歇尔（Alfred Marshall）在1890年出版的《经济学原理》中，提出了具有首创意义的均衡价值论，这使其成为经济学史上第一位真正的集大成者。马歇尔将具有主观、心理特征的边际效用价值论归结为决定需求、消费、买方的力量。消费者在购买商品时会考虑该商品值不值。值与不值是一种主观心理评价，面对同一商品，有的人认为这个价格购买值得，而有的人可能觉得不值。所以，买者决定是否购买一个商品是由具有主观性、取决于心理感受的边际效用决定的。消费者拥有的商品越少，边际效用越高，愿意支付的价格就越高，随着购买商品数量的增加，消费者的边际效用递减，愿意支付的价格也就随之下降。而决定生产、供给、卖方行为背后的深层次因素在于生产者对成本的衡量，归结为客观存在的劳动价值论。当消费者为购买一定商品量所愿意支付的需求价格，与生产者提供一定商品量所愿意接受的供给价格一致，就形成相对静止、不再变动的均衡状态，从而形成均衡价格。

马歇尔把主观的边际效用价值论和客观的劳动价值论综合为一体，形成均衡价值论。这一理论将原来完全对立的经济理论思想综合起来，在坚持李嘉图演绎推理的同时，也广泛运用了边际分析方法，因此马歇尔的综合是一次更为宏大的、集合前人所有理论思想的大综合。这使得边际主义学派和古典经济学派从对立互斥变为互补融合，将经济理论重新团结在古典经济学自由主义“看不见的手”的旗帜下。虽然均衡价值论仍将自由放任作为最高准则，但已不像古典经济学那般只重视对生产的研究，而是转向了消费和需求，将资源配置作为经济研究的中心，论述了价格机制如何使资源配置达到最优。因此，新古典经济学是古典经济学的延续，但又以新的方法、从新的角度来论述自由放任思想，故被称为新古典经济学。

1.3.3 凯恩斯革命与新古典综合论

1.3.3.1 凯恩斯革命

在马歇尔的综合之后，新古典经济学作为一种正统的经济学理论，占据主流地位长达60年。20世纪30年代之前，在新古典经济学的影响下，西方经济学界一直坚信，在资本主义经济的自由竞争下，市场会自动调节实现充分就业的均衡状态，因此不可能发生普遍性生产过剩的经济危机。然而在1929～1933年间，面对长期的经济大萧条，新古典经济学家们既难以从理论上给出解释，又无法从政策上拿出解决危机的措施。“大萧条”导致社会思潮发生巨大变迁，新古典经济学也因此面临着理论危机。

1936年，英国经济学家约翰·梅纳德·凯恩斯（John Maynard Keynes）出版了《就业利息和货币通论》（以下简称《通论》）。它是国家干预主义的开山之作，标志着现代宏观经济学的诞生。凯恩斯的《通论》是当时新古典经济理论危机的产物，它在理论、方法和政策三个维度都提出了不同于传统的观点和主张，因此被称为凯恩斯革命。与新古典经济学不同，凯恩斯认为，一方面，人不是趋利避害的完全理性人。尤其在突发的紧急状况下，人会丧失理性，出现从众心理和羊群行为。另一方面，存在信息不充分。凯恩斯特别强调信息是不完全的，由于垄断的出现导致价格机制不能快速、准确地传递全部的供求信息，他认为价格刚性阻碍了价格机制这只看不见的手自发调节供求。在政策上，凯恩斯反对新古典经济学的自由放任，极力主张国家的积极干预。应对危机的政策选择上，他认为国家调节和干预经济生活是前提，财政政策是重心，举债支出是手段，即主张利用财政政策和货币政策恢复均衡。其思想为国家干预经济提供了理论支撑，并形成后世极具影响的国家干预经济范式。

1.3.3.2 新古典综合论

1948年，保罗·萨缪尔森（Paul A. Samuelson）出版了一部有着划时代意义的经济学教科书《经济学》，这部经济学著作迅速风靡全世界，开启了经济学的第三次大综合。其理论思想表现为，如果经济没有实现充分就业，就应按照凯恩斯的理论，用财政、货币手段进行国家干预来恢复均衡。在经济实现充分就业之后，就应该依据新古典经济学研究问题，用市场这只看不见的手来调节供求。在《经济学》中，萨缪尔森指出，“如果现代经济学能够很好地完成任务，使得自由社会大体上能够消除失业和通货膨胀，那么它的重要性将会减退，而传统经济学则将第一次真正获得成功”。可见，在萨缪尔森的心目中，以凯恩斯理论体系为代表的现代经济学，不过是恢复传统经济学充分就业假设前提的手段，一旦实现充分就业，两者的相对地位就要转化，凯恩斯理论将逐渐失去它的重要性，反而会被传统理论体系所代替。

萨缪尔森阐明了新古典经济学理论和凯恩斯理论的逻辑联系，认为这是适用于两种不同条件下的理论，两者可以并存，因此他的理论又被称为新古典综合。新古典综合论的出现，在很大程度上平息了《通论》出版以来在西方经济学界产生的理论分歧，大多数西方经济学家对凯恩斯的认识都统一到新古典综合的理论认知上，新古典综合几乎就等同于凯恩斯主义，成为“二战”西方经济学的新正统，并成为政府干预经济的理论基础。

1.4 数字经济生产方式对主流经济学的挑战

当下以新古典综合论为代表的主流经济学诞生于大机器工业实践。而新一代信息技术的日趋成熟和数字经济的蓬勃发展，正深刻影响着人类的生产生活方式。不同于立足工业经济生产方式实践的均衡范式新古典经济学，数字经济时代的经济学理论发展正迈向复杂经济学范式。在数字经济背景下，经济不一定处于均衡状态，而是一个不断变化的、充满不确定性的复杂系统。这无疑对建立在均衡范式上的主流经济学理论带来了新的挑战，具体表现在对边际报酬递减和规模报酬递减规律、传统学习曲线、资源配置理论、分工理论等方面的挑战。

1.4.1 对边际报酬递减和规模报酬递减规律的挑战

根据主流经济学理论，无论是在短期还是长期，当生产扩张到一定规模以后，都会呈现出边际成本递增的趋势。从短期来看，其原因在于产量一旦超过了固定资产所能容纳的限度，生产效率就会下降，出现边际报酬递减。从长期来看，过大的生产规模可能破坏企业内部的合理分工，使得生产各方面难以协调，阻碍生产有效运行，从而降低生产效率，出现规模报酬递减。在成本函数上则表现为生产到达一定规模后，边际成本和平均成本的增长。

然而，不同于以物质生产要素为中心的传统工业生产方式，依托于新一代信息技术，数据这一全新关键要素的融入突破了传统生产要素的稀缺性和排他性限制。数据可复制、共享以及反复使用的特性，使得边际可变成本与平均可变成本可以不断下降。数据承载的信息、知识等生产要素，几乎可以零成本地从一种生产过程转移到另一种生产过程。随着数字经济时代下生产信息化程度的不断加深，数字生产方式下平均成本将随着规模扩张不断下降。因此，数字经济是典型的边际报酬与规模报酬递增经济，其发展势必对基于传统要素的边际报酬递减规律与规模报酬递减规律形成冲击。

1.4.2 对传统学习曲线的挑战

受早期信息技术水平的限制，企业生产过程中产生的数据难以被实时观测和记录。这导致大部分生产数据耗散流失，仅小部分作为干中学的经验和知识被留存下来，用以推动生产效率提升和技术进步。而随着数字技术的成熟，通过数据监测、传输与存储系统、数据分析算法与机器人技术的结合，企业与厂商能够回收更多的生产过程数据，并通过科学系统归纳提炼出标准流程化的信息和规则，来改进生产过程，提高生产效率，更大限度地挖掘出机器、流水线、工艺的潜在生产能力。这一变化直观地表现为数字化企业与传统企业的学习曲线差异。

学习曲线反映了产量（包括时间）累积后管理水平提高（经验增加）引发的单位生产成本（单位生产时间）下降。数字化企业的学习曲线更为陡峭，且位于传统企业的学习曲线之下。这意味着在相同情境下，数字化企业的单位生产时间缩减更多，以及在进行大批量生产时，能够更快地降低边际成本，提升生产效率。数字化技术将原本抽象的、模糊的经验积累过程，具象化为具有可操作性的具体数据、流程，提高了企业内部劳动人员和管理者的劳动效率，体现在学习曲线上即为更大的斜率。因此，数字经济生产过程中对丰富数据的收集、解析和利用，对传统的干中学及其学习曲线带来了新的挑战。

1.4.3 对资源配置理论的挑战

资源配置是主流经济学研究的重点问题之一，研究主要围绕土地、资本和劳动力等具有排他性特征的资源要素展开，资源配置时需重点考虑机会成本。随着数字技术的发展和数字经济的兴起，承载着信息的数据作为一种全新的要素资源被广泛使用，这对传统要素资源的配置理论带来了冲击。数据具有非竞争性、非排他性（部分排他性）和外部性等不同于传统要素资源的性质，这使得在数据信息的共享性特征影响下，资源配置方式不再是非此即彼的对立。随着信息技术的成熟，数据可实现低成本的无限复制，广泛运用于不同经济部门的生产活动，费效比极低。此外，在不完全信息的现实市场环境下，数据的广泛应用开辟了信息获取和应用的新方法，丰富了市场资源配置“无形之手”发挥作用所必需的大量信息，大幅降低了信息获取的难度和成本，提高了资源配置精度和效率。

1.4.4 对分工理论的挑战

主流经济学认为分工有助于通过加深专业化程度来提升生产效率，但也导致了交易成本的增加。而数字经济的发展在深化分工的同时，还有利于减少由分工产生的交易成本。首先，数字经济发展打破了生产和交易上的时间和空间约束，从而降低了交易成本。生产上，劳动者与生产机器相分离，劳动者只要拥有计算机和网络，就可以在地球上任何一个有网络的地点，通过移动互联网操作、监控远方企业的整个生产过程，甚至遥控产品的生产。而不必像从前那样必须在现场才能进行劳动操作。商业交易上，依托于互联网的电子商务打破了传统企业寻求业务时依靠“跑”的信息搜索和业务商谈模式，可在任意时间和地点更快捕捉到业务对象，实现即时的业务商谈与合作。其次，数字经济时代基于数据的实时动态反馈降低了交易成本，提高了生产效率。电子商务的发展和大数据的应用令企业能够实时获得市场信息反馈，包括原材料的供给信息与客户的需求信息等。基于获取的信息，企业可在生产过程中不断调整其规模和方向，提高要素利用效率，有助于降低信息搜寻成本和交易执行成本。通过减少采购成本、控制库存、缩短生产周期和降低营销成本，从而降低各生产流通环节的交易成本。最后，去中介化交易模式的普及降低了交易成本。传统理论认为企业是降低交易成本的唯一方式，但忽略了企业运作所需要的成本。当网络平台成为交易个体进行资源分配的虚拟信息集散中心后，供需双方能够以最低成本获取所需信息，节省了为寻找客户或搜索供应商的信息搜寻和处理成本。同时，个体借助网络平台实现去中介化，直接签订数字化合约，点对点的交易形式既简化了过程也降低了交易执行成本。

案例 1-1

人工智能和图形识别在服装流行趋势预测的商业化应用

随着我国人力成本持续上涨，服装企业必将从代工外贸型企业向生产设计型企业转型。近年来，多元化、小众化、群体化的设计趋势显现，快时尚成为整个服装行业的消费主流。对于服装品牌、直播主播等时尚行业参与者来说，巨大的个性化服装选款需求是其如今发展最大的痛点之一。知衣科技通过对海量时尚数据分析和精准的品牌画像，帮助行业从业人员实现选款的数据化、智能化，提升选款效率和精准度，从源头避免库存。2021 年初，知衣科技与全球快时尚领先品牌 UR 达成合作。通过智能化和数据化的市场大盘报表、深层次的商品爆款分析等技术手段赋能风格、年龄段、价格带等维度，提高了 UR 的选款、选品能力，并促使 UR 数据部门的日常数据分析工作进一步提升效率，爆款率翻倍，动销率提升至 95%。

知衣科技的产品主要实现了对设计与选款能力以及运营效率的赋能。一方面，在设计与选款能力上，知衣科技大数据包含了“电商数据、社交数据、秀场”等服装企业所需的关键数据，让设计和选款有“据”可“衣”。合作知衣的服装企业，款式录用率实现从传统模式下 30% 到知衣模式下 70% 的提升，爆款率提升 1 倍，库存成本降低 30%。另一方面，在运营效率上，知衣科技的“云设计协作”产品，大幅缩短了“设计—打样—生产”的环节，企划设计效率提升 300%，同时降低生产环节的人工依赖程度，人效比提升 500%。

资料来源：案例展示：人工智能和图形识别在服装流行趋势预测的商业化应用［EB/OL］. 人民网，2021－2022 数字技术赋能实体经济案例库，http：//finance. people. com. cn/GB/8215/441842/445134/445136/index. html？al＝1057，2022－07－19.

1.5 数字经济学的研究对象与方法体系

信息技术的变革带来了数字经济下的新生产方式。数字经济下，生产方式转变为大批量、多品种的大规模定制化生产，以及小批量、多品种的个性化定制生产，市场特征表现为强调产品品种和质量差异的异质完全竞争市场，价值剩余更加强调基于创造性劳动的创新剩余。伴随着信息技术变革而发展的数字经济学的实质是复杂经济学。复杂经济学认为经济是一个复杂系统，即不均衡的、不确定的、非线性的、永远在进化的系统。在数字经济背景下，经济涌现于技术，经济不再处于均衡假设状态，而是实时动态变化的。因此，数字经济学具有不同以往的研究对象与方法体系。

1.5.1 数字经济学的研究对象

“数字经济”这一术语最早出现在 20 世纪 90 年代。1996 年，唐·泰普斯科特（Don Tapscott）在其撰写的《数据时代的经济学：对网络智能时代机遇和风险的再思考》一书中提出了数字经济的早期概念，描述了计算机和互联网革命对商业行为的影响。1998 年，美国商务部发布了《浮现中的数字经济》报告，报告中呈现了在信息技术扩散和渗透的推动下，从工业经济走向数字经济的发展趋势，并将数字经济的特征概括为“因特网是基础设施，信息技术是先导技术，信息产业是带头和支柱产业，电子商务是经济增长的发动机”。由此数字经济的提法正式成形，拉开了数字经济发展的序幕。2016 年二十国集团（G20）杭州峰会发布的《二十国集团数字经济发展与合作倡议》指出，数字经济是指以使用数字化的知识和信息作为关键生产要素、以现代信息网络作为重要载体、以信息通信技术（ICT）的有效使用作为效率提升和经济结构优化的重要推动力的一系列经济活动。此后，中国信通院对数字经济的概念进行了多次整理和总结，提出："数字经济是以数字化的知识和信息作为关键生产要素，以数字技术为核心驱动力量，以现代信息网络为重要载体，通过数字技术与实体经济深度融合，不断提高经济社会的数字化、网络化、智能化水平，加速重构经济发展与治理模式的新型经济形态。"①《"十四五"数字经济发展规划》是我国在数字经济领域的首部国家级专项规划，同时也是首次在国家级文件中对数字经济的概念进行了界定。《规划》指出，数字经济是继农业经济、工业经济之后的主要经济形态，是以数据资源为关键要素，以现代信息网络为主要载体，以信息通信技术融合应用、全要素数字化转型为重要推动力，促进公平与效率更加统一的新经济形态。数字经济在生产要素、生产关系和生产力方面都发生了全面的变革。在数字经济中，数据已成为关键生产要素，网络基础设施构成了新的生产关系，大数据、云计算、人工智能已成为数字经济的重要生产力。

从经济史和经济思想史角度来看，重要技术的出现会引致生产方式转变，进而影响经济形态与经济理论。因此，随着数字经济的发展，也需要新的经济理论来解释新的经济现象，以指导经济实践。根据经济学的学科性质，经济学是研究资源配置、资源利用和资源创造的科学，所以数字经济学的研究对象就是数字经济背景下资源配置、资源利用和资源创造的理论与实践。理论上，研究数字经济背景下资源配置、资源充分利用和新资源创造的规律，探讨信息化生产方式下复杂经济系统的演化与发展问题。实践上，研究数字产业化与产业数字化及其对经济增长的影响。具体地，包括数字经济对微观层面的消费者、企业、平台机构与地方政府，中观层面的产业和地区的影响，以及宏观国家层面下对中国整体经济发展的贡献等。

1.5.2 数字经济学的方法体系

历史上，微积分带来的边际革命、经济计量学、动态优化和博弈论等方法的出现对经济学研究方法的影响和创新具有重大意义。随着数字技术的发展，大数据分析、机器学习和数字孪生建模等新方法不断涌现，再次为经济学研究方法注入了新鲜血液。这些新方法的技术优势在于，可以对文本、图像等非结构化数据、高维数据进行处理来实现数据挖掘，填补了传统研究方法中数据质量不高、相关因素难以准确测度的局限。

1.5.2.1 数字经济学研究方法的哲学思想

数字技术辅助的经济研究方法论继承了传统经济研究方法论的逻辑实证主义、客观规范主义和实用主义三种哲学思想。在传统经济研究方法论中，逻辑实证主义强调对经济因素的观测和量化表达，影响经济研究中计量经济学的发展；客观规范主义坚持通过客观的价值评估进行策略判断，这种哲学思想在经济政策研究中彰显了巨大作用；实用

---

① 中国信息通信研究院．中国数字经济发展白皮书（2021）．

主义侧重于解决问题，即体现了经济研究中“问题导向”的原则。具体看来，数字技术作为研究方法（尤其是计量经济方法）的精准度优化工具，毫无疑问体现着逻辑实证主义思想；人工智能的数据处理新方式分析非结构化信息，并通过评估进行决策优化，体现了客观规范主义思想；数字技术辅助的建模仿真能够更加准确地预测产业经济发展，更符合政策制定者、企业管理者的需要，反映了实用主义思想。

1.5.2.2 数字经济学研究方法的技术创新

数字技术的发展引发了经济研究方法论三个层面的创新。首先，数字经济时代的新手段和新工具促使传统经济研究方法优化与改进。高维度、多元化大数据的出现催生了机器学习等数据分析处理方法，对现有计量方法进行了补充和优化，拓展了传统的计量方法体系。经济研究中传统的模型参数依赖于未知参数，而机器学习方法提供了可计算的函数估计方法，并根据数据特征优化函数，不依赖未知的参数假设。除了模型构建方面外，机器学习方法在经济预测、因果推断等领域相对于传统计量方法更加灵活。机器学习方法在经济预测领域的优势是能发现事先未指定的复杂结构，设法使复杂和灵活的函数形式与数据相匹配而非简单拟合。同时相比传统计量方法，机器学习对半参数估计或有大量协变量的因果研究有很大改进。

其次，数字技术引领的经济研究方法创新，推动了数字孪生建模这一新研究方法的出现。数字孪生简单而言即用软件建模的形式将现实世界中的一个物理事物数字化，包括静态的属性和动态的数据。在没有使用数字孪生技术的情境下，虽然海量数据在不断产生，但对于重视经济周期（如工业产品生命周期、金融股价波动周期）的研究而言，这些数据相对滞后且相互孤立，导致有价值的数据利用率低。同时，仿真方法主要应用于理论与静态模型中，但在系统运行阶段却没有得到重视。而随着物联网、机器学习等技术的发展，数字孪生模型日趋成熟，这为进一步挖掘数据深度价值提供了新方法。例如，有研究以贸易网络内部物流为研究对象搭建物流数字孪生模型，用于处理在线物流数据，并在每个时刻反映所考虑的贸易网络活动。

最后，技术驱动研究范式的突破使研究视域在深度和广度上有所延伸，极大拓展了传统方法无法触及的研究领域。一方面，传统研究方法的分析精度被提高。由于传统研究方法中经济关系存在时变性，难以识别研究对象的长期规律和突发性变化。大数据时代的海量数据能够涵盖长时间范围，适合研究长期趋势；高精度数据能够被用于识别短期高频变化。另一方面，传统研究方法涉及的数据可及范围被扩大。传统研究方法中的一个局限性在于难以识别未知或不可观测的因素，只能刻画主要的可观测经济因素之间的关系。而数字技术能够将无法观测的非结构化数据转化为结构化数据，并通过新的算法将这些数据转化为新指标，从而将这些难以量化和识别的因素纳入考量范围。

扩展阅读 1－3

数字经济及其核心产业统计分类

作为衡量数字经济发展水平的重要统计标准，《数字经济及其核心产业统计分类（2021）》（下文简称《数字经济分类》）已在国家统计局网站公开发布。《数字经济分类》从“数字产业化”和“产业数字化”两个方面，确定了数字经济的基本范围，将其分为数字产品制造业、数字产品服务业、数字技术应用业、数字要素驱动业、数字化效率提升业等5大类。

其中，前4大类为数字产业化部分，即数字经济核心产业，是指为产业数字化发展提供数字技术、产品、服务、基础设施和解决方案，以及完全依赖于数字技术、数据要素的各类经济活动，对应于《国民经济行业分类》中的26个大类、68个中类、126个小类，是数字经济发展的基础。

第5大类产业数字化部分，是指应用数字技术和数据资源为传统产业带来的产出增加和效率提升，是数字技术与实体经济的融合。该部分涵盖智慧农业、智能制造、智能交通、智慧物流、数字金融、数字商贸、数字社会、数字政府等数字化应用场景，对应于《国民经济行业分类》中的91个大类、431个中类、1 256个小类，体现了数字技术已经并将进一步与国民经济各行业产生深度渗透和广泛融合。

在《数字经济分类》中，数字产业化和产业数字化形成了互补关系。以制造业为例，数字产品制造业是指支撑数字信息处理的终端设备、相关电子元器件以及高度应用数字化技术的智能设备的制造，属于“数字产业化”部分，包括计算机制造、通讯及雷达设备制造、数字媒体设备制造、智能设备制造、电子元器件及设备制造和其他数字产品制造业。智能制造是指利用数字孪生、人工智能、5G、区块链、虚拟现实（VR）/增强现实（AR）、边缘计算、试验验证、仿真技术等新一代信息技术与先进制造技术深入融合，旨在提高制造业质量和核心竞争力的先进生产方式，属于“产业数字化”部分，主要包括数字化通用专用设备制造、数字化运输设备制造、数字化电气机械器材和仪器仪表制造、其他智能制造。数字产品制造业和智能制造是按照《国民经济行业分类》划分的制造业中数字经济具体表现形态的两个方面，互不交叉，共同构成了制造业中数字经济的全部范围。

资料来源：国家统计局．国家统计局副局长鲜祖德解读《数字经济及其核心产业统计分类（2021）》，国家统计局官方网站，http：//www.stats.gov.cn/tjsj/zxfb/202106/t20210603_1818130.html，2021－06－03.

◎ 本章提要

随着大数据、云计算、物联网、人工智能和5G等新一代信息技术的成熟与应用，人类进入数字经济时代。从农业社会至今，在技术变革的作用下，生产方式历经了从以小批量、多品种、定制化为特征的农业生产方式，到以大批量、单一品种的大规模生产为特征的工业生产方式，再到以大批量、多品种的大规模定制化，以及小批量、多品种的个性化定制为特征的信息生产方式演变。20世纪60年代末到70年代初，人类开始将数字信息作为生产要素投入经济活动中，数字经济就此萌芽。随着互联网的兴起并开始改变传统经济活动的方式和基本规律，数字经济进入了发展阶段。从1994年中国正式接入国际互联网，中国互联网领域的商业模式主要历经了从信息传播到电子商务再到社交媒体的演变。2013年至今，中国数字经济处于移动互联网时代，以智能手机和通信技术为载体，线上线下界限日益模糊，中国数字经济基本格局成型。数字经济的未来国家战略将围绕大数据、云计算、物联网、人工智能和5G等新一代信息技术的应用展开。经济学发展至今主要历经了斯密革命、边际革命和凯恩斯革命三次变革，以及与之对应的穆勒的古典经济学、马歇尔的新古典经济学以及萨缪尔森的新古典综合论三次综合。当下，随着数字技术和数字经济的蓬勃发展，全新的数字技术及其带来的生产方式变革也对立足均衡范式的传统主流经济学理论带来了新的挑战。数字经济学以数字经济发展的理论和实践为研究对象。在研究方法的变革上，主要体现在大数据、人工智能和数字孪生等新数字技术带来的冲击。

◎ 概念复习

数字经济　信息化生产方式　学习曲线

◎ 阅读资料

（1）“十四五”数字经济发展规划［EB/OL］. 中华人民共和国中央人民政府网站，http：//www. gov. cn/zhengce/zhengceku/2022 - 01/12/content_5667817. htm，2021 - 12 - 12.

（2）《“十四五”数字经济发展规划》解读｜发挥数字经济特征优势　推动数字经济健康发展［EB/OL］. 中华人民共和国国家发展和议事委员会网站，https：//www. ndrc. gov. cn/xxgk/jd/jd/202201/t20220121_1312591. html？ code = &state = 123，2020 - 01 - 20.

（3）何立峰. 关于数字经济发展情况的报告——2022年10月28日在第十三届全国人民代表大会常务委员会第三十七次会议上［EB/OL］. 中华人民共和国国家发展和议事委员会网站，https：//www. ndrc. gov. cn/fzggw/wld/hlf/lddt/202211/t20221116_1341446. html？ code = &state = 123，2022 - 11 - 16.

（4）数造新实体案例库，http：//finance. people. com. cn/GB/8215/441842/445134/index. html.

（5）唐·泰普斯科特. 数据时代的经济学：对网络智能时代机遇和风险的再思考［M］. 北

京：机械工业出版社，2016.
（6）埃里克·罗尔. 经济思想史［M］. 北京：商务印书馆，2021.

◎ 课后思考题

（1）信息化生产方式相较农业和工业生产方式有什么不同？

（2）简述我国数字经济的发展历程。

（3）简述经济学发展中历经的三次革命与综合。

（4）数字经济给主流经济理论带来了哪些挑战？

（5）数字经济学的研究对象是什么？

第2章 数据要素与数字经济

学习目标

（1）了解数据的基本概念与特点，进一步掌握大数据的起源、特点及其对现代社会的影响。

（2）了解数据的基本分类、基本来源和基本特性，从而理解数据如何能够成为一种生产要素。

（3）理解数据资产的内涵特征和价值来源。

（4）理解数字经济概念的历史沿革、定义内涵；掌握数字经济的基本特征，初步理解数字经济的运行机理。

内容提要

生产力是经济社会发展的根本动力。生产力由生产要素构成。传统经济中，生产要素主要指土地、劳动力、资本和技术。随着科学技术不断发展，特别是大数据、人工智能、互联网和物联网、云计算、区块链等数字技术涌现，数据成为新的生产要素；同时，在数据和数字技术的作用下，原有的土地、劳动力、资本和技术等要素也有了新内涵；由这些新生产要素构成的新生产力，推动人类社会进入数字经济新时代。本章主要是从数字经济的基础性要素——数据资产出发，学习数据如何能够成为一类生产要素，其价值来源为何，进一步提出数字经济自身的新内涵、新特征与运行过程。

2.1　数据与数据要素价值

2.1.1　数据概念回顾

2.1.1.1　数据的概念

数据（data）又称资料，是通过观测得到的数字性的特征或信息。更专业地说，数据是一组关于一个或多个人或对象的定性或定量变量。数据可以是一堆杂志、一沓报纸、开会记录或者病人的病历记录。

数据运用在科学研究、商业管理（比如销售数据、收入、利润、股价）、金融、政治（比如犯罪率、失业率、识字率）和事实上的其他一切人类组织性活动形式（比如非营利性组织所做的流浪者人口调查）中。数据会经过测量、收集、报告和分析，因此它可以使用图表、图像或者其他分析工具进行可视化；数据常以“表格”的方式呈现，并以试算表来处理。数据作为一种关于一些已存在的信息或知识的一般概念，会使用一些可以更好地利用或处理的形式进行呈现或编码。

2.1.1.2　数据的特点

数据具有变异性和规律性两大基本特点。

一是变异性。数据的变异性包括以下两方面的含义。一方面是指一组数据的多数取值是不相同的。因为数据是用来描述事物的量化特征的，世界上不同的事物大都具有不同的特征，因此，其数量表现也是不同的。另一方面是指在不同的时间、地点测量同一事物的数量特征也可能得出不同的结果，特别是在对人的精神属性的测量方面，例如，不同的时间测试同样的课程，学生的得分可能不一样。

二是规律性。虽然数据具有变异性，初看起来一组数据往往是杂乱无章的，但统计学的研究表明，一组大样本的数据其实是具有一定的规律的。寻找这种规律就是研究目的之一。正因为数据具有变异性，对数据的研究才有必要，如果都是相同的数据也就没有研究的必要了；也正因为数据具有规律性，对其进行研究才有可能。

案例 2-1

什么是数据？数据有什么用？

餐厅。

在餐厅，单个客户的账单金额就是数据。然而，当餐馆老板在一段时间内收集和解释多份账单时，他们可以产生有价值的信息，例如哪些菜单项目最受欢迎以及价格是否足以支付供应、管理费用和工资。

社交媒体。

社交媒体帖子上的点赞数是一个数据集中的典型数据元素。当点赞数与其他社交媒体参与度统计数据（如关注者、评论和分享）相结合时，公司可以直观地了解哪些社交媒体平台表现最好，以及他们应该关注哪些平台来更有效地吸引受众。

库存水平。

一家企业在不同时段的库存水平也是数据。当公司在一段时间内分析和解释这些数据时，他们可以查明供应链问题并提高其系统的效率。

价格数据。

对于一家企业而言，其竞争对手的价格是一项重要的数据，处理和分析这些数据可以揭示竞争对手在哪些方面具有优势，在市场上可能与其存在哪些差距，以及公司如何能够超越竞争对手。

需要注意的是，虽然“数据”和“信息”这两个术语经常互相替换使用，但是它们的含义完全不同。在一些流行出版物中，当数据被置于情境之下审视或经过分析之后，“数据”就会变为“信息”；一般而言，数据（data）经由处理后称为信息（information），从这些信息中分析出来的内容称为知识（knowledge），再通过不断地行动与验证，逐渐形成智慧（wisdom）；在大数据（big data）兴起后，数据科学这门学问显得非常重要。

2.1.2 大数据概念回顾

2.1.2.1 大数据的概念回溯

阿波罗制导计算机用不到 80kB 的内存将第一艘宇宙飞船送上月球，这在今天看来似乎不可思议。自那时起，计算机技术呈指数级增长，大量数据也随之产生。事实上，自 20 世纪 80 年代以来，全球数据存储技术能力大约每 3 年就会翻一番。1969 年，当阿波罗 11 号升空时，全世界产生的数字数据量还只相当于现在一台普通笔记本电脑的存储量。而如今，据国际数据公司（IDC）估计，我们的数据量达到了 44ZB（或 44 万亿

GB)；并且根据进一步预测，到 2025 年，数据量将达到 163ZB。[①] 随着数字时代的到来，数据的数量急速增多，发生了“量变引起质变”的现象，即大数据引发的变革。

对大数据开展科学分析的历史可以追溯到 1783 年——英国统计学家理查德·普莱斯（Richard Price）通过收集和分析遗产税务数据，建立了人寿保险和国债的预测模型。纵观大数据分析的发展历史，大致可分为 3 个重叠的时期：在统计学出现初期，主要是运用统计学方法分析数据并得到描述性的结论；1956 年达特茅斯会议首次提出“人工智能”概念至今，通过机器学习方法对数据进行处理、挖掘并发现知识，逐渐成为主流；目前，面向文本、图像等非结构化数据的方法研究层出不穷，进一步丰富了大数据分析的方法体系、推动了相关学科的进步与发展。

大数据由巨型数据集组成，这些数据集大小常超出人类在可接受时间下的收集、庋用、管理和处理能力。大数据的大小经常改变，截至 2012 年，单一数据集的大小从数太字节（TB）至数十兆亿字节（PB）不等。

2.1.2.2 大数据的特点

麦塔集团（META Group，现为高德纳）分析员道格·莱尼（Doug Laney）指出数据量爆炸式增长带来的挑战和机遇有三个方向：量（Volume，数据大小）、速（Velocity，数据输入输出的速度）与多变（Variety，多样性），合称“3V”或“3Vs”。[②] 高德纳与现在大部分大数据产业中的公司，都继续使用 3V 来描述大数据。高德纳于 2012 年修改对大数据的定义：“大数据是大量、高速及/或多变的资讯资产，它需要新型的处理方式去促成更强的决策能力、洞察力与最佳化处理。”另外，有机构在 3V 之外定义第 4 个 V：将真实性（Veracity）定义为第四特点。[③]

2013 年，第 462 次香山科学会议给出了大数据的中国定义：大数据是来源众多、类型多样、大而复杂、具有潜在价值但难以在期望时间内处理和分析的数据集；大数据是数字化时代的新型战略资源，是驱动创新的重要因素，正在改变人类的生产和生活方式。从类别上看，大数据的种类十分多样，几乎涵盖了社会生活的方方面面，如健康、基因、通信、气象、信用、社交大数据等；从来源上看，大数据主要有政府、企业、开源 3 个来源。

大数据相对于传统数据分式范式的不同之处在于，大数据必须借由计算机对数据进行统计、比对、解析方能得出客观结果。美国在 2012 年就开始着手大数据开发，奥巴马政府更在同年投入 2 亿美元用于大数据的开发，更强调大数据会是之后的未来石油。

同时，大数据需要应用特殊的技术才能有效地处理大量长周期、高维度的数据。

---

① 参见思爱普的报道：https：//www. sap. cn/insights/what – is – big – data. html.

② Laney D. 3D data management：Controlling data volume，velocity and variety［J］. *META Group Research Note*，2001，70（6）：1.

③ Pence H E. What is big data and why is it important?［J］. *Journal of Educational Technology Systems*，2014，43（2）：159 – 171.

适用于特殊大数据的技术，包括大规模并行处理（MPP）数据库、数据挖掘、分布式文件系统、分布式数据库、云计算平台、互联网和可扩展的存储系统。对此，数据挖掘（data mining）是一个近年来越来越受到重视的解析大数据的方法体系。

2.1.2.3　大数据的影响

大数据的出现与普及深刻地影响和改变了各行各业：运用大数据开展科学分析不仅可以为决策活动提供有效的支持，也在创新性地改变着人们的生产生活方式。2020 年初新冠肺炎疫情暴发时，中国科学院、中国疾病预防控制中心、香港浸会大学团队以 7 个年龄组的人群、4 类场所的社交场合为基础，构建了基于社交接触的异构数据分析模型，对武汉等 6 座城市的疫情病例数据展开了科学分析，揭示了疫情传播的潜在模式与不确定性风险；并根据这些城市对当年国内生产总值（GDP）的预期增幅，计算出多种复工复产方案。这些分析成果迅速以政策建议的形式上报，为日后复工复产的科学决策提供了支持，这是基于健康和社交大数据开展科学分析并辅助政府决策的典型成功案例。

不论历史如何演变，大数据分析始终遵循三大基本原理：决策过程，即给定某个数据分析问题的目标，通过对数据的归一化处理，运用智能算法从中发现知识并应用于决策支持。机器学习原理，即通过训练集建立数学模型，通过测试集验证最优的数学模型，进而应用到新数据的判定；根据不同的具体场景，模型需要反复训练学习以保持其精确度。智能知识发现，即数据分析的“一阶问题”是通过数据挖掘获取粗糙知识，其“二阶问题”是通过决策者主观知识辨认粗糙知识并由此产生智能知识，进而作为决策支持。

然而，在大数据分析的发展过程中仍面临三大挑战：非结构化数据的结构化，即如何通过数据融合将文本、图像等非结构化数据转化成结构化数据，然后运用已有的结构化数据挖掘方法进行分析；数据的复杂性与不确定性，即如何从不同的场景角度全方位地复原、展现大数据的整体复杂性与不确定性；数据异构与决策异构的关系，即数据的异构性导致了决策的异构性，以及如何“因地制宜”地用数据异构与决策异构的关系寻找有效的决策支持。对于大数据分析应有这样的科学认识：大数据并不代表总体而是大样本，大样本比小样本更具有普适性；大数据分析应当从粗糙中寻求精确，需要从相关关系中把握因果关系并预测未来。

2.1.3　数据的基本分类

2.1.3.1　结构化数据

这类数据最容易整理和搜索，主要包括财务数据、机器日志和人口统计明细等。结构化数据很好理解，类似于 Excel 电子表格中预定义的行列布局。这种结构下的数据很容易分门别类，数据库设计人员和管理员只需要定义简单的算法就能实现搜索和分析。

不过，即使结构化数据数量非常大，也不一定称得上大数据，因为结构化数据本身比较易于管理，不符合大数据的定义标准。一直以来，数据库都是使用 SQL 编程语言管理结构化数据。SQL 是由 IBM 在 20 世纪 70 年代开发的，旨在帮助开发人员构建和管理当时正逐步兴起的关系型（电子表格式）数据库。

2.1.3.2 非结构化数据

这类数据包括社交媒体内容、音频文件、图片和开放式客户评论等。这些数据通常很难用标准的行列关系型数据库捕获。一直以来，企业若想搜索、管理或分析大量非结构化数据，只能依靠烦琐的手动流程。毫无疑问，分析和理解这类数据能够为企业带来价值，但是执行成本往往太过高昂。而且，由于耗时太长，分析结果往往还未交付就已经过时。因为无法存储在电子表格或关系型数据库中，所以非结构化数据通常存储在数据湖、数据仓库和 NoSQL 数据库中。

2.1.3.3 半结构化数据

顾名思义，半结构化数据是结构化数据和非结构化数据的混合体。电子邮件就是一个很好的例子，因为其中的正文属于非结构化数据，而发件人、收件人、主题和日期等则属于结构化数据。使用地理标记、时间戳或语义标记的设备也可以同时提供结构化数据和非结构化内容。例如，一张未做标识的智能手机图片仍然可以告诉你，这是一张自拍照，以及拍摄的时间和地点。采用人工智能技术的现代数据库不仅能够即时识别不同类型的数据，还能够实时生成算法，有效地管理和分析各种相关的数据集。

2.1.4 数据的基本来源

2.1.4.1 数据来源的分类

大数据取得之来源影响其应用之效益与品质，依照取得的直接程度一般可分为三种：

第一方数据（first party data）：为己方单位自己和消费者、用户、目标客群互动产生的数据，具有高品质、高价值的特性，但易局限于既有顾客数据，如企业搜集的顾客交易数据、追踪用户在 App 上的浏览行为等，拥有者可弹性地使用于分析研究、行销推广等。

第二方数据（second party data）：取自第一方的数据，通常与第一方具有合作、联盟或契约关系，因此可共享或采购第一方数据。例如：订房品牌与飞机品牌共享数据，当客人购买某一方的商品后，另一单位即可向他推荐相关的旅游产品；或是已知某单位具有己方想要的数据，透过议定采购，直接从第一方取得数据。

第三方数据（third party data）：提供数据的来源单位，并非产出该数据的原始者，该数据即为第三方数据。通常提供第三方数据的单位为数据供应商，其广泛搜集各式数据，并贩售给数据需求者，其数据可来自第一方、第二方与其他第三方数据，如爬取网络公开数据、市调公司所发布的研究调查、经去识别化的交易资讯等。

2.1.4.2 案例：典型的数据来源

社交数据。顾名思义，社交数据来源于社交媒体评论、发帖、图片以及与日俱增的视频文件。随着全球 4G 和 5G 蜂窝网络的普及，预计在 2023 年，全球手机视频用户将增至 27.2 亿人。虽然社交媒体及其使用趋势瞬息万变、难以预测，但作为数字数据的主要来源，其稳定增长趋势是不会改变的。

机器数据。物联网设备和机器都配有传感器，能够发送和接收数字数据。物联网传感器能够帮助企业采集和处理来自整个企业的设备、工具和装置的机器数据。从天气和交通传感器到安全监控，全球范围内的数据生成设备正在迅速增多。据 IDC 估计，到 2025 年，全球物联网设备数量将超过 400 亿台，生成的数据量几乎占全球数字数据总量的一半。①

交易数据。交易数据是世界上发展速度和增长速度最快的数据。例如，一家大型国际零售商每小时处理超过 100 万笔客户交易。想象一下，全球那么多采购和银行交易，生成的数据量会有多么惊人。此外，交易数据越来越多地由半结构化数据组成，包括图片和注释等，使得管理和处理难度不断增加。

2.1.5 数据的五大特性

2.1.5.1 数据量巨大

尽管数据量不是判断大数据的唯一要素，但绝对是一项主要特性。为了充分管理和利用大数据，企业需要采用高级算法和由人工智能驱动的分析工具。但在此之前，企业需要采用安全可靠的方式来存储、整理和检索数万亿字节的数据。大型企业通常都拥有如此规模的数据。

2.1.5.2 处理速度快

过去，数据生成后，必须先输入传统数据库系统中（通常手动进行），然后才能用于分析或检索。如今，借助大数据技术，在数据生成之时，数据库就能即时处理、分析和配置数据，有时甚至在毫秒内就能完成。这样一来，企业就可以利用实时数据捕获财务机会，响应客户需求，预防欺诈，并处理对速度要求极高的任何其他活动。

2.1.5.3 种类多样化

如果数据集中只包含结构化数据，无论其规模多么庞大，都不是大数据。大数据通常由结构化、非结构化和半结构化数据组成。传统的数据库和数据管理解决方案缺乏灵活性且功能范围有限，根本无法应对大数据中各种不同且复杂的数据集。

---

① 2025 年超百亿——IDC 发布 2020～2025 中国物联网连接规模预测［EB/OL］. https://www.idc.com/getdoc.jsp?containerId=prCHC48210021，2021-09-05.

2.1.5.4 准确可靠

尽管借助现代数据库技术，企业能够采集和理解大量不同类型的数据，但只有准确、相关和及时的数据才具有价值。对于仅存储结构化数据的传统数据库，语法错误和拼写错误屡见不鲜。而在非结构化数据方面，我们面临一系列全新的数据准确性挑战。人类偏见、社交干扰信息和数据来源问题都会影响数据质量。

2.1.5.5 交付价值

毫无疑问，大数据分析产生的结果往往出人意料且极具吸引力。但是，对于企业而言，大数据分析提供的洞察必须能够帮助企业提高竞争力和韧性，并为客户提供更卓越的服务。现代大数据技术提供了数据采集和数据检索功能，能够帮助企业大幅提升利润和运营韧性。

2.1.6 数据的应用范例

美国航空航天局（NASA）如何能提前预知各种天文奇观？风力发电机和创业者开店如何选址？如何才能准确预测并对气象灾害进行预警？包括在未来的城镇化建设过程中，如何打造智能城市？等等，这一系列问题的背后，其实都隐藏着大数据的身影——不仅彰显着大数据的巨大价值，更直观地体现出大数据在各个行业的广泛应用。

大数据时代的出现简单地讲是海量数据同完美计算能力结合的结果，确切地说是移动互联网、物联网产生了海量的数据，大数据计算技术完美地解决了海量数据的收集、存储、计算、分析问题。大数据提供的洞察和深度学习几乎能为任何企业或行业带来收益。但是，具有复杂运营职能的大型组织通常能够最有效地利用大数据。

案例2-2

电商大数据、精准营销法宝

电商是最早利用大数据进行精准营销的行业，除了精准营销外，电商可以依据客户消费习惯提前为客户备货，并利用便利店作为货物中转点，在客户下单15分钟内将货物送上门，提高客户体验。马云的菜鸟网络宣称的24小时内完成在中国境内的送货，以及京东刘强东宣传未来京东将在15分钟内完成送货上门都是基于客户消费习惯的大数据分析和预测。

电商可以利用其交易数据和现金流数据，为其生态圈内的商户提供基于现金流的小额贷款，电商业也可以将此数据提供给银行，同银行合作为中小企业提供信贷支持。由于电商的数据较为集中，数据量足够大，数据种类较多，因此未来电商数据应用将会有更多的想象空间，包括预测流行趋势，消费趋势、地域消费特点、客户消费习惯、各种消费行为的相关度、消费热点、影响消费的重要因素等。依托大数据分析，电商的消费报告将有利于品牌公司的产品设计，生产企业的库存管理和计划生产，物流企业的资源配置，生产资料提供方的产能安排等，有利于精细化社会化大生产，有利于精细化社会的出现。

案例2－3

金融大数据助力金融转型发展

金融行业在大数据应用中，着重于利用全局数据了解业务运营薄弱点，利用大数据技术加快内部数据处理速度。典型的案例有花旗银行利用IBM沃森电脑为财富管理客户推荐产品；美国银行利用客户点击数据集为客户提供特色服务，如有竞争的信用额度；招商银行对客户刷卡、存取款、电子银行转账、微信评论等行为数据进行分析，每周给客户发送针对性广告信息，里面有顾客可能感兴趣的产品和优惠信息。一项研究指出，大数据“在改变金融服务行业方面发挥着重要作用，尤其是在贸易和投资、税务改革、欺诈检测和调查、风险分析以及自动化等领域”。大数据还有助于推动金融行业转型。通过分析客户数据和反馈，企业能够获得宝贵的洞察，进而提升客户体验和满意度。交易数据集是世界上发展速度最快和规模最大的数据集。如今，越来越多的企业采用先进的大数据管理解决方案，这有助于银行和金融机构保护这些数据，并通过对客户和企业有利的方式使用这些数据。大数据在金融行业的应用可以总结为以下5个方面：精准营销、风险管控、决策支持、效率提升和产品设计。

（1）精准营销：依据客户消费习惯、地理位置、消费时间进行推荐；

（2）风险管控：依据客户消费和现金流提供信用评级或融资支持，利用客户社交行为记录实施信用卡反欺诈；

（3）决策支持：利用决策树技术对抵押贷款进行管理，利用数据分析报告实施产业信贷风险控制；

（4）效率提升：利用金融行业全局数据了解业务运营薄弱点，利用大数据技术加快内部数据处理速度；

（5）产品设计：利用大数据计算技术为财富客户推荐产品，利用客户行为数据设计满足客户需求的金融产品。

案例 2-4

医疗大数据看病更高效

除了较早前就开始利用大数据的互联网公司外，医疗行业是让大数据分析最先发扬光大的传统行业之一。医疗行业拥有大量的病例，涉及病理报告、治愈方案、药物报告等。如果这些数据可以被整理和应用将会极大地帮助医生和病人。我们面对的数目及种类众多的病菌、病毒，以及肿瘤细胞，都处于不断的进化过程中。在发现诊断疾病时，疾病的确诊和治疗方案的确定是最困难的。

在未来，借助大数据平台我们可以收集不同的病例和治疗方案，以及病人的基本特征，可以建立针对疾病特点的数据库。如果未来基因技术发展成熟，可以根据病人的基因序列特点进行分类，建立医疗行业的病人分类数据库。在医生诊断病人时可以参考病人的疾病特征、化验报告和检测报告，参照疾病数据库快速帮助病人确诊，明确定位疾病。在制订治疗方案时，医生可以依据病人的基因特点，调取相似基因、年龄、人种、身体情况病例的有效治疗方案，制订出适合病人的治疗方案，帮助更多人及时接受治疗。同时这些数据也有利于医药行业开发出更加有效的药物和医疗器械。

医疗行业的数据应用一直在进行，但是数据没有打通，都是孤岛数据，没有办法进行大规模应用。未来需要将这些数据统一收集起来，纳入统一的大数据平台，为人类健康造福。政府和医疗行业是推动这一趋势的重要动力。大数据分析可以帮助医疗专业人员做出更准确的、基于证据的诊断。此外，大数据还有助于医院管理人员发现趋势、管理风险，并最大限度地减少不必要的支出，将更多的预算投入患者护理和研究领域。在新冠肺炎疫情期间，全球的研究科学家都在努力寻找有效的防控措施，而大数据在这个过程中发挥着巨大作用。2020 年 7 月《科学家》（*The Scientist*）杂志发表了一篇文章，介绍了医疗团队如何通过协作和分析大数据对抗新冠病毒："我们以前所未有的方式利用大数据和数据科学工具与资源，改变了传统的临床科学研究方法。"

案例 2-5

运输和物流

亚马逊效应（Amazon effect）指的是：随着亚马逊设立次日交付的标准，客户现在对他们在线订购的任何商品都要求达到这样的送货速度。美国《企业家》（*Entrepreneur*）杂志指出，亚马逊效应带来的直接结果是，"'最后一英里'物流竞赛将越来越激烈”。物流公司越来越依赖大数据分析来优化路线规划、装载整合和燃油效率提升措施。

案例 2－6

大数据改变教育方式

新冠肺炎疫情期间，世界各地的教育机构不得不重新设计课程和教学方法，来支持远程学习。在这个过程中，一个主要的挑战是：找到可靠的方法来分析和评估学生的成绩，以及线上教学的整体效果。2020 年，一篇关于大数据对教育和在线学习的影响的文章指出：“大数据让教师对开展个性化教育、发展混合式学习、革新评估系统和促进终身学习等方面更有信心。”①

案例 2－7

大数据助力能源和公用事业

根据美国劳工统计局的数据，公用事业企业通常都是依靠抄表员偶尔读取指针式仪表上的读数，花在抄表员身上的开支超过 14 亿美元。② 而智能仪表读取器每天可以提供多次数字数据，而且，借助大数据分析，企业还能够根据获得的洞察，提高能源使用效率，并提高定价和预测的准确性。此外，现场员工从读表任务中解放出来之后，通过捕获和分析数据，企业可以更快地将他们分配到更紧急的维修和升级任务中。

2.1.7 数据要素价值

2.1.7.1 数据是数字经济的核心关键要素

数据要素对经济社会的发展起着关键作用。有了数据，就可以进行预测，提前布局和规划；有了数据，就可以更好地了解用户，根据用户喜好进行推荐和定制；有了数据，就可以不断改进和更新工具，不断创新产品和服务；有了数据，就可以更加精准地分析、规避、防范风险；等等。

---

① 参见思爱普．《高等教育与研究》白皮书［EB/OL］. https：//www. sap. cn/industries/higher－education－research. html.

② 参见思爱普．借助支持可持续发展的公用事业管理系统，在能源转型时代实现快速发展［EB/OL］. https：//www. sap. cn/industries/energy－utilities. html.

数据要素和数字技术的结合，带来了生产方式的变革、商业模式的变革、管理模式的变革、思维模式的变革，改变了旧业态，创造了新生态。在数据要素和数字技术的驱动下，数字化产业飞速发展，同时也促进了传统生产要素的数字化变革，推动产业数字化转型发展。

毫无疑问，数据是数字经济的核心关键要素，是数字经济的血液。

2.1.7.2　数据是一种新的生产资料

在物理空间中，数据是对现实世界中的客观事物和客观事件的记录和反映。其实很早的时候，数据就以间接、隐性的方式作用于人类的生产和经济活动，比如我国的二十四节气就是一种“数据”，几千年来，我国劳动人民运用这个“数据”来指导农业生产活动，取得了惊人的成就。信息技术出现并不断发展以后，数据真正成为一种新型生产资料，推动人类经济社会实现了新的飞跃。数据对提高生产效率具有乘数作用，比如数控机床的生产效率就比传统机床要高出数量级。数据是可再生、无污染而且无限的，比如数据在获取和使用过程中不会污染环境、数据可以循环使用、数据会越用越多、老数据经过加工后可以变成新数据等。数据和土地、劳动力、资本、技术等其他生产要素一起，相互配合、相互融合，成为一国经济社会发展不可或缺的基础性战略资源。

在数字空间中，数据是构成、生成虚拟世界里事物和事件的基本元件。对于数字空间、虚拟世界而言，数据不仅仅是生产资料，更是“生命”基础。没有数据，数字空间、虚拟世界就无从谈起。如今，数字空间、虚拟世界里的“经济活动”创造出了惊人的财富，并且其创造价值的能力和空间还在不断飞速发展。人们在微信、QQ、微博、抖音、快手、淘宝、天猫、京东、拼多多、美团、百度、携程、知乎、王者荣耀等上面的行为动作、生成内容、交流信息等数据经过处理和加工后又成为新的资源，并推动着新业务的产生。

2.1.7.3　数据是一种新的“资产”

数据资产是个人、企业乃至国家资产的重要组成部分。一般来讲，资产是指由企业过去经营交易或由各项事项形成的、被企业拥有或控制的、预期会给企业带来经济利益的资源。企业在生产、经营、管理等过程中形成了大量的数据，比如客户信息、市场分析、产品设计、生产规程、专利、著作权、管理制度等，这些数据都能为企业的后续发展带来经济利益，因而也就成了企业重要的数据“资产”。而实现这些有价值的数据可控制、可量化、可变现、可交易的过程，就是数据资产化过程。如今，数据已经成为企业不可或缺的战略资产，一个企业所掌握的有价值数据的规模、鲜活度，以及其采集、整理、分析、挖掘这些数据的能力，决定了企业的核心竞争力。

就个人而言，一个人在学习、工作、生活中形成的经验、知识、人脉等，乃至于在经个人同意前提下的个人信息，这些数据实质上也是个人的重要“资产”，是一个人生存、发展的保障和动力。

就国家而言，数据已经逐渐渗透到国家经济社会中的每一个角落，关乎国家发展与安全，是一国的重要国家资产。美国十分重视数据这一国家资产的建设和保护，2012年3月29日，奥巴马政府发布了《大数据研究和发展倡议》，将数据定义为“未来的新石油”，并表示一个国家拥有数据的规模、活性及解释运用的能力将成为综合国力的重要组成部分，未来对数据的占有和控制甚至将成为陆权、海权、空权之外的另一种国家核心资产。

案例2-8

数据资产的案例

数据“新资产”在物理空间中容易理解。如今，它在数字空间中的价值越来越凸显出来。举几个例子简单说明：

电影中的数据资产

2012年，李安导演的《少年派的奇幻漂流》风靡全球，全球票房达到4亿美元。那只让大家印象深刻的老虎其实是由计算机用算法和数据生成的，创作这只老虎花费了1 400万美元。假如把这只老虎作为数据“新资产”的话，那么就可以源源不断地产生新的收益：只需付出较少的费用即可获得这只老虎的使用权，就可以让它出现在一部新电影、电视剧、广告、游戏当中；还可以付出部分费用获得老虎的某个部位的原始数据，在此基础上进行二次开发，得到一只新老虎。

网络游戏中的数据资产

在网络游戏行业，有一个新奇的职业是帮别人打怪升级练装备，用自己的时间、技能、经验赚取不菲的收益，从而把自己的数据“新资产”越练越雄厚，价值也越来越高。与之相应的是，他们所练出的“装备”是可以在游戏中交易的，顶级装备甚至能卖出天价。

数据资产实体化：数字孪生

随着VR、AR、全息投影、5G、物联网、云计算、边缘计算等技术的不断发展，物理空间和数字空间互相交互、融合，产生了许多新的业态。比如，2019年的两会采访报道，有些采访就采用了全新的“全息报道”方式。① 更进一步，还能将物理空

① 2019年度“人工智能时代媒体变革与发展”研究报告［EB/OL］. 新华社，http：//www. xinhuanet. com/politics/download/2019ndrgznsdmtbgyfzyjbgqwjwdcjg. pdf.

间中的人、事、物在数字空间里形成镜像，即“数字孪生”。比如，以后手术变成了远程智能手术，远程医生在病人的“数字孪生”上进行诊断、模拟，制订出详细的治疗方案，再传回给实际的手术台，远程操控手术机器人对病人进行手术。

数据资产货币化：非同质化代币

非同质化代币（Non – Fungible Token，NFT），是一种众筹扶持项目方的方式，也是一种被称为区块链数位账本上的数据单位，每个代币可以代表一个独特的数码资料，作为虚拟商品所有权的电子认证或凭证。由于其不能互换的特性，非同质化代币可以代表数位资产，如画作、艺术品、声音、影片、游戏中的项目或其他形式的创意作品。虽然作品本身是可以无限复制的，但这些代表它们的代币在其底层区块链上能被完整追踪，故能为买家提供所有权证明。非同质化代币，即 NFT，是唯一的、不可拆分的，如加密猫、token 化的数字门票等。也就相当于带有编号的人民币，这个世界上不会有两张编号一样的人民币，也不会有两个完全一样的 NFT。因此，相较于同质化代币（Fungible Token，FT），NFT 的关键创新之处在于提供了一种标记原生数字资产所有权（即存在于数字世界，或发源于数字世界的资产）的方法，且该所有权可以存在于中心化服务或中心化库之外。NFT 的所有权并不阻止其他人视察它或阅读它，NFT 并不是捕获信息然后把它藏起来，只是捕捉信息然后发现该信息与链上所有其他信息的关系和价值。同时，由于非同质化、不可拆分的特性，使得 NFT 可以和现实世界中的一些商品绑定。换言之，其实就是发行在区块链上的数字资产，这个资产可以是游戏道具、数字艺术品、门票等，并且具有唯一性和不可复制性。由于 NFT 具备天然的收藏属性和便于交易，加密艺术家们可以利用 NFT 创造出独一无二的数字艺术品。

2.1.7.4 数据是一种新的“资本”

2016 年 3 月，《麻省理工科技评论》与甲骨文公司联合发布了名为《数据资本的兴起》的研究报告，报告指出，数据已经成为一种资本，和金融资本一样，能够产生新的产品和服务。事实上，随着数字经济的不断发展以及数字技术对传统经济的改造和重构，海量数据对原有的市场形态和市场机制带来了重大变革，货币这一传统意义上的资本对经济的驱动作用慢慢被数据这个“新资本”所替代，人类经济社会进入了数据资本新时代。

2004 年，克里斯·安德森发表的《长尾理论》指出：只要产品存储和流通的渠道足够大，需求不旺或销量不佳的产品所共同占据的市场份额可以和那些少数热销产品所占据的市场份额相匹敌甚至更大，即众多小市场汇聚成可产生与主流相匹敌的市场能量。也就是说，企业的销售量不在于传统需求曲线上那个代表“畅销商品”的头部，而是那条代表“冷门商品”经常被人遗忘的长尾。长尾理论指导并创造了一大批新兴的互联网公司和创新商业模式。淘宝、天猫面向无数的小商家、小商铺提供了聚合的平台，创造了中国电子商务的神话；美团瞄准千万家小餐馆，把外卖这件事做成了几百亿元的大生意；如今"砸钱"做广告已经落伍了，新的营销渠道是抖音、快手、直播等。这其中的逻辑总结成一句话就是"给钱不如给流量"，而流量就是数据的凝聚，流量所代表的就是数据"新资本"的力量。

青岛红领是一家个性化定制服装企业，是国家智能制造的试点示范企业。用户使用青岛红领手机 App，可以自行定制面料、花色、纽扣等关于衣服上大大小小的 100 多个细节。这些个性化需求传输到后台数据库中，形成数字模型，由计算机完成打版，随后分解成一道道独立工序。生产过程中，每件定制产品都有专属芯片，从工业云下载和读取芯片上的订单数据，进行定制生产。青岛红领这种用户直连制造（Customer to Manufacturer，C2M）模式砍去了不必要的经销环节，不仅让消费者直接参与服装的制作过程、享受"造物"的乐趣，也给制造商带来了巨大的利润空间。2015 年，在我国大部分服装企业深陷泥潭的大环境下，青岛红领年均销售收入、利润增长均超过 150%。① 青岛红领能够做到这一点的根本原因就在于数据"新资本"的驱动力，其在内部建立起了一个数据自动流动的生产体系，实现了数据的自动采集、自动传输、自动处理、自动执行，把正确的数据在正确的时间发送给正确的人和机器。

由此可见，当互联网从消费互联网的上半场进入产业互联网的下半场，人们会逐渐发现，仅仅有流量还不够，更重要的是数据本身的价值凝聚和价值创造。数据价值与新兴技术相结合，在数据"新资本"的驱动下，就能够再造业务流程、企业结构，进而重构整个产业生态，实现价值的成倍递增。

数据成为新型、数字化生产要素，以及土地、劳动力、资本、技术等传统生产要素数字化，构成了新时代的新生产力，推动人类社会进入数字经济新领域、新阶段。新生产力必然要求有新生产关系与之相适应，这是人类历史发展的必然，也是中国在全球格局新时代迎来的最重大、最关键的机遇和挑战。

经过十多年的发展，我国在数据储量和数据使用上已经取得了长足进展，在体量上已经走在了世界的前列。2018 年，全球大数据储量达到 33.0ZB，其中美国大数据储量占比为 21%，欧洲、中东、非洲（EMEA）占比为 30%，而中国地区占比为 23%，超过了美国。在移动支付技术及应用上，我国处于全球领先地位，2018 年全国共处理移动支付业务 5 300 多亿笔，金额超 440 万亿元。② 随着新基建的不断推进，传统产业数字化转型升级的不断加速，数据生产要素的作用和价值必将更加凸显，从而推动中国在数字经济新时代实现新跨越和弯道超车，成为新的引领者。

---

① 罗培．产业转型的数字化思维［J］．产业转型研究，2020（11），详见 http：//www. iii. tsinghua. edu. cn/info/1058/2109. htm.

② 罗培，王善民．数据作为生产要素的作用和价值［EB/OL］．清华大学互联网产业研究院，http：//www. iii. tsinghua. edu. cn/info/1059/2358. htm.

2.2 数据资产与数据产权

2.2.1 数据资产的内涵特征

2.2.1.1 数据资产的价值属性

数字经济时代，数据具有基础性战略资源和关键性生产要素的双重属性。一方面，有价值的数据资源是催生和推动数字经济新产业、新业态、新模式发展的基础。在数据挖掘、脱敏、分析的基础之上对数据资源实现高效利用，将极大地推动创新、加速产业升级。另一方面，数据对其他生产要素也具有乘数作用，可以利用数据实现供给与需求的精准对接、创新价值链流转方式，放大劳动力、资本等要素在社会各行业中的价值。善用数据生产要素，促进数据要素市场化，有助于推动数字经济与实体经济深度融合，为经济转型发展提供新动力，实现高质量发展。因此，利用好数据要素是驱动数字经济创新发展的重要抓手。

2.2.1.2 数据的资产属性

从资产管理和会计核算视角出发，数据资产与资产、无形资产之间存在紧密联系，但又不完全一致。首先，数据具有一定时效性，只有动态的、不断更新的数据才能持续创造价值；其次，数据要素的价值具有一定风险性，在数据产生、收集的过程中，不能保证所采集的数据都具有价值，其变现能力存在不确定性；最后，数据要素收益成本难以计量，数据通常是企业日常生产经营中的伴生品，其获得成本很难与其他业务完全区分开，且同一数据不同应用场景下产生的价值不同，这也为数据资产价值的公允定价带来难度。

2.2.1.3 数据资产的特征

数据资产的独特性在于：第一，数据可以在几乎零成本下进行复制；第二，数据资产对企业的价值本质上是组合的，即一个特定数据集对企业的价值取决于其他（潜在相关的）数据集的可用性，而如何为具有相关信号的数据集合定价并不直观；第三，预测任务和预测精度增加的价值在不同企业或行业之间差别巨大，例如预测精度增加10%对于对冲基金最大化利润和物流公司试图降低库存成本的价值大不相同。

2.2.2 数据产权的来源

数字产业化和产业数字化是数字经济与实体经济融合发展的核心驱动力量，也是数字经济助力高质量发展的重要路径。物联网、在线平台和数据分析等技术的出现使得数字产品和数字服务作为数字经济的一部分内容快速增长。另外，数据正成为新型资产形式，从智能制造、智能家居到智慧城市，从生产经营到分销，从消费平台到企业系统，如果没有数据，这些技术和组织就无法正常运作，更不必说创造价值。通过技术层面的功能开发和应用拓展，数据要素渗透在产业链多个环节，并与生产经营活动结合，产业融合发展的过程促进了数据资产的价值创造。

2.2.2.1 基于数字资产功能视角

一是数据资产作为商品和服务产品的投入。二是数据作为信息传递的介质。三是数据资产作为企业核心战略资源。具体而言，一方面企业利用自身数据资产和数据分析能力可以为不同消费者群体提供增值和个性化服务。如，阿里巴巴旗下商家服务市场提供了网店设计、账户管理、交易数据分析（访客指标、每日流量变化、日销量变化等）、营销推广等服务选择，帮助卖家在其交易平台提高交易效率；另一方面，结合支付宝等支付平台用户数据建立信用评分模型，进而对客户消费行为、交易历史、信用评级等进行综合分析，便于提供金融服务。来自于客户需求端的数据可以更好地追踪了解需求变化，以更好地满足消费者支付意愿实现价值创造。因此，对数据资产的合理配置和使用可以提高企业能力，有助企业及时响应环境变化去协调或重新配置资源，从而提升竞争力以获得持续发展。

2.2.2.2 基于市场主要参与者视角

一是消费者互动参与价值创造。数字产品和服务的用户作为消费者决定了产品和服务使用价值的最终实现，而基于用户企业双向互动的数据价值共创使得用户在数据资产价值创造中发挥网络效应，使得数字企业可以通过用户贡献及其吸引其他用户的行为积累大量数据。如互联网平台上集聚的用户参与评论为后续消费者的决策提供群体参考价值，高德地图中用户实时共享路面情况为交通畅行提供及时有效的信息共享。二是数据资产驱动科学决策。在企业生产和产品交换流通的各环节，数据与劳动、资本、管理等其他生产要素协同作用，发挥提高资源配置效率、降低成本的作用。三是数据资产驱动下的降本增效。在企业生产和产品交换流通的各环节，数据与劳动、资本、管理等其他生产要素协同作用，发挥提高资源配置效率、降低成本的作用。四是政府部门通过数据资产提高公共服务水平。政府部门在行使公共职能的过程中产生并收集、沉淀了大量数据，这些数据总和共同构成了政府数据资产。公共部门作为拥有大量数据资产的社会主体，在经济社会发展过程中利用数据掌握和配置使用发挥服务及引导作用。

2.2.2.3 基于产业结构调整升级视角

数字产业化主动发挥价值创造功能。数据资产作为核心资产，与核心技术协同主动发挥价值创造功能。首先，技术快速革新下诞生的创新数字产品和数字服务，其商业模式相对传统，在这一场景下，数据作为商品或服务本身可以被直接出售或许可使用，其价值来源于数据本身，企业也多为数据中介机构，这种传统模式下的数字资产价值比较容易衡量。其次，在传统商业模式基础上延展出数字赋能型的新场景和产业生态，通过充分利用数据及相关技术进行资源整合实现增值，将数据转化为“数字智能”，其中就包括依赖数据和数据分析来匹配用户和产品/服务供应商的在线平台，通过获得客户授权访问数据信息，在此基础上提供定制数字服务来实现数据资产价值转化。这种模式下，企业掌握了大量用户数据并以数据作为主要生产要素，充分利用并挖掘出潜在的商业信息、建立用户画像。

产业数字化促进融合创新。在数据驱动下，传统产业实现数字化转型，但核心业务并不发生改变，数据要素从数据资源和数字技术两方面助力赋能产业数字化转型升级，并在这一过程中通过替代效应和协同融合效应促进数据资产价值和全产业价值融合的实现。一方面，数据要素能够在一定程度上替代传统生产要素。另一方面，数据资产协同企业其他资源共同创造价值，将以往单一的供给导向、产品导向转向以客户为中心的产品+服务方向，利用数据资产引导传统产业向智能化、柔性化生产过程转变，推动企业价值链重构。同时，数字资产促进组织边界的改变。

2.2.2.4　基于数字资产市场化法治化改革视角

数据要素极为重要，必须重视数据要素市场的发展，更为合理地挖掘数据资源、提高数据利用效率。但也要看到，当前我国数据要素市场化发展仍面临不少问题和挑战。首先，数据的资产地位在法律层面尚未确立，数据没有法定的资产身份，这对数据要素市场的发展形成了制约。由于不能被作为法定资产，数据的资产价值无法体现在会计报表上。由于国家没有涉及数据权属问题的法律法规，现实中关于数据怎么确权争议很大，因为数据资源参与的主体多、权利关系复杂，在现有框架下难以有效解决复杂的数据确权问题。其次，存在数据资源的垄断现象。现实中的数据质量往往参差不齐，标准化数据采集难度大、成本高，数据市场存在的壁垒导致数据市场存在垄断现象，这不利于数据进行共享。最后，数据流通交易与隐私保护之间的矛盾日益突出，涉及数据存储管理风险、信息泄露风险等的安全问题频频爆发。

在经济数字化、数据经济化的必然趋势下，促进数字经济发展，充分发挥数据要素对其他要素效率的倍增作用，必须加快数据要素市场化配置改革。

加快数据立法，营造良好环境。以法律的形式确立数据作为生产要素和生产资料的法律定位，为数据的生产、流通、共享、使用等营造良好环境，这是实现数据要素市场化配置的前提。通过数据立法，明确数据权属的主体资格，明确规定数据的收集、使用、管理权限，明确各类经营者收集数据的合法途径，平衡数据利用与数据保护。通过制定国家层面数据开放及共享的法律制度，明确数据开放及共享的范围、标准、条件、方式、责任等。在《反不正当竞争法》等法律法规中明确商业数据的流通规则，对损害企业商业利益、信息网络安全、用户隐私、社会公共利益的数据不当获取及使用行为予以规制，以维护正常的数据流通市场秩序。建立健全个人信息保护、数据跨境流动、关键信息基础设施保护、数据安全防护等制度，通过对数据平台基础设施层、数据层、应用层进行实时监控，实现安全防护与预警、安全监控与分析、事件响应及处置的有效结合。完善数据犯罪相关立法，明确数据窃取、滥用与误用的刑事责任，加大对危害数据安全行为的惩戒力度。

2.3 数字经济的定义与特征

从技术经济范式的角度看，科技产业革命特别是关键技术创新将深入影响宏微观经济结构、组织形态、运行模式，进而形成新的经济社会格局。当代经济社会正处于从传统的技术经济范式向数字技术经济创新应用推动的数字经济范式转变。从信息经济概念到数字经济概念的使用变化上可以看到这一转变过程的不断深化。①

2.3.1 数字经济概念内涵

2.3.1.1 数字经济概念历史沿革

信息经济概念的提出：数字技术——经济范式肇始。20 世纪 40 年代微电子领域取得重大技术突破，第二代晶体管电子计算机和集成电路得以发明。人类的知识和信息处理能力大幅提高，数字技术对经济生活的影响初步显现。回顾 1962 年马克卢普的“信息经济”概念的提出，正是以 20 世纪五六十年代的这次数字技术创新为大背景的，马克卢普深刻认识到“向市场提供信息产品或信息服务的那些企业”是一种重要的经济部门，信息经济概念由此诞生。随着数字技术的广泛渗透，信息经济概念被广泛使用并且内涵不断丰富。20 世纪七八十年代，大规模集成电路和微型处理器的发明，软件领域的革命性成果都加速了数字技术扩散，数字技术与其他经济部门交互发展不断加速。马克・波拉特在 1977 年指出，除了马克卢普所说的“第一信息部门”外，还应包括融合信息产品和服务的其他经济部门，就是其所说的“第二信息部门”，数字技术创新与其他经济部门融合渗透，经济社会影响进一步深化。

“数字经济”一词最早出现于 20 世纪 90 年代，因美国学者唐・泰普斯科特（Don Tapscott）1996 年出版的《数字经济：网络智能时代的前景与风险》一书而开始受到关注，该书描述了互联网将如何改变世界各类事务的运行模式并引发若干新的经济形式和活动。② 2002 年，美国学者金范秀（Beomsoo Kim）将数字经济定义为一种特殊的经济

---

① 中国信息通信研究院．中国数字经济白皮书（2017）.

② Don T. *The Digital Economy* [M]. New York：McGraw Hill Companies，1996.

形态，其本质为“商品和服务以信息化形式进行交易”①。可以看出，这个词早期主要用于描述互联网对商业行为所带来的影响，此外，当时的信息技术对经济的影响尚未具备颠覆性，只是提质增效的助手工具，数字经济一词还属于未来学家关注探讨的对象。

数字经济概念的提出：数字技术——经济范式跃迁。20 世纪八九十年代互联网技术日趋成熟，随着互联网的广泛接入，数字技术与网络技术相融合，数字经济特征发生了新的变化，全球范围的网络连接生成的海量数据，超出之前分散的终端所能处理的能力，云计算、大数据等数字技术快速发展。20 世纪 90 年代数字技术快速从信息产业外溢，在加快传统部门信息化的同时，不断产生新生产要素，形成新商业模式，电子商务成为最为典型的应用。电子商务等新业态、新模式甚至超越了波拉特提出的“第一信息部门”和“第二信息部门”，这时需要一个新的概念来描绘数字经济发展模式的新变化。正是在这样的技术背景和应用背景下，随着尼葛洛庞蒂的《数字化生存》一书的热销，数字化概念首先兴起。② 1996 年美国学者泰普斯科特在《数字经济时代》中正式提出数字经济概念，1998 年、1999 年、2000 年美国商务部先后出版了名为《浮现中的数字经济》（Ⅰ，Ⅱ）和《数字经济》的研究报告。③ 世纪之交数字经济概念的出现、传播并被广泛接受，是数字经济快速发展与广泛应用的背景下，数字技术经济范式朝着更广泛、更深入、更高级发展的表现，将带来经济社会面貌更为深刻的巨变。

2.3.1.2 数字经济的定义与内涵

随着信息技术的不断发展与深度应用，社会经济数字化程度不断提升，特别是大数据时代的到来，数字经济一词的内涵和外延发生了重要变化。当前广泛认可的数字经济定义源自 2016 年 9 月二十国集团领导人杭州峰会通过的《二十国集团数字经济发展与合作倡议》，即数字经济是指以使用数字化的知识和信息作为关键生产要素、以现代信息网络作为重要载体、以信息通信技术的有效使用作为效率提升和经济结构优化的重要推动力的一系列经济活动。④

数字经济是继农业经济、工业经济之后的更高级经济阶段。我们认为数字经济是以数字化的知识和信息为关键生产要素，以数字技术创新为核心驱动力，以现代信息网络为重要载体，通过数字技术与实体经济深度融合，不断提高传统产业数字化、智能化水平，加速重构经济发展与政府治理模式的新型经济形态。

数字经济概念蕴含丰富内涵，需从多方面深刻认识。

第一，数字经济包括数字产业化和产业数字化两大部分。一是数字产业化，也称为

---

① Kim B, Barua A, Whinston A B. Virtual field experiments for a digital economy: a new research methodology for exploring an information economy [J]. *Decision Support Systems*, 2002, 32 (3): 215 – 231.

② 对此的一个简述参见：Negroponte N, Harrington R, McKay S R, et al. Being Digital [J]. *Computers in Physics*, 1997, 11 (3): 261 – 262.

③ 对此的研究参见：胡曙光.《浮现中的数字经济》评介 [J]. 经济理论与经济管理, 1999 (1): 75.

④ 高晓雨. 二十国集团峰会及其数字经济议题探析 [J]. 中国信息化, 2020 (7): 5 – 8.

数字经济基础部分，即信息产业，具体业态包括电子信息制造业、信息通信业、软件服务业等；二是产业数字化，即使用部门因此而带来的产出增加和效率提升，也称为数字经济融合部分，包括传统产业由于应用数字技术所带来的生产数量和生产效率提升，其新增产出构成数字经济的重要组成部分（见图 2－1）。

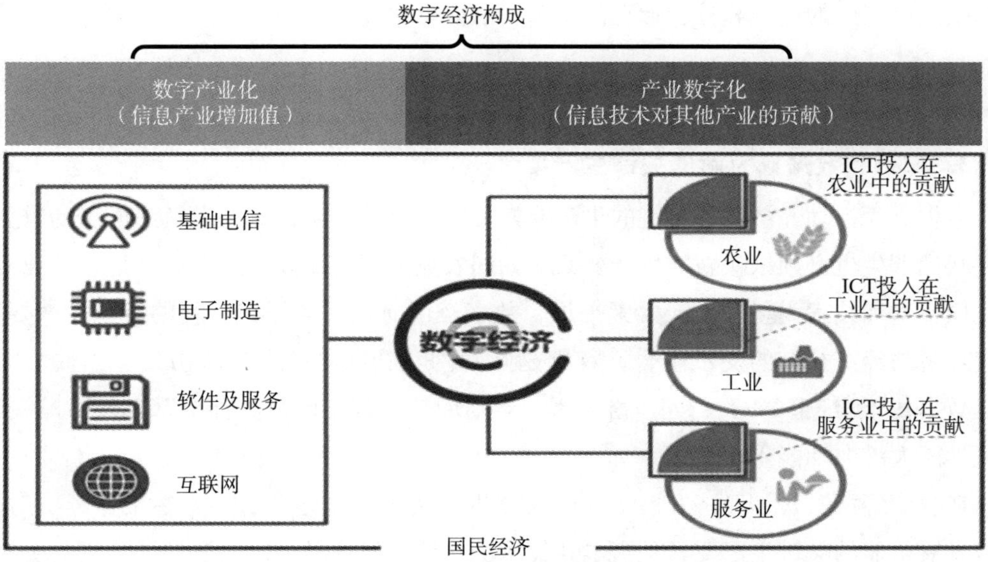

图 2－1　数字经济构成

第二，数字经济超越了信息产业部门的范围。20 世纪六七十年代以来，数字技术飞速进步促使信息产业崛起为经济中创新活跃、成长迅速的战略性新兴产业部门。但应充分认识到数字技术作为一种通用目的技术，可以成为重要的生产要素，广泛应用到经济社会各行各业，促进全要素生产率的提升，开辟经济增长新空间，这种数字技术的深入融合应用全面改造经济面貌，塑造整个经济新形态，因此不应将数字经济只看作信息产业。

第三，数字经济是一种技术经济范式。数字技术具有基础性、广泛性、外溢性、互补性特征，将带来经济社会新一轮阶跃式发展和变迁，推动经济效率大幅提升，引发基础设施、关键投入、主导产业、管理方式、国家调节体制等经济社会最佳惯行方式的变革。如伴随互联网与电信技术的快速发展与融合，互联网企业、电信运营商和手机终端设备产业出现跨界竞争现象，移动互联网使互联网不再被办公场所限制，深刻改变了人类的生活方式。数字经济技术范式具有三大特征：数字化的知识和信息是最重要的经济要素，数字技术有非常强烈的网络化特征，数字技术重塑了经济与社会。

第四，数字经济是一种经济社会形态。数字经济在基本特征、运行规律等维度出现根本性变革。对数字经济的认识，需要拓展范围、边界和视野，使之成为一种与工业经济、农业经济并列的经济社会形态。需要站在人类经济社会形态演化的历史长河中，全面审视数字经济对经济社会的革命性、系统性和全局性影响。

第五，数字经济是信息经济、信息化发展的高级阶段。信息经济包括以数字化的知识和信息驱动的经济，以及非数字化的知识和信息驱动的经济两大类，未来非实物生产要素的数字化是不可逆转的历史趋势，数字经济既是信息经济的子集，又是未来发展的方向。信息化是经济发展的一种重要手段，数字经济除了包括信息化外，还包括在信息化基础上所产生的经济和社会形态的变革，是信息化发展的结果。

2.3.2 数字经济的特征

2.3.2.1 数据成为新的关键生产要素

数据成为推动经济发展关键的生产要素。历史经验表明，每一次经济形态的重大变革，必然催生也必须依赖新的生产要素。如同农业经济时代以劳动力和土地、工业经济时代以资本和技术为新的生产要素一样，数字经济时代，数据成为新的关键生产要素。数字经济与经济社会的交汇融合，特别是互联网和物联网的发展，引发数据爆发式增长。数据每年增长50%，每两年翻一番。迅猛增长的数据已成为社会基础性战略资源，蕴藏着巨大潜力和能量。①

在农业经济时代，经济发展依靠的关键生产要素是土地和劳动；在工业经济时代，经济发展依靠的关键生产要素是资本和技术；在数字经济时代，经济发展依靠的关键生产要素是数据。数据是未来企业和国家之间竞争的核心资产，是“未来的新石油”。农业经济和工业经济时代的关键生产要素，面临着稀缺性的制约。然而，当数据成为一种关键的生产要素，只要有人的活动，数据的生产就是无穷尽的，加之数字化技术可复制和共享，从根本上打破了稀缺性生产要素的制约，成为推动经济持续发展的根本保障。

数据存储和计算处理能力飞速进步，数据的价值创造潜能大幅提升。20世纪90年代以来，数字化技术飞速发展，如今人类95%以上的信息都以数字格式存储、传输和使用，同时数据计算处理能力也提升了上万倍。数据开始渗透进入人类社会生产生活的方方面面，推动人类价值创造能力发生新的飞跃。由网络所承载的数据、由数据所萃取的信息、由信息所升华的知识，正在成为企业经营决策的新驱动、商品服务贸易的新内容、社会全面治理的新手段，带来了新的价值增值。更重要的是，相比其他生产要素，数据资源具有的可复制、可共享、无限增长和供给的禀赋，打破了传统要素有限供给对增长的制约，为持续增长和永续发展提供了基础与可能，成为数字经济发展新的关键生产要素（见图2-2）。

① 参见中国信通院发布的《中国数字经济发展白皮书》(2017)。

（1）数据成为新的生产要素；
（2）新的技术经济范式（数字技术—经济范式）正在形成。

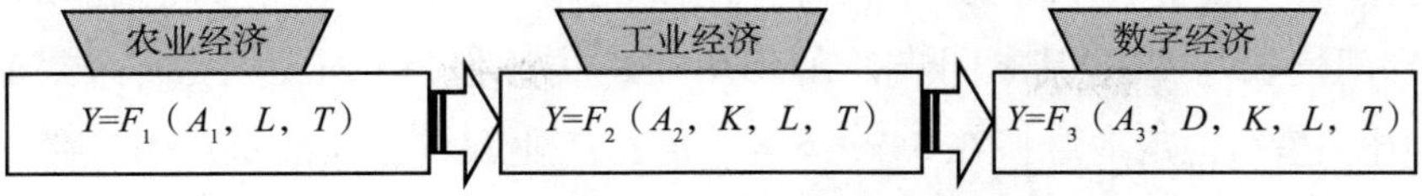

图 2 -2　经济形态与生产要素变革

注：Y：经济产出；F：生产函数（含组织形态、政府管理等）；A：技术进步；L：劳动力；T：土地；K：资本；D：数据要素。

2.3.2.2　数字技术为创新提供源源不断的动力

数字技术创新活跃，不断拓展人类认知和增长空间，成为数字经济发展的核心驱动力。人类经济社会发展从来不是渐进的平稳过程，少数重大事件决定了历史新阶段的到来。通用目的技术的进步和变革是推动人类经济社会阶跃式发展的核心动力。数字技术的创新进步和普及应用，正是当下时代变迁的决定性力量。区别于以往的通用目的技术，数字技术进步超越了线性约束，呈现出指数级增长态势。数字技术能力提升遵循摩尔定律，每 18 个月综合计算能力提高一倍，存储价格下降一半、带宽价格下降一半等产业现象持续印证摩尔定律效果。联入网络的用户和设备的价值遵循梅特卡夫定律，数字经济价值呈现指数型增长，这进一步推动了数字经济快速成长。近年来，大数据、物联网、移动互联网、云计算等数字技术的突破和融合发展推动数字经济快速发展。人工智能、虚拟现实、区块链等前沿技术正加速进步，产业应用生态持续完善，不断强化未来发展动力。此外，数字技术加速与制造、生物、能源等技术融合，带动群体性突破，全面拓展人类认知和增长空间。

此外，数字基础设施成为新的基础设施。在数字经济时代，数据成为推动经济发展的关键生产要素，改变了基础设施的形态，数字基础设施成为新的生产要素。一方面是加大投入资金，推动无线网络、云计算、宽带、云储存等信息基础设施的普及和推广，加大对劳动者数字素养的培训；另一方面是利用数字化技术，对传统的基础设施进行数字化改造，通过在传统基础设施上安装传感器，实现数字化转型。

2.3.2.3　信息产业的基础性先导性作用突出

每一次科技变革和产业革命中，总有一些产业是基础性先导性产业，它们率先兴起、创新活跃、发展迅速、外溢作用显著，引领带动其他产业创新发展。与交通运输产业和电力电气产业成为前两次工业革命推动产业变革的基础先导产业部门类似，信息产业是数字经济时代驱动发展的基础性先导性产业。

信息产业早期快速扩张，现今发展渐趋稳定，已成为支撑国民经济发展的战略性部门。1978 年，全球信息产业增加值占 GDP 的比重为 1.5%，2000 年上升为 3.4%，2006 年达到 4.3%。从 20 世纪 70 年代到 21 世纪初，美国信息产业增加值占 GDP 的比重提高了近1倍。[①]

20世纪90年代以来，欧盟、日本、韩国的这一比重也明显上升。进入新世纪后，信息产业部门增长与GDP基本同步，在GDP中的占比保持稳定，经济合作与发展组织（OECD）国家基本稳定地维持在3%～6%。信息产业领域创新活跃，引领带动作用强。数字技术是技术密集型产业，动态创新是其基本特点，强大的创新能力是竞争力的根本保证。受此驱动，信息产业成为研发投入的重要领域。据OECD数据显示，近年来，世界几乎半数主要国家的信息产业领域研发投资占全部投资的比重达到20%，韩国、中国台湾、以色列、芬兰等几个领先国家和地区甚至超过了40%。信息产业领域密集的研发投资也带来丰厚的创新产出。以世界平均水平为例，信息产业领域的专利占比达到39%，金砖国家的这一比例甚至达到了55%。[②]

2.3.2.4 产业融合是推动数字经济发展的主引擎

纵观历史，先导性产业部门占经济总量的比重日趋减少，通用目的技术与产业融合越来越成为经济发展的主引擎。在第一次工业革命时期，英国的纺织等先导性产业占经济总量的比重一度超过40%，到了第二次工业革命时期，美国的化工等先导性产业部门占经济总量的比重下降到20%左右，如今在数字经济革命阶段，主要国家信息产业等先导性部门的比重稳定在6%左右。[③] 数字经济在其他产业领域的应用带来的效率增长和产出增加已成为推动经济发展的主引擎。近年来，数字经济正在加快向其他产业融合渗透，提升经济发展空间。一方面，数字经济加速向传统产业渗透，不断从消费向生产、从线上向线下拓展，催生O2O（在线离线/线上到线下，Online To Offline）、分享经济等新模式新业态持续涌现，提升消费体验和资源利用效率。另一方面，传统产业数字化、网络化、智能化转型步伐加快，新技术带来的全要素效率提升，加快改造传统动能，推动新旧动能接续转换。传统产业利用数字经济带来的产出增长，构成数字经济的主要部分，成为驱动数字经济发展的主引擎。

2.3.2.5 平台化生态化成为产业组织的显著特征

平台成为数字经济时代协调和配置资源的基本经济组织，是价值创造和价值汇聚的核心。一方面，互联网平台新主体快速涌现。商贸、生活、交通、工业等垂直细分领域平台企业发展迅猛。1995～2015年，平台企业的市值从167亿元上升到2.56万亿元，增长超过150多倍。[④]另一方面，传统企业加快平台转型。传统IT巨头向平台转型，微软2016年并购职场社交平台领英，将微软的IT技术优势与平台融合，打造更为互联、更加智能的生态系统。传统制造企业也开启平台化转型，如传统建筑机械企业三一重工大力开发树根互联工业互联网平台，如今已接入超过23万台设备，实时采集5 000多个

---

①②④ 参见中国信通院发布的《中国数字经济发展白皮书》(2017)。

③ 参见中国煤炭工业协会报告《两化融合如何带动数字经济发展 四大举措拓展发展新空间》。

运行参数，能为客户提供精准的大数据分析、预测、运营支持及商业模式创新服务。①

平台推动产业组织关系从线性竞争到生态共赢转变。工业经济时代，作为价值创造的主体，传统企业从上游购买原材料，加工后再向下游出售产成品，是线性价值创造模式。企业经营目标是消灭竞争对手，并从上下游企业中获取更多利润。在平台中，价值创造不再强调竞争，而是通过整合产品和服务供给者，并促成它们之间的交易协作和适度竞争，共同创造价值，以应对外部环境的变化。这表明平台在本质上是共建共赢的生态系统。不论是新兴平台企业还是传统转型企业，在发展中，都广泛采取开放平台策略，打造生态系统，以增强平台的吸引力和竞争力。如腾讯通过开放平台策略，吸引了多名开发者入驻，极大提升了平台的生命力。

因此，在数字经济带来的平台化趋势下，经济中的供给和需求的界限日益模糊。从传统的经济形态看，供给侧和需求侧相互分离。工业化早期物质比较稀缺，需求的满足取决于供给的产品，著名的“萨伊定律”认为供给自动创造出需求，表达了物质尚为稀缺的时代，供给侧和需求侧之间的关系。即便是经济发展到一定阶段，已基本解决了稀缺的问题，完全按照消费者的需求来生产相关产品，在技术和效率层面也不可能，供给侧和需求侧分离的关系并没有改变。然而，到了数字经济时代，数字化技术的成熟，推动供给侧和需求侧逐渐走向融合。

2.3.2.6 线上线下一体化成为产业发展的新方向

数字经济时代，数字经济不断从网络空间向实体空间扩展边界，传统行业加快数字化、网络化转型。一方面，互联网巨头积极开拓线下新领地。面对科技革命和产业变革大趋势，全球信息网络巨头正在加快战略布局，大规模向实体经济扩展。2016 年以来，阿里巴巴先后入股三江购物，与百联、日日顺合作，成为联华二股东，与现代物流和实体零售企业结合在一起，共同打造线上线下一体化新零售。另一方面，传统行业加快从线下向线上延伸，获得发展新生机。制造业领域的巨头企业，正在基于网络再造公司，通过建立平台生态系统，加快数字化、网络化转型，拓展新时期的生存和发展空间。海尔利用数字技术改造企业全系统全流程，实施互联工厂，大幅提升整体效率，产品开发周期缩短 20% 以上，交货周期缩短一半以上。

线上线下融合发展聚合虚拟与实体两种优势，升级价值创造和市场竞争维度。工业经济时代，价值创造和市场竞争都在实体空间中完成，易受到物理空间和地理环境的约束。数字技术对人类社会带来的重大变革是创造了一个新世界：赛博空间（Cyberspace）。它为价值创造和市场竞争开辟了一个新的维度。在制造领域，虚拟实体融合重塑制造流程，提升制造效率。依托日益成熟的网络物理系统技术，越来越多的企业在赛博空间构建起虚拟产线、虚拟车间和虚拟工厂，实现产品设计、仿真、试验、工艺、制

---

① 参见树根互联报道《树根互联联合三一重工打造工业互联网服务平台》，https：//www.rootcloud.com/knowledge/case18.html。

造等活动全部在数字空间完成，重建制造新体系，持续提升制造效率。制造业数字化、网络化、智能化转型就是虚拟实体融合制造的典型应用。在流通领域，线上线下融合丰富市场竞争手段，重塑零售模式，提高零售效率。线上交易消除时空界限，释放长尾需求，线下交易丰富用户感知，提升体验，线上线下融合的新零售聚合两种优势，满足用户多样化多层次需求。

2.3.2.7 多元共治成为数字经济的核心治理方式

数字经济时代，社会治理的模式发生深刻变革，过去政府单纯监管的治理模式加速向多元主体协同共治方式转变。数字经济是一个复杂的生态系统，海量主体参与市场竞争，线上线下融合成为发展常态，跨行业跨地域竞争日趋激烈，导致新问题层出不穷，老问题在线上被放大，新老问题交织汇聚，仅依靠政府监管难以应对。将平台、企业、用户和消费者等数字经济生态的重要参与主体纳入治理体系，发挥各方在治理方面的比较优势，构建多元协同治理方式，已成为政府治理创新的新方向。平台成为数字经济时代协调和配置资源的基本单元，对平台之上的各类经济问题，平台有治理责任和义务，也有治理优势。将平台纳入治理体系，赋予其一定的治理职责，并明确其责任边界，已经成为社会各界共识。数字经济时代，激发用户和消费者参与治理的能动性，形成遍布全网的市场化内生治理方式，可有效应对数字经济中分散化海量化的治理问题。

2.3.3 数字经济的运行机理

数字经济能够降低实体经济成本、提升效率、促进供需精准匹配，使现存经济活动费用更低，并激发新业态新模式，使传统经济条件下不可能发生的经济活动变为可能，推动经济向形态更高级、分工更精准、结构更合理、空间更广阔的阶段演进。

2.3.3.1 经济运行成本大幅降低

一是大幅降低信息获取成本。数字经济改变了传统获取信息的手段和方式，大大降低经济主体获取相关信息的费用。如近年来网络提速降费取得积极进展，2016 年底八项降费举措惠及客户，中国移动流量资费由 2015 年底的 1.35 亿户扩大到 4.1 亿户，流量单价降低 34.7%。[①]

二是大幅降低资源匹配成本。数字经济打通线上线下两个空间，大幅降低资源发现、契约签订、监督实施费用，并解决主体间信息不对称问题。贵州“货车帮”开发“中国公路物流 GPS 运力资源整合平台”，运用互联网和大数据技术，极大减少公路物流运输资源浪费。2016 年前三个季度，使贵州省货车空载率减少 6%，物流成本降低 5%，为企业节省成本 500 亿元。[②]

---

① 参见中国移动通信集团公司《2016 年下半年服务质量状况报告》。

② 参见贵州“降成本”为企业减负近 500 亿元 [EB/OL]. 中国政府网，http://www.gov.cn/xinwen/2016-10/25/content_5124000.htm，2016-10-25.

三是大幅降低资本专用性成本。数字经济有效解决企业固定资产或人力资本用于特定用途后，不能经济性用于其他用途的问题。沈阳 i5 机床依托互联网，提供产品租赁、个性化定制等新型服务模式，客户无须一次性拿出大笔资金购买设备，只需支付部分定金，就可以接单生产，最大程度摊薄专用性资本购买和使用成本。

四是有效降低制度性交易成本。数字经济为降低企业因遵循政府各种制度、规章而需付出的成本提供有效手段和可行途径。浙江省长兴县利用“互联网 + 政务服务”新模式，实现企业证照登记全程电子化，生产许可证从初审时限 5 天压缩至 3 天，内资企业设立从 20 天压缩至 3 ~ 5 天，股份公司设立当场办结，为项目落户开辟“绿色通道”，降低企业新建门槛。

2.3.3.2 经济运行效率显著提升

一是不断深化产业专业化分工。专业化带来的效率改进与由此引发的交易费用决定了专业化分工程度。数字经济大幅降低交易成本，导致专业化分工日趋精细化、精准化，产业分工、产品分工、模块分工日趋深化。“众包”改变了以前只有大型物件，如飞机、汽车等才能实现生产分工的情况，把更多过去由企业内部执行的工作任务，以自由自愿形式外包给非特定大众网络，让专业的人做专业的事，通过专业化分工提升运行效率。

二是提升企业间生产协同水平。实体经济通过利用数字经济，将分散生产的实体组织在一起，相互配合、协调一致地工作，以完成单一实体不能完成或不经济的任务，实现总体效益优于单独效益之和。内蒙古“网络协同制造云平台”通过实施数控机床设备数字化改造，构建设备智能互联网络，搭建开放共享的协同设计与制造平台，2016 年实现 400 台套数控集装联网规模，并推动 30% 联网企业开展协同设计，40% 以上联网设备承接网络订单，在西部地区率先开创“推倒企业围墙、打破区域界限”的现代制造新局面。①

三是助力实现供需精准匹配。数字经济能够把市场信号更快、更准确地传递到供给侧，把优质商品信息更高效、更便捷地交换到需求端，从而通过线上的方式实现供需精准匹配。找塑料网创新代加工（OEM）模式，将需求与供给精准对接，实现按需生产、个性化定制生产；青岛红领通过互联网，让消费者只需动动鼠标，就能获得个性化正装，真正让企业掌握需求后进行精准供给，大幅提升生产效率。

2.3.3.3 经济组织方式创新不断涌现

一是企业新型生产、管理、营销组织模式加速变革。工业革命所带来的规模经济和技术进步导致组织科层化和一体化，而数字革命所带来的交易费用下降促进组织扁平化分散化。工业经济时代纵向一体化组织开始瓦解，企业间网络、平台生态体系等柔性生

---

① 参见中国信通院发布的《中国数字经济发展白皮书》（2017）。

产组织方式快速发展，产业组织也开始从寡头、垄断竞争向更加充分的竞争演进。

二是新型组织形态不断产生和快速发展。数字经济在实体经济中应用日趋深化，产业界积极推动平台化、生态化发展。本世纪以来，平台企业加速壮大，全球市值最高的十家公司中，20 年前没有一家平台企业，10 年前仅有微软 1 家，2016 年已有 6 家。苹果、谷歌、微软等平台企业的市值超过美孚石油、强生等老牌跨国企业；传统产业加快向平台转型，GE 打造 Predix 平台和多样工业 App 应用，对航空、医疗、风电等智能设备进行远程监控和服务，大幅提升运行效率和价值空间；新兴产业迅速崛起，分享经济、智能制造等新业态席卷全球，95% 以上独角兽企业属于数字经济领域，2008 年成立的 Airbnb 公司的估值在 2016 年高达 300 亿美元，超越百年企业希尔顿。①

2.3.3.4 实体经济形态加速重构

一是智能化基础设施成为国民经济发展的重要支撑。信息网络加快向高速移动安全泛在方向发展，新一代高速光纤网络、高速无线宽带加快普及，5G 和超宽带技术研究深入推进；物联网广泛应用，越来越多的设备、终端等接入信息网络；数字经济与传统电网、公路网、铁路网等深度融合，正在形成万物互联、泛在感知、空天一体的智能化综合信息基础设施，极大地提升经济活动的网络化、数字化、智能化水平和运行效率，成为支撑经济发展不可或缺的重要基础设施。

二是“数字技术—经济范式”加速形成。数字经济与各行业各领域融合渗透，有力推动传统产业技术进步，引发新工业革命，传统产业发展理念、业务形态和管理模式发生深刻变革，新的技术经济范式加速形成。以智能制造为例，数字经济融合应用带来产品、机器、人从封闭走向开放，从客户需求实时感知能力到产业链、创新链的快速响应，从资源碎片化、在线化、再重组到新技术新产业新业态新模式创新发展，数字经济正驱动新型经济范式加速构建。

三是数字经济成为重塑经济发展模式的主导力量。数字化的知识和信息成为驱动放大全部生产力的“乘数型”生产力，成为重塑经济结构和提升生产率的主导力量。近年来，数字经济与传统产业融合创新推动 O2O、分享经济等新形态持续涌现，智能制造、工业互联网等新业态快速兴起，精准农业、农村电商等新模式方兴未艾。

2.3.3.5 数字经济体系架构

数字经济发展就是要全面提升数字经济生产力，改善生产关系，利用数字经济改造提升传统产业、培育壮大新兴产业，并着力构建适应新技术新产业新业态新模式发展的市场框架和制度保障。按照技术对经济社会的影响维度，“技术—经济范式”由关键生产要素、经济社会技术需求以及技术应用环境保障三个方面因素构成。

一是“关键生产要素”。新“技术—经济范式”的形成，首先是通过“关键生产要

① 王思宇．从投资角度拆解估值 300 亿美元的 Airbnb［EB/OL］．环球旅讯，https：//m. traveldaily. cn/article/109144，2016 - 11 - 16.

素”变迁实现，其决定着技术—经济范式的特征并成为划分不同类型技术—经济范式的依据。“关键生产要素”是技术—经济范式中的“一个特定投入或一组投入”，其可能表现为某种重要的生产要素、技术、基础设施等。在数字经济中，“关键生产要素”包括数据、数字技术、综合信息基础设施等。

二是经济社会对于技术的需求。市场需求推动技术范式的演进。首先，新技术要成为技术范式，必然要适应市场需要。只有适应市场需要的新技术，才能获得一定市场份额，成为企业追踪的对象。从这个意义上讲，可能最终成为技术范式的新技术不是纯粹在技术的某个单一维度上的最优，而是一个基于市场主体需要的技术统一体。在新技术刚出现时，它可能在功能上不如原有技术完善，只能适应某些新的市场缝隙的特殊需要。但是，新环境里大量可以支持新技术飞速发展的资源，例如，顾客的需要，会诱使新技术功能日趋完善。如果成为技术范式的新技术随着外部环境的变化，失去了解决技术经济问题的功能、不能适应市场需要时，它也会被新的技术范式挤出主流市场，甚至被完全替代。可见，市场需求不仅可催生技术范式产生，还会促进技术范式转移。在数字经济中，传统产业对数字经济的需求是数字经济能否快速增长的决定因素。按照行业分类维度，将其分为工业、农业、服务业及公共服务对于数字经济的需求。

三是保障数字经济发展的环境因素。高技术本身的发展要遵循一定的科学规律，而高技术产业发展除了遵循技术本身的规律之外，还必须遵循一定的经济规律。良好的制度环境和高效率的市场组织对产业的发展至关重要。制度具有降低交易成本、提供激励机制、为经济提供服务、为实现合作创造条件等基本功能，在技术创新中的作用巨大。世界各国对高技术产业的发展都采取了种种优惠和鼓励措施。从成功的经验来看，其高技术产业之所以能够取得较快发展，就在于这些国家和地区经过多年的探索，已经在促进高技术产业发展方面形成了一整套比较有效的投资、产权、激励制度，从而调动了创业者的积极性。例如，风险投资制度激发了人们投资高技术产业的热情，有限合伙制度较好地解决了普通投资者的收益和风险平衡问题，从而有效地解决了高技术企业的融资困难。同时，政府优惠的财税政策、提供的贷款担保和直接的资金扶持对高技术产业的发展也发挥了巨大的作用。因此，我国要发展数字经济，就必须落实各项改革措施，建立起有利于高新技术以及相关产业发展的制度，有效的市场安排、制度安排和良好的发展环境是推进高技术产业和推动技术进步持久不衰的动力。

◎ 本章提要

数据是通过观测得到的数字性的特征或信息，具有变异性和规律性的特点。大数据由巨型数据集组成，这些数据集大小常超出人类在可接受时间下的收集、庋用、管理和处理能力，深刻地影响和改变了各行各业。数据大致可以分为结构化、半结构化和非结构化三类。数据的来源可分为第一方、第二方和第三方三类。数据具有数量巨大、处理速度快、种类多样、准确可靠和交付价值的特点，这也构成了数据作为一种资产的要素价值。数据产权源于数据资产的价值属性、资产属性和专用性特征等因素，可以从数字资产功能、市场参与需要、产业结构变迁、法制体系改革等视角进行解读。

综合上述分析，结合当前数字经济发展的重点任务，并考虑数字经济长远发展基础，数字经济体系框架可以概括为“一基四柱三保障”。“一基”指新的要素，包括数字技术创新能力，数据、数字人才等生产要素，网络基础设施演进升级等。“四柱”指工业、农业、服务业、公共服务的数字化转型，包括工业智能化转型、农业精准化生产、服务业数字化创新、公共服务数字化。工业数字化包括工业数字化转型的基础、工业企业数字化转型能力、工业企业数字化转型服务支撑等。农业数字化包括农业生产方式、经营方式、管理方式的网络化、智能化，农业精准化、集约化发展等。服务业数字化包括生产性服务业数字化，以及生活性服务业数字化创新等。公共服务数字化包括数字公共服务供给模式创新，数字公共服务均等化等。“三保障”包括市场保障、治理保障、发展保障。市场保障包括数字经济市场主体关系、市场交易体系、市场竞争秩序，数字经济发展的国内市场体系及全球市场空间。治理保障包括政策法规动态调整，政府监管、政策引导、法律框架等。发展保障包括政策法律保障、风险防范，网络安全水平等。

◎ 概念复习

数据与大数据　数据要素价值　数据资产与数据产权　数字经济

◎ 阅读资料

（1）黄奇帆，朱岩，邵平．数字经济：内涵与路径［M］．北京：中信出版社，2022.

（2）蔡跃洲等．中国数字经济前沿：数字经济测度及“十四五”发展［M］．北京：社会科学文献出版社，2021.

◎ 课后思考题

（1）什么是数据？什么是大数据？

（2）数据的类型有哪些？数据有哪些来源？数据有哪些特征？

（3）作为一种生产要素，数据的价值体现在哪些方面？

（4）如何看待数据资产的产权问题？

（5）简单分析数据资产在数字经济中的地位。

第3章 数字经济供求主体与市场特征

学习目标

（1）了解数字经济带来的五大成本改变；

（2）理解五大成本改变对消费者行为、生产者行为的影响；

（3）理解平台的概念，掌握双边市场的分析框架，以及交叉网络外部性、单归属/双归属等双边市场重要概念；

（4）掌握交易模式的分析框架。

内容提要

数字技术是以“比特”表示的信息，这减少了数据的存储、计算和传输成本。本章考查数字技术是否以及如何改变经济活动，包括消费者的行为特征、生产者的行为特征，以及数字经济中新兴的市场主体——平台的行为特征。市场主体行为特征的改变最终引致市场交易特征的改变。本章主要学习内容如下：信息以“比特”表示带来的根本性影响；信息搜寻、传输、复制、验证、追踪成本的大幅度下降，如何改变生产、生活的方方面面；如何应用双边市场的分析框架对平台经济展开分析；如何理解并分析交易模式的变革。

3.1 消费者行为特征

数字经济兴起前，信息主要依附于具体的人或物（“原子化”），例如在公元前490年的马拉松，由雅典领导的希腊联军与波斯帝国在马拉松平原战斗并最终取胜。为了将捷报传递至雅典，希腊联军派遣名为菲迪皮茨的士兵跑步至雅典报信。希腊联军的捷报不经由菲迪皮茨几乎不可能传递至雅典，信息必须依附于菲迪皮茨进行传输。而数字经济兴起后，信息则依附于比特（“比特化”），信息传输、储存成本大幅度下降，根本性地改变了生产、生活的方方面面。成本的降低也是数字经济改变市场主体行为特征与交易特征的驱动因素。戈德法布（Goldfarb）与塔克（Tucker）在对已发表的数百篇文章进行回顾后，将数字经济对经济成本的降低归纳为以下五个方面：搜寻成本、复制成本、运输成本、追溯成本、验证成本。

历史上，随着技术不断演进，上述五项成本随着时间推移不断降低。而数字经济则将成本降低的“量变”推向了“质变”，从而突破了经济学理论中规模报酬递减、边际成本递增等假定。本节关注消费者行为特征的变化。

3.1.1 搜寻成本：长尾效应与明星效应

搜寻成本主要指寻找信息的成本。所有的交易都伴随着信息搜寻，对于数字经济而言，消费者能更为容易地找到并对比潜在的交易信息，包括商品价格、商品参数等。而对消费者而言，搜寻成本降低也引起了消费品类的改变。品类改变呈现了两种看似截然相反的趋势：一方面，消费者能够更为容易、便捷地寻找到罕见的商品，增加了“小众”商品的实际购买量，也即需求被分散在更多的商品中，这种现象通常被命名为“长尾效应”（long tail effect）；另一方面，消费者能够更好地比对商品间差异，从而能够在众多商品中筛选出最好的那一个商品，因此需求更可能集中在少数商品中，这种现象通常被称为“明星效应”（super star effect）。在这一部分，我们首先介绍长尾效应、明星效应背后的经济学原理，以及典型的例子，而后揭示两种看似相反的效应实际上并不矛盾，而是搜寻成本降低对消费品类影响的不同侧面。

长尾效应最早由克里斯·安德森（Chris Anderson）于2004年在其书《长尾》（*Long Tail*）中提出。长尾指概率密度曲线靠近尾部的部分，若将商品销售视作幂律分布，则长尾效应指在数字经济条件下，相对稀少、小众的物品被消费者更多购买，销售被分散在更多商品中。这意味着消费品类多样性增加。例如麻省理工学院（MIT）出版社发现，网络销售的书籍中，旧版图书或再版图书的销售额增加了12%。通过网络渠道销售的音乐中，排名后 10 000 的音乐总计月销量超过了排名前 10 000 的音乐总计月销量，而在传统的实体唱片发售中，这一关系通常是相反的。①

长尾效应的产生是多种因素复合作用的结果，其中搜寻成本降低是最为主要的原因。搜寻理论认为，消费者购买商品的过程可以视作一个不断搜索信息的过程，而搜寻需要耗费成本。在获得某一商品的信息后（包括质量、价格、品类等），消费者是直接购买该商品（停止搜寻），还是继续搜寻更为合适的商品，取决于下一次搜寻的期望收益和搜寻成本的对比。倘若消费者判断继续搜寻不大可能找到更好的商品，也就是下一次搜寻的期望成本已经变得较低时，消费者更可能放弃搜寻并完成购买。从搜寻理论出发不难发现，如果搜寻成本变得极低，则消费者更愿意进行多次搜寻，也就更可能接触到更多品类的商品，从而促成对稀少、小众商品的购买。

我们进一步追问，数字经济何以促成搜寻成本降低？根本原因在于，数字经济将信息以比特进行存储，对于许多商品而言，这种存储方式的检索成本相对更低。不妨设想这样一种场景：你希望购买一件带有熊猫图案的衣服。如果选择线下购买，在缺乏数字检索手段的情况下，只能去百货店、服装店逐家搜索，而且最后也可能搜寻不到。当你搜寻了东城、西城、南城的百货店后，时间过去了一天，而这些百货店并没有带有熊猫图案的衣服，你感觉为了购买一件衣服再耗费一天时间搜寻并不值得，便放弃购买熊猫图案的衣服，或是只能购买其他衣服作为替代品，而这件衣服可能只是隐藏在北城的某家百货店中。而在网络零售中，通常只需要搜索“熊猫图案”“衣服”等关键词，便可很容易检索到需要的商品并完成购买（当然，搜寻成本降低、品类增加也会带来信息爆炸等其他一些问题，我们将在 3. 1. 3 部分再做讨论）。

与长尾效应相对的另一种效应是“明星效应”。与长尾效应代表的销售分散化相比，明星效应则代表了销售集中化，即销售额集中在少数商品中。这同样可以用搜寻成本的下降解释：当搜寻成本较低时，消费者更可能搜寻到质量更高、综合性价比更高的商品，从而消费者更愿意购买这些商品，销售也就集中在这些商品中。

为什么搜寻成本下降会产生两种看似截然相反的消费趋势？其原因在于商品可能是垂直差异化也可能是水平差异化。垂直差异化指不同消费者对不同品类产品具有相同偏好，例如在价格相同的情况下，消费者总是偏好质量更高的商品。对于垂直差异化的商品而言，搜寻成本下降使得消费者更容易接触到质量最高的商品，从而消费也会集中在质量最高的商品，体现出明星效应。而水平差异化则指不同消费者对不同品类产品具有不同偏好，例如一些消费者偏好甜粽子，另外一些消费者偏好咸粽子；一些消费者偏好米粉，另外一些消费者偏好面条。在水平差异化的商品中，搜寻成本下降使消费者可以接触到更多不同品类商品，从而更容易根据偏好选择适合的商品，消费也就分散在更多

① Brynjolfsson, E, Yu, J H and Simester, D. Goodbye Pareto Principle, Hello Long Tail: The Effect of Search Costs on the Concentration of Product Sales [J]. *Management Science*, 2011, 57 (8): 1373 – 1386.

不同商品中，体现出长尾效应。

扩展阅读 3－1

长尾效应与明星效应

长尾效应

历史上，许多市场由少数畅销产品主导。这种销售集中模式也常被称为帕累托原则或 80/20 规则。然而信息技术，尤其是互联网市场，大幅提升利基产品的份额，从而在销售分布中形成更长的尾部，形成长尾效应。

除了正文中提到的搜寻成本外，另一影响长尾效应的原因在于数字经济中展示成本下降。一个实体书店中的图书品类一般为 4 万～10 万种，而网络销售的图书品类一般超过了 200 万种。实体书店展示空间有限，每增加一种图书都需要付出场地、货架、员工成本，而在网络销售中，图书信息被转化为“比特”并以数据形式储存于服务器，在支出了固定成本后，增加一种图书的额外成本微乎其微。

明星效应

罗森（Rosen）在其 1981 年发表于《美国经济评论》的论文中最早对“明星效应”展开了分析。

除正文提及的搜寻成本外，弗拉德（Fleder）和霍桑纳格（Hosanagar）也发现了明星效应可能受到零售商“推荐算法”的影响。在商品购买页面，许多零售商会设置这样的链接“购买了该商品的消费者还购买了……”，其本意在于通过相关产品推荐引起消费者关联消费。由于这种推荐算法主要依据的是其他消费者的既往购买行为，产生了自我增强效应，从而使得消费者倾向于购买同一的商品。例如最初有 100 名购买了《红楼梦》的消费者，其中 80 名也购买了《三国演义》，其后消费者在购买《红楼梦》后，可能看到了《三国演义》的购买推荐，从而使得消费更可能集中于《三国演义》而非其他书籍。推荐算法还有许多不同的形式，对消费者购买行为也会产生许多不同影响。这种技术与经济学的交叉正是数字经济学这门学科的特色之一。

3.1.2 复制成本：数字产品消费

复制成本这一概念几乎随着数字经济的兴起而诞生。仅从字面意义来看，很容易将复制成本理解为“额外生产 1 单位产品”所耗费的成本。但这一理解并不全面，事实上复制成本是指“为其他消费者提供等额效用产品”所耗费的成本。因此，在数字经济中，当我们说一件产品具有“近乎为零的复制成本”，这表明生产额外1单位产品的边际成本近乎为零，也表明该产品具有非竞用属性。我们此处首先解释非竞用属性的含义，而后进一步论及为何“近乎为零的复制成本”蕴含着“非竞用属性”。非竞用属性是指某一消费者对该产品的消费不影响其他消费者消费该产品时获得的效用。传统经济中的产品大多不具备非竞用性，比如某一件衣服，当消费者穿上这件衣服时，其他消费者显然无法穿着同一件衣服。而在数字经济中，当消费者欣赏了一首数字音乐后，可以同时将该音乐分享给其他消费者（尽管这可能侵犯了知识产权，我们稍后再讨论这一问题），所有消费者可以共同欣赏这首音乐，而不会因为欣赏人数的增加而带来效用降低。应注意到非竞用属性并非仅存在于数字经济中，但数字经济中产品非竞用的限度却大大高于传统经济，甚至于并不存在一个上限。例如传统经济中的音乐会，在一定程度上也存在非竞用性，消费者可以在一个音乐厅内共同欣赏交响乐，但音乐厅规模有限，可以容纳的听众有限，因此非竞用性也有限。而对于数字音乐而言，非竞用性的限度却近乎于无限。

为什么“近乎为零的复制成本”蕴含着“非竞用属性”？回顾复制成本的含义，为消费者提供等额效用存在两种方式。第一，生产1单位额外产品，该产品能为其他消费者提供等额效用，此时复制成本为零，实际含义也就是边际生产成本为零。第二，并不生产额外的产品，而只是通过某种方式使得其他消费者依然消费同一产品，并获得等额效用，这种情况下意味着这一产品需要具备非竞用属性。

我们使用“复制”（replication）一词描述为使不同消费者消费同一产品的过程，实际上复制行为几乎只存在于数字经济。在传统经济中，无论是一件衣服、一个水杯还是一辆汽车，都只能“生产”与之相似的另一额外产品，在不存在非竞用的情况下，几乎无法使不同消费者实现对同一产品的消费。但在数字经济中，对于诸如数字音乐等产品而言，则可以真正复制另一件完全相同的产品。

数字经济中的复制具有较低的成本与较高的便利性，从而消解了以少数生产者为中心的产品提供方式，消费者同时也可以作为生产者实现产品复制。例如前述数字音乐的例子，消费者也可以向其他消费者分享（传输）音乐。在未获授权的情况下，消费者的复制行为侵犯了知识产权，进而影响了生产者的收益与提供产品的动机。

总结本部分的分析：复制成本的降低意味着生产边际成本减少以及产品非竞用性，同时消费者也可以成为数字产品的生产者（更准确地说是复制者）。消费者的消费模式并未产生十分明显的变化，主要的影响在于生产者，由此引发的问题包括：生产组织形式发生了怎样的转变？如何保证生产者的激励（毕竟消费者只能“复制”而不能“创造”产品），又如何评估社会福利的转变？如何对具有典型非竞用特征的数字产品进行定价？对于这些问题，我们将在3.2部分做进一步讨论与分析。

3.1.3 运输成本：最大商圈范围扩张与最小商圈范围缩小

运输成本指将商品送达消费者手中所耗费的各项物流成本。此处的运输既包括数字产品的运输（如数字音乐），也包括实体商品的运输（如服装等）。数字经济引起前者的运输成本降低是较易于理解的，网络对于信息的传递成本本身就趋向于零，所耗费的无非是带宽等资源。而数字经济引起后者运输成本降低，其中一个理由在于发挥了范围经济，例如当消费者在网络中购买多种商品，从而在单位包装（如纸箱）或集装箱内可以通过组合商品的空间形状与大小，实现运输成本的节约。此外，数字经济还可以通过信息的分析整合，实现最优物流线路规划。数字经济对实体商品运输成本降低的研究主要涉及零售学、物流学领域，使用了运筹学等分析方法，这里不做展开介绍。此处我们更为关心的问题在于，运输成本降低对消费者的购买行为会产生什么影响？

无论从生活经验出发，还是从理论分析出发，能够得到一个十分直观的结论——运输成本的下降扩大了商圈范围。在传统经济中，消费者的购买半径主要是零售商店周围一定距离的区域，一些商店的商圈范围可能较之另外一些更大，但往往很难超过一个城市的范围。例如五金杂货铺，其商圈范围一般止于附近的社区。百货店的商圈范围稍大些，但通常至多覆盖一个城市。上海的消费者很少会专程前往北京，购买北京百货商店内售卖的一件衬衫。而在数字经济中，商圈范围被打破，消费者可以在全国乃至全世界范围内购买商品。在上海的消费者完全可以通过网络购买北京、深圳的商品，乃至伦敦、纽约的商品。

商圈范围的扩展意味着消费者能够接触到更多的商品品类，从而增加了消费多样性，这也是对消费者福利极为重要的一个增进。我们不妨回顾大仲马在《基督山伯爵》中的一段话："想必你们会同意这样一点：人富到一定程度，就没有必需品，只追求浮华了……譬如，你们看（晚宴上的）这两条鱼，一条生活在距圣·彼得堡二百公里的地方，另一条产自离那不勒斯二十公里的地方，现在把它们摆到同一张餐桌上，不是很有趣吗？"[①] 这段话是基督山伯爵埃德蒙在向众人炫耀他的财富，而炫耀的方式则是在晚宴上吃到两条不同水域的鱼。而在数字经济时代，在一顿晚餐中集合天南地北的美食也不是难事，一名普通的消费者完全可以喝着广东的红豆沙，尝着上海的小笼包，品着浙江的龙井茶……

在最大商圈范围扩张以外，一种与此截然相反的效应也逐渐显现，即最小商圈范围的缩小。对于传统经济而言，虽然某一家商店的商圈范围有限，但一般总能确保一定范围内的消费者知晓或接触它。开设在闹市区的百货商店，虽然商圈范围可能仅有几个街区，至多不过一个城市，但在闹市区来往的消费者却总是会注意到这一家百货店，其中一些消费者也可能愿意前去购物。与之对比，数字经济中，一家商店，一件商品，却可

---

① 大仲马. 基督山伯爵［M］. 李玉民，陈筱卿译，北京：燕山出版社，1999：512.

能无人问津。在网络上，无论是千里之外的商品，还是几个街区以外的商品，对于消费者而言不存在太大区别；反过来说，几个街区以外的商品，并不会因为与消费者的距离更近，就比千里之外的商品更容易接触到消费者。从日常生活中，我们也可以十分直观地感受到这一点。对于一种商品（或包括与其极为相似、具有高度替代性的一类商品），网络购物平台往往能提供数以千计的零售商店供选择，而消费者能实际浏览的不过是其中的数个或数十个，剩余成百上千的零售商店或同类商品则可能不被任何消费者所知晓、接触。

总的来说，运输成本降低实质上并非“扩张”距离，而是“消解”距离。零售商店与商品既不会受到地理空间的制约，但反过来也很难受到地理空间的保护。数字经济可触达的消费者极大增多，但却无法保证任何一家具体的商店实际接触到这些消费者。商圈范围的上限提高，下限则降低。

3.1.4 追踪成本：消费社群

追踪成本是指记录消费者活动的成本，例如消费者的浏览过程、购买过程等。厂商可以更容易地利用消费者活动数据展开分析，进而进行关联消费推荐甚至价格歧视，这一点我们将在后续部分内容中展开论述。但此处我们要问的是，追踪成本降低对消费者自身有哪些影响？

消费者的活动一方面为厂商所记录，诚然一些记录消费者自身并无法获取（如页面停留时间）；另一方面，消费者自身也在不断记录与传播着消费活动，例如购买了一件喜欢的衣服后，消费者可以拍照并在自媒体、社交网络上传照片。这使得消费者可以通过较低的成本追踪其他消费者的活动。

借由自媒体、社交网络购买相同商品，或具有相似商品偏好的消费者形成了“消费社群”，即在消费什么以及怎样消费的过程中形成的一种无形的关系群体。在社群中，消费者彼此的联系开始影响消费者行为，从而表现出与个体不同的行为特征。例如群体中可以通过口口相传（word of mouth）的方式，改变商品在消费群体中的偏好，这意味着不仅消费者自身的偏好是重要的，其他消费者的偏好，以及消费者之间的联系也是重要的。[①] 举例来说，当不存在消费社群时，购买决策主要由消费者自身做出，张三偏好苹果甚于桃子，那么多半会购买苹果而非桃子。而消费社群中，不同消费者的意见可能相互传递与影响。例如张三与李四、王五因为购买服装而形成了消费社群，但李四、王五对于桃子、苹果的意见也可能影响张三的判断，进而改变张三的消费决策。更为深入的分析见于网络经济学的相关研究，有兴趣的读者可做进一步的阅读。

从心理学的角度分析，消费社群也可能使得消费者行为不同于自身独立决策时的行

---

① 尽管社群内的消费者购买了相似乃至相同的商品，但没有理由认为他们均有着完全相同的偏好。他们在其他商品上的偏好更可能存在差别。

为。群体心理学认为，群体凝聚力、群体领导力、群体决策、群体极端化等均会对群体，以及群体成员产生影响。早期群体心理学的研究主要关注民族、群众等大型群体；而随着消费经济的发展与数字经济兴起，群体心理学开始关注小型群体问题，并开始应用于消费经济学的研究。心理学与营销学、消费经济学的交叉也是数字经济学研究的前沿领域之一。

3.1.5 验证成本：声誉体系与购买

验证成本是指消费者验证商品质量、商品参数等而产生的各项成本。与追踪成本类似，由于消费者可以在社交媒体或购物网站对商品进行评论，故形成了声誉评价机制，改变了后续消费者的行为或偏好。

在数字经济发展的早期，声誉体系的引入使得验证成本出现了较大程度下降。在传统经济中，消费者主要依靠自身对商品本身的知识进行判断与选择，而在数字经济中，除了消费者自身的知识外，其他消费者的评价也成为验证商品的另一渠道，从而拓展了消费者对商品的知识来源。

当然，这一切的前提是声誉体系正确地发挥了作用，即每个消费者都依照商品信息发表了评价，而不存在其他干预与扭曲，并最终汇集成了对于商品的真实评价。然而，随着数字经济的发展，厂商乃至竞争对手都可能操纵评价，而一般消费者很难识别哪些评价是由消费者真实给出的，哪些评价受到了厂商或者竞争对手的扭曲。后者的例子包括厂商伪装成消费者给予竞争对手恶意差评。

一些非盈利、非政府或第三方机构逐渐兴起，他们的认证一方面从更为客观的角度补充了评价体系的不足，另一方面也回应了消费群体对企业社会责任越来越多的关注。例如雀巢咖啡、星巴克咖啡的绝大多数咖啡豆都获得了“雨林联盟”认证，该认证表明咖啡豆在种植过程中对热带雨林（咖啡豆主要产自热带）给予了必要的保护与培育，生产过程也遵循了一定规范。这些认证兼具了不同意义与影响，最为直接的是表明企业的社会责任执行，以及对环保问题的关注。注意到消费者可以通过数字技术（例如机构公布名单、验证编号等）很容易地进行查实，这增加了企业伪造认证的难度与成本，增强了认证的信号显示功能。此外，许多认证也对企业的生产工艺、生产过程做了要求，同时存在定期或不定期检查，从而也在一定程度上弥补了声誉体系的扭曲。

消费者对企业社会责任的关注已经存在很长一段时间了，这并不是由数字经济或数字技术引起的。但数字经济带来的验证成本降低，一方面直接使得消费者更容易对企业社会责任的某些内容加以验证；另一方面，声誉体系扭曲也客观上使得企业愿意通过第三方认证实现信号显示，从而消费者也更愿意接受将企业社会责任作为信息非对称中的一种信号。

3.2　生产者行为特征

在3.1部分中，我们从搜寻成本、复制成本、运输成本、追踪成本、验证成本五个维度分别论述了数字经济中消费者行为特征的转变。而在3.2部分，我们将继续从这五项成本出发，考查生产者的行为特征。注意到，生产者的一些行为特征与消费者的行为特征是相互交织的——消费者偏好改变引起了生产模式变革，反过来，生产模式也在不断塑造着消费者的行为。

3.2.1　搜寻成本：外包与零售制造

在3.1中我们谈到，搜寻成本降低对消费者行为特征会产生两方面影响。类似地，随着搜寻成本下降，生产者的行为特征也会产生两种不同的变化。这些变化与消费者的行为特征具有紧密联系。

首先来看第一种变化，搜寻成本下降可能使得消费者更多地购买明星产品，这主要出现于纵向差异化的商品中。对于生产者而言，价格竞争成为有效的手段——在相同质量下，消费者总是会选择价格更低的商品。而价格竞争意味着生产者需要实现更低的生产成本，此时外包就成为一种有效方式。企业将生产或销售环节的一部分交给其他生产者进行，并通过专业化、规模经济等降低生产成本。值得注意的是，此处我们并不是说外包总能在一般意义上实现生产成本降低（否则一个显而易见的悖论在于，所有企业只会从事极其专业化的活动，而不存在所谓多元化企业），而是说在数字经济条件下，外包能更容易地扬长避短，从而降低生产成本。具体而言，外包的一大劣势在于缺乏稳定性，例如一家汽车企业将车轮外包给其他企业生产，在缺乏数字技术支持下，由于生产需要耗费一定时间，汽车企业需要预估未来汽车销售数量，从而为车轮生产企业制定生产计划。如果面临突然的需求增加，则车轮企业可能面临缺货；反之，如果需求突然下降，则容易产生库存积压。进一步，若车轮生产企业将其中橡胶轮胎生产进一步外包，则橡胶轮胎生产企业同样会产生这样的问题。在供应链管理领域，这种情况被称为“牛尾效应”（bullwhip effect）。而数字经济则在一定程度上克服了这一点，可通过对消费者的数据分析实现更为智能的预测，同时通过库存管理系统实现库存的动态调整。此外，数字经济还扩大了外包降低成本的优势。企业在外包时同样需要面临搜索合作伙伴的问题，在一定意义上，我们可以认为“外包服务”是商品，企业是消费者，而合作伙伴则是生产者。此时，搜寻成本降低使得企业更可能寻找到具有更高生产效率的合作伙伴，当多家企业共同选择该合作伙伴时，则规模经济性也将增强，从而进一步降低生产成本。

其次，搜寻成本下降也可能带来长尾效应，对于存在横向差异化的商品而言，会有更多消费者购买小众商品。此时，零售制造成了企业应对长尾效应的选择。零售制造指零售商凭借对消费者需求的把握，逆向整合制造商，从而整合产品从设计、生产到营销的全过程。注意到零售制造并不是简单的一体化，也并不意味着零售商在股权上控制了制造商，而意味着零售商对制造商的主导，同时涉及与制造商在生产、库存、物流等业务方面的深度融合。例如 ZARA 是较为典型的零售制造商，作为一家服装企业，其在搜集了世界各地的流行元素后，迅速推出了各种流行的服装设计，并交由制造商生产，尽管 ZARA 与这些制造商并无股权上的联系。

为什么横向差异化的商品会引起零售制造的变革？主要原因在于，消费者在购买具有横向差异化的商品时，关注的重点并不是质量、价格等因素，而是该商品能否精准匹配自身的需求与偏好。此时，与消费者直接接触的零售商就具有天然的优势，能够通过对消费者信息的搜寻与分析精准把握消费者需求，并凭借这一优势实现了对制造环节的控制。

扩展阅读 3-2

韩都衣舍与产品—供应链匹配

费舍尔（Fisher）提出的产品—供应链匹配理论是解释供应链模式变革的重要理论基础。费舍尔于 1997 年在《哈佛商业评论》（*Harvard Business Review*）中提出区分两种不同的产品，分别是创新型产品与功能型产品。对于需求不确定、生命周期短、边际利润高的创新型产品，供应链的关键在于发挥市场媒介型功能，重在降低因供需不匹配而产生的产品废弃、削价、丧失潜在机会等市场成本（market cost），构建快速适应需求变化的反应型（responsive）供应链；而对于需求较稳定、生命周期长、边际利润低的功能型产品，供应链的关键在于执行物理型功能，即着重降低采购、生产、装配、运输等环节的物理成本（physical cost），构建以成本最小化为导向的效率型（efficient）供应链。ZARA 的服装具有生命周期短（快时尚）、需求不确定性等特点，是典型的创新型产品，也选择了与此相匹配的反应型供应链，通过就近生产、空运等方式提高了供应链响应速度。

韩都衣舍则是通过数字化实现零售制造与产品—供应链匹配的又一典型。韩都衣舍于 2006 年成立，主要依托天猫等电子商务平台进行韩国风格的服装销售。从最初的淘宝小卖家转变为中国互联网快时尚第一品牌，连续多年双十一销售额位居服装品类首位。韩都衣舍的部分服装通过预售的方式收集消费者的需求，而后将订单交由工厂生产，这形成了服装行业称为“首单”的生产量。而后根据后续销售情况，再进行追加生产。这一模式看似简单，但可能产生的问题是，由于工厂生产速度较慢，追加生产订单耗时较长，使得产品在较长时间内面临缺货，带来潜在的收入损失与机会成本上升。而服装作为创新型产品销售时间较短，工厂生产出来时反而带来了库存积压，只能清仓销售，又带来了二次损失。而韩都衣舍则应用数字化技术，通过“爆旺平滞”算法迅速匹配消费者需求与工厂，通过优质产源地计划实现原材料与工厂的匹配，并通过供应链管理与库存管理系统协调工厂的产能与库存，从而压缩了工厂的生产提前期。通常而言，一款服装从设计到实际销售需要 90 天左右，而韩都衣舍平均只需要 20 天，追加订单只需要 7 天，持平甚至超越了 ZARA 的反应速度。

与这种快速反应速度相伴的则是韩都衣舍极多的服装品种。2018 年韩都衣舍约开发了 30 000 种产品，而包括了 ZARA、Bershka 等 8 个服装子品牌的 Inditex 集团当年在全球发布新品的平均数量大约为 6 000 款。韩都衣舍董事长赵迎光曾做过形象的比喻，哪怕在互联网上售卖酸辣土豆丝，也要有数以千计的品种：“酸有 100 度的酸，辣有 100 度的辣，土豆丝的老嫩程度也有 100 度。”

资料来源：以上案例改编自谢莉娟、毛基业、王诗桴所著《互联网驱动的自有品牌服装零售——韩都衣舍》，完整案例可从中国管理案例共享中心案例库获取，或从中国人民大学商学院案例库获取。上述提及的韩都衣舍相关数据来自案例与访谈，Inditex 集团数据来自该集团年度报告。

3.2.2 复制成本：数字产品的生产与定价

在前文中我们说到，对于数字产品而言，复制成本极低，消费者越来越多地开始使用数字产品。而对于生产者而言，复制成本降低产生了两个问题：第一是如何对数字产品定价；第二是如何避免消费者对数字产品的复制，或者说如何保障数字产品的知识产权。

我们首先讨论第一个问题——数字产品的定价问题。复制成本降低意味着生产者可以十分便利地实现商品组合，而不需要耗费额外成本，因此生产者会减少对单一数字产品的定价，而更多地利用数字产品低复制成本的特性对一组产品定价，而这对厂商往往是有利可图的。

捆绑定价并非数字经济独有的现象，早在 1964 年，斯蒂格勒（Stigler）就分析了捆绑定价现象。例如，一些偏好动作电影的消费者愿意出 10 元购买一部电影，但只愿意出 2 元购买一部文艺电影；而一些偏好文艺电影的消费者则愿意出 10 元购买一部文艺电影，但只愿意出 2 元购买一部动作电影。此时，对于厂商而言，将文艺电影和动作电影打包售卖 12 元，比将两个电影分别定价销售能获得更高的利润。①

① 分开定价会损失部分消费者，例如将动作电影以 10 元销售，则偏好文艺电影的消费者不会购买。这一结论可以得到严谨的经济学分析过程支持，此处不做展开，有兴趣的读者可以参看捆绑定价的相关文献。

但在现实环境中，捆绑定价面临的问题是：商家如何识别出消费者在两部电影之间具有负相关的偏好？在以上例子中，如果偏好动作电影的观众同时也十分喜爱文艺电影（如愿意为文艺电影出 10 元价格），那么捆绑定价不一定会带来利润上升。

对于数字产品而言，识别消费者偏好的问题同样存在。然而，低复制成本却直接绕过了识别问题，厂商可以不必识别消费者偏好，而只需要将种类充分多的商品打包售卖。这不会给厂商带来额外的成本（因为复制成本极低），而在大多数情形下总会带来利润上升。此外，同样由于极低的复制成本，厂商还可以随意变换打包商品组合，而不会耗费额外的成本。打包售卖在现实中的一个典型例子是音乐网站、视频网站的会员，其事实上将数以万计的产品以打包的形式直接售卖给消费者。

接下来我们讨论第二个问题——数字产品的知识产权保护问题。复制成本降低使得消费者也能直接“复制”产品，影响了生产者获得的收入，例如在 20 世纪 90 年代末，无版权音乐在互联网广为流传，数字经济中音乐版权成了世界范围内的一个问题。如何保护数字产品的知识产权，从目前来看，可行的方式包括以下几种。首先，由平台或分销商购买版权，而后平台或分销商通过合理的商业模式设计实现收益。包括此前提到的音乐网站会员，或是平台通过音乐聚拢消费者并形成流量，在向消费者免费提供音乐的同时，可以凭借流量带来的广告等实现收益。其次，将数字产品与服务绑定，进行捆绑出售。例如 Steam 作为最大的电子游戏分销商之一，不仅提供了电子游戏这一数字产品，还提供了包括更新、社群、创意工坊等在内的诸多服务，消费者在购买电子游戏的同时也获取了这些服务。再次，生产者开放版权，利用较低复制成本实现传播并提升生产者知名度，生产者可以通过相关产品获益。例如希尔德（Heald）在 2009 年的研究发现，开放版权音乐比受版权保护的音乐被更广泛地使用于电影中。音乐人通过低复制成本实现了作品传播，并借此获得了其他创作或工作机会。最后，非同质化代币（NFT）也为数字产品版权保护提供了新的技术解决思路，它利用区块链技术不可修改、不可替代、可溯源等特性，确定了数字产品的所有权归属，使得对数字产品的投资与收藏成为可能。

3.2.3 运输成本：O2O 与全渠道

在 3.1.3 中我们提出，运输成本降低带来了最大商圈范围扩展与最小商圈范围缩小，那么这对于生产者而言意味着什么呢？

最直接与重要的影响无疑是网络批发与网络零售的兴起。在纯粹的网络批发与零售中，最大商圈范围扩展使得生产者接触的潜在客户群体增加，它对生产者的影响与长尾效应类似；而最小商圈范围缩小则意味着每一生产者在平均意义上接触的潜在客户群体减少，它对生产者的影响与明星产品类似。结合此前的分析，相信读者不难进一步推断得出，最大商圈范围扩展与最小商圈范围缩小对于不同产品（横向差异化/纵向差异化）而言也是不同的。

我们不再赘述纯粹网络批发与零售中，生产者行为的变化。在此之外，一个同样重要的问题在于，实体企业是否发生了变化？它们是否同样利用数字经济实现了生产或销售方式变革？

实体企业实现的变革之一在于O2O，即“线上到线下”（Online to Offline）。在这种模式中，实体企业（如百货商店、餐厅）通过网络吸引消费者前往线下消费。这种模式可以视作“广告”这一特殊产品的运输成本借由数字技术同样出现了下降。也许读者会产生疑问，电视广告等形式的广告产品在非数字经济中不是同样具备较低的运输成本吗？的确，电视广告具有较低的运输成本，但也限制了广告的使用范围。不难想象，牛奶等日常消费品通过电视广告宣传，但街边餐厅则很少通过电视广告进行宣传。广告具有特定的受众（目标客户），一家上海的餐厅无论做什么广告，都较难吸引北京的消费者。上海餐厅的目标客户通常是方圆数千米乃至数十千米的消费者，不借助数字技术很难向这些客户传递信息，餐厅也通常采取传单、海报等形式，广告的运输成本事实上较高。

数字经济则通过LBS技术解决这一问题，LBS即“基于位置的服务”（Location Based Service），即通过手机等各种类型的定位技术获取消费者位置，并基于位置提供各种服务。例如对于餐厅而言，基于LBS技术，点评网站与推荐网站可以根据消费者的位置向消费者展示周围的餐厅信息，并吸引消费者前往餐厅消费。

实体企业实现的变革之二在于全渠道（Omni - Channel）。全渠道是相对于“单渠道”或“多渠道”而言的，随着电子商务的深入发展，零售活动对于渠道的定位不再局限于传统意义上的销售渠道，而是既包括直接参与商品所有权转让的销售渠道，也包括与消费者进行信息交流的营销渠道或触点。与此同时，互联网和信息技术的发展，使得一部分零售活动逐步从实体门店中脱离出来，诞生了新的业态与渠道关系组合。围绕多种渠道进行的零售活动能为消费者提供更多元化的选择，创造更多的价值，因此，多渠道的设计与管理过程已经十分普遍。例如消费者可以同时在实体店和网络上购买同一品牌的服装，即是多渠道的例子。

然而，在多渠道视角下，各种渠道之间的关系是割裂的。这种分割对于消费者和零售商而言都是低效率的，不仅会增加消费者的交易成本，也会给零售商带来资源浪费和管理困境。2011年《哈佛商业评论》（*Harvard Business Review*）发表了《购物的未来》（*The Future of Shopping*），提出了全渠道的概念并引起了广泛关注。文中提出：“随着形势的演变，数字化零售正在迅速地脱胎换骨，我们有必要赋予它一个新名称‘omnichannel retailing’。这意味着零售商将能通过多种渠道与顾客互动，包括网站、实体店、服务终端、直邮和目录、呼叫中心、社交媒体、移动设备、上门服务等。”全渠道是一个复杂的系统，能够通过整合各种渠道和资源，为消费者提供无缝衔接的购物体验。

全渠道何以产生，又与数字经济有着怎样的联系？顾客购物过程，大部分是信息的传递过程，或者说是顾客搜集、分析、比较、接受和反馈信息的过程，只有物流不是信息传递的过程。然而当物流成本极大降低并可从顾客购物过程中独立出来以后，信息渠道就是购物渠道，两者归一了，自然地，全渠道信息传递时代的来临必然导致顾客全渠道购物者群体的崛起。

不同渠道的对比如图 3 – 1 所示。

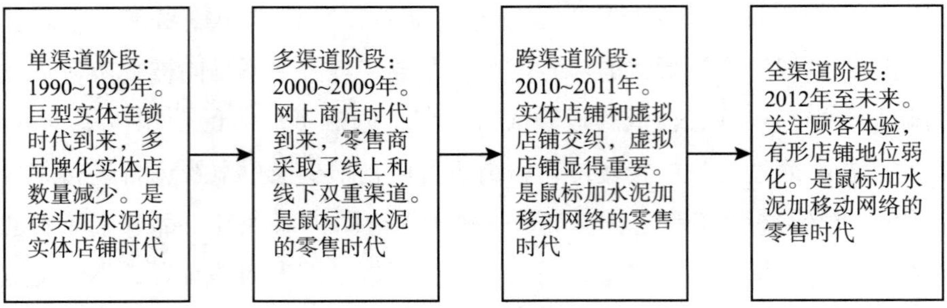

图 3 – 1　不同渠道对比

资料来源：李飞．全渠道零售的含义、成因及对策——再论迎接中国多渠道零售革命风暴［J］．北京工商大学学报（社会科学版），2013（2）：1 – 11.

3.2.4　追踪成本：个性化定价与个性化广告

“啤酒与尿布”的故事是追踪消费者活动的原始尝试，也是传统经济中的经典案例。这个故事说的是 20 世纪 90 年代美国沃尔玛超市在进行数据分析时，发现了一个现象：购买婴儿尿布的消费者经常会同时购买啤酒。经过进一步的分析，研究人员发现这是因为在当时的美国，一般母亲在家里照顾婴儿，而父亲则前往超市购买尿布，在购买尿布的同时，也通常会顺便为自己购买啤酒，从而促成了啤酒与尿布的关联消费。于是沃尔玛尝试将这两种属于不同品类的商品摆放在同一区域，并促成了销售额的提升。

“啤酒与尿布”的故事表明了企业利用消费数据，并实现了销售策略的调整。而在数字经济时代，企业能做的却有更多：不仅制定针对一个消费群体的策略，还针对每一个消费者进行个性化定价（价格歧视）与个性化广告推介。

个性化定价的一个典型方式是行为价格歧视（behavioral price discrimination）。由于追踪并收集消费者行为信息的成本降低，厂商可以根据消费者既往的消费行为定价。那么这种定价方式有何影响呢？相关理论从既有的价格歧视的研究发展而来，此处我们不做展开，直接给出研究结论：一般而言，行为价格歧视会使得垄断者获益，但同时在竞争性市场中则会加剧竞争，客观上有利于消费者。另外，即便在垄断市场中，如果消费者可以实现数据保护，则消费者会对数据隐私更为敏感，并加强数据保护。弗登伯格和维拉斯 – 博阿斯在 2012 年的一篇文章中详细回顾了相关理论，有兴趣的读者可进一步参考。①

① 参见 Fudenberg，D and Villas-Boas，J M. Price Discrimination in the Digital Economy. In The Oxford Handbook of the Digital Economy，edited by Martin Peitz and Joel Waldfogel. Oxford and New York：Oxford University Press，2012：254 – 272.

与个性化定价相比，数字经济中更受到关注的是个性化广告。这是因为在数字经济诸特性影响下，定价为零可能是厂商利润最大化的价格策略（回忆一下，许多视频网站是不对消费者收费的），在这种情况下，如何针对顾客群体进行个性化广告推荐便成为一个重要问题。

此时，企业将向消费者收取一个较低的价格，同时向广告主收取一个足够高的价格，使得部分广告主拒绝支付而另一些广告主愿意参与。注意这并不完全等同于我们稍后介绍的双边市场，因为广告主的增多未必会增加消费者的效用。

企业向广告主收费的一个典型方式是谷歌（Google）的“关键字广告编辑”，其理论基础是范里安（Varian）的搜索与拍卖理论。在此模式之前，谷歌最初采取的广告售卖方式是广告位售卖，即置于页面顶部或侧边，设定不同位置的广告价格（通常按次计费），而后广告主根据用户点击量来付费。范里安于2002年加入谷歌，并与谷歌的管理层共同完成了“关键字广告编辑”模式的设计。与传统直接售卖相比，这种模式采取拍卖的形式，根据不同关键词，广告主事先设定愿意支付的价格，在消费者搜索了相关关键词后，价格最高的若干广告主的广告就会显示出来，用户对广告感兴趣并且点击后，广告主将根据事先设定的价格付费。同时，为了避免客户降低投标价格，也避免单次支付的价格过高，谷歌采取了第二个最高价格成交的方式，每次拍卖的赢家实际支付的金额是在次高出价基础上加1美分。此前对拍卖理论有一定了解的读者可能会发现，这是典型的第二价格密封拍卖，拍卖理论表明这种形式的拍卖基本可以实现与英式拍卖相同的结果（即最高价格密封拍卖），实现帕累托最优。

那么在这一过程中，追踪成本发挥了什么作用？这种广告拍卖模式是否同样可能在线下实现呢？实际上，谷歌在广告拍卖过程中的一个重要环节，就是通过算法和消费者行为，决定哪些关键词可能与广告主相关，以确保在搜索结果页面显示的广告同用户的搜索需求确实匹配。这一方面保护了广告主利益，减少无效广告的出现；另一方面也保护了消费者利益，因为广告本身也是对消费者搜索的一种回应和指引，无效广告也耗费了消费者的注意力。此外，这还保护了谷歌自身的利益，维护了整个广告拍卖模式与生态，消费者点击广告的可能性更高，表明广告的价值更高和针对性更强，从而广告主也愿意出更高的价格，使得广告拍卖模式得以进入良性循环。

3.2.5 验证成本：声誉体系与销售

验证成本主要与声誉体系相关，不难注意到，评分系统、评论系统等都是依托数字技术建立的声誉体系。同时大量研究也发现，这些声誉体系也的确区别了高质量的卖家与低质量的卖家，甚至促使低质量卖家退出市场。具体而言，声誉体系通过以下三种途径发挥作用：

首先，低验证成本强化了社交媒体的作用，使得消费者“抱怨”变得更为容易。在过去，消费者通常只能通过写信或致电的方式进行投诉、抱怨。而社交媒体（social media）的兴起使得消费者可以极为容易地传播相关信息。甘斯等（Gans et al.）在2016年的研究发现，消费者更愿意在社交媒体上对市场占有率更高的企业进行“抱怨”或投诉，这也在一定程度上抑制了市场集中的趋势，降低了领导者的垄断势力。

其次，随着技术的进一步发展，区块链（blockchain）成为降低验证成本的有效途径。区块链最初是为了解决如何在一定条件下实现“存在错误节点分布式系统的一致性”，也即著名的“拜占庭将军问题”。在现实中，区块链技术使得并不互相信任的两个人，在去中介的条件下，通过一定机制（即工作量证明机制，PoW），实现信息传递或价值交换。以比特币为代表的数字货币是区块链最初的应用，而随着区块链技术的进一步发展，区块链被广泛应用于供应链金融、保理服务、数字艺术品收藏（NFT）等领域。

最后，如前所言，关注企业社会责任的第三方认证机构也在兴起，也降低了验证成本，并引起了企业对社会责任的关注。此时，企业社会责任一方面是争取消费者的方式，在消费者越来越关注环境污染、可持续生产的情况下，具有良好企业社会责任履行情况的企业更可能得到消费者的青睐。另一方面，企业社会责任也可以作为竞争策略，在客观上发挥行业壁垒的作用。与其他投资类似，企业绿色投资同样可以作为阻断竞争的手段，迫使新进入者必须支付高额的进入成本，进而减少潜在进入者的数量。

3.3 平台行为运行特征

3.3.1 平台的概念与内涵

平台是伴随着数字经济兴起的新型组织与市场主体，但与此同时，平台还同时意味着生产关系、交易形式的深刻变革。本部分首先介绍平台作为市场主体的主要特征与分析框架，在后续部分则将进一步考虑包括平台在内，数字经济交易形式的总体变革。[①]

发达的数字技术体系，对现实世界的信息实现了数字化的抽象同构，进行数字信息的快速处理和传递，造就了广泛集成社会生产、分配、交换与消费关系的能力。我们将这种可以收集、处理并传输生产、分配、交换与消费等经济活动信息的一般性数字化基础设施，称为数字平台，它为数字化的人类生产与再生产活动提供基础性的算力、数据存储、工具和规则。那些运营和维护数字平台，并依赖数字平台参与社会经济运行的新

① 3.3.1与3.3.2部分的内容主要来自谢富胜、吴越、王生升．平台经济全球化的政治经济学分析［J］．中国社会科学，2019（12）．他们在文章中还对共享经济、平台经济、零工经济等概念做出辨析，并提出了平台经济分析的不同维度和视角。有兴趣的读者可进一步参阅研读。

型企业组织，可称为平台组织。

数字平台具有巨大的规模效应和网络效应。数字技术体系使得不同地域和部门中具有相似逻辑的经济活动，都集成到同一数字平台上进行。这意味着，同一套硬件、软件和管理组织取代了原来分散的经济组织，用户的增加意味着初始投入成本的直接摊薄，即具有供给方的规模效应。由于数字技术的高度抽象性和流动性，地理时空界限和企业内部管理能力局限，对数字平台供给方规模效应的作用范围所施加的上限，远高于传统工业和商业企业。数字平台的网络效应兼具直接和间接两类。直接网络效应系指某一产品或服务的使用者数量的增多，会提升其使用价值。例如，作为熟人社交的数字化基础平台，脸书网（Facebook）的用户越多，就越能充当熟人社交的数字媒介。间接网络效应是指产品或服务的某一类使用者增多，会提升它对于其他类使用者的使用价值。如亚马逊网上商城作为商品交易的数字化基础平台，买家增多可使卖家的商品销量更大、出售更迅速，卖家增多又可使买家更容易买到需要的商品。网络效应使得平台用户的平均付费意愿随用户规模的增长而增加，因此也称为需求方的规模效应。

3.3.2 平台的类型

平台组织是通过集成社会生产与再生产活动参与总体经济运行的，根据它们在社会生产与再生产中的角色与功能，平台可以分为以下几种类型。

第一类平台组织促进商品和劳务的流通，通过提供产品和服务的线上交易中介服务，向卖方收取服务费或从交易金额中抽成。美国的亚马逊公司是典型的产品线上交易中介。它运营的网站允许世界各地的卖家通过文字描述和图片展示商品，而世界各地的买者可以进行商品检索和筛选，购买商品。谷歌和苹果各自运营的应用程序商店，则是应用程序线上交易中介的典型代表。它们制定了搭载应用程序的操作系统和应用程序的开发规则。美国的爱彼迎、优步和巧手匠等企业组织，是服务的线上交易中介的代表，这种交易的逻辑和形式也与线上交易中介、线上服务中介相似。其中优步和巧手匠认为，它与服务提供者之间不存在雇佣关系，不需为其提供劳动资料和社会保障。

第二类平台组织便利信息传递和社会交往，提供免费的社交媒体和搜索引擎服务，通过出售广告位获取收入。社交媒体中最具代表性的，是脸书公司运营的脸书网。它在数据库中为用户创造了一个虚拟身份，用户可以选择在自己和他人的虚拟身份间形成“好友”关系，通过该网站或程序的功能，与朋友进行网上互动。搜索引擎的典型代表是谷歌搜索。它通过开发搜索与排序算法和部署服务器，为用户提供通过关键词和运算符检索公开网页的功能，并对检索到的网页进行智能排序。

第三类平台组织为整个平台经济的运行提供数字化的物质技术基础，向使用者出租互联网硬件和软件，收取租金费用。这类平台在技术上可分为“将基础设施作为服务”和“将平台作为服务”两类。（1）将基础设施作为服务，把“处理、存储、网络以及基础计算资源”，通过技术手段封装成可模块化调用的服务，供用户使用。其中最典型的是亚马逊网络服务，为各类互联网企业提供弹性云计算、云存储等服务。这类服务本质上是对硬件（算力、存储空间等）的出租。（2）将平台作为服务系指提供应用程序的运营环境，让用户可以“使用服务提供者所支持的编程语言、资源库、服务和工具”，开发自己的应用程序。其中最典型的是谷歌应用引擎和通用电气工业互联网平台。谷歌应用引擎提供一系列可直接调用的应用程序编程接口，允许用户调用编程库中的方法，或“通过应用程序编程接口使用谷歌应用程序引擎提供的服务”。通用电气工业互联网平台的运行逻辑与此类似，它提供的服务针对的是工业的数字化需求。

3.3.3 平台的主要特征

（1）网络外部性。网络外部性是指，一边终端用户的规模会显著影响另一边终端用户使用该平台的效用或价值。比如，银行卡持卡的消费者越多，POS 机对于商户的价值就越大；而安装 POS 机的商户越多，银行卡对于消费者的价值也越大。

网络外部性包括直接网络外部性与间接网络外部性。其中直接网络外部性是指平台的价值与使用该平台的消费者的交易相关，尤其是与用户对该产品的使用数量相关。直接网络外部性从产品的使用中产生，如共享软件、传真机、电邮服务和电信服务等，它们的价值几乎只与产品用户数量以及产品使用频度相关，因为它们主要用于用户之间的通信。

间接网络外部性是指平台的一类用户的数量影响该平台对于另一类用户的价值。例如，在网络购物平台里，网络的外部性在很大程度上影响着市场的吸引力，因为越多的卖方会吸引越多的买方，买方有更多的购买选择，反过来买方的踊跃增加吸引更多卖方的参与，存在典型的正外部性。一般而言，关注成员外部性的主要原因在于最终用户的成本具有交易敏感性。这里所说的成本既包括平台收取的固定费用，也包括客户方的技术性固定成本。

（2）单归属/多归属。由于存在很多功能可以替代或者互相之间并不关联的平台，市场的某一方就可能与一个或多个平台发生关联。若市场的某一方只能获取一个平台的服务并在该平台接触另一方，则称为“单归属”（single-homing）。若市场的某一方与多个平台关联，则称为“多归属”。例如，对银行卡业而言，由于不同银行卡系统之间不是互通互连的，导致商户与客户之间可能存在多归属行为，也就是拥有很多张卡。

买方多归属一般是在商品供大于求的状态下，卖方相互竞争，从而形成了买方的主动权地位。如保险市场就属典型的买方多归属。众多的保险公司推出众多的保险产品，顾客可根据自己的偏好和需要来购买保险。形成买方多归属的根本条件是社会生产力水平较高，社会供给量超过社会需求量。从微观来看，买方多归属有利于企业不断推动技术创新，开发新产品，满足消费者的新需求，提高效率效益；从宏观来看，买方多归属有利于资源的合理配置，促进社会效率的提高和经济的发展。

与常见的买方多归属行为相对的是卖方多归属行为。在商品供不应求的条件下，买方相互竞争，商品价格趋于上升，从而使卖方掌握了价格上的话语权，市场主体的地位向卖方倾斜，卖方支配着买方。在拍卖市场，针对拍卖品，买方踊跃抬价，最后出价最高者获得拍卖品，这就是典型的卖方多归属。在卖方多归属现象中，买方对商品没有更多的选择权，尤其是必需品，虽不心甘又不得为之。我国的中小学教育属卖方多归属的典型问题，尽管其实质为非完全市场行为。当孩子小学升初中、初中升高中的时候，不少家长为孩子选择就读哪类学校而苦恼。因为，孩子的学位竞争太激烈了，可供选择的机会非常少，多数情况只能上那些派位给定的学校，如动择校之念，则要准备不菲的择校费。这昂贵的甚至违法的择校费正是优质教育资源稀缺所引发的教育卖方多归属行为的结果。教育的公共产品特征表明其供求关系为非市场供求关系，但其“市场化结果”提醒教育供给部门，必须高度重视教育的卖方多归属行为，深化改革，增加和合理配置资源，提升整体质量水平。

3.3.4 双边市场：一个分析平台经济的基本框架

双边市场提供了平台经济的一个基本分析框架。所谓“双边”，是指存在两个群体，某一群体的效用取决于另一群体中使用平台的人数。例如在网约车平台中，乘客数量增加，则司机更有可能获得订单；司机数量增加，则乘客更有可能获得响应。这种特点被称为“交叉网络外部性”。我们从单一平台入手，阐述双边市场的分析思路和建模框架，并在 3.5 部分拓展至多平台竞争的情况。①

假设有两个顾客群体，分别用群体 1 和群体 2 表示，群体 1 的效用与群体 2 中使用平台的人数相关。假设平台在两个群体中分别吸引了 n_1 与 n_2 的人数，则两个群体中，代表性用户的效用可以表示为：

$$u_1 = \alpha_1 n_2 - p_1;\ u_2 = \alpha_2 n_1 - p_2$$

其中，p_1 与 p_2 分别是平台对两个群体用户的价格。α_1 与 α_2 表示交叉网络效应的系数，例如 α_1 表示群体 2 人数的增加对于群体 1 效用的影响。此外，进一步假设每一群体使用平台的人数与其能获得的效用相关：

$$n_1 = \phi_1(u_1);\ n_2 = \phi_2(u_2)$$

其中，$\phi_1(\cdot)$ 和 $\phi_2(\cdot)$ 为增函数。而平台为两个群体的消费者提供服务具有不变单位成本，分别为 f_1 和 f_2。此外，由于平台价格与消费者效用一一对应，可以认为平台直接决策给消费者提供多少效用，即认为 $p_1 = \alpha_1 n_2 - u_1$。因此，平台的利润可以表示为：

$$\pi(u_1,\ u_2) = \phi_1(u_1)[\alpha_1\phi_2(u_2) - u_1 - f_1] + \phi_2(u_2)[\alpha_2\phi_1(u_1) - u_2 - f_2]$$

---

① 3.3.4 与 3.3.5 部分介绍的双边市场模型来自阿姆斯壮（Armstrong）于 2006 年发表的论文《双边市场的竞争》（Competition in Two - Sided Markets），该论文为双边市场的奠基性文献，提出了双边市场分析的基本框架与模型。双边市场后续研究十分活跃，也成为平台经济最经典的分析范式，有兴趣的读者可以进一步研读。

将平台利润最大化的效用代入价格表达式后，可以发现价格满足以下条件：

$$p_1 = f_1 - \alpha_2 n_2 + \frac{\phi_1(u_1)}{\phi_1'(u_1)};\ p_2 = f_2 - \alpha_1 n_1 + \frac{\phi_2(u_2)}{\phi_2'(u_2)}$$

由以上表达式可以看出，价格受到三方面因素影响。首先，平台提供服务的成本越高，则价格越高。其次，对群体 1 而言，群体 2 的人数越多，则平台对群体 1 收取的价格越低。最后，与群体参与的弹性相关。就最后一点弹性而言，我们将其写为更便于观察的形式。定义两个群体（给定另一群体使用数量）的需求价格弹性为：

$$\eta_1(p_1 | n_2) = \frac{p_1\phi_1'(\alpha_1 n_2 - p_1)}{\phi_1(\alpha_1 n_2 - p_1)};\ \eta_2(p_2 | n_1) = \frac{p_2\phi_2'(\alpha_2 n_1 - p_2)}{\phi_2(\alpha_2 n_1 - p_2)}$$

则利润最大化的价格可以写为以下形式：

$$\frac{p_1 - (f_1 - \alpha_2 n_2)}{p_1} = \frac{1}{\eta_1(p_1 | n_2)};\ \frac{p_2 - (f_2 - \alpha_1 n_1)}{p_2} = \frac{1}{\eta_2(p_1 | n_2)}$$

这表明当某一群体需求价格弹性较高时，平台可以给予该群体以补贴，即提供低于平均成本的价格（如 $p_1 < f$），甚至在一定程度上存在负的价格。这是因为高价格弹性群体更易于被平台制定的低价吸引，从而平台可以在另一群体实现更高的利润。现实中，典型的例子包括大部分阅读软件（如 AdobeReader）是不收费的；网约车平台对司机收取佣金，但不对乘客收取额外费用。

3.3.5 平台竞争与定价策略

此处我们延续 3.3.4 部分的双边市场模型，讨论更为复杂的情况。我们假设存在相互竞争的两个平台，而消费者则属于单归属（single-homing），所谓单归属指消费者只能选择加入其中一个平台。两个平台记为 i 和 j，两个群体记为 1 和 2。消费者在平台 i 获取的效用为 $\{u_1^i,\ u_2^i\}$；而在平台 j 获取的效用为 $\{u_1^j,\ u_2^j\}$。由此我们可以写出消费者获取的效用：

$$u_1^i = \alpha_1 n_2^i - p_1^i;\ u_2^i = \alpha_2 n_1^i - p_2^i$$

而参照豪泰林模型（Hotelling），假设加入平台 i 的人数写作：

$$n_1^i = \frac{1}{2} + \frac{u_1^i - u_1^j}{2t_1};\ n_2^i = \frac{1}{2} + \frac{u_2^i - u_2^j}{2t_2}$$

其中，t_1 和 t_2 表示横向差异化的程度，为一外生参数。这种设定形式参考了豪泰林的横向差异化模型，这一模型假定存在一条线段，消费者平均分布于线段上的各点，而厂商决定线段上的一点（可以表示为决定产品定位、店铺位置），消费者会选择离自身位置最近的厂商。以上设定形式假设消费者采取类似的消费模式，每一平台初始占有 1/2 的消费者，可以理解为这部分消费者对该平台具有更强的偏好（距离更近），而另一平台则可通过更为优质的服务（$u_1^i - u_1^j$）将对方的消费群体吸引过来，但吸引程度受到平台固有的差异化程度 t_1 和 t_2 的影响。由于 $n_1^i + n_1^j = 1$，同时代入效用表达式可得：

$$n_1^i = \frac{1}{2} + \frac{\alpha_1(2n_2^i - 1) - (p_1^i - p_1^j)}{2t_1}; \quad n_2^i = \frac{1}{2} + \frac{\alpha_2(2n_1^i - 1) - (p_2^i - p_2^j)}{2t_2}$$

我们假设均衡解总是存在（从而要求差异化程度较高 $4t_1t_2 > (\alpha_1 + \alpha_2)^2$，否则一个平台将占据所有市场）。此时平台 1 的利润可以写为：

$$(p_1^i - f_1)\left[\frac{1}{2} + \frac{1}{2}\frac{\alpha_1(p_2^j - p_2^i) - t_2(p_1^i - p_1^j)}{t_1t_2 - \alpha_1\alpha_2}\right] + (p_2^i - f_2)\left[\frac{1}{2} + \frac{1}{2}\frac{\alpha_2(p_1^j - p_1^i) - t_1(p_2^i - p_2^j)}{t_1t_2 - \alpha_1\alpha_2}\right]$$

在以上表达式中，我们将 n_1^i 和 n_2^i 使用参数做了替换。求解以上公式的一阶偏导，同时考虑对称性均衡条件，即可得到对称性均衡的均衡价格：

$$p_1 = f_1 + t_1 - \frac{\alpha_2}{t_2}(\alpha_1 + p_2 - f_2); \quad p_2 = f_2 + t_2 - \frac{\alpha_1}{t_1}(\alpha_2 + p_1 - f_1)$$

我们以 p_1 的均衡条件为例进行分析。这一条件中，$\frac{\alpha_2}{t_2}(\alpha_1 + p_2 - f_2)$ 代表了网络效应的外部性，其中 $\alpha_1 + p_2 - f_2$ 代表平台吸引群体 2 而在群体 1 处获得的边际收益。而 $\frac{\alpha_2}{t_2}$ 则表示平台每有一位群体 1 消费者，所能吸引群体 2 消费者的人数，因此两者的乘积代表了网络效应的外部性：$\frac{\alpha_2}{t_2}$ 度量了由群体 1 消费者引致更多的群体 2 消费者数量；$\alpha_1 + p_2 - f_2$ 度量了群体 2 消费者增加吸引了更多群体 1 消费者，从而引致的收益增加。

$$p_1 = \underbrace{f_1}_{\text{成本}} + \underbrace{t_1}_{\text{市场势力}} - \underbrace{\left(\frac{\alpha_2}{t_2}\right)}_{\text{额外群体2消费者}} \underbrace{(\alpha_1 + p_2 - f_2)}_{\text{额外群体2消费者带来的利润}}$$

均衡价格条件为二元一次方程组，求解此方程组可得均衡价格：

$$p_1 = f_1 + t_1 - \alpha_2; \quad p_2 = f_2 + t_2 - \alpha_1$$

这一均衡价格意味着，对群体 1 的定价事实上不依赖于群体本身的 α_1，反而依赖于群体 2 的 α_2。其根本原因正如我们对均衡条件分析的，来自网络效应的外部性。

我们进一步采取需求价格弹性的方式来表示价格，群体 1 的需求价格弹性可以表示为 $\eta_1 = p_1/t_1$（给定其他参数），从而对群体 1 的定价可以表示为：

$$\frac{p_1 - (f_1 - 2\alpha_2 n_2)}{p_1} = \frac{1}{\eta_1}$$

对比 3.3.4 部分中只存在一个平台的情况，这表明存在平台竞争时，网络外部性 $\alpha_2 n_2$ 发挥了更大的作用。其原因在于，如果只存在一个平台，平台制定了一个较高的价格从而排斥了另一群体的消费者，这会使得消费者离开市场（不进行任何消费）；但如果存在多个平台，则消费者会转向另一平台消费，这使得任何一个平台吸引消费者的难度增加。

3.3.6 消费者、生产者特征与平台行为

3.1 与 3.2 部分分析了消费者、生产者的行为特征变化，平台作为消费者和生产者

的中介，也会根据其特征相对应地调整自身策略。3.3.3～3.3.5 部分，我们对消费者和生产者的行为特征做了高度抽象，以更为简洁清晰地引入双边市场这一基本分析框架。此处，我们将结合消费者与生产者行为，对平台行为做进一步介绍。

3.3.6.1 先发优势

前述论及网络外部性是平台的基本属性；买家希望前往商品更多、价格更低的平台，而卖家则想前往有许多买家的平台。因此，一旦一个平台开始成长，它就形成了积极的反馈循环：越来越多的买家和卖家吸引了越来越多的卖家和买家，而且它增长得越快，对市场的双方就越有吸引力。

这就给早期平台带来了所谓“鸡生蛋”还是“蛋生鸡”的问题。例如，如果买家很少，平台如何说服卖家签约？同样，如果没有足够数量的卖家，买家为什么要浏览其网站？由于存在这种循环，一个新的平台往往具有巨大的先发优势。举例来说，eBay在美国、英国、德国和澳大利亚等国家作为 C2C 市场的成功在很大程度上是因为它是这些国家的第一个在线市场。2000 年，eBay 在日本推出了一个版本的网站，比雅虎晚了 5 个月，为雅虎提供了必要的先发优势。在不到两年的时间里，eBay 在与雅虎的竞争中落败，随后关闭了其日本业务。仅仅 5 个月的领先就使得雅虎具备了先发优势，建立了足够的影响力，使 eBay 作为第二个行动者无法成功进入。

当然，后动者也并非全然没有机会，其也可以结合生产者与消费者行为特征，实现规模增长和正向循环，Etsy.com 即是其中典型的例子。Etsy.com 成立于 2005 年，是美国领先的手工艺品和工艺品市场。而在整整 10 年前，eBay 已经成为几乎任何一种商品的在线销售平台。然而，eBay 在 21 世纪初快速增长的同时，未能做到的一件事就是投资于技术，并创造与互联网进步相匹配的在线用户体验。首先，eBay 在卖家发布图片的服务上较为落后，且对卖家收取了费用。其次，eBay 既没有吸引人的网页，也没有逐步改进用户体验。最后，其搜索引擎技术也较为落后。对于定义明确的标准商品，这可能不是太大的问题。消费者知道他们在寻找什么，但对于独特的手工艺品，eBay 的缺点给消费者带来了严重的问题。Etsy.com 表示，由于 eBay 没有投资于定制不同子市场用户体验所需的技术，Etsy.com 差异化的利基市场很快吸引了专门从事艺术和工艺品的小型企业，以及对这类商品具有偏好的消费者。一旦这些企业和购物者加入进来，Etsy.com 就形成了先发优势，eBay 上的小众玩家迅速转向 Etsy.com，并促成了 Etsy.com 的进一步增长。它的成功不仅体现在其在手工艺品市场的主导地位，还体现在它作为一家私营公司成功成长了 10 年，在此期间，其获得了近 1 亿美元的风险投资，并于 2015 年 4 月在纳斯达克上市。由 Etsy.com 的例子可以看出，3.1 与 3.2 部分所阐述的信息搜寻、长尾效应等，对于平台行为也具有重要影响。

除了寻找一个利基市场之外，后动者可以使用的另一种策略是提供比现有市场更好的条款和服务。如果买家和卖家尝试多个市场的成本不太高（读者可以回忆起我们前文介绍的多归属特点），则这种策略更有可能获得成功。由于独特物品的限制，C2C 卖家无法轻松实现多归属。例如，我希望出售我现在长大的孩子不再使用的旧玩具，如果我在两个不同的市场上张贴售卖信息，可能面临“超卖”的风险。如果市场 A 中的一个买家选择购买我的玩具，并且在我能够将其从市场 B 中移除之前，该市场中的一位买家也选择购买，那么我就存在交付问题（假设我不想在其中一个市场上因未交付而受到处罚）。这也适用于拥有独特物品的其他卖家，如古董和其他专门商品。

然而，对于通常由商业对商业（Business - to - Business，B2B）或商业对消费者（Business - to - Customer，B2C）卖家销售的通用商品，多归属对于买家和卖家都更容易，许多 B2C 卖家在京东商城和天猫商城都进行销售。然而，一个新的市场要想成功渗透，就必须提供比现有市场更好的服务，要么通过降低费用，要么通过提高平台的质量，为市场的至少一方提供服务。例如 2015 年，一家名为 Jet. com 的初创公司就进行了尝试，其使用算法根据位置匹配卖家和买家，以节省运输成本，或使得订单可以打包运输。同时，它还通过与零售商合作使用会员计划从而为消费者提供折扣，这吸引了初始消费群体，并建立了买方市场。2015 年 2 月，该公司获得贝恩资本领投的 1.4 亿美元，表明了资本市场对其商业模式的初步认可。Jet. com 的模式也与我们此前提及的网络零售中运输成本的变化相关。

3.3.6.2 买家费用与卖家费用

从双边市场的模型可以看出，平台面临两个问题：第一，谁应该为平台的服务付费；第二，谁付费是否重要？我们得出的结论是，为双边市场的买方设定价格既取决于买方的需求，也取决于该需求对平台施加的成本，以及买方参与如何影响卖方的参与、卖方参与的隐含边际利润（反之亦然）。或者更简单地说，取决于双方对另一方的交叉弹性以及同一方的需求弹性。

因此，从实际策略出发，平台可以选择一方的价格低于服务该方的边际成本（注意这与新古典经济学的最优定价有很大区别），甚至导致负价格。例如，平台可能会选择补贴买方，以便向卖方收取费用，而一旦有相当大的买方存在，卖方就更缺乏弹性。例如，eBay、亚马逊、淘宝等，买家不收取任何费用，而所有费用都向卖家收取。

同时，并非所有电子商务市场都只对市场的销售方收费。例如，Stubhub、TicketMaster 和 VividSeats 等二级赛事门票市场既收取买方费用（称为“服务费”）又收取卖方费用（称为“佣金”）。一般来说，消费者实际支付的价格由两部分组成，一部分是由卖方设定的“标价”，另一部分则是平台费用，会直接添加到该标价上。

除了付费对象外，平台还有更多的策略组合。例如，若对买家收取的费用仅在他们选择商品后才出现，那么偏离标准理性选择模型的行为偏差可能会导致买家购买比最终价格更多的商品。

此外，平台可以使用动态定价策略。为了刺激规模增长，早期平台用户的价格较低，甚至可能为负，以建立吸引未来参与者所需的规模。因此，对于希望寻求增长的双边市场来说，在其最初的增长阶段获取更低的利润可能是更优的选择，而在积累了足够规模并树立进入壁垒后，则可以提高收费标准。

3.3.6.3 广告

前述提及，广告是百度、谷歌等在线搜索引擎的主要收入来源，但有趣的是，一些双边市场也在其网站上销售广告展示位。例如，阿里巴巴、eBay、亚马逊都有成功的在线广告业务。

对于平台而言，广告费往往是一个优质的收入来源。此外，可以认为，通过允许卖家为曝光付费，那些付费的卖家可能提供了更高水平的服务（此时广告发挥了信号显示的作用）。在广告的收入外，有两个考虑因素则需要纳入考虑范围内并加以权衡。第一，与卖家的促销广告相比，（不经过筛选）的另外一些广告可能将消费者引流至其他平台，从而减小平台自身的规模。第二，采取通常的广告竞标或拍卖策略（我们在 3.2.4 部分介绍过这些策略），未必能实现平台的利润最大化，因为平台的利润在广告之外还受到实际交易的影响。麦克德维特在 2014 年的研究发现，在某些情况下，质量较低的卖家会为广告支付更多的费用，因为他们没有从消费者的历史消费和评价中获得足够的声誉，从而缺乏获得声誉的替代渠道。

3.4 市场交易特征

3.4.1 市场交易模式变化

互联网时代，交易模式“去中介化”（也被称为“脱媒”，disintermediation）现象日显。数字经济减少搜寻成本，加速了信息流与商流活动，突破了交易的时空限定，为交易模式“去中介化”创造了有利条件。在现实中表现为生产商越过批发环节，直接与零售商对接，甚至直接与消费者实现点对点互通。例如，当亚马逊允许作者通过其自助出版服务直接向读者销售图书时，图书出版商作为中间商的传统角色被削弱了。将全球零售品牌与中国制造商联系起来的供应链管理公司利丰（Li&Fung）的收入持续下降，原因是零售商去中介化后直接与制造商合作；酒店和航空公司提供折扣并吸引客户直接预订，从而减少了在线旅行社的收入。

与此同时，从 3.3.1 部分对消费者行为特征的分析也可以看出，搜寻成本、运输成本的变化同样存在异质性，对于横向差异化与纵向差异化商品而言，其变化方向可能完全相反。这意味着生产者与消费者都更加需要中间商提供的中介服务，或者说借由中间商的专业化降低各项成本，从而也显现出了“再中介化”。例如大众点评网、小红书等资讯类网站或 App，将商家信息整合并提供给消费者，即是再中介化的表现。

从更为严谨的定义出发，我们可以将去中介化视作流通层级的减少或是流通渠道的缩短。同时，市场主体减少意味着更多种类的活动将由少数市场主体承担，这也意味着分工专业化的降低。而再中介化则与之相反，可以视作流通层级增加或是流通渠道的延长，同时也往往意味着分工专业化程度的提高。

那么再中介化和去中介化受到哪些因素影响？我们应当如何分析去中介化与再中介化？在3.4.2部分中，我们将定性地介绍市场交易模式变化的驱动因素。而在3.4.3部分中，我们将引入交易模式选择的一个模型，介绍基本的分析框架。此处模型是一个较为简单的版本，感兴趣的读者可以将3.4.2部分中介绍的诸驱动因素纳入模型中进行进一步分析和比较。

3.4.2 去中介化与再中介化的驱动因素

去中介化与再中介化的核心在于中间商是否能以相对于市场其他参与者而言更高的效率实现中介职能。数字经济带来的诸项成本降低影响了市场参与各方的效率，但这种影响是异质的：一些因素对中间商的效率提升高于其他参与者，此时再中介化就成了主要交易模式；一些因素对于中间商的效率提升低于其他参与者，此时去中介化就成了主要交易模式。由于去中介化与再中介化是相对的过程，此处我们主要分析数字经济中中间商存在与发展的依据，也可以理解为再中介化的推动因素。

3.4.2.1 消费洞察

如通俗意义上，人们将中间商喻为连接“人”和“货”的“场”，那么消费洞察即在于发现和识别不同“人”的消费需要，这是中间商活动及其数字化创新的市场分析起点。没有消费也就不存在生产的动力。因此，数字经济对中间商影响的逻辑起点在于，数字化分析有益于中间商和消费者之间的更紧密连接，即通过挖掘数据更精准地获知消费动向，识别个人的多元化消费需要，帮助消除由消费到生产的信息传递鸿沟，尽可能规避无效商业供给和商品结构误配，从而为更自觉地化解由生产、零售到消费的商品流通难题提供技术支撑。

复制成本降低影响了消费洞察。在互联网大幅度提高长距离空间的信息传递效率的基础上，数字化分析技术提高了高密度和大容量信息流的处理质量，将未经组织的数字、词语、声音、图像等转化为有意义的数据，数字化信息产品成为社会再生产过程中必不可少的生产资料。相较于以互联网为基础的“人与数据对话”，物联网、大数据、人工智能等不同层面数字化技术的交互融合进一步推动着“数据与数据对话”。物联网强化了万物互联的大数据采集，云计算提供了承载大数据的强大能力，大数据通过数据挖掘形成有效信息，人工智能则化信息为知识，形成层层递进、逐步深入的数字化分析路径。在互联网催生的个性化消费升级时代，数字化有益于中间商方充分利用新技术突破需求侧的认知约束，在日益复杂的数据中发现关乎真实消费需求的有效信息。

追踪成本降低影响了消费洞察。一方面，随着世界各地的生产、流通、消费等活动通过计算机网络日益紧密地连接起来，原本在不同实体空间碎片化分布的小众需求也由于虚拟空间的聚集效应而具有了规模经济的基础，高度分散化的需求长尾借助数据字节式的虚拟货架展示、广泛便捷的信息沟通渠道以及大数据搜集匹配等方式在互联网市场中极大显性化，形成不同于传统工业经济时代的长尾经济。因此，互联网时代更有可能出现的商品流通和价值实现难题不在于社会消费相对不足，而在于社会化大生产对个性化的消费升级趋势响应不足，这就对消费洞察提出了更加精准化的要求，原则上要求末端的中间商——零售商率先建立适配异质性需求波动的柔性供给机制。另一方面，互联网也为中间商提供了低成本、便捷式连接大量消费者的有力工具，为消费数据的积累、分析以及数字化管理提供了重要基础。企业可以利用互联网构建与消费者更紧密的社群联系，通过跟踪消费行为赋予每个消费者大量的个性化数据标签，捕捉转瞬即逝的需求长尾，并促成普通消费者以数据化方式参与研发创新。

3.4.2.2 流通的时空效率

运输成本降低影响了空间效率。数字经济有助于市场在空间上的扩大，即推动商品交换关系开拓到越来越远的市场，这一过程不只是从扩大的空间角度促进供需匹配，而且也会随着交通运输工具的发展，进一步节约相对流通费用。在数字化信息技术支持下，中间商可以依托大数据资源和市场分析更有效地拓宽组织边界，并通过虚拟化交易场景的塑造持续扩大中介服务的活动空间，移动互联网和社交媒体更是促进了线上零售业务的大发展，从而在一定程度上，市场空间的扩大可以降低批发依赖而依托物流支持便可拓展至全球范围，无形的数字产品的销售甚至不再将空间运动作为必要因素，实现了零售商圈扩展。

搜寻成本降低影响了时间效率。在数字化的需求分析基础上所形成的商品采购结构的合理化，有助于中间商尽可能降低供需误配，这实际上相对缩短了商品作为储备在市场上的停滞时间，而通过大数据营销和精准推送等方式，流通过程可以更有效地应对“千人千面”的多样化需求和提升供需匹配，通过数字化的“货找人”而大大缩短商品由生产到消费的流通时间。当然正如前文所分析的，搜寻成本降低既可能促进再中介化，也可能促进去中介化，需要结合具体的场景加以分析。例如在产销合一模式下，数字化可以成为制造商实现流通渠道“去中间化”并直接面向销售者开展零售活动的有力技术手段。在产销分离模式下，数字化则为零售商重构“再中间化”渠道分工并提升流通效率提供了关键技术支持。在移动社交网络和数字化的平台组织中，消费者个人也越来越成为零售活动的主体。总之，数字化在时空双重维度上驱动零售效率提升的潜在作用机理可以被日益多元化的不同零售主体所应用。

3.4.2.3 社会再生产资源配置

虽然数字化赋予中间商日益精准化的需求洞察能力，并具有驱动流通效率时空演进的巨大潜力，但中间商能否在识别需求的基础上持续衔接供需，还要受限于中间商对再生产资源配置的联动程度，即在“货—场—人”关系中，通过联动上游生产而从根源上帮助解决“货”的有效供给问题。

搜寻成本降低影响了零售商制造。以数字化为技术工具，流通过程除了加速消化库存外，还可以从消费端反推生产计划，通过反向定制生产、自有品牌开发等多种方式，帮助解决生产什么、由谁生产以及如何生产的产能资源分配难题。比如，在购买者驱动的生产网络中，由零售商提出产品概念并组织供应商生产的“被流通决定的生产”情境开始越来越多地存在，一定程度上可以帮助缓解生产在不确定信息中的无政府状态，也更加适配数字经济时代个性化消费升级的需要。随着产品结构和生产流程的模块化分割，具有信息优势的零售商甚至可以通过自有品牌规则反向主导供应商组建模块化的合作生产网络。尤其是随着互联网平台组织的兴起和需求方规模经济的显现，以及数字化基础设施和信息系统研发投入在实际使用中的非竞用性特征，数字化零售组织更易于借助技术投入和纵向约束影响社会再生产的资源配置，虽然上述反向定制逻辑或合作生产模式仍是依据零售商而非消费者个人的“以销定产”。

事实上，零售对生产的反向主导作用在传统工业经济时代也并不鲜见，在以精益生产、大规模定制等为典型代表的“拉动式”供应链系统中已经有所体现，亚马逊在创立之初也曾基于互联网开创了区别于传统书店的拉动式订单模式，这些都已反映拉动式产销逻辑对于优化产能配置并满足消费升级的重要意义。但受限于社会化大生产的规模经济约束，上述拉动式产销模式只能是具有补充意义的模式。而在数字经济时代，数字化零售驱使柔性化生产成为更加常态的现象，且在数字化的互联网平台中更是基于强大的订单聚合效应而广泛可见，数字化零售在客观上具有整合分散化的生产资源和引领产能合理配置的潜在作用机理。

3.4.3 市场交易模式变化的分析框架

前述提及了影响市场交易模式的诸多因素，此处我们将诸因素加以抽象，通过平台与转售两种代表性交易模式介绍市场交易模式变化的分析框架。

假设存在 $N>1$ 个独立的供应商，每一供应商 $i=1, \cdots, N$ 供应一种商品，不失一般地可以将供应每种商品的边际成本设置为零。供应商需要通过垄断的中间商向消费者销售商品，中间商有两种不同类型，供应商可根据自身利润决策采取何种类型，并形成了不同的市场交易模式。一种是以“平台”为主要交易特征的中间商，另一种则是以“转售”为主要交易特征的中间商，我们稍后将介绍两种模式的不同。① 简单来看，平

① 本部分模型主要来自哈吉乌（Hagiu）和莱特（Wright）的文章《集市还是转售?》（*Marketplace or reseller*），论文中所述集市（marketplace）即为本部分中的“平台”。我们并未使用集市这一直译主要在于 marketplace 一词在英文语境中的含义较之中文语境中的“集市”广泛许多，借助某一区域（无论实体还是虚拟）供应商向消费者直接销售的模式都可以称为 marketplace，例如阿里巴巴、eBay 等都属于 marketplace 的范畴。他们的文章中引入了更为丰富的情形，包括成本差异性、需求变化等，有兴趣的读者可以做进一步阅读。

台的交易模式中，供应商在销售中具有主导地位同时与消费者直接联系，可以视作去中介化的代表；而转售的交易模式中，供应商首先将商品销售给中间商，而中间商再将商品转售给消费者，可以视作再中介化的代表。

（1）关于需求的假设。假设对每一种商品 i 而言，消费人数具有保留效用 v，而商品价格为 p，显然当 $p \geqslant v$ 时消费者选择购买，而我们假设消费者人数由以下公式决定：

$$m-(a_i-a_i^*)^2$$

其中，m 为初始消费人数，a_i 表示每一供应商或中间商所做的营销决策。在平台交易模式中，a_i 由每一供应商做出；而在转售交易模式中，a_i 由中间商做出。设定 $a_i^* = \theta+\gamma_i+\delta_i$，表示商品 i 的最优营销决策。其中，θ 为公共知识，而 γ_i 为一独立同分布（i. i. d）的随机变量，其实现值是中间商的私人信息；而 δ_i 也为独立同分布的随机变量，其实现值是供应商的私人信息。假设两个随机变量的均值为零，而方差分别表示为 V_γ，V_δ。

此外，我们假设 a_i 是不可缔约的，这是模型的关键假设之一，其原因可能来自营销中某些行为不可观测，或者因为行为过于复杂且多样化，即便可观测却难以证实，因此无法写到合约中。这表明无论是中间商还是供应商，都难以实现最优的营销决策，从而使得消费人数等于 m。中间商和供应商都有着自身的私人信息，而供应商则依据私人信息和对中间商信息的判断进行决策。

进一步来说，以上假设表明了一种“横向差异化”。例如在网络零售中销售电视，而供应商和平台可以将展示位等营销资源配置于不同营销活动中，简便起见，考虑两种营销活动，一种营销活动强调特定品牌的价值，而另一种营销活动则强调产品的特定功能（如智能电视等）。由此，模型中的 a_i 可以表示营销资源在两种不同营销活动中的比例分配，如果这一比例低于最优比例 a_i^*，则意味着将对品牌宣传的资源投入转向对产品功能的宣传可以吸引更多消费者；反过来，如果这一比例高于最优比例 a_i^*，则意味着对品牌宣传的资源投入过少，此时减少对产品功能的宣传而增加对品牌的宣传也可以吸引更多消费者。

（2）关于成本的假设。在平台型模式中，每一供应商都需要承担固定成本 F_M，例如供应商在平台开设店铺所需要支出的各种费用，而供应商每销售一单位商品也需要支出 f_M 的交易成本。在转售型模式中，相关成本则由中间商承担，其固定成本为 F_R，可变成本为 f_R。为了便于不同模式之间的比较，我们设定 $F_M=F_R=F$ 以及 $f_M=f_R=f$。此外，假设各项成本都具有一个定义良好的范围，使得供应商或中间商的固定成本、交易成本不至过高而不愿意进行任何销售活动。

（3）交易模式特点。在平台型交易模式中，平台会制定价格 P，愿意加入平台销售的供应商需要支付这一费用。由此，博弈由三个阶段组成，第一阶段平台制定价格 P，而供应商则决策是否加入平台；第二阶段供应商观察到私人信息 δ_i，并制定相应的营销活动 a_i 和价格 p；第三阶段消费者进行决策。当然此处价格并未发挥实质性作用，供应

商总是会制定价格 $p=v$ 以获取所有消费者剩余。

在转售型交易模式中，平台则会制定价格 R，该价格是向供应商购买商品的单位价格，供应商则决定是否将商品销售给中间商。由此，博弈同样由三个阶段组成，第一阶段中间商制定价格 R，而供应商则决策是否将商品销售给中间商；第二阶段中间商观察到私人信息 γ_i，并制定相应的营销活动 a_i 和价格 p；第三阶段消费者进行决策。同样地，此处价格并未发挥实质性作用，中间商总是会制定价格 $p=v$ 以获取所有消费者剩余。

此处需要额外进行一些说明的是，在我们的分析中营销活动 a_i 而非价格 p 居于核心地位。这主要是由于现实中价格常由中间商与供应商协商而得，并可能受到转售价格协议等因素影响。由于价格的可缔约性，理论上不同交易模式的价格在竞争性条件下应当趋于一致。简单来说，如果一种交易模式能够从定价中获取超额利润，则会有更多的参与者选择此种交易模式使得租金消散。现实中我们为什么还是可以观察到不同交易模式的商品价格存在分散的情况呢？这是由于价格和营销活动具有一定互补性，一些研究者使用“零售商品全价”来刻画。零售商或供应商除了销售商品外，总是附带了与商品相关的服务，例如展示服务、信息搜寻服务、物流服务等，这些服务的价格也被包含在了商品价格中。从分析的角度考虑，我们可以设定商品价格一致，而单独分析商品相关服务的附加价格。

（4）平台交易模式的收益。基于以上设定，采取逆向归纳法求解博弈，则供应商在第二阶段的收益为：

$$\pi_i=(v-f)E_i\{m-[a_i-(\theta+\gamma_i+\delta_i)]^2\}-F-P$$

代入 $E_i(\gamma_i)=0$ 并求一阶最优条件可得：

$$a_i^M=\theta+\delta_i$$

将一阶条件代入收益可得：

$$\pi_i=(v-f)(m-V_\gamma)-F-P$$

平台可以设定加入或离开（take-it-or-leave-it）的价格，即平台可以获取全部的供应商利润，由此平台获得的收益为：

$$\prod_M=(v-f)(m-V_\gamma)-F$$

（5）转售交易模式的收益。在转售交易模式下，第二阶段中间商的收益可以表示为：

$$\prod_R(n)=(v-f)\sum_{i=1}^{n}E_R\{m-[a_i-(\theta+\gamma_i+\delta_i)]^2\}-nf$$

代入 $E_R(\delta_i)=0$ 并求一阶最优条件可得：

$$a_i^R=\theta+\gamma_i$$

代入可得中间商在每一商品处获得的期望收益为：

$$(v-f)(m-V_\delta)-F$$

加总可得：

$$\prod_R = N[(v-f)(m-V_\delta)-F]$$

第一阶段平台同样可以采取“加入或离开”（take-it-or-leave-it）的价格策略，即平台可以独占全部的利润。

（6）交易模式选择。对比两种不同交易模式，可以发现两种交易模式的收益区别主要取决于方差 V_γ 和 V_δ。如果供应商的方差 V_δ 更高，则平台模式的收益更高；反之，如果中间商的方差 V_δ 更高，则转售模式的收益更高。

这一看似简单的结论蕴含着丰富的经济学含义。首先，方差 V_γ 和 V_δ 表示中间商或供应商私人信息的重要性，方差越高则代表越难以从外部预测私人信息，而交易的主导权则也应交由相应参与者。其次，以上结论事实上不要求所有商品的人数 m、商品的公共信息 θ 和固定成本 F 都是相同的，而只是要求对于每一商品而言，各参数在平台和转售模式中是相同的（从而给予我们比较的基准）。最后，平台模式中，平台向供应商一次性收取了进场费用 P，但倘若将这种一次性费用转变为基于销售量的收费（在实践中通常称为扣点），则结论并无不同。决定平台（中间商）和供应商收益分配的主要是议价能力，而非定价模式。

3.3.4 部分使用双边市场模型分析了平台这一交易主体，其要点在于双边市场存在网络外部性。我们也将网络外部性引入交易模式的分析中，即消费者人数 m 和商品数量（从而也是供应商数量）N 相关。此处使用了一个较为简化的单边网络外部性设定，而非交叉网络外部性，商品数量只是单方面影响消费人数。我们不加证明地直接给出结论：当 $V_\delta > V_\gamma + m(N) - m(1)$ 时，平台模式能够实现更高收益，反之则转售模式能够实现更高的收益。这一结论表明，私人信息的重要性仍然是主要影响因素，同时网络外部性使得消费人数、供应商数量存在影响。

以上模型还可以拓展至成本差异、异质性产品等不同情境。这一模型较为准确地把握了不同交易模式的区别：所有权在不同交易模式间是否发生转移，从而控制权是否发生变化。同时，读者也应把握信息的“不可证实性”这一核心假设，尽管该假设并未以显式进入模型中，但对于模型的分析过程和分析结论具有重要影响。读者也可以参看不完全合约的相关文献，以更为准确地理解“不可证实性”的含义，及其对控制权的影响。

◎ 本章提要

数字技术以“比特”表示的信息，带来了信息搜寻、传输、复制、验证、追踪成本的大幅度下降。这也引起了消费者、生产者、平台行为特征的改变，并最终引致市场交易模式变化。对消费者的影响可以概括为以下五个方面：长尾商品效应和明星商品效应；数字产品消费；最大商圈范围扩张与最小商圈范围缩小；消费社群形成；新的评价体系和声誉体系。

对生产者的影响同样可以概括为五个方面：自有品牌零售制造模式更为普遍；数字产品生产；O2O与全渠道等新模式；个性化定价转变为个性化广告；新的评价体系和声誉体系。而数字经济中的新兴主体——平台则主要依靠交叉网络外部性，居间协调了生产者和消费者，并具有单归属、多归属等不同特征。数字经济对消费者、生产者和平台的影响，最终引起了市场交易模式的变化。市场可能趋向于去中介化或再中介化，形成了以“平台”为主要交易特征的中间商，或是以“转售”为主要交易特征的中间商。不同交易模式的驱动因素包括消费洞察、流通的时空效率与社会再生产资源配置。

◎ 概念复习

长尾效应　明星产品效应　自有品牌零售制造　全渠道　双边市场　网络外部性

◎ 阅读资料

（1） Armstrong，M. Competition in Two - Sided Markets ［J］. *Rand Journal of Economics*，2006，37（3）：668 - 691.

（2） Brynjolfsson，E，Yu，J H and Simester，D. Goodbye Pareto Principle，Hello Long Tail：the Effect of Search Costs on the Concentration of Product Sales ［J］. *Management Science*，2011，57（8）：1373 - 1386.

（3） Darrell，R. The Future of Shopping ［J］. *Harvard Business Review*，2011（12）：4.

（4） Fleder，D，and Kartik，H. Blockbuster Culture's Next Rise or Fall：The Impact of Recommender Systems on Sales Diversity ［J］. *Management Science*，2009，55（5）：697 - 712.

（5） Fisher，M L. What is the Right Supply Chain for Your Product ［J］. *Harvard Business Review*，1997，75（2）：105 - 116.

（6） Fudenberg，D，and Villas - Boas，J，M. Price Discrimination in the Digital Economy ［J］. In *The Oxford Handbook of the Digital Economy*，edited by Martin Peitz and Joel Waldfogel，254 - 272. Oxford and New York：Oxford University Press，2012.

（7） Gans，J S，Goldfarb，A and Lederman，M. Exit，Tweets，and Loyalty. University of Toronto Rotman School of Management Working Paper 2889388，2016.

（8） Goldfarb，A and Tucker C. E. Digital Economics ［J］. *Journal of Economic Literature*，2018，57（1）：3 - 43.

（9） Gu G and Zhu F. Trust and disintermediation：evidence from an online freelance marketplace ［J］. *Management Science*，2021，67（2）.

（10） Heald，P J. Does the Song Remain the Same? An Empirical Study of Bestselling Musical Compositions（1913 - 1932）and Their Use in Cinema（1968 - 2007）［J］. *Case Western Reserve Law Review*，2009，60（1）：1 - 46.

(11) Lee, T Y and Bradlow, E T. Automated Marketing Research Using Online Customer Reviews [J]. *Journal of Marketing Research*, 2011, 48 (5): 881 - 894.

(12) McDevitt, R C. "A" business by any other name: firm name choice as a signal of firm quality [J]. *Journal of Political Economy*, 2014, 122 (4): 909 - 994.

(13) Rosen, S. The Economics of Superstars [J]. *American Economic Review*, 1981, 71 (5): 845 - 858.

(14) Tadelis, S. Two-sided e-commerce marketplaces and the future of retailing [A]. In *The Handbook on the Economics of Retailing and Distribution* [C]. edited by Emek Basker. Cheltenham: Edward Elgar Publishing, 2016: 455 - 474.

(15) Wright, Julian, Hagiu and Andrei. Marketplace or Reseller? [J]. *Management Science*, 2015, 61 (1): 184 - 203.

(16) 刘向东，陈成漳．互联网时代批发商的“再中介化”——价值链整合视角［J］．商业经济与管理，2016（6）：5 - 14.

(17) 刘向东，何明钦，米壮．全渠道零售系统：基于中国的实践［J］．北京工商大学学报：社会科学版，2021，36（3）：13.

(18) 李飞．全渠道零售的含义、成因及对策——再论迎接中国多渠道零售革命风暴［J］．北京工商大学学报：社会科学版，2013（2）：1 - 11.

(19) 李允尧，刘海运，黄少坚．平台经济理论研究动态［J］．经济学动态，2013（7）：123 - 129.

(20) 谢莉娟，毛基业，王诗桴．互联网驱动的自有品牌服装零售——韩都衣舍（该案例可从中国管理案例共享中心案例库或中国人民大学商学院案例库获取）．

(21) 谢莉娟，王晓东．数字化零售的政治经济学分析［J］．马克思主义研究，2020（2）：100 - 110.

(22) 谢富胜，吴越，王生升．平台经济全球化的政治经济学分析［J］．中国社会科学，2019（12）：62 - 81.

(23) 周志民，李蜜．西方品牌社群研究述评［J］．外国经济与管理，2008，30（1）：46 - 51.

◎ 课后思考题

(1) 为什么搜寻成本下降会带来长尾效应、明星产品效应这两种看似完全相反的效应?

(2) 简述 O2O 与全渠道的区别。

(3) 试运用双边市场理论分析，为什么“烧钱”“补贴”成为许多互联网平台发展初期的重要竞争策略。

(4) 举例说明数字经济中的去中介化现象、再中介化现象，阐述引起两种现象的原因。

第4章 数字经济的技术与基础设施支撑

学习目标

(1) 了解数字技术的演化过程，初步认识现有生产与生活方式中的数字技术；

(2) 掌握数字技术的基本特征，理解数字技术催生经济产业生态的过程及其背后的机理；

(3) 了解主流数字技术的概念及其在相应领域的运用模式；

(4) 理解推动新型技术设施建设与发展数字技术和数字产业的内在关系，掌握新型基础设施的基本特点；

(5) 理解我国新型基础设施面临的机遇与挑战，尝试思考应对方法。

内容提要

数字技术衍生于计算机科学与信息科学，正朝着智能化的方向演进，可以预见数字技术将对当下及未来的生产生活方式带来极大变革。数字经济的核心技术包括数据、算法和计算能力，并正在成为经济生产的一个重要元素。目前已有诸如云计算、大数据、5G、人工智能、区块链等数字技术被应用于生产或生活中的大量案例，并催生出数字农业、数字金融、数字民生与数字政务等新产业生态。除数字技术自身的研发与升级外，健全的新型基础设施是数字技术及其产业生态发展的基础。通过分析新型基础设施的具体特征，我们认为当前中国新型基础设施建设既存在机遇，也存在挑战。

4.1 数字经济的技术形态

数字经济依托数字化的知识和信息作为关键生产要素，以现代信息网络作为重要载体，上述过程所运用的技术均可视为数字技术。数字技术包括基础技术与融合技术。前者主要包括电子技术、信息技术与通信技术等；后者则为当前主流热点技术，包括物联网、区块链与云计算等。显然，融合技术是基于一个或多个基础技术协同发展而产生的，但基础技术与数字经济形成的关联并不直接，且关于基础技术的经济学探讨已较为成熟。因此，本章主要探讨融合技术相关内容，包括数字技术崛起的过程、数字技术催生的生产关系变革以及与数字技术配套的新型基础设施发展。

数字技术的出现改变了我们对信息与系统的认知，数字技术的特征包括：（1）使用二值信号并利用电路控制来表示信息，逻辑清晰可行性高，且可依托小的电路单元集成化为大的信息模块。（2）数字化的信息易于计算机算法处理，容易实现对信息的接收、控制、更改与显示。计算机的可编程性赋予了数字信息极强的可操作性与存储性。（3）基于某种特定的编排方式，数字信息可以通过较小的储存空间损耗来具备极强的抗噪与抗干扰能力，这使得数字信息在反复地传递与使用过程中很难出现差错。（4）不同于模拟信号，数字技术可以利用二进制特征提高信息传输的精度与抗干扰能力。（5）数字信息存在较高的资源利用率，结合先进的数字编码技术与调制技术，数字信息通过压缩容量能大大提高信息传输所占用的信道带宽与储存介质空间。

当今主流与前沿的数字技术是基于上述特征的某一点或某几点升级发展得到的。基础数字技术并不能直接催生具有活力与生命力的数字经济生态，数字经济的技术形态可以抽象总结为数字化→数据化→智能化。

数字技术的广泛运用，催生数字经济、数字社会、数字治理，进而带来更高的发展效率、更新的社会现象、更大的文化繁荣，解决我们想解决而未能解决好的一些问题，预示着一个崭新时代的到来。如何将数字科技进步带来的自发的、零碎的社会现象，引向自觉、有序、健康和普遍，需要从认识数字科技开始，把握数字科技价值的实现逻辑和扩张路径；需要创造必要的中间环节去引导数字化转型，将传统的观念、体制和陈旧设施，导向数字技术支持的新观念、新体制、新基建；需要在经济社会的数字化形态基础上，不失时机地探索和实践新的治理方式，开发以数字技术、数字要素、数字资源为基础的新型治理工具，提升企业、事业、党政单位的数字化监管水平，推进国家、社会和个人共同参与数字化治理，更好地服务于社会和群众。正如党的十九届五中全会所指出的，发展数字经济，要推进数字产业化和产业数字化，致力于打造具有国际竞争力的数字产业集群；加强数字社会和数字政府建设，致力于提升公共服务和社会治理等数字化智能化水平。

数字科技的萌芽、形成和发展过程，产生了信息经济、知识经济、数字经济，体现了数字技术价值的实现逻辑。数字经济超越信息经济和知识经济，利用了更加丰富、更强功能的数字技术，特别是诸多数字技术的融合应用，突破信息和知识标志的经济形态，数字技术的广泛使用带来整个经济环境和经济活动的根本变化。如果说信息经济和知识经济时期，数字技术对经济活动发挥着工具、技巧、方法的作用，那么数字经济条件下，数字技术就渐进转化并升级到资源、要素、内容的性质上，数字技术及其积累的数据本身成了价值的主体和核心。以往任何一个产品，用过一次价值就会大幅下降；现在，数据用过一次后再次分类并重组分析，无损失还增值，运用价值更高。数据越沉淀，数据越庞大，经过分析和加工，就越具有反复利用的价值，数据成为最有价值的生产资料和要素，它能帮助化解不确定性，有效提升规划和行为的成功率。面对重要的数字资源，需要建立新的社会契约，防止数字资产独占，禁止个人数据滥用，确立数字资产所有权。总体上，数字经济是在农业经济、工业经济基础上出现的经济发展崭新形态。

遵循数字技术价值扩张和升值的逻辑，以数字科技为起点，人们正在梯次实现着数字产业化、数字经济、数字社会、数字治理。

4.1.1 生活中的数字技术

目前，在社会生活的各个领域都能发现数字技术的触角，日常消费、智慧医疗、智慧城市、农业现代化、碳达峰碳中和、共同富裕，几乎在每个领域数字技术都有用武之地。

以智慧城市为例，交通拥堵是令很多大城市领导头疼的问题，似乎是一个顽疾。拥堵产生的原因有很多，如车辆太多、道路规划不合理、司机不遵守交通规则。但如果能够利用大数据等技术更好地规划引导交通、实时展现各条路线的交通状况、及时排解交通异常情况，拥堵问题就会减轻很多。

又如，科技已经改变了金融的经营业态，金融科技发展如火如荼。虽然金融科技的发展能够使金融机构更好地提供金融产品，服务实体经济，但也会产生数字金融鸿沟，使老年人尤其是农村地区的居民享受不到金融科技的好处。为了实现共同富裕，需要相关政府部门及金融机构下大力气普及金融科技知识，消弭数字金融鸿沟，增加农村地区的金融产品供给，提高农村居民收入水平，为实现共同富裕打下坚实基础。

在实现碳达峰及碳中和方面，数字技术为碳排放提供了测量与分析工具。一方面，碳排放的数字化将生产的各个环节纳入全时监测和储存之中，通过算法形成实时数据走势，保证错误排查的实时性和可追溯性；另一方面，数字化技术可以为产业链的信息流通和共享提供技术支撑，产业链可以依靠数字化技术进行上下游协同沟通，各个节点根据联结的系统与数据及时进行生产规划，做出更加及时有效的碳排放决策。

4.1.2 数字技术特征

数字技术特征的主要表现形式就是数字科技，包括云计算、大数据、5G、人工智能、区块链、万物互联等数字技术的逐渐发展和融合，成为数字世界的基础，有其自身的价值，越运用越普及，越能发挥其深厚的运用价值，挖掘其潜在的延伸价值。

新世纪以来，云计算、大数据、区块链、人工智能、移动互联网等基础性技术和前沿热点技术加快迭代演进，深度融入社会各个领域，不断迸发创新活力，信息化日益成为推动经济社会发展的先导力量，数字经济正在成为全球产业变革和经济增长的核心要素，各主要国家都把数字化、智能化升级作为谋求国际竞争新优势的战略方向。特别是随着数字技术的快速发展，人们获取、存储、分析数据的能力不断增强，全球数据呈现爆发式增长、海量集聚的特点，数字技术价值扩张很快。近几年的时间，数字经济的发展已进入跨界融合、系统创新、智能引领的新阶段。我国数字经济和产业数字化的加速发展将带动巨大需求，无疑对全行业都将是重大机遇。数字经济社会变革的整体趋势冲击着传统经济、社会和文化，以数据为基本手段和新一代信息技术为载体的新社会形态正在世界范围内形成，数字化转型正当其时。在信息数字智能技术的发展中，数字经济和社会的成长很不平衡，如何把握数字技术广泛运用的条件，促进更大范围的经济社会转型，成为各国竞争的一个主要内容，彼此都在抢夺先机。数字经济和社会的不平衡有的是客观因素导致的，需要促成数字技术的广泛运用，有的是企业、社会组织和政府的主动作为和积极推进还不够。因此，有序推进转型，在于把握和争取各种条件，及时制定政策，积极予以鼓励。如果条件不具备，过早转型就会效率低，浪费资源；条件充分而行动迟缓就会丧失最佳机会。美国是数字科技领先的国家，中国在5G、量子通信、语音识别、超级计算机等前沿科技领域也不断取得突破，正在从“跟跑”向“并跑”“领跑”转变，移动支付、共享经济、在线购物、机器人制造等数字技术的运用和产业化蓬勃发展，特别是消费互联网、数字技术运用在全球领先，实现了历史性的进步。科技革命和创新是转型的重要前提，但是科技产业化是数字转型的直接条件。中国是同时具备先进制造业技术和数字技术优势的国家，2022年中国互联网络信息中心（CNNIC）发布的第50次《中国互联网络发展状况统计报告》显示，截至2022年6月，中国网民规模为10.51亿人，中国各行业的产业数字化升级在21世纪30年代将面临加速发展的巨大机遇。因此，推进数字化、智能化升级是抓住科技革命和产业革命历史机遇的重大举措，也是升级治理方式的重要机遇。历史表明，科技革命和产业革命深刻改变着世界发展格局。把握科技革命和产业革命的时机，及时组织和引导转型，就能走在时代前列、引领新的发展。

数字技术具体表征主要集中于以下五个方面。

一是数字技术是一个二进制转换过程。数字化技术顾名思义是指将信息通过网络技术、计算机技术和大数据技术，转换成数据形式的一种高科技技术，该技术在实现过程中可以进行度量数字和数字化，并且根据相关数据信息还可以建立相应的数据模型，实现数据和数字的二进制代码替换，最后将二进制化的数据传输到计算机，由计算机对数据进行处理，形成数字信息技术。例如，数字技术中的声音信号、图画线条等，都需要在计算机系统中转换成二进制的数据信息形式才能被显示出来，一般二进制代码可用0和1表示。

二是数字技术的核心技术多样化。数字技术是大数据时代、网络时代和信息时代的产物，具有很强的网络气息、信息气息及数据气息，它与数据信息时代是相互依存的关系，数据信息时代的发展带动了数字技术的发展与创新，同时数字技术的创新与发展促进了数据信息时代的发展，也因此数字技术的核心技术越来越多样化。数字技术不再是单一数据处理技术，还包括光纤技术、计算机机器软件技术、光电技术。在微电子技术等数据信息化技术中，光纤技术具有高速传输数据信息的功能，计算机机器软件技术具有转换数据信息和控制信息的功能，光电技术具有将数据信息转变的功能，微电子技术具有储存和提取数据信息的功能，这四项技术一起构成了数字技术，实现对数据信息的传输、控制、转换及存取。

三是数字技术是数字计算机及其他高科技技术的基础。在数字技术实际应用中不难发现，数字技术广泛应用于数字计算机，数字计算机的运行、运算及运作功能都是通过将数字转化为其他数据形式实现的，有效证实数字技术是数字计算机的基础。此外，数字技术已经广泛应用于多媒体运行、软件开发、智能化技术创新等，并成为它们进行运行、开发和创新的基础，是信息时代的高科技技术基础。

四是数字设计技术具备其他技术没有的优势。具体体现在：第一，数字设计技术可以将相关设计定义构建成数据模型；第二，可以设计并计算出多种多样的数字模式，并且这些模式还可以并存于一个设计局面，实现数据信息的集合和互补，有效完善和创新数字化设计技术，并实现设计质量的提高，这两点优势是其他技术无法实现的。

五是数字技术可以同时设计多个组块。因为相应的数据转换代码较多，决定数字技术可以同时设计出多个组块，并将多个组块整合和装配，实现设计工作效率及质量的提高。数字技术设计多个组块时对实物模型的依赖性不大，因为数字设计技术是在计算机技术的基础上进行仿真数据模拟的，有效缩短了数字设计的时间，同时实现了设计成本的降低。

4.1.3 数字技术与经济产业生态

产业数字化的核心在于利用现有产业的数字化转型在市场规律下形成新的产业生态。为了理解正在发生的事情，我们需要把时间窗口放大。人类经历过两次非线性增长，第一次大约发生在一万年前，农业的发明结束了觅食时代，使我们进入了农业时代；第二次发生在大约四百年前的启蒙运动，它推动我们进入了工业时代。现在的非线性增长来自数字技术的非凡力量，它让我们进入了信息时代。数字技术的两个特性，让它远远超过了工业机械能创造的可能性。数字技术提供了通用性计算来解决我们需要解决的任何问题，而且边际成本为零。数字世界的零边际成本与现实世界中的任何东西都完全不同。现实世界的原子经济是一种稀缺性经济：原子是有限的，如果你把原子送走，你就不再拥有它。相反，数字世界的比特经济是一种富足经济，如果你把比特拷贝走，你仍然拥有它。

例如开披萨店，每复制一张披萨饼都是有边际成本的，原料、能源、房租和人工，只有售价高于边际成本你才会获利；但微软每卖出一份软件拷贝，他们只复制了比特，边际成本为零，所以微软是世界上利润率最高的公司之一；谷歌在云端让你可以免费使用搜索和其他服务，他们通过零边际成本的广告集成产生收入，所以是利润率最高的数字广告公司之一。

在原子经济和比特经济的赛跑当中，我们总能看到比特的胜出，这就是零边际成本的优势。标准普尔 500 指数中排名前十的公司基本上全是围绕数字经济开展业务的公司，例如 Apple、Microsoft、Google、Meta 还有 Tesla，2010 年之前，这个榜单上还能看到消费品巨头、能源公司和银行，现在统统出局。数字化转型允许今天在稀缺经济中运营的公司将其业务的一部分（希望是重要的一部分）转移到富足经济中。这种转变通常是相当复杂的，转型将导致新的商业模式，因为数字经济有不同的游戏规则。Netflix 是这里转型最成功的案例，虽然在 2022 年 4 月因为增长乏力导致股价跌入深渊，但它把出租光碟这种移动原子的成本高昂的稀缺经济，成功转型成了可以在线订阅复制比特的数字富足经济。

4.2 数字技术与数字经济

4.2.1 代表性数字技术

数字经济分为数字化、互联网（固定互联网、移动互联网、物联网）、数字孪生 3 个阶段，我国当前正处于第二个阶段。不同国家、不同地区、不同行业、不同企业数字经济发展的进程不同，当前我国正处于数字经济的中期，技术进步对于社会发展的影响越来越大，生产方式、生活方式、商业模式都在加速演进。总体来看，社会生产力需求推动了技术的进步，技术的进步又进一步推动了经济的发展。基于此，本部分简要介绍未来数字经济中的关键技术发展趋势。

4.2.1.1 互联网与物联网

（1）工业互联网：消费互联网与工业互联网逐步对接。

消费互联网推动移动互联网时代大发展，消费需求是刚性需求，带动力最强，线下消费活动与线上消费活动互动。2019 年线上消费占社会商品零售额的比例已经超过 53%，虽然增长趋势放缓，但是线上消费具备无可比拟的价格优势、效率优势，可以放缓甚至在局部拉平消费者价格指数（CPI）涨幅，延缓通货膨胀带来的社会压力。2020 年新冠肺炎疫情期间线上消费意愿达到了 70% 以上，但是，我们也应看到线上经济与工业制造业能力提升之间还有一个“瓶颈”——消费互联网与工业互联网之间的鸿沟。从 2022 年至 2027 年，工业互联网的重点是逐步填平这个鸿沟，工业互联网平台不能仅盯着以企业为服务对象的 ToB 业务，其最根本的活力源泉来自消费互联网。

（2）车联网：汽车与道路的数字化是车联网的前提。

虽然自 2009 年中国 3G 发放牌照后车联网迎来蓬勃发展，但截至 2022 年，车联网依然处于萌芽期，最根本原因是公路交通、车辆制造等有较高的安全标准特点。当前的车联网、智能网联汽车或无人驾驶各种技术体系最本质的还是汽车与道路的数字化、车路协同联网、数字孪生交通这条线，而汽车与道路的数字化是前提和基础，跳过这一步谈无人驾驶则是空中楼阁，失去安全性这一前提将抹杀大量的创新。从 2022 年起，只有从汽车设计与制造、道路设计与基础设施、交通管控这个源头去考虑数字化，并与车联网技术并驾齐驱才能加快车联网的发展，而我国推广电动汽车的政策恰恰是汽车数字化的契机和时间窗口。道路的数字化需要民营物联网企业唱主角，并结合交通管理部门的统一布局。

（3）移动互联网：二线移动互联网应用 App 进入“合纵连横”时代。

按照互联网企业的规模，移动互联网应用 App 可以分为一线、二线、三线、四线互联网应用。互联网巨头大发展的背后是众多有核心技术的二线移动互联网应用 App 处在生死边缘，而三线、四线互联网应用已经倒下去数以万计。仅存的二线移动互联网应用 App 如果想活下来就必须合纵连横进行整合，长板对接，避免重复建设、恶性竞争。只有这样，才能让互联网生态呈现金字塔形状，而不是互联网巨头一家独大、资本无序扩张。移动互联网产业要想可持续发展，最根本的落脚点是形成以技术为核心的产业链良性竞争。

4.2.1.2 云计算

（1）云服务：中国市场营销类云服务新巨头将诞生。

国内数字经济的发展从模仿借鉴欧美发展历程向自主创新转变。以公有云为例，云服务能够给企业带来巨大的成本节省，对标欧美，国内云服务行业潜力巨大。国外以 Salesforce 为例，其市值有 1000 多亿美元，开始于销售自动化，是行业的开创者，业务包括客户关系管理（Customer Relationship Management，CRM）、客服、营销等多领域。著名的云企业还有 Workday（人力资源）、ServiceNow（IT 服务）、Atlassian（在线开发协作平台）、Zoom（视频会议）、hopify（商城建站系统）等，这些企业总市值已达数万亿美元。可以预见的是，未来国内也将诞生超级云平台。

（2）云存储服务：基于移动互联社交的云存储将爆发。

随着移动互联网社交平台的深入推进，社交软件正逐步从面向个人的 ToC 业务向面向企业的 ToB 业务延伸，企业组织架构的社交化也改变着移动互联网新的生态，邮箱（email）的使用率正在下降，很多普通的文件来往正在从邮箱向社交软件迁移。随之而来的是手机存储的“瓶颈”问题。未来手机存储成本正在上升，催生移动互联网、社交软件与个人及企业云存储市场的爆发。

4.2.1.3 数字孪生

（1）数字孪生城市将从萌芽期迈入成长期。

数字孪生城市的内涵是在城市信息的建设过程中，在虚拟的数字环境中映射出城市环境中的物理环境和管理流程活动，通过数字孪生理念和统一的平台，实现高效可持续的城市管理方式。数字孪生城市演进必然遵循以下规律：从建筑行业向园区规划、城市规划、公共安全、交通、水利、商业、旅游等行业逐步扩展，从单体的建筑向建筑群、经济开发区、园区、整个城市扩展，从平面 2D 图向 3D 图、3D GIS 图扩展，从建筑信息模型（BIM）走向城市信息模型（CIM），从单纯的平面展示向立体、VR、全息投影显示转变，从最基本的城市建设向城市安全、城市治理、城市服务、产业发展延伸，从单体智能向群体智能、城市电脑逐步演进（见图 4－1）。

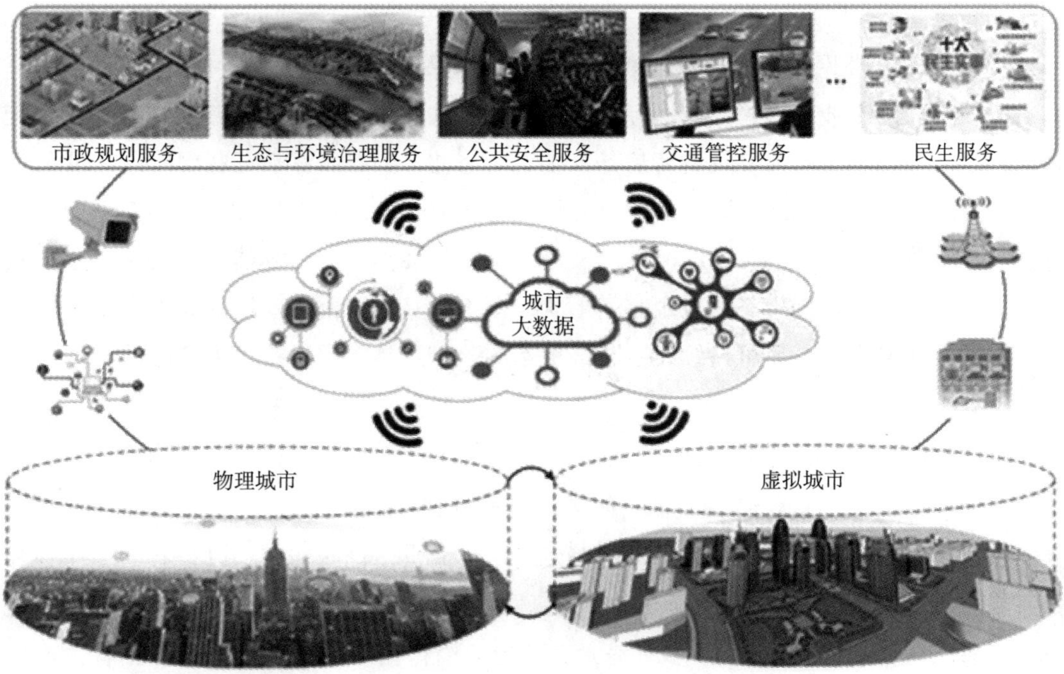

图 4－1 数字孪生城市应用探索

（2）数字孪生从高端装备制造向全行业拓展。

因为工艺精确度要求最高，数字孪生源于高端装备制造，且在这个领域应用价值最大。采用三维数字化设计技术和预装备技术，三维设计工作站做零件设计、装配设计，取代过去高端装备需要成千上万人手工画图工作。全三维数字化设计研制周期缩短，减少返工量，质量更高、成本更低、国际市场上的竞争力更强。数字孪生也正在从高端制造向生活消费品制造、基础设施领域拓展。

4.2.1.4 大数据

（1）数据立法从智慧城市向全领域拓展。

数据是物权还是知识产权？笔者认为两者都不是，因为无论是物权还是知识产权，更多谈及的是工业文明范畴，数据是数字经济时代的产物，因此数据权是区别于物权和知识产权的新型产权，只有把数据产权界定清楚，数据才能按照市场规则、资本利得规律合理流动起来，从而减少信息孤岛，避免陷入数字化鸿沟。当前的数据立法还是类似政策指导意见，未来围绕数据立法将形成以《数据法》为条线的新型法律体系，各地的大数据管理局将类似房产局、知识产权管理局，具有管理、注册、监督引导市场的作用。

（2）从数据被侵权到数据觉醒。

我国有全球最庞大的互联网消费群体，用户的检索、浏览、购买等数据被互联网公司收集。过去用户只能被动地被推送信息或者被转让给第三方。随着人们对个人数据的关注度越来越高，数据侵权的情况正在引起消费者的强烈关注，网民开始进入数据觉醒状态。数据觉醒也会推动国家对数据权立法。

4.2.1.5 区块链

（1）区块链定位：数字世界的契约机制。

在工业经济时代，交易是通过有形的契约中的违约责任条款约定实现的；而数字经济时代同样也需要信用机制，但是不同的是它是处在数字环境，市场经济的本质是信用经济。如果不能通过安全可靠机制达成交易互信，市场交易的成本就会极高，区块链则赋予数字世界新的契约机制，去中心化、分布式记账方式让信用机制变得扁平化，符合互联网经济平等、共享的特点。

（2）数字货币进入商用化阶段。

当前物理世界的金融体系也是基于工业经济的，数字经济时代也必然呼唤新的金融体系。中国人民银行原副行长范一飞曾明确提出，中国央行数字货币应采用双层运营体系，中国人民银行先把数字货币兑换给银行或者其他运营机构，再由这些机构兑换给公众。与纸币不同的是，涉及的每一分钱交易过程都是可追溯的，这就达到了物理世界所达不到的效果。进入数字货币时代，贪腐、网络洗钱、互联网金融诈骗将无处遁形，基于工业经济传统货币模式下的互联网金融将在数字货币时代重新焕发勃勃生机。

4.2.1.6 5G 技术

（1）5G 建设从导入期进入规模发展。

4G 时代到来之前，移动通信技术是落后于市场需求的，这些市场需求由于没有相应技术的支持而难以形成具有规模的市场。而对于 5G 网络来说，市场需求并没有被充分挖掘。因此，预计 2030 年以前，中国 5G 仍将慢慢从导入期进入规模发展期。各行业从 4G 向 5G 迁移的边际效益不明显，VR、工业互联网、8K 高清、云桌面等各种应用的普及将拉动 5G 网络的需求。

（2）5G 的撒手锏应用为车联网。

除了个人市场庞大的消费群体之外，还有一个超大型的市场就是车联网。国际汽车制造商协会与中国汽车工业协会公布的数据显示，2020 年底，全球汽车保有量已经超过 15 亿辆，其中，中国为 2.7 亿辆。未来车联网的根本是在汽车生产制造过程中，提高车辆的数字化程度，使车辆在静态和行驶中的各项数据能够通过车联网实现车路协同、车车协同，而不再单纯依靠手机移动互联网。车联网要发展需要摆脱对手机移动互联网和物联网的依赖，而是把汽车数字化、道路数字化，把汽车作为一个移动的物联网终端，让车联网终端成为汽车出厂的标配，从而推动车联网的快速发展。

4.2.1.7 6G 技术

6G 相对于 5G 将不仅是容量、带宽、时延大幅度的提升，而是更紧密地与物理世界融合、与生产融合、与生活融合。6G 将是太赫兹波时代，其兼具微波通信以及光波通信的优点，即传输速率高、容量大、方向性强、安全性高及穿透性强等。太赫兹波在 2004 年由美国提出，被列为“改变未来世界的十大技术”之一。6G 系统的天线将是纳米天线。4G、5G 移动互联网时代，手机可以实现位置定位、读取二维码、NFC 功能、海拔高度、运动步数等，万物互联定义为将人、流程、数据和事物结合，使得网络连接变得更加相关、更有价值，地面基站与卫星通信集成从而真正做到覆盖全球。6G 更进一步，网络将无处不在、无时不有，物就是网，网就是物，这就是物网融合的新时代（见图 4－2）。

4.2.1.8 量子技术

量子信息科学是量子力学与信息科学等学科相结合而产生的新兴领域，重点发展方向包括量子通信、量子测量和量子计算 3 个领域，分别面向保密通信、超强计算、精密探测，均突破了信息科学的经典极限。虽然，目前大部分技术还处在实验、试点示范的阶段，但未来，量子技术或将成为智能经济时代的“新基建”。

（1）量子保密通信技术将进入规模商用化。

各不同的个别粒子，即使相距遥远，一个发生变化，另一个也会瞬时发生相应改变，基于光纤网络的量子保密通信技术和星地量子密钥分发技术，因“量子霸权”迟早要来，而量子保密通信技术必然要超前于量子计算。

图 4－2　物网融合概念

（2）量子计算将在 2020 年后进入持续竞争状态。

量子计算机是以云计算的方式为用户提供服务的。随着移动通信网速的提升、手机端等终端存储和计算的“瓶颈”，量子计算机将主要在数据中心为各种智能化的应用提供算力服务。如果用计算机的发展历程来对比，量子计算机目前还处在经典计算机的电子管时代，仅完成了原型机和退火机，量子计算相对冯诺依曼架构是质的飞跃，还需要很长时间才会商用化。

从这个角度来看，当前的数据中心建设模式还将持续，但是未来的计算将从大型、超大型数据中心向边缘计算回归。类似人工智能的发展还将经历专用人工智能、通用人工智能、自主创新人工智能 3 个阶段一样，量子计算也将经历专用量子计算（又称退火量子计算）、通用量子计算、超级量子计算 3 个阶段。

4.2.1.9　人工智能

（1）开始出现通用人工智能的萌芽。

就像从工业经济迈入数字经济一样，数字经济之后的阶段是智能经济。如同工业经济时代已经有了数字经济的萌芽，数字经济时代已经有了专用人工智能技术，比如人脸识别、图像识别、智能语音识别、L4 级的无人驾驶等，而将这些专用人工智能 3 个及以上融合在一起就是通用人工智能，在一些如聊天机器人程序等技术成熟领域将出现通用人工智能的萌芽。

（2）人工智能将遭遇算法“瓶颈”。

在深度学习领域，人工智能仍处于“瓶颈”期。机器学习、深度学习和神经网络，用数学上集合里的概念去理解这三者之间的联系，它们之间依次是包含的关系，即机器学习包含深度学习，深度学习包含神经网络。其中，四层以上的神经网络就可以称为深度学习，而深度学习是一种典型的机器学习。这个体系在2030年前都将持续遭遇“瓶颈”，说明在数字经济发展不够充分基础上的智能经济还只能称为处于“萌芽期”。总之，技术的发展动力来源于打破经济“瓶颈”，技术的发展进一步推动经济发展，如此循环往复，分析其关键本质对于认知数字经济，把握历史机遇期非常重要。

4.2.2 数字技术的应用

当前以数字技术革新为内核的产业升级已形成诸多成功经验与案例，数字技术在农业、金融、民生与政务工作上的应用成功使产业全要素生产率得到巨大提升，本部分将对现有数字技术在各领域的应用做简要介绍（见表4-1）。

表4-1　　数字技术的应用领域

数字技术应用领域	相关产业生态与概念
数字农业	农业物联网、农业大数据、精准农业、智慧农业
数字金融	支付和现金交易、股票债券交易、供应链金融、可编程金融、跨境银行间结算
数字医疗、教育	大数据医疗、远程医疗服务、线上教育
数字政务	数字政务、大数据能源管理、大数据公益

4.2.2.1 数字技术与农业

将物联网技术应用到现代农业生产设施设备领域，可极大地提高现代农业生产设施设备的数字化、智能化水平，实现对农业生产完整过程的数字化控制，智能化地处理农业生产经营和管理服务过程中遇到的一系列问题。在种植业方面，如何精准控制育苗、播种、施肥、灌溉、病虫害防治等生产环节是重点。在养殖业方面，对畜牧品种、饲料使用、生长环境、疾病防控等生产环节的管控是重点。

电子商务的快速发展为农产品流通提供了新的平台和基础。如美国著名的生鲜电商Local Harvest就是整合有机农业上下游，连接中小型农场和消费者的平台。Local Harvest平台在收集相关农场基本信息的基础上，以地图检索系统为支撑，方便消费者查寻本地社区附近的农场，购买蔬菜、禽蛋等不易保存的生鲜农产品，在快速物流系统的配合下，农产品可以配送到消费者住所，极大提高了农产品物流的效率和质量。

从未来发展趋势看，包括采购、仓储、包装、物流、运输、配送、售后等服务在内的农产品供应链将得到进一步整合，这既能有效缓解农产品进城“最初一公里”难题，为分散小农户走进大市场拓宽渠道，打通“从农田到餐桌”的农产品供给链，也能较好解决工业品、消费品下乡“最后一公里”难题，促进农村消费升级。同时，未来农村电商更多地关注品牌化、差异化、小众化和个性化的问题，这也将有利于催生新业态、新模式，推动农村产业逐渐向多元化发展。

通过将移动互联网、云计算、大数据等现代高新前沿技术应用到农业公共服务当中，进一步提高现代农业服务的便捷性和灵活程度，让农民感受到各种生产、生活信息服务是全球数字农业发展的重要趋势。一些国家为推动数字农业发展，在农业信息化和农业公共服务等方面做了大量工作。从我国的发展情况看，《“十四五”全国农业农村信息化发展规划》指出，进一步发展智慧农业、推动农业产业链数字化、健全农业农村数据资源体系、提升农业农村信息化支撑能力是2021～2025年农业数字化的主攻方向。

具体来说，数字技术在农业方面的运用包括：

（1）农业物联网。

农业物联网，即通过各种仪器仪表实时显示或作为自动控制的参变量参与到自动控制中的物联网。可以为温室精准调控提供科学依据，达到增产、改善品质、调节生长周期、提高经济效益的目的。农业物联网的一般应用是将大量的传感器节点构成监控网络，通过各种传感器采集信息，以帮助农民及时发现问题，并且准确地确定发生问题的位置，这样农业将逐渐地从以人力为中心、依赖孤立机械的生产模式转向以信息和软件为中心的生产模式，从而大量使用各种自动化、智能化、远程控制的生产设备。

（2）农业大数据。

农业大数据是大数据理念、技术和方法在农业中的实践。农业大数据涉及耕地、播种、施肥、杀虫、收割、存储、育种等各环节，是跨行业、跨专业、跨业务的数据分析与挖掘，以及数据可视化。农业大数据由结构化数据和非结构化数据构成，随着农业的发展建设和物联网的应用，非结构化数据呈现出快速增长的势头，其数量将大大超过结构化数据。

（3）精准农业。

精准农业是以信息技术为支撑，根据空间变异，定位、定时、定量地实施一整套现代化农事操作与管理的系统，是信息技术与农业生产全面结合的一种新型农业。精准农业是近年出现的专门用于大田作物种植的综合集成的高科技农业应用系统。

（4）智慧农业。

智慧农业是建立在经验模型基础之上的专家决策系统，其核心是软件系统。智慧农业强调的是智能化的决策系统，配之以多种多样的硬件设施和设备，是系统+硬件。智慧农业的决策模型和系统可以在农业物联网和农业大数据领域得到广泛应用。

数字农业的特点是农业生产高度专业化、规模化、企业化，有完善的农业生产体系，农业教育、科研和推广“三位一体”。

4.2.2.2 数字技术与金融

金融企业一直是国内信息化建设的“领军性”行业用户，金融企业可以利用IT资源整合集成不同的信息技术（IT）资源，形成一个有机的整体，以达到更高效、更可靠的运行效果。这些IT资源包括硬件设备（如服务器、网络设备、存储设备等）、软件系统（如操作系统、数据库管理系统、应用软件等）、数据中心、网络架构等。在IT资源整合集成中，不同的IT资源之间需要进行相互连接、交互、协作，以实现更高效的运行效果。通过整合和优化IT资源，企业可以更好地满足业务需求，提升运营效率，提高客户满意度，增强竞争力。在IT资源整合集成期间，往往需要利用“云计算”模式，搭建基于IaaS的物理集成平台，对各类服务器基础设施应用进行集成，形成能够高度复用与统一管理的IT资源池，对外提供统一硬件资源服务，同时在信息系统整合方面，需要建立基于PaaS的系统整合平台，实现各异构系统间的互联互通。因此，云计算模式将成为金融、能源等大型企业信息化整合的“关键武器”。金融业的主要挑战包括缺乏个性化服务、缺乏个性化定价和缺乏针对新细分市场和特定细分市场的有针对性的服务。

当前，业界已经在使用大数据，通过社交媒体，支持全球定位系统（GPS）的设备和监控录像中得到的数据分析和预测客户行为，为透明和简单的产品提供客户洞察。大数据还可以保护公司更好地提高客户留存。在索赔管理方面，大数据的预测分析已被用于提供更快的服务，因为大量的数据可以在承保阶段进行特别分析。欺诈检测也得到了加强。通过数字渠道和社交媒体的大量数据，索赔周期的索赔实时监控已被用于为保险公司提供见解。

本质上来说，金融机构是一个安全的存储仓库和价值的交换中心，而区块链作为一种数字化的、安全的以及防篡改的总账账簿可以达到相同的功效。事实上，瑞银集团（UBS）和在英国的巴克莱银行都已经开始进行实验，希望将它作为一种方法来加速推动后台系统功能以及提高清结算能力。银行作为越来越多的金融服务巨头的一分子，正在区块链创业领域中投资。

具体来说数字技术在金融业的应用包括：

（1）支付和现金交易。

数字技术可以运用于支付和现金交易，使其更加方便、高效和安全。例如，电子支付系统、移动支付、区块链支付、数字化现金等技术等。通过使用电子支付系统，消费者可以使用银行账户、信用卡或移动钱包等方式进行支付。这种方式不需要现金，可以在网上或使用移动设备进行支付。移动支付是通过使用智能手机或其他移动设备进行支付的方式。消费者可以使用应用程序或近场通信（NFC）技术完成支付。移动支付可以让消费者更方便地进行支付，而且还可以获得特殊优惠和奖励。区块链技术则可以建立区块链支付系统。例如成立于2012年的数字货币交易所Coinbase在成立之初提供比特币交易服务，后来又逐步扩展到其他数字货币，如以太坊、莱特币和比特币现金等。除了数字货币交易所服务之外，它正在利用区块链技术为全球的比特币以及基于区块链技术传输的现金交易而服务。

（2）股票债券交易。

很多年来，许多公司致力于使得买进、卖出、交易股票的过程变得容易。新兴区块链创业公司认为，区块链技术可以使这一过程更加安全和自动化，并且比以往任何解决方案都更有效率。Overstock 公司的子公司 TØ. com 想要应用区块链技术实现股票交易的网络化，TØ. com 平台使用区块链技术和智能合约来管理和结算证券交易，其中包括私募股权、债券和股票等。与此同时，区块链初创公司 Chain 正和纳斯达克合作，通过区块链实现私有公司的股权交易。

（3）供应链金融。

基于区块链的供应链金融和贸易金融是基于分布式网络改造现有的大规模协作流程的典型。区块链可以缓解信息不对称的问题，十分适合供应链金融的发展。供应链中商品从卖家到买家伴随着货币支付活动，在高信贷成本和企业现金流需求的背景下，金融服务公司提供商品转移和货款支付保障。供应链溯源防伪、交易验真、及时清算的特点将解决现有贸易金融网络中的诸多痛点，塑造下一代供应链金融的基础设施。

（4）可编程金融。

金融资产的交易是相关各方之间基于一定交易规则达成的合约。可编程金融意味着代码能充分表达这些业务合约的逻辑。智能合约使区块链的功能不再局限于发送、接受和存储财产。资产所有者无须通过各种中介机构就能直接发起交易。

（5）跨境银行间清算。

银行间清算市场是区块链另一个极其适合应用的场景。与互助保险类似，参与清算系统的各银行之间也是平等的关系，不过与互助保险相反，银行清算具有极大的市场价值，但是实现起来困难重重。

每个银行都会有自己的清算系统，用户在支付和转账的时候，就会在银行间形成交易，分别被两个银行记录，这就涉及银行间对账和结算的问题。麦肯锡公司于 2018 年发布的报告（*Blockchain beyond the hype*：*What is the strategic business value*?）指出，区块链技术可以将跨国交易的成本从每笔 26 美元降低到 15 美元。高盛也在一份报告中指出，区块链技术将为资本市场每年节约 60 亿美元的成本。

4.2.2.3 数字技术与民生

数字技术在民生方面的应用主要体现在医疗与教育两个方面。

（1）医疗。

一直以来，医疗机构都要面对无法在各平台上安全地共享数据的问题。数据提供商之间更好的数据合作意味着更精确的诊断、更有效的治疗，以及提升医疗系统提供经济划算的医疗服务的整体能力。区块链技术可以让医院、患者和医疗利益链上的各方在区块链网络里共享数据，而不必担忧数据的安全性和完整性。例如，初创公司 Gem 发布了 Gem 健康网络——提供了一个实现多重签名和多因素验证技术的以太坊平台，创造出一个安全通用的数据结构。Tierion 是另一个区块链初创公司，其建立了一个医疗数据存储和验证的平台。Gem 和 Tierion 均与飞利浦医疗保健公司在飞利浦区块链实验室进行合作。

医疗保健部门获得了大量的数据，但一直没能使用数据来遏制医疗保健成本上升，提高医疗保健收益和系统效率。这主要是因为电子数据不足或不可用。另外，保存与健康相关信息的医疗保健数据库很难与医疗领域有用模式的数据连接起来。其他与大数据相关的挑战包括：将患者排除在决策过程之外，以及使用来自不同渠道的容易获得的传感器的数据。

以色列贝斯的一些医院使用从数百万名病人手机应用中收集的数据，让医生可以使用循证医学，而不是像传统医院一样，对病人进行医疗/实验室检测。有些测试是有效的，但大部分是昂贵的并且通常是低效的。佛罗里达大学使用免费公共卫生数据和Google 地图创建视觉数据，可以快速地识别和有效分析医疗信息，用于跟踪慢性病的传播。奥巴马医保方案也以多种方式利用了大量数据。

（2）教育。

从技术角度来看，教育行业面临的一个重大挑战是将来自不同来源和供应商的大数据整合其中，并将其用于一个数据的平台。

从实践的角度来看，教育从业者和机构必须学习如何使用新的数据管理和分析工具。在技术方面，整合来自不同来源的数据，不同平台和原本不相互合作的不同供应商都面临挑战。

在政治上，与用于教育目的的大数据相关的隐私和个人数据保护问题是一个挑战。

大数据在高等教育中的应用相当显著。例如，塔斯马尼亚大学是一个拥有 26 000 多名学生的澳大利亚大学，部署了一个学习和管理系统，学生登录系统，系统追踪学生花费在不同科目上的时间以及学生在各科目中的整体进度等。

在教育领域，大数据也被用于衡量教师教学的有效性，以确保学生和教师拥有良好的体验。教师的表现可以根据学生人数、学科人数、学生期望、行为分类和其他几个变量进行微调和衡量。

在政府层面上，美国教育部的教育技术办公室正在使用大数据来开发分析数据，以帮助选错在线课程的学生，点击模式也被用来检测学生学习时的无聊程度。未来，云计算将为高校与科研单位提供实效化的研发平台。云计算应用已经在清华大学、中国科学院等单位得到了初步应用，并取得了很好的应用效果。在未来，云计算将在我国高校与科研领域得到广泛的应用与普及，各大高校将根据自身研究领域与技术需求建立云计算平台，并对原来各下属研究所的服务器与存储资源加以有机整合，提供高效可复用的云计算平台，为科研与教学工作提供强大的计算机资源，进而大大提高研发工作效率等。

4.2.2.4　数字技术与政务

数字技术对政务工作与公共服务具有重要意义，它可以帮助政府提高工作效率、降低成本、提高服务质量，同时也可以促进政府与公众的互动和沟通，增强政府的透明度和公信力。此外，数字技术还可以促进政府机构之间的协同和信息共享，提高政府工作的整体水平和效率。

数字技术在政务工作与公共服务中有许多应用，包括：

电子政务平台：政府机构可以利用电子政务平台提供在线服务，如申请行政许可、查询公共信息、支付费用等。

数字档案管理：政府机构可以利用数字技术将纸质档案数字化，提高档案管理的效率和安全性。

数据共享和交换：政府机构可以利用数字技术实现跨部门、跨地区的数据共享和交换，促进政府工作的协同和提高效率。

大数据分析：政府机构可以利用大数据技术分析和处理海量数据，从中提取有用的信息和洞察，辅助决策和政策制定。

区块链技术：政府机构可以利用区块链技术确保数据的可靠性、透明度和不可篡改性，从而提高政府工作的公信力和信任度。

无现金支付：数字技术使得无现金支付更加方便和安全，公共服务机构可以利用无现金支付技术收取服务费用，减少现金管理成本和风险。

移动医疗：数字技术使移动医疗更加便捷和普及，公共医疗服务机构可以利用移动医疗技术提供远程医疗服务，方便患者就医。

数字图书馆：数字技术使得图书馆的资源可以数字化，公共图书馆可以利用数字图书馆技术提供在线借阅服务，方便读者获取所需信息。

最后是公益方面，公益流程中相关的信息，如捐赠项目、募集明细、资金流向等信息都可以存放在区块链上进行公示。在一些更复杂的公益场景，如定向捐赠、有条件捐赠，也可以用智能合约进行管理，使公益行为更加透明，可被社会监管。福利救助的分配是另一个区块链技术可以应用的领域，区块链可以使公共管理更加简单、安全，如 GovCoin Systems Limited 公司是一家总部位于伦敦的金融科技公司，其正在支持英国政府在福利分配领域的工作。

4.3 推动数字经济发展的新型基础设施

4.3.1 新型基础设施的内涵

基础设施是经济社会发展的重要支撑，具有战略性、基础性、先导性作用。随着经济社会的发展和科学技术的创新，基础设施的概念不断更新和升级。所谓新型基础设施，其实就是 5G 基站建设、特高压、城际高速铁路等新型基础设施建设的简称。2018 年 12 月，中央经济工作会议强调“加强人工智能、工业互联网、物联网等新型基础设施建设”，这是中央层面首次提出“新型基础设施建设”概念。

从历史的角度来看，新型基础设施是一个相对的概念，所谓旧与新，是基于其所处的时代相对于过去的历史。目前，新型基础设施涉及通信、电力、交通、数字等多个社会民生重点产业，包括5G基站、特高压、城际高铁和城市轨道交通、新能源汽车充电桩、大数据中心、人工智能和工业互联网等七大领域建设。与传统基础设施相比，新型基础设施内涵更丰富、覆盖范围更广，不仅具有传统基础设施的公共、基础等特征，还具有快速迭代、无所不在支撑、融合创新、智能领导、安全为首等固有特征。它属于新发展理念指导下的技术型基础设施建设范畴，是中国实现高质量发展的重要动力。

需要强调的是，加快建设新型基础设施并不意味着削弱传统基础设施，相反，两者是相辅相成的关系。基础设施的本质是互联互通，发挥连接作用。传统的基础设施大多局限于物理空间，专注于有形的联系；新型基础设施不仅在物理空间，还延伸到虚拟空间，注重无形的连接。推进新型基础设施建设，不仅有利于提升传统基础设施的功能，也有利于放大传统基础设施的作用。因此，要加强新型基础设施建设，改造“旧基础设施”，更好地发挥基础设施建设“两个轮子”带动作用。

后疫情时代，新型基础设施内涵逐渐清晰，中国要通过新基础设施打造新的经济引擎。信息通信是推动信息化、数字化、智能化的关键力量，可以助力构建多层次产业互联网平台，促进融合创新；可以与推进新型城镇化相结合，推动交通、物流、能源、市政等基础设施智能化转型；可以推动农业数字化和远程医疗、网络教育等民生基础设施建设。以信息网络为基础，以技术创新为驱动的新型基础设施既是新的投资领域，也是强大的动力，反映了未来的发展方向。中国经济目前正处于从高速增长向高质量发展的转型期，新型基础设施注重综合效益，体现了高质量发展的要求，未来将重点推动人工智能、工业互联网、物联网等领域的发展，推动制造业的技术改造和装备更新，支持新服务业和数字经济，确保未来发展道路绿色、低碳、循环、可持续。综合来看，新型基础设施是中国经济发展特别是数字经济发展的重要基础，部署和建设新基础设施对于调整产业结构、培育经济发展新动力、促进产业转型升级具有重要价值。

为什么强调加强新型基础设施很重要？新一代移动通信网络正在加快与工业、农业、文化旅游等产业的融合，对千条线路、千个产业的发展产生生长、叠加、倍增效应。当前，融合应用日益活跃，产业生态稳步增长，形成了系统优势。推动新一代移动通信网络商业化规模化应用的重要性不言而喻。未来我国需要进一步增强新一代移动通信网络的供给能力，继续做更大规模的行业应用，做好行业典型应用生态，做好网络安全风险防范。

新型基础设施既是基础设施，也是新产业，作为数字经济发展的基石，是转型升级的重要支撑，必将在中国经济高质量发展中发挥重要作用。从短期看，新型基础设施建设有利于化解经济波动，降低经济运行风险，有利于稳定经济增长。从长远看，新型基础设施不仅催生了新需求、新产业、新业态、新模式，而且为经济高质量发展提供了新的运行载体和驱动引擎，蕴含着严密的经济逻辑和强大的理论支撑，是应对新一轮技术革命大势的必然选择。服务于构建以国内周期为主体、国内与国际双周期相互促进的发展新格局，也是正确的选择。

通用技术是指在历史发展过程中对人类社会生产力提高产生重大影响的通用技术。经济学家认为，通用技术对提高全要素生产率有显著贡献，可以显著促进经济增长。但这种作用存在时滞，从出现到全面扩散可能需要十年到几十年的时间，而基础设施建设在这一扩散过程中具有很强的推动作用。ICT 是我们这个时代最重要的通用技术。新一代 ICT 技术与新的基础设施项目紧密结合，通常具有通用性强、技术动态性强、外溢性强等鲜明特征，ICT 技术要更好地发挥通用技术的作用，就需要新型基础设施投资。因此，新型基础设施不仅对通用技术的发展和扩散具有不可忽视的积极作用，而且是通用技术不断渗透到社会经济中的重要基础和现实载体。通过加快新型基础设施建设，发挥“一业引领百业”作用，可以更好地服务全国统一市场建设，进一步激活数据元素潜力，推动科技创新体制机制变革，为数字经济发展提供有力保障，进而广泛拉动经济增长。

4.3.2 新型基础设施的基本特征

新型基础设施是相对于传统基础设施而言的。当前，全球正在兴起新一轮科技革命和产业变革，其核心驱动力是以新一代信息技术或数字技术为代表的新技术集群。人工智能、工业互联网、物联网、信息网络、5G 网络、数据中心等已成为继交通、能源、通信、水利等传统基础设施之后，广泛开展经济社会活动的基础。可以认为，新型基础设施是随着新一代信息技术的发展而形成的，是开展经济生产、居民生活、公共服务和社会治理所必需的基础设施，包括设备设施、算法代码、软件系统、标准规则等。

4.3.2.1 新型基础设施伴随新一轮产业变革产生

纵观人类经济发展史，每一轮产业变革都孕育着新的基础设施，也推动着传统基础设施的改造升级。新基础设施加快建设，是新技术、新生产要素在全社会广泛推广的必要物质基础，是新产品、新产业、新经济门类快速发展的重要支撑。当前，第四次工业革命蓬勃发展，数字经济加快与实体经济深度融合，数据成为关键生产要素，技术演进升级和经济社会发展推动新型基础设施形成壮大。

新型基础设施是以新发展理念为引领，以技术创新为驱动，以信息网络为基础，提供数字转型、智能升级、融合创新等方面基础性、公共性服务的物质工程设施。信息基础设施、融合基础设施和创新基础设施三方面内容构成当前新型基础设施的主要框架体系。信息基础设施主要是指基于新一代信息技术演化生成的基础设施，如 5G、物联网、数据中心、人工智能、卫星通信、区块链基础设施等。融合基础设施主要是指传统基础设施应用新一代信息技术进行智能化改造后所形成的基础设施形态，包括以工业互联网、智慧交通物流设施、智慧能源系统为代表的新型生产性设施，和以智慧民生基础设施、智慧环境资源设施、智慧城市基础设施等为代表的新型社会性设施。创新基础设施是指支撑科学研究、技术开发、新产品和新服务研制的具有公益属性的基础设施。

4.3.2.2 新型基础设施具有与传统基础设施不同的鲜明特点

除了基础设施的基础性、公共性、强外部性等一般特征外，新型基础设施还具有许多有别于传统基础设施的鲜明特征，这是制定新型基础设施政策的基本逻辑和出发点。

第一，大多数新型基础设施仍处于初级建设阶段。与传统基础设施经过百年演化发展而成熟不同，新型基础设施是近几年才出现的，其主导技术、产品形态、市场需求、配套产业、商业模式都处于培育阶段，尚未稳定成型。这意味着新型基础设施的规划和建设要着眼长远，很多新型基础设施还不具备大规模商业部署的基础，在技术和应用方面要培育新型基础设施。

第二，大多数新型基础设施的自然垄断已显著减弱。从技术工程角度来看，传统基础设施在投入使用前必须进行一次性的大规模投资，初期投资成本巨大。新型基础设施大多建立在信息网络之上，可以实现“一点接入，全网服务”，这使得其投资规模可以通过需求变化的弹性来扩大，初始投资门槛显著降低。更多的企业可以进入新型基础设施市场进行竞争，但同时也带来了盲目投资、重复建设、技术标准难以统一等问题。

第三，新型基础设施技术创新速度快。传统基础设施技术较为成熟，升级缓慢，而新型基础设施所依托的信息技术发展升级迅速，与传统基础设施技术不断交织融合，整体技术体系不断创新优化，基础设施需要迭代开发升级。新型基础设施的建设和运营需要大量的创新型高科技公司和人才，并形成与之相匹配的融资、监管和发展环境，这是一项长期的系统工程。

第四，数据和网络安全的重要性进一步凸显。一方面，需要构建有效促进数据流动的制度环境和技术标准体系。数据是新型基础设施正常运行的血液，在以市场力量为主导的建设模式下，既要加快健全数字治理体系，又要形成统一的建设标准、技术规范等，促进不同产业的设施互联互通。另一方面，对基础设施的安全性和可靠性提出了更高的要求。信息基础设施和融合基础设施是网络化运行的，数字世界和物理世界高度融合，人们的生活和生产的有序运行将依赖于这些新型基础设施的安全可靠运行。

受新冠肺炎疫情冲击和国际局部逆全球化趋势影响，数字经济发展作为未来经济发展的重要增长极，是助力双循环发展格局的关键，而这一目标的实现离不开新型基础设施的支撑。毫无疑问，新型基础设施能够为未来的新经济、新技术、新产业提供完备的基础设施支撑，但这不仅是应对当前经济下行压力、稳定经济增长的短期举措，从长远来看，对抓住技术和产业革命机遇、建设智慧社会、实现“两个一百年”目标具有引领和基础性作用。从长远看，它还将在抓住科技革命和产业革命机遇、建设智慧社会、实现“两个一百年”奋斗目标方面发挥引领和基础性作用。新型基础设施的发展和深化，可以有效实现数字经济战略和经济高质量发展，帮助中国和数字企业获得并保持核心竞争优势。因此，新型基础设施建设无疑将比传统基础设施建设更受关注，指向高质量发展。

4.3.3 推动新型基础设施建设的机遇与挑战

融合了新型基础设施的优势和数字经济发展本身的技术路径特点，随着改革进程的不断深入，几乎所有的新型基础设施项目建设主体都立足于国家或地区发展、深入市场，这也为数字经济的发展提供了难得的机遇。

一是历史机遇。当前，数字经济蓬勃发展，新型基础设施作为产业数字化、数字工业化的基础设施，迎来了历史性的发展机遇。中国巨大的市场规模，不仅为构建“双循环”新发展格局提供了充足的市场空间，也为数字经济发展提供了海量的大数据资源和广阔的应用场景。具体而言，新型基础设施巨大的投资规模和产业协同效应，为中国经济实力和韧性的锻造提供了前所未有的机遇，为实现关键技术和关键产品自主创新的目标提供了有利条件。因此，新型基础设施的规划和建设不应只着眼于短期的经济刺激，而应是建设智慧社会、实现第二个百年奋斗目标的开创性工作和重要支撑。在传统基础设施扩张增速有限的背景下，大规模新建基础设施将是未来长期努力的方向。在这个过程中，新型基础设施投资的效果不仅取决于“硬基础设施”，还取决于运营系统、数据保护等“软基础设施”的落实情况。

二是政策机遇。目前，中国新型基础设施建设的各个领域已全面铺开，实践与政策交织，促进形成良好的政策环境，有助于提高新型基础设施的长期供应质量和服务效率。无论是从发展趋势还是发展潜力来看，数字经济都已经跨越了农业经济和工业经济，成为当今的主流经济形态。将新型基础设施作为我国重要的经济战略之一，并不是一时兴起应对经济低迷的权宜之计。自“十四五”规划公布后，中国人民银行、国家发改委等部委发布的措施和信息都表明，中央部委落实稳增长政策向前发力的信号非常明确。新型基础设施已成为中央和地方稳经济的重要抓手，在制定战略和具体行动中受到高度重视，在国家和地方稳经济的“一揽子”政策措施中都有具体安排，这为新型基础设施投资提供了难得的窗口期。

三是产业机遇。凯恩斯的投资乘数原理表明，投资的增加会起到乘数作用，即在国民经济的各个部门引发连锁反应，这一原理在实践中不断得到证实。自第一次工业革命以来，每一波技术革命都是多个领域协同增长的爆发，而不是单个产品和领域的单一突破。在现实中，自数字基础设施新政策全面部署以来，与之相关的产业也进入了快速发展期。随着数字化进程的不断深入，一个特定的生活场景和业务场景正在被延伸，这对经济和产业的发展有着巨大的带动作用。仅以5G领域为例，中国信息通信研究院在2023年1月9日的“2023中国信通院ICT+深度观察报告会”论坛上提出，到2025年，中国5G网络建设累计直接投资预计将达到1.7万亿元，带动产业链上下游和各行业应用投资超过3.5万亿元。预计到2025年，5G商用将为中国带来超过8万亿元的经济消费和300多万个就业岗位。

虽然新型基础设施在未来经济发展过程中具有强大的增长潜力，但不可否认的是，其也面临着一系列外部环境的制约。随着新型基础设施受到广泛关注和热议，未来需要正视和解决投资效率、可持续性、市场化投资决策等方面的问题，提前制定顶层设计方案。

首先，要注意把握投资质量，提高投资效率。与传统基础设施在追赶阶段面临的确定性目标和技术路径不同，新型基础设施建设大量采用新兴数字技术，其服务对象也是基于数字技术的数字经济，在技术创新和市场选择过程中面临更高的不确定性。因此，政府对前沿技术不确定性的敏感性低于处于前沿、直接参与市场竞争和技术创新的企业。从结构上看，新型基础设施应用层投资较多，基础层投资较少，存在投融资资金匹配不平衡、结构不合理的问题。因此，新型基础设施投资不同于传统的道路桥梁建设，缺乏技术经验和信息优势的地方政府部门难以进行有效的信息筛选与评估，极有可能降低投资效率。

从另一个角度看，基础设施具有较强的正外部性，一般投资规模巨大，投资周期长，往往涉及多部门协调和互补投资，中国数字经济的快速发展也遵循这一逻辑。统筹规划新的基础设施投资进度，防止走低效重复建设的老路，是提高投资效率、避免产能过剩和挤出效应的关键。在这个过程中，政府需要消除重量轻质的倾向，尤其要注重民生领域和能够拉动内需的新型基础设施建设。此外，地方政府需要“因地制宜”，考虑地区差异。

其次，警惕投资债务风险，增强“造血”功能。新型基础设施虽然具有高技术、高风险和高收益的特点，但与传统基础设施投资类似，也面临着较强的融资约束。如果不仔细选择技术路线，贸然投资，就可能陷入投资债务陷阱。中国过去传统的基础设施投资在实施过程中主要是财政包办，在经济下行压力加大的宏观背景下，政府财政资金主导的传统基础设施建设模式不具备可持续性。在传统制度机制下，基础设施建设的过度扩张无法避免，地方政府预算外无序大规模举债造成产能过剩和债务风险。由于新型基础设施投资是一种“迂回生产”，商业周期较长，在新型基础设施投资项目形成清晰的盈利模式和稳定的业务模式之前，单纯的货币投资很可能诱发通货膨胀或制造经济泡沫。对此，政府应建立对新型基础设施的理性认识，遵循客观规律，循序渐进地推进新型基础设施建设。克服短期和功利主义倾向，避免盲目前进造成产能过剩、资源浪费和债务负担增加。另外，与传统基础设施相比，新型基础设施的折旧周期短，可能直接导致更换速度更快。虽然先进的基础设施建设对经济社会发展至关重要，但新型基础设施如果不能及时发挥作用，不仅会消耗巨额资金，还可能导致新型基础设施“未用就过时”的尴尬局面。

此外，要注意优化市场资源配置，拓宽融资渠道。新型基础设施包含大量新技术、新产业，传统基础设施的财政金融政策难以适应。在这个过程中，要处理好政府与市场的关系，把市场愿意做、擅长做的事情交给市场，逐步降低政府部门直接干预的水平。国有企业作为国家意志的代表，在大规模基础设施建设中具有不可替代的作用，但在人工智能、云计算、5G 等具体技术的开发和应用中，民营企业也具有更大的灵活性和适应性。下一步，政府需要逐步放松管制，以适当的方式引入市场竞争，制定竞争性和中性的经济发展政策，打破民营企业进入新型基础设施投资的隐性障碍，采取税收优惠和融资优惠等多种政策措施，激励广泛的市场主体，最大限度地动员社会资源和民间资本参与。这有利于调动更多资源，加快新型基础设施建设进度，带动和完善相关产业链。此外，新型基础设施投资虽然要依靠自身实力，在自身技术水平的根本保证下，走自主发展的道路，但也不排除引进国外先进生产技术，尝试在一些新型基础设施领域与外国投资者深度合作（见表 4 –2）。

表 4 –2　　新型基础设施建设的机遇与挑战

机遇	挑战
历史机遇、产业机遇、政策机遇	技术稳定性、投融资错配、债务风险、资源配置

需要再次强调的是，新型基础设施不是经济下行时期刺激经济增长、逆周期调整的“特灵药”，而是经济长期结构调整和新旧动能转换的“助推器”。基于当前的技术发展阶段，只有认清未来技术革命的方向、演进路径和关键领域，才能有效把握新型基础设施投资，有针对性地推进新型基础设施建设。当然，在某种意义上，与抓住投资暴利相比，建设和完善适应新经济的制度体系同样重要。通过制度创新，不仅可以让新型基础设施的投资更有效率，还可以突破新型基础设施发展过程中的各种制度“瓶颈”，从而有效推动新型基础设施的发展，甚至提高整个数字经济的发展效率。

新型数字化基础设施不仅包括传感器终端、5G 网络、大数据中心、工业互联网等，还包括利用物联网、边缘计算、人工智能等新一代信息技术，对交通、能源、生态、工业等传统基础设施进行数字化、网络化、智能化改进。与其他类型的“新型基础设施”相比，新型数字基础设施的突出特点在于其新的数字技术体系，不仅立足于当前世界科技发展的前沿水平，以新一代数字技术为支撑，而且通过新技术的产业应用，催生了大量的创新商业模式，形成了新的商业模式，带动了相关产业的快速发展。

加快新型数字化基础设施建设，将为新旧动能转换提供有力支撑。以数字化为核心的新型数字基础设施，可以促进制造业的技术改造和装备更新，支撑新服务业和新经济。例如，传统制造业的数字化转型和智能制造的发展需要工业互联网的支持，水、电、气等城市公共服务基础设施的智能升级需要城市物联网的支持。加快新型数字基础设施建设，将为新一轮扩大投资形成新的经济增长点。5G 建设不仅直接推动了通信网络设备、人工智能等新技术产业的发展，还推动了智能交通、智慧城市、智能家居、智能制造、智慧能源等应用场景和商业模式的快速迭代，形成了更加丰富的产业生态系统。加快新型数字基础设施建设，将为缩小东西方差距提供强大动力。新型数字化基础设施建设对传统基础设施的土地资源要素需求相对较弱，更注重新一代信息技术、应用场景、资金、人才等先进要素的投入。贵州省政府在 2022 年 11 月 8 日召开的新闻发布会上指出：贵州通过建设首个国家大数据综合试验区，数字经济增速连续 7 年位居全国第一。这充分说明欠发达地区可以抓住发展机遇，提前谋划新型数字基础设施建设，推动经济社会加快转型升级。

◎ 本章提要

近年来，数字技术以指数级速度发展，为低成本、普及应用奠定了坚实的物质基础。当前数字技术已走进了居民的生活、企业的生产以及政府的政务，深入经济生产和生活的各个领域。依托海量数据的存储与运用，仅能执行固定指令的计算机或电子设备、机械等已初步具备一定的自主“思考”“总结”与“认知升级”的能力。物联网、云计算、大数据、数字孪生、区块链等数字技术在智慧农业、数字金融、数字医疗等方面已有成熟的应用，且这些数字技术本身仍在不断发展。这意味着在未来，不仅数字技术自身能够成为经济发展的支柱，也能为现有产业生态赋予强大的活力。此外，数字技术腾飞十分依赖新型基础设施的支撑，由于新型基础设施仍处在发展的初级阶段，其垄断性低、技术迭代快、安全与稳定性不足的特征造成我国在推进新型基础设施的过程中需警惕技术稳定性、债务风险与资源错配等问题。

◎ 概念复习

区块链　云计算　大数据　物联网　数字孪生　智慧农业　供应链金融　电子政务　数字化基础设施

◎ 阅读资料

（1）2021 年度数字报告［R］. https：//wearesocial. com/digital – 2021.

（2）人工智能 2021 年度报告［R］. https：//openai. com/annual – report/2021/.

（3）物联网白皮书［EB/OL］. https：//www. huawei. com/minisite/iot/en/white – paper.

（4）区块链白皮书［EB/OL］. https：//www. ibm. com/blockchain/what – is – blockchain.

（5）“十四五”国家信息化规划［EB/OL］. http：//www. cac. gov. cn/2021 – 12/27/c_1642205314518676. htm.

◎ 课后思考题

（1）数字技术与一般性生产技术存在哪些差异？

（2）现有的数字技术应用场景还存在哪些问题？什么原因阻止了部分数字技术应用规模的进一步扩大？

（3）新型基础设施的主要特征是什么？哪些举措可以减少新型基础设施建设过程中的挑战？

第5章 数字经济统计测度的框架与方法

学习目标

（1）了解数字经济从技术界定到经济界定、从附属地位到独立地位的概念演化；

（2）了解数字经济测度框架的构建；

（3）认识数字经济规模的测度方法；

（4）了解中国数字经济的测度、发展现状、治理体系；

（5）了解数字经济分类的方法体系。

内容提要

当前，数字经济已经成为全球经济增长的重要驱动力，新业态、新商业模式不断涌现，给相关统计工作和政策制定带来挑战，科学、全面、客观、准确地衡量数字经济的需求越来越迫切，各国政府、国际组织、智库等机构致力于研究数字经济发展水平的评估和测度，取得重大进展。本章系统回顾国际上信息经济、网络经济、数字经济的发展历程，分析上述经济模式的特征及内涵要素，并在此基础上系统梳理国内外关于数字经济统计和测度的框架、方法。

5.1 数字经济的概念演化

从概念演化的角度讲，数字经济的概念从总体上经历了一个从技术界定到经济界定、从附属地位到独立地位的过程。

5.1.1 从技术界定到经济界定

“数字经济”一词源于1995年尼古拉斯·尼葛洛庞帝（Nicholas Negroponte）的著作《数字化生存》（*Being Digital*）中对数字化的讨论，尼葛洛庞帝从构成现实世界的原子与构成信息世界的“比特”（Bit）对比入手，认为有的行业数字化程度快，有的行业数字化程度慢，但总体上“从原子到比特的转变是不可避免和无法停止的”。该著作更关注大众传媒和人们的社会生活数字化，更强调这种转变的基础在于存储、网络等技术的进步与计算机的普及。这是一种忽视了现实复杂性的单一技术决定论视角。此外，该书虽然没有聚焦经济领域，没有提出“数字经济”的概念，仅是宽泛地谈及数字化对人们经济生活的影响。但作为从“数字”（即储存在计算机中的比特）视角看待人类真实生活的著作，具有一定的前瞻性与影响力。随后，在1996年出版的《数字经济：网络智能时代的希望与危机》一书中，泰普斯科特（Tapscott）首次正式提出“数字经济”的概念。2015年，该书的20周年纪念版《数字经济：网络智能时代的希望与危机再思考》发布，泰普斯科特重新审视了全球范围内数字经济的变化。事实上，泰普斯科特有关数字经济的研究开始于1994年，该书是一项有关使用多媒体信息手段提升企业绩效、增加企业财富研究项目的阶段性成果。在1996年的首版中，泰普斯科特认为数字经济具有革命性的意义。以互联网普及为代表的信息通信革命正在形成一种基于网络智能的新经济——数字经济。在正在到来的这种经济中，个人和企业将通过把知识和网络化智能应用于农业生产、制造业生产和服务业来创造财富。在具体的界定中，泰普斯科特强调，“网络智能时代”（age of network intelligence）的经济是数字经济。虽然他对于数字经济的观点已经突破围绕技术进步进行讨论的限制，扩展至经济学讨论的范畴，涵盖人类社会的商业、教育、治理和传媒等方方面面，但其数字经济概念的界定重点依然在于体现“十大技术转变”① 的“网络智能时代”。有关数字经济早期概念界定的讨

---

① 来源于谷歌前首席执行官埃里克·施密特（Eric Schmidt）的一些评论或对文章的解读。施密特在他的一些演讲和文章中，提出了数字经济的概念，将其界定为“以数字技术为核心的全新经济模式”，并对此提到了十大技术转变，包括人工智能、大数据、云计算等。

论，更加突出“技术”的决定性地位，对于“经济”的重视不够。究其原因，主要有以下两点：一是大多数对于数字经济的研究主要是离技术较近的计算机科学家做的；二是早期的数字经济缺乏大量实践，很多讨论都是预测性的，是基于技术发展的合理推测。数字经济的本质还是作为后果的经济，“技术”只是驱动经济发生变化的原因。数字经济概念向经济本质的回归，充分体现在泰普斯科特《数字经济：网络智能时代的希望与危机再思考》（20 周年纪念版）与诸多机构和学者对于数字经济的研究中。在《数字经济：网络智能时代的希望与危机再思考》中，泰普斯科特重写了第一章。在 1996 年的首版第一章中，作者以唱片行业为例，主要讨论了技术进步对不同行业正面与负面可能的影响，分析停留在具体行业这一层次。2015 年，作者在第一章中增添了“反思：数字经济仍然是一种资本主义吗?”的讨论小结。此外，全书正文共出现“资本主义”25 次，相比之下 1996 年版本仅在章节引文中出现 1 次，且并不参与正式分析。泰普斯科特对于数字经济与资本主义关系的反思，充分体现了数字经济概念的内核从技术决定商业成败的表象分析向数字经济与经济制度、经济运行等更为本质的经济学议题的转变。泰普斯科特认为，数字经济本质是一种“社交经济”（social economy）。他认为我们正处在大规模转变的前期阶段，社交技术（本质上是 ICT，即信息与通信技术）的进步使社会正在形成有史以来最大的平台，人员、技能和知识等要素正在以数字经济之前无可比拟的效率汇集在一起，为经济增长、社会发展和形成一个公平可持续的世界提供必要条件。世界各地的人们正在以前所未有的方式就共同关心的问题和挑战进行合作。“协作、开放、分享、相互依存和诚信”是这种交往的主要价值观。具体而言，“社交经济”中的“社交”（social）按泰普斯科特的分析包括两种含义，一是普罗大众的社交行为，二是商业领域的合作。前者包括人们因创造财富、接受教育、享受生活、养育子女等进行的社交活动，后者则包括集体智慧、大规模协作、众包和协同创新等商业社交行为。由于社交正在渗透到经济和社会的方方面面，因而泰普斯科特想用“社交主义”（socialism）作为数字经济的本质描述。但鉴于“社交主义”的英文“socialism”已经被社会主义所占用，泰普斯科特便采用“资本主义 2.0”（capitalism 2.0）这一术语来表征数字经济的本质属性。“资本主义 1.0”指的是过去以实物与金融资本为创造财富主要依凭的经济形态。在这一经济形态中，人们以个人财富最大化为追求目标，人们的工作模式以严格的等级组织起来。“资本主义 2.0”则有所不同，以互联网为代表的社交技术的渗透，使得财富的创造更依赖人们大脑内部的知识，人们之间的工作组织关系更具社会性和协作性。资本主义 1.0 正在受到挑战，以“创新、创造与公共财富创生”为目的的资本主义 2.0 是更高的发展阶段。

从泰普斯科特对数字经济看法的改变中我们可以看出，在这一概念提出的初期，学者们对数字经济普遍采取技术视角，强调技术进步对商业模式层面的影响。随着数字经济的发展，人们开始将视角从单一的技术进步转向生产力与生产关系探讨，并关注探讨数字经济与资本主义之间的关系问题。数字经济逐渐成了一个更加具有经济学特征的概念。

数字经济在国内外学界尚未有一种达成共识的界定。2016 年 9 月，习近平总书记在 G20 杭州峰会上提出了数字经济发展与合作的倡议，得到与会各国政府首脑和代表的热烈响应。该倡议作为第一个具有全球意义的数字经济合作倡议，指出数字经济是以使用数字化的知识和信息作为关键生产要素、以现代信息网络作为重要载体、以信息通信技术的有效使用作为效率提升和经济结构优化的重要推动力的一系列经济活动。之后我国开始在官方文件和重大场合采用数字经济的提法。可以说，这一定义，涵盖了数字经济从技术界定到经济界定的全部特征，囊括了从数字经济“比特”本质讨论到“生产关系”本质讨论的全部阶段。

5.1.2 从附属地位到独立地位

现阶段，国际社会围绕信息通信技术的创新、扩散、应用及带来的影响提出了知识经济、网络经济、数字经济、信息经济、互联网经济等一系列新概念，都试图描述新一代信息通信技术与经济社会变革，随着技术演进和认识深化，发展数字经济成为国际社会的共识。

5.1.2.1 信息经济

信息经济的早期研究是从研究知识经济开始的，可以追溯到 20 世纪 30 年代。奥地利经济学家和信息经济学的创始人马克卢普在 1933 年就开始研究专利（知识）对研究活动的影响，并于 1962 年发表了其开创性的著作《美国知识的生产和分配》，首次提出了“知识产业”“知识经济”的概念和从经济学的角度测度信息社会的方法。关于“信息经济正在浮现”的最著名、被引用最多的研究成果无疑是波拉特在 1977 年发表的博士论文、九卷本的著作《信息经济：定义与测度》。其中，波拉特采纳了马克卢普的方法，利用美国政府的统计数据，设计了一个 20 世纪 60 年代后期的美国经济模型，将经济部门分为主要信息部门（信息产品及信息服务直接用于信息的生产、分配或处理）、次要信息部门（政府及非信息单位产生的仅供内部业务流程使用的信息服务）和非信息部门三个门类；而以主要信息部门和次要信息部门对 GDP 增加值贡献的总和作为测度信息经济的一个基本指标。波拉特研究工作的重要意义在于他设法完成了信息经济重要性的量化，是一个开创性、令人印象深刻的成就。OECD 在 1981 年和 1986 年均采用了波拉特的定义来计算整个经济中信息经济的份额。可以看出，将信息经济划分为两个不同的范畴——非数字化的信息经济和数字化的信息经济，这对于信息经济的统计也非常重要。

5.1.2.2 网络经济

“网络经济”概念的提出，同 20 世纪 90 年代全球范围内互联网的兴起有着密切的联系。因此，网络经济又被称为互联网经济，是指基于互联网进行以资源的生产、分配、交换和消费为主的新形式的经济活动。在网络经济的形成与发展过程中，互联网的广泛应用及电子商务的蓬勃兴起发挥了举足轻重的作用。一方面，伴随国际互联网的发展，大量新兴行业不断涌现，资源配置得以进一步优化，构成网络经济不可缺少的一部分；另一方面，电子商务带来虚拟网络交易模式，传统交易活动演变成通过国际互联网进行的网络交易活动，构成网络经济的重要组成部分。与信息经济和数字经济相比，网络经济这一术语的区别在于它突出了互联网，并将基于国际互联网进行的电子商务看作网络经济的核心内容。

5.1.2.3 数字经济

数字经济与知识经济、信息经济的“脱耦”主要源于知识与信息数字化程度逐渐提高，以及人们对经济发展方向的明确把握。“无形信息”与“DIKW 金字塔”的出现是知识与信息数字化程度逐渐提高的直接体现，也是数字经济从概念上独立的必要条件。首先，无形信息是泰普斯科特提出的一种区别于旧经济信息的信息形态。他认为，在旧经济中，信息是有形的，现金、支票、发票、提单、报告、面对面的会议、模拟电话或广播电视传输、地图、照片都是有形信息的载体。而在新经济中，信息是无形的，所有形式的信息都被还原为储存在计算机中的比特，信息成为在网络上光速传播的二进制数字 1 和 0。这是信息经济不同于以往经济的客观条件，同时也是数字经济出现的前提。其次，“DIKW 金字塔”是信息科学对于信息（information）、数据（data）、智慧（wisdom）和知识（knowledge）关系的理解。在这一信息层次结构中，智慧产生于知识，知识产生于信息，信息产生于数据，智慧处于较高的层次，数据处于较低的层次。在信息论者与数据分析者眼中，DIKW 是四种不同的实体，这也是与传统经济学家如马克卢普等的不同之处。在进行经济分析之初，对信息、知识这种不做区分的分析方式有助于避免不必要的麻烦，但随着信息论的不断发展，当数据可以从信息中剥离时，数字经济与信息经济的脱耦反而体现了对现实经济更为清晰的认知。数字经济的核心是以 ICT 产业为代表的信息经济，但同时其外延包括了一切涉及数字化的产业形态、商业模式以及治理方式。借用数字经济概念诞生之初的讨论模式，数字经济这一词语随着技术进步的脱耦，越发能反映“原子”与“比特”之间的关系。

5.2 数字经济的测度框架

围绕数字经济产生的最大分歧是缺乏对数字经济普遍理解或认可的定义，而明确的并具有可操作性的数字经济定义是衡量数字经济的先决条件。国际货币基金组织（IMF）强调了对数字经济共同定义的必要性，IMF 指出，“缺乏对‘数字经济’或‘数字部门’的普遍认可定义，同时对于互联网平台和相关行业或产品分类标准的空缺，这些是衡量数字经济的障碍”①。联合国贸易和发展会议（UNCTAD）指出，在衡量数字经济以及相关价值创造方面充满困难，首先是数字经济尚缺乏广泛接受的定义，其次是缺乏对于数字经济关键组成部分的可靠统计数据。

5.2.1 从统计实践的角度

在探讨数字经济范畴方面，从有利于统计实践的角度来看，针对数字经济的界定要具有可操作性。全球范围内，绝大多数国家或地区在产业分类中采用或参照联合国统计司颁布的《国际标准产业分类》（ISIC）制定本国或地区的分类标准，并且针对本国或地区生产活动进行核算。《国际标准产业分类》为各国制定国家或地区活动分类提供了指导，成为在国际层面比较经济活动的重要统计框架。我国于2002年10月实施的《国民经济行业分类》（GB/T 4754—2002）参照ISICRev. 4版本，该标准规定了全社会经济活动的分类与代码。以健康产业为例，为了满足新形势对健康产业发展的需求，国家统计局同国家发改委、国家卫生健康委员会共同研制《健康产业统计分类（2019）》。该分类以《国民经济行业分类》（GB/T 4754—2017）为基础，针对符合健康产业特征的相关活动进行再分类。可见，对于新兴产业部门而言，相关的研究和针对性测度注重与现有产业分类进行协调是完善基础统计数据的重要步骤。这里面比较有代表性的包括国家统计局于2021年6月发布的《数字经济及其核心产业统计分类（2021）》，该文件对数字经济的界定为：“以数据资源作为关键生产要素、以现代信息网络作为重要载体、以信息通信技术的有效使用作为效率提升和经济结构优化的重要推动力的一系列经济活动”；基于数字经济的上述界定，数字经济的产业范围可界定为数字产品制造业、数字产品服务业、数字技术应用业、数据要素驱动业和数字化效率提升业5个大类，以及32个中类和156个小类。并且该文件明确：前4个大类是数字产业化部分，是数字经济核心产业；第5个大类是产业数字化部分。值得强调的是，国家统计局对数字经济分类所涉及的国民经济行业分类与《国民经济行业分类》（GB/T 4754—2017）相一致。在编制原则上，也强调了与G20杭州峰会提出的《二十国集团数字经济发展与合作倡议》等国际倡议之间的一致性。与《国民经济行业分类》（GB/T 4754—2017）进行对接，为数字经济统计测算提供了基础保障；而与国际机构或主要国家测算相协调，又保障针对中国数字经济测算以及产业发展具有横向可比性。

事实上，2021年3月，《中华人民共和国国民经济和社会发展第十四个五年规划和2035年远景目标纲要》（以下简称“‘十四五’规划纲要”）将“加快数字化发展建设数字中国”单列成篇，并基于国家统计局的测算方法，首次提出数字经济核心产业增加值占GDP比重这一新经济指标，明确要求我国数字经济核心产业增加值占GDP的比重

---

① 国际货币基金组织．数字经济统计：政策制定者的指南［R］. 2018.

要由2020年的7.8%提升至2025年的10%。

此外，还有以美国、加拿大、澳大利亚等国家统计机构为代表，在与联合国统计部门所采用标准以及经济合作与发展组织保持一致的前提下，构建本国的数字经济卫星账户，并进行规模统计。比如，美国商务部经济分析局（BEA）于2018年3月首次构建了该国的数字经济卫星账户，之后多次修正，逐步将其范围从“以数字化为主”的商品和服务扩展到包括“部分数字化”的商品和服务。根据2021年6月的标准，美国把数字经济分成3个大类（基础设施、电子商务、收费数字服务）和10个小类，对应着北美产业分类系统（NAICS）中的292个行业。2019年5月，加拿大统计局在借鉴OECD（2017）和BEA（2018）做法的基础上，把数字经济分成3个大类（数字使能基础设施、数字订购交易、数字交付产品），对应着70个供应和使用产品码（SUPC）行业，其中有36个属于全部数字化产品，34个属于部分数字化产品。总的来看，各国统计机构发布的数字经济规模由于来自现有的国民经济统计行业标准，因此往往只包括或者大部分包括数字产业化部分，对于产业数字化部分的测算一直在不断地更新迭代中。

5.2.2 从规模测度的角度

在探讨数字经济范畴方面，从有利于规模测度的角度来看，所面临的主要挑战是要在广泛的政治讨论和精准的经济测度之间进行权衡。针对数字经济的现有研究包含不同方式的设想和分析，而且不同情境下研究者都能够提供全新的视角以及界定。全球范围内，比较有代表性的是OECD。OECD聚集了国际货币基金组织、欧盟以及主要国家统计部门的研究力量，开展了持续性研究。2014年，OECD公开出版了《衡量数字经济：一个新的视角》，重点探讨了ICT部门和互联网在经济社会发展中的作用，该研究报告从多个维度探讨了数字经济的影响作用。2018年，OECD对外公开发布《测量数字经济框架》，该报告通过主体、产品、交易等多个维度对数字经济进行界定，并针对数字经济卫星账户展开探讨。在报告中，OECD强调指出数字经济典型特征包括数字化订购、交易平台以及数字化提供，针对上述典型特征，只要符合一项就被视为数字经济。

2020年，OECD为G20数字经济工作组编写研究报告《衡量数字经济的通用框架路线图》，提出了针对数字经济的通用定义和分层框架（见表5-1），将数字经济分为四层，分别是核心层、狭义层、广义层和“数字经济+”。核心层包括基本的数字产品和服务。狭义层包括核心层和“数字赋能经济”，即依赖于数字技术和信息的企业所生产的产品和服务。广义层包括“数字强化经济”，既包括狭义层，也包括使用数字技术和信息显著提升生产率的企业所制造的产品和服务。“数字经济+”，既包括广义层，也包括未被统计在GDP内的其他数字化交易和活动，如免费的数字服务。OECD表示，前述定义方法是以“产品”（production）为基础来描绘数字经济的。

表 5－1　　OECD 提出的数字经济定义和分层框架

<table>
<tr><td colspan="4">数字经济＋</td></tr>
<tr><td colspan="3">广义层</td><td rowspan="5">数字社会</td></tr>
<tr><td colspan="2">狭义层</td><td rowspan="3">数字强化经济</td></tr>
<tr><td>核心层</td><td rowspan="2">数字赋能经济</td></tr>
<tr><td>数字产品和服务</td></tr>
<tr><td colspan="3">数字交易经济</td></tr>
</table>

除此之外，OECD 还提出了另一种数字经济测度思路，即以“交易”（transaction）为基础来定义的“数字交易经济”（digital transaction economy）。数字交易经济可以包括前述定义中的核心层、狭义层和广义层。相对于数字化产品，这一定义方式更关注数字化订购和数字化交付，OECD 将其作为衡量数字经济的另一种备选方式。

在国内，中国信息通信研究院（简称“中国信通院”，CAICT）于 2018 年开始发布《中国数字经济发展白皮书》，该机构的研究框架和测算方法被纳入 G20（阿根廷）《数字经济测算工具箱》，并产生了广泛的影响。结合白皮书的进展，CAICT 针对数字经济的界定大体上可以划分为如下几个阶段：其一，注重强调数字产业化和产业数字化的“两化”阶段；其二，注重数字产业化、产业数字化和数字化治理的“三化”阶段；其三，突出强调数据价值化、数字产业化、产业数字化、数字化治理的“四化”阶段。虽然从数字经济内涵上，CAICT 给出的“四化”界定具有广阔前景，但是受制于具体测量的困难与障碍，CAICT 针对数字经济规模主要还是测量“数字产业化”和“产业数字化”两个部分。

数字产业化是以数据要素为核心，围绕数据采集、传输、处理、开发、服务等开展的经济活动，衍生出新的产业，是做增量。例如，在大数据领域，数据标注产业快速发展，注册企业数量急剧增加。数字产业化，具体来看，包括数字基础设施、人工智能、大数据、区块链、云计算、网络安全等新兴产业，也包括电子信息制造业、信息通信业、软件和信息技术服务业等传统信息产业提升带来的增值。

产业数字化是指传统产业应用数字技术所带来的生产质量和效率提升，是做存量优化。包括但不限于工业互联网、两化融合、智能制造、车联网等融合型新产业新模式新业态；是数字经济发展的主阵地，为数字经济发展提供了广阔的空间。产业数字化，具体来看，包括推进新一代信息技术与制造业深度融合，建设若干具有国际水准的工业互联网平台和数字化转型促进中心，打造世界先进制造业集群，培育发展融合发展新模式新业态，推进服务业数字化转型，扩大升级信息消费，发展智慧农业，等等。

5.2.3 从多指标评价角度

除了数字经济的统计和测算外，还有很多研究机构将关注点放在数字经济指数指标体系的研究上。基于多维度指标，对不同地区间的数字经济发展情况进行对比，以更好地研判数字经济的发展趋势和着力点。OECD、G20、欧盟、国际电信联盟等国际机构以及我国科研智库机构等均发布过数字经济指数指标体系，国际、国内各指标体系各有所长、各具特色。

从国际来看，OECD 是数字经济研究起步较早的机构，它在 2014 年发布的《衡量数字经济：一个新的视角》报告中从投资智能化基础设施、赋权社会、创新能力和 ICT 促进经济增长与增加就业 4 个方面，采用对比法，构建的数字经济指标体系涵盖具有国际可比较性的 38 个指标，只是并未选取固定的样本国家进行全面的数据采集，也没有汇集成总的指标，没对世界各国的数字经济发展情况做出对比和评价，但它详细罗列的数字经济的关键领域和采分点可供参考。2019 年 3 月，OECD 进一步完善指标体系，发布《衡量数字化转型：未来路线图》，从增强访问、增加有效应用、释放创新、确保就业、促进社会繁荣、加强信任、促进市场开放 7 个领域 36 个指标衡量数字经济发展情况。

G20 于 2018 年发布《数字经济测度工具箱》，从基础设施、赋权社会、创新和技术的采用、就业与增长 4 个维度对各国数字经济进行评价比较，报告未选取固定的样本国家进行全面的数据采集，也未对世界各国数字经济发展总体情况进行排名，仅详细罗列出数字经济关键领域和具体指标以供参考。2020 年，G20 数字经济任务组在沙特阿拉伯轮值期间，推出《G20 迈向数字经济测度共同框架路线图》，提出了数字经济的分层定义：数字经济的核心层包括数字内容、信息与通信技术（ICT）商品和服务的经济活动；数字经济的狭义层包括核心层以及所有依赖于数字投入的经济活动；数字经济的广义层包括前两种范围以及所有被数字投入显著驱动的经济活动。在细化数字经济定义后，进一步完善指标体系，一级指标包括就业、技能、增长，基础设施，赋能社会，创新和技术应用 4 项。

欧盟历来重视数字经济的发展与统计，从 2014 年起发布了《数字经济与社会指数报告》和数字经济与社会指数（简称“DESI”）。DESI 是刻画欧盟各国数字经济发展程度的合成指数，该指数由欧盟根据各国宽带接入、人力资本、互联网应用、数字技术应用和数字化公共服务程度 5 个主要方面的 31 项二级指标计算得出。该指标的合成方法参照了 OECD《建立复合指数：方法论与用户说明手册》，具有较高的理论水平、较强的科学性和可延续性。

从国内来看，上海社会科学院自 2017 年以来连续发布《全球数字经济竞争力发展报告》（首次发布名为《全球数字经济竞争力指数（2017）》），报告将数字经济分为主体产业部分和融合应用部分，通过大规模采集和分析全球 120 多个国家的数字经济发展数据，形成综合性及多维度的评价报告。该报告构建了由数字设施、数字产业、数字创新、数字治理4个维度构成的全球数字经济竞争力分析模型，其中数字设施、数字产业和数字创新是一国数字经济竞争力的三大支柱，数字治理则是这一体系健康运行的保障。

国家工业信息安全发展研究中心推出“数字经济测度工具箱”，积极对标OECD、G20等国际机构高标准、高水平数字经济评估指标体系，结合我国数字经济发展特色，以数字基础设施、数字产业、产业数字化转型、公共服务数字化变革和数字经济生态环境5个方面为分析视角，坚持科学性、导向性、可比性和可操作性原则，形成一组有机关联的指标体系，利用逐级加权方法计算和评价城市数字经济发展水平。通过设置基础性指标和前瞻性指标，准确把握数字技术高速迭代的特点，既能全面评估数字经济发展水平，又能引导数字经济下一步优先发展领域。国家工业信息安全发展研究中心基于“数字经济测度工具箱”，于2020年发布《2020年我国数字经济发展报告》，对我国31个省（自治区、直辖市）的数字经济发展水平进行测评；自2019年起连续三年发布《长三角数字经济发展报告》，对长三角27个城市的数字经济发展水平进行定量测评。

赛迪顾问自2017年起陆续发布《中国数字经济指数（DEDI）》白皮书，2017年首期《中国数字经济指数（DEDI）》白皮书在对数字经济的发展演变和特点进行分析的基础上，将数字经济指数划分为基础型、资源型、技术型、融合型和服务型5个维度指数，邀请行业专家对2016年全国31个省级行政区域（港、澳、台除外）数字经济发展水平进行测算，并对各级指标的重要性进行打分，通过使用层次分析法计算指标权重，并最终得出报告结果。DEDI兼顾全国各省（自治区、直辖市）的测评和5个维度数字经济分指数的评估，并运用了互联网企业的用户数据，反映数字经济在服务领域的渗透情况，具有一定的创新性。

5.3　数字经济规模的测度方法

进行数字经济规模测算，也就是测算数字经济产值（增加值）主要使用投入产出法、非参方法、评价方法等。国外主要有马克卢普、波拉特、麦肯锡、埃森哲、波士顿咨询等学者和咨询机构，国内主要是中国信息通信研究院和中国社会科学院数量经济与技术经济研究所在开展这方面研究。

5.3.1 马克卢普研究

马克卢普提出知识产业内容核算体系，将教育、研究与发展、传播媒介、信息设备、信息服务5个产业及其相关下辖各部门划归知识产业。马克卢普采用支出法核算知识产业规模，通过加总个人对知识产品的消费、政府对知识产品的消费、全社会总投资以及知识产品的出口净额，得到知识产业的总规模。

5.3.2 波拉特研究

波拉特构建信息经济产出测算体系，对美国信息经济进行全面测算。他将美国信息部门分为一级信息部门与二级信息部门，主要由知识生产和发明、信息流动和通信、风险经营、调查和协调性、信息处理和传递服务、信息产品产业、部分政府活动、信息基础设施8个行业组成。一级信息部门分别用支出法与收入法进行产值核算。

二级信息部门包括经济领域中行使计划、决策、管理职能的机关。在二级信息部门中，信息包含在非信息产品和服务中，无明显的交换形式，一般指非信息部门中的信息经济活动。在核算中，波拉特把不向市场出售的信息服务的价值看作由提供这种服务所消耗的劳动力以及资本这两种资源的价值所构成，核算方法如下：

二级信息部门增加值 = 二级信息部门信息从业人数 ×（二级信息部门劳动者平均工资 + 二级信息部门人均固定资产折旧额）

5.3.3 麦肯锡研究

麦肯锡用iGDP指标衡量“互联网经济”的规模。麦肯锡采用支出法计算iGDP，关注四个要素：私人消费、公共支出、私人投资和贸易差额。该方法加总了创造、使用互联网网络和服务的所有活动：个人消费（包括软硬件、互联网访问和电子商务）、公共支出（包括基础建设）、互联网技术的商业投资，以及一国在互联网相关商品和服务上的贸易余额。

5.3.4 中国信息通信研究院

中国信息通信研究院认为，数字经济是指以使用数字化的知识和信息作为关键生产要素，以现代信息网络作为重要载体，以网络信息技术的有效使用作为效率提升、经济结构优化、组织变革的重要推动力的高级经济形态。数字经济包括数字产业化和产业数字化。其中，数字产业化是指ICT产业；产业数字化是指其他行业利用网络信息技术带来的产出增加和效率提升。数字经济包括数字产业化部分和产业数字化部分。两部分的口径均为增加值，经过去重处理，相加之后与GDP可比。数字经济规模是增量而不是存量的概念，和GDP是一致的，即每年新增的部分。

数字经济总规模 = 数字经济的数字产业化规模 + 数字经济的产业数字化规模

5.4 中国数字经济测度

近年来，数字经济在全球经济发展中的地位不断提升，数字经济的发展水平和规模测算问题受到各界高度关注。中国“十四五”规划纲要将“加快数字化发展建设数字中国”单列成篇，并首次提出数字经济核心产业增加值占 GDP 比重这一新经济指标，明确要求我国数字经济核心产业增加值占 GDP 的比重要由 2020 年的 7.8% 提升至 2025 年的 10%。

2021 年 6 月 3 日，国家统计局发布《数字经济及其核心产业统计分类（2021）》（以下简称《数字经济分类》），首次对数字经济及其核心产业统计分类做出详细说明。此次数字经济分类不仅对数字经济整体产业统计测算意义重大，同时也给支撑数字经济的重点技术产业规模测算提供了一套方法论，例如，物联网、人工智能、大数据等技术涉及的相关产业，都可以在这一套《数字经济分类》中找到相应的测算依据。

从 2016 年 G20 杭州峰会提出《二十国集团数字经济发展与合作倡议》开始，数字经济在整个国民经济和社会发展中的重要性越来越突出，然而过去几年中对于数字经济的测算尚未形成一套标准体系。本次《数字经济分类》发布意义重大，弥补了这方面的空白，使得业界对于数字经济发展的判断有了权威标准。

5.4.1 中国数字经济发展现状

2021 年 10 月 18 日，习近平总书记在主持中共中央政治局第三十四次集体学习时强调，“近年来，互联网、大数据、云计算、人工智能、区块链等技术加速创新，日益融入经济社会发展各领域全过程，各国竞相制定数字经济发展战略，出台鼓励政策，数字经济发展速度之快、辐射范围之广、影响程度之深前所未有，正在成为重组全球要素资源、重塑全球经济结构、改变全球竞争格局的关键力量”①。近年来，我国高度重视发展数字经济，各领域取得非凡成就，本部分详细介绍我国数字经济各细分领域发展现状，为全面理解我国数字经济发展水平提供参考。

① 习近平在中共中央政治局第三十四次集体学习时强调 把握数字经济发展趋势和规律 推动我国数字经济健康发展［EB/OL］. 央视新闻，https://baijiahao.baidu.com/s?id=1714053804014629079&wfr=spider&for=pc，2021-10-19.

5.4.1.1 数字基础设施逐步实现高速、泛在、互联

（1）固定宽带和移动宽带覆盖率、网速双提升。

工信部《2021 年通信业统计公报》显示，2021 年，我国新建光缆线路长 319 万公里，全国光缆线路总长度达 5 488 万公里，百兆及以上接入速率的用户为 4.98 亿户，全年净增 6 385 万户，占总用户数的 93%，千兆及以上接入速率的用户为 3 456 万户，比上年末净增 2 816 万户，用户固定宽带服务质量得到保障和支撑。4G 基站数达 590 万个，移动互联网接入流量达 2 216 亿 GB，比上年增长 33.9%。据中国互联网络信息中心（CNNIC）数据统计，截至 2021 年底，我国网民规模达到 10.32 亿人，互联网普及率达到 73.0%，使用手机上网的比例达 99.7%，手机是上网的主要设备。

（2）5G 网络加速布局，6G 研发全面启动。

2021 年，我国新增 5G 基站超过 65 万个，累计达到 142.5 万个，目前已建成全球规模最大、技术最先进的 5G 独立组网网络，已覆盖全部地级市、超过 98% 的县城城区和 80% 的乡镇镇区，我国 5G 终端用户数占全球 5G 终端用户数的 80% 以上，5G 应用创新案例涉及工业、医疗、教育、交通等多个行业，总数超过 1 万个。[①] 2019 年 6 月，工信部牵头成立 IMT－2030（6G）推进组，该组成员包括三大运营商、通信设备制造商、高校和研究机构等产学研用各方力量，标志着我国 6G 研发正式启动。同年 11 月，科技部牵头成立国家 6G 技术研发推进工作组和总体专家组。2021 年 6 月，IMT－2030（6G）推进组发布《6G 总体愿景与潜在关键技术白皮书》，仍将 6GHz 及以下频段的新频谱视为 6G 发展的战略性资源。2021 年 4 月，国家知识产权局发布的《6G 通信技术专利发展状况报告》显示，全球 6G 通信网络技术申请总量为 3.8 万件，中国占据了 1/3 的份额。目前，我国众多企业，包括三大运营商、华为、中兴等都在进行 6G 研发。

（3）IPv6 部署稳步有序推进。

自 2017 年中共中央办公厅、国务院办公厅印发《推进互联网协议第六版（IPv6）规模部署行动计划》以来，我国 IPv6 发展显著加速。截至 2021 年底，我国三大基础电信企业的骨干网、LTE 移动网和数据中心设备已全部支持 IPv6，国内 95% 的内容分发网络（CDN）节点支持 IPv6，基础设施支持 IPv6 的能力大幅提升，IPv6 活跃用户数增长到 6.08 亿人，占我国全部网民数的 60% 以上。在中央部委和省级政府网站、中央重点新闻网站、中央企业网站、“双一流”大学网站主页 IPv6 可访问的网站数占比分别为 96%、100%、82% 和 86%，国内用户量排名前 100 的商业互联网应用全部可以通过 IPv6 访问。[②] 目前我国推进 IPv6 规模部署各项工作都在稳步有序进行，整体发展局势向好。

---

① 数字中国发展报告（2021 年）[R]. 网经社，https：//www.100ec.cn/Public/Upload/file/20220803/1659487441513669.pdf，2022－07.

② 数据来源于国家 IPv6 发展检测平台。

（4）卫星互联网。

我国卫星互联网建设发展迅速，卫星规模化研制生产业已启动。2020 年 9 月，北京九天微星科技发展有限公司卫星智能智造工厂开工，是作为卫星互联网纳入“新基建”的首个项目。2021 年 2 月，银河航天联合新浪微博推出以“跨越宇宙的告白”为主题的节日活动，本次活动通过银河航天首发星为用户提供预约发送微博服务，这也是中国宽带卫星互联网首次向所有公众开放。2022 年 3 月 5 日，西昌卫星发射中心用长征二号丙运载火箭，成功将我国首次批量研制的 6 颗低轨宽带通信卫星——银河航天 02 批批产卫星送入预定轨道，验证了我国具备建设卫星互联网巨型星座所必需的卫星低成本、批量研制以及组网运营能力。

5.4.1.2 数字产业发展态势向好

（1）传统数字产业发展持续向好。

我国传统数字产业包括电子信息制造业、软件业、互联网和相关服务业，这些产业在 2021 年均表现出良好的发展势头，是带动我国经济发展的“助推剂”。2021 年，我国电子信息制造业增加值和出口交货值实现两位数增长，实现利润高速增长。《2021 年电子行业运行监测报告》显示，2021 年规模以上电子信息制造业增加值同比增长 15.7%，增速较工业高 6.1 个百分点。除医疗制造业以外，2021 年 5 月以来，电子信息制造业增加值当月增速均在其余 30 个制造业大类中排名第一。软件业务收入整体呈增长趋势，增速有明显波动，2021 年达近五年来最高值。2021 年，全国软件和信息技术服务业规模以上企业超过 4 万家，累计完成软件业务收入 94 994 亿元，同比增长 17.7%。互联网和相关服务业发展态势平稳向好。2021 年，我国规模以上互联网和相关服务企业完成业务收入 15 500 亿元，同比增长 21.2%，增速比上年加快 8.7 个百分点，特别是提供生活服务、网络销售服务的平台企业收入保持平稳较快增长。

（2）新兴数字产业蓬勃发展。

2021 年 3 月，我国“十四五”规划纲要出台，提出“打造数字经济新优势”的建设方针，并强调了人工智能、大数据、区块链、云计算等新兴数字产业在提高国家竞争力上的重要价值。我国人工智能产业正从发展期向成熟期过渡，除 AI 芯片外的细分技术赛道产业已跨过高速增长期，步入稳步增长阶段。2022 年，人工智能预计达到 2018 亿元规模，2026 年或将超 6 000 亿元。大数据产业取得积极进展，“十三五”时期，我国大数据产业年均复合增长率超过 30%，2020 年产业规模超过 1 万亿元人民币。区块链自 2019 年被作为核心技术重点突破以来，2020 年之后发展突飞猛进，截至 2020 年底，全国共有 18 个产业发展基金，总规模超过 450 亿元。云基础设施服务市场发展强劲，2021 年增长 45%，达到 274 亿美元，阿里云、华为云、腾讯云、百度 AI 云四大云供应商共占全国 80% 的市场份额，Canalys 预计，到 2026 年，我国云基础设施市场规模将达到850亿美元，五年年均复合增长率为25%。[①]

（3）数据交易所迎来发展机遇。

2020年4月，《中共中央国务院关于构建更加完善的要素市场化配置体制机制的意见》发布，提出加快培育数据要素市场，随后各地迎来大数据交易市场建设热潮，在数据定价、交易标准等方面进行了有益的探索。2021年3月，北京国际大数据交易所成立，采用“数据可用不可见，用途可控可计量”新型交易范式，目前已入驻100多家单位。2021年底，上海数据交易所在浦东新区揭牌成立，首批签约“数商”为100家，登记挂牌的数据产品为20个。2021年12月17日，西部数据交易中心在重庆江北区正式成立，并达成首笔交易。随着数据交易类型的日益丰富、交易环境的不断优化、交易规模的持续扩大，我国数据变现能力显著提高。

5.4.1.3 产业数字化转型全面提速

（1）农业数字化转型为农业农村现代化建设提供强大动力。

农业数字化转型是我国农业农村现代化建设的重要方向和重要内容，“十四五”规划纲要明确指出要坚持农业农村优先发展，全面推进乡村振兴，要加快发展智慧农业，推进农业生产经营和管理服务数字化改造。《中国统计年鉴》数据显示，2020年末，中国农村宽带接入用户达到1.42亿户，全国行政村通光纤率和4G覆盖率均超过98%，为农业生产数字化转型夯实了基础。华为《联网农场智慧农业市场评估》显示，2025年农业数字经济规模将达1.26万亿元，2025年中国农业数字经济占农业增加值比重将达到15%。

（2）制造业数字化转型程度不断提升。

我国制造业数字化转型基础夯实，通过实施工业互联网创新发展工程，据《中国统计年鉴》数据，截至2022年，中国数字化转型程度不断提升，规模以上工业企业关键工序数控化率达到55.3%，数字化研发工具普及率达到74.7%。制造业新业态、新模式不断涌现，开展网络化协同和服务型制造的企业比例分别达到38.8%和29.6%。2021年底，我国连续出台《“十四五”信息化和工业化深度融合发展规划》《“十四五”智能制造发展规划》等政策文件，为中国制造业转型升级指明了方向，明确到2025年，全国两化融合发展指数达到105。此外，“十四五”期间，中央财政将累计安排100亿元以上奖补资金，重点支持1 000余家国家级专精特新“小巨人”企业高质量发展。工信部计划在2022年底为不少于10万家中小企业提供数字化转型服务，促进10万家中小企业业务上云。

5.4.1.4 服务业数字化转型加速升级

数字技术丰富了服务业的场景，特别是新冠肺炎疫情全球暴发以来，服务业数字化

---

① 数据来源于艾瑞咨询，https://www.iresearch.com.cn/。

转型加速升级，互联网医疗、在线教育、协同办公需求持续火热，数字化将推动服务业纵深发展。《中国统计年鉴》数据显示，截至2021年6月，我国网络购物用户规模达到8.12亿人，网络支付用户规模达8.72亿人，构成了全球最大的数字社会，为我国服务业向数字化转型、推动新服务发展提供了良好的基础，也促使服务业的数字经济渗透率在三大产业中最高。中国信通院产业与规划研究所和美团研究院联合发布的《中国生活服务业数字化发展报告（2020年）》显示，生活服务业内部各行业数字化水平差异较大，酒店业的数字化率约为35.2%，餐饮业的数字化率约为15.1%，家政业的数字化率仅约为3.5%，养老服务业的数字化率低于1%。疫情加速了企业数字化渠道建设，以增强自身抗风险能力。

5.4.2 数字化治理体系基本建立

5.4.2.1 数字经济顶层设计日益完善

要把握数字经济发展趋势和规律，加强数字经济发展的理论研究，做好我国数字经济发展顶层设计和体制机制建设，才能推动我国数字经济健康发展。中央部委、各级地方政府陆续出台数字经济相关政策，顶层设计不断完善。2022年1月，国务院印发的《"十四五"数字经济发展规划》，是数字经济领域的国家级全面发展规划，明确了中国数字经济发展的基本原则、发展目标、发展思路，提出了政府主导、多元参与、法治保障的数字经济治理格局建设目标。各地也在积极开展部署，甘肃、江苏、浙江等地相继出台地方版"十四五"数字经济发展规划。细分领域《"十四五"软件和信息技术服务业发展规划》《"十四五"大数据产业发展规划》《"十四五"信息通信行业发展规划》等相继推出，为产业发展指明方向。《网络安全法》《数据安全法》《个人信息保护法》在法律层面为数据安全和个人隐私保护提供法律保障。

5.4.2.2 数字政府建设稳步推进

"十四五"规划纲要中明确指出，要提高数字政府建设水平，将数字技术广泛应用于政府管理服务，推动政府治理流程再造和模式优化，不断提高决策科学性和服务效率。《2020年联合国电子政务调查报告》显示，中国电子政务发展指数从2018年的0.6811提高至2020年的0.7948，2020年排名比2018年提升了20位，升至全球第45位，达到历史新高。根据复旦大学和国家信息中心数字中国研究院发布的《中国地方政府数据开放报告：指标体系与省域标杆》，截至2021年4月底，我国已有174个省级、副省级和地级政府上线了数据开放平台，其中省级平台18个、城市平台156个（含直辖市、副省级与地级行政区）。2022年伊始，全国各省级政府工作报告均将数字政府建设作为重要工作内容：北京打造"无事不扰、无处不在"的"6+4"一体化综合监管体系；河北全面推行"互联网+政务服务"，提升就近办、自助办、网上办水平；山西完善一体化在线政务服务平台功能，在基层便民服务机构、银行网点、商场等服务场所推广自助政务服务，推动群众办事“一窗受理、限时办结、最多跑一次”；内蒙古优化“一网通办”，启动“一网统管”，深化“蒙速办·四办”服务，实现教育、社保、医疗等高频事项“一次办”“掌上办”“跨省通办”，推进12345政务服务热线“一线通达”。

5.4.2.3 互联网平台监管力度显著加大

我国对互联网平台巨头的反垄断监管不断加强，2021年11月18日，国家反垄断局正式挂牌成立，将前身为国家市场监管总局直属局升级为副部级国家局，反垄断体制机制进一步完善。与此同时，反垄断巨额罚款频频出现，例如，阿里巴巴2021年4月由于“二选一”垄断行为被处182.28亿元巨额罚款；同月，美团“二选一”垄断行为被罚34.42亿元；7月，国家市场监管总局公布对22起互联网领域未依法申报经营者集中案的行政处罚，涉及滴滴、阿里、腾讯、苏宁、美团等互联网公司，单一案件顶格处罚50万元。[①] 2021年6月30日，滴滴公司低调赴美首次公开募股（IPO），让网络和数据安全再次成为民众关注的焦点。7月2日，中国网络安全审查办公室发布公告，将依据《国家安全法》和《网络安全法》对“滴滴”进行审查，7月4日，中国国家互联网信息监管机构裁定“滴滴出行严重违法违规收集使用个人信息”，宣布滴滴出行下架。2021年10月29日至11月8日，《互联网平台分类分级指南（征求意见稿）》《互联网平台落实主体责任指南（征求意见稿）》通过国家市场监管总局官网向公众征求意见，进一步推动平台企业落实主体责任，保障平台用户权益。

5.5 数字经济分类的方法体系

5.5.1 国家统计局发布《数字经济及其核心产业统计分类（2021）》

2021年3月发布的“十四五”规划纲要中，一个亮点就是将数字经济单独成篇，并将其指标列入“十四五”核心经济指标中。具体来说，在“‘十四五’时期经济社会发展主要目标”中新增数字经济核心产业增加值占GDP的比重这一指标，目标是到2025年这一指标达到10%。

“十四五”规划纲要中划定了七大数字经济重点产业，包括云计算、大数据、物联网、工业互联网、区块链、人工智能、虚拟现实和增强现实，这七大产业也将承担起完

---

① 重大突发！刚刚，阿里巴巴被罚182亿，因实施“二选一”垄断行为！阿里火速回应［EB/OL］. 金融界，https：//baijiahao. baidu. com/s？ id = 1696620234049039268&wfr = spider&for = pc，2021 - 04 - 10.

成数字经济核心产业增加值占 GDP 超过 10% 目标的重任。

2021 年 6 月 3 日，国家统计局发布《数字经济及其核心产业统计分类（2021）》（以下简称《数字经济分类》），明确了数字经济的概念。《数字经济分类》提出：数字经济是指以数据资源作为关键生产要素、以现代信息网络作为重要载体、以信息通信技术的有效使用作为效率提升和经济结构优化的重要推动力的一系列经济活动。

时任国家统计局副局长鲜祖德在解读时提出，数字经济紧扣三个要素，即数据资源、现代信息网络和信息通信技术，这三个要素缺一不可。《数字经济分类》将数字经济产业范围确定为五大类，分别是：

01 数字产品制造业；

02 数字产品服务业；

03 数字技术应用业；

04 数字要素驱动业；

05 数字化效率提升业。

对于数字经济核心产业的疑问，《数字经济分类》也给出明确答案，即数字经济核心产业是指为产业数字化发展提供数字技术、产品、服务、基础设施和解决方案，以及完全依赖于数字技术、数据要素的各类经济活动。本分类中 01～04 大类为数字经济核心产业。

值得一提的是，《数字经济分类》中给出的数字经济的概念、范围等核心要素，与中国信息通信研究院过去几年对于数字经济的研究成果基本一致。此前，中国信息通信研究院在其年度《数字经济白皮书》中提出了数字经济分为数字产业化和产业数字化两大类，成为业界共识，本次《数字经济分类》再次肯定了这一思路。

5.5.2 数字经济分类的方法体系

具体来看，《数字经济分类》从“数字产业化”和“产业数字化”两个方面，确定了数字经济的基本范围，将其分为数字产品制造业、数字产品服务业、数字技术应用业、数字要素驱动业、数字化效率提升业五大类。其中，前四大类为数字产业化部分，即数字经济核心产业，是指为产业数字化发展提供数字技术、产品、服务、基础设施和解决方案，以及完全依赖于数字技术、数据要素的各类经济活动，对应于《国民经济行业分类》中的 26 个大类 68 个中类 126 个小类，是数字经济发展的基础。

其中，数字产品制造业提供数字经济发展所需的各类元件、设备、机器人等硬件设备和光纤电缆等通信基础设施。数字产品服务业为数字产品提供流通及维修维护服务。数字技术应用业提供数字经济发展所需的软件产品、信息通信技术服务和信息传输服务。数字要素驱动业为产业数字化发展提供基础设施和解决方案，如信息基础设施建设，还包括已经高度数字化的传统产业，如互联网批发零售、互联网金融、数字内容与媒体等。

第五大类为数字化效率提升业，是指应用数字技术和数据资源为传统产业带来的产出增加和效率提升，是数字技术与实体经济的融合。该部分涵盖智慧农业、智能制造、智能交通、智慧物流、数字金融、数字商贸、数字社会、数字政府等数字化应用场景，对应于《国民经济行业分类》中的91个大类431个中类1 256个小类，体现了数字技术已经并将进一步与国民经济各行业产生深度渗透和广泛融合（见表5－2）。

表5－2　　数字经济规模分类

代码			名称	说明
大类	中类	小类		
★01			数字产品制造业	
	0101		计算机制造	计算机整机制造、计算机零部件制造、计算机外围设备制造、工业控制计算机及系统制造、信息安全设备制造、其他计算机制造
	0102		通讯及雷达设备制造	通信系统设备制造、通信终端设备制造、雷达及配套设备制造
	0103		数字媒体设备制造	广播电视节目制作及发射设备制造、广播电视接收设备制造、广播电视专用配件制造、专业音响设备制造、应用电视设备及其他广播电视设备制造、电视机制造、音响设备制造、影视录放设备制造
	0104		智能设备制造	工业机器人制造、特殊作业机器人制造、智能照明器具制造、可穿戴智能设备制造、智能车载设备制造、智能无人飞行器制造、服务消费机器人制造、其他智能消费设备制造
	0105		电子元器件及设备制造	半导体器件专用设备制造、电子元器件与机电组件设备制造、电力电子元器件制造、光伏设备及元器件制造、电气信号设备装置制造、电子真空器件制造、半导体分立器件制造、集成电路制造、显示器件制造、半导体照明器件制造、光电子器件制造、电阻电容电感元件制造、电子电路制造、敏感元件及传感器制造、电声器件及零件制造、电子专用材料制造、其他元器件及设备制造
	0106		其他数字产品制造业	记录媒介复制，电子游戏游艺设备制造，信息化学品制造，计算器及货币专用设备制造，增材制造装备制造，专用电线、电缆制造，光纤制造，光缆制造，工业自动控制系统装置制造
★02			数字产品服务业	
	0201		数字产品批发	计算机、软件及辅助设备批发，通讯设备批发，广播影视设备批发
	0202		数字产品零售	计算机、软件及辅助设备零售，通信设备零售，音像制品、电子和数字出版物零售
	0203		数字产品租赁	计算机及通讯设备经营租赁、音像制品出租
	0204		数字产品维修	计算机和辅助设备修理、通讯设备修理
	0205	020500	其他数字产品服务业	指其他未列明数字产品服务业

续表

代码			名称	说明
大类	中类	小类		
★03			数字技术应用业	
	0301		软件开发	基础软件开发、支撑软件开发、应用软件开发、其他软件开发
	0302		电信、广播电视和卫星传输服务	电信、广播电视传输服务，卫星传输服务
	0303		互联网相关服务	互联网接入及相关服务、互联网搜索服务、互联网游戏服务、互联网资讯服务、互联网安全服务、互联网数据服务、其他互联网相关服务
	0304		信息技术服务	集成电路设计，信息系统集成服务，物联网技术服务，运行维护服务，信息处理和存储支持服务，信息技术咨询服务，地理遥感信息及测绘地理信息服务，动漫、游戏及其他数字内容服务，其他信息技术服务业
	0305		其他数字技术应用业	三维（3D）打印技术推广服务、其他未列明数字技术应用业
★04			数字要素驱动业	
	0401		互联网平台	互联网生产服务平台、互联网生活服务平台、互联网科技创新平台、互联网公共服务平台、其他互联网平台
	0402		互联网批发零售	互联网批发、互联网零售
	0403		互联网金融	网络借贷服务、非金融机构支付服务、金融信息服务
	0404		数字内容与媒体	广播、电视、影视节目制作、广播电视集成播控、电影和广播电视节目发行、电影放映、录音制作、数字内容出版、数字广告
	0405		信息基础设施建设	网络基础设施建设、新技术基础设施建设、算力基础设施建设、其他信息基础设施建设
	0406	040600	数据资源与产权交易	指对数据资源与数字产权的交易活动
	0407		其他数字要素驱动业	供应链管理服务、安全系统监控服务、数字技术研究和试验发展
05			数字化效率提升业	
	0501		智慧农业	数字化设施种植、数字林业、自动化养殖、新技术育种、其他智慧农业
	0502		智能制造	数字化通用、专用设备制造，数字化运输设备制造，数字化电气机械、器材和仪器仪表制造，其他智能制造
	0503		智能交通	智能铁路运输、智能道路运输、智能水上运输、智能航空运输、其他智能交通

续表

代码			名称	说明
大类	中类	小类		
05	0504		智慧物流	智慧仓储、智慧配送
	0505		数字金融	银行金融服务、数字资本市场服务、互联网保险、其他数字金融
	0506		数字商贸	数字化批发、数字化零售、数字化住宿、数字化餐饮、数字化租赁、数字化商务服务
	0507		数字社会	智慧教育、智慧医疗、数字化社会工作
	0508		数字政府	行政办公自动化、网上税务办理、互联网海关服务、网上社会保障服务、其他数字政府
	0509		其他数字化效率提升业	数字采矿，智能化电力热力、燃气及水生产和供应，数字化建筑业，互联网房地产业，专业技术服务业数字化，数字化水利、环境和市政设施管理，互联网居民生活服务，互联网文体娱乐业

注：“★”为数字经济核心产业标识，下同。

资料来源：国家统计局．数字经济及其核心产业统计分类（2021）［EB/OL］．中国政府网，http：//www.gov.cn/gongbao/content/2021/content_5625996.htm，2021－05－27.

在《数字经济分类》中，数字产业化和产业数字化形成了互补关系。以制造业为例，数字产品制造业是指支撑数字信息处理的终端设备、相关电子元器件以及高度应用数字化技术的智能设备的制造，属于“数字产业化”部分，包括计算机制造、通讯及雷达设备制造、数字媒体设备制造、智能设备制造、电子元器件及设备制造和其他数字产品制造业。智能制造是指利用数字孪生、人工智能、5G、区块链、VR/AR、边缘计算、试验验证、仿真技术等新一代信息技术与先进制造技术深入融合，旨在提高制造业质量和核心竞争力的先进生产方式，属于“产业数字化”部分，主要包括数字化通用、专用设备制造，数字化运输设备制造，数字化电气机械、器材和仪器仪表制造，其他智能制造。数字产品制造业和智能制造是按照《国民经济行业分类》划分的制造业中数字经济具体表现形态的两个方面，互不交叉，共同构成了制造业中数字经济的全部范围。标准是世界通用语言。统计标准是关于统计指标、统计对象、计算方法、分类目录、调查表式和统计编码等的统一技术要求，是确保统计数据真实准确、可比可靠的重要保障，是统计工作的重要基础。统计标准的研制需要开展大量深入细致的理论研究和调研实践，需要广泛征求相关部门和各方专家意见，需要进行充分的讨论审议和反复的修改完善，是一个非常严谨、周密、复杂的过程。《数字经济分类》研究起草过程历时两年，大体可以分为两个阶段。第一阶段着重理论研究。国家统计局于2019年启动数字经济产业统计分类研制工作，认真学习党中央、国务院有关文件，与清华大学、中国人民大学、浙江省统计局等单位的专家学者，共同从理论层面梳理OECD、G20等国际组织及美国、英国等国家对数字经济的定义，探析数字经济的内涵外延以及数据生产要素发挥的作用，辨析数字经济相关概念，明确数字经济统计范围。在此基础上，国家统计局起草了《数字经济分类》初稿。第二阶段着重实践分析。2020 年，国家统计局就《数字经济分类》初稿广泛征求有关部门和地方统计机构意见，并多次组织召开行业主管部门座谈会、专家评审会和局专题会，对分类进行反复修改完善，数易其稿。2021 年初，为更好地掌握数字经济的新业态新模式，国家统计局在北京、浙江等 12 个省市的 2 493 家企业组织开展企业数字经济活动调研；根据调研结果，又一次召开专家座谈会，并结合“十四五”规划纲要继续完善《数字经济分类》，再次征求中央网信办、国家发改委及工信部等行业主管部门意见。经过广泛征求相关部门、地方和专家意见，结合调研情况不断修改完善，最终形成覆盖全产业全要素全过程的《数字经济分类》。

5.6　对数字经济规模测算的研究梳理

事实上，除了中国、美国等国家的官方统计机构发布数字经济规模测算数据以外，在此之前，国际组织、政府机构和国内外学术界均对数字经济规模测算进行了积极探索，取得了丰富的研究成果。梳理已有文献发现，数字经济规模测算的方法主要有生产法、回归模型和增长函数框架三大类。

第一类使用生产法测算数字经济规模。BEA2021 年发布《最新数字经济核算报告》指出，2019 年美国数字经济增加值为 20 516 亿美元，占 GDP 的比重为 9.6%。许宪春和张美慧在界定数字经济范围的基础上，从《统计用产品分类目录》中筛选出数字经济产品，在国民经济行业分类中确定生产该产品的产业，借鉴 BEA 的测算方法，提出行业增加值结构系数和数字经济调整系数，构建测算框架并对 2007 ~ 2017 年数字经济增加值和总产出进行系统测算。① 运用生产法能够较为容易地测算出数字经济中“细分产业部门”这部分的增加值，包括传统的 ICT 制造业、ICT 服务业，以及以 ICT 为支撑衍生出的新兴产业部门。例如，电子商务可以看作第三产业中“批发和零售业”下的一个细分行业。毕竟这些部门划分比较明确，确定产业边界后便可对其增加值进行准确核算。然而，对于数字技术渗透并改造传统产业所带来的增加值，在生产法下都将统一核算为被改造产业的增加值。以汽车制造为例，近年来，随着数字技术特别是智能技术在汽车制造领域的广泛应用，汽车产业的生产效率不断提升，汽车制造过程以及成品汽车的数字化程度也越来越高。然而，从生产法角度进行核算，智能技术提升生产率所衍生出的额外增加值都被统一划归制造业，而无法拆分到数字经济中。

---

① 许宪春，张美慧. 数字经济增加值测算问题研究综述 [J]. 计量经济学报，2022，2 (1)：19 – 31.

第二类使用回归模型测算数字经济规模，代表性文献有腾讯研究院（2021）等。其步骤大致是，根据回归模型，“互联网 +”数字经济指数每增长 1 点，GDP 大致增加 1 406.02 亿元。事实上，在数字经济增加值测算中，较突出的难点还在于需要在增加值“规模”与“增量”及其对 GDP 贡献度等概念之间不断切换，很可能产生概念上的混淆和操作上的混乱。比如，在测算渗透性、协同性带来效率提升部分所对应的增加值时，可能就需要在不同层面的“规模”和“增量”之间进行切换。一方面，这部分增加值属于数字经济增加值规模的重要组成部分；另一方面，这部分增加值又是相对于没有数字技术介入情形下额外增加的量。效率提升可以通过全要素生产率（Total Factor Productivity，TFP）增长加以表征，在测算实践中更容易得到 GDP 增长中的 TFP 增长的贡献，以及 TFP 增长中渗透性和协同性特征的贡献，最终得到的应该是效率提升对应增加值的增量及其对 GDP 增长的贡献。

第三类使用增长函数框架测算数字经济规模，该方法应用最为广泛。中国信息通信研究院 2021 年发布《中国数字经济发展白皮书》，指出 2020 年中国数字经济增加值为 39.2 万亿元，占 GDP 的比重为 38.6%。其他代表性文献还有彭刚和赵乐新等学者的研究成果。①

其中，中国信息通信研究院的《中国数字经济发展白皮书》影响最为广泛。中国信息通信研究院在测算时认为数字经济包括数字产业化部分和产业数字化部分。两部分的口径均为增加值，经过去重处理，相加之后与 GDP 可比。数字经济规模是增量而不是存量的概念，和 GDP 是一致的，即每年新增的部分。

数字经济总规模 = 数字经济的数字产业化规模 + 数字经济的产业数字化规模

5.6.1 数字产业化部分计算方法

数字产业化部分为信息通信产业增加值。其中，信息通信产业分为电信和互联网服务业、软件及信息技术服务业和电子信息制造业三个部分。计算方法：

分行业增加值 = 行业总收入 × 增加值率

其中，行业总收入数据来源于工业和信息化部（以下简称“工信部”）官方统计，增加值率来源于国家统计局发布的投入产出表。

5.6.2 产业数字化部分计算方法

产业数字化部分为信息产品在其他领域应用的边际贡献。该部分通过计量经济学方法计算。

5.6.2.1 计算思路

经济产出（可近似理解为 GDP）是经济投入的结果，经济投入包括资本投入、劳

① 彭刚，赵乐新．中国数字经济总量测算问题研究——兼论数字经济与我国经济增长动能转换［J］．统计学报，2020，3（1）：1-13.

动力投入、中间产品投入、自然资源投入等。其中，将资本投入分为ICT资本投入和非ICT资本投入两大部分。每种投入对产出有一定比例的贡献。例如，某一行业在保持其他投入不变的前提下，每增加1单位的信息产品投入，产出会增加相应的份额。加总全部行业ICT投入的边际贡献，就可以得到一个国家或地区产业数字化部分的规模。

5.6.2.2 计算方法

参照联合国、OECD、IMF、世界银行等组织测算信息经济、数字经济、信息化贡献等相关方法，实证研究主要有三种方法：增长测算法、指数法和生产前沿模型法。

（1）增长测算法是指通过适当的函数形式表示出经济体的投入产出关系，并根据要素投入、生产率增长与产出增长之间的数量关系来推算出边际产出。

（2）指数法是分析各种经济变量变化最常用的方法，计算信息通信技术和信息资本存量边际产出同样也不例外。数字经济的产业数字化部分指数是指一个数字经济的生产单元（企业、行业、国家或地区），在一定时期内生产的总产出和总投入之比。经常使用的总量指数主要有Laspeyres指数、Passche指数、Fisher指数和Tornqvist指数。

（3）生产前沿模型法的代表性方法是数据包络分析法（Data Envelopment Analysis，DEA法），它是以相对效率概念为基础发展起来的一种效率评价方法，特别适用于多投入、多产出的边界生产函数的研究，因而被广泛应用在边际产出的研究中。

测算的主要目的是通过不同国家细分地区或行业的面板数据对数字经济产业数字化部分的规模进行测算。对于指数法，其关于扰动项只是假设它服从非负断尾正态分析，对于其真正分布形式却无法识别，这会直接影响技术效率和边际产出的计算结果。而生产前沿模型法一是没有考虑测量误差和噪声的影响；二是其观察值到前沿面的偏差都当作无效率的结果，完全忽略了测度的误差；三是其效率得分仅仅是样本量相对于最好厂商的得分。对于目前中国数字技术处于剧烈变化期的特征事实，以及我们的测算目的，这两种分析方法显然不太适用。因此，我们对于数字经济的产业数字化部分的测算采用增长核算方法。通过采集不同国家、不同行业、不同地区的面板数据，根据要素投入、生产率增长与产出增长之间的数量关系来推算出边际产出，对各国或各行业的非信息产业部门边际产出加总，即得到数字经济的产业数字化部分规模总量。

5.6.2.3 数据来源

计算产业数字化的数据来源于工信部官方数据（含信息通信、电子信息制造、软件等）、国家统计局官方数据（含产业数据、投入产出表）。其中，国家统计局公布的投入产出表最新表为2012年的，我们利用国际统计学会（International Statistical Association，ISI）推荐的RAS方法将投入产出表延长至2017年（各省份做相同处理）。

我们引用2018年中国信息通信研究院政策与经济研究所所长鲁春丛在解读《中国数字经济发展和就业白皮书（2018年）》时，对中国数字经济发展测评体系进行的点评，他指出，麦肯锡只测算了数字经济中互联网GDP的规模，没有测算融合部分的规模。波士顿测算了 ICT 直接贡献的规模，融合部分只考虑了电子商务中 C2C 的交易额，对于规模庞大的高端工业传感器、工业控制系统、关键工业软件等融合类数字产品和服务，没有纳入其中。埃森哲测算的是 ICT 直接贡献的规模，加上融合部分 13 个行业，得出我国 2015 年数字经济占 GDP 的 12% 的结论（相比较而言，中国信通院的测算比埃森哲的 13 个行业多出 29 个）。

◎ 本章提要

当前，数字经济已经成为全球经济增长的重要驱动力，新业态、新商业、新模式不断涌现，给相关统计工作和政策制定带来挑战。科学、全面、客观、准确地衡量数字经济的需求越来越迫切。对于数字经济发展水平和统计测算的探讨，国际上尚未给出统一标准。各国政府、国际组织、智库等机构致力于研究数字经济发展水平的评估和测度，取得重大进展，根据对数字经济的界定不同，定义范围从小到大依次包括三大类：核心定义、狭义定义、广义定义。核心定义认定数字经济是数字经济活动的核心部门，即 ICT 产业。狭义定义认为数字经济是利用数字工具进行经济活动，即以生产数字产品和服务为主导工作的数字部门。广义定义认为数字经济是数字化驱动产业升级产生的经济效应，即数字产业化和产业数字化。测算的方法主要参照联合国、OECD、IMF、世界银行等组织测算信息经济、数字经济、信息化贡献等相关方法，实证研究主要有三种方法：增长测算法、指数法和生产前沿模型法。测算的主要目的是通过不同国家细分地区或行业的面板数据对数字经济的产业数字化部分的规模进行测算。

◎ 课后思考题

（1）数字经济的测度框架有哪些？

（2）数字经济规模的测度方法有哪些？方法之间有什么区别？

（3）数字经济分类的方法体系有哪些？

（4）数字产业化与产业数字化分类有哪些？

第6章 数字经济的相关理论基础

学习目标

（1）了解数字经济与政治经济学的理论关联，掌握数字经济与生产要素理论、价值理论、分配理论以及资本主义生产方式的基本矛盾的联系与区别；

（2）了解数字经济与微观经济学的理论关联，掌握数字经济与供求定理、消费者行为模式、生产者决策、市场结构以及外部性理论的联系与区别；

（3）了解数字经济与宏观经济学的理论关联，认识数字经济核算与传统统计核算的联系与区别，并掌握数字经济与传统增长、传统政府之间的联系与区别；

（4）了解数字经济与中观经济学的理论关联，认识数字经济的产业新特征，并掌握数字经济与产业演变、产业发展理论的联系与区别。

内容提要

数字经济的基本特征和具体实践给传统经济理论中的概念界定、假设前提、逻辑过程等带来新的变革。本章在梳理、分析数字经济理论与传统经济理论之间的关联基础上，阐释数字经济理论对相关经济学科的传承与变革，从而总结、提炼数字经济理论的具体内容。需要特别强调的是，数字经济对理论经济、应用经济乃至所有交叉学科的影响是广泛而深远的，并且理论范围涉及较广。由于篇幅所限，本章聚焦与数字经济特征联系最紧密的若干核心经济理论，尝试构建以生产方式变革的政治经济学理论分析为基础，并修正、拓展西方经济学的相关理论分析的数字经济理论框架。

6.1 数字经济与政治经济学

数字经济时代最为核心的特征是为工业时代的生产方式变革提供了相应的科技基础，使劳动生产率大为提升。从政治经济学相关理论的角度出发，以生产方式变革为基础，数字经济对生产要素理论、价值理论、分配理论以及资本主义生产方式的基本矛盾等理论有着一系列变革与拓展。

6.1.1 数字经济与生产要素理论的关联

一般认为，生产要素是指用于商品和劳务生产的经济资源，现代生产要素则可指现代社会中的核心生产要素。因此数据作为数字经济时代的一种重要经济资源，似乎自然而然地成了现代生产要素。但在经济思想史的长河之中，任何生产要素都不是随意引入的。社会再生产过程中所投入的经济资源纷繁复杂，生产要素却屈指可数。这表明对生产要素的理解不能只停留在定义层面，生产要素也不仅仅是对投入生产的经济资源的简单列举。要将数据列入生产要素，必须打通理论逻辑：既要把握生产要素的发展规律，也要认识数据的特殊性及其与传统要素之间的联系和区别，从而为数据成为现代生产要素提供科学的理论依据。

6.1.1.1 生产要素理论发展的基本逻辑

生产要素理论的早期雏形可以追溯到威廉·配第，他在《赋税论》中提出："土地为财富之母，而劳动则为财富之父和能动的要素。"虽然配第未曾提出生产要素的概念，但学界普遍将这种观点称为"生产要素二元论"，这一理论将人类的生产实践进行高度抽象，找到了生产要素最本质的规定，体现了主体与客体、能动与被动之间的二元划分。这一理论到亚当·斯密时期开始有了较大发展。斯密指出："工资、利润和地租是一切收入和一切可交换价值的三个根本源泉。"[①] 从而混淆了交换价值的源泉与交换价值的构成，因此被马克思批评为"斯密教条"。抛开对价值理论的探讨，可以认为斯密在生产要素二元论的基础上加入了资本，形成了生产三要素论的早期形式。

不可否认，生产三要素论虽然有一定的现象解释力，但"斯密教条"与"三位一体公式"总的来看，是不科学的。在马克思眼中，这些问题最终都可归结为"因为他们直觉地把分配形式看成是一定社会中的生产要素得以确定的最确切的表现"[②]。所以

① ［英］亚当·斯密．国富论［M］．郭大力，王亚南译，北京：商务印书馆，2015：46．

② 马克思恩格斯全集（第46卷上）［M］．北京：人民出版社，1972：33．

在生产三要素论中“分配关系和分配方式只是表现为生产要素的背面”①，它以表现出的物象性掩盖了其背后人与人之间、阶级与阶级之间的对立关系。在与生产三要素论划清界线的同时，马克思通过分析生产一般而提出了“劳动过程三要素说”，认为“劳动过程的简单要素是：有目的的活动或劳动本身，劳动对象和劳动资料”②。因此面对现实问题，还要完成从生产一般到生产特殊的转换。正如马克思经常使用生产要素的范畴，我们也需要运用生产要素的范畴来解决现实问题，同时还要对其加以批判性地继承和发展。

从科学的一面来看，生产要素的发展是从本源到派生的接续探索过程。正如马歇尔也意识到：“在某种意义上，生产要素只有两个，就是自然与人类。”③ 但他也将资本列入生产要素，并将组织从资本中分离出来，形成了生产要素四元论。其实，当结合马克思的劳动过程三要素说来考察生产三要素论时就能发现，资本当中虽然同时包含着劳动资料与劳动对象，但资本的引入主要由于工业革命带动了资本主义工厂制度的兴起，使得“劳动资料转变为机器体系”④，从而“提高劳动生产力和最大限度否定必要劳动”⑤。事实上在马克思完成对生产三要素论的批判之后，就将目光逐渐转向生产过程中发挥作用的主要因素，这类因素的主要作用是提高生产效率，也就是提高劳动生产力，因此也被称为生产力要素。这样也就不难理解知识、组织这类非经济资源为何能够成为生产要素。事实上，它们既属于生产要素的范畴，也属于生产力要素的范畴。

总而言之，生产要素并不是简单地指用于商品和劳务生产的经济资源，它的发展并未停留在对经济现象的直观描述，而是逐渐走向了以生产财富与分配财富为导向的，分析物与物关系的阶段。它最开始要解决的是生产的物质条件即生产中发挥作用的要素种类的界定与溯源问题；随后开始为生产要素参与分配提供“合理性”的伦理基础，使其出现了庸俗的成分；最后，马克思将生产要素抽象化为劳动过程的简单三要素，而后又进一步具象化为生产力要素。由此还可以得出生产要素发展的两个基本特征：第一，新的生产要素是在其重要性不断提升的过程中从原有生产要素中派生出来的。第二，新的生产要素同时也应是生产力要素，这种要素对生产力的提高具有举足轻重的作用。

6.1.1.2 数字经济时代的核心生产要素：数据

以上述分析为基础，可以进一步回答数据为什么能够成为生产要素。在此首先要分析数据与传统生产要素之间的关系。数字经济时代，数据主要表现为数字化的知识和信息。对于信息，无论是人类信息还是自然信息，在本质上都属于自然资源，其中前者源于人化自然，后者存在于自在自然，因此信息本质上属于自然要素。另外，知识是人脑在实践过程中对信息进一步加工的产物。正所谓实践出真知，人类社会最基本的实践活

---

① 马克思恩格斯全集（第46卷上）[M]. 北京：人民出版社，1972：32.
② 资本论（第1卷）[M]. 北京：人民出版社，2004：208.
③ 马歇尔．经济学原理 [M]. 朱志泰译，北京：商务印书馆，1964：158.
④⑤ 马克思恩格斯全集（第46卷下）[M]. 北京：人民出版社，1972：209.

动是生产实践，也就是人的劳动。因此知识在本质上是从自然和劳动中派生出来的。数据作为知识和信息的一种特殊存在形式，是由知识和信息转化而来，从根本上派生于自然和劳动要素，应当从属于资本。因此数据符合马克思主义生产要素理论的第一个基本特征。

其次还要判断数据对于劳动生产力的提高是否发挥重要作用。一方面，知识已经被纳入生产要素的范畴。正所谓“知识就是力量”“科学技术是第一生产力”，在索洛提出新古典增长模型以后，一些学者就已将技术或知识视作第五大生产要素。另一方面，信息在生产过程中的重要性也日益凸显。在我国“马克思主义生产力经济学”的研究当中，季星如和陈一献早在1986年就在其著作《生产力经济学概要》中对信息进行分析，并将信息列为重要的生产力要素之一。他们认为生产力诸因素的有机结合是靠信息实现的。[①] 不仅在生产领域，与分配、交换和消费过程有关的信息同样重要，它们都可以反作用于生产，使社会再生产过程能够顺利进行。因此数据作为数字化的知识和信息，也符合上述第二个基本特征。

最后要认识数据的特殊性，说明数据何以成为现代生产要素。从本质上讲，数据作为一种经济资源，是指对客观事件进行记录并可以鉴别的符号，是对客观事物的性质、状态以及相互关系等进行记载的物理符号或这些物理符号的组合。因此数据一方面作为物理符号是知识和信息的表现形式和载体，是人类所发明的特殊工具；另一方面作为知识和信息的特殊存在形式又具有特定的内涵，是人类社会的特有产物。而且数据本身虽然是无形的、非物质性的，但其存在需依附于物质载体，即需要物质用于存储和传播。因此在理论层面，数据之所以被称为现代生产要素，是由于数据具有明显区别于传统生产要素的独特性。总之，将数据列为独立的现代生产要素是现代社会历史条件下对马克思主义生产要素理论的继承与发展。

6.1.2 数字经济与价值理论的关联

政治经济学视域内的价值理论是以劳动价值论为出发点展开研究，劳动所产生的价值是依据社会必要劳动时间决定的，而决定社会必要劳动时间的是劳动生产率。数字经济时代劳动生产率得到前所未有的提升，同时数字劳动的出现使价值理论有了新的拓展。

6.1.2.1 数字经济时代劳动生产率的提升

从价值形成的角度来看，商品的价值包括两个部分，即生产资料所包含的原有价值的转移以及由活劳动所创造的新价值。从资本构成的角度来看，资本可以划分为不变资本与可变资本。其中，不变资本即转化为生产资料的资本，由于这部分资本在生产过程中仅能够转移自身价值而无法带来新增价值，因此被称作不变资本。可变资本则是购买

---

① 季星如，陈一献．生产力经济学概要［M］．济南：山东大学出版社，1986：155.

劳动力商品的那部分资本，因为劳动力的使用价值可以创造出比自身价值更大的价值，也就是可以使价值增殖，所以被称为可变资本。当然，在活劳动创造的全部新价值之中，支付给劳动力的部分仅是其在必要劳动时间所创造的价值，而剩余劳动时间内创造的价值则转化为利润，并最终被资本家无偿占有，进而构成剥削。

生产资料与活劳动之间的结构突出反映了机器和工人的关系，体现了特定技术条件下的生产力发展水平。不变资本与可变资本的结构实际上就是资本有机构成，即反映资本技术构成的价值构成。数字经济时代，人工智能、机器人以及3D打印等技术的应用，都将导致资本的技术构成发生变化。马克思认为机器首先是人创造的，即被物化了的人类劳动。因此，制造并且应用机器的作用就在于推动生产力的发展，其具体的方式表现为以机器替代劳动。在以往的工业革命中，机器主要替代人类的体力劳动，而在数字经济时代，生产逐渐智能化，这意味着机器还将进一步替代人类的脑力劳动。劳动生产率的提升将导致单位时间内生产出来的使用价值数量增加，并且单位使用价值所包含的价值量降低。同时，伴随着智能化机器对劳动的替代过程，资本有机构成也将随之提升。

6.1.2.2 数字劳动对价值理论的拓展

不同类型劳动之间的结构将影响可变资本内部的结构，在数字经济时代可以将劳动进一步区分为工业劳动与数字劳动。“工业劳动”指机器大工业时代的典型劳动，该种劳动是马克思研究的重点，在数字经济时代依然广泛存在，并且十分重要。与“工业劳动”相比，更加需要深入分析的是“数字劳动”。这一概念的提出，主要源自马克思主义与传播学的融合发展。“数字劳动”并非从事数字经济生产的劳动，而是一类特殊的劳动。可以将其概括为人类利用自身的时间、脑力以及体力，在网络或者终端设备上，系统化地表述或者组织管理人类的知识、信息、经验、情绪以及社会关系等内容，进而为资本带来利润的免费劳动。例如人们在社交媒体等网络平台上发布信息、分享感受或者上传视频等行为，这些内容为网络平台提供了内容或者素材，进而吸引网民点击浏览，增加了网络平台的浏览量，但是网络平台却并没有为此支付劳动报酬。当然，并非所有生产知识、文化、创意的劳动等都属于数字劳动，例如资本也会雇佣专门从事上述工作的劳动者并向其支付报酬。此类劳动显然不同于数字劳动，需要注意区分。

数字劳动本身也需要花费时间，这一点与工业劳动没有区别。即使是所谓的“玩劳动”，也需要花费个人的时间。并且，数字劳动本身也需要消耗劳动者的体力与脑力，特别是脑力付出构成数字劳动的主要特点。数字劳动的对象主要是人类的知识、信息、经验、情感以及思想。数字劳动的劳动资料主要为互联网、物联网、云服务器以及计算机、手机等终端设备。马克思认为，资本主义劳动过程具有两个特点：其一是工人的劳动属于资本家，工人在资本家的监督下劳动；其二则是产品是资本家的所有物，而不是工人的所有物。在数字经济时代，前者发生了变化，数字劳动者未必与资本家有直接的雇佣关系，资本家不必向其支付工资，劳动过程无须在资本家的监督下进行，但是后者却没有发生变化，数字劳动的成果却依然被资本家占有。这也意味着数字经济并未改变资本主义生产关系的本质。

鉴于数字劳动的特殊性，还有必要对数字劳动是否创造价值以及数字劳动是否可以被资本剥削等问题进行说明。其一，数字劳动是非物质性、非生产性劳动。马克思认为，区分生产劳动与非生产劳动的关键是生产关系，即劳动的社会属性。一方面，剩余价值并不必然表现在某种物质产品上；另一方面，只有能够产生剩余价值，使资本增值的劳动才是生产劳动；非生产劳动虽然没有创造价值，但却可以与收入交换。在数字经济时代，即具备了利用数据的物质载体与算法之后，数据可以帮助机器进行深度学习，进而实现智能化，促进劳动生产率的提升。需要注意的是，数据虽然作为数字经济时代的生产要素，但其本身并非一种生产资料。其二，数字劳动可以给平台资本带来利润。对于数字劳动而言，其既没有被资本雇佣，又不属于生产劳动，因而传媒性质的平台资本自然也就无法对其进行剥削。既然无法进行剥削，那么其剩余价值又是如何产生的呢？其原因在于平台资本的剩余价值不是来自自身对数字劳动的剥削，而是从其他资本通过物质生产所获得的剩余价值中转移一部分而来。综上所述，数字劳动既具有非物质性，又具有非生产性；既不涉及雇佣关系，又不支付劳动报酬；虽然能够形成数据资源，促进生产效率提升，但却不创造价值；虽然不创造剩余价值，但却可以给平台资本带来剩余价值，因此是一类极为特殊的劳动。

扩展阅读 6 - 1

什么是数字劳动？

在智能手机、平板电脑，以及各种终端设备已经成为日常生活中不可或缺的设备的时候，当人们已经习惯用 Facebook、Twitter、Instagram、TikTok、Steam 等平台进行娱乐和社交的时候，当我们的数据被各个平台和 App 应用所提取并通过传感器、中继器、信号放大器、基站来传播的时候，已不用质疑，今天的世界已经进入一个数字时代。与之相伴随的是，西方主要资本主义国家通过它们的平台数字霸权掌控了全世界大多数国家的数据资源，这是一种新的资本主义形态，我们称之为数字资本主义。然而，尽管近几年来对当代西方数字资本主义的研究逐渐走向热潮，但迄今为止的诸多研究，仍然停留在现象层面的梳理和概括之中，缺少基于马克思主义政治经济学的批判和研究。一方面，对当代西方数字资本主义的研究，需要借助马克思主义的历史唯物主义方法，从政治经济学的基本原理出发来深入剖析当代西方数字资本主义的内涵，解释其基本概念和构成；另一方面，需要立足于中国特色社会主义建设的实践，对西方资本主义国家通过数字平台构建起来的数字霸权、数字资本、数字剥削和压迫等问题，给出一定的解释和策略。在面对数字经济和数字时代的时候，我们需要理解的是，良好的数字经济和平台是助力于中国特色社会主义建设的，是形成我们国家制度优势的有效途径。但是我们要祛除附着在这些数字平台和数字经济上的西方资本主义效应，从历史唯物主义和政治经济学的角度，消除西方国家数字资本构成上的不平等的外衣，使数字资源及其平台成为真正被广大人民群众共享的平台。

在对当代西方数字资本主义的理论分析和批判中，有一个核心概念是在研究中无法回避的，这个概念就是数字劳动。实际上，在20世纪末，当代美国批判理论家迈克尔·哈特（Michael Hardt）、意大利马克思主义理论家安东尼奥·奈格里（Antonio Negri）已经注意到了数字技术带来的劳动的泛化问题，他们说道："在后工业时代，在资本主义体系的全球化时代，在工厂—社会的时代，以及在计算机化的生产取得胜利的阶段，劳动彻底处于生活的重心，而社会作业彻底扩展至社会的各个场所。这就将我们引向一个悖论：就在理论无法看到劳动之时，劳动无处不在，并且在所有地方成为唯一共同的实体。"的确，今天我们面对的情况是，劳动无处不在，我们看手机和刷短视频的行为，或许可以成为数字劳动，网约车司机开车刷单的行为可以是数字劳动，甚至游戏玩家在游戏中对战的行为也可以是数字劳动。这仿佛让数字劳动看起来不再局限于马克思在《资本论》中分析的产业劳动的概念，使人感觉今天所有的行为都成了数字劳动。但是，这样将数字劳动泛化的观念，让我们缺少了理论进入数字政治经济学分析的基点。为了解决这个问题，我们必须通过一系列的概念设定，来确立数字劳动的理论基础。

资料来源：腾讯网，https：//new. qq. com/rain/a/20221215A015AA00。

6.1.3 数字经济与分配理论的关联

政治经济学的价值分配理论既涉及劳动与资本之间的分配，又涉及不同类型资本之间的分配，在数字经济背景下，两者均有所变化，并且数据以生产要素身份参与分配过程。

6.1.3.1 数据生产要素参与分配过程

马克思主义政治经济学认为，收入分配过程涉及两个方面：一是新创造价值（$v+m$）在劳动者收入（v）和剩余价值（m）之间分配；二是劳动以外的生产要素参与剩余价值（m）的分配，即资本和土地所有者参与分配所形成的利润和地租，及利润再被分割为企业主收入和利息。当企业主收入表现为职能资本家或职业经理人等在再生产过程中执行管理劳动职能的报酬时，便成为管理的收入。这样就有了劳动、土地、资本和管理要素参与收入分配的途径。在初次分配过程中，劳动要素获得工资，其他生产要素根据各自在生产中的重要程度和市场供求关系分享劳动剩余。因此，数据作为数字经济的核心生产要素，参与的分配关系也可以分为按劳分配和按数据要素贡献参与分配两个部分。

数据在作为一种生产要素参与生产之前，最初表现为一种劳动产品或商品，随后才表现为一种生产要素。首先来看按劳分配的劳动报酬（v）。根据马克思提出的“总体工人”的概念，即“随着劳动过程本身协作性质的发展，生产劳动和他的承担者即生产工人的概念也就必然扩大。为了从事生产劳动，现在不一定要亲自动手，只要成为总体工人的一个器官，完成它所属的某一种职能就够了”①。这意味着，在数据生产过程中，生产经营管理也是生产劳动的有机组成部分，数据技术和管理人员也可以因为提供了复杂劳动在参与收入分配时得到较高的报酬。再来看剩余价值（m）的分配。通常 m 代表资本的收入，物质资本要素连同技术、管理、数据等要素都对 m 的增加起到一定促进作用。因而，技术要素通过知识产权，管理要素通过企业家和职业经理人控制权，数据要素通过数据所有权获得对 m 的分配权。企业的资本结构以股权结构体现，资本要素股权化的同时，技术、管理和数据要素也可股权化。要素所有权的收益则体现在按股权结构分配剩余价值上。企业的股权结构以资本为单位，技术、管理和数据要素可以按贡献折算成资本份额，相应的回报就是技术人员收入、企业家收入以及数据要素所有者的收入。

6.1.3.2 数字经济时代劳资之间的分配关系

针对劳资之间的分配，可以从劳动时间、工资以及机器对劳动的替代三个方面展开分析。

首先，剩余价值量与劳动力价格的比例关系（即剩余价值率）可以反映劳资之间的分配关系，而剩余价值率又会受到工作日长度、劳动强度以及劳动生产率等因素的影响。给定劳动强度和劳动生产率水平，一定长度的工作日总是创造出相同的价值量，其中必要劳动时间与剩余劳动时间此消彼长。在数字经济时代，新技术使得工作时间与生活时间不再泾渭分明，人们在工作之余也有大量时间用于上网，进行信息交换、购物消费、情感分享、社会交往等，而这些行为不仅为网络平台贡献了内容，同时也留下了海量的数据痕迹，从而有助于平台资本利用这些数据资源以转移剩余价值的方式获得利润。这既不同于对绝对剩余价值的剥削，又不同于对相对剩余价值的剥削，而是通过占有非工作时间的无酬劳动所实现，进而反映出平台资本与数字劳动关系的复杂性。

其次，工资是资本家向工人购买劳动力所支付的价格，即可变资本。在数字经济时代，为平台资本带来利润的既包括被雇佣的有偿劳动 Vm，又包括不存在雇佣关系的无酬劳动 Vd。于是基于上述两类劳动的结构也可以将可变资本改写为 $V = Vm + Vd$。此时的剩余价值率将被记为$\frac{M}{V} = \frac{M}{Vm + Vd}$。显然，当数字劳动越发重要，并且在实际中生产知识、文化、创意的劳动更多地表现为无酬劳动时，必然导致剥削率的提升。

---

① 马克思恩格斯全集（第 23 卷）[M]. 北京：人民出版社，1972：556.

最后，随着技术进步与机器的应用，工厂所使用的工人不仅相对数量在减少，绝对数量也会减少，进而造成相对人口过剩。以人工智能为例，目前已经有大量研究显示，它的应用与普及将对就业构成冲击。受此影响，数字经济时代的资本主义贫富分化，在新的劳资分配关系下将可能进一步加剧。

6.1.3.3　数字经济时代资本之间的分配关系

不同类型资本之间的分配也是资本主义价值分配的重要方面。正如马克思分析了产业资本与商业资本、银行资本之间的分配关系一样，在数字经济时代有必要针对平台资本及其同产业资本的关系进行额外探讨。

平台资本是一种专门提供网络基础设施或者中介性服务的资本形态，它可以通过分割产业资本的剩余价值而获得收益。目前典型的平台类型包括商品交易型平台、社交媒体型平台、用户生成内容型平台、共享经济型平台、搜索引擎型平台、工作众包型平台、资金众筹与P2P融资型平台等。这些平台资本的崛起使得它们逐渐掌握了市场、信息与数据，使得产业资本不得依靠其创造价值并实现价值，进而也就不得不向其让渡一部分剩余价值。由于平台通常处于垄断地位，所以就进一步加剧了产业资本对平台资本的依附。同时在网络外部性的影响下，用户对其的依赖性增强，因此不同用户之间的互补性将导致网络或者平台具有规模经济的特点。因此，以往是资本的集中和集聚造就了垄断，而数字经济时代则是平台发展与资本的集中和集聚彼此强化。并且，垄断地位决定了这些平台得以通过垄断高价获得超过平均利润的垄断利润，进而导致社会总利润在不同类型资本之间的分配不均。

6.1.4　数字经济与资本主义生产方式的基本矛盾理论

通过分析数字经济与生产要素理论的关联、数字经济与价值理论的关联、数字经济与分配理论的关联，不难发现数字经济的发展并不能缓解资本主义生产方式的基本矛盾。

马克思对资本主义基本矛盾的解读有一段重要的论述，即“直接剥削的条件和实现这种剥削的条件，不是一回事。二者不仅在时间和地点上是分开的，而且在概念上也是分开的。前者只受社会生产力的限制，后者受不同生产部门的比例关系和社会消费力的限制。但是，社会消费力既不是取决于绝对的生产力，也不是取决于绝对的消费力，而是取决于以对抗性的分配关系为基础的消费力；这种分配关系，使社会上大多数人的消费缩小到只能在相当狭小的界限以内变动的最低限度。其次，这个消费力还受到追求积累的欲望，扩大资本和扩大剩余价值生产规模的欲望的限制……这个内部矛盾力图用扩大生产的外部范围求得解决。但是生产力越发展，它就越和消费关系的狭隘基础发生冲突。在这个充满矛盾的基础上，资本过剩和日益增加的人口过剩结合在一起是完全不矛盾的；因为在二者结合的情况下，所生产的剩余价值的量虽然会增加，但是生产剩余价值的条件和实现这个剩余价值的条件之间的矛盾，恰好也会随之而增大”①。剩余价值的生产与剥削发生在价值创造的过程之中，而剩余价值的最终实现则发生在价值实现的过程之中。前者属于生产领域，后者属于流通流域，两者不仅在时空上分离，而且彼此冲突。一方面提高剥削率将有利于在生产领域榨取更多的剩余价值，可却增加了流通领域商品价值实现的难度；另一方面降低剥削率虽然缓解了流通领域价值实现的压力，可又导致生产领域资本获得的利润率水平下降。由此不难发现，剩余价值率构成了矛盾的焦点，其本质反映出资本主义经济制度下劳资之间价值分配的对抗性。

数字经济时代，数字技术的应用毫无疑问可以促进生产力的发展，提高劳动生产率，但是与数字技术结合的资本主义其生产关系的本质并没有发生变化，社会化生产与资本主义私人占有形式的不相容这一基本矛盾也依然存在。对于数字经济而言，由于数据本身对价值创造与价值实现具有重要意义，因此资本积累的一个重要组成部分就是获取并占有更多的数据资源，并且积累数据资源的方式也有别于以往。在机器大工业时代，资本积累主要是资本家利用一部分剩余价值购买生产资料与劳动力，进而扩大生产规模。在数字经济时代，除了上述常规方式之外，为了占有数字资源还有很多其他的方式也值得关注。而在数字技术突破、数字资源集中的可能条件下，无疑会加快资本周转速度，使资本积累可以以更为高效的方式形成，进而可能加快贫富分化。

6.2 数字经济与微观经济学

在微观经济学理论框架下，供给与需求是两个基本的经济透视角度。从消费者需求角度看，数字经济时代的用户或消费者也打上了时代的烙印，从以往的乌合之众，通过互联网、大数据形成的数据化参与研发创新，消费者或用户不断增权，变成具有重要影响力的市场主体，从而改变以往经济学对消费偏好或个体行为特征的内涵或边界。同样地，从生产者供给角度看，数字经济时代的产品赋予了新的内涵，如基于大数据、人工智能的研发创新无论是创新的内容还是创新的形式都与传统的产品不同，因此，数字经济的供给分析不能停留在相对静止的产品供给角度，需要从基于大数据、人工智能的企业与用户协同演化动态能力角度，重新审视数字经济条件下生产者的供给特征。从市场结构角度分析，不同的市场结构中供给与需求的均衡存在性及其均衡变动方向各不相同，数字经济时代的市场结构分析依然重要，进一步可以分析数字经济时代下市场失灵的新特点。可以相信，随着数字经济对国民经济的渗透力不断加强，传统微观经济学理

① 资本论（第3卷）[M]. 北京：人民出版社，1975：272-273.

论框架将逐步拓展，以满足对现实微观行为的解释需求。

6.2.1 数字经济与供求定理

微观经济学从供求定理出发，理论上解释了供求定理及如何实现均衡价格。在其他条件不变的情况下，商品价格越高，消费者需求量越小，生产者愿意提供的产品越多；反之，商品的价格越低，消费者需求量越大，供给量越小。商品的市场价格由需求和供给这两种相互对立的经济力量共同作用形成。一般情况下，买方期望更低的价格，而卖方则期望更高的价格。这两种经济力量相互制约、相互作用，当经济体系达到一种相对静止并保持不变的状态时，则称市场处于均衡状态，此时市场的供给量与需求量相等，市场价格被称为均衡价格，对应的数量被称为均衡数量。事实上，除了商品价格以外，许多其他因素也可能发生变化，也会影响需求和供给。消费者的偏好和收入水平、其他相关商品的价格和消费者的预期以及政府政策等将影响需求；生产者的目标、生产技术水平、生产成本、生产者可生产的其他相关商品的价格和生产者对未来的预期以及政府政策因素等也会影响供给。

随着分工的专业化和协作范围的扩大，生产的社会化形式不断发展，除了一体化、大型化、集中化的趋势外，还有因新的分工关系的形成而出现的小型化、分散化趋势。小团体或消费者若是具备一定的条件也能参与到社会生产和创新活动中，而其中最关键的点就是消费者在生活水平与受教育程度极大提高和互联网技术快速普及应用的背景下已具备了创新的能力并掌握了一定的生产工具。可以看到，数字时代下，随着新型基础设施的日益完善和生产力水平的日益提高，计算机作为生产工具的使用成本大幅下降，高技能人群的闲暇时间也越来越多，低成本的生产工具与认知盈余的结合使得用户参与完整产品的生产成为可能。而随着个体的积极、深度参与，企业与消费者之间的关系由原先强调的上下游分工转向两者之间大规模的协同，原先的产品价值链也逐渐延伸成为由两者共同创造的价值网。

数字经济是以现代信息网络为重要载体，以知识和信息为关键生产要素的新型经济。互联网突破了时间和空间的限制，实现了实时收集、处理和应用信息，大幅度提升了人们的信息传递和经济交流的速度。在传统经济中，商品或服务的多样性与覆盖范围是一对矛盾。大众化的商品总是一样的，定制的产品只能让少数人享受，无法满足更多用户的个性化需求。在数字经济时代，消费者提供需求数据，扮演着前所未有的角色。数据包含了消费者的行为、态度和需求，数据挖掘可以发现之前隐藏的需求，甚至“比消费者更了解自己”。互联网企业采用了独特的生态战略，利用数字经济提供了创造性的解决方案，直接触击消费者的痛处，努力满足消费者的个性化需求，从而得到了跨越式发展的机遇，开拓巨大的新市场。在数字经济时代，中国数字消费者群体庞大，互联网公司利用大数据的手段，可以低成本地收集消费者的各项资料以分析和确定消费者的偏好和预期，再结合人工智能化技术向消费者更加直观地展示商品或服务，与消费者充分沟通，尽最大可能满足他们个性化且不断变化的需求。消费者的需求和生产者的供给相互作用形成了商品或服务的市场价格，因此，同时考察数字时代下消费者的需求逻辑和生产者的供给逻辑才能较为全面地解释一种商品或服务的价格决定机制。

6.2.2 数字经济与消费者行为模式

微观经济学理论中消费者是供求定理中的需求方，在均衡模型中提供需求曲线。而需求曲线的形态是由消费行为决定的，数字经济时代的消费者行为模式具有明显变化。

6.2.2.1 数字经济时代的消费行为变化

随着我国数字经济的高速发展，居民消费行为也发生着日新月异的变化。数字经济逐渐从各方面深入居民生活，不断影响着居民的消费行为，改变了国民的消费理念。数字经济时代的消费者行为具有以下几点新特征：

第一，消费习惯优化，注重精神消费全面拓展。在数字经济的影响下，人们传统的讲价议价习惯不再普遍存在，而是以定价或是活动促销等形式来满足居民对于优惠的追求。随着数字经济的不断发展，居民的消费范围得到扩展，使其可消费的物品种类不断增加，如在线阅读、裸眼 3D 体验、智慧城市等技术与观念，提升了人们消费中的幸福感。此外，居民的消费习惯也随着数字经济的发展不断优化，其消费支出也在日益增加，改善了居民的需求结构和消费结构。

第二，技术发展促进支付方式升级，便利居民消费。随着互联网技术的日益发展完善，居民的消费支付方式进行了一次次革新，由传统的现金支付到当前便携的电子支付。此外，当今居民的消费支付形式多种多样：条码支付、刷脸支付、移动支付、网上银行等，同时传统的金融服务也逐渐向数字金融服务的方向发展，在数字经济的带动下，居民的消费支付方式逐渐升级，为居民生活提供了更多便利。

第三，消费渠道不断拓展，由线下延伸至线上。居民在线消费模式最早出现的形式是通过电视购物频道拨打电话订购商品，发展至今通过网络技术使居民的购物方式打破了原有的时空限制，由传统的实体店挑选购买发展成为当今社会普遍的网络在线消费，同时随着一系列手机购物 App、电商直播带货、在线医疗服务、在线教育等新型消费渠道的出现，居民可以更加便捷地获取所需物品或服务。此外，由于居民的消费渠道增多，同时也节省了更多的时间。

第四，居民消费服务质量提高，从追求量到追求质。数字经济可将生产、流通、分配与消费密切连接起来，形成一个有机整体，让居民足不出户就可获得优质的商品与服务。这在新冠肺炎疫情期间无疑发挥着至关重要的作用，既降低了直接接触带来的感染风险，有效支援疫情防控，保护居民的安全与健康，又能有效满足居民消费需求，保障居民的生活水平。此外，数字经济已经渗透到社会及居民生活的各个方面，如全自动机器人包揽家务、人工智能代替人类完成高危工作等。

第五，居民消费行为日渐优化，消费结构日益升级。近年来，物联网、人工智能等新技术正逐步渗入社会生产发展的各个领域。在传统经济模式下，交易活动的形式主要是现场交易，而在数字经济的推动下，居民消费实现了买与卖的时空分离，市场流通渠道与经营方式日趋多样化，交易方式也发生了翻天覆地的变化。同时，居民的环保与节约意识日益提高，“保护环境，绿色消费”“勤俭节约，光荣奋斗”的良好消费观正逐步形成，数字经济的发展可以提高资源利用效率，提供更加节能环保的产品。

6.2.2.2 数字经济时代的消费模式：非占有式的分享消费逻辑

作为现代信息技术催生下的经济发展新范式，分享经济是社会个体在占有资源的前提下，通过让渡闲散资源的使用权给需求方以获得与之相当的市场报酬的经济现象。在价值层面，“使用而不占有”是其强调的核心理念之一，涉及权利归属、利益分配等问题，体现了人与人之间的社会关系。“使用而不占有”正好对应了商品二因素。“使用”对应的是“使用价值”；占有意味着拥有，是需要经由交换过程才能实现的，因此，“占有”对应的是“交换价值”，也即商品的价值。通过租转让的是使用的价值，通过买转让的是拥有的价值，因此，分享经济所提倡的“以租代买”便是使用价值优先于价值的重要体现，两者的优先顺序在数字时代得到了复归，使用价值也被提升到了新的高度。

在权利层面，商品二因素转变成了使用权与归属权的二重性。在数字经济时代，人们的消费观念发生了变化，对于商品所有权的渴望被弱化了，取而代之的是对商品使用权的重视。这种合作分享式经济出现的前提是资源使用权和所有权的分离，与马克思的产权理论相契合。而使用权和所有权之所以能够实现分离，主要是因为数字时代下商品和资源使用性质的改变。相较于马克思所讨论的资本主义生产资料所有制里的设备、土地等有形生产资料，分享经济时代的生产资料，如知识、数据、信息等无形资源的比重越来越大，这些无形资源与传统工业生产力下只能使用一次的实物资产相比，最大的不同就在于其使用具有非竞争性和非排他性，几乎可以零成本复制的特性使得使用权的分享成为可能。而生产资料的非排他性和无限复制性，从利益关系上看，又会导致其稀缺性的流失，进而导致资源专有价值的流失和地位的下降，占有资源所带来的便利性就显得极为有限，这时候所有权就会逐渐让位于使用权。

6.2.3 数字经济与生产者决策

微观经济学理论中生产者是供求定理中的供给方，在均衡模型中提供供给曲线。而供给曲线的形态是由生产决策决定的，数字经济时代的生产者决策具有明显变化。数字经济中的生产者主要指以信息通信业、互联网、物联网、电子信息制造业、软件服务业等为基础的信息产品和服务。通过平台或系统集成商发挥作用，产生大量的数据，既满足自身企业的需求，又能为整个行业提供数据来源。

6.2.3.1 数字经济时代生产行为的变化

微观经济学的生产者理论分析了追求利润最大化的生产者，如何以最小成本或最大产出的要素最优组合进行生产，分析了生产者如何确定要素投资的合理范围。假设企业的决策目标是利润最大化，分析了企业的生产决策和成本决策。生产一定产量的成本取决于生产过程中的投入量，投入量与企业采用的生产技术有关。

传统工业经济中企业规模越大，越容易丧失创新能力，而数字经济具有即时性，更能促进创新。随着网络的发展，组织结构倾向于扁平的网络使生产者和消费者可以直接接触，减少了传统中间商存在的必要性，在很大程度上降低了交易成本并且提高了经济效率。数字经济的发展注重创新、分享和共赢，通过不断颠覆性的自主创新，创造性地满足消费者的需求。数字化转型可以降低实体经济成本，提高效率，促进供需精准匹配，降低现有经济活动成本，刺激新的商业模式，促进经济向分工更加准确的更高阶段演进，结构会更合理，空间也将更广阔。

随着消费者的需求不断变化和竞争对手不断出现，传统行业在产品与服务更新越来越快的数字经济时代已毫无优势可言，这要求企业以最快的速度对市场做出判断、制定战略、实施计划和调整方向。为了实现利润最大化的企业目标，传统行业已经开始拥抱数字经济技术，从战略的角度落实数字化转型，把产业各要素、各环节数字化，优化配置资源，降低交易成本，提高经济效益。利用数字经济技术，信息的采集、处理和应用的成本大大降低。在传统厂商生产行为理论的基础上，数字经济在规模经济、范围经济、交易成本、技术创新等方面的特征极为显著，进而导致数字经济时代下生产行为的变化。

第一，数字经济与规模经济。在数字经济时代，平台企业通过网络外部性实现规模经济。网络的外部性往往是正的，而不是负的。一个网络的价值取决于其连接客户的数量。连接到一个网络的价值取决于已经连接到该网络的其他人的数量。因此根据梅特卡夫法则，网络的价值以用户数量的平方速度增长。当网络用户超过某一临界点后，网络价值则呈爆发式增长。可见，数字经济时代所追求的规模经济，是通过扩大网络用户规模，提高平均利润进而实现收益最大化。

第二，数字经济与范围经济。在数字经济时代，平台企业实现范围经济的条件由产品的相关性转向基于用户数量的规模经济。基于海量的用户资源，平台企业除了出售那些满足大众需求的大批量、单一品种的产品和服务外，还出售那些满足“小众”需求的多品种、小批量产品和服务。平台企业能够聚集无数个卖家和买家，能够极大地扩大销售品种，最有效地形成“长尾理论”。例如，在亚马逊网上书店的营业收入中，约有一半来自畅销书，另一半则来自销量少、品类繁多的“冷门”书籍。

第三，数字经济与交易成本。科斯认为市场摩擦引起交易成本，包括寻找交易对象所引起的搜寻成本、为获取交易对象相关信息以及同交易对象沟通所产生的信息成本、签订合同前的议价成本以及签订合同后的监督成本。数字经济的出现大幅降低了交易成本。平台企业利用大数据迅速将供求双方直接联系在一起，有效缓解了交易双方的信息不对称问题，从而大幅度降低了交易双方的搜寻成本、信息成本、议价成本以及监督成本。互联网平台把企业用户和物流公司聚拢在一起，有效缓解了信息不对称的问题，从而大幅度降低了交易成本。

第四，数字经济与技术创新。熊彼特认为在竞争性环境中的新组合会打破旧组合的平衡，从而意味着对旧组合通过竞争而加以毁灭。数字信息通信技术的广泛应用在催生了新的产品、新的业态、新的服务的同时，也对部分传统企业和业态产生巨大的冲击甚至颠覆。特别是广大年轻人，1 个月发出的短信量更是屈指可数。此外，随着电商企业销售市场份额的扩张，线下企业受到比较严重的影响，商场、书店、服装店、超市等已失去往日的光彩。

6.2.3.2 数字经济时代厂商发展路径的变化

经济未来发展的总趋势是厂商投资经营将从“互联网 +”模式转向“人工智能 +”模式，厂商在这一转变中能否“破茧成蝶”，取决于厂商大数据思维及运用人工智能手段来匹配产供销大数据的能力是否可以突破技术“瓶颈”的制约。这里所说的技术“瓶颈”，是指厂商将产供销大数据转化为“算法”的技术水平。也就是说，本部分对数字经济发展中厂商科技能力高低的分析，是针对厂商能在多大程度上运用人工智能匹配大数据从而准确提供产品和服务的“算法”技术，尽管它与提供产品和服务的具体技术或多或少存在一定关联。因此，厂商如何运用人工智能等技术手段来匹配产供销大数据，应该是分析数字经济未来发展的重点。

第一，厂商从搜集、储存、整合和分类大数据走向加工和处理大数据。厂商搜集、储存、整合和分类大数据，较之于对大数据加工和处理，有着不同的技术层级要求。前者意味着厂商具有运用移动互联网、云平台、社交媒体、传感器、定位系统等技术能力，后者则是在前者的基础上具备运用云计算、机器学习、物联网、区块链等人工智能技术进行大数据匹配的能力。如果我们以此来界定厂商技术层级，并以之作为划分厂商技术类型的依据，前者是“互联网 +”企业，后者则是“人工智能 +”企业。对于一国数字经济的发展来讲，倘若绝大部分厂商能够从搜集、储存、整合和分类大数据走向加工和处理大数据，那么，该国绝大部分“互联网 +”企业就可以转变为“人工智能 +”企业。

第二，数字经济发展会促使厂商在继续提高流通领域人工智能匹配大数据水平的同时，扩大加工制造业人工智能匹配大数据的覆盖面。经济学分析人工智能技术对大数据的匹配，关注点是厂商通过大数据分析获取投资经营的信息，以及如何运用人工智能技术来匹配大数据，这是问题的一方面。另一方面，作为经济学分析对象的大数据，是影响厂商产供销的大数据，是影响或决定供给和需求的大数据，而不是那些涉及产品具体技术规格、质量标准、外观设计等的大数据。数字经济的实质是厂商运用新科技手段匹配投资经营或产供销大数据，而不是一场数字游戏。

第三，厂商尝试运用人工智能技术来搜集、加工和处理大数据，开始进入大数据、互联网和人工智能等融合的综合场景。厂商运用人工智能技术来解析大数据既可以看成是数据智能化的起点，也可以看成是数据智能化的终点。这个起点是厂商尝试运用人工智能技术来搜集、加工和处理大数据，这个终点则是厂商能够全面而准确地匹配大数据。厂商匹配大数据水平的提高只是向终点迈进，但不可能完全到达终点，这可以理解为对数字经济未来发展过程的理论解释。厂商运用人工智能技术匹配大数据的起点和终点的差异，表现为厂商运用人工智能技术把投资经营大数据解析为“算法”的水平差异。

第四，厂商搜集、加工和处理产供销大数据的人工智能技术大大提高，以至于能够在成功应对历史数据的基础上搜集、加工和处理部分正在发生的现期数据。在数字经济发展中，大部分厂商的投资经营进入了“人工智能+”模式，这个发展阶段要经历相当长时期。这是因为，无论是从理论还是从实践观察，正在发生的现期数据较之于已经发生的历史数据，即便不考虑历史数据和现期数据与非数字化数据的交叉，现期数据也具有明显的潜在不确定性，它要求厂商运用人工智能的技术水平达到一定高度才能应对。

第五，数字经济的未来发展是厂商能够挖掘、加工和处理尚未发生的未来数据。厂商挖掘投资经营大数据，较之于搜集投资经营大数据，困难重叠。“搜集”的对象性是一种客观的存在，而“挖掘”的对象性则是潜在的存在，它要求厂商人工智能匹配大数据的水平达到能够把一切都解析为“算法”的高度。这是因为，未来数据是当前厂商产供销活动没有发生但不久会大概率发生的行为痕迹，它是潜在的需要挖掘的大数据，或者说是隐性的大数据。严格来讲，隐性而需要挖掘的大数据，通常与已经发生和正在发生的大数据存在关联。厂商挖掘这些潜在的大数据，需要运用技术层级很高的人工智能方法，必须以能够挖掘、加工和处理未来数据，作为数字经济未来发展的方向和归宿。

6.2.4 数字经济与市场结构

微观经济理论中不同的市场结构会导致异质性均衡解，数字经济时代完全竞争与垄断也会体现出新的特征，特别是垄断力量的快速形成。

6.2.4.1 数字经济时代市场结构的变化

市场结构理论中，按照不同市场结构的特征，市场被划分为完全竞争市场、垄断竞争市场、寡头市场和垄断市场四种类型。完全竞争市场中卖者数量很多，并且他们对市场的价格没有任何的控制力量，只是市场价格的被动接受者；市场上每个厂商提供的商品都无差异，也毫无自身特点；所有的资源都具有完全的流动性，不存在同种资源之间的报酬差距；信息是完整的，任何一个交易者都不具备信息优势。然而在垄断市场中，生产和销售商品的厂商只有一个或少数几个，厂商生产和销售的商品也没有任何相近的替代品，行业壁垒非常高。在这样的市场中，垄断厂商控制着整个行业的生产和市场的销售，没有任何竞争因素。因此，垄断厂商可以控制和操纵市场价格，导致无谓损失，资源配置效率降低。

从完全竞争角度来看，西方经济学认为市场经济存在一只“看不见的手”，引导着资源流向最有效率的地方。这只“看不见的手”就是市场机制，在价格机制、供求机制以及竞争机制的作用下，生产者和消费者做出对各自有利的决策。然而由于信息不完全，生产者和消费者根据自己掌握的有限信息进行“理性决策”，往往导致市场资源错配，造成资源浪费。由于信息不对称，生产者无法及时捕捉到消费者偏好的变化，导致社会存在大量的无效供给。然而在数字经济时代，“看得见的手”发挥了配置资源的基础作用。平台企业掌握着供求双方的大量数据，通过平台将生产者和消费者进行在线匹配，使其直接对话，解决了生产者和消费者信息不完全问题，实现了资源利用效率的提升和社会福利的增加。

从垄断视角来看，随着数字经济的快速发展，新的商业模式不断涌现，数字经济产业规模增大，经济组织结构随之改变，许多治理疑难问题也逐渐暴露，行业垄断、行政限制等现象以不同程度存在。相关平台在电商平台“二选一”和大数据“杀熟”等问题出现后被质疑垄断，因此规制平台垄断尤为重要，这不仅使平台治理逐渐成为数字化治理的关键内容，增加了数字化治理的难度，也要求政府提高数字化治理能力和逐步完善包括法规、政策在内的管理机制，维护行业竞争规则，规范收入分配，保护合法收入，遏制通过行政垄断和市场垄断等获取收入，提高资源配置效率。垄断的存在会导致资源配置效率低下，政府对垄断的管制方法有法律管制、价格管制、税收管制和行政管制，政府需要改革自身服务理念和完善数字化管理机制，利用大数据、人工智能和云计算等手段，大幅度降低政府的管理成本，提高治理和服务效率。

如何构建数字经济有效市场与有为政府的智能组织机制，可以作为具有原创性质的数字经济重大应用基础研究内容之一。目前，学术界对数字经济的市场监管和政府治理开展了初步研究，形成不少有价值的成果。例如，数字经济具有行业特有的“分层式垄断竞争”市场结构，垄断集中于大型互联网平台类企业的主营业务中，竞争由中小型互联网平台类企业与衍生业务主导，且不对大型互联网平台类企业造成竞争压力，因此，不能用传统的反垄断方式来监管数字经济市场运行，需要采取较为宽松的监管政策。可以说，数字经济中存在诸多的市场监管挑战。例如，如何处理生产效率与定价效率之间两难的“马歇尔冲突”问题，如何处理具有垄断地位的平台型企业与双边市场中的众多小企业之间的关系，如何处理数字化过程中的企业利益与个人利益等。

6.2.4.2 数字平台垄断的特征

企业的垄断一直是经济发展中受重视的问题，也较为受公共管理部门关注，到了数字经济时代，以数字平台为代表的企业垄断具有与传统企业明显差异的新特征。

第一，数字平台垄断产生的原因。数字平台垄断产生的原因主要归结为以下三点：其一，轻资产运作、进入门槛低，容易进行业务扩张。在平台经济发展中，平台仅仅是连接平台两端用户的桥梁和纽带，无须像传统企业一样购置生产设备，投入的资产较少。其二，因存在交叉网络效应和自网络效应，形成用户黏性。平台两端用户存在着交叉网络外部性，平台型企业通过搭建平台连接两边用户，由于交叉网络效应的存在，接入平台的一边用户越多，就越能吸引平台另一边用户的接入，反之亦然。其三，海量的高频微观数据，形成数据集中优势。平台经济的直接参与方包括三种：平台、生产者、消费者。买卖双方通过相关的平台进行交易，因此平台作为连接两边用户的中介，买卖双方在进行交易时交互产生了大量的用户信息、商品信息等数据，平台拥有的数据信息越多，在其所处的领域中越具有优势，越能排挤一些新的进入者，产生一定的数据垄断的可能。

第二，数字平台垄断监管的难点。主要体现在以下两个方面。一方面，在数字经济时代，对于某一平台型企业所处的相关市场很难进行有效界定，而且平台型企业由于交叉网络外部性的存在，在拥有用户流量后，容易不断地进行跨界扩张，所涉及的领域既不是横向相关也不是纵向相关的一些领域，从双边市场扩张到多边市场。另一方面，由于平台型企业对两边用户的定价是由两边用户的交叉网络外部性强度、平台上提供的产品的需求价格弹性等因素决定的，平台可能为了吸引一边用户的接入对一端用户采用免费接入的政策，而对另一端用户采取收费接入的政策来弥补在另一端的定价损失。因此，平台对于某一边用户测度的指数并不能作为评判平台对该端用户存在垄断势力的标准，对于平台经济的垄断势力的测度应该对两端用户指数进行综合评价，另外还需要考虑两端用户的用户剩余和整体社会福利，不能只是用单独指数进行评判。

案例 6-1

互联网成为垄断的“重灾区”

“供水公司”滥用市场支配地位、出租账号陷入不正当竞争、网络刷单扰乱正常竞争秩序……2021 年 9 月 27 日，最高人民法院（以下简称“最高法”）公布了 10 件反垄断和反不正当竞争典型案例。从民生领域到高新技术，最高法正加速推进反垄断与反不正当竞争裁判标准的统一和裁判规则的明晰。值得注意的是，10 件案件中，3 件都与互联网有关。数字经济健康有序发展之下，平台经济的规范事关重大。

互联网成为“重灾区”。

强化反垄断、深入推进公平竞争政策实施，是完善社会主义市场经济体制的内在要求。据介绍，2018 ~2020 年，全国法院共新收一审、二审不正当竞争民事案件 14 736 件，审结 13 946 件，年均增幅达 18%；新收一审、二审垄断民事案件 158 件，审结 189 件（含旧存），年均审结超 60 件。

对于反垄断和不正当竞争的区别，北京市盈科律师事务所高级合伙人高同武介绍，反垄断法关注的是排除或限制竞争的行为，其目的是保障企业有自由参与市场竞争的权利，提高经济效率和消费者的社会福利。而不正当竞争行为则是指经营者采用欺骗、胁迫、利诱以及其他违背诚实信用和公平竞争惯例的手段从事市场交易。垄断是一种排除或者限制竞争的行为，不正当竞争则是一种竞争行为。

具体到当天发布的案例，最高法院民事审判第三庭庭长林广海总结称，这些案例覆盖面广，既涉及供水服务等民生领域，也涵盖标准必要专利等高新技术领域。既包括传统的侵害商业秘密、滥用市场支配地位等不正当竞争、垄断行为，也及时回应了网络刷单、视频屏蔽广告等新类型不正当竞争行为的认定问题。

资料来源：最高法再发十大案例　数字经济反垄断频繁被点名［EB/OL］. 人民资讯，https：//baijiahao. baidu. com/s？id = 1712113193504927713&wfr = spider&for = pc，2021 － 09 － 28.

6.2.5　数字经济的外部性理论

微观经济学中外部性理论分为正外部性与负外部性，分别表示经济行为的正向溢出与负向溢出，在数字经济时代也存在正外部性与负外部性。

6.2.5.1　数字经济与正外部性

数字经济通过减少信息不对称，增进社会信任，实现集约利用时间、降低交易成本、满足更多个性化偏好、提供更多准公共品，从而创造更多附加价值。数字化生产从“以生产者为中心”更多地转向“以消费者为中心”。在消费端，数字化可以为消费者带来更多剩余积累。目前数字化产品更新换代仍大体遵循摩尔定律，新品价格的变化可能不大，但质量会更高。网络平台的参与者越多，规模效应就越明显。消费者在选择、消费等过程中，其实参与了价值的创造，从而重塑了生产与消费的关系，打破了生产者与消费者的边界。在生产端，随着网约车、外卖配送等共享经济、平台经济和零工经济的发展，供需两端搜寻匹配的效率明显提高，盘活了更多闲置资产或闲暇时间。无人工厂、云工厂的生产方式也提高了现有产能的利用效率。设备销售和在线服务融合，商家获得更多拓展业务和挖掘价值的机会。服务可贸易程度增强，提高了服务业劳动生产率。

6.2.5.2　数字经济与负外部性

传统的市场经济的负外部性往往来自信息不对称和产权不清晰。前者产生了委托代理问题、搜寻匹配问题、“搭便车”问题和道德风险问题。后者则产生了公地悲剧等问题。数字经济时代的负外部性有所不同，信息问题转化为信任问题，产权问题转化为共享问题。其中，信息问题转化为信任问题，具体来说是信息不对称程度明显下降，识别能力提高，搜寻匹配能力增强。相伴随的是平台经济的出现，使更多个性化的需求可以被满足。金融监管可以做到比以前更加精准。但数据即权力，个人隐私问题、可信任问题、监控问题、数字鸿沟问题等一系列挑战浮现。至于产权问题，在数字经济时代，私人产权仍然是基础，但数据天然的公共属性，将创造更多公共品或者准公共品。而且公共品并不是由政府提供，比如数字地图、共享出行等。因此，对于日渐扩大的数字公共品领域，如何抑制负外部性、更好地促进资源配置是一个值得探讨的议题。

6.3 数字经济与宏观经济学

在宏观经济学框架下，凯恩斯理论的基础来自工业社会，经济增长和发展中难以避免出现高成本、高浪费的症结。当社会经济基础从工业经济转变为数字经济时，数字技术产业化与产业数字化，尤其是互联网、大数据、人工智能与实体经济、虚拟经济深度融合过程，货币与科技融合创新成为经济增长和发展的中心，在此基础上形成一系列更为高效的生产方式。在这个过程中，基于数字经济的“看不见的手”与“看得见的手”之间形成了新的组合方式或资源配置机制。这样，市场、政府和社会自组织三种资源配置机制之间的融合创新，有形实物资源与社会无形资本之间的融合创新，正在改变基于工业社会基础的内生经济增长的动力源泉，大数据等无形资本与教育等人力资本融合，重构经济增长的内生逻辑。

宏观经济理论中以经济增长为核心增长目标，以经济增长核算、经济增长方式、经济增长构成（支出法）等核心命题构成宏观经济理论框架。在数字经济时代，通过生产方式变革，在继承宏观经济理论框架的基础上进一步进行拓展。此外，在经济增长构成方面，在微观理论部分已对数字经济时代下的消费者和生产者进行分析，本部分主要探讨数字经济时代下的数字政府与数字贸易。

6.3.1 数字经济与统计核算

传统的统计体系是顺应工业社会而发展起来的，在联合国、IMF 等国际组织的推动下，形成了以国民账户体系（SNA）为基础的一系列统计标准、手册和规范，以 GDP 核算为中心，涵盖经济、金融、财政、贸易、投资、价格等各个领域，这一体系为人类经济社会发展提供了各种有用信息和监测手段。数字经济的发展与众多前沿数字技术密切相关，包括物联网、移动互联网、机器人技术、云计算、人工智能等，数字经济时代的兴起给人类社会带来了全方位的革命性变革，现行统计体系也由此受到巨大冲击。数字经济时代下的统计核算挑战主要体现在以下几个方面。

第一，数字经济参与者身份相对模糊。数字经济时代，经济活动参与者因数字技术的特殊性，其身份往往无法清晰界定，这给核算处理带来了挑战。其一，生产边界模糊。数字经济中消费者角色发生变化，也可能成为生产者，导致生产边界模糊化。其二，消费边界模糊。在数字经济时代下，一部分住户部门的自给性产品会提供给市场，这部分产品从范围界定上看似游离于 SNA 核算范围之外。其三，资产范围模糊。在数字经济时代，数据成为一种重要的生产要素，导致资产范围扩大。数据所蕴含的价值可能大大高于以往常规方法（如永续盘存法）所作的估值，数字产品使用者生成的海量数据形成大量免费数字资产（通常具有隐性价值）。

第二，免费产品的统计。数字经济带动了免费数字服务的增多和家庭非市场性生产规模的迅速扩大，拉大了 GDP 增长和家庭福利增长之间的差距，数字产品给人们带来的总福利很大，但 GDP 所忽视的消费者数字经济剩余可能更大。对于是否应当将消费者获取的免费数字福利纳入测度范围，各界仍有较大争议。一种观点认为，GDP 生产边界不可修改。例如，IMF 认为，从免费数字替代品中获取 GDP 的福利主要是价格和物量指数问题，而非生产边界问题。另一种观点则认为，应该对 GDP 生产边界进行修改，对生产边界的调整将使我们能够更好地测度数字部门福利。①

第三，数字技术下的价格和数量差异。在传统统计体系中，不变价 GDP 的核算主要基于价格指数缩减法，数字经济所带来的技术进步对价格统计带来了巨大的挑战。以信息与通信技术（ICT）设备为主的数字经济产品促使产品性能增强而价格下降，这种增强从本质上来说只是反映物量的增长，没有完全反映出产品纯粹价格的变动，势必会影响不变价 GDP 核算结果的真实性。然而现有的 CPI 从数字经济层面上可能无法反映价格真实变动水平。此外，产品质量调整是价格统计中的一个重要环节，但目前仅部分国家尝试对软件质量进行调整，多数国家没有考虑。

第四，非正式交易方式的统计。新型数字平台促进了非正式交易方式的涌现，给全面测算数字经济活动带来了困难。例如，在核算租住服务时，SNA 主要基于税务系统来统计长期租赁住户数据，短期租户数据则很少统计。依托于 Airbnb 等民宿中介平台，数字化租赁服务出现并快速发展，短期租住规模迅速增大，导致租住服务统计的准确性受到冲击，面临的数据缺口增大。但现实中住房的短期租金（租住匹配成本）要高于长期租金，实际核算时常以长期租金来估算，这些额外的数据偏差可能导致住房统计低估相应的服务价值。

第五，数字经济时代下的跨境活动。进入数字经济时代，受物联网、高速网络、云计算、人工智能、中介平台等数字技术的推动，知识产权与生产、销售等经营活动相分离，跨境电子商务、跨境资金活动、知识产权跨境等可能引发核算偏差，导致未被观测到的数字产品增加值被各国错误估计。例如跨境电子商务包括数字订购、平台传递或数字交付的跨境交易。在国内互联网交易中，如果交易双方中有一方是注册企业，那么在

---

① Byrne D, Corrado C. Accounting for innovation in consumer digital services: Implications for economic growth and consumer welfare [C]. IMF Statistics Forum, Washington D. C., November 1, 2017.

GDP 核算中纳入电子商务交易信息较为容易。但如果是跨境电子商务，其核算则更为复杂，大多数国家的海关统计只记录超过一定价值的进口货物，很少对跨境电子商务进行单独统计。

第六，传统统计方式在数字经济时代中的低效。数字经济与大数据相伴而来，引领人类社会进入一个数据大爆炸的时代，庞大的数据量为社会经济分析提供了强大的数据基础。数字经济中数据一般来源于数字中介平台、个体交易行为、互联网平台等，不是为了实现特定目的而收集，且以非结构化和半结构化数据为主，呈现多样化、非标准化的数据形式，具有高频率、高碎片化、产权分离化（即数据使用权和拥有权分离）等特征，难以直接通过传统统计指标形式加以显示。

6.3.2 数字经济与经济增长

数字经济带来的生产方式变革对经济增长具有明显的促进作用，数字技术通过转换经济增长动能，提高经济增长均衡解，进一步拓展传统的经济增长理论。

6.3.2.1 数字经济与经济增长动能转换

动能转换就是经济增长动力的转换。按照经济增长理论，经济产出是资本、劳动力和技术的函数。从历史实践来看，依靠投资、自然资源投入的粗放型增长方式较难持续，必须转换到依靠创新、知识和技术驱动的经济增长方式上来。数字经济时代的到来能够有效地提升经济内驱动能，部分学者直接将数字新动能定义为“以互联网、大数据和云计算等新一代信息技术的应用为基础，以新技术的突破为依托，以新技术、新产业、新模式、新业态等‘四新’为核心的影响经济社会发展、促进经济转型升级的产业驱动力”①。

创新驱动指促进经济增长的引擎和动力从技术学习与模仿转向自主研发与设计，以及知识的生产与创造。数字经济时代的创新驱动增长方式是立足于自主创新特别是科技创新、注重协同创新、注重要素的新组合，通过转变技术进步模式，将科学成果应用于生产方面和商业方面。正如弗里德曼对创新的理解是指新发明第一次引入商业中的全过程。在数字经济时代，创新可以参与数字经济协同发展模式的各环节，包括基础科学理论研究、新一代信息技术、数据处理、软硬件开发、产业链供应链、智能制造和产品开发等。其中，基础科学理论研究最为重要，因为原始创新的成果一般是源自科学新发现转化的技术。人工智能运用其扩张效应催生出配套核心产业，其服务覆盖面较广，包含上游研发到下游应用的产业链各环节。这些环节都是创新的突破口，容易形成颠覆性创新，也是融合产业的赋能效应，体现在智慧农业、智能制造和智慧金融等方面。

6.3.2.2 数字经济与经济增长均衡

对传统稳态均衡模型的修复，仍难以解决经济学领域的模式形成、结构变迁问题。

① 白美，侯连涛，岳海鸥等．山东省新旧动能转换的问题与对策［J］．科技视界，2018（32）：52－53.

凡勃伦、熊彼特等早就注意到了均衡模型的局限性。数字时代来临后，均衡模型的局限性被进一步放大。数字化背景下，技术迭代、结构演变和个人预期调整提速，开放性、连接性增强，均衡或者闭合解不一定是缺省结果。微观个体加总以后，更容易涌现更多个体层面所不具备的宏观特性。或者说，宏观表现难以还原成单个个体行为。海量个体预期、行为策略甚至个体偏好对总体结果变化的调整适应加快。因此认为它们外生不变，或者渐渐趋于一致的简单假设，更难成立。在数字经济时代下这些变化可以归结于时间的累积性过程。

数字经济时代，最根本的变化是数字化记录和万物互联，人的所有行为特征皆可数字化且具有可连接性，劳动和休闲的边界被打破，经济行为都可以转化为时间模块，时间的积累性凸显。比如一个人在网络上的消费行为，如果只是一个人的行为信息和行为时间，则更多地属于个人隐私，不产生价值；但是当人的数量从一个变成几百万个甚至几千万个，并且相互连接后，行为信息和行为时间的价值就会逐步凸显，各种算法会以此为基础开发价值挖掘方法。而且，这些数据可以被重复使用，在不同领域，用不同价值挖掘方法，一个人行为的最初时间价值也会被再次认识或体现出来。过去行为的时间好像被储藏在一间装满数字的仓库里，会根据需要不断地被调用出来，拼装成新的产品或者服务形态，并产生新的价值。

由于数字时代的时间价值可剥离、可连接、可积累，基于时间可逆、均衡、收敛特点的宏观经济管理面临新挑战。工业革命以来，人类的学习曲线拓展加快，并摆脱了马尔萨斯陷阱①的束缚，资本积累增强了人类的跨时空配置能力。对于进入稳态增长的工业经济，宏观决策者往往采用均衡模型、基于均值回归的思想来管理宏观经济波动。在均衡模型中，时间是逻辑意义上的，而且具有可逆性，过去的时间不会对未来产生影响。进入数字时代，经济行为的数字化程度加深，感知和处理水平提升，加上数据的复用性和网络的连接性，逻辑学和经济学意义上的时间开始呈现更多历史意义和生物学意义，时间的积累效应增强，奈特式的不确定性②、外部性、收益递增、正反馈、网络效应导致经济不再如均衡模型预测的那样收敛、回归均值，而更有可能发生长时间偏离，并呈现更多不稳定的特征，基于均衡模型的宏观调控面临挑战。

6.3.3 数字经济与数字政府

数字经济时代除了促进经济快速增长外，也带来了诸多新的矛盾。如何有效化解这些矛盾是当代政府治理的新挑战。同时，生产方式变革催生出数字政府理论。

---

① 许多经济学家认为高死亡率的各种因素，是人口在生产与农业时代生存资料实现匹配的关键过程，马尔萨斯说战争、饥荒和瘟疫都是促使人口下降到与生存资料生产水平相适应的道路，人口数量要在某种方式和程度上与农业发展成比例的观点是一个内含的逻辑。马尔萨斯提出两个级数的理论：人口增长是按照几何级数增长的，而生存资料按照算术级数增长，这一理论被称作“马尔萨斯陷阱”。

② 奈特氏不确定性是指无法被衡量、不能被计算概率的风险。

6.3.3.1 数字经济时代的政府治理

数字经济不是自主的虚拟空间，同样存在着市场监管、政府治理与社会系统风险的控制问题。在信息完全完备或充分假设下，市场与计划配置资源的效率是一样的。但是，在缺乏有效信息、数据和知识的条件下，市场经济通常比计划经济更有效率。但是，有效市场也依然需要以近似完备和充分的信息为前提，信息非对称形成的逆向选择和道德风险等因素，也会导致市场失灵。凯恩斯经济学试图通过有效政府的干预来解决这个问题，但因信息的不完备或不充分，随之也会出现政府俘获而形成政府失灵。由此可以看到，信息完全或充分程度与市场失灵、政府失灵、自组织失灵密切相关。数字时代的政府治理目标可以从以下三个角度分析。

第一，企业管理模式的变化。数字经济发展不仅使社会和企业面临核心技术创新能力挑战、企业管理模式挑战，而且使政府和社会经济面临政府治理能力挑战、实体经济数字化转型等重大挑战。可以认为，数字经济的政府治理转型比市场监管创新更富有挑战性，数字经济治理不仅是社会治理的一个重要组成部分，而且也是政府治理转型创新的一个重要领域。数字化政府不仅是形式上的上网或集中办公服务，或者网站发布级别的电子政府形式，更是思想观念和行为特征上的数字化平权和公平正义观念的转变，这显然是一个漫长的政府治理创新过程，需要从政府数字化素养的持续提升和管理能力的持续提升上下功夫。

第二，金融风险的变化。数字经济的社会系统风险既包括科技金融如 P2P 平台带来的系统性金融风险，也包括网络安全技术带来的系统性风险，同时包括虚拟社区病毒式传播带来的舆情风险等。在数字经济运行中，同样也面临大量的数字化风险。数字经济中的社会系统风险无论是形式还是内容，都要比大工业经济面临的系统风险要复杂得多。因此，如何构建一个有效控制数字经济的系统性社会风险的有效市场与有为政府高效组合的经济体制，是数字经济时代需要优先探讨的重大应用基础研究课题。

第三，财税系统的冲击。数字经济打破了物理边界，从全球范围看，国境的限制在数字语境下变得越来越小，很多原来不可贸易的商品和服务都变得可贸易。传统国际税收协定的基础是实体，但现在物理存在和虚拟存在的边界被打破，税收征管面临严峻挑战。同时，数字经济打破了企业和个人的边界，收入的性质发生改变。传统意义上的个人收入属于劳动所得，企业收入属于经营所得。应税收入的界定、所得税征收方式等都面临着新问题。更进一步说，产业之间的边界被打破，传统的增值税体系表现出较大的不适应性。

总之，从以上三个角度来看，数字经济宏观管理有三个目标，一是构建数字市场法规，创新数字经济的有效市场；二是提升数字政府的治理能力，创新数字经济有为政府治理；三是推进数字经济有效市场与有为政府治理的高效组合体制，通过对社会系统风险的有效管控，实现数字经济社会福利的帕累托改进。

6.3.3.2 数字政府新特征

数字政府的本质特征首先是由治理新需求决定的。20 世纪 90 年代以来，西方国家对公共部门管理改革的需要催生了“治理”研究的学术潮流。关于治理的理论和话语创新随即在我国学术界蓬勃兴起，“治理”一词已由传统的政治文化走向国家现代化视野。数字政府的核心指向，就是要推动国家治理体系和治理能力现代化。从治理工具维度上，人工智能、大数据、区块链等新一代信息技术与政府治理耦合日益紧密。在人工智能猛烈冲击下，围绕人类所建构的“人际秩序”逐渐被围绕智能技术所建构的“机器秩序”取代，将对政府管理、经济安全和社会稳定乃至全球治理产生深远影响。

发展新困境给准确探寻中国数字政府建设的本质特征提供了指向明确的丰富内涵和建构空间。随着改革进入攻坚期和深水区，各种深层次矛盾和问题逐渐呈现，各类风险和挑战不断增多。从宏观维度看，与数字政府建设相关的国家行政职责体系不够清晰。从建设主体看，国家行政职责体系包括了各级各类党政部门，而数字政府则侧重于政府部门。这就让数字政府建设陷入两难困境：已有的国家电子政务协调机制是否仍然有效？未来的数字政府建设中，党政部门关系如何统筹协调？跨部门协同如何取得最大公约数实现治理效能的帕累托最优？这些问题需要从理论层面一一破解。

从微观维度看，数字化对政务业务体系赋能不足，数字化转型能力薄弱，数据治理危机凸显。依照马克思主义的观点，技术嵌入赋能的作用机制和效能必须建立在一定社会制度基础之上。这就意味着，信息技术不会具有与政务业务与生俱来的耦合性。数据治理危机议题也不能缺位，原因在于数据已成为当下最重要的战略资源，客观上已形成“数据即权力”的共识。由此，需建构有效消除数据危机的议题：基于全生命周期视角，构建数据流动的治理生态；建立数据分级分类管理模式：探索数据与资本、土地、知识、技术既有关联又有区别的定价机制。

6.4 数字经济与产业经济学

传统产业经济学理论一方面包括各个具体产业内部的关系；另一方面又包括各个具体产业的相互关系①，其研究经历了从结构—行为—绩效（SCP）分析框架到强调信息不完全下厂商之间博弈策略和行为的博弈论研究范式。产业结构的演变、产业内上下游企业在地理空间上集聚而呈现出的产业组织垂直一体化是其核心内容之一。然而，数字经济时代已逐渐形成以数字技术为基础的新一代产业模式，促使传统产业不断开发借助

① 臧旭恒，杨蕙馨，徐向艺．产业经济学（第五版）［M］．北京：经济科学出版社，2015：6.

新技术创造新价值的转型路径，从而为传统产业经济学理论中产业结构演变、产业特征、产业发展等提供了新的探索空间。

6.4.1 数字经济与产业新特征

数字经济带来的生产方式变革，无疑会对传统产业产生影响，形成数字经济时代下新的产业特征，与传统产业特征相比，数字经济时代产业特征包含以下几点。

第一，数字经济时代产业呈现创新频率高的特征。传统产业的技术相对比较成熟，技术突变少，新技术多与原有技术存在相似性和演进上的连续性。即使出现颠覆性技术，当其成为行业的主导技术后，也会进入一段持续时间较长的技术稳定期。例如，液晶电视取代阴极射线管电视、智能手机取代功能手机后，电视、手机的技术路线已经保持十余年的稳定，新技术主要是对产品性能的进一步提升。而在数字经济领域，持续不断地有新技术成熟并进入商业化阶段，形成新产品或新的商业模式。

第二，数字经济时代产业呈现影响作用大的特征。数字技术或新一代信息技术是典型的通用目的技术。通用目的技术具有得到广泛应用、进行持续的技术改进、可以在应用领域促进创新等特征。也就是说，通用目的技术不仅能够在多个行业甚至国民经济和社会的更广泛领域获得使用，而且会使其他产业的产品形态、业务流程、产业业态、商业模式、生产方式、组织方式、治理机制、劳资关系等方面产生颠覆性变革。

第三，数字经济时代产业呈现覆盖范围广的特征。在传统产业，颠覆性创新的发起者大多来自行业内部，是行业的其他在位者对领导者的挑战。而就数字经济而言，颠覆性创新不仅由行业内部的在位企业发起，而且竞争的范围已经超越行业的边界，颠覆性创新经常来自产业之外，形成跨界竞争、降维打击的特点。即使一些看起来市场地位牢不可破的行业龙头，也由于颠覆性创新的出现而受到较大挑战。

从总体来看，传统产业技术创新的突变较少，且技术仍然主要延续原有的路线，造成传统产业具有路径依赖的特征，在位者的领先地位一旦建立就很难撼动，无论是新企业进入，还是一个新地区要发展，都面临难以跨越的进入壁垒。而数字经济产业领域颠覆性创新不断涌现，且技术、商业模式的发展方向难以预测，提供相同或相似效用的在位企业在新技术领域并不具备明显优势，甚至由于战略刚性对新的技术变革反应迟钝，因此在数字经济领域无论对于国家、地区还是企业均存在大量“换道超车”的机遇。

6.4.2 数字经济与产业演变

数字经济时代的到来无疑为产业发展注入了新的能量，进而产生产业演变的新特征，但是这种变化并不超出传统产业结构演变范畴。

6.4.2.1 数字经济时代产业结构演变规律

在产业经济学理论体系中，配第—克拉克定理是产业结构演变规律理论中比较具有解释力的。早在 17 世纪，英国经济学家威廉·配第就已经发现，随着经济的不断发展，产业中心将逐渐由有形财物的生产转向无形的服务性生产。1691 年，威廉·配第根据当时英国的实际情况明确指出：工业往往比农业、商业往往比工业的利润多得多。因此劳动力必然由农转工，而后再由工转商。该定理把人类全部经济活动分为第一产业（农业）、第二产业（制造业、建筑业）和第三产业（广义的服务业）。经过经济大样本观察，配第与克拉克两位经济学家先后发现，随着人均国民收入水平的提高，劳动力首先从第一产业向第二产业转移，当人均国民收入水平进一步提高时，劳动力便向第三产业转移。该定理揭示了经济发展中劳动力在三次产业中分布结构的演变规律，指出劳动力分布结构变化的动因是产业之间相对收入的差异。

历史实践表明，正如配第—克拉克定理所指出的，产业结构演进普遍经历以下几个阶段：前工业化时期、工业化初期、工业化中期、工业化后期和后工业化时期，在这几个阶段，三次产业的演进具有如下特征：在前工业化时期，第一产业占主导地位，第二产业发展缓慢，第三产业微乎其微。在工业化初期，第一产业所占比重开始逐渐减小，地位开始下降；第二产业有了较快发展，并逐渐占据主导地位；第三产业也有了一定的发展，但在经济中的比重依然较小。在工业化中期，工业重心从基础工业向高加工度工业转变，第二产业仍占有较大比重，第三产业所占比重开始快速上升。在工业化后期，第二产业所占比重逐渐下降，第三产业迅速发展，在三次产业中逐渐占据主导地位。在后工业化时期，产业知识化成为主要特征，第三产业占据了绝对支配地位。产业结构的演进就是沿着这样一个由低级向高级发展的进程逐步走向高度现代化。产业结构演变规律的总结只是作为对客体事物的描述，三次产业的发展必须以不同发展时期生产力水平为前提，以避免产业空心化等一系列问题。

三次产业是基于工业经济时代物质生产部门（农业、工业）在国民经济中占绝大部分、非物质生产部门占比小这一历史依据而划分的。这种划分折射出工业经济时代注重物质产品生产、忽视非物质产品生产的历史事实。然而，随着各国家纷纷完成工业化或者步入工业化后期，生产重心由物质产品向非物质产品转移，产业结构不断优化，尤其是互联网、信息通信技术的发展引发数字信息产业繁荣，第三产业在国民经济中的比重逐步提升，并超过第一、第二产业。虽然从某种程度上来说，数字信息产业属于服务业范畴，但是鉴于数字信息产业在促进经济增长方面的巨大作用，将其同其他低附加值的服务业一起纳入第三产业进行统计并不能反映出其在国民经济中的地位，也无法测度其所带来的经济运行效率和创新能力的提升，也不能精准地把握该行业的发展现状和存在的问题，进而无法最大限度地发挥数字信息产业对经济发展的推动作用。产业划分是按照全社会经济活动的客观顺序和内在联系进行的，因此其本身是一个动态的、历史的发展过程。当今及未来一个时期，随着数据信息产品的快速发展，产业经济学原有的三类产业划分面临挑战，数字信息产业很有可能成为未来的第四产业。

6.4.2.2 数字经济时代产业演变特征

数字经济是一种新的技术经济范式，是数字技术迅速发展，并逐步推动产业和制度变革的结果呈现。在数字经济时代，数字产业在产业结构中的比例不断增加，将成为实现生产要素改进、产业结构优化升级、产业附加值增加的根本动力，以及数字经济时代发展的主导产业。在产业结构演变规律的整体框架下，数字经济时代下产业演变特征以数字技术进步为引导，被归纳为以下三个时期。

第一个时期，技术经济范式导入期。一方面，数字技术实现突破，为计算机技术、微电子技术、通信技术、网络技术的发展提供了理论原理；另一方面，数字产业进入发展萌芽，随着计算机、通信、网络技术的发展，生产计算机、手机以及相关配套设备的企业快速崛起，并在产品的技术路线上进行了不同的探索和尝试。该阶段的数字技术主要应用领域从军事、科学计算，拓展至事务管理、工业控制，再到文字处理、图形图像处理等，相关产业主要为电子信息制造产业、基础软件产业、集成电路产业等。

第二个时期，技术经济范式拓展期。一方面，数字技术群体性创新及广泛应用，基于个人计算机的万维网于 1990 年诞生，网络开始从学术后台走向产业化应用。自此，计算机设备不再单单具有存储和计算功能，还具有了跨时空通信功能。另一方面，随着数字技术的广泛应用，催生了众多的新兴业态，并且通过快速的纵向和横向产业分化，形成庞大的业态群落。移动互联网阶段，移动应用场景得到极大丰富，新兴业态不断涌现，尤其集中在智能终端、电子商务、社交网络、共享经济、数字内容等领域。数字产业不是作为单一产业形态推进，在革新大众信息渠道和内容载体的同时，从研发设计、加工、运输、销售等各方面加快重构服务链条。

第三个时期，技术经济范式成熟期。一方面，数字技术簇群成为社会主导技术群，以数字技术为核心的新兴技术呈现群体涌现、协同融合的特征。根据数字化生产的要求，大数据、云计算、物联网、人工智能、区块链以及不断迭代衍生的数字新技术，交叉承载了数据采集、存储传输、计算分析、安全保障等功能，为人类的生产、生活所需提供系统化、专业化服务，成为构建数字经济的技术基础。另一方面，数字化产业系统形成，数字技术全面嵌入产业体系。数字技术在市场应用的过程中不断迭代创新，加速推进数字产业化。数字技术从根本上改变经济系统的技术基础、运行效率、组织模式、生产和交易方式等。

6.4.3 数字经济与产业发展

数字经济时代的产业发展，需要推进数字产业化和产业数字化双轮驱动转型，协同并行发展，赋能传统产业，赋能制造业转型升级，形成以数字产业为创新驱动力和实现工具的新产业发展格局。简单来说，数字产业化是数字技术发展所形成的新产业；产业数字化是传统产业通过与数字技术融合而实现自我革新。在数字产业化方面，聚焦 5G、人工智能、工业互联网、高端芯片、高端工业软件等关键领域，重点提升产业链、供应链的稳定性和竞争力，加快构建具有自主知识产权的数字产业化体系。在产业数字化方面，加快实体经济和制造业的数字化转型升级，全方位推动数字技术与实体经济深度融合，推动“数字技术+优势传统产业”模式向纵深发展，加快传统企业的数字化和智能化改造升级，提升数字产业规模和延伸数字产业链，加快构建具有强大智造能力的产业数字化体系。

6.4.3.1 数字产业化

数字产业化的结果是形成新兴的数字产业，与传统产业发展相比具有一系列新的特征。

第一，数字产业是一个劳动生产率高的部门。数字产业具有高劳动生产率特点，这颠覆了传统产业经济学认为服务业劳动生产率较低的观念。传统的服务业劳动生产率低的原因在于生产和消费未能突破时空的限制，产品的属性决定了其生产与消费必须同时进行。这种产品的生产主要靠人来提供，无法通过机器进行大规模的标准化生产，因此无法形成规模经济。反观数字产品，其生产和消费可以突破时空的限制。虽然数字产品的初始成本可能会很高，但几乎可以零成本复制，易形成规模经济。因此将具有高劳动生产率特征的数字产业纳入第三产业无法表明其与其他服务业的区别。

第二，数字产业是资本密集型和技术密集型产业。数字产品生产主要依靠科技等无形资本投入，而其他服务业产品的生产主要靠人来提供。例如，滴滴利用分布式计算技术能够迅速对司机和乘客进行匹配，迅速安排距离乘客最近的滴滴司机前往接驾。滴滴对其后台海量的行使数据进行深度挖掘和学习，设计出智能路径规划算法来预测未来路况，毫秒级运算出从司机实时所在位置到乘客所在位置的最优路径。

第三，数字产业是高渗透产业。在工业经济时代，分工模式主要是产业间分工，这种模式决定了农业、工业以及服务业之间的界限明朗，彼此相互渗透较少，存在关联渗透的地方仅限于部分产品的交叉使用和服务对象的部分重叠。然而，在数字经济时代，数字产品的多样性和应用的广泛性特点决定了数字产业具有高渗透性。数字产品以互联网为载体，利用数字技术与传统产业融合，促进了传统产业效率的提升和量的增加。

6.4.3.2 产业数字化

数字经济时代下，无论是在生产过程中引入的数据生产要素，还是与传统生产模式嵌套融合的先进数字技术，都使要素与资源优化配置，突破传统的生产可能性边界，促进新时期经济增长。产业数字化深刻改变了全球经济的生产、流通、交换和消费模式，对传统产业的影响具有以下几点新特征。

第一，产业数字化需要加快推进数字技术和人工智能技术创新。从总体上分析，产业数字化计划都是以战略引领、规划指导、政策统筹、多方合作为特征的协同推进机制，注重先进技术的创新驱动。当前各国政府为夯实产业数字化转型的技术基础，相继出台一系列大数据、数字技术和人工智能应用的国家创新战略计划，成立专门机构统筹推进战略实施，强调政产学研紧密合作，以实现政策统筹、人才和科技驱动的协同发力。

第二，产业数字化需要对传统制造业的数字化改造和转型升级。利用现代数字信息技术、先进互联网和人工智能技术对传统制造业进行全系统、全角度、全链条的改造，通过对研发设计、生产工艺、生产管理和销售服务等产业全链条、生产制造全过程的数字化和智能化改造，通过加快信息网络基础设施建设、搭建工业互联网平台和加强政策服务引导等系统工程，推进传统制造业的数字化转型升级，有效降低成本、提高全要素生产效率，实现规模增长。

第三，产业数字化应用场景不断拓展。产业数字化为建筑、农牧、能源、采掘、物流、零售等传统行业的数字化改造和转型升级提供了新途径，覆盖能源生产、传输、消费各个环节的智慧能源大数据可视化平台，可以提升能源供给和使用效率。智能装备可以实现复杂危险地质条件下对矿产精准安全的无人采掘。动物可穿戴设备的应用，为畜牧业开启智慧养殖的新选择。批发、零售、仓储、物流业的数字化和智能化进一步发展，不仅加快货物流通速度，更有助于实时、精准满足各类用户需求。

◎ 本章提要

数字经济时代最为核心的特征是为工业时代的生产方式变革提供了相应的科技基础，使劳动生产率大为提升。从政治经济学相关理论的角度出发，在数字经济时代，数据成为核心生产要素；以生产方式变革为基础，提升了劳动生产率，并拓展了价值理论的相关内容；数字经济时代分配理论的变化分为三个方面，分别是数据作为生产要素参与分配、劳资之间的分配关系、资本之间的分配关系；同时，数字经济时代并没有化解资本主义生产方式的基本矛盾，并且可能激化了这种矛盾。在微观经济学理论框架下，供给与需求是两个基本的经济透视角度，数字经济时代供求关系有了新的变化；数字经济深刻地影响着消费者的行为，并逐步形成非占有式的消费逻辑；同时也深刻地影响着生产者的行为，改变了原先厂商生产发展的路径；市场结构并没有突破自由市场与垄断之间的界限，但是数字经济可能加剧了竞争，并且更快地形成垄断，进而带来市场失灵等一系列新的变化与挑战。在宏观经济学框架下，经济核算是首先要解决的问题，而数字经济时代的数字核算客观上存在许多边界模糊的问题，因此需要科学地设计核算体系；有形实物资源与社会无形资本之间的融合创新，正在改变基于工业社会基础的内生经济增长的动力源泉，重构数字经济增长的内生逻辑；与此同时，数字经济时代除了促进了经济快速增长外，也带来了诸多新的矛盾，从而催生出数字政府的相关理论。在产业经济学框架下，数字经济带来的生产方式变革，无疑会对传统产业产生影响，形成数字经济时代下新的产业特征；进而产生产业演变的新特征，但是这种变化并不超出传统产业结构演变范畴；数字经济时代的产业发展，需要推进数字产业化和产业数字化双轮驱动转型，协同并行发展，赋能传统产业，赋能制造业转型升级，形成以数字产业为创新驱动力和实现工具的新产业发展格局。

◎ 概念复习

数据生产要素　数字劳动　数字消费模式　数字平台垄断　数字动能　数字政府　数字产业化　产业数字化

◎ 阅读资料

（1）数字劳动背后，是我们每一个人［EB/OL］. https：//m. thepaper. cn/baijiahao_19573279，2022－08－23.

（2）数字消费越来越有个性［EB/OL］. 中国青年网，https：//baijiahao. baidu. com/s？id = 1738769434270687440&wfr = spider&for = pc，2022－07－19.

（3）企业如何搭建数字化生产车间？［EB/OL］. https：//zhuanlan. zhihu. com/p/356285760，2021－03－11.

（4）国务院关于加强数字政府建设的指导意见［EB/OL］. 中华人民共和国中央人民政府网站，http：//www. gov. cn/zhengce/content/2022－06/23/content_5697299. htm，2022－06－23.

（5）数字经济核心产业 2025 年破 1.3 万亿［N］. 南方日报，https：//baijiahao. baidu. com/s？id = 1748528428552099336&wfr = spider&for = pc，2022－11－04.

◎ 课后思考题

（1）为什么数据成为数字经济时代的核心生产要素？

（2）数字经济是否缓解了资本主义生产方式的基本矛盾？

（3）数字经济时代消费行为模式有什么新变化？

（4）数字经济时代生产者决策有什么新的影响？

（5）简述数字经济时代的外部性特征。

（6）数字经济的统计核算有什么新的挑战？

（7）数字经济时代政府治理有什么新的目标？

（8）简述数字经济时代产业的新特征。

第 7 章
数字经济发展的条件、特征与规律

学习目标

（1）了解数字经济发展中数据价值化、数字化产品、数字化平台和数字基础设施四个重要条件；

（2）归纳数字经济发展的特征与规律；

（3）了解数字经济与高质量发展的理论联系与逻辑关系。

内容提要

数字经济以数字化的知识和信息作为关键生产要素，以数字技术为核心驱动力量，以现代信息网络为重要载体，能够有效提高经济社会的数字化、网络化、智能化水平。作为一种新型经济形态和未来发展方向，数字经济有利于促进区域经济增长、结构优化、创新驱动和效益提升，进而驱动经济高质量发展；同时数字经济带来的平台化、智能化、生态化、人性化、共享化也成为推动经济高质量发展的有效途径。本章介绍数字经济发展中数据价值化、数字化产品、数字化平台和数字基础设施四个重要条件，以及数字经济发展的特征与规律，并探讨数字经济推动高质量发展的理论逻辑和实现路径。

7.1 数字经济发展的条件

数据价值化、数字化产品、数字化平台和数字基础设施是数字经济发展的四个重要发展条件，它们之间的交互与整合，为数字经济的发展提供了广阔的空间。

7.1.1 数据价值化进程加快

数据价值化的过程主要包括数据采集、数据标准、数据确权、数据标注、数据定价、数据交易、数据流转、数据保护等流程。概而言之，数据价值化是指以数据资源化为起点，经历数据资源化、数据资产化、数据资本化阶段，最终实现数据价值化的经济过程。

7.1.1.1 数据资源化

（1）数据资源概念。

数据资源、数据资产和数据资本都是数据发展到一定规模、集聚一定价值后的产物，不过从本质上说，这些概念还是存在区别的（见表 7－1）。21 世纪人类的一大文明进步就是迸发出了“数据是一种资源”的思想，正是基于这种思想基调，人类大胆赋予数据具有实物资产一样的权属，使得数据拥有了与石油、煤矿、土地等重要资源一样的资产特性，可以进行买卖交易、可获利、可支撑生产。

表 7－1　数据资源、数据资产、数据资本的概念与解释

概念	概念解释
数据资源	有意义的数据集聚到一定规模后形成的资源
数据资产	拥有数据权属（勘探权、使用权、所有权等）、有价值、可计量、可读取的网络空间中的数据集合
数据资本	生产商品和服务所必需的记录信息，拥有长期的价值，但有特有属性，如非竞争性、不可替代性和体验性

资料来源：叶雅珍，刘国华，朱扬勇．数据资产相关概念综述［J］. 计算机科学，2019，46（11）：20－24.

数据资源集聚了数据的原始价值，成为需要挖掘、探索的一片蓝海，需要科学有效的数据价值生成方法。既然数据可以像房屋一样隶属于某主体成为资产，那么数据也可以像房屋抵押获得贷款一样获得资本属性，通过数据资源化、数据资产化、数据资本化来提升数据价值。

目前，全球对数据权属的确定、数据资产的定价均有一定探索，数据交易初具规模。我国也积极开展数据确权的实践探索。2019 年 9 月，工信部开通了我国首个数据确权平台——“人民数据资产服务平台”，主要是对数据的合法合规性进行审核，对数据生产加工服务主体、数据流通过程、数据流通应用规则开展审核及登记认证。北京市筹建北京国际大数据交易所，要求建立以信息充分披露为基础的数据登记平台，明晰数据权利取得方式及范围，建立数据确权工作机制，提供包括数据产品所有权交易、使用权交易、收益权交易在内的数据产品交易服务。①

（2）数据资源化发展过程。

数据资源化是一个螺旋式发展过程，在持续发现问题、解决问题的过程中积累知识经验，提升数据资源管理能力，按照管理成熟度可以将数据资源化发展划分为四个阶段（见图 7－1）。从数据建仓、数据治理、数据应用到数据运营阶段，随着数据资源管理成熟度的提高，数据资源化发展逐渐进入规模化运营发展阶段。

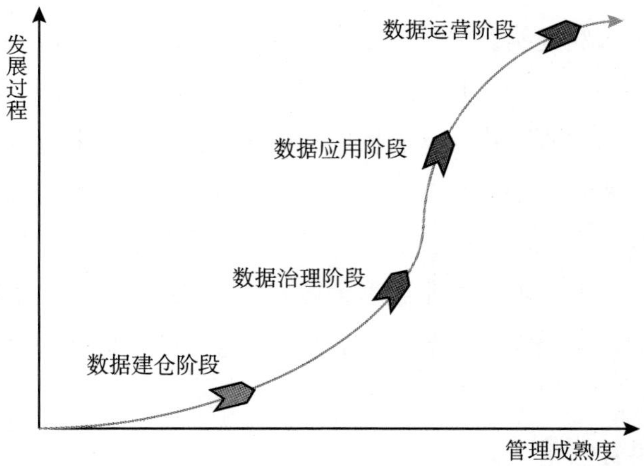

图 7－1　数据资源化发展阶段

在提高数据资源管理能力的目标驱动下，有必要建立数据仓库以增强数据资源集聚、存储、管理能力。在数据建仓阶段，数据管理还处于起步阶段，数据发展过程也十分缓慢。随着数据资源集聚，数据资源化发展进入数据治理阶段，形成了数据采集、计算、加工、分析等配套工具，建立了元数据管理、数据共享、数据安全保护等机制。数据治理阶段发展迅速推动着数据资源化进入数据应用阶段。通过数据创新应用，最终使得数字资源阶段进入大规模数据资源运营阶段。

数据资源化发展使数据成为数据资源主体的核心生产要素，不仅有助于提高产品和服务创新能力，而且有助于数据资源价值最大化目标的实现。随着数据资源管理成熟度

① 苏晓．数据价值化是数字经济发展的关键［N］．人民邮电，2021－06－07（003）．

和数据资源管理能力的提高，数据资源化发展动能不断得到提升，从而推动着数据资源价值增值能力得以快速提升。

7.1.1.2 数据资产化

（1）数据资产概念。

在信息化环境尚未成熟的时期，数据资产（data asset）主要是指可以证券化的金融产品，包括政府债券、公司债券和实物债券等资产。随着信息资源和数据资源概念的演变，数据资产概念进一步扩大，并随着数据管理、数据应用和数字经济的发展而得到普及。按照《数据资产管理白皮书（4.0)》，可以将数据资产定义为“由企业拥有或控制的，能够为企业带来未来经济利益的，以物理或电子的方式记录的数据资源，如文件资料、电子数据等”。

（2）数据资产管理体系。

数据作为一种新型资产，同实物资产一样具有价值和经济收益的特征。但是，如果缺乏合规有效的管理体系，数据也可能变成负债。为了培育数据资产化的健康模式，数据资产管理体系建设显得尤为重要。数据资产管理（data asset management）是指规划、控制和提供信息资产的一组业务职能，包括开发、操作和监督有关数据的计划、政策、方案、项目、流程、方法和程序，从而控制、保护和提高数据资产价值。可见，数据资产管理的目标是资产保值增值。在数据资产化大背景下，数据资产管理理论体系至少包括数据资产权属界定、价值评估、交易流通和安全保障四个方面。数据资产管理不仅具有数据管理的共性，而且具有不同于数据管理的独特管理视角。数据资产管理贯穿于数据采集、存储、管理、分析和使用等全生命周期过程，涉及数据采集后的运营管理、数据价值变现等过程。

7.1.1.3 数据资本化

大数据时代将碎片化的数据资本化，数据资本成为一类更具创造价值的新型资本。在数据资本占据权力核心地位的同时，传统的市场结构、社会结构必将出现大幅调整，以适应数据资本市场的需要。

（1）数据资本概念。

“数据资本”一词首先出现在统计领域中。1967 年，挪威中央统计局的一份工作文件中认为数据资本是采集和计算数据的保留存量，在统计文件系统中起关键作用（叶雅珍等，2019）。数据资本如同金融资本、实物资本一样，能够产生新的、有价值的产品和服务，提高数据资本拥有者的预期收益。在经济学中，数据资本拥有长期的价值，既有后验性（即数据资本使用后才能衡量其意义和价值），也有增殖性（即数据资本会进一步增殖）（宋宇和嵇正龙，2020）。综上所述，我们给出数据资本和数据资本化的定义，即数据资本是指以现代信息网络和各类型数据库为重要载体，基于信息和通信技术的充分数字化、生产要素化的信息和数据；数据资本化是指通过数据交易流通将数据资产转变为数据资本的过程，从而在更高层次上实现数据资本价值。

（2）数据资本化体系架构。

在数据资本化生产函数中，数据是价值创造的原材料。数据资本的兴起，需要一个全新的体系架构去厘清数据资本的有益属性，使数据资本为大众谋福利。在新型的数据资本化体系架构中，应突出体现数据资本公益性和公有制属性，充分展现数据福利价值属性和价值作用。

第一，数据资本公益性。数据资本化的目的在于追求数据价值最大化，以最大覆盖范围的公益性解决更多的民生问题。一方面，数据资本公益性体现了数据劳动正义重构的思想（张雯，2019），不仅坚持按劳分配的数据劳动原则，而且坚持普惠享用的数据共享原则；另一方面，数据资本公益性体现了公益性和营利性兼容的思想，不仅坚持公平、普惠基础上的公益性原则，而且坚持效率、效益基础上的营利性原则。

第二，数据资本公有制。数据本身并没有制度属性、阶级属性和意识形态，但是数据资本化会赋予数据这些属性，以代表不同的制度、阶级和意识形态。数据资本公有制创造了公平的社会环境，一方面有助于以国家利益扼制垄断，推动数据资本公有制发展，让更多的公民享有数据资产权益；另一方面有助于解决数据资本收益分配不公的问题，为每一个利益相关者提供公平、合理地享有数据资本收益的权利和机会。

7.1.2 数字化产品稳步发展

所谓的数字化产品，简单来说包括那些应用了数字化技术的产品。比如，我们日常生活中经常会用到的手机、智能电视、车载智能终端，现代化智能工厂中配备的自动化生产设备、机器人、工业软件等具有数据采集和通信协议的产品，都可以算作数字化产品。数字化产品有七大特征，包括可编程、可访问、可通信、可记忆、可感知、可追溯、可协作。当前我国手机应用程序的持续更新和迭代、智能设备和智能家居的整合应用等都是数字化产品多元应用的结果。数字产品的这些特征使得人机合一、跨界连接、资源聚合、供需直达和全景认知等先进理念成为可能，使企业的连接和服务可以跨越传统的地理时空限制，大大降低了规模经济的发展成本，提高了速度，形成了第二增长空间，甚至可以说，具有巨大的商业价值。数字化产品对推动数字经济的发展表现在以下三个方面：

一是数字技术创新助推产业转型升级。近年来，我国在人工智能、深度学习、大数据与云计算等数字技术领域的研发取得较大进展，新一代信息技术为数字经济的发展壮大提供了良好支撑，对推动产业数字化转型和数字经济产业链完善具有重要作用。当前，制造业企业的数字化基础能力稳步提升，智能化、自动化水平不断增强，制造业正成为数字经济主战场。

二是数字经济融合发展取得重要进展。近年来，我国数字经济同实体经济的融合范围不断拓宽，融合程度不断深化。例如，工业互联网的创新发展带动形成了智能制造、个性定制、网络协同、数字管理等新业态新模式，推动数字经济向更多实体经济行业与场景进一步延伸。

三是数字化消费新业态新模式加快形成。在抗击新冠肺炎疫情期间，数字技术和数字化服务发挥了重要作用，显示出更为广阔的应用前景以及更加强劲的增长动力，消费者的在线消费习惯得到了进一步培养，重量级消费新形态正在加快形成。其中，远程办公、在线教育、智慧医疗、电子政务等各类线上服务在疫情期间实现了爆发式增长，数字经济的优势进一步凸显。此外，在5G等新兴数字技术支持下，数字媒体、智能家居等消费新模式也正迎来快速发展时期。

案例7-1

数字化产品之一：智能会议平板。

线上办公、远程办公已成为企业提升办公效率的重要方式之一，但是远程办公不能面对面交流，团队成员之间无法双向协作，互动性存在滞后性，导致容易出现协作不畅通的情况。智能会议平板的出现解决了上述问题，它囊括了无线投屏、智能书写、视频会议和远程双向协作功能，能满足本地会议研讨、远程视频会议等办公需求。即使公司团队分散在全国各个地点，也能实现高效的远程协同办公，实现和面对面几乎一样的顺畅沟通，为团队员工带来更便捷、更高效的办公体验，同时大大减少了出差的人力成本和时间成本。

数字化产品之二：人脸识别测温门禁一体机。

人脸识别测温门禁一体机可以帮助企业高效管理员工，它是集面部检测与热成像测温的人脸门禁一体机，结合了先进的脸部识别算法与测温技术，能够对面部区域进行专门测温，避免了人体其他部位测温带来的误差；同时通过人脸信息以及体温对比，对出入人员进行双重管控，满足体温监测要求以及日常考勤工作需求，并且员工的上班时间也会自动登记在案，方便后续的数据统计处理，大大减少了前台以及人力等人员的工作量，提高管理效率。

数字化产品之三：表票扫描识别系统。

企业在运营过程中会产生大量发票或单据，如何把票据中的信息快速录入财务系统是企业运营考虑的重点问题。表票扫描识别系统具有数据采集功能，通过与财务系统的无缝集成，能够有效解决企业表票录入效率低、不易管理的问题。该系统具备识别各类发票的能力，且识别率高、识别速度快，有效推动了财务流程自动化，大大减少了财务人员的工作量。

7.1.3 数字化平台广泛应用

数字经济发展的第三个关键要素是数字化平台。这种数字化平台既存在于企业内部，也存在于企业间和企业外部与更广泛资源的连接中。在企业内部，企业的工厂、车间、部门、服务通过应用程序接口与企业的管理和运营平台进行及时的连接，管理者能够及时准确的了解企业的经营情况。此外还可以把企业合作伙伴的资源也连接到企业的平台上，这种连接形成了大量的数据湖，通过大数据和人工智能技术，可以帮助企业形成全景式或精细化的认知，当经营环境和经济情况发生快速剧烈不确定变化的时候，可以根据需要，快速及时地组合资源，甚至组织的部门、业务单元都变成一个可即插即用的模块，使得企业的整个供应链、管理运营流程都具有高效的敏捷性、重组的灵活性、耦合的多样性和抗波动的韧性，这是传统实体经济无法做到的。

跳出单一的企业，还有一些充分发挥自身技术优势，连接更多社会资源，为社会中的个体、企业提供服务，提升社会整体福利效益的平台企业。平台企业的最大特点是对象的数字化，再从数字化到模块化，解决了很多传统企业以前解决不了的管理问题，具体包括：

第一是聚合和离散的困境。平台企业不仅能够把成千上万家企业聚合到自己的平台上，也能够把成千上万的消费者聚合到平台上。通过这种聚合，企业可以把消费群离散化，精准了解每一个消费者的特点，从而提供定制化的产品和服务，这是传统企业解决不了的。

第二是通用性和个性化的困境。平台既可以提供通用性服务，又可以针对特定企业提供个性化服务，从而不断地聚合各种复杂的元素。这种能力对于应对高度不确定性的市场环境是非常重要的，使得整个经济体具有很强的韧性。

第三是差异化和低成本的困境。管理学认为战略定位要么差异化、要么低成本，但是有了范围经济以后，既可以实现差异化又可以实现低成本。

第四是大与小的困境。小企业通过平台可以很快做大，大企业如果没有平台，交易成本更高、整合效率更低，在新的颠覆式的商业模式创新中有可能边缘化。这突破了传统经济学和管理中的一些悖论，形成了一种新的经济形态，但人们对这种新的经济形态的认知还非常肤浅。

数字平台具有裂变成本低、速度快的特征，企业通过平台可扩大经营范围，增加产品种类。数字平台还能降低交易成本，具体包括搜寻成本、配置成本、信用成本等。这为中国数字经济的发展提供了重要的发展条件和机遇。

案例7-2

浙江蓝卓。

浙江蓝卓公司研发的supOS平台是国内首个自主知识产权的工业操作系统。根据企业官网的介绍，supOS平台深度融合了5T技术，能够适配多种工业协议；同时为工业企业提供了丰富的数字工厂开发工具，可开发、集成大量工业App。此外，supOS平台重点打造了“1个工业操作系统+N个工业智能App”的应用模式，通过工业App、工业模型、人工智能算法等服务组件，全面满足企业在运营、安全生产、质量管控等方面的需求；同时搭建了“云、企、端”多级联动、厂内厂外协同应用的工业大数据平台，实现工业设备互联、异构系统集成、全厂生产调度优化等综合应用，助力企业全面实现数字化转型。

震坤行。

震坤行工业超市是一家数字化的工业用品服务平台，通过“数字化的采销协同网络”，为客户提供一站式的工业用品采购与管理服务，实现工业用品供应链的透明、高效、降成本；通过“数字化的管理工具和物联网技术”，帮助中小企业快速完成数字化转型；通过“数字化的交付体系”，为客户提供覆盖全国的产品、服务与SaaS等商品的一站式交付服务。该平台主要经营辅料、易耗品、通用设备、备品备件等工业用品。根据震坤行官网的数据，截至2022年，该平台已拥有32条优势产线，1 500万+SKU，与超过40 000家先进制造业客户保持长期合作，建成35个全国总仓、70个服务中心仓，着力搭建覆盖全国“最后一公里”的交付网络。

京东。

京东是我国知名的综合型电子商务平台，于1998年成立并于2004年正式涉足电子商务领域。京东以供应链为基础搭建交易平台，致力于在不同的消费场景和连接终端上，通过强大的供应链、技术以及营销能力，为客户提供适合的产品和服务。根据京东官网的介绍，京东已完成电脑数码、手机、家电、消费品、服饰、居家、美妆、运动户外、奢品钟表、生鲜、生活服务、工业品等全品类覆盖，为客户提供智能化、定制化的采购管理解决方案，帮助客户提高采购效率，合理管控成本。同时，京东凭借多年积累的数据管理能力，能够为客户打造成熟的数字化运营体系，帮助企业进行数据资产的沉淀和分析，充分挖掘和实现数据价值，助力企业实现“数智化”转型。

7.1.4 数字化基础设施大力发展

数字基础设施，也就是新基建。借助新基建，无论是数字化产品还是数字化平台，都可以实现在连接效率、交易效率、速度、成本等方面的改善。当数字化基础设施同数字化产品以及数字化平台实现交互，市场整体交易的效率、规模、速度和范围将得到大幅提高。根据《数字中国发展报告（2020 年)》的数据，截至 2020 年底，我国已经建成了全球规模最大的光纤网络和 4G 网络，全国范围内行政村通 4G 及光纤的比例超过 98%，固定宽带移动 LTE 网络 IPv6 升级改造也已全面完成。在数据基础设施建设方面，近年来，新一代云计算平台设施正加速构建，多方向、大容量的国际传输网络架构也已基本形成，为数字经济新兴业态和融合应用提供了强大支撑与保障，有力推动了数字产业化高质量发展。此外，《“十四五”数字经济发展规划》将数字基础设施的有关内容列为了单独章节，提出加快建设信息网络基础设施，推进云网协同和算网融合发展，有序推进基础设施智能升级。同时，还提出了四项信息网络基础设施优化升级工程，即推进光纤网络扩容提速、加快 5G 网络规模化部署、推进 IPv6 规模部署应用、加速空间信息基础设施升级。通过对数字基础设施的优化升级，打造智慧共享、和睦共治的新型数字生活。

7.1.5 数字经济政策优势凸显

新型基础设施建设具有规模大、涉及产业广、所需投资大等特点，高昂的建设成本必然需要企业和民间资本的参与与支持。我国独有的“集中力量办大事”的制度优势，有助于组织好各类资本力量参与新型基础设施建设，这为数字经济生态体系的发展完善奠定了基础，具有重大的现实意义和战略意义。当前，政府、企业、民众对发展数字经济的认识进一步得到统一，中央到地方自上而下的政策部署为数字经济发展营造了良好的政策环境，助力数字经济新产业、新业态和新模式蕴藏的巨大潜力及强大动能不断释放。中国政府对数字经济一直持包容宽松的监管态度，并在国家战略高度重视发展数字经济。近年来，“上云用数赋智”行动、数字化转型伙伴行动（2020）等政策行动相继推出，我国发展数字经济的制度优势日益凸显。

7.1.6 工业体系完整

我国完备的工业体系为数字经济发展提供了有利条件。一是产业优势。我国已成为制造业大国，是全球唯一拥有联合国产业分类中所列全部工业门类的国家，拥有世界上最完备的工业体系，在工业互联网快速发展的今天，这将为数字经济的发展带来更多红利。例如，借助完整产业链的优势，可以打造完善的供应链体系，从而为各个产业中数字技术的更新迭代及应用实验提供便利和成本优势。

二是技术优势。信息技术的持续迭代为数字经济增长增添了全新活力，近年来，我国在5G、人工智能、量子计算、物联网、区块链、大数据等信息技术优势领域持续形成突破，并加快推进产业化应用，为数字经济的蓬勃发展提供了强大支撑。与此同时，数字技术突破和融合发展的赋能成效正在快速呈现，“创新红利”持续释放，有力地实现了对传统经济的渗透补充，并推动传统经济转型升级。

三是后发优势。总体来看，我国产业数字化转型仍处于起步期，传统产业数字化水平还有待提高。与此同时，数字经济在不同区域间发展不平衡的问题日益凸显，偏远落后地区、农村地区还有大量的数字化需求未能满足。我国数字化发展潜力巨大，有利于加快培育数字经济新增长点，形成数字经济新动能。此外，我国经济体系建设中仍存在一些不完善的因素，较国际先进水平有一定差距，这反而使得我国在数字经济发展中没有历史包袱，能够具有后发优势。典型的例子就是移动支付在中国的快速崛起。正是由于中国没有欧美那样发达便捷的信用卡支付体系，反而使得移动支付在中国异军突起。中国不必完全遵循西方国家数字化、网络化、智能化的顺序发展路径，可以充分发挥后发优势，实现并联式、跨越式发展，推动产业技术革命，打造中国“智能制造”新模式。

7.2 数字经济发展的特征与规律

7.2.1 数字经济发展的特征

数字经济，是伴随着全球数字化浪潮，在新一轮科技革命和产业变革中孕育兴起的经济模式，以信息通信技术的有效使用作为效率提升和经济结构优化的重要推动力。数字经济具有以下几个方面的特征。

7.2.1.1 高技术特性

数字经济发展的高技术特性，是指建立在人类最新数字技术成就的基础上，伴随数字技术扩散和数字技术创新过程而出现的多种数字化技术特性，其中，高智力、高竞争、高速度是高技术特性的典型代表。高智力，数字技术是知识密集型技术，人工智能、大数据、云计算等数字化底层技术的发展，必须依靠创造性的智力劳动，依靠富有创新意识、创新能力的高素质人才，凸显了数字经济发展的高智力特性。高竞争，数字技术是社会快速发展的核心基础及创新原动力，在数字化转型的大趋势下，必然显现出互联网平台承载其商业行为的高竞争特性，谁先掌握数字技术并获得良性竞争优势，谁就会在数字经济高技术发展的市场竞争中占有一席之地。高速度是以信息技术为龙头的高技术产业，是目前发达国家经济中最活跃也是增长最快的经济部门。其结果不仅表现在产值、产量的发展高速度上，而且还突出表现在产品性能更新的高速度上。

7.2.1.2 高渗透特性

数字技术等高技术本身具有极强的综合性和渗透性，隐含着巨大的网络技术辐射潜力。其多种特性的协同作用使得数字经济发展直接影响经济社会各领域发展，并加速向经济、国防、科学、技术、政治、外交和社会生活等各个领域全面渗透。主要表现为：

一是突破时空与产业界限的高渗透特性。不仅突破原有的经济边界，实现跨时空的自由穿越、流动和交互，同时还使得信息服务业等也能迅速地向第一、第二产业扩张，使三大产业之间的界限逐渐模糊并相互深度渗透。

二是打破传统企业边界与成长规律的高渗透特性。以提升企业数字化、网络化、智能化发展水平为主要特征，数字经济发展能迅速打破传统企业边界；同时将数据采集、传输、存储、平台、服务等功能集聚于一体，有效形成由制造能力、创新能力、服务能力等驱动的企业成长规律。

三是颠覆传统商业模式与资源利用方式的高渗透特性。从基础设施、融合应用、企业和政府数字化转型、数据治理等多层次、多维度进行突破，借助其在生产要素配置中的快速优化和集成共享，通过数字技术的加速渗透以快速颠覆传统商业模式，加快形成拉动经济增长、促进经济高质量发展的资源利用新方式。

7.2.1.3 高融合特性

信息技术在经济领域的应用主要表现在用信息技术改造和提升传统产业上，以深化数字经济与实体经济深度融合为导向；而互联网技术所体现的“联结一切、跨界融合”特点，更奠定了数字经济发展的高融合特性。

一是技术体系的高融合。数字经济通过新一代信息技术产业跨界融合，尤其是通过5G作为高可靠、低时延、广覆盖、大连接的移动通信技术与实体经济深度融合，形成高融合的数字经济技术体系。

二是生产体系的高融合。数字经济通过聚焦新型数字基础设施建设和全产业链布局，以实现产业全要素、全流程、全生命周期数字化转型与融合创新，从而构建数字驱动、智能主导的数字经济高融合生产体系。

三是政策体系的高融合。数字经济以推进供给侧结构性改革为主线，借助“互联网+”和政府大数据决策平台，围绕转方式、优结构、换动力等视角，全力打造能实现高质量与高融合推进的多维政策体系，为实现政府政策制定科学化提供重要支撑。

7.2.1.4 高增长特性

2020年4月9日，《中共中央　国务院关于构建更加完善的要素市场化配置体制机制的意见》的正式颁布，使数据首次被正式纳入了生产要素范围，并使数字经济成为拉动经济高增长的重要引擎。当然，数据的驱动和引领，除了需要更多合作伙伴具有足够的历史耐心、战略定力与理性思维外，更需要加强数据要素市场的培育并为其商业价值持续赋能。为此，应当重点关注三个方面：

一是基于要素市场视角，着力关注数据要素市场的分类和系统管理，不断提高各产业体系中原有要素的价值转化效率，进而促进生产效率的提升，确保数字经济的高增长。

二是基于数据价值视角，着力关注数据本身所产生的新价值，全面提升相应的数据要素价值，进而促进传统要素市场的数字化升级，确保多维线下商户经营场景价值的高增长。

三是基于要素服务视角，着力关注横跨各领域的综合要素作用的服务价值，全面推进政府数据与社会数据资源的开放共享，进而促进大数据交易价值的社会赋能，确保全方位服务增值运营效率的高增长。

7.2.1.5 高安全特性

当前我国经济发展呈现明显的数字化特征，企业对数字化的依赖越来越强，面对的核心数据防范、关键业务重点保护、信息资产高效运营等安全挑战也在不断增多，由此凸显出了数字经济发展的高安全特性。其中，数据安全、网络安全、业务安全等是主要代表。在大数据云计算环境下，数据的收集、传输、使用过程都已暴露出严重的数据安全问题。数据既有国家、公共属性，关系国家安全；又具有人身、财产等属性，关涉私人权益。为此，既要加速数据安全立法，也要加快数据安全的多元“共治”。在数字化变革的趋势下，行业应用智慧化、业务平台数据化、基础设施云化、万物互联泛在化等特性，给网络安全带来了全新的挑战，需要全面提升网络安全感知能力、网络安全融合能力和网络安全服务能力，以全面保障大数据环境下的网络安全。作为数字经济的技术基础，相比于闭源软件等产品，开源产品具有较高的透明度，开源战略有利于降低数字经济的技术风险水平。因此，如何以相对较低的投入、较小的风险和较高的质量等形式，通过开源战略有效提升物联网、柔性生产、个性化定制等业务安全，是数字经济安全发展的保障。

7.2.2 数字经济发展的规律

数字经济作为农业经济、工业经济之后的新型经济形态，呈现出高成长性、广覆盖性、强渗透性以及跨界融合、开放共享等与生俱来的特性，它更容易形成规模经济和范围经济，实现全域性的经济增长，也体现了更明显的经济发展特征。

7.2.2.1 数据成为新的关键生产要素

随着数字经济与经济社会的交汇融合，数据呈爆发式增长态势，每年增长 50%，每两年翻一番，成为企业经营决策的新驱动、商品服务贸易的新内容、社会全面治理的新手段，带来了新的价值增值。更重要的是，相比其他生产要素，数据资源具有可复制、可共享、无限增长和供给的特性，打破了传统要素有限供给对增长的制约，为持续增长和永续发展提供了基础与可能。

7.2.2.2 数字技术创新提供源源不断的动力

通用目的技术的进步和变革是推动人类经济社会阶跃式发展的核心动力。数字技术的创新进步和普及应用，正是当下时代变迁的决定性力量。区别于以往的通用目的技术，数字技术进步超越了线性约束，呈现出指数级增长态势。近年来，大数据、物联网、移动互联网、云计算等数字技术的突破和融合发展推动着数字经济的快速发展。人工智能、虚拟现实、区块链等前沿技术正加速进步，产业应用生态持续完善，未来发展动力不断强化。此外，数字技术加速与制造、生物、能源等技术融合，带动群体性突破，全面拓宽了人类认知和增长空间。

7.2.2.3 信息产业的基础性先导性作用突出

信息产业是数字经济时代驱动发展的基础性先导性产业。信息产业领域创新活跃，引领带动作用强。数字技术是技术密集型产业，动态创新是其基本特点，强大的创新能力是竞争力的根本保证。受此驱动，信息产业成为研发投入的重要领域，也因此带来了丰厚的创新产出。根据《中国数字经济发展白皮书（2017）》，以世界平均水平为例，2017 年信息产业领域的专利占比达到 39%，金砖国家的这一比例甚至达到了 55%。

7.2.2.4 产业融合是推动数字经济发展的主引擎

数字经济在其他产业领域的应用带来了效率增长和产出增加，已成为推动经济发展的主引擎。一方面，数字经济加速向传统产业渗透，催生了 O2O、分享经济等新模式新业态持续涌现；另一方面，传统产业数字化、网络化、智能化转型步伐加快，推动新旧动能接续转换。传统产业利用数字经济带来的产出增长，构成了数字经济的主要部分，成为驱动数字经济发展的主引擎。

7.2.2.5 平台化生态化成为产业组织的显著特征

平台成为数字经济时代协调和配置资源的基本经济组织，是价值创造和价值汇聚的核心。一方面，互联网平台新主体快速涌现。商贸、生活、交通、工业等垂直细分领域平台企业发展迅猛；另一方面，传统企业加快平台转型。传统 IT 巨头向平台转型，打造更为互联、智能的生态系统。同时，传统制造企业也开启平台化转型，为客户提供精准的大数据分析、预测、运营支持及商业模式创新服务。

7.2.2.6 多元共治成为数字经济的核心治理方式

数字经济是一个复杂的生态系统，海量主体参与市场竞争，线上线下融合成为发展常态，跨行业跨地域竞争日趋激烈，导致老问题在线上被放大，新问题又层出不穷，仅依靠政府监管难以应对。将平台、企业、用户和消费者等数字经济生态的重要参与主体纳入治理体系，发挥各方在治理方面的比较优势，构建多元协同治理方式，成为政府治理创新的新方向。

7.3 数字经济与高质量发展

经济高质量发展既包含“量”的增加，也包含“质”的提升；既涵盖“外延式”增长，也涵盖“内涵式”发展，是生产力不断提升、发展结构不断优化、发展动力得到转换、发展效益不断提升的过程，即经济高质量发展可以从经济增长、结构优化、创新驱动和效益提升四个维度进行分析。数字经济作为一种新型经济形态和未来发展方向，能够促进区域经济增长、结构优化、创新驱动和效益提升，最终驱动经济的高质量发展。

7.3.1 数字经济推动高质量发展的理论逻辑

7.3.1.1 数字经济驱动经济增长的理论逻辑

（1）数字经济能够驱动微观经济增长。

第一，数字经济能够扩大供给。企业能够通过数字连接实现数据溯源、智能生产、智能检测、智能管控、智能预警和智能决策，带动研发、生产、管理、销售和服务的一体化衔接；通过数字平台实现协同生产和资源共享，降低生产风险，提高供给能力；通过消费记录、浏览足迹、购买评价等网络痕迹，实现精准销售和精准规划，扩大供给规模。第二，数字经济能够刺激消费。物联网、互联网、电子商务、平台经济、共享经济、数字金融、数字支付、直播带货、云体验等使消费突破了地域、时间和产品限制，引导着消费方式的变革和消费范围的扩大。第三，数字经济能够实现供求精准对接，提高交易成功率。数字网络能够消除信息不对称，通过动态定价机制、云平台交易机制、云平台共享机制、双方互评机制等，促进价格机制的科学化、透明化和市场化，扩大市场边界，实现供求的多元、动态和精准匹配。

（2）数字经济能够驱动产业变革与优化。

第一，就农业而言，数字技术的使用促进了精耕细作，使传统农业在一定程度上摆脱了“靠天吃饭”的困境，如智能环境监测，可以提前监测土壤、温度、湿度、病虫害等，做到有针对性地预防，提高农作物产出水平；智能采摘、智能分拣、智能加工、数字物流、线上销售等促进了农产品的价值增殖。第二，就工业而言，新一代数字技术具有普适性、强关联性、强渗透性和倍增性等特征，能够带动智能制造对传统制造的替代、知识和技术密集型工业对劳动密集型工业的替代；工业互联网、大数据、人工智能、区块链等的融合，使工业发展突破了时空、要素、资源和市场约束，催生了平台化设计、智能化制造、网络化协同、个性化定制、服务化延伸和数字化管理等新模式。第三，就服务业而言，数字技术在服务领域的渗透，催生出数字金融、智能家居、远程医疗、智能餐厅、在线教育、无人超市、网约车和网络直播等，促进了服务业的充分增长。

（3）数字经济能够驱动宏观经济增长。

第一，数字经济能够畅通国民经济循环。数字经济既能够带动信息流、数据流、资金流、商品流和物流的循环，也能够推动国民经济的生产、分配、流通（交换）和消费的循环，提高价值实现速度。第二，数字经济通过溢出效应带动宏观经济增长。数字经济能够促进数据流动、信息传播、技术溢出、知识扩散和制度移植，带动经济发展的数据驱动、信息驱动、创新驱动、知识驱动和管理驱动，增进发展动能，提高发展能力。第三，数字经济能够提高经济发展能力。数字经济通过互联网、物联网、智慧云、音频视频、数字支付等，使企业生产和居民消费突破时空限制，促进"时空压缩"；即时交易、网络交易节约了时间成本和交通成本，提高了不同经济主体的发展能力，如智能生产、直播带货等提高了企业的发展能力，线上教育培训提高了个人发展能力，扶贫直播、扶贫小视频和数字物流等提高了落后区域的发展能力。

7.3.1.2 数字经济驱动结构优化的理论逻辑

（1）数字经济能够促进要素结构优化。

第一，数据要素的使用能够优化要素结构。数据要素具有可复制共享、传输快捷、边际成本近乎为零等特征，它的使用能够带动要素升级；数据要素具有强融合性和强渗透性，可以与其他要素一起融入价值创造过程，如与土地、劳动力、资本和技术的融合使用，能够优化要素结构。第二，数字技术的使用能够优化要素结构。数字技术自身具有技术要素属性，且拥有其他要素无法比拟的优点，既能直接创造价值，也能催生出新技术、新产业、新业态、新领域和新模式等创造价值；数字技术具有替代、融合和改造其他要素的能力，如互联网与劳动力的结合，引发了数字劳动、智能机器人、无人驾驶、无人车间、劳动力和机器的互补劳动等劳动的新形式；互联网能够通过海量用户的产品服务需求，引导资本流向，并引发数字资本、数字金融等资本的新形式。

（2）数字经济能够促进产业结构优化。

第一，从数字产业化来看，数字产业是国民经济的基础性、先导性和战略性产业，既涉及制造业，也涉及服务业，与国民经济众多产业都有关联，能够通过产业关联、区域关联和产业融合，带动产业优化升级。第二，从产业数字化来看，数字技术具有普适性、高成长性、强关联性、强融合性、倍增性等特征，能够促进产业内部结构优化，如数字技术能够通过农业大数据平台、智慧农业平台和全程溯源系统等实现生产流程的一体化和无缝对接；能够利用工业互联网平台和网络协同平台实现人、机、物的有效融合，加强若干工业门类之间的协调联动；能够促进线上线下信息共享，促进服务业升级。同时，互联网技术在三大产业之间的协同应用，能够加强产业之间的前向关联、后向关联、旁侧关联、区域关联，增加产业链条之间的一体化衔接和信息共享，推动产业结构的合理化和高级化。

（3）数字经济能够促进供需结构优化。

第一，从供给侧来看，数据要素、数字技术、数字劳动和数字资本的使用能够提高企业生产效率；交易记录等海量数据的处理，有助于企业对生产什么、生产多少和怎样生产实施精准规划。第二，从需求侧来看，数字经济能够促进消费、投资和贸易升级。数字经济构筑了更加便捷、多元、即时的数字交易模式，丰富了消费选择，提高了消费频率，加快了消费决策，降低了消费成本和消费门槛；数字基础设施如通信管网、无线基站等硬件设施，5G 网络、光纤通信、新一代信息技术等软件设施等都需要大量投资；跨境电子商务、银行互联网跨境支付等缩短了地理距离，降低了国际贸易成本和门槛，促进了贸易便利化。第三，从供给侧与需求侧的匹配度来看，数字经济能够通过网络化协同实现企业之间、消费者之间、企业和消费者之间的交流互动，强化供给侧与需求侧的正反馈，优化供需结构。

7.3.1.3 数字经济促进创新驱动的理论逻辑

（1）数字经济能够促进企业创新。

第一，数据要素、数字技术的使用能够提高企业研发效率。数据要素和数字技术能够促进知识积累、信息整合、资源共享，降低了知识搜索、储存和传输的成本，提高创新速度和成功率，为创新活动奠定了基础。数字技术的使用能够提高研发经费、研发人员的使用和配置效率，降低研发人员的非理性行为，通过信息平台提高决策和判断能力，降低研发风险，提高企业的研发效率。第二，数字经济能够促进企业的协同创新。数字经济具有开放性、强连接性、共享性和倍增性等特征，大数据、云计算和人工智能的使用，能够促进开放性知识的共享和创造，优化知识资源、信息资源配置，提高企业的开放式创新、协同式创新、组合式创新、渐进式创新、颠覆式创新和集群式创新等能力，提高企业的创新效率。

（2）数字经济能够促进产业创新。

第一，数字产业具有创新性。依据内生增长理论，创新是经济增长的核心动力。数字经济是国民经济的重要组成部分，而创新性是数字经济的本质特征。数字产业创新能够带动信息链、创新链、价值链和产业链的整合，催生出新业态，带动其他产业的创新发展和协同发展。第二，数字经济能够促进传统产业创新。数字经济能够利用 5G、大数据、人工智能等对产业进行全方位、多角度和全链条的数字化改造，带动传统产业创新发展，如数字经济能够赋能农业现代化、网络化、协同化、绿色化和智能化发展，引领农业创新发展；工业互联网能够带动工业发展的数据驱动和创新驱动，引领工业创新发展；数字经济改变着生活的方方面面，远程教育、线上医疗、共享单车、电子商务、智慧社区、线上购票、智慧旅游、数字金融、数字物流等赋能服务业的创新发展。

（3）数字经济能够促进宏观经济创新。

熊彼特的创新理论认为，创新就是要建立一种新的生产函数，即实现生产要素的重新组合。第一，数字技术既具有技术属性，又具有替代、融合和改造其他要素的能力，助力外推生产可能性曲线。第二，数据要素具有可以无限重复使用、零边际成本、传输方便、无时间地域限制、没有损耗等特性，还能对传统生产要素进行数字化改造，形成新的生产要素组合，创新驱动经济突破增长极限。第三，互联网通过海量消费者的“投票”，促进需求导向的产品创新、管理创新和服务创新，也能够通过海量信息的采集、传输、存储、处理和分析，积累创新资源、预测创新风险、降低创新成本，提高创新速度、创新效率和成功率。

7.3.1.4 数字经济驱动效益提升的理论逻辑

（1）数字经济能够提升微观经济效益。

第一，数字经济能够提高供给效率。数字经济带来的规模效应和范围经济能够降低生产成本和交易成本；数字经济能够通过生产流程的一体化衔接和网络化协同，提高供给质量和供给效率。第二，数字经济能够提高消费效率。目前，数字消费已成为我国消费的重要组成部分，也成为新冠肺炎疫情之下消费的关键部分。数字消费具有不受时空约束、节省搜寻成本、相对低价、商品种类齐全等优点，在数字支付和物流的配合下，扩大了消费规模、提高了消费速度、挖掘了消费空间。我国拥有超大市场规模优势和内需潜力，数字消费具有巨大潜力。第三，数字经济能够提高交易效率。数字网络通过互动网络平台、共享网络平台、网络营销平台、网络搜索平台等将供给方和需求方联系在一起，促进了双方的直接沟通，降低了交易成本和交易纠纷，引导价格的科学化和透明化，推动供求的精准匹配，提高了交易效率。

（2）数字经济能够提高产业经济效益。

第一，数字经济能够提高农业效益。利用数字传感技术、数字监控技术、数字预警系统等能够掌握土壤环境、温度湿度环境、生长情况、农药和贵金属残留情况等，推动了农业的精耕细作、绿色化和现代化。第二，数字经济能够提高工业效益。电子商务技术、泛在感知网络技术、泛在制造信息处理技术、虚拟现实技术、人机交互技术、空间协同技术、平行管理技术、系统集成制造技术等的应用能够催生数字研发、网络协同、智能制造、无人工厂等；工业互联网能够有效提升产业链和供应链的韧性，提高安全生产保障能力，赋能制造业向高端化、数字化、网络化、智能化和绿色化转型。第三，数字经济能够提高服务业效益。数字经济与服务业的融合，提高了服务业经济效率，不断满足人民日益增长的数字服务需求。

（3）数字经济能够提高宏观经济效益。

第一，数字经济能够促进区域协调发展，提高整体经济效益。数据的可复制性、共享性、传输的快捷性，降低了区域交流和共享的成本；数据要素与其他要素的融合，能够优化区域间的要素配置，促进要素流动，减少资源浪费。第二，“数字循环化”和“循环数字化”能够提高经济循环效率。数字循环化使得数字产业自身形成良好的产业循环，加速国民经济产业循环；循环数字化带动了数据流、资金流、商品流和物流循环，加速了生产、分配、流通和消费的循环，提高了国民经济循环效率。第三，数字经济能够通过提高微观经济效益和产业经济效益，提高宏观经济效益。数字经济能够提高生产效率、消费效率和交易效率，能够提高农业、工业和服务业经济效益，这必定能够提高宏观经济效益。随着网络强国、数字中国、智慧社会战略的深入推进，数字经济对国民经济的驱动效应将会越来越强。

7.3.2 数字经济驱动经济高质量发展的实现路径

大数据时代，网络技术的快速发展以及互联网、大数据、人工智能与实体经济的深度融合，催生了人和数据的流动、微型跨国企业的崛起、平台经济的涌现、新兴市场的兴起，大大加快了传统经济组织结构、生产方式、管理理念以及营销方式的数字化变革步伐，也无处不体现着数字经济所主导的经济领域新的演进路径，并协同贯穿于平台化、智能化、生态化、人性化、共享化等路径属性之中，形成生产定制化与柔性化、管理扁平化与精细化、营销在线化与全渠道化等诸多实践路径，最终将成为推动数字经济高质量发展的有效途径。

7.3.2.1 平台化路径选择

平台是基于网络信息技术，集聚各方资源、连接各方参与主体、满足潜在需求的一种载体。在知识信息的传递增值和互联共享背景下，互联网平台能创造全新的商业环境，使各种类型、各种行业、各种体量的企业接入平台后即可获得直接服务消费者的机会，同时也能契合数字经济时代下快速连接（去中心化）、高效供需匹配（去中间化）和突破产业边界（去边界化）的商业发展趋势。

从单向价值链到多边价值网络，从商品主导到服务逻辑，从垂直深耕到跨界融合，将成为更能符合数字经济可持续发展的平台化可行路径，其核心内涵是通过缩减中间层，降低组织决策重心与减少管理层级，由垂直科层、单一结构转向扁平网状结构，直接打造扁平化、平台化、赋能型的新型路径。随着平台化战略的纵深推进，平台扮演的角色不仅是产品提供者，更是价值创造网络中的连接者、体验的赋能者、资源匹配的协调者和数字化交易空间的组织者，以及新路径创新场景的设计者。

7.3.2.2 智能化路径选择

智能化是指事物在网络、大数据、物联网和人工智能等技术的支持下所具有的，能动地满足人的各种需求的属性。随着网络时代的到来，信息技术水平也不断提高，以智能化为主攻方向，依托区块链和图像、语音、机器学习等人工智能技术，可大大加快数字经济、信息技术同传统制造的有机融合。其中，快速变化的市场需求，能从消费端沿着产业链不断向上传导，直接引领上游供应商主动融入智能化系统；而数字化设计借助计算机辅助设计软件、三维设计与建模工具等技术，大幅度地缩短产品开发周期，降低开发风险和开发费用，成为企业走向智能化道路必须要突破的关键点；智能制造单元的全新打造，则是开启智能化道路行之有效的切入点，其最大的作用在于提升设备开动率，加快生产节奏，实现企业在多品种、小批量乃至单件自动化的生产智能化。此外，远程运维服务即是典型的制造企业智能化服务模式，对于企业产品的智能化程度要求较高，产品必须配备开放的数据口，并具备数据采集与通信模块。

7.3.2.3 生态化路径选择

数字时代的最大特点就是生态化，其中，在大数据、量子计算、北斗应用、物联网、人工智能、虚拟现实、区块链等技术的推动下，产业生态化更具有深刻的时代价值。而数字经济发展的生态化路径，就是通过模仿自然生态系统来追求更高的资源利用率和废弃物产出的最小化，从而树立从线性开放发展转变为循环封闭发展的生态战略思维，并通过开放合作同客户、外部生态之间融合构建生态系统优势，最终形成多头的、多中心并行的、交织的网状型产业生态圈。我国数字经济虽然已呈现各类经济主体深度参与、多种产业融合集聚、新型业态和智慧模式不断涌现、价值共创效率迅速提高的良好发展态势，但是亟须构建以客户为中心平行自动协同的生态化系统。另外，在数字经济领域，生态圈与生态圈之间的竞争一定会成为企业间竞争的最高形态，在这种背景下，如何广泛实施开源战略，促使整个组织内外跨界、开放融合，将有利于数字企业基于核心开源产品快速建立企业生态圈，并有助于促进数字经济的生态化发展。

7.3.2.4 人性化路径选择

数字时代给人类社会带来的一个显著性进步，就是人性化管理已渐渐成为现代管理的重要特征之一。所谓人性化，就是力求能全方位满足人的需求，既能满足消费者的功能诉求，又能满足消费者的心理需求，主要体现在人性化设计、人性化管理及人性化服务等方面。在人性化设计方面，越来越重视以人为本、以人的需求为出发点，在本能层、行为层、反思层上塑造产品形态，并结合产品语意探讨形态塑造与语意表达进行数字产品设计，更加关注受众情感层面上的需求及对界面视觉的人性化满足。在人性化管理方面，基于对发挥用户非理性因素决策作用的考虑，结合其思维与创意构思、建筑与环境协调、生活空间与数字智能化集成目标等视角，更加注重管理行为与人性的无限接近。在人性化服务方面，要以客户为中心给消费者以人文关怀，通过量身定制等柔性生产方式，给更多客户带来个性化的产品和服务，从而有效提高消费者的服务满意度，最终更好地满足人们对物质与文化生活的需求。

7.3.2.5 共享化路径选择

数字经济是一种可以人人参与、共享共建的经济范式，也可以看作使用新型的数字技术而产生的全新的经济系统，是新技术、新产品、新业态、新模式的综合体现。而数字经济发展的共享化路径，就是通过充分利用数据的流动和共享平台的力量，促使商业流程跨越企业边界，编织出全新的资源网络、生态网络和价值网络，同时成功打造实现多方共赢、开放共享的大生态商业布局。可以说，随着共享经济与传统产业、传统行业的结合更加深入，“共享化路径”将带来服务领域广、经济体量大、参与人数多、发展势头好的诸多优势，并在整合线上线下资源、降低供给和需求方成本、提升资源对接和配置的效率、提供更为多元的个性化服务与商品、树立个人的独特品牌与信誉等方面，不断发挥其惊人的最佳潜力。总之，共享化路径属性的充分彰显，不仅是顺应数字经济时代潮流和消费者需求的一次升级，更是服务商面对科技进步和产业变革而实现融合共赢的自我突围，必将助力我国数字经济高质量发展。

◎ 本章提要

本章介绍了数字经济发展的条件、特征与规律，以及数字经济推动高质量发展的理论逻辑和实现路径。数据价值化、数字化产品、数字化平台和数字基础设施是数字经济发展的4个重要发展条件，它们之间的交互与整合，为数字经济的发展提供了广阔的空间。数字经济具有高技术特性、高渗透特性、高融合特性、高增长特性、高安全特性这几个特点，并且呈现出以下的规律：数据成为新的关键生产要素，数字技术创新提供源源不断的动力，信息产业的基础性先导性作用突出，产业融合是推动数字经济发展的主引擎，平台化生态化成为产业组织的显著特征，多元共治成为数字经济的核心治理方式。数字经济作为一种新型经济形态和未来发展方向，能够促进区域经济增长、结构优化、创新驱动和效益提升，进而驱动经济高质量发展；同时数字经济带来的平台化、智能化、生态化、人性化、共享化也成为推动经济高质量发展的有效途径。

◎ 阅读资料

（1）李艺铭，安晖．数字经济［M］．北京：人民邮电出版社，2017：220.
（2）刘冬冬，鲁四海．赋能数字经济［M］．北京：人民邮电出版社，2017：224.
（3）朱建良，王廷才，李成，文丹枫．数字经济［M］．北京：人民邮电出版社，2017：293.
（4）数字经济及其核心产业统计分类（2021）［EB/OL］．国家统计局网站，http：//www.stats.gov.cn/tjgz/tzgb/202106/t20210603_1818129.html，2021－06－03.
（5）国务院关于印发“十四五”数字经济发展规划的通知［EB/OL］．中华人民共和国中央人民政府网站，http：//www.gov.cn/zhengce/content/2022－01/12/content_5667817.htm，2021－12－12.
（6）研究：“十四五”数字经济与实体经济融合发展亟待破解五大难题［EB/OL］．数字经济网，http：//www.linkingapi.com/archives/12922，2022－04－08.
（7）把握数字经济发展趋势和规律　推动我国数字经济健康发展［EB/OL］．人民网，http：//dangshi.people.com.cn/n1/2021/1020/c436975－32258571.html，2021－10－20.

（8）国务院关于数字经济发展情况的报告［EB/OL］. 中华人民共和国中央人民政府网站，http：//www. gov. cn/xinwen/2022 - 11/28/content_5729249. htm，2022 - 11 - 28.

◎ 课后思考题

（1）数字经济发展的四个重要发展条件是什么？

（2）数据价值化、数据资源化、数字资产化、数据资本化的含义是什么？

（3）什么是数字化产品？数字化产品推动数字经济发展表现在哪些方面？

（4）数字化平台应用的作用是什么？

（5）我国数字化基础设施的发展情况如何？

（6）我国发展数字经济的制度优势体现在哪里？

（7）理解我国完备的工业体系如何为数字经济发展提供有利条件？

（8）数字经济发展的特征有哪些？

（9）数字经济发展的规律是什么？

（10）数字经济推动高质量发展的理论逻辑是什么？

（11）数字经济驱动经济高质量发展的实现路径是什么？

第8章
数字经济发展战略、模式与政策

学习目标

（1）了解美国、欧盟、日本等西方国家的数字经济发展战略，并研究梳理中国数字经济发展的战略选择；

（2）归纳美国市场导向型数字经济发展模式、欧盟市场融合型数字经济发展模式、日本市场拓展型数字经济发展模式及其具体特征，并总结数字中国数字经济发展模式的特征与优势；

（3）了解国家层面和地方层面上中国现有数字经济政策，并从通用政策和专用政策两个方面提出中国推动数字经济发展的政策体系。

内容提要

世界范围内数字经济持续快速发展，不断为经济增长提供新生动力，同时也为经济系统注入更强的柔韧性。因此，推动数字经济发展成为世界各国下一步发展的共识和方向。全球主要国家把发展数字经济作为实现经济复苏和推动可持续发展的关键，并通过制定战略与政策引导驱动本国数字经济的发展。本章旨在通过梳理分析西方国家，特别是美国、欧盟、日本等主要美西方经济体的数字经济发展战略、发展模式、发展政策及其具体特征，从而为我国在数字时代背景下提出有利于推动数字经济发展的战略选择、发展模式与政策体系提供实践参照。

8.1　数字经济发展战略

本部分内容旨在梳理美国、欧盟、日本等欧美西方国家的数字经济发展战略，同时对国外数字经济发展战略进行总体评价，最后为我国数字经济发展的战略选择提供参照。

8.1.1　欧美国家的数字经济发展战略

由于数字经济对经济发展的特殊贡献能力，国际上许多重要经济组织都对数字经济发展进行了深入研究。世界银行认为数字经济会改变社会经济结构、加速经济转型，因此其将数字经济作为促进发展中国家经济增长的重要手段和途径，并将“数字红利”作为 2016 年世界银行年度报告的主体，明确指明数字经济发展模式将为发展中国家提供技术红利，包括更高的就业率与更好的经济服务等。

日本通产省早在 1997 年就提出了数字经济发展战略，并对数字经济的四个显著特征进行了描述：不需要人员、物力或者资本的物理移动，合同及资产积累和价值转移可通过电子方式，信息技术高速发展以及电子商务业务领域拓展并逐步深入渗透到人们生活的各方面。

美国商务部在 1999 年将数字经济发展定义为电子商务及以信息技术为基础的产业，其中电子商务是支付交易手段，信息技术是数字经济创新发展的推动力。而随着信息技术的快速发展，美国统计局进一步延伸数字经济内涵，其覆盖领域进一步拓展，包括电子化企业、网络交易及电子商务。

各国对数字经济的理解存在差异，当前可大致分为以下四类：第一类以中国和俄罗斯为代表，将数字经济认定为一种经济活动；第二类以美国和法国为代表，重点研究数字经济的测量；第三类以英国为代表，侧重于从产出角度理解数字经济；第四类以澳大利亚为代表，将数字经济发展理解为社会进步历程。虽然世界各国及不同的经济组织对数字经济的内涵和内容有着不同的理解，但是均十分重视数字经济发展，并将其纳入未来经济发展趋势。

在数字经济世界差异化理解及发展情况下，求同存异，充分汲取国外数字经济优秀发展方式方法、理解彼此差异并创新我国数字经济发展模式，无疑将对我国数字经济发展起到重要推动作用。亚太经济合作组织在全世界首次为数字经济发展制定了国际贸易政策框架，以充分发挥数字经济在国际贸易中的作用与影响。此后，通过多次政策修订不断完善相关基础框架，以更好地激发成员国的数字经济创新能力，提升数字经济的社会经济效益。当前，随着网络信息技术的快速发展，以数字化信息及相关知识作为核心要素的数字经济创新能力不断增强。在技术创新驱动下，新模式、新业态以及新技术层出不穷，并逐步成为“后经济危机时代”下复苏全球经济的重要动能。对此，欧美等西方国家和地区纷纷制定数字经济发展战略（见表 8－1），通过重塑核心竞争力的方式推动各国实体经济提质增效。

表 8－1　　　　欧美等西方国家和地区数字经济发展战略

国家	政策名称	政策目的	具体内容
美国	《数据科学战略计划》（2018 年）	通过虚拟现实等技术研究与管理生物研究数据，为现代化生物学发展制定发展规划路线	建设高效安全的生物医学研究数据中心并连接到不同系统；支持个人数据存储和共享，将临床和科研数据整合到数据库；加速可视化工具在管理中的运用；建设人才队伍，制定可持续发展的政策
	《美国国家网络战略》（2018 年）	全面部署网络发展战略，勾画出美国网络安全基本路线图	制定相关标准；推动政企合作，冲破技术壁垒；以成果为导向，消除技术创新阻碍；细分产品，保证网络安全
	《美国先进制造业领导力战略》（2018 年）	明确了制造业的领导产业地位，旨在通过扩大制造业规模扶持其发展	以智能制造为核心：利用实时建模和仿真分析优化，制定统一标准；开发工业机器人，实现人机交互；建设人工智能基地，建设新标准提升一致可用性；加强智能设备的数据安全传输问题，制定标准、工具和建设测试平台
欧盟	《欧盟人工智能战略》（2018 年）	将人工智能作为欧盟未来发展核心，部署相关领域的研发、规范以及投资规划等	鼓励政府加强人工智能基础设施建设，针对医疗及交通等公共事业进行投资，打造世界级研究中心；建设人才培养机制，消除国家之间的数字鸿沟，以应对社会变革需求；将人工智能纳入伦理指南，建设相关法律框架
	《地平线欧洲》（2021 年）	提出了 2021～2027 年发展目标与规划，提供整个欧盟政府研究经费的 10%，约 1 000 亿欧元	在制造业融入人工智能，开展智能生产；加强传感技术等关键数字技术研究，为其他技术提供必要基础；面向消费者开展下一代互联网建设，开发极端性能的数据分析，促进数据重复使用，挖掘内部价值信息
英国	《产业战略：人工智能领域行动》（2018 年）	切实推动人工智能发展，针对 2017 年 11 月的白皮书相关内容，制定了详细行动方案和具体实施措施	建设世界创新型经济体，加强政企合作，增加人工智能在公共事业领域的应用；加大人才培养和引进力度，为本国创造更多工作岗位；开发数据共享框架，建设人工智能基础设施；形成人工智能产业园区集聚，加强区域内联系
德国	《高技术战略 2025》（2018 年）	制定了德国未来技术发展框架，将创新和可持续发展融合，投入 150 亿欧元以稳固德国世界研究创新强国地位	提升机器学习能力，从数据中创造新价值；提升高等院校的技术能力，设立人工智能教授岗位，激发创新活力；加强人工智能等技术的实际应用能力，成立数据伦理委员会，对人工智能及其数字发展建设基本框架

续表

国家	政策名称	政策目的	具体内容
日本	《综合创新战略》（2020 年）	解决日本创新能力低问题，建设有利于企业行动和思考的制度及机制，提出五大重要创新领域	加强不同产业和领域的信息互通连接，尤其是官民之间的合作；计划在 2020 年后的 3 年内建成数据合作基础，5 年内投入使用；加强人才培养，2025 年之前每年培养及录用几十万名 IT 人才，其中中高级人才规模达到几万人

资料来源：笔者依据相关资料整理。

此外，澳大利亚、新加坡等国亦依据自身国情推出了一系列数字经济发展战略。例如，澳大利亚政府于 2011 年 5 月 31 日启动了国家数字经济战略。该战略涉及宽带建设、在线教育、政府互联网教育等 8 项目标，政府、行业和社会为实现这些目标需要共同努力。这 8 项目标是：到 2020 年，澳大利亚家庭宽带接入比例要成为 OECD 前 5 名；企业和非营利机构的互联网使用方面也要进入 OECD 前 5 名；家庭、企业和其他社会团体要通过智能技术的使用提高能源的使用效率；为 9 成以上的老人、母婴、慢性病人建立电子健康档案；到 2020 年，使 25% 的专家能为偏远地区的病人提供远程医疗保健咨询服务；学校、大学等高等教育机构利用互联网创新教育模式，扩大学生在线学习的比例和机会；提高远程办公水平，使 12% 的人脱离传统的办公场所，使 8 成的人可以通过互联网实现与政府的沟通。

新加坡政府早在 2006 年 6 月 19 日就正式宣布启动“智慧国 2015”计划。该计划为期 10 年，政府共计投资约 40 亿新元，通过信息通信的融合、创新和合作，实现利用无处不在的 ICT 将新加坡打造成为“一个智慧的国家，全球化的城市、信息技术无处不在”。通过建设以高速、全覆盖的有线和无线宽带网络为核心的 ICT 基础设施，推动数字媒体、娱乐、教育培训、金融服务、制造与物流、保健与生物以及电子政府的发展，使信息通信技术与经济生活更加紧密地结合起来，使经济实力和创新能力全面提高。

8.1.2　国外数字经济发展战略的总体评价

通过上述总结，我们可以清楚地看到，面对经济和金融危机复苏乏力的局面，各国政府已经纷纷将注意力集中到数字经济发展上，将数字经济的发展视为实现本国和世界经济复苏的重要途径。试图通过数字经济的发展，带动相关产业的发展，提升经济发展的水平和质量，进而增强本国的国际竞争力，抢占世界经济发展新的制高点，获得未来发展先机和优势。

（1）英国、澳大利亚、日本、新加坡等国的数字经济发展战略主要集中在数字经济的狭义层面，即信息通信技术领域。从对数字经济的认识和定义，到各国制定的相关数字经济战略，可以发现，现在各国对数字经济的认识主要还是集中在以 ICT 为核心和主线的狭义层面上，如互联网、宽带、电子商务、在线服务等，局限于 ICT 自身发展领域。英国的数字经济发展主要集中在以互联网为核心和平台的音乐、游戏、媒体等领域；澳大利亚的国家数字经济战略更是局限于互联网领域，如数字广告销售网络、广告服务和管理、联盟营销、内容管理、内容制作、搜索引擎、多媒体/流媒体服务等；日本和新加坡分别旨在加强不同产业和领域的信息互通连接，尤其是官民之间的合作以及通过信息通信的融合、创新和合作，实现利用无处不在的信息通信技术打造智慧城市。

（2）数字经济的发展不仅包含已被数字化的娱乐、出版发行等产业，还应包含正在或未来将被数字化的工业控制、物流运输等在内的更为广阔的领域和产业。英国、澳大利亚等国的数字经济发展国家战略，对以音乐、影视、游戏为代表的娱乐业、出版发行业等已给予了充分的关注。随着数字技术和 ICT 的发展，数字经济对于传统产业必将产生巨大的冲击。尤其是以音乐、影视、游戏为代表的娱乐业和出版发行业，其原来的内容和载体发生了根本性的转变，内容从模拟信号转变为数字信号，载体从有形转变成为无形，依靠互联网和移动通信技术的发展，其传播和扩散已经可以实现瞬间遍布全球。英国的数字经济发展战略以在线版权保护作为重点，开始关注音乐、媒体和游戏领域；澳大利亚的重点则是在网络和信息通信领域的相关产业和内容提供方面，这都是对已经被数字化的产业的关注和发展。

欧美等国对于正在或将要被数字化的领域及产业的关注和重视还远远不够，如以医疗设备、运输、军工产业为代表的工业控制领域。虽然在日本的“综合创新战略”中涉及医疗、教育等方面，但是其更加侧重于对医疗、教育等领域的信息化建设、管理和共享等方面，而没有涉及相关工业控制领域的数字化。至于新加坡的“智慧国 2015 计划”，由于新加坡自身国土面积和发展战略所限，不可能对相关工业控制领域的数字化有更多、更深入的关注和涉及。

可见，各国数字经济发展战略虽然对信息和通信技术领域的发展作了较为详细的论述，制定了明确的目标、计划和实施步骤，但是对于数字经济未来发展的方向和领域的关注及预测不足，未能指明数字经济发展的具体方向和产业。未来数字经济发展的重点将是以现有数字技术和 ICT 为基础与支撑，通过物联网将所有数字化产品和服务连接起来，运用云技术，实现对整个社会、各个领域、产业和个人的信息化管理，最终形成智慧家庭、智慧城市、智慧国家。这将会给许多传统产业，尤其是传统重工业带来根本性挑战，也将会带来许多发展机遇，从而实现数字经济向纵深发展，推动人类社会的再次飞跃和革命性的变革。

8.1.3 我国数字经济发展的战略选择

自从党的十八大以来，我国着力深入“互联网 +”战略以铸建“数字中国”。特别是 2015 年 3 月 5 日，第十二届全国人民代表大会第三次会议在北京人民大会堂开幕，《政府工作报告》首次将“互联网 +”行动计划提上议程。而后国务院于 2015

年7月4日正式发布“互联网+”顶层设计指导意见，明确制定未来3~10年的发展目标，并提出意在催生经济新格局的11项相关行动计划。随之而来的包括“互联网+政务”“互联网+流通”“互联网+制造业”“互联网+医疗健康”等相关详细战略部署。

依据发布时间顺序依次为：2016年4月21日国务院办公厅发布《关于深入实施“互联网+流通”行动计划的意见》，2016年4月26日国务院办公厅发布《推进“互联网+政务服务”开展信息惠民试点实施方案的通知》，2016年5月20日国务院发布《关于深化制造业与互联网融合发展的指导意见》，2016年9月29日国务院发布《关于加快“互联网+政务服务”工作的指导意见》，2017年1月12日国务院办公厅发布《关于印发“互联网+政务服务”技术体系建设指南的通知》，2017年11月3日国务院办公厅发布《关于全国互联网政务服务平台检查情况的通报》，2017年11月27日国务院发布《关于深化“互联网+先进制造业”发展工业互联网的指导意见》，2018年4月28日国务院办公厅发布《关于促进“互联网+医疗健康”发展的意见》，2018年6月22日国务院办公厅发布《关于印发进一步深化“互联网+政务服务”推进政务服务“一网、一门、一次”改革实施方案的通知》共9个相关文件。这使得ICT和互联网平台在与政务服务以及各个传统行业的深度融合中稳步进展，新生业态在国家战略方针的指导下不断涌现，社会资源配置得到高效的集成和优化，创新发展生态环境得以初步形成，ICT行业与互联网技术的结构重塑、平等开放和创新驱动等特征在推进我国经济增效、提质和升级的进程中得到凸显和运用。而这一切硕果也同样离不开《“十三五”国家信息化规划》《国家信息化发展战略纲要》等文件对国家信息化发展的方法论奠基和纲领性指导。“十四五”规划纲要和党的二十大报告进一步强调要发展数字经济，推进数字产业化和产业数字化，推动数字经济和实体经济深度融合，打造具有国际竞争力的数字产业集群。

在此同时，人工智能和大数据作为驱动数字经济发展的新一代信息技术，无疑是推动数字经济发展的关键引擎，我国对人工智能和大数据的战略部署可谓蹈机握杼，国务院先后于2015年9月5日和2017年7月20日发布的《促进大数据发展行动纲要》与《新一代人工智能发展规划》，将大数据与人工智能发展正式上升至国家战略。同时，我国作为2016年G20峰会的主席国，组织并成立了G20数字经济工作组（Digital Economy Task Force），并且通过了世界首个由多国领导人签署的数字经济政策文件《G20数字经济发展与合作倡议》。“数字经济”于2017年被写入《政府工作报告》；在2018年的《政府工作报告》中，“数字中国”被首次提及；随后在2018年4月22日于福建省福州市举行的首届数字中国建设峰会的开幕式上，习近平总书记发来贺信指出，党的十九大对建设网络强国、数字中国、智慧社会做出了战略部署，并强调加快数字中国建设就是要适应我国发展新的历史方位，全面贯彻新发展理念，以信息化培育新动能，用新动能推动新发展，以新发展创造新辉煌。

建设数字中国的提出，是在我国数字化生态环境战略部署下政策和长期远景的融合与集合，更是对未来我国数字经济贯穿至整个社会结构的形态描述。有了我国对产业结构的调整与产业数字化转型的政策保证，得以辅佐数字生态环境的构建，从而助力国家数字经济的发展。从“互联网+”到数字经济乃至数字中国，将互联网和大数据与人工智能等数字技术深度植入交通、政务、医疗与制造业等领域，并在未来向零售、旅游、教育等领域继续扩张，体现了我国政府推进数字化产业纵深化、助力数字经济横向扩展的政策决心。

8.2 数字经济发展模式

本部分内容注重归纳美国市场导向型数字经济发展模式、欧盟市场融合型数字经济发展模式、日本市场拓展型数字经济发展模式及其具体特征，进而从数字监管、数字竞争要素等方面归纳总结中国数字经济发展模式的特征与优势。

8.2.1 美国的数字经济发展模式及其特征

美国是信息产业和数字经济非常发达的国家，其创意产业也走在全球前列。早在2011年，美国的文化消费已占到家庭消费30%左右的市场份额，美国文化产业产值占GDP总量的18%～25%。[①] 在数字内容的发展进程中，美国政府对其发展给予了相当大的支持，游戏、影视、动画、音乐下载已经成为美国发展较好的数字内容产业。美国拥有足够大的内部市场需求、健全的商业环境，以及发达的信息技术，发展数字内容产业优势可谓得天独厚。在发展过程中，美国数字内容产业重视规范市场环境，以市场需求为导向，加强商业模式和科技创新。

8.2.1.1 规范市场环境，加强版权立法

美国近年来不断修改和完善版权法和版权保护制度，为数字内容产业的发展提供法律保障。美国政府先后通过了《版权法》《半导体芯片保护法》《跨世纪数字版权法》《电子盗版禁止法》等一系列法规，形成了全球保护范围最广、相关规定最为详尽的法律系统。

8.2.1.2 创新的商业模式

数字内容产业的产品和服务更加强调创意活动、注重宣传推广活动、营造新的营销

---

① 资料来源：原始数据来自OECD数据库（https：//data. oecd. org/），经笔者计算获得。

运营模式。美国迪士尼乐园给全世界一种全新的经营理念——“创意 + 科技 + 资本”，即以创意为基点，通过科技手段将创意理念转化为产品，再依靠高度产业化的运营模式，拓展全球市场。

8.2.1.3　加强科研投入

美国政府在政策上采取了“杠杆方式”，以“资金匹配”来要求和鼓励各州、各地方以及企业拿出更多的资金来赞助和支持数字内容事业。

8.2.2　欧盟的数字经济发展模式及其特征

欧盟发展数字经济始于20世纪90年代，并于2005年推出“i2010”战略，提出了欧盟到2010年发展数字经济的重点领域，即消除内部市场障碍，创建一个统一的欧洲信息空间、加大信息与通信技术领域的科研投入、通过应用信息与通信技术提高居民生活质量和公共服务水平。

8.2.2.1　市场融合

为支持形成竞争的单一市场，欧盟委员会制定了一系列政策举措，其中包括制定欧盟频谱管理政策、修订欧盟电子通信监管框架和“安全信息社会”战略，2006～2007年更是出台全面的数字版权管理办法，来实现各成员国市场的无缝连接。

8.2.2.2　技术融合

欧盟通过加大信息与通信技术领域的科研投入来实现企业技术的发展和融合，2005～2008年，“i2010”战略建议设立1.49亿欧元的基金来推动数字内容的创新与创意开发。在“i2010”五年规划中，欧盟委员会明确提出提高欧盟ICT研发投入与产出的具体措施，包括设立泛欧示范项目、对重点研究成果进行测试和鼓励中小型企业更好地参与欧盟的研究项目等举措。

8.2.2.3　内容融合

欧盟重点推出三项旨在提升公民“生活质量”的重点项目，分别涉及老年人服务、智能化交通工具和数字图书馆，2008年进一步出台具体措施消除因地理和社会原因造成的“数字鸿沟”。

8.2.3　日本数字经济发展模式及其特征

日本数字内容产业的市场包括开发和销售数字内容、生产平台和相关服务，也即内容产品、播放产品和服务业务。根据日本数字内容联盟统计，2003～2006年，数字内容产业的年均增长率保持在11%以上，2007年数字内容产业规模为3.24万亿日元，而2008年规模突破3.5万亿日元。日本把数字内容产业定位为“积极振兴的新型产业”，日本动画以新颖的题材、低廉的制作成本和快速的生产制造，迅速占领了全球市场。日本流媒体动漫产品仅在美国市场的规模就达43.5亿美元，是日本对美国钢铁出口额的4

倍。① 重视海外市场和海外发展是日本数字内容产业发展的重要战略。

8.2.3.1 海外战略导向

日本提出的 u - Japan 战略中，认为通过内容产业进行战略运用，较其他产业能产生更大的经济带动效果，同时能加深世界各国对日本文化的理解，使日本文化在国际上得到尊重，有利于提高国家的形象，并把有关数字内容之创造、流通及利用之政策预算提升至 21 亿日元。

8.2.3.2 海外市场拓展平台的建立

日本经贸部 2003 年专门成立数字内容产业全球策略委员会，用来支持日本产品成为全球化产品，使产业重心从硬威力（经济和军事）转向软威力（文化价值观和品牌）。日本数字产业全球策略委员会积极推动实施国际交流计划，并协助日本国内业者取得海外发展所需的信息。

8.2.3.3 海外市场开拓合作机制

日本文化厅及经产省支持建立“内容产业国外流通促进机构”，致力于支持国际间内容产业的发展、文化振兴、著作权制度的确立以及开展必要的项目合作。

8.2.4 中国数字经济发展模式的特征与优势

数字经济逐渐成为推动供给侧结构性改革、传统产业转型升级、经济高质量发展的主导力量，成为全球公认的新动能、新业态和新经济。总结起来，我国数字经济发展模式主要具有以下特征。

8.2.4.1 促进数字经济竞争要素将由用户流量向数据转变

在数字经济中，经营者关注的重点已不再是土地、厂房、机器设备等生产资料，正如石油、能源对传统行业的不可或缺性，数据将成为竞争的核心。互联网企业在初创期，往往围绕吸引用户注意力开展竞争，采取各种方式吸引用户，如滴滴、快的间的补贴烧钱大战。随着用户规模达到一定程度及人工智能技术的不断发展和成熟，数据的重要性日益凸显。数据是人工智能算法优化的重要原料，没有数据的“喂养”，人工智能的发展将受到极大的束缚。所以，数据对企业未来的发展愈加重要，企业将围绕数据展开激烈竞争。

8.2.4.2 推动企业由批量供给向按需生产转变以促进数字经济发展

工业时代强调规模经济，企业只要将单一产品规模化生产，就可大幅降低产品的平均成本。而数字经济更强调范围经济，企业通过互联网手段将资源共享，大范围改变企业的分工协作方式就可带来经济效益。范围经济增长的本质是信息的增长，数字经济可通过获取大量信息，实现资源的优化配置来降低成本，个性化定制逐渐凸显。当前，人

---

① 基本数据源自《日本数字内容白皮书》，经笔者手工计算后获得。

类正进入需求个性化阶段。以穿衣为例，过去人们只要有衣服穿就可以，衣服主要分为男装和女装两类，大家穿的衣服基本雷同。但当物质极大丰富时，人们更追求标新立异，通过流水线规模化批量生产出来的产品将不能满足人们对物质生活的多样化需求。互联网、大数据、人工智能等新技术又为个性化定制提供了有效的解决手段，使供需平衡最大化。按需生产，才能有效推进供给侧结构性改革、实现可持续发展，这将是数字经济发展模式的重要特征。

8.2.4.3 不断增强对数字经济的监管

多年来，政府部门一直采取“放水养鱼”的包容态度，鼓励数字经济创新发展。然而，随着超级互联网企业的发展，出现一些滥用市场支配地位的行为。例如，一些大型平台在市场上占据主导地位，并实施搭售、拒绝交易或歧视待遇的行为以获得垄断利润，严重损害消费者权益；一些互联网企业横向并购，垄断细分市场后，往往提高产品或服务价格；企业间就价格和产量达成一致，从而损害了消费者利益。当前，数字经济飞速发展，正深刻改变全球竞争格局，成为全球竞争高地，中国政府以审慎的态度，平衡好保护创新和适度监管间的关系，积极营造公平有序的市场竞争环境。

综合来看，中国数字经济发展模式的优势在于：

首先，我国互联网普及较好，庞大的网民数量奠定了我国数字经济的市场基础。根据中国互联网络信息中心发布的第44次《中国互联网网络发展状况统计报告》数据显示，截至2019年6月底，我国网民数量达到8.54亿人，互联网普及率已达61.2%，同时，移动端网民数量为8.47亿人，网民移动设备上网的比重达到99.1%。在此背景下，我国网络消费用户规模达到6.39亿人，为我国数字经济发展提供了重要的市场需求。在强大的网民红利刺激下，我国涌现出了许多耀眼的独角兽互联网企业，并且部分互联网企业已经处于全球领先水平。

其次，后发优势为数字经济发展提供了重要机遇。虽然我国的社会信息化发展起步晚，但是由于我国信息基础设施建设的跨越式发展，直接推动了数字经济的发展，并且超高的网络市场需求为数字经济发展预留了巨大空间。例如，我国光纤通信及移动通信发展较快，在宽带网络还未全面普及之时就已经迈入了移动互联网时代，并加速了移动4G的布局以及5G的开发。目前，我国拥有世界上最大的宽带通信网络，基本覆盖了所有城市，即使是农村也能保证95%的行政村网络覆盖率。

最后，中央及各地政府全面推动数字经济发展，制度优势为数字经济发展提供了必要保障。自2015年《政府工作报告》首次提出“互联网+”发展战略以来，各级地方政府积极响应，促使我国数字经济得到全面发展。其中，地方政府主要从六个方面出台相应政策以推动数字经济发展，包括注重数字化改造和应用、注重数字化创新平台建设、注重数字经济生态体系构造、注重培育数字经济市场、注重数字化人才培养和学科建设以及注重数字经济要素资源支持。

8.3 数字经济发展政策体系

本部分内容首先从国家层面和地方层面归纳中国现有数字经济政策，并将相关政策细分为总体纲要层面的相关国家政策、基础建设层面的相关国家政策、行业扶持层面的相关国家政策进行梳理。在此基础上，侧重梳理美国、欧盟和日本三个经济体的数字经济发展政策，并提出国外数字经济发展政策的借鉴意义。最后，从通用政策和专用政策两个方面提出中国推动数字经济发展的政策体系。

8.3.1 中国现有数字经济政策梳理

数字经济是建立在新一代信息技术之上的经济形态，其理论基础、发展规律与传统经济有很大不同。发展数字经济所需要的政策体系与传统经济也有很大差异，这对未来数字经济的发展提出了新的挑战。因此，中国政府在深化认识的基础上，不断研究建立与数字经济相适应的政策体系。

8.3.1.1 国家层面的数字经济发展政策梳理

从国家层面的文件和政策来看。中国政府从 2012 年开始出台了系列文件，对云计算、“互联网”宽带和大数据、智能制造进行规划；2017 年开始对共享经济、工业互联网、数字经济进行部署，在开展数字基础设施建设、加快行业信息化、鼓励竞争、降低税费、实行补助、政府采购、推动国际合作等方面制订了政策；2020 年推出“数字化转型伙伴行动”，专门为中小企业提供数字化转型共性解决方案。其中，“宽带中国”战略等数字经济发展政策具有较大的政策覆盖广度与辐射力度。2013 年 8 月 17 日，中国国务院发布了“宽带中国”战略实施方案，部署未来 8 年宽带发展目标及路径，并分别于 2014 年、2015 年和 2016 年公布了三批共 120 个政策试点城市，这意味着“宽带战略”从部门行动上升为国家战略性政策，同时使宽带首次成为国家战略性公共基础设施。“宽带中国”战略具有十分明确的总体目标，即新增 FTTH 覆盖家庭超过 3 000 万户，新增 TD－LTE 基站 30 万个；新增固定宽带接入互联网用户超过 2 500 万户，新增 TD－LTE 用户 3 000 万户，新增通宽带行政村 13 800 个，使用 8M 及以上宽带接入产品的用户超过 30%，东部地区达到 40%；鼓励有条件的地区发展 50M 和 100M 宽带。

具体而言，国家层面的数字经济发展政策主要包括中共中央办公厅、国务院办公厅、各国家部委发布的《数字乡村发展战略纲要》《“十四五”数字经济发展规划》

《关于推动工业互联网加快发展的通知》等25份详细的政策规定（见表8－2）。①

表8－2　　　　　　　　国家层面数字经济发展政策详情

发布单位	发布时间	政策名称
中共中央、中共中央办公厅		
中共中央办公厅、国务院办公厅	2019年5月16日	《数字乡村发展战略纲要》
中共中央办公厅、国务院办公厅	2022年3月28日	《关于推进实施国家文化数字化战略的意见》
国务院、国务院办公厅		
国务院	2021年12月12日	《“十四五”数字经济发展规划》
国务院办公厅	2018年4月25日	《关于促进“互联网＋医疗健康”发展的意见》
国务院办公厅	2019年8月1日	《关于促进平台经济规范健康发展的指导意见》
国家部委		
工业和信息化部办公厅	2020年3月6日	《关于推动工业互联网加快发展的通知》
工业和信息化部办公厅	2020年3月18日	《中小企业数字化赋能专项行动方案》
国家发展和改革委员会、中共中央网络安全和信息化委员会办公室	2020年4月7日	《关于推进“上云用数赋智”行动培育新经济发展实施方案》
科技部、财政部	2020年4月8日	《关于推进国家技术创新中心建设的总体方案（暂行）》
工业和信息化部	2020年4月28日	《关于工业大数据发展的指导意见》
工业和信息化部办公厅	2020年4月30日	《关于深入推进移动物联网全面发展的通知》
工业互联网专项工作组	2020年12月22日	《工业互联网创新发展行动计划（2021—2023年）》
工业和信息化部	2021年3月24日	《“双千兆”网络协同发展行动计划（2021—2023年）》
国家发展改革委等四部门	2021年5月24日	《全国一体化大数据中心协同创新体系算力枢纽实施方案》
工业和信息化部、中央网信办	2021年5月27日	《关于加快推动区块链技术应用和产业发展的指导意见》
工业和信息化部	2021年7月4日	《新型数据中心发展三年行动计划（2021—2023年）》
工业和信息化部、中央网信办	2021年7月8日	《IPv6流量提升三年专项行动计划（2021—2023年）》
工业和信息化部	2021年11月1日	《“十四五”信息通信行业发展规划》
工业和信息化部	2021年11月15日	《“十四五”大数据产业发展规划》
工业和信息化部	2021年11月15日	《“十四五”软件和信息技术服务业发展规划》
工业和信息化部	2021年11月17日	《“十四五”信息化和工业化深度融合发展规划》
工业和信息化部等八部门	2021年12月21日	《“十四五”智能制造发展规划》
中央网信办	2021年12月24日	《“十四五”国家信息化规划》

资料来源：表格内容整理自中国政府网及国家有关部委官方网站。

① 限于篇幅，仅选取了部分关键性数字经济发展政策进行梳理。

（1）总体纲要层面的相关国家政策。

第一，中共中央办公厅、国务院办公厅于2019年5月发布了《数字乡村发展战略纲要》，其内容主要强调：

①到2025年，数字乡村建设取得重要进展，城乡“数字鸿沟”明显缩小。4G在乡村进一步深化普及，5G创新应用逐步推广。农村流通服务更加便捷，乡村网络文化繁荣发展，乡村数字治理体系日趋完善。

②到2035年，数字乡村建设取得长足进展。城乡“数字鸿沟”大幅缩小，农民数字化素养显著提升。农业农村现代化基本实现，城乡基本公共服务均等化基本实现，乡村治理体系和治理能力现代化基本实现，生态宜居的美丽乡村基本实现。

③部署了加快乡村信息基础设施建设、发展农村数字经济、强化农业农村科技创新供给、建设智慧绿色乡村、繁荣发展乡村网络文化、推进乡村治理能力现代化、深化信息惠民服务、激发乡村振兴内生动力、推动网络扶贫向纵深发展、统筹推动城乡信息化融合发展十项重点任务。

第二，国务院于2021年12月12日发布了《“十四五”数字经济发展规划》，其内容主要强调：

①到2025年，数字经济核心产业增加值占国内生产总值比重达到10%，数据要素市场体系初步建立，产业数字化转型迈上新台阶，数字产业化水平显著提升，数字化公共服务更加普惠均等，数字经济治理体系更加完善。

②到2035年，力争形成统一公平、竞争有序、成熟完备的数字经济现代市场体系，数字经济发展水平位居世界前列。

③部署八方面重点任务。一是优化升级数字基础设施；二是充分发挥数据要素作用；三是大力推进产业数字化转型；四是加快推动数字产业化；五是持续提升公共服务数字化水平；六是健全完善数字经济治理体系；七是着力强化数字经济安全体系；八是有效拓展数字经济国际合作。

第三，国务院办公厅于2019年8月1日发布了《关于促进平台经济规范健康发展的指导意见》，其内容主要强调：

①坚持发展和规范并重的思想，在加强规范方面，提出治理与监管工作重点和要求，为平台经济健康发展提供保障；优化发展环境的具体要求，为平台经济可持续发展提供保障。在促进发展方面，明确增强创新发展能力、赋能经济转型发展的方向。

②要坚持毫不动摇巩固和发展公有制经济，毫不动摇鼓励、支持、引导非公有制经济发展，保证各种所有制经济依法平等使用生产要素、公平参与市场竞争、同等受到法律保护。

③要建立三个制度，一是平台合规管理制度，二是互联网平台信息公示制度，三是平台经济公平竞争监管制度。这些制度一旦建立并完善起来，将为互联网平台治理提供依据。

（2）基础建设层面的相关国家政策。

第一，科技部、财政部于2020年4月8日发布了《关于推进国家技术创新中心建设的总体方案（暂行）》，其内容主要强调：

①国家技术创新中心定位于实现从科学到技术的转化，促进重大基础研究成果产业化；围绕落实国家重大区域发展战略和推动重点区域创新发展，聚焦京津冀协同发展、长三角一体化发展、粤港澳大湾区建设等区域发展战略，布局建设综合类国家技术创新中心，把国家战略部署与区域产业企业创新需求有机结合起来，开展跨区域、跨领域、跨学科协同创新与开放合作。

②面向国家长远发展、影响产业安全、参与全球竞争的细分关键技术领域，布局建设领域类国家技术创新中心，落实国家科技创新重大战略任务部署，加强关键核心技术攻关，为行业内企业特别是科技型中小企业提供技术创新与成果转化服务。

③实行科学有效的法人模式，创新中心原则上应为独立法人实体，采取“一事一议”方式，探索不同类型的组建模式；加强产学研协同创新，通过共同出资、合作研发、平台共建、技术入股、兼职创业等不同途径和方式，统筹产学研创新资源；强化收益分配激励，全面落实科技成果转化奖励、股权分红激励、所得税延期纳税等政策措施，建立市场化的绩效评价与收入分配激励机制；面向全球吸引凝聚创新人才，通过设立海外研究机构、建设战略合作关系、探索项目经理制等方式面向全球选聘优秀技术创新人才和成果转化人才。

第二，工业和信息化部于2021年3月24日发布了《“双千兆”网络协同发展行动计划（2021—2023年）》，其内容主要强调：

①千兆城市建设行动方面，持续扩大千兆光网覆盖范围，推动基础电信企业在城市及重点乡镇进行10G-PON光线路终端（OLT）设备规模部署；深入推进农村网络设施建设升级，完善电信普遍服务补偿机制，支持基础电信企业面向农村较大规模人口聚居区、生产作业区、交通要道沿线等区域持续深化宽带网络覆盖；深化电信基础设施共建共享，推动基础电信企业持续深化行业内共建共享。

②承载能力增强行动方面，提升骨干传输网络承载能力，推动基础电信企业持续扩容骨干传输网络；优化数据中心互联（DCI）能力，推动基础电信企业面向数据中心高速互联的需求；协同推进5G承载网络建设，推动基础电信企业开展5G前传和中回传网络中大容量、高速率、低成本光传输系统建设。

③行业融合赋能行动方面，创新开展千兆行业虚拟专网建设部署，探索创新运营模式，鼓励开放有关接口功能；大力推进“双千兆”网络应用创新，鼓励基础电信企业、互联网企业和行业单位合作创新；采用“IPv6+”等新技术提供确定性服务能力，支持基础电信企业探索采用“IPv6+”等新技术在网络层提供端到端的确定性服务能力。

④产业链强链补链行动方面，加强核心技术研发和标准研制，加速推进终端成熟，鼓励终端设备企业加快5G终端研发；持续提升产业能力，鼓励光纤光缆、芯片器件、

网络设备等企业持续提升产业基础高级化、产业链现代化水平，巩固已有产业优势。

第三，国家发展和改革委员会、中共中央网络安全和信息化委员会办公室、工业和信息化部、国家能源局于2021年5月24日发布了《全国一体化大数据中心协同创新体系算力枢纽实施方案》，其内容主要强调：

①引导有序布局。通过国家枢纽节点布局，引导数据中心向西部资源丰富地区以及距离适当的一线城市周边地区集聚，实现数据中心有序发展。

②促进绿色节能。通过国家枢纽节点和数据中心集群建设，扩大绿色能源对数据中心供给，提升数据中心建设的能效标准，推动数据中心绿色高质量发展。

③推进迭代创新。充分利用我国市场优势，以应用研究带动基础研究，加强对大数据关键软硬件产品的研发支持和大规模应用推广，将有助于加快突破关键核心技术“瓶颈”，提升大数据全产业链自主创新能力。

④实现安全高效。加快推动数据中心、云、网络之间的协同联动，提高资源利用率；加强对基础网络、数据中心、云平台、数据和应用的一体化安全保障，加强对个人隐私等敏感信息的保护，有助于提高大数据安全可靠水平，确保基础设施和数据的安全。

（3）行业扶持层面的相关国家政策。

第一，工业和信息化部于2021年11月1日发布了《“十四五”信息通信行业发展规划》，其内容主要强调：

①全面部署5G、千兆光纤网络、IPv6、移动物联网、卫星通信网络等新一代通信网络基础设施，统筹优化数据中心布局，构建绿色智能、互通共享的数据与算力设施，积极发展工业互联网和车联网等融合基础设施，加快构建并形成以技术创新为驱动、以新一代通信网络为基础、以数据和算力设施为核心、以融合基础设施为突破的新型数字基础设施体系。

②聚焦各行业各领域数字化发展需求，加大5G、大数据、人工智能等新技术应用力度，深入拓展数字化生产、生活和社会治理新应用。

③首次将创新发展网络安全产业作为重要任务之一，通过开展创新示范应用、繁荣网络安全产业生态培育工程等措施，进一步提升网络安全产业核心技术掌控水平，为网络安全保障提供扎实支撑，为数字经济健康发展保驾护航。首次明确提出跨地域统筹协调中行业要承担的重点任务，强化对国家重点区域发展战略、乡村振兴战略、“一带一路”倡议等衔接落地。

第二，工业和信息化部于2021年11月15日发布了《“十四五”大数据产业发展规划》，其内容主要强调：

①加快培育数据要素市场。围绕数据要素价值的衡量、交换和分配全过程，着力构建数据价值体系、健全要素市场规则、提升数据要素配置作用，推进数据要素市场化配置。

②发挥大数据特性优势。围绕数据全生命周期关键环节，加快数据“大体量”汇聚，强化数据“多样化”处理，推动数据“时效性”流动，加强数据“高质量”治理，促进数据“高价值”转化。

③夯实产业发展基础。适度超前部署通信、算力、融合等新型基础设施，提升技术攻关和市场培育能力，发挥标准引领作用，筑牢产业发展根基。

④构建稳定高效产业链。围绕产业链各环节，加强数据全生命周期产品研发，创新服务模式和业态，深化大数据在工业领域应用，推动大数据与各行业深度融合，促进产品链、服务链、价值链协同发展，不断提升产业供给能力和行业赋能效应。

⑤打造繁荣有序产业生态。发挥龙头企业引领支撑、中小企业创新发源地作用，推动大中小企业融通发展，提升协同研发、成果转化、评测咨询、供需对接、创业孵化、人才培训等大数据公共服务水平，加快产业集群化发展，打造资源、主体和区域相协同的产业生态。

⑥筑牢数据安全保障防线。坚持安全与发展并重，加强数据安全管理，加大对重要数据、跨境数据安全的保护力度，提升数据安全风险防范和处置能力，做大做强数据安全产业，加强数据安全产品研发应用。

第三，工业和信息化部于2021年11月15日发布了《“十四五”软件和信息技术服务业发展规划》，其内容主要强调：

①构建“软件定义”技术体系。大力支持开展“软件定义”及泛在操作系统平台相关理论和技术研究，加强政产学研用对接。建立面向电子消费、高端装备、智能网联汽车、智慧城市等典型行业领域的“软件定义”解决方案，组织开展试点示范，探索“软件定义”生态发展与运营模式。

②在“激发数字化发展新需求”中部署全面推进重大应用、支撑制造业数字化转型、推进重点领域数字化发展、服务信息消费扩大升级4项举措。

③积极做强做大骨干企业，支持软件和信息技术服务企业开展兼并重组和专业化、体系化整合。构建协同发展企业梯队，鼓励大企业开放创新资源，建设“双创”平台，向中小企业提供开发环境和科研基础设施，推动大中小企业深度协同。推动产业高效集聚发展，提升中国软件名城建设质量，高质量建设中国软件名园，紧扣京津冀、长江经济带、粤港澳大湾区等区域协调发展战略的实施，加强部省市协同，引导各方加大资源投入，加快形成名城、名园、名企、名品一体化发展格局。

8.3.1.2 地方层面的数字经济发展政策梳理

从地方层面的文件和政策来看。广东、浙江、贵州、广西等地出台了数字经济发展综合性规划，还有一些地区制订了大数据、“互联网+”等数字经济专项规划。地方政府侧重于规划发展方向、鼓励引进企业和人才、给予经费补贴、落实税收优惠、加强金融支持、打造智慧城市等，在有限条件下对数字经济给予力所能及的支持。

特别是早在21世纪初，时任福建省省长习近平亲自绘制了数字福建蓝图，使得福建省成为数字中国的思想源头和实践起点。党的十八大以来，福建省不断出台推动数字经济发展的相关政策，数字经济成为领跑福建经济发展的重要引擎，持续为福建经济高质量发展赋能。

例如，中共福建省委办公厅、福建省人民政府办公厅于2020年3月28日发布了《关于加快线上经济发展若干措施的通知》。主要强调，一方面，聚焦加快新型信息基础设施建设。一要加快优质精品网络建设。打造低时延、高可靠、广覆盖的新一代通信网络。加快建设千兆城市；积极推进高水平全光网络建设；加快老、少、边和海岛地区的4G网络全面覆盖；加快推进5G网络建设，优先覆盖核心商圈、重点产业园区、重要交通枢纽、主要应用场景等。二要提升大数据基础设施水平。依托数字福建产业园（长乐、安溪），加快建设一批布局合理、绿色智能、安全可靠的数据中心。三要推进工业互联网基础设施建设。实施“十百千万”工业互联网工程，加快推进工业企业内网升级，支持建设工业互联网平台和应用标杆企业，培育“5G+工业互联网”典型应用场景和应用案例，推动更多中小企业“上云上平台”。另一方面，积极培育新业态新模式，发展“互联网+教育”“互联网+医疗健康”“互联网+文化旅游”“互联网+生态环保”，鼓励企业集成运用新一代信息技术搭建“互联网+”公共服务平台，大力发展电商企业和供应链平台企业，并对示范平台和典型应用予以优先扶持。此外，还需强化网络和数据安全，加大对数据中心、工业互联网等关键信息基础设施等级保护定级备案和安全测评工作力度，推动应用区块链技术建设可信电子文件服务平台。

8.3.2 国外数字经济发展政策梳理与借鉴

8.3.2.1 国外数字经济发展政策梳理

（1）美国着力推动互联网创新和新兴技术发展，消除数字鸿沟。美国作为互联网的发源地，是世界上最早开展数字经济活动的国家之一，因此，在数字经济体系发展方面，美国布局更早且更全面，形成了以“信息高速公路”发展战略为核心的数字经济发展模式。1998年美国商务部发布了《浮现中的数字经济》，正式将数字经济发展作为驱动经济发展的重要手段，一举奠定了美国在世界上的数字经济发展地位。随后，美国商务部、经济和统计管理局、国家电信和信息管理局及经济分析局先后出台了13份重磅报告，以探讨美国数字经济发展的热点与前沿问题，其主要焦点集中在自由开放的互联网、互联网网络信任与安全、互联网的介入与技能，以及互联网创新和新兴技术。除此之外，美国政府更加重视消除国内数字鸿沟问题，通过大量政策引导保证美国国内的宽带最大限度普及，具体政策措施如表8-1所示。此外，美国政府也积极顺应数字经济发展趋势，通过建设数字政府以更好地为社会服务。例如，2009年1月奥巴马签署了《透明与开放政府备忘录》，确立了“透明、共享与协作”的政府工作原则，并在此后分别签署了《宽带技术机遇计划》《国家宽带计划》《数字素养行动》等数字经济发展政策。

（2）欧盟积极推动数字市场一体化建设的“欧式”数字治理理念。欧盟为打破域内数字市场壁垒、促进数字产业发展，推动数字单一市场建设，采取了积极有效的措施。一是打造单一数据空间。欧盟于2010年发布《欧盟数字议程》，将创建单一数字市场作为发展数字经济的优先事项。2015年正式启动《数字单一市场战略》，旨在统筹成员国数据库建设，实现数据跨界共享，消除成员国间的数据自由流动法律和监管障碍。2020年2月出台《欧盟数据战略》，旨在打造制造业、环保、卫生、金融、能源等九大战略性行业公共数据空间，并实施“开放数据指令”以提高公共行业高质量数据利用率。同时，针对云服务建立统一监管框架。二是强化数据安全保护。《通用数据保护条例》（GDPR）明确规定，域内数字企业在个人数据隐私保护方面只需遵守相关国际协议的合规要求，无须遵守第三国对数据单方面提出的要求。三是实现全境一站式监管。《数字贸易战略》和GDPR等规定，欧盟境内企业所在地国家监管机构对企业数据活动的监管效力获其他成员国认可，有效降低了跨国企业合规成本。

（3）日本致力于构建自由宽松的数字经济发展环境。就日本的数字经济发展政策而言，其政策自由化程度较高，行业监管较为宽松，支持数据跨境自由流动。一是跨境数据流动监管较为宽松且传输限制少。日本于2015年修订《个人信息保护法》，规定第三方只需提供数据主体许可签名，即可实现合理合法的数据跨境传输。此外，日本于2017年设立数字贸易“白名单”机制，实现与白名单国家无条件跨境数据自由流动，截至2019年，白名单仅包括欧盟国家。二是未作数据本地化要求，仅要求个人医疗信息储存在日法律管辖区域。三是未对网络平台内容审查和监管作特殊要求，但特别强调知识产权保护，专门设立“日本知识产权桥”主权专利基金，防止知识产权流失。四是数字产品和服务贸易政策自由化程度较高，数字产品零关税覆盖率达99.38%，认可电子签名法律效力。① 五是数字行业投资准入限制较少，除规定广播公司领域外国投资上限不得超过33%外，并未针对电信或信息通信技术领域海外投资做专门限制。

（4）韩国积极与美欧国家开展双边数字贸易合作。韩国依据自身市场特征，主动调整国内数字政策，通过自贸协议和标准互认积极对标美欧标准。具体而言，一是争取欧盟“保护充分性认定”。为达到欧盟数据保护合规要求，韩国政府于2020年对《个人信息保护法》等三大数字法案进行修订，依据GDPR标准对数据使用目的提出限制，并明晰匿名及假名信息概念以强化个人信息保护；强化数据流动监管机构独立性，将个人信息保护委员会由韩通信委员会下设机构升格为总理府直属中央数据隐私监管机构。欧盟对韩国充分性互认标准进展情况予以肯定，并已于2021年作出最终决定。二是通过《美韩自由贸易协议》打通对美数字贸易通道。该协议明确了对跨境数字贸易免征关税，给予双方数字产品非歧视待遇，并在确保个人信息安全前提下实现数据自由流动等原则。

---

① 数据来自The UNCTAD TRAINS数据库（https：//unctadstat. unctad. org/EN/）。

8.3.2.2 国外数字经济发展政策的借鉴意义

相较于美国、英国、日本等发达国家，我国数字经济起步较晚，但总量大且发展速度迅猛。世界发达国家为保持本国数字经济高质量发展，非常重视数字经济对经济社会的全方位辐射带动作用，纷纷出台了战略和计划，为中小企业发展制定减费降税政策，持续建设数字网络基础设施，缩小城乡之间的数字鸿沟，加强对网络安全的提升和提高科学化的治理水平，密切关注和拓展与实体经济应用领域的联系。为促进我国数字经济可持续高质量发展，须借鉴发达国家已有政策的成功经验，为解决我国数字经济发展进程中的问题提供政策启示或参考。

（1）推进核心技术创新提高数字化生产力。数字经济的发展核心在于掌握核心技术，实现核心技术、关键技术的自主可控，最终目标是促进工业制造业转型升级，迈向更高端。一是突破数字经济中的核心技术“瓶颈”，提高数字经济发展的核心竞争力。针对芯片和操作系统等高精尖技术，加大对基础和创新专项项目的科研投入，建设重点实验室，突破高端芯片、边缘计算、人工智能等关键技术“瓶颈”，构建能够支撑数字经济发展的产业技术创新体系。二是培育更多具有国际影响力的平台型企业。平台型企业能聚集整合不同市场主体的资源，通过数字化平台演化为新的商业模式和业态。目前，阿里巴巴、腾讯等平台企业位列全球市值前十，企业从模仿到创新，直至与全球其他平台企业一同在世界舞台中竞逐，体现出我国数字经济企业强大的创新能力。但整个数字经济领域的发展，需要培养更多航母级别的平台型企业，完善国内产业链，形成具有国际竞争力的数字经济生态圈。三是推进工业互联网和中小企业“上云”的建设。工业互联网是许多国家数字化转型的重点，是新一代的信息技术和工业深度融合的一种全新的应用模式。发展工业互联网推动工业云平台的建设，能够聚合资源攻克控制系统和软件开发等技术难题，鼓励规模以上的制造业企业加入云平台进行数字化改造，支持中小企业积极“上云”，降低数字化转型成本，激发工业企业的数字化创新能力，提升产业价值链的附加值，打造具有全球影响力的云平台。

（2）建设数字化平台增强数字产业的辐射力。发展数字经济的关键是融合，融合本质上也是一种创新。需充分发挥数字经济在生产要素配置中的优化与集成作用，进一步促进数字经济与实体经济的深度融合。一是建设数字经济的产业集聚区。以重点产业和重点产品生产线为导向，引进具有全球竞争力和影响力的企业，搭建企业、研发机构和周边大学的合作机制，建设智能制造的示范基地，培育具有创新能力的中小微企业。二是建设具有高标准的大数据交易中心。我国的大数据交易中心一类是数据生产和服务类的企业为主导，另一类是地方政府和其他主体投资共同建立。但目前我国的数据要素市场还处于初级发展阶段，需要参考国际高标准来建设具有影响力的大数据交易中心，形成大数据交易市场。

（3）打造开放包容的数字经济发展环境。我国数字经济发展面临的突出问题是政策障碍和体制“瓶颈”制约着数字化生产力的发展，需要对相应的政策制度进行创新，建立数字经济现代化的治理体系，构建数据的价值体系和流通机制。一是要健全相关法律法规，完善数据开放共享、知识产权保护、数据隐私保护、数据安全等法律法规。其中，主要应围绕数据的权属关系、流转权等内容，制定相应的法律法规和规章制度。二是推进政府公共数据公开，跨越国内不同地区间政府公共数据的“鸿沟”，实现数据互联互通和共享，为数字经济企业的发展营造自由开放的数据环境。通过数字政府建设，可以最大限度释放政府数据带来的数据红利，实行“负面清单”管理。三是加强市场的监管，增强政府对市场的监管能力是提升数字治理能力的重要内容。数字经济下的市场监管具有数字化、网络化、智能化、平台化的特点，需要对数据流通的全周期进行监管。因此，政府需要借助大数据、人工智能等前沿技术，建立快速反馈机制和预警机制，对潜在风险进行识别和及时加以处理。

8.3.3 中国推动数字经济发展的通用政策体系构建

8.3.3.1 要素政策

（1）人才政策。随着数字经济的深入发展，更缺少懂信息技术的复合人才。应从三个方面解决人才问题：一是引进人才，出台与收入、职称、住房、子女教育、绿卡相关的政策，吸引留学数字技术人才回国。二是使用人才，鼓励有条件的企业在国外设立实验室招收高层次人才工作，或安排课题在国外招标完成。三是培养人才，除在高校培养人才外，更加注重通过学术交流、工作使用、团队思想碰撞等方式，在实践中培养出所需要的人才。

（2）金融政策。虽然数字经济是高新技术产业，但由于没有抵押物申请贷款比较困难。近年去杠杆过程中，不少软件企业融资环境不但没有改善，反而有所恶化。有些软件企业过去是小微企业时享受低利息贷款优惠政策，成长为中型企业后贷款反而更加困难。解决融资问题有三条途径：一是完善科技金融协同服务体系，创新科技信贷产品和模式，更好地服务于数字经济发展。二是在各地新兴产业基金中设立数字经济专项，改进基金运作方式，发挥基金管理机构对数字经济投资项目的选择主导权。三是充分利用数字企业对资本市场的吸引力进行直接融资。

（3）土地政策。数字经济除少数制造、存储企业需要土地外，多数企业更需要吃住方便的写字楼。数字企业需要的建设用地，因为用地量小和高新技术的原因，各地都比较容易满足。现在需要从促进发展的角度，满足数字企业的特殊空间要求。一是在大城市周边规划设置专业化的数字经济小镇，安排一个或多个数字产业聚集发展。二是在城市内部规划建设符合数字经济发展要求的产业社区，提供所需要的基础设施和配套服务。三是利用城市“退二进三”的机会，对搬迁后的企业厂房、办公室进行改造，满足初创数字企业低成本发展的要求。

8.3.3.2 财税政策

（1）税收政策。目前数字企业均享受高新企业通用优惠政策及对软件和集成电路企业的专门优惠政策，将来条件成熟时再根据不同数字产业的特点，研究出台有针对性的税收优惠政策。最重要的是落实退税政策，按规定软件企业缴税即征即退，但实际做不到，有时会晚几个月，将来需要纳入法制化、规范化渠道。

（2）财政政策。数字企业从过去低竞争、高利润，逐步发展为高竞争、低回报、见效慢的行业，一些数字企业也在重新洗牌。数字经济发展主要依靠市场竞争，但财政政策也可以有所作为。例如，采取贷款贴息、融资增信、代偿分担等方式，降低数字企业的投入和运营成本；施行奖励补贴政策，对数字经济平台建设、工业 App 开发、检验检测、跨界合作、优秀解决方案等给予一定补贴，以推动数字经济相关领域的创新发展。

（3）政府采购政策。在数字企业发展初期，政府采购有重要帮助作用。应完善政府采购配套政策，如针对目前云服务发展趋势，政府应从自己建设转为采购第三方云服务。在招标中优化程序和服务，如目前数字项目招标都需要缴纳保证金，对于中小数字企业来说是一笔不小的开支，保证金完全可以通过银行出具担保函来代替，对此政府需要出台相应政策。

（4）降成本政策。云计算中心、超算中心特别是大数据运算存储基地耗电、耗水、占地，多数大数据存储基地建在经济相对不发达地区，如贵州、黑龙江、宁夏、河北张承地区。该产业对当地经济和就业增长的拉动作用有限，但作为数据仓库，投入多、维护费用高，如果用户少、收益低，对投资者具有较大风险。应执行两部制电价，完善信息基础设施用地、用水扶持性政策，进一步降低企业建设和运维成本。

8.3.3.3 企业政策

（1）裂变政策。数字化企业受时空限制小，企业裂变后可以利用母公司成功模式，快速实现企业裂变后的几何级增长。如京东数字科技公司裂变出京东金融、京东农牧等多个子公司，每个子公司立足原企业模式，通过绑定高管与公司利益调动其积极性，迅速开辟新业务并发展壮大。政府应因势利导，促进优势数字企业进行裂变，在防止数字企业垄断的同时，推动企业拓宽经营领域并形成新的竞争优势。

（2）扩张政策。对于具有市场前景的数字企业，引导其采用众筹、众包、“互联网 +”和“区块链 +”等新模式，快速解决其发展需要的资金、技术、市场、管理问题，使其迅速发展壮大。对于非数字企业，政府应提供系统化解决方案，引导其开展数字化、智能化改造，促进技术升级、降本增效，提高扩张能力。

8.3.3.4 社会政策

（1）就业政策。数字经济能创造就业机会，但更会减少大量就业机会，特别是人工智能的运用，将使社会用工呈现减少趋势。如高校的化学试验是一项比较复杂的工作，现在已经能够用智能机器人代替。对于企业来说，追求效益最大化是主要目标，为保持领先地位很少会顾及自动化对员工造成的损害。对于政府来说，就业优先是目标，但面临人工智能发展与就业二选一时，不能期望企业家谨慎裁员，应尊重企业选择人工智能而逐步裁员的事实。因为各国人工智能生产和使用企业都面临着劳动生产率的竞争，千万不能为了扩大就业而限制人工智能的发展和应用。

（2）教育政策。依据世界经济论坛数据，今天上小学的孩子有65%最终将从事现在还不存在的全新职业。[①] 2016年后的10年传统产业就业机会会大幅减少，与数字经济有关的就业机会会成倍增加。这要求中国从现在开始就着手大中小学教育内容和教育体制的改革：教育应从以死记硬背为主转向以探索问题为主，考试应从以标准答案为主转向以独立思考为主；同时调整高校学科结构，增开与高新技术特别是与数字经济有关的专业，使教育结构更加适应未来人才需求。

8.3.4 中国推动数字经济发展的专用政策体系构建

8.3.4.1 顶层设计性政策

（1）完善管理体制。现在从中央到地方，各级信息管理机构都是网络安全和信息化委员会及其办公室，笔者认为应改为信息化和网络安全委员会及其办公室。名称的改变表面上是顺序变化，实质上是工作职能的变化、领导力量的调整，即把工作重点和主要力量放在信息化上。实际上，建设的难度要远远大于管理，以信息化为主的管理体制有助于增强工信部门的权威。同时，应鼓励地方探索设立数字经济发展机构，如安徽在省市县增设数据资源管理局；条件成熟时再选择推行最合理的管理体制。

（2）统筹数字经济技术发展。在梳理数字经济相关行业、关键技术基础上，不仅对人工智能、大数据、云计算等数字产业要有所规划，而且对计算理论、数据挖掘、信息检索、机器学习、多媒体技术、推荐系统、人机交互等关键技术要着手突破，还应对数字制造、数字组织、数字生活等多种应用场景进行重构再造。如人工智能、物联网等涉及的高端传感器种类繁多，大部分中国还不能生产。应规划不同单位承担不同技术攻关任务，避免大量技术无人进入和重复投入并存，形成各行业、关键技术、具体应用等领域全面发展、重点突破、相互衔接的数字经济技术生态系统。

（3）优化数字经济技术区域布局。中国各地发展数字经济具有不同基础和优势，需要根据各地特点实行差异化导向，鼓励发展数字经济技术的不同侧重点。例如，2021年北京数字经济增加值规模达到1.6万亿元，占全市GDP比重的40.4%，继续领跑全国，是中国数字化发展进程中的产业先行者。[②] 因此，邻近的雄安新区应在发展云计算、大数据、金融科技等方面着力；而广东省深圳等地电子信息产业发达，产品技术配套容易，可侧重打造数字技术和数字产品高地；浙江省和福建省在信息硬技术与软服务

---

① 参加世界经济论坛（WEF）2016年1月18日发布的《工作的未来》报告书。

② 程婕．领跑全国！2021年北京数字经济增加值达1.6万亿元　占全市GDP四成［EB/OL］．北青网，https：//t.ynet.cn/baijia/33134363.html，2022－07－29.

结合方面有优势，可以在数字车间、网络定制、环境监测、决策优选、公共服务等方面进行试验，探索数字技术应用新领域。通过发挥各地数字经济技术优势，实行差异化发展，避免同质竞争、资源浪费，各地将来可以互学互鉴。

（4）科学推动数字产业园区发展。数字经济聚集效应尽管较弱但仍有传统产业的聚集效应，企业聚集可以促进技术交流与传播。对于数字经济“硬件制造”产业园来说，生产成本、供应链和配套关系非常关键，目前应重点向新兴硬件产品过渡，实现产品更迭升级；对于数字经济“软件制造”产业园来说，过去多是外国软件“服务外包”业务，今后应向自主创新软件发展。与传统经济不同的是，数字经济物理空间不一定高度集中，政府可为企业创造“虚拟产业园”，依靠市场和技术力量促进数字企业虚拟聚集，产业形态从“聚集”转变为“聚合”，更加注重企业的内在联系与协作。

8.3.4.2 功能性政策

（1）主导新型信息基础设施建设。信息技术升级相应需要信息基础设施同步跟进。互联网从传输信息开始向传输数据资产过渡，需要通过技术升级转变为价值互联网，如发展数字货币需要建设新一代货币基础设施。无人驾驶汽车运行需要大量地面传感器，在高速公路及城市道路新建改建过程中，需要提前规划和建设。5G 网络因为频率高而需要建设更多基站，需要对高速大容量光通信传输系统、5G 通信网络等提前进行规划建设，支撑实现开放 5G 环境下的互联互通。同时，还必须努力降低数据传输、存储、交易和分析的成本，通过大规模应用实现快速发展。

（2）筹划数字经济专用设施建设。当前最需要建设的是产业互联网平台，通过它在全球范围内快速聚集异地协同设计、网络众包等制造资源与需求，提升协同制造能力和国际市场占有率。国家应进行统一规划，研发产业互联网通用软件，解决研发设计与操作存在的共性问题，让多数企业实现网络化智能制造。同时，由国家主导建设大数据基础设施、云计算中心，包括基础信息库，教育、医疗、交通、旅游、气象、环境、民政、文化、质量、安全、农业等各类专业数据库，实现政务数据和公共资源的“虚拟集中”，方便对外开展服务。对于以企业为主建立的大数据基地，如河北张家口、廊坊、承德等地，国家应通过规划引导其他新增服务器在此相对集中摆放，既节约能源资源，又方便统一管理和开发使用。

（3）营造数字产业创新生态。数字产业发展的好坏取决于它的发展生态，这种生态多数是自然形成的，但政府主动作为也非常重要。政府可通过整合资源，打造数字产业众创空间、新型孵化器等，配合以“创业辅导、专业孵化、创业投资”相结合的创新辅助体系，构建创意、创新、创业有机联系并聚合共生、自我发展的数字产业生态圈。

（4）集成优选数字应用方案。目前仅智慧城市建设就有多种方案，各有所长所短。如果不进行比对、集成、优化，不同城市会采用不同方案和标准，最后不仅会造成智慧城市多种多样，而且会各有所短、互联困难。在这种情况下，政府应及时介入，组织多个智慧城市方案设计单位，进行比对集成，确定基本建设单元和自选单元，制订标准体系，为将来不同智慧城市对接奠定基础。

（5）推进公共服务数字化进程。数字经济的一个重要特点就是渗透性，它不仅能向所有产业渗透，实现产业数字化，而且能向所有公共领域渗透，做到所有政府机构服务数字化。如区块链技术方便数据并联处理和信息共享，应尽快在风险较小的政务审批“一网通办”中推广使用。鼓励政府所有公共服务领域加快数字化步伐，在扩大数字产品和技术应用的同时，提高政府的服务质量和群众便捷度。

8.3.4.3 竞争性政策

（1）鼓励和放开数字技术应用服务竞争。整个社会需要高品质服务，不同群体还需要差异化服务，这为数字应用服务提供了竞争空间。应推行总分经营模式：对于数字经济基础设施和骨干网络，宜由国有企业投资，采用统一技术标准；对于应用技术和增值服务、延伸服务，应由民营企业进行竞争性运营。政府鼓励和放开竞争，利用竞争机制激发创新创造活力，提供更加丰富有效的数据工具，挖掘数据利用深度，提高服务质量，并最大限度地降低成本。

（2）慎重判定垄断。数字经济与传统经济在垄断上有很大差异，由于网络效应“赢者通吃”，按照传统观点应该判定为垄断，但数字经济的动态效应决定了多数垄断不会持久，由于颠覆性创新会被迅速打破，当然，也存在强者恒强的现象。现有反垄断规则主要针对静态工业经济，对于动态的数字经济却不适用。对数字化企业是否垄断应纳入更多新因素进行评估，目前应慎重判定垄断，根据一段时间的经验积累再制订政策。

◎ 本章提要

推动数字经济发展成为世界各国下一步发展的共识和方向。全球主要国家把发展数字经济作为实现经济复苏和推动可持续发展的关键，并通过制定战略与政策引导驱动本国数字经济的发展。从数字经济发展战略来看，一方面，美国、欧盟、英国等西方经济体以智能制造为核心，开发工业机器人，同时加强智能设备的数据安全传输，制定标准、工具和测试平台。另一方面，中国政府强调要发展数字经济，推进数字产业化和产业数字化，推动数字经济和实体经济深度融合，打造具有国际竞争力的数字产业集群，同时不断推出“互联网+”顶层设计指导意见。从数字经济发展模式来看，中国政府的数字经济发展模式主要具有促进数字经济竞争要素由用户流量向数据转变、推动企业由批量供给向按需生产转变以促进数字经济发展两方面特征。而从数字经济发展的政策体系来看，发展数字经济所需要的政策体系与传统经济也有很大差异，这对未来数字经济的发展提出了新的挑战，主要应从通用政策体系、专用政策体系两个方面构建推动数字经济发展的政策体系。

◎ 概念复习

数字经济发展战略　数字经济发展模式　数字经济发展政策体系

◎ 阅读资料

（1）“十四五”数字经济发展规划［EB/OL］. 中华人民共和国中央人民政府网站，http：//www. gov. cn/zhengce/zhengceku/2022 - 01/12/content_5667817. htm，2022 - 01 - 12.

（2）工业和信息化部办公厅. 关于推动工业互联网加快发展的通知［EB/OL］. 中华人民共和国中央人民政府网站，http：//www. gov. cn/zhengce/zhengceku/2020 - 03/20/content_5493549. htm，2020 - 03 - 06.

（3）“十四五”信息通信行业发展规划［EB/OL］. 中华人民共和国工业和信息化部网站，https：//www. miit. gov. cn/jgsj/ghs/zlygh/art/2022/art _ bdf819244b074a3aa7b48b3d0985ffd6. html，2022 - 07 - 06.

（4）“十四五”智能制造发展规划［EB/OL］. 中华人民共和国工业和信息化部网站，https：//www. miit. gov. cn/jgsj/ghs/zlygh/art/2022/art _c201cab037444d5c94921a53614332f9. html，2022 - 07 - 06.

（5）唐·泰普斯科特. 数据时代的经济学：对网络智能时代机遇和风险的再思考［M］. 北京：机械工业出版社，2016.

◎ 课后思考题

（1）欧美国家的数字经济发展战略有哪些？

（2）美国的数字经济发展模式是什么？其特征有哪些？

（3）欧盟的数字经济发展模式是什么？其特征有哪些？

（4）日本的数字经济发展模式是什么？其特征有哪些？

（5）中国推动数字经济发展的通用政策体系应当考虑哪几个层面？

（6）中国推动数字经济发展的专用政策体系应当考虑哪几个层面？

第 9 章
数字政府

学习目标

(1) 了解数字政府的概念，掌握数字政府的现状及发展趋势；

(2) 了解治理体系现代化的现实含义，掌握数字政府推进治理体系现代化的方式方法；

(3) 认识数字政务的发展现状及其在提升便民服务方面的优势；

(4) 理解数据共享的底层逻辑，认识数据安全的重要性和保障途径。

内容提要

随着互联网的发展，如何建立一个高效、有序的数字政府，成为各国政府纷纷实施数字化转型的目标。数字政府是发展新阶段、新趋势下的新型政府形态。数字政府作为数据治理阶段的新模式，需要加强基础理论研究，明确数字政府内涵与边界，梳理数字政府现状和发展趋势，通过数字政府建设加快推进治理体系现代化，并探讨数字政府与便民服务，同时明确数据共享的作用和数据安全的重要性。通过数字政府的建设推动政府转型，全面带动经济社会各领域的数字化、智能化建设。本章通过分析数字政府的现状和趋势，重点结合治理体系现代化、便民服务等数字政府的优势项目论述数字政府，同时分析了该背景下的数据共享与数据安全。

9.1 数字政府的现状与趋势

数字技术的发展改变了人们传统的工作、学习、生活和娱乐方式，同时为政府提供信息服务、公民参与政府民主决策的方式提供了更多的途径。利用数字技术改进政府工作及提高服务的效率，形成新的工作方式，已成为各国政府所关心的问题。数字政府便是其中之一。

9.1.1 数字政府的概念与重要性

中央全面深化改革委员会的第二十五次会议通过了《关于加强数字政府建设的指导意见》，习近平在主持会议时强调：要全面贯彻网络强国战略，把数字技术广泛应用于政府管理服务，推动政府数字化、智能化运行，为推进国家治理体系和治理能力现代化提供有力支撑。国家《“十四五”推进国家政务信息化规划》的审议中也提出要提高数字政府建设水平，将数字技术广泛应用于政府管理服务，不断提高决策科学性和服务效率。党的十九届四中全会明确要求推进数字政府建设，并且首次将数据增列为生产要素。2022 年《政府工作报告》中提出加强数字政府建设，推动政务数据共享，进一步压减各类证明事项，扩大“跨省通办”范围，基本实现电子证照互通互认，便利企业跨区域经营，加快解决群众关切事项的异地办理问题。我国的各项会议、文件中对数字政府的重视日益增加，那么所谓的数字政府，具体是指什么呢？

数字政府是指在现代计算机、网络通信等技术支撑下，政府机构日常办公、信息收集与发布、公共管理等事务在数字化、网络化的环境下高效进行的国家行政管理形式，包含多方面的内容，如政府办公自动化、政府实时信息发布、各级政府间的可视远程会议、公民随机网上查询政府信息、电子化民意调查和社会经济统计、电子选举（或称“数字民主”）等。例如，不同职务的公务员在对应平台上进行日常工作处理；各级政府或各不同部门间的远程视频会议；政府通告或信息通过网络实时发布；群众通过政府网站进行相关信息查询、事务办理或意见反馈；政府利用大数据技术进行数据统计等。

在新一代信息技术加速普及的大背景下，我国及世界主要国家纷纷推进数字政府建设。根据《2022 联合国电子政务调查报告》显示，中国电子政务发展指数从 2012 年的 0.5359 提高到 2022 年的 0.8119，排名从全球第 78 位提升至第 43 位，电子政务建设工作成效显著。数字政府是我国国家治理体系和治理能力现代化的重要一环，为我国数字政府建设指明了方向，是数字技术赋能国家治理体系和治理能力现代化的有力指导。数字政府可以全方位提升政府工作效率、提高政府治理水平、完善政府治理模式。政府对不同机构部门之间的数据进行整合后，注入构建的公共数字基础设施中，实现底层数据互联互通，构建公共服务平台，为群众提供足不出户的一站式便民服务，提升政府工作效率。英国在《政府转型战略》中提出“政府即平台”的概念：构造类似电子商务的平台，通过平台来履行政府职能，以平台为基础，将服务项目以应用的形式不断增加到平台上，不断延伸扩展政府服务范围。

数字政府可以提高政府治理水平。数据要素对于数字政府的建设是十分重要的，将大量、多元化的数据汇总，从中挖掘出高价值信息，使政府决策智能化、公共服务精准化，推动政府决策从被动、机械、滞后的传统决策模式向预测性、精准化智能决策模式转变。新加坡构建了全国性的数据库，并利用 AI 技术对所有数据进行分析，预测本国公民的需求偏好，来提高政府的服务质量；日本制定了 e - Japan、u - Japan、i - Japan 以及《智能日本 ICT 战略》等计划，从基础的电子政府逐步转化为数字政府，日本政府希望通过建设数字政府提高社会智能化水平，解决老龄化、少子化等社会问题。

数字政府可以完善政府治理模式。改革开放以来，中国政治的权力结构分层，地方政府“各自为政”的情况越来越明显，地方保护主义在部分地区逐渐抬头，且各地方政府的不同部门间的管辖也变得相对独立，跨部门办事时常常出现数据停滞、政策冲突等问题，增加了办事难度。在数字技术和数据要素支撑下，政府治理的传统界域不断突破，社会公众多方参与、政府各部门协同共治的全新格局正在形成。美国的《开放政府指令》中，明确提出数字政府建设的参与和协同原则，强调数字政府建设重点是促进联邦政府、州政府和地方政府之间的协同；我国提出的“一网通办”“一网统管”“一网协同”等跨部门协同治理方案不断涌现，“随手拍”等公众参与协同治理模式陆续上线，在制定“十四五”规划时，政府就通过互联网向社会大众征求意见和建议，依托于数字技术，使开门问策、集思广益的效率和深度得到了巨大的提升，互联网成为群众与政府交流的重要桥梁，一体化政务服务和监管效能得到大幅提升，推动政府治理格局从单一治理模式向多元协同共治转变。

9.1.2 政府数字化成果

人类文明历经了从农业时代到工业时代再到数字时代的发展变化，数字化渗透在我们生活的每个细节中，也包括政府。数字化的浪潮引发了政府执政方式的巨大改革，根据著名管理咨询公司麦肯锡的预测，在现有技术条件下，全球的政府数字化每年可以产生超过 1 万亿美元的价值。[①] 我国提出的“国家治理体系与治理能力现代化”就是对政府数字化的强烈呼应。

---

① Corydon B, Ganesan V, Lundqvist M. *Digital by default: A guide to transforming government* [EB/OL]. https://www.mckinsey.com/~/media/mckinsey/industries/public%20and%20social%20sector/our%20insights/transforming%20government%20through%20digitization/digital-by-default-a-guide-to-transforming-government-final.pdf.

目前全球范围内的数字政府建设水平在逐步提升，政府数字化进程逐步加快，专业服务机构德勤的调查报告显示，欧洲国家、美国、亚洲国家等在政府数字化中都取得了一定的成果。在欧洲各国中，丹麦的数字政府建设水平位居榜首，丹麦的政府数字化已经对用户交互进行优化，使得操作界面更加简洁便利、易于使用，同时通过算法的优化提高了数据的使用效率和处理效率；英国政府深化数字化转型，提升政府数据科学分析的能力，建设平台化的政府，打造政府在线身份认证、在线支付、在线通知三大平台，并着力提高公务员的数字化技术能力，使之能更好地利用数字化政府平台提供服务；美国政府将政府文件等信息电子化，结合获取的用于公共服务的数据，使行政管理自动化，降低美国公民获取政府信息与服务的时间、地点、设备的门槛，让政府的功能从管理转向服务。

我国的政府数字化进程同样取得了不俗的成果，以国家政务服务平台为总枢纽的全国一体化服务平台建设逐步发挥成效，网上政务服务由信息服务为主的单向服务阶段开始迈向以跨区域、跨部门、跨层级的一体化政务服务为特征的整体服务阶段，企业群众办事便利度显著提升，办事渠道更加便捷，服务流程更加优化。省级政府方面，北京、上海、江苏、浙江、安徽、广东、四川、贵州的总体能力最强，广东、浙江、上海、江苏等是代表省份，当地政府积极创新、因地制宜，推出了“最多跑一次”“不见面审批”“一网通办”等多项改革措施，大大提高了当地政府服务的便捷度和处理速度，成为政府数字化的标杆。北京市建成了覆盖四级的一体化政务服务平台，大力推进“网上办、掌上办、自助办、智能办、区域办”。上海市将数字化重心放在企业和群众办事频率高、难度大的 15 个“一件事”上，对“一件事”的申请条件、申报方式、受理模式、流程、发证方式等进行改革完善，实现了诸多材料的“免提交”，缩短了办事时间、简化了办事流程、减少了办事所需材料。浙江省通过“业务标准化、数据实时化、系统组件化、体验一致化、管理数字化”五个关键方法，构建了“浙里办”和“浙政钉”两个平台，“浙里办”平台上提供了将近 500 项便民服务，352 项民生事“一证通办”，40 个跨部门“一件事”网上联办；“浙政钉”成为 100 余万政府工作人员的在线交流平台，方便各部门人员协同办公，提高了工作效率。根据《数字政府蓝皮书：中国数字政府建设报告（2021）》，广东省建设了粤省事、粤商通、粤政易移动平台，其中粤省事平台上接入了 1 600 多项服务，提供 87 种个人电子证照，实现了 88% 的事项完全通过线上办结，平台的注册人数超过广东省人口的 72%，为广东省人民生活提供了巨大便利。四川省打造了“1 + N”政务服务矩阵（1 个应用中台，PC 端、移动端、自助终端等 N 个渠道），形成“1 + 5”政务服务建设运营体系（1 个省级主站点，省、市、县、乡、村 5 级站点），构建了全域通办等全省统一线上政务服务平台，四川百姓可以通过多渠道在统一大平台上办理各种事务。当然，我国政府等数字化成果不止于此，各个省份、城市都在积极推进政府的数字化进程。

9.1.3 数字政府的现状

目前，全球数字政府建设的步伐在逐渐加快，绝大多数国家数字政府的水平在稳步提升，其中包括电信基础设施的逐步完善、电子信息技术的提高和数字化行政服务水平等方面的提高。但是不同国家政府间的数字化水平差距较大。欧洲国家的数字政府建设水平领先于其他大洲国家，美洲国家水平与亚洲相近，非洲国家处于落后位置；通常国家收入水平越高，政府数字化程度也越高，但各国差距也在逐步缩小，中低收入国家在电信基础设施建设、人力投入、数字政务服务方面的发展速度更快，所以有很强的追赶势头。我国的数字政府建设也在全球政府数字化的浪潮中取得了长足的进步，总体来说，我国政府在数字政务方面已经跻身世界一流水平，但是在人力投入和电信基础设施建设方面与“领跑者”们还有一定距离。

党中央在近几年的会议中高频提及数字政府建设，并且发布了许多相关的指导意见、规划政策等。地方政府也积极响应中央号召，各地围绕中央提出的大方向如火如荼地开展政府数字化。我国的数字政府建设主要围绕三个方面进行：一是数字政务。各地政府利用互联网和信息技术，将政务信息数字化后置于所搭建的官方政务平台上，方便群众足不出户或者尽量减少跑动次数就可以解决问题。目前大多数省市实现了底层数据的互联互通，比较常见的政务信息申报、提交、审核过程以及跨部门的事务办理可以通过在线政务办结。二是数字治理。将政府、个人、市场、交通、医疗、环保、教育等众多方面的行为数字化，把数据在动态环境下相互关联，形成统筹规划、多元互动的治理方式（包括市场监督管理、交通疏导、医疗资源调配、宏观经济调节、生态环境治理等）。三是数据管理。建设更加完善的数据管理机制，使数据被更大更全地收集、储存、利用，让跨部门、跨层级、跨地区的数据能够更大范围地开放和共享。

数字政府的建设需要强大的技术支持，各地最开始的做法是组建一个电子政务部门，来搭建、维护电子政务平台，但这种做法在高速数字化的情况下逐渐变得跟不上时代了，于是一些走在前头的政府部门依托改革开放精神，充分发挥了社会主义市场经济的特色，采用了政企结合的方式为数字政府提供发展动力。例如互联网属性的公司中有大批量的优秀计算机人才，在制造互联网产品、服务器运营维护等方面有突出的优势，充分利用好这些优势无疑会大大加快数字政府建设的进度。例如，广东省由国有的三大运营商持股51%，腾讯持股49%，创建了数字广东网络建设有限公司来负责本省的数字政府事务。从股份比例上就可以看出，政府方依旧保持了控制权。浙江也采用了类似的做法，国资持股51%，阿里巴巴持股49%，由此成立的数字浙江技术运营有限公司负责管理数字政府事务。贵州、河南等地也是类似的模式，这种模式下的数字政府可以将管理与运营两部分相分离，政府有丰富的行政事务管理经验，企业提供优质的数字产品和运营维护，各取所长，优势最大化。

我国数字政府建设的实际应用越来越广泛，数字化的便捷高效也有越来越大的影响。目前“一网通办”走向全国。例如，上海市建立大数据中心作为平台对全市各类数据进行汇总、处理、分类，建立一系列主题库来对政务服务提供数据支撑，“一网通办”中上海数据就由上海大数据中心提供。目前全国一体化政务服务平台已经上线运行，这一平台上串联着31省（港、澳、台除外）、新疆生产建设兵团、40多个国务院部门，提供了300多万项服务入口，让“一网通办、异地可办”的程度不断加深，各地域间的政务数据可以互相传输，提升了部门协同、区域联动的能力，同时把各地区分散烦琐的在线政务服务接口统一起来，让活动范围比较广阔的群众不再需要面对繁杂的网站、App客户端等，实现了一站式处理。

“不见面审批”的推广。不见面审批的发展是数字政府建设的重要基础，其主要途径有两种：一种是申办人通过政务网站提出办理申请，上传审批所需的相关材料，并承诺材料的真实性（负法律责任）；另一种是申请人前往政务服务大厅，在自助办理机上申请办理，自助办理机突破了办理人时间上的局限性，是24小时提供服务的。“不见面审批”的推广大大拓宽了政务办理的时间和空间限制。

移动政务的覆盖。手机等移动互联设备成为人们必不可少的生活用品，其便携性、可拓展性为生活提供了许多便利。目前已经有30多个省级政府推出了移动设备端政务服务的接入口，力图实现政务服务“掌上办、指尖办”，包括微信、微博、支付宝、App客户端等。以广东省为例，广东省政府提供了广东政府服务App、“粤商通”App、“粤省事”小程序、“粤政易”应用程序。“粤商通”“粤政易”联通了21个市级、121个县级、7 155个部门单位，提供如社保、公积金、税务、交通罚没等几百项便民服务；“粤商通”为商务经营主体服务，围绕企业全生命周期提供开公司、办业务、找政策、提诉求、查信用、招人才、融资金、拓商机等主题特色服务；“粤政易”围绕日常办公需求，是集即时通信、通讯录、工作台、个人信息四个版块于一体的移动办公平台，统建了粤视会、会议管理、批示速递、广东网院、粤政头条等20项政务应用。

9.1.4 数字政府的发展趋势和可优化之处

数字时代政府建设将形成更加整体化和精准化的多元协同共治新局面。整体化强调的是将政府中各级各部门联合形成整体性建设的理念，继续深化打造一体化在线政务服务平台，为群众提供“一站式”可办结的政务服务。数字政府相较于传统政府形式，改变了逐级下放、各部门分离的发展方式，将各行政单位主体扁平化置于统一平台上，通过平台上的数据开放和数据共享协同工作，以数字技术的突破来重塑组织架构、业务架构，向着实现线上线下融合的一体化服务型政府发展。整体性建设通过技术创新与制度创新的有机融合，构建整体性治理的信息共享和联动机制，不断提升政府治理效能，主要体现在以下三方面：一是深化整体性建设的理念。通过数字技术的进步带动治理理念转变和政务流程优化，不断打破各级各部门间的职能边界，进一步整合不同部门与层级的信息资源，全力建设出互享互通、协作统一的数字化政府。二是加快打造一体化程度更高的在线政务服务平台。在线政务服务平台的一体化程度越高，通过平台搜集到的碎片信息越多，信息加工处理的能力也越强，数据结果越集约化，越能推动政务服务实现“网上办”“掌上办”，发挥数字化平台的载体功能。三是扩大“一站式”便捷性服务范围。加强资源整合和业务协同来扩大政务服务覆盖面。所以数字政府的整体性是通过数字平台建设和数字信息共享实现政府各级各部门的整体性协同运行，实现政府整体性运转，发挥政府整体性效能。

精准化是指根据服务对象的需求，利用数字技术对社会上的各种情况进行数据分析，及时掌握各方面的动向，快速准确地回应各种需求，“对症下药”，实现更加精确化的治理。主要包括以下四方面：一是更加精准的行政决策。可以将行政决策的过程看作信息的输入、处理和输出的过程。行政决策精准程度与信息输入、处理的有效程度和全面程度有关。政府可以更大范围、更高效率地搜集经济、政治、文化、教育、医疗、生态等领域的数据资源，提升大数据算法，将客观的数据转化为更加形象具体的社会实时状况，从而进一步提高行政决策的精准性、科学性和预见性，做到科学决策、民主决策、智慧决策和精准治理。二是更加精准的公共服务供给。政府以满足群众需求为落脚点，利用数字技术进行内外部资源整合，减少办理行政事务的材料、步骤和时间，提高行政服务的效率，提供精准性更高的服务，减少群众办理事务的跑动，加快建设服务型政府。三是更加精准地回应社会诉求。互联网各类平台成为政府与群众之间的重要联系纽带，群众可以通过平台向政府方提交各种不同的诉求，政府实时接收到相关信息，更加及时回应并精确地满足不同服务对象的差异化需求，更加有效地防范化解重大风险，减少社会矛盾。

数字化政府背景下深化多元协同共治。多元协同共治指政府、社会组织、群众等多元主体相互协作，共同参与社会治理，构建党委领导、政府负责、民主协商、社会协同、公众参与、法治保障、科技支撑的社会治理体系和共建共治共享的社会治理制度。数字化的政务平台为政府与社会之间创造更高程度的信息交换，已然成为政府、社会组织、群众间沟通的重要渠道，社会中的各个主体能够便捷地参与到政策制定等一系列活动中。借助数字技术笼络更多多元化主体参与治理过程，进一步发挥多元化主体的治理效能优势，继续探索全方位、深层次、多领域的多元主体合作模式，从而降低政府治理工作的压力，提高政府的治理能力和治理水平，共同完成各种治理任务。

数字政府建设的进度在不断推进的同时，也需要考虑对其存在的不足进行优化。当前状况下数字政府的不足主要包括：一是数字政府建设的供需不平衡；二是形式上的统一限制了基层的创新能力；三是数据安全问题等。

数字政府建设的供需不平衡。数字政府的建设架构和传统政府大体上相一致，都是自上而下的，单纯地从“建设”的角度出发将政府数字化，而缺乏了对使用主体意愿的考虑，忽视了“使用”的角度，导致企业、群众等使用主体不会使用、体验不佳的问题。要解决这些问题，需要在数字政府建设阶段（如项目论证、立项、功能设计、产品测试等)，让各类使用主体参与构想、测试和反馈。

形式上的统一限制了基层的创新能力。以整体性为特征之一建设数字政府时，上级单位不仅要求数据指标上的统一，还要求在形式上保持统一，常常会出现上级管理者对某种数字化业务形式较为认可，认为值得推广，就让其他同级的地方政府或行政部门复制或者模仿这种形式，形成“统一”，这种情况下容易产生数字政府建设的“搭便车”现象：一些不注重数字化的地方或部门只要等待先进地方或部门提出让上级满意的解决方案，自己照搬过来就可以了，如此一来遏制了下级和基层在数字化上的创新活力。要改变这一现象，上级政府在敲定数字化建设路径时可以只要求对于各项关键数据接口和类型上的一致，大胆鼓励流程创新、形式创新等一系列的创新，订立激励机制，以使用者的满意度作为考核标准。对于优秀的产品可以对理念、开发思路进行推广学习，对于平庸的产品要寻找不足、积极改进，提升产品的满意度。

数据安全问题。在政府数字化进程中，数据的驱动力是毋庸置疑的，但随着数据使用量和流通量的日益增加，数据群变得越来越庞大，数据安全也成了无可避免的问题。当前数据安全呈现出两极化的趋势，一极是一些大胆、追求效率的行政部门大批量使用数据，但忽视了对数据采集后的保护工作；另一极是一些谨慎、保守的部门不敢轻易使用包含了大量公民隐私的政务数据，使得数字化工作的效率迟迟无法提升，使用范围十分受限。这两种情况都不是数字化进程中的理想状况，要改变这种状况，就需要对政务数据的使用确立标准。在使用数据时，必须严格遵守《数据安全法》，规范各级各部门的数据使用权限，同时要进一步完善《数据安全法》的各项条例，目前该法的细化程度不足，对于具体操作规则、管理规范等没有明确细致的规定，使得政务数据相关的法律体系无法形成，数据安全工作推进缓慢。

9.2 数字政府与国家治理体系现代化

加强数字政府建设是创新政府治理理念和方式、形成数字治理新格局、推进国家治理体系和治理能力现代化的重要举措，对加快转变政府职能，建设法治政府、廉洁政府和服务型政府意义重大。开启全面建设社会主义现代化国家的新征程，推进国家治理体系和治理能力现代化、适应人民日益增长的美好生活需要，对数字政府建设提出了新的更高要求。

9.2.1 国家治理体系现代化的含义和要求

国家治理体系是在党的领导下管理国家的制度体系，包括经济、政治、文化、社会、生态文明和党的建设等各领域体制机制、法律法规安排，也就是一整套紧密相连、相互协调的国家制度。国家能够稳定发展、安定有序，一套与当下社会状况相契合的国家治理体系尤为重要，与时俱进的治理体系改革便成为国家长治久安、保持发展动力的题中应有之义。推进国家治理体系和治理能力现代化是党中央继工业、农业、国防、科技“四个现代化”之后提出的“第五个现代化”。在 2013 年党的十八届三中全会上，党中央提出：全面深化改革的总目标是完善和发展中国特色社会主义制度，推进国家治理体系和治理能力现代化；党的十九届四中全会作出《中共中央关于坚持和完善中国特色社会主义制度、推进国家治理体系和治理能力现代化若干重大问题的决定》（以下简称《决定》），《决定》中明确提出坚持和完善中国特色社会主义制度，推进国家治理体系和治理能力现代化的总目标，并将这个目标分为三个时间节点：2021 年、2035 年、2049 年。2021 年时，党成立 100 周年，要在各方面制度更加成熟更加定型上取得明显成效；2035 年，各方面制度更加完善，基本实现国家治理体系和治理能力现代化；到新中国成立 100 周年，即 2049 年时，全面实现国家治理体系和治理能力现代化，使中国特色社会主义制度更加巩固、优越性充分展现。中国迈入发展的快车道，保持好高速发展不“脱轨”，治理体系现代化是关键一环。

党中央清晰描绘了治理体系现代化的顶层设计，那么如何微观化地理解治理体系现代化呢？治理体系现代化就是将国家治理体系内的各部分各层次进行现代化的优化过程，是国家治理体系不断适应现代化建设和发展需要的过程。国家治理体系要随着社会的进步而不断改革调整，将中国特色社会主义制度与时代背景相结合，利用前沿的理念与技术赋能治理体系，使国家治理体系科学化、规范化、程序化、制度化，提升国家治理效率，让中国特色社会主义的制度优势转化为国家治理的效能。理解国家治理体系现代化，就要建立一种动态性的思维，将国家治理体系理解成不断调整改进的。改进实现治理体系现代化的目标可以订立为：一是公共权力运行制度化和规范化，要求政府治理、市场治理和社会治理有完善的制度安排和规范的公共秩序；二是民主化，即公共治理和制度安排都必须保障主权在民或人民当家作主，所有公共政策要从根本上体现人民的意志和人民的主体地位；三是法治，即宪法和法律成为公共治理的最高权威，在法律面前人人平等，不允许任何组织和个人有超越法律的权力；四是效率，即国家治理体系应当有效维护社会稳定和社会秩序，有利于提高行政效率和经济效益；五是协调，现代国家治理体系是一个有机的制度系统，从中央到地方各个层级，从政府治理到社会治理，各种制度安排作为一个统一的整体相互协调、密不可分。

9.2.2 数字政府的优势契合国家治理体系现代化要求

数字政府作为数字时代下政府进行社会治理的新形态，展现了全新的治理模式和不俗的治理能力。数字政府以数字技术改变行政结构和运行机制，推动政府治理的变革，利用数字技术对数据资源进行收集、处理、整合，通过政务平台等多种形式提供高效便捷的政务服务，打造更加高效高质的管理体系，精简行政业务的流程，降低了公民办事和获取政务信息的难度，创造了巨大的公共价值。建立在高度发达的现代信息技术基础上，数字政府的技术体系所带来的一系列优势充分契合了国家治理体系现代化的要求。

9.2.2.1 数字政府使公共权利运行制度化和规范化

在中国，公共权力是通过人民代表大会制度，并以宪法和法律规定的形式，赋予国家机关工作人员行使的。传统政府的执政形态下，由于相对封闭的政府结构和纷繁复杂的文件条例，让公职人员在行使公共权力时常常存在一定的主观性，一件事能不能办理，涉及哪些行政主体，需要哪些材料文件，公职人员仅凭记忆很难样样牢记，而逐一查询条例又降低了办事效率，且由于人的惰性，这也很难实现。此外，不同公职人员之间的行事风格也存在差异，所以公民办理事务的成功与否和办理实效参差不齐。此外，市场治理在发挥作用时常会受制于政府权力和行使权力者的意愿引导，让市场机制无法充分发挥作用。社会治理也常会受到公共权力的影响，在政府、企事业单位、社区或个人等多方主体进行线下对话时，政府通常占据强势地位，这也使得多方的意见不能得到充分表达。而当公权力被部分人把握时，会出现当权者以权力为筹码谋求自身经济利益的寻租行为。而当政府数字化后，在运用公共权力方面就变得截然不同了。从某种意义上来说，政务平台是将白纸黑字的行政条例转化为比特形式，构建互联网平台并以之提供服务。代码是行政条例的数字化，在执行时可以保证一致性，“机器执行”代替了“人工”，避免了人为干预，既保证了公正公平，也避开了公职人员行事方式不一致的缺陷，还在一定程度上打压了寻租行为。在数字政府的形态下，市场主体所受到的权力牵制大大减少，在管理市场时数据监管代替了人为监管、过程监管取代了事后监管，权力的使用有了数字技术划定的边界；在社会治理时，政府线上“搭台”，没有了时间和地点的限制，又赋予了各方畅所欲言的机会，意见可以得到充分的整理和表达。

9.2.2.2 数字政府使治理民主化

在传统政府形态下，了解民情民意的主要途径包括走访、电话采访、群众信访、政府开展协商会谈等。这些途径通过人工采集信息的方式需要大量的时间成本与人力成本，能够调查的范围也十分有限，只能反映某一部分地区的人民意愿，而逐一收集的行动方式有可能造成收集活动的时间线过长，在信息汇总时民意已经发生变化的情况。另外，由于不是单一人员进行工作，存在重复收集的可能，如此一来所收集到的民情民意情况是有局限性的，存在效率慢、范围小、成本高、时效性低等问题。而在互联网技术加持下的数字政府让治理信息实现双向流动，政府与群众间的交流互动变得便捷、频繁和高效。所有接入互联网的用户都可以轻易获取公开的政务信息，没有时间和地点的限制，这使得公民获取政务信息的门槛大大降低，政务平台让公民动动指尖就可以反映情况、表达诉求或提出建议。同样政府会利用政务平台或在线问卷等多种机制进行民意调查、意见征求、网络听证等活动，了解民情，收集民意，使得传统政府形态下因高成本而难以实施的大规模民意调查、民主参与和全民监督具有了可行性，充分保障民众的知情权、参与权、表达权和监督权。数字政府让公共治理的程度进一步深化，这种日渐广泛化、公开化、透明化的行政机制可以充分反映人民意志，体现人民主体地位，让人民真正“当家作主”。

9.2.2.3 数字政府使公共服务高效化

治理体系现代化的目标之一就是效率，提高办事效率，减少办事流程，加快审批速度，节省申办人的时间成本甚至交通成本，从而带来经济效益的提升。政府的数字化恰好可以带来这些好处，利用构建的公共服务平台，数字化的政府能够为群众提供“一站式”服务。这种公共服务平台的政务流程与传统政府“一关一关”审批的单步走流程有很大不同，一件涉及多部门共同审核的事务，在承诺材料真实性后，根据办理要求便可以在平台上一次性将所有所需材料上传申报，各部门的工作人员同时审阅，推进并给出处理反馈，确实地做到简化办事流程、提高办理速度，也让部门间推诿扯皮的可能性降低。众多信息已经在官方数据库留档，也不再需要反复填写，繁文缛节被删减，群众办事不再需要浪费大量的时间去各个窗口取号排队，于各个部门间奔波或多跑一趟补充材料。

9.2.2.4 总结

数字政府对于国家治理体系现代化的作用在于，它使政府决策科学化、社会治理精准化、公共服务高效化、政府治理民主化。数字政府用创新的治理模式，将“权力”关在了数字的“牢笼”里，为政务赋予了公开、透明、高效的特性，让规范化、制度化落到实处，深化民主化治理的进程，助力国家治理体系现代化不断向前推进。

9.2.3 数字政府在推进治理体系现代化中面临的挑战

数字政府建设是新时代推动国家治理体系现代化的客观要求和必然路径。我国在数字政府建设方面取得了一定的成绩，但伴随着技术进步和市场变化，治理短板的存在无可避免，数字政府在推进治理体系现代化中依旧面临着挑战。

9.2.3.1 来自传统权力的挑战

数字政府的建设，不仅仅是在“数字化”技术层面上的变化，更是对于传统政府形态下权力模式的挑战，涉及从上到下的权力结构再造和权力再分配。在数字政府形态下，传统行政人员的审批事项大量削减，权力管辖业务很大一部分被算法加持下的监管系统取代，大量的事项从线下面对面办理转为线上自主办理，让“人情社会”的“人情”大大减弱，这是对传统权力的“没收”。数字政府一方面提升了效率和政府的廉洁程度，另一方面让部分权力缩水的公职人员心生抵触，既得利益集团很可能会协作对抗政府数字化的进程，使政府的数字化工作变成形式上的数字化，即把简单机械的政务工作交由计算机和算法处理，而仅仅攥住行政主观性较强的工作事项不放，以此来维系自身的权力。然而数字政府是政府适应数字化时代作出的重大发展战略，其优势不能只停留在技术自动生产结果的表面，更需要深挖组织上的整合优化空间，这要求政府对原有组织架构、自身权力结构和分配方式进行自我革命，向传统权力发出挑战。

9.2.3.2　对顶层设计的挑战

我国的数字政府建设已经实现了自上而下的全层级覆盖，但并没有意识到数字化转型是一场比一般机构改革更具有冲击力的变革，未能引起足够的重视，目前多停留在技术应用层面，让信息技术部门作为主导力量，导致建设碎片化，变成了附庸在其他行政方式上的技术工具角色。数字政府的各种建设形式上，常常忽略了数字化转型与政府职能转变的“表里”关系，为了避免触及争议性和敏感性较强的工作领域，而放弃与之配套的行政组织改革和法制制度建设，使得数字化工作浮于表面，造成数字化转型和职能转变相互割裂，忽略了各部门整体性调整、政府行政组织的系统性变革等方面的通盘考虑。数字政府建设的各个主管部门职责权限不明晰，鲜有部门或个人有足够的主观能动性去推动发展和解决问题，形成了各管一摊、“九龙治水”的局面，让政府数字化转型在与其他系统性改革融合协同中难以形成对等性的地位。这些相互交织在一起的阻力弱化了数字化转型对政务工作的“赋能”效果，影响了国家治理体系现代化的进度。进一步来看，各层各部门协同推进数字化的方法效率不高，实际上是顶层制度体系上的短缺。数字政府建设顶层设计通过深挖信息技术来推动政府治理与数字化深度融合，优化治理流程，但作为一个国家级战略，顶层设计只覆盖了技术角度不足以为数字政府提供足够的发展引领力。数字技术和数字平台可以提供极短的通信延时和无边际的数据容量，现有的政府行政结构在信息化技术面前显露出了低效和臃肿，新技术需要新制度、新结构与之匹配才能最大化发挥成效，需要以全新的发展思维模式去审视和思考与数字政府相适应的行政组织结构。这便是对更加全面化、细致化、开放化的顶层设计的呼唤，也是对现有顶层设计的挑战。对数字政府战略规划更适应时代、发挥技术、追求效率的顶层设计，自上而下进行改革，确立全新的数字行政结构，明确主管机构、界定管理流程、制定技术规范、健全统筹协调机制，通过数字政府发展为国家治理体系现代化注入动力。

9.2.3.3　来自市场风险的挑战

由于信息平台和算法的运行特性，数字政府对市场的监管采取“一张清单”的方式，即只对法律和管理条例中的违规违法行为进行约束、管制和处罚，其余经济行为一律许可，将主动权交由市场。相比于传统政府在公务人员审批时主观因素的影响和地方政府对本地资源优势项目（行业）的偏好等干预，在数字政府的监管方式下，市场的决定力量更强，自由度更高。但是市场调节的缺陷和政府干预的必要性已经在经济学的发展历程中被充分论证过，公权力对市场的干预被约束时，就面临更大的市场失灵的风险，这是推进治理体系现代化需要面对的挑战。数字政府在市场监管中防范化解风险时需要充分发挥自身特性，扬长避短：运用数字化手段不间断监察市场，以新型监管技术提升监管智能化水平，提高监管精确度，加强监管事项清单的数字化管理，不断完善监管条例，补齐监管短板，运用多源数据为市场主体精确“画像”，强化风险预判和风险处理机制，完善风控系统成熟度和完整度，为市场的高效运行保驾护航。

总之，本阶段的数字政府的建设给予了治理体系现代化巨大的改革推力，但在此数字化技术性变革下的政府变化同样面临着挑战，需要对面临的风险挑战做好充分准备，趋利避害，改革突破，创新发展，开创数字政府建设新局面，为推进国家治理体系现代化做好“领头羊”，为全面建设社会主义现代化国家的新征程保驾护航。

9.3　数字政务与便民服务

数字政务加快推动数字经济扩展到民生领域，给广大群众带来了更便利、触手可及的公共服务，成为数字城市、数字中国建设的新动能。从电子政务到数字政务，便民服务转型升级带来了新体验。便民服务开始具有渠道多元化、资源获取便捷化、满足需求个性化等新特征，政务服务正不断打破时间空间障碍。

9.3.1　数字政务的发展现状

近年来，我国数字经济加快发展、数字政务建设全面推进。数字政务的前身是电子政务，电子政务一度成为倒逼政府加快转变政府职能，提高政府服务效率和透明度、便利群众办事创业、进一步激发市场活力和社会创造力的重要推动力量。

从电子政务到数字政务的转变是政府治理叙事的概念演化，电子政务以政府信息化为叙事主线。随着2002年《国家信息化领导小组关于我国电子政务建设指导意见》印发，引发了电子政务与办公自动化、政府上网的区别和联系之探讨。电子政务实际上就是平常我们所说的政务工作信息化。2004年，中国行政管理学会代表团参加第26届国际行政科学学会代表大会时提出，“电子政府强调的是应用电子技术，提高办事效率”①；电子政务实质上是对现有的工业时代的政府形态的一种改造。从其影响看，电子政务有望对中国政府的行政管理模式产生影响，效益主要体现在内部办公效率，而不是对外公共服务，被视为政府提高行政能力、效率的技术和手段。而数字政务以治理现代化为行事主线。从技术角度来看，以云计算、大数据、人工智能、物联网、

---

① 行人．中国行政管理学会代表团参加第26届国际行政科学学会代表大会［J］．中国行政管理，2004（11）：92.

量子计算为代表的新兴技术风起云涌，第四次工业革命更是对全球经济社会的组织机制和运作模式产生了空前的影响。这就意味着，数字政务与电子政务是在完全不同的土壤上诞生的。

与生俱来的赋能基因，赋予了数字政务更加重大的历史使命。一方面，数字政务不断从根本上反思和调整政府公共行政理念，并在最终转向服务行政理念的过程中同步调整。2003 年发生的“SARS 危机”应该就是一个重要契机。彼时，西方各国开始更加重视直接引入公民参与公共行政。我国电子政务也在不断吸取国外先进经验的基础上进行转型，深化包括电子政务在内的一系列手段，适时适度推进行政制度和体制变革，加快行政民主化进程。另一方面，数字政务毫无保留地继承了电子政务迈向服务型政府的整体走向。《“十三五”国家政务信息化工程建设规划》就以建成满足国家治理体系和治理能力现代化要求的政务信息化体系为导向，以期达到“宏观调控科学化、政府治理精准化、公共服务便捷化、基础设施集约化”的发展目标。

我国政务服务线上化速度明显加快，网民线上办事使用率显著提升，政务服务向智能化、精细化发展并向县域下沉。首先，大数据、人工智能技术与政务服务不断整合，服务不断走向智能化、精准化和科学化，重构政务服务体验；其次，服务内容不断细化，支付宝、微信开通政务服务入口并逐步完善服务内容，从车主服务、政务办事到医疗、交通出行、充值缴费等方面全方位覆盖用户生活；最后，县域政务办事移动化速度加快，包括天气、工商、司法、公安等领域在内的县级微博、公众号、头条号等发展迅速。

信息技术创新日新月异，以数字化、网络化、智能化为特征的信息化浪潮蓬勃兴起。信息化代表新的生产力和新的发展方向，已经成为引领创新和驱动转型的先导力量。围绕贯彻落实“五位一体”总体布局和“四个全面”① 战略布局，释放信息化发展的巨大潜能和数字红利，以信息化驱动现代化为主线，新时代“数字政府”改革是践行新发展理念、破解发展难题、增强发展动力、厚植发展优势、造福社会、造福人民的战略举措和必然选择。

从国内环境看，在常态化疫情防控背景下，公共服务、移动政务办公需求激增，政府工作模式和社会运行模式加快变革，对各级政府的数字化建设和应急管理能力带来综合性考验。数字政府的建设使得政府治理更加科学化、高效化、透明化，从而为实现国家治理现代化提供有力支撑。

从产业格局看，数字政务具有覆盖面广、服务用户多、应用场景丰富、稳定性要求高等特征，政府对供应商所提供的满足“智能集约、数据共享、业务协同”需求的整体解决方案与服务能力需求迫切。未来，数字政府行业生态将从过去垂直、分化的产业

① “五位一体”总体布局指经济建设、政治建设、文化建设、社会建设、生态文明建设。四个全面”指全面建设社会主义现代化国家、全面深化改革、全面依法治国、全面从严治党。

链分工演进到集约、共赢的生态共同体，产业链上下游的紧密融合成为趋势。

9.3.2 数字政务在便民服务方面的优势

政府融入数字化改革趋势后，数字赋能政务服务深化。毫无疑问，在突如其来的新冠肺炎疫情之下，快速建立高效指挥系统，创新数字政务服务新模式，乃至推动复工复产的有序进行，都对每一座城市中的管理者提出了前所未有的“大考”。在此过程中，始于2016年的“互联网+政务”建设无疑发挥了重要的作用。特别是疫情暴发以来，从国家部委到地方政府都纷纷积极出台相关举措，大力推行“不见面”“网上办”“掌上办”等服务，引导企业和群众办事或寻求政务服务从“线下”转移到“线上”，在全力做好疫情防控工作的同时，确保了疫情期间工作“不打烊”，服务“不断档”，切实提高了政府治理能力。

IDC在近期发布的《中国“互联网+政务服务”解决方案市场份额，2019：服务至上，创新求变》报告中也指出，“互联网+政务服务”的建设历程经历了政务电子化阶段、网络政府阶段，目前已进入了数字政府阶段。

可以看到，进入“数字政府”阶段的“互联网+政务服务”建设，将会呈现出三个新的特点：一是在政务数据方面，加大政务数据横向、纵向整合力度，推动政务数据向社会开放，提升政务数据的应用价值，进一步打通政务数据“孤岛”，实现政务数据之间的互联互通，做到让“数据多跑路，市民少跑腿”将是“互联网+政务服务”接下来建设中的关注重点；二是在政务应用方面，通过“互联网+政务服务”进一步驱动政府效能建设，不断推进政府运行流程再造，已成为数字政府建设中“不可或缺”的环节，这也意味着未来政务垂直领域和应用产品层面的业务创新已是“大势所趋”；三是在政务服务方面，随着互联网化、移动化、大数据、物联网和人工智能等新一代信息技术的快速落地和普及，未来在“互联网+政务服务”解决方案中融入更多新一代信息技术，提升解决方案的可用性、可拓展性，这在提高政务服务效率和质量的同时，也会极大地推动“互联网+政务”更快地走进智慧政务新时代。

由此可见，在目前“互联网+政务服务”建设已取得初步成效的背景下，未来进一步提升“互联网+政务服务”的数据应用价值、提高政务应用和政务服务的能力，并加大力度融入新一代信息技术，是“互联网+政务服务”在迈入数字政府新阶段，以及在推进国家治理体系和治理能力现代化中的重要举措，也是必须跨越的关键一步。

政务服务数字化转型给便民服务带来了哪些优势？办理事项一趟不用跑、行政审批速度快、办事流程更简化。近年来，政务服务大厅现场群众大大减少，网上办理率极大提升，在线预审、在线办理事项数量增加、覆盖面扩大，实现“让数据多跑路，让百姓少跑腿”；申请材料急剧锐减，事项平均实际办理时长取得革命性缩短，办事效率大幅提升。网上申请、上网公示、注销提交，在网上就可以申请企业注销业务。这样便利、高效的政务服务，让企业客户赞不绝口。眼下，随着深化“放管服”改革及政务服务

"网上办"事项不断拓展，在网上申请企业注销业务，所需材料量大大减少，传统纸质公告升级为线上公示，公示时间也进行缩减。政务服务部门加速数字化转型带来线上办事渠道畅通。当下，数字政务外网实现省、市、县、乡、村五级全覆盖，各级各部门基本拥有统一平台的接入点，业务系统在政务云上部署，为数据共享扫除物理障碍。各不同政务服务应用，可以突破时间空间限制，调用不同部门的多类证照，保障办事者免交相应纸质材料。

9.3.3 数字政务的不足

尽管大数据时代政府积极推进数字政务建设工作具有非常关键的作用，但是在实际运行过程中依旧存在一些有待解决的问题，影响相应工作的综合效果。

一是认知不足。政府部门对于网站数字政务建设体系的重视度存在严重的缺失，甚至认为数字政务建设工作就是将政府的公务单一地信息化处理，缺少对政府业务流程以及软件开发的认知，也就是说，计算机系统和传统手动政府政务工作没有合理融合，信息技术的应用优势并没有得到充分发挥，后续工作也难以开展。因为重视度不足，使得整体服务体系工具化以及现代化作用无法落实到位，必然会对其完整性和运行科学性造成影响，甚至会增大对应工作的压力和难度。

二是建设水平落后。技术发展和改革进程与政府网站数字政务建设工作匹配度不足，尤其是配置模式等，无法完全满足政府要求，对管理工作的落实造成了影响。加之对应的维护工作不及时，政务网站成了缺乏实际应用价值的"信息公告栏"，不仅会影响政府数字化政务管理工作的效率，也会对其社会公信力产生负面作用。另外，由于建设水平有限，网络分离、网络信息孤岛、信息分散等问题均暴露出来，信息安全得不到有效的维护和保障，必然会对电子政务建设工程的建设效果造成影响。

三是专业人员不足。由于政府网站数字政务体系运行工作内容有限，就使得政府对这方面人才的聘用和培训工作较为落后，甚至还存在岗位兼职的问题，缺乏对重点内容和发展情况的重视，使得专业人员不足，无法按照发展进程和实际需求对相应的软件予以更新，必然会对其综合运行效率产生影响。

四是受众不够全面。不同地区群众对数字政务的使用渗透率有明显差异，数字化条件较好、经济较发达地区的使用渗透率大于数字化硬件较落后、经济发展水平一般的地区，沿海地方的数字政务使用率大于山区和绝大部分内陆地区，年纪较大的居民使用渗透率远低于中青年。数字政务使用渗透的明显差异可能造成"数字鸿沟"的产生，使部分由于地理位置原因以及对互联网和数码设备使用不熟练的群众沦为"数字难民"。

9.3.4 数字政务发展方向

数字政务建设不仅折射了科技赋能的时代变迁，更见证了以人民为中心发展理念的落地生根。随着5G时代的到来，数字化应用场景全面推开，加速了数字政务建设进程。

对此，我们要抢抓数字化转型机遇，在数据资源统筹、政务安全应用、政务制度体系等方面发力，全力推动对数字政务的探索与创新。

一是推进数字政务资源统筹建设。创新数字政务建设运营模式，打破信息孤岛、数据壁垒，推进数据共享开放，开辟数字政务建设应用可持续发展新路径。以“一网通办”数据需求为突破口，突出数据应用共享和利企便民服务，努力将“一网通办”推向深入，不断增强企业和群众的获得感和满意度。加快建设云管理服务体系，重点推进中心建设工作，加强政务云对数字政府的支撑和保障。逐步建成“两地三中心”[①] 架构的省大数据中心，为省级部门提供统一的政务云平台、独立服务器和机柜空间等多样化服务。充分依托电子政务网络资源、政务云服务资源以及其他可共享利用的基础设施资源，开展集约建设。以强化应用服务为核心，按照统一体系架构、统一标准规范，进行数字政务资源统筹建设和管理。

二是提升数字政务安全保障能力。数字政务项目应当尽可能采用国产化的软硬件产品，在项目报批阶段，对产品的安全可靠情况进行说明。项目建设单位应落实国家网络安全与密码管理有关法律法规和标准规范的要求，建立健全网络安全管理制度，同步规划、同步建设、同步运行安全和密码保障系统，定期开展风险评估，保障政务信息系统安全稳定运行。建立多级安全监管中心，加强大数据、人工智能、区块链等技术在安全保障领域的深度应用，稳步推进 IPv6 改造实施，构建基于物理、网络、平台、数据、应用、管理的六层立体主动安全防护体系，全面提升数字政务运行保障水平。

三是落实数字政务制度性保障。建立数字政府建设制度体系，包括建设运营管理、公共数据资源管理、政务服务管理、网络安全保障、绩效考核评估等制度，强化制度有力落地实施。实现项目建设与绩效评价挂钩，规范项目各环节的全生命周期管理。建立重点项目工程逐级备案制度，确保全省数字政府一体化建设。重视标准规范体系建设，组建数字政务建设标准化技术委员会，统筹指导省市县标准化工作。加强宣传推广，树典型、立标杆，建设政务信息化示范应用与技术展示推广平台，推动政务数据应用、技术迭代升级，促进政务信息化建设应用快速发展。

四是强化数字政务人才支撑。优化数字政务领域行政和事业单位用人及薪酬管理机制，深化聘用制度，设置科研技术岗位，打破薪酬和待遇“天花板”。注重培养既精通政府业务又能运用信息化手段开展工作的复合型人才。进一步畅通选任渠道，丰富选拔方式，吸引和择优选用专业化人才。探索政校企合作培养的人才培育模式，打造数字政务人才实训基地。组建数字政务发展专家咨询委员会，充分发挥“智库外脑”作用。

① “两地三中心”是指生产中心、同城容灾中心、异地容灾中心的“三个中心”，兼具同城容灾和异地容灾的“两地”。

9.4 数据共享与数据安全

政府开放、共享数据，提升数据利用效率是构建数字政府的一个重要方面。作为国家战略资源，数据的安全关乎国家安全。因此，既要坚持底线思维，增强忧患意识，建立健全数据安全协同治理体系；又要勇于探索，敢于创新，最大限度发挥公共数据的社会经济价值。

9.4.1 数据共享的现状

数字政府建设的核心是实现数据资源的互联互通和共享共用，而这需要政务云等共性平台的支撑，也亟待打破当前因一些制度规则缺位或不完善而产生的制约条件。《关于加强数字政府建设的指导意见》明确，要建立健全数字政府建设领导协调机制，实行“一数一源一标准”和社会数据“统采共用”，这些创新举措都有助于实现数据的共享共用。

早在2016年，国务院印发的《政务信息资源共享管理暂行办法》就确立了政务信息资源“以共享为原则、不共享为例外”原则，对信息共享的范围和责任、信息共享的权利和义务、政务信息资源目录、国家数据共享交换平台体系构建以及信息共享工作的管理、协调、评价和监督等作出了规定和要求。

我国非常重视政务数据资源的价值，近年来陆续出台了多个政策性文件，有力推进了政务数据资源的开放，但从地方实践来看，政务数据资源开放相关立法还需要进一步完善。

当前政务数据开放的范围和数量还远远不够。目前，不同政府部门控制的数据并没有实现充分的开放共享，海量政府数据亟须“苏醒”。同时，数据开放格式混乱影响政务数据资源开放的质量，“‘机读格式’数据开放比例低，不利于数据的有效利用，特别是不利于非技术背景使用者利用数据”①。部分地方可下载数据集存在高缺失、碎片化、低容量等问题。上海、深圳、浙江三地的平台虽然提供了优质API接口，但普遍存在接口调用难度大，可调取到的数据容量小、更新频率低等问题。

当前很多地方政府对数据开放的动力不足，有的地方政府领导担心开放政务数据资源会引发风险而被问责。同时，目前，政务数据资源开放保密审查和安全管理制度还不

① 刘权．政府数据开放的立法路径［EB/OL］．中国政法大学法治政府研究院网站，http：//fzzfyjy. cupl. edu. cn/info/1045/12735. htm，2021－03－08.

健全，政府在开放数据过程中，直接泄露个人隐私，导致企业重要数据被竞争对手获取等风险也有可能发生。

9.4.2 数据共享存在的普遍问题

一是信息化、数字化建设缺乏科学、合理的统一规划，各行业、各部门各自为战。目前，政府所属各行业、各部门均按上级主管部门的要求和自身需要进行信息化建设规划以及相关硬件、软件的建设，各自寻找相关软件公司进行设计和开发，未能兼顾关联行业、部门的需求，如有的使用单机版数据库，很难与其他部门兼容；有的软件系统导出功能不完善，关联行业和部门无法运用其数据。各行业、各部门的信息化、数字化建设进程也参差不齐，各类信息软件繁多，有的即使是同一行业系统也使用多类软件，数据难以利用和共享。

二是政府各类数据缺乏交换、共享和应用的平台，各类数据未能充分发挥其功效。政府各部门、各单位所拥有的电子数据对于政府加强管理、进行宏观决策有着重要作用。虽然目前各级政府建立了数字政务内网，各部门也建立了相应的信息系统，但数字政务内网未能将相关职能部门的业务数据整合在一起，还算不上是一个数据平台。各行业、各部门的信息系统之间相互隔离，未能有效对接和融合，没有充分实现交互、共享，需要一个数据统筹平台加以实现，以便于对政府各类数据进行统筹管理和综合分析，实现数据利用的最大化。

三是数据共享机制尚不健全。各职能部门出于对数据安全性的考虑和上级主管部门的要求，或者其他因素，相关部门要利用其数据时，便以各种理由和借口推脱，这就需要政府出面，统筹建立数据共享机制。虽然目前政府针对一些领域的数据共享制定、出台了相应的文件和办法，如城乡居民家庭经济状况跨部门比对核查①、税收征管保障办法等，但这些文件、办法分散且不全面，一些领域仍未建立数据共享机制。

四是部分信息系统功能设置不完善，数据质量不高。由于信息系统未及时升级或系统自身功能设置不完善，部分系统没有自动报错、提示等功能，增加了人工核对、纠错的工作量，工作效率受到影响。此外，部分业务数据的准确性不高，影响了对数据的使用，其原因有：（1）原始数据的采集不够准确；（2）数据录入出错；（3）数据未能及时更新。

五是计算机专业人才缺乏且分散。目前各行业、各部门对计算机专业人才都有所需求，某些行业尤甚，不少部门都缺乏计算机专业人才，尤其是复合型的数据分析人才。计算机人力资源的缺乏成为“数据政府”建设的一大障碍，在这种情况下对计算机专业人才进行集中调剂使用显得很有必要。

---

① 社会救助暂行办法［EB/OL］. 中华人民共和国中央人民政府网站，http：//www. gov. cn/zhengce/2020 - 12/27/content_5573738. htm.

上述问题有些可能是信息化、数字化建设中的体制、机制问题，不是某级基层政府就能解决的，但是基层政府应不等不靠、主动作为，根据实际情况积极探索尝试，加快构建“数据政府”的步伐。

9.4.3 数据共享的发展方向

打造政府数据共享平台，目的就是加快“数字政府”建设。2002～2011 年，数据共享的政策目标以满足基础建设为导向；2012～2014 年，数据共享的政策目标是顶层设计实现政务共享；2015～2018 年，数据共享的政策目标变化为推进平台整合；2019 年至今，数据共享的政策阶段目标是以数据赋能为愿景。在这一阶段的政策目标指引下，数据共享的发展有了更加细化的发展方向。

一是建立政府数据统筹中心，搭建数据交换、共享和应用平台，破解政务数据壁垒难题。数据统筹中心统筹该级政府各部门、单位的信息化、数字化发展建设情况，把各个职能部门的数据尤其是业务电子数据整合到该数据中心，并搭建起数据交换、共享和应用平台，可以电子政务内网为依托搭建该平台。根据各个职能部门的需要设置访问查询、数据采集等权限，以提升政府工作效能。

在操作中，可先进行必要的调研，收集掌握各部门已建成的信息系统和已有的业务数据，及各部门需要的外部关联数据。根据各部门对数据的依赖程度、数据的共用性及上级主管部门的要求，按照“先重要后一般、先易后难、先急后缓”的原则循序渐进地实现数据的交换、共享和应用。例如，财政财务数据、税收征管数据、工商登记数据、社保数据、医保数据、房籍数据、民政数据等可先行实现。

二是制定科学合理的信息化、数字化建设统一规划。在摸清各行业、各部门信息化和数字化发展现状的情况下，结合其上级主管部门的要求和本级政府实际，制定统一的建设发展规划，节省各部门的经济投入和精力投入。

三是统筹建立健全数据共享机制。根据各行业、各部门的数据类型和共享需求，建立健全关联行业、部门的数据共享机制，制定数据上传、更新等规定，设置相关数据查询、采集等权限，落实数据使用单位的保密责任和安全责任，确保政府各类数据安全。

四是完善信息系统功能设置，提高数据质量。计算机人员和业务人员要熟练掌握信息系统的功能设置和业务流程，定期对信息系统进行升级。完善数据采集、录入、更新的规定和办法，采取有效措施在数据的准确性上下功夫，规范数据的内容和格式，确保数据能用、好用。

五是加强计算机专业人才的培养和引进工作，充分挖掘数据价值。多渠道培养、引进包括数据分析人才在内的各类计算机专业人才，并可根据需要与高等院校、专业软件公司开展深度合作，以充分挖掘数据价值，更好地为政府宏观决策提供参考和服务。

9.4.4 保障数据安全

数据安全是数据共享的基础。要实现数据同享的全面推进，就要对数据安全提供更全面的保障。要充分认识数字政府建设中网络与数据安全的极端重要性，加强数字政府网络安全工作的顶层设计和统筹规划。

9.4.4.1 充分认识数字政府建设中网络与数据安全的极端重要性，加强数字政府网络安全工作的顶层设计和统筹规划

（1）充分认识数字政府建设中网络与数据安全的极端重要性和紧迫性。

一要认识到数字政府建设面临网络攻击的重大威胁。我国要加快建设数字中国和数字政府，打造数字化生态，构建一个数字化、网络化、智能化的全新社会。但必须清醒地认识到，数字化社会建设和数字生态建设面临网络攻击的重大威胁，数字化在促进我国经济发展的同时，也增加了国家经济安全风险。网络与数据安全是数字政府建设最重要的基础保障，没有网络安全，就没有数字政府安全。二要认识到数字政府网络安全建设是一个复杂的系统工程。数字政府建设的核心是数字化和数据，数字政府与传统政府的最大区别在于数字化，数字政府与传统政府相比，在职能转变、管理理念、服务能力、服务质量等方面都将发生质的变化和飞跃。数字政府能否正常运转和顺利运行，依赖于网络基础设施、信息系统的安全稳定运行和重要数据安全，为此，要将数字政府网络安全作为一个复杂的系统工程去建设。三要认识到在加强数字政府建设中网络安全位于突出重要位置。国务院在《关于加强数字政府建设的指导意见》中，将“构建数字政府全方位安全保障体系”作为第二位重要任务来部署，并提出了“强化安全管理责任、落实安全制度要求、提升安全保障能力和提高自主可控水平”四方面具体要求。

（2）数字政府网络安全综合防御体系建设的总体要求。

各级政府部门应以总体国家安全观为统领，坚持安全可控与开放创新相结合，建立与数字政府相适应的网络安全综合防御体系。一是深入贯彻落实网络安全法律法规和各项制度要求，构建制度、管理和技术有机衔接的数字政府网络安全综合防护体系。二是加强法律法规制定、队伍建设、人才培养、经费和装备保障、技术攻关、产业发展，建立网络安全综合保障体系。三是加强网络安全监管和侦查打击等工作，建立健全“打防管控”一体化的网络安全保卫体系。

（3）数字政府网络安全工作的主要内容。

数字政府网络安全工作主要包括网络安全保护、网络安全保障和网络安全保卫三个方面。一是加强网络安全保护，包括网络安全等级保护、关键信息基础设施安全保护、数据安全保护、供应链安全、网络安全实时监测、信息通报预警、事件应急处置、技术检测、技术对抗、挂图作战等内容，数字政府管理者要认真落实。二是加强网络安全保障，包括法律法规、战略规划、组织管理、机制建设、政策标准、考核评价、机构建设、人才培养、经费和装备保障、安全审查、安全可控、技术攻关、产业发展等内容，需要全国人大、国家网信部门、司法部门、编制部门以及发展改革、财政、科技、教育、工业信息化、密码等部门的政策支持和保障。三是加强网络安全保卫，包括侦查打击、监督管理等内容，需要公安机关等部门依法落实。

9.4.4.2 明确数字政府网络安全工作原则，加强数字政府网络安全工作的组织领导

（1）数字政府网络安全工作原则。

一是坚持依法保护，落实责任。认真履行网络安全法律法规赋予的责任义务，依法强化政府部门的网络安全主体责任。二是坚持问题导向，实战引领。树立新理念，聚焦数字政府安全保护的突出问题和薄弱环节，加强战略谋划、体系化设计，健全完善立体化防控网。三是坚持“三化六防”，提升综合防御能力。强化落实网络安全“实战化、体系化、常态化”和“动态防御、主动防御、纵深防御、精准防护、整体防控、联防联控”的“三化六防”措施。四是坚持底线思维和极限思维，树立“一盘棋”思想。以防控数字政府重大风险威胁为重点，立足有效应对大规模网络攻击和基础设施遭摧毁等极端情况，提档升级网络安全重要措施。五是坚持综合保障，形成整体合力。从机构、编制、人员、经费、装备、工程、科研、教育训练等方面，加强数字政府网络安全综合保障，创新数字政府安全管理方式，全力构建数字政府网络安全综合保障体系。

（2）加强组织领导和统筹规划，聚焦安全管理责任和安全制度落实。

一是建立数字政府网络安全领导体系，加强对网络安全工作的组织领导，建立专门网络安全管理机构，组织开展网络安全各项工作。二是制定网络安全规划和标准规范，保障网络安全保护措施与数字政府建设“同步规划、同步建设、同步使用”。三是在数字政府建设中，将网络安全等级保护制度、关键信息基础设施保护制度、数据安全保护制度、个人信息保护制度有机衔接，统筹协调落实。四是严格落实有关法律法规和《党委（党组）网络安全工作责任制实施办法》，建立网络安全责任制和责任追究制度。

9.4.4.3 打好数字政府网络安全工作基础，强化落实网络安全相关制度

（1）聚焦掌握网络安全保护对象基本情况，开展数字政府网络与数据摸底调查。

掌握数字政府建设、运行、管理活动中支撑政府履行职能的网络系统和数据情况：一是支撑数字政府运转的业务专网和大系统，包括纵向业务专网、基础数据库、云平台、物联网、大数据中心等，以及支撑跨地域、跨系统、跨部门、跨业务的大型网络系统。二是支撑经济运行大数据监测分析的网络系统，包括大数据中心、大数据监测分析和预警系统、经济治理基础数据库、国家规划综合管理信息平台等。三是支撑政府市场监管、智慧监管、利企便民数字化服务的网络系统，包括监管工作平台、全国一体化在线监管平台、掌上移动办公系统、物联感知系统等。四是支撑政府数字化治理模式创新的网络系统，包括网上行政复议、信访、调解、智慧法律援助等平台，公安大数据平台、视频监控系统、应急指挥通信网络、新型基层管理服务平台等。五是支撑数字机关建设和智能集约化发展的网络系统，包括决策信息资源系统、一体化协同办公系统、网上发布系统、新媒体矩阵系统、政府网站集约化平台等。六是政府产生和利用的各类数据，按照《数据安全法》要求，掌握数据分级分类情况和目录清单。七是数字政府网络系统属于关键信息基础设施的，掌握关键信息基础设施目录清单。

(2) 聚焦落实网络安全相关制度，加强数字政府网络安全保护。

一是深化落实网络安全等级保护制度。按照《网络安全法》有关要求以及公安部牵头制定的网络安全等级保护政策和国家标准，深入开展网络安全保护工作，筑牢网络安全基石，建立良好的保护生态。二是落实关键信息基础设施安全保护制度。按照《关键信息基础设施安全保护条例》等法律法规和有关政策文件，认定关键信息基础设施，从分析识别、安全防护、检测评估、监测预警、技术对抗、事件处置等方面，强化关键信息基础设施安全保护。三是落实数据安全保护制度。按照《数据安全法》要求，建立数据分类分级制度，数据安全保护管理制度，数据流转、交易、出境等管理制度，数据安全检测评估、安全审查、出境安全评估、安全风险监测、突发事件应急处置和报告制度，从数据采集、存储、处理、应用、提供和销毁等各个环节，加强数据全生命周期保护。

9.4.4.4 加强数字政府网络安全保护、保障和保卫工作，大力提升数字政府网络安全综合防御能力

(1) 聚焦落实重要保护措施，提升数字政府网络安全整体保护能力和水平。

一是落实实时监测措施，建立完善网络安全监测机制，及时发现网络攻击、病毒木马传播、漏洞隐患等风险威胁，提升发现网络攻击的能力。二是落实信息通报预警措施，建立完善网络安全信息通报预警机制，对发现的威胁和风险及时进行通报预警，提升通报预警能力。三是落实重大事件处置措施，建立网络安全事件报告制度和应急处置机制，制定网络安全事件应急预案并进行演练，提升应对突发事件的能力。四是落实技术应对措施，科学设计网络整体架构，对网络应用进行集中化、集约化建设，开展互联网暴露面治理，采取纵深防御措施，加强精准防护，及时发现、捕获和阻断攻击，提升技术对抗能力。五是落实协同联动措施，建立协同联动、信息共享与会商决策机制，提升联合应对重大威胁的能力。六是实施“挂图作战”，研究网络空间智能认知、资产测绘、画像与定位、可视化表达、地理图谱构建、行为认知和智能挖掘等核心技术，绘制网络空间地理信息图谱，开发智慧大脑，实施“挂图作战”，提升整体实战能力。

(2) 聚焦数字政府网络安全保障工作，提升综合保障能力和水平。

一是建立完善的经费保障制度，加强网络安全投入，打造世界一流的信息技术企业和网络安全企业，壮大我国信息化和网络安全产业。二是加强自主可控和创新工程安全管理，自主研发核心产品和设备，强化安全可靠技术和产品应用，从源头上消除网络安全重大隐患；建立新技术、新应用安全评估机制，以及算法的审核、运用、监督管理制度和出台技术措施，保障新技术新应用的安全可控；优先采购自主可控和安全可信的网络产品与服务。三是加强网络安全教育训练体系建设，建立完善网络安全人才发现、选拔、使用机制，加强网络安全教育训练和人才培养。

(3) 聚焦数字政府网络安全保卫工作，提升综合保卫能力和水平。

一是开展网络安全监督检查和行政执法，公安机关依法每年对政府部门开展网络安全监督检查和指导，发现问题并督促限期整改，对违法行为依法进行行政处罚。二是严厉打击危害数字政府网络安全的违法犯罪活动，及时搜集发现危害数字政府网络安全的违法犯罪活动线索，开展调查取证和追踪溯源，严厉打击危害数字政府网络安全的违法犯罪活动。

◎ 本章提要

每一次生产力革命，都会给人类生产、生活带来深刻影响，而当前以互联网为代表的信息革命，“向生产生活领域和政务领域深度渗透，带动了信息技术产业的发展，也构成国家治理、社会治理的基础环境和一个重要工具”①，改变了人们思考社会的知识范畴、治理社会的行为方式和模式、塑造着人类社会生活新的空间和秩序。“数字化”在当下已不仅仅是一个概念，而是现实世界的真实存在，并促使各国迅速将“数字治理”上升为国家乃至全球治理的发展战略，数字政府也应运而生。数字政府成为国家治理的重要组成部分，成为推进国家治理现代化的重要一环，发展步伐在进一步加快，发展趋向也越发明朗，可以预见，数字政府在便民服务等方面具有巨大潜力。但是数字政府的发展途中同样也会遇到传统权利、顶层设计、市场风险等一系列挑战，必须在扩大数据共享和确保数据安全的前提下稳定发展。

◎ 概念复习

数字政府　治理体系现代化　数字政务　数字鸿沟　数据赋能

◎ 阅读资料

（1）中国信息通信研究院政策与经济研究所．数字时代治理现代化研究报告——数字政府的实践与创新（2021 年）［EB/OL］. http：//www. caict. ac. cn/kxyj/qwfb/ztbg/202103/P020210302513072095209. pdf.

（2）《省级政府和重点城市一体化政务服务能力评估报告（2022）》发布［EB/OL］. http：//zwpg. egovernment. gov. cn/art/2022/9/8/art_1329_6413. html，2022 - 09 - 08.

（3）张晨：全球数字政府建设现状及非均衡分析［EB/OL］. https：//baijiahao. baidu. com/s?id = 1727440192165560834&wfr = spider&for = pc，2022 - 03 - 16.

（4）郭少青，谢明．以数据治理为中心推进数字政府建设［EB/OL］. 中国社会科学网，http：//www. cssn. cn/skgz/bwyc/202208/t20220803_5468616. shtml，2022 - 06 - 15.

① 杨国栋，吴江．电子治理的概念特征、价值定位与发展趋向［J］. 上海行政学院学报，2017（3）.

◎ 课后思考题

（1）数字政府相较传统政府有什么不同？

（2）我国发展数字政府的必然性。

（3）数字政府与治理体系现代化的关系。

（4）数据共享给数据安全带来了哪些挑战？

第 10 章
数字经济全球化的机遇、风险与防控

学习目标

（1）了解数字经济全球化如何重塑国际贸易、全球价值链与国际投资；

（2）认识全球数字鸿沟的产生和现状；

（3）了解数字贸易壁垒的定义和分类，掌握不同国家跨境数据流动限制政策的不同特点；

（4）认识数字垄断不同于传统垄断的新特点，理解数字经济对反垄断审查工作带来的新挑战；

（5）掌握应对数字经济全球化带来的机遇与风险应采取的防控措施。

内容提要

数字经济全球化为国际贸易、国际投资的发展与全球价值链的转型和升级带来全新的机遇与潜力。然而，伴随着数字经济全球化的深入发展，一系列风险与挑战也接踵而至：全球数字鸿沟仍处在较高的水平、数字贸易壁垒与日俱增、数据安全风险升级、数字经济巨头的垄断为反垄断工作带来全新的挑战。面对数字经济带来的机遇、风险与挑战，我国应加快数字经济法规制度建设，强化数字技术自主创新能力，加快数字基础设施建设，积极参与国际数字经济合作，以响应党的二十大报告提出的“加快发展数字经济，促进数字经济与实体经济深度融合，打造具有国际竞争力的数字产业集群”战略目标。

10.1　数字经济全球化的机遇

10.1.1　国际贸易发展的机遇

数字经济全球化推动国际贸易进入数字贸易时代，贸易对象、贸易内容、贸易模式、贸易结构以及服务贸易的提供方式发生深刻变化。OECD、世界贸易组织（WTO）和 IMF 将数字贸易定义为通过数字订购和数字交付开展的贸易，通常认为包括跨境电子商务、数字服务贸易、商业存在形式。数字贸易的创新发展对产业链、供应链、价值链和创新链产生广泛且深刻的影响。

数字技术是全球化的技术，数字技术的进步推动国际贸易的交易内容由有形的实物商品扩大到无形的数据资产，由中间产品贸易、最终产品贸易向数字贸易转变。数字贸易催生了跨境电子商务等新模式新业态，创新了商品和服务的提供方式。数字技术与贸易的深度融合减少了交易成本、交流成本和信息搜寻成本，大大降低了跨境贸易参与的门槛，提高了跨境贸易的便利性，各国中小企业、个体商户和自然人都可以通过数字化平台面向全球消费者开展业务，极大地拓展了贸易的广度和深度。

数字经济全球化拓展了全球服务贸易的发展空间。新一代数字技术的发展突破了服务的面对面即时性、无形性和不可储存性，使得服务和商品更容易绑定销售，交易数量和金额更灵活，大大提高了服务的可贸易化，使得国际贸易结构因服务贸易比重大幅提升而发生深刻改变。物联网、人工智能等技术的普遍应用突破传统的物理距离限制，加快了全球服务贸易数字化转型，大大扩大了全球服务贸易的规模。国务院发展研究中心对外经济研究部与中国信息通信研究院在论坛上联合发布的《数字贸易发展与合作报告2022》（以下简称《报告》）显示，2021 年，全球跨境数字服务贸易为促进全球经济稳定复苏注入新动能。数据显示，2021 年，全球跨境数字服务贸易规模达到 3.86 万亿美元，同比增长 14.3%，在服务贸易中的占比达到 63.3%，在服务贸易中的主导地位日益稳固。随着数据要素驱动，数字服务贸易的内涵也不断丰富，外延不断拓展，发展质量与效益不断提升。

扩展阅读 10－1

为什么说数字贸易是畅通内外循环的有效牵引？

数字贸易是数字经济的重要组成部分，在数字技术的驱动下，数字贸易蓬勃兴起，成为国际贸易发展的新趋势，为全球经济活动运行注入了新动能。

作为发展外向型数字经济的主要载体，数字贸易将成为国内国际双循环相互结合、相互促进的一个综合性业态。发展数字贸易，既有利于促进国内经济大循环的畅通，也有利于国际经济循环的畅通，是推动形成国内国际双循环相互促进的新发展格局的“加速器”。

壮大数字贸易是推动贸易高质量发展的必然要求

推动经济转向高质量发展，是构建新发展格局的发展主题，也是推动中国经济持续稳健发展的战略目标。推进数字贸易化和贸易数字化发展是国家在深度研判当前国内外形势下作出的重要判断和创新举措，起到了引领发展的关键作用，将在未来一段时间内，为中国贸易高质量发展、服务构建新发展格局提供不竭动能。

数字经济和数字贸易带来了产业空间和产业形态的变化，通过数字技术的运用，将会加快贸易效率的提升、贸易流程的优化、贸易成本的降低、新兴产业的催生，同时，通过数据流带动和加快技术流、资金流、人才流，从而促进资源配置的优化和全要素生产率的提升，将会改变中国传统以劳动密集型为主的贸易形态，拓展中国外贸发展新空间。

数字贸易是国内大循环的延伸方向

数字贸易要在构建新发展格局中找准定位，国内大循环为数字贸易发展提供了扎实基础，而数字贸易繁荣也有利于提升中国供给体系的适配性，进一步推动数字经济提质增效。

一方面，发展数字贸易可以吸引全球创新要素流入中国市场，弥补国内数字经济发展短板。数字贸易是数据、技术、资金等要素高度密集的市场活动，可以带动不同要素在国内外市场中高效流转。高技术水平的国际经济大循环带来的技术溢出效应和示范效应，有助于促进国内产业转型升级、增强国际竞争力。

另一方面，发展数字贸易进一步丰富了中国企业参与国际竞争的机会。数字贸易背景下，贸易活动主导力量从传统跨国公司转向平台企业，中小企业甚至个体均获得了参与国际贸易的机会，数字贸易成为越来越多中小企业青睐的贸易方式，有利于国内企业深度融入国际经济大循环，进而为国内经济大循环提供动力。各地区和各行业也可以通过利用自身数字经济发展优势，在全国发展大局中找准数字贸易发展切口形成发展优势。

数字贸易是促进国际经济循环的关键枢纽

习近平总书记指出："构建新发展格局的关键在于经济循环的畅通无阻，就像人们讲的要调理好统摄全身阴阳气血的任督二脉。""十三五"时期，随着数字技术与国际贸易加速融合，中国数字贸易保持高速增长，规模持续扩大，比重逐步提高，展现出亮眼的发展潜力，数字贸易成为促进国际经济循环畅通的重要枢纽。

新冠肺炎疫情暴发之后，以数字技术为基础的远程办公、视频会议、在线教育、远程医疗、跨境电商、网上展会等新业态新模式异军突起，更是对国际循环畅通发挥了重要促进作用。

数字技术积极助力国际贸易方式变革创新，进一步强化对外贸易纽带，助推形成新发展格局。数字经济中各技术模块的融合、集成应用，有利于优化贸易各环节及其运行过程，促进实现内需和外需、供给和需求联动发展，降低贸易成本，提高贸易效率，为国内国际双循环相互促进奠定良好基础。例如，通过对贸易数据的实时抓取与深度挖掘，可以降低信息搜集费用及风险，缩短时间，有利于克服贸易信息壁垒；数字技术与物流服务融合，实现货物仓储、分拣运输智能化，可以降低运输空载率以及运输成本。又如，通过实时分析贸易数据实现决策处理自动化，可以提高出口企业运行效率；推动公共服务信息化进程，可以缩短贸易时间、提高贸易效率。再如，发展数字经济不仅可以促进国内供给能力提升，而且可以通过数字经济平台扩大进口规模，强化对外贸易纽带，推动国际经济循环。进口规模扩大，又可以促进国内消费升级，进而加速产品更新迭代、促进国内产业升级，为出口贸易创造条件，推动国内国际双循环相互促进。

资料来源：石中金，刘高峰．为什么说数字贸易是畅通内外循环的有效牵引？[EB/OL]. https://wap.peopleapp.com/article/rmh32098746/rmh32098746，2022-11-02.

10.1.2　全球价值链重塑的机遇

全球价值链是以有形产品或无形服务为载体的一系列上下游经济活动组合而成的价值链条，这些经济活动包括研发、设计、加工、营销、售后等。数字技术改变全球化参与者构成和价值链空间布局，降低了价值链传递过程中的交易与沟通成本，为全球价值链重塑提供了机遇。

数字技术通过降低跨境交易成本，缩短地理距离，改变全球化参与者的构成，促使更多全球的中小企业甚至消费者个体参与到全球价值链中，推动价值链上不同环节之间分工更加细化并重新组合，使得数量更多和范畴更广的服务及产品融入全球价值链。传统的全球价值链更多地被国际化程度较高的大型企业占据，中小微特别是小微企业参与度较低。数字经济全球化发展改变了这一现象，打破大型企业对价值链上各价值创造环节的垄断地位，推动更多中小微企业甚至是消费者融入全球价值链。

以新一代信息技术为核心的科技革命正加速推动全球数字经济的变革，大大提高了全球价值链分工的灵活性。由于传统价值链分工链条相对冗长，上下游行业的利润空间被不断压缩，数字经济全球化有效去除了不必要的中间环节，降低价值链中低端环节的迁移成本与交易成本，为分布于全球的企业参与价值链分工创造有利条件和必要准备。因此，数字经济全球化将进一步提高全球价值链分工的深度和广度，推动价值链迈向中高端，驱动价值链分工转型升级。

10.1.3　全球投资的机遇

数字经济全球化对跨国企业商业模式及国际投资路径产生深刻影响。数字经济全球化打破了传统销售的时空限制，跨国公司可以通过网络平台将产品直接销售给消费者，不需要像过去那样需要建立海外销售网络，通过分支机构出售产品及服务，这降低了跨国企业进军国外市场的门槛，使得跨国企业的海外资产占比下降。

数字经济全球化发展使得跨国企业资产配置由固定、有形资产转向流动、无形资产，标志着企业价值来源发生了结构性转变。专利等知识产权及其他无形资产成为跨国企业创造增值的重要来源，劳动力、土地（包括自然资源）等传统生产资料的重要性相对降低。传统跨国企业的投资模式以高资本支出、高固定成本、高负债、低流动性为特征，数字经济跨国企业的国际投资模式正好相反，其主要特征是低海外资本支出、高流动成本、低负债、高流动性。① 在数字经济全球化的背景下，跨国企业对外投资更看重数字技术、数据（数据资产、数据产权）以及相关的战略性资产（人才、研发能力）和基础设施的质量等，未来吸引外资的竞争力则主要来自这些要素。

数字经济全球化使得跨国企业海外投资的全球布局更加灵活，产业链的复制以及在各国之间的产业转移变得更加容易。同时，跨国企业在生产经营活动中更多利用非股权投资方式，特别是在一些较为敏感的行业，如农业生产、高科技产业研发等。

---

① 詹晓宁，欧阳永福．数字经济下全球投资的新趋势与中国利用外资的新战略［J］．管理世界，2018（3）：78－86.

10.2　数字经济全球化的风险

10.2.1　数字鸿沟

数字技术在为我们的生活和社会带来红利的同时，也带来了严峻的风险挑战。数字经济全球化的发展面临着数字鸿沟和数字贸易壁垒的损害。2019 年 9 月 4 日，联合国贸易和发展会议（简称“贸发会”）在其发布的《2019 年数字经济报告——价值创造和捕获：对发展中国家的影响》中创设出一组新的概念：“发达国家”和“发展中国家”可能分别被“高数字化国家”（the hyper-digitalized countries）和“低联网国家”（under-connected countries）取代。报告指出：目前，世界的特点是低联网国家和高数字化国家之间的差距越来越大。“数字鸿沟”最早的定义由美国国家远程通信和信息管理局（NTIA）在 1999 年出版的报告《在网络中落伍：定义数字鸿沟》中提出，认为数字鸿沟是“信息富有者和信息贫困者之间的鸿沟”。OECD 提出：数字鸿沟是指“不同社会经济层面的个人、家庭、企业和地理区域，在获取信息和通信技术以及在各种活动中利用互联网的机会及其使用方面的差距”。数字鸿沟这一概念可以细分为数字接入鸿沟、数字能力鸿沟、数字产出鸿沟三个维度。

10.2.1.1　数字接入鸿沟

数字接入鸿沟（digital access divide）是指个体、组织、地区或国家接入数字技术的能力差异，主要体现为数字技术基础设施、信息终端设备等硬件方面的差异。数字接入鸿沟可以从以下多个角度进行衡量：电话和宽带的接入水平、智能手机和移动网络的可负担性等。

第一是电话和宽带的接入水平。贸发会 2021 年发布的《数字经济报告——数据跨境流动和发展：数据为谁而流动》中根据国际电联（ITU）数据整理可知，自 2010 年以来，不同发展水平的国家的移动宽带渗透率都有显著的增长，但国家间仍有较大的差距：发达国家的移动宽带渗透率是发展中国家的 2 倍，是最不发达国家的 4 倍。2020 年，欧洲、北美洲国家的移动宽带渗透率达到了每 100 人近 100 个用户，而亚太地区的移动宽带渗透率是美国和欧洲平均水平的 3/4，阿拉伯国家的渗透率是美国和欧洲水平的 2/3 不到，非洲国家的渗透率是美国和欧洲水平的 1/3。造成这种差距的主要原因包括移动宽带连接技术、智能手机的普及率以及互联网和移动数据服务可负担性等方面的差异。2020 年，发达国家约有至少 98% 的人口覆盖了 3G 网络，发展中国家和最不发达国家这一比例分别为 92% 和 77%，就最不发达国家而言，2020 年有 23% 的人口无法接入移动网络。此外，在发展中国家和最不发达国家内部，城乡之间的数字鸿沟也较明显。2020 年，发展中国家城市接入 4G 服务的平均人口水平为 94%，农村接入 4G 服务的平均人口水平为 70%，与城市相比，农村人口中还有 8% 未接入移动网络宽带；最不发达国家的城市接入 4G 服务的平均人口水平为 67%，城市的整体移动网络宽带（包括 2G、3G 与 4G 服务）覆盖率接近 100%，农村接入 4G 服务的平均人口水平为 27%，农村的整体移动覆盖率只有 84%，有 16% 的人口未接入移动网络宽带，城乡之间的网络覆盖率差距较为悬殊。

第二是智能手机和移动数据的可负担性。一方面，在发展中国家，拥有智能手机的成本是接入数字网络的一个障碍。根据 2019 年全球移动通信系统协会（GSMA）的数据，在高收入国家，购入智能手机的成本占月人均 GDP 的 4%，而在拉丁美洲和加勒比地区是 9%，在撒哈拉以南非洲则高达 30%。另一方面，接入数字网络的障碍还包括移动数据服务的价格，根据 ITU 和联合国教育科学及文化组织（UNESCO）的报告，“至少 40 个国家，主要是最不发达国家，基础的移动宽带服务的费用占人均国民收入的月平均值的 5% 以上，其中有 19 个国家的平均成本超过 10%”（ITU and UNESCO，2020）。

10.2.1.2 数字能力鸿沟

数字能力鸿沟（digital capital divide）是由于获取、使用、处理以及创造数据资源和数字技术的能力差异而导致的“软件”差异。

在需求端，互联网连接速度与连接质量是影响数据能力的关键决定因素。贸发会 2021 年发布的《数字经济报告——数据跨境流动和发展：数据为谁而流动》称，发达经济体的固定宽带连接速度是最不发达国家的 8 倍，反映了国家间基础设施情况和数字技术水平的互联网连接速度在各国间仍有较大的差距。互联网连接质量可从互联网用户普及率、个体能够利用互联网进行的活动种类与活动质量两方面进行衡量。在 2005 ~ 2020 年的 15 年间，虽然发展中国家的互联网使用水平经历了显著的增长，但仍较为落后，根据 2021 年拉丁美洲和加勒比经济委员会（Economic Commission for Latin America and the Caribbean，ECLAC）的报告，2019 年非洲的互联网用户普及率只有不到 30%，拉丁美洲为 67%。此外，在不同国家，用户能够在互联网使用的服务种类和质量也有较大的差距。从贸发会发布的个人使用互联网活动的数据来看，发达经济体的互联网活动种类丰富且不同种类的发展水平较为平衡，亚洲的发展中国家次之，而其他发展中国家不同活动互联网化的程度则较为参差（见表 10 – 1）。

表 10-1　2021 年按发展水平、区域划分的个人用户使用的互联网活动　单位：%

互联网活动	发达经济体	转型经济体	发展中国家（非洲）	发展中国家（亚洲）	发展中国家（拉美及加勒比地区）
网上银行	62.3	14.9	9.8	34.8	11.6
电子邮件服务	84.9	44.8	46.6	59.7	52.4
语音服务	56.9	71.0	47.6	63.2	73.4
阅读或下载在线报纸、杂志、电子书	76.4	41.5	38.6	46.0	30.3
获取政府组织相关信息	83.0	50.9	30.6	68.0	51.8
与政府进行互动	55.1	11.1	17.6	20.9	23.2
购买商品或服务	53.9	18.2	14.6	29.1	13.1
社交媒体	70.4	70.7	86.3	87.2	79.0
旅行相关的服务与住宿订购	55.0	5.7	7.5	25.2	28.4
收听网络广播	61.2	17.0	13.3	20.9	11.2
收看网络电视	41.1	8.8	30.2	33.1	18.1
流媒体服务	57.4	52.9	64.2	66.4	50.8
参加线上课程	8.1	4.5	17.5	15.9	28.5
使用软件编辑文本资料（电子表格、演示文稿）	28.0	4.3	6.1	11.7	4.8

资料来源：联合国贸易和发展组织．数字经济报告——数据跨境流动和发展：数据为谁而流动（2021）[R].

在供给端，数字能力鸿沟主要是指生产商运用数字技术手段进行投资、生产的能力的差距。数字经济的核心生产要素是数据，但只有将知识和信息等数据资源转化为生产要素，数字经济才能有效运行。而在数字落后的地区，由于数字教育、数字素养的严重不足与短缺，极大地限制了数字经济发展的空间与潜力，进一步加剧了全球数字经济发展不平衡的马太效应。

10.2.1.3　数字产出鸿沟

数据产出鸿沟（digital outcome divide）是指由于数字技术投资、数字技术运用以及数字技术政策等方面的差异而导致的数字经济获利能力和发展地位的差距。数字经济获利能力是指在将原始数据加工为数字智能的链条中获取价值的能力，具体包括数据收集、数据分析和数据处理等不同阶段。

一方面，数据产出鸿沟体现为数字经济行业巨头多数集中在美国、中国两个国家。谷歌、阿里巴巴、亚马逊和腾讯等大型数字平台拥有大量数据以及将数据转化为产品和服务的能力，同时也有资金购买用于技术升级的硬件和软件，从新技术中开发的新产品和服务又将进一步产生更多的数据，增强数字巨头的市场力量，这类大型数字平台一般集中在中国和美国。据2022年福布斯发布的企业榜单，据市值排名的世界前二十大数字经济平台中，有13个属于美国，分别是苹果、微软、Alphabet（谷歌）、亚马逊、Meta（Facebook）、Adrobe、Salesforc、Paypal、ServiceNow、Booking. com、Airbnb、Netflix网飞与Activision Blizzard，有6个属于中国，分别是腾讯、字节跳动、阿里巴巴、美团、京东与网易，上榜的前二十大数字平台只有索尼不属于中、美两国。数字经济大国在数字接入和数字能力上的先发优势，在网络效应、规模经济与范围经济的综合作用下，转化为数字经济大国和其他国家之间形成的“数字鸿沟”。全球数字经济发展的过程本身也是资本积累和财富分配的过程，数字经济大国的先发优势与数字经济本身的特点会不断巩固其市场支配地位，进一步加剧世界数字经济发展的“马太效应”[①]。

另一方面，发展中国家多数处于数据价值链低端，数据价值链的高端大多由数字技术先进的发达国家占领。大多数发展中国家的数据以原始数据的形式流入拥有数据优势和数据处理能力的国家，这些数据经过处理又重新流入发展中国家，即发展中国家为数据增值的过程提供了数据原材料，却没有获得发展收益。数字经济的市场失灵现象进一步加剧了全球数字经济发展的不平等现象。

新冠肺炎疫情的暴发加速了全球数字化的进程，由于各国在数字技术、能力和基础设施、新技术的投资能力等方面的差异，数字鸿沟越发明显。同时，世界经济保护主义的抬头使低收入国家追赶的机会窗口缩小，进一步加剧国家之间的不平等现象，因此，建立全球范围内的数据治理体系的必要性显著增加。但全球数字鸿沟治理面临多重现实困境：治理主体缺位、治理格局混乱、治理制度短缺、治理改革缓滞等。[②]

10.2.2 数字贸易壁垒

10.2.2.1 数字贸易壁垒的定义

伴随着数字贸易在全球经济一体化中发挥的作用不断增强，数字领域的贸易保护措施和规制手段也在与日俱增。数字贸易壁垒是由各国在数据跨境传输、数据存储、数字贸易税等数字贸易规则中分歧较大造成的。数字贸易壁垒针对以互联网为基础的商品服务，主要体现在对数据信息的人为限制。要把握数字贸易壁垒的本质内涵，必须从监管体系方面去挖掘其判定标准。一方面，以合理的监管目的为前提的数字贸易监管措施，如出于维护国家安全与政治稳定、维护民众个人隐私及相关法律法规等目的，国家对数字贸易做出适当合理的监管限制，这类数字贸易监管措施是被普遍接受与支持的。另一方面，在不违反世界贸易组织（WTO）的非歧视原则下，即相应的数字贸易监管措施

① 马太效应，一种强者愈强、弱者愈弱的现象，广泛应用于社会心理学、教育、金融以及科学领域。

② 田刚元，陈富良．经济全球化中的数字鸿沟治理：形成逻辑、现实困境与中国路径［J］．理论月刊，2022（2）：88－94.

在相同情形下对本国主体和外国主体不存在差别待遇，或对不同外国主体不存在差别待遇，同时没有对数字贸易交易设置更多的限制措施，此类数字贸易监管措施依然不能算作数字贸易壁垒。综上所述，未出于维护国家政治安全及保护民众隐私等合理的监管目的，并且违反 WTO 非歧视原则的数字贸易监管措施才能被称为数字贸易壁垒。因此，数字贸易壁垒的一般定义如下：出于保护本国数字商品与服务，不以维护本国国家政治安全及民众隐私等为主要目的，同时辅以较不合理的歧视性手段的数字贸易监管措施，是数字贸易壁垒。

与传统贸易壁垒相比，数字贸易壁垒有以下三个特点：

第一，数字贸易壁垒的运用范围更广泛。从交易对象上看，数字贸易中的商品不再需要实物作为载体，极大地拓展了交易对象的范围；从交易方式上看，相比传统贸易，数字贸易缩减了一系列实体交付流程，不受时间与空间的限制，使得数字贸易的普及范围更加广泛，同时也令数字贸易壁垒的运用范围随之扩大。

第二，数字贸易壁垒的内容和形式更特殊。一方面，数字贸易壁垒的限制对象具有特殊性，区别于传统贸易的商品交易基础，数字贸易建立在数据流的基础之上[①]，由此，数字贸易壁垒的限制对象以信息和数据为主。另一方面，数字贸易壁垒涉及个人隐私、国家安全、知识产权、网络安全等多个方面，使得相关问题的商定更加复杂。

第三，数字贸易壁垒的辨别难度更大。大多数数字贸易壁垒相关措施的出台均以"国家安全""个人隐私保护"为名，在实际操作中，判断相关措施是出于正当的理由还是出于贸易保护主义的难度大。

当前，国际数字贸易壁垒呈现逐步提高的态势，其中基础设施和连通性以及数据获取和使用限制（具体措施包括跨境数据流动限制、数据本地化要求、网络内容过滤和审查等）是数字贸易壁垒最为严重和集中的领域。[②]

10.2.2.2 数据跨境流动限制

数字贸易的一大特点是依赖于数据传输，跨境数据流动是数据贸易得以开展的前提，国际经贸协定可以为规制跨境数据流动规则提供框架。但不同国家基于不同的政策目标考量，对跨境数据流动的规制持有不同立场，特别是部分国家认为跨境数据流动不属于贸易问题，不应通过国际经贸协定制定规则。当前不同国家对数据流动的监管政策的出发点和侧重点并不同：

美国整体上倾向于采取由市场驱动的方式，促进数字经济创新，以维持其在数字经济发展中主导者的地位。

中国出于国家安全和公共安全的目的，整体上对数据跨境流动的监管更加严格。俄罗斯的监管策略与中国模式较为相似，不同的是，俄罗斯的数字经济发展战略形成得较

---

① 张国红．全球数字保护主义的兴起、发展和应对［J］．海关与经贸研究，2019，40（6）：108 – 118.

② 王岚．数字贸易壁垒的内涵、测度与国际治理［J］．国际经贸探索，2021（11）：85 – 100.

晚，且在推动国内数字部门发展方面相对不成功。

欧盟的目标则是在欧盟境内建立一个统一的数字市场，构建一套统一的规则使数字产品和数据能够在欧盟境内自由流动，同时保护个人、企业和政府免受数据收集、数据处理和数据商业化带来的负面影响。

印度目前侧重于关注数字部门对其公民和国内经济的经济效应和社会效应，并最大限度地减少流向数字经济发达的经济体的公司的收入。印度这一监管政策深受“数据殖民主义”思想的影响，即防止富裕国家以损害印度利益为代价从跨境数据流动中获益（Weber，2017）。

贸发会将美、中、欧三个国家和地区的数据监管策略概括为：美国侧重于私营部门对数据的控制，中国侧重于政府对数据的控制，欧盟强调个人对数据的控制。一般来说，主权国家进行跨境数据流动监管的动机主要可以归为三类：第一类是对公民权利的保护，涵盖对个人数据与个人隐私的保护、对网络安全的保护、对敏感部门的监管、获取执法数据以及维护数据伦理，与欧盟目前的监管政策较为相似；第二类是对国家主权和安全的保护，主要出于应对外国监控、保护关键基础设施、增强对国内互联网的主权控制以及维护社会稳定、政治稳定和文化稳定等多个目的，与包括中国在内的多数发展中国家的监管政策较为相似；第三类是促进经济发展，主要出于打造国内数字巨头、保障企业公平地获取数据、通过国内产品和服务满足国内需求等原因，与印度目前的监管政策较为相似。

数据本地化是跨境数据流限制的主要措施，是最早出现用来限制数字贸易的非关税壁垒，即国家对在本国产生的数据施以控制监管，限制本国数据向境外流动。根据限制的严格程度可以将相关措施分为四类：（1）禁止将数据传输到国外，即数据不能离开所在国家；（2）本地处理要求，即数据可以离开所在国家，但主要处理必须在本地进行；（3）本地存储要求，即数据副本必须存储在本地；（4）有条件的流动制度，即数据只能在某些条件下才能传输到国外，一般是根据保护数据隐私原则实施的。在国际范围内，跨境数据流动监管相对严格的国家包括中国、印度、印度尼西亚、俄罗斯、巴基斯坦、越南等，跨境数据流动监管相对宽松的国家包括澳大利亚、加拿大、墨西哥、新加坡、美国等。

在维护网络空间安全的层面，限制跨境数据流动的措施能降低泄露公民个人隐私及威胁国家数字安全的风险。但限制策略同时也带来了一系列风险。对于企业来说，一方面，监管政策提高了企业运营的不确定性，增加了公司的合规成本，尤其是中小微企业很可能无法负担合规成本，由此导致市场竞争进一步削弱；另一方面，监管政策提高了企业的交易成本和运行成本，提高了信息的不对称性，不利于数字技术研发，降低了企业的竞争力。对监管机构来说，制定监管规则并实施监管具有一定的成本。对公民来说，政府的监管行为提高了市场准入门槛，排除了部分中小微企业以及外国企业，使消费者的选择空间变窄；政府监管政策也有可能为政府非法监控和侵犯个人隐私打开后门。

10.2.3 数据安全

数字经济全球化及日益严峻的数据安全风险与变幻莫测的国际形势交织叠加，引发了关于数据安全和数字产品安全合规性等的担忧。物联网、人工智能等新一代数字技术的快速发展，衍生出了更具有持续性和隐蔽性的数据安全风险。数据安全问题的爆发性、危害性与日俱增，与数据相关的安全威胁日益增多，如数据泄露、身份盗窃、恶意软件、勒索软件等，尤其是随着云计算与数字存储的运用，数据泄露变得越来越普遍，对国家安全、经济发展、社会发展和个人隐私安全皆带来了严峻挑战。

2013 年 6 月 6 日，美国“棱镜门”事件被曝光，美国《华盛顿邮报》披露称，美国国家安全局和联邦调查局于 2007 年启动了一个代号为“棱镜”的秘密监控项目，通过进入微软、谷歌、苹果、雅虎等九大网络巨头的服务器，监控美国公民的电子邮件、聊天记录、视频及照片等秘密资料。2018 年，于 2016 年总统大选中为特朗普竞选团队提供咨询服务的咨询公司 Cambridge Analytica 被曝在未经用户同意的情况下窃取了用户个人数据，违反 Facebook 开放平台协议，获取了总计超过 5 000 万名 Facebook 用户的数据。该公司的主营业务为面向政府和军事客户提供“数据、分析和策略”等咨询服务，其官网明确说明“提供从预测选民行为，到定点推送广告等一系列服务”。Cambridge Analytica 获取的数据中涉及大量关于用户的姓名、住址、生活状况、政治立场、社交关系等个人信息以及商业数据，用于进行用户画像，其中包括对 2016 年总统大选中个人投票行为进行预测和影响。美国联邦贸易委员会（FTC）于 2018 年 3 月正式对 Facebook 的消费者数据隐私政策进行调查，2019 年，Facebook 与 FTC 达成和解，和解协议包括高达 50 亿美元的罚款与 FTC 要求制定的新隐私标准。① 2021 年，面部识别技术开发公司 Clearview 因数据保护问题也受到法国国家信息与自由委员会（CNIL）的调查。CNIL 在 2022 年向 Clearview 开出 2 000 万欧元的罚单，指控其违反了《欧盟通用数据保护条例》（GDPR），而在此之前，Clearview 也因侵犯个人信息问题受到美国、英国、澳大利亚的调查。②

数字经济全球化引发了大量高频的数据跨境流动。随着跨境流动数据质与量的飙升，数据跨境流动的管与控亦急剧增多，截至 2017 年，在全球 64 个主要经济体中，对数据跨境流动加以限制的国家已达近 90%。③ 世界各国纷纷针对数据跨境流动采取法律措施，但就数据跨境是否以自由流动为原则、数据跨境管制的正当化事由何在等根本性问题却远未达成共识。美国执行国家安全优先于公民隐私权的政策，存在大规模网络审

---

① Hu M. Cambridge Analytica's Black Box [J]. *Big Data & Society*, 2020, 7 (2): 1-6.

② Facial recognition: 20 million euros penalty against CLEARVIEW AI [EB/OL]. CNIL, https://www.cnil.fr/en/facial-recognition-20-million-euros-penalty-against-clearview-ai, 2022-10-20.

③ 许可. 自由与安全：数据跨境流动的中国方案 [J]. 环球法律评论, 2021 (1): 22-37.

查，而欧盟坚持将保护公民隐私权作为跨境数据流动和数据安全的核心原则，欧美之间的分歧较大。2016 年 4 月，欧洲议会通过《通用数据保护条例》（GDPR）并于 2018 年 5 月 25 日正式实施，该条例把个人信息保护和监管提到了一个前所未有的高度。我国《数据安全法（草案）》首次提出“数据安全自由流动原则”，将“数据自由流动”作为基础性原则，将“数据安全流动”作为限制性原则，以平衡对外开放和国家安全的双重目标。

10.2.4 数字垄断

10.2.4.1 数字垄断的特点

数字垄断引发与日俱增的忧虑，人们担心数字世界由少数大型企业集团垄断，抑或由少数几个国家掌控，对数字寡头的恐惧感越来越强烈。少数数字平台依靠网络效应、规模经济、零边际成本等优势，实现野蛮生产，形成“一家独大”的“数字巨无霸”，把持关键数据资源，甚至侵占用户和消费者的合法权益，阻碍行业创新发展。

数字平台的数字垄断由网络效应、规模经济和范围经济驱动。网络效应是指随着消费者数量的增加，所有消费者都能从网络规模扩大中获取价值。对于数字平台来说，一方面，坐拥大量消费者能通过网络效应吸引更多消费者消费；另一方面，规模庞大的消费者能够提供更加丰富的数据资源，从而使数据平台更加精准地提供广告、改善服务、增加利润，并因此吸引更多用户。规模经济与范围经济是通过制造高进入壁垒巩固数字巨头的主导力量，例如，谷歌可以通过使用现有的用户搜索数据改进其算法，而市场的潜在进入者则不具备这个优势。

2021 年被拜登任命为美国反垄断执法机构——美国联邦贸易委员会（FTC）负责人之一的莉娜·汗（Lina Khan）于 2017 年在《亚马逊的反垄断悖论》（*Amazon's Antitrust Paradox*）一文中提出了在数字经济时代下，固有的反垄断思维定式不再适用于反垄断监管。传统垄断理论将公平竞争的概念与消费者福利挂钩，通过产品价格和数量来衡量企业的垄断势力，不足以定义数字经济背景之下数字巨头的市场定位。传统经济学所定义的垄断企业通过减少产量、提高产品价格获得垄断利润，这与现代经济数字巨头的经济表现相违背。

在莉娜·汗分析的亚马逊（Amazon）案例中，企业滥用市场支配地位可通过以下方面进行判断：市场结构是否允许或鼓励了掠夺性定价的运用、企业能否在不同的行业交叉利用自己的市场支配地位。亚马逊是通过大幅削价与大手笔投入运营扩张来确立支配地位的，以上两种手段都是以牺牲利润为代价换取增长。亚马逊的低价战略与现行掠夺性定价准则的一项基础假定相违背，即出于利润最大化决策的原因，企业进行掠夺性定价不理性。但事实上，亚马逊的商业战略允许其在不触碰掠夺性定价相关法律的前提下，运用掠夺性定价的手段，牺牲利润以确立行业支配地位。亚马逊的另一关键战略是通过收购现有企业，向不同行业扩张。自 1994 年成立以来，亚马逊至今收购了超过 100

家公司，亚马逊不仅是零售商，还是数字平台、物流和递送网络、支付和信贷服务提供者、拍卖行、主要的出版商、影视节目制作者、时尚设计者、硬件制造者、领先的云服务平台和计算能力拥有者。以亚马逊的物流服务为例，其以新进入者很难复制或与之竞争的方式建立综合地面运输系统，拥有自己的货运航空公司——亚马逊航空，缩短了物流派送时间，提高了物流效率，其快递服务处理的包裹数量现在可以与UPS、联邦快递（Fedex）和美国邮政服务（USPS）等顶级运营商媲美，极大地抬高了行业的进入成本，由此控制了互联网经济中极其重要的基础设施之一。对物流服务的控制赋予了亚马逊关键的竞争优势，即亚马逊的地位不可替代，亚马逊的竞争者需依赖亚马逊。同时，亚马逊跨行业并购使其在与竞争对手竞争的同时，能够从竞争对手方获取信息，进一步巩固自己的支配地位。由此，莉娜·汗提出消费者利益不仅包括仅考虑价格的消费者福利，还包括产品质量、多样性与创新，反垄断法与竞争政策的目标应该是竞争市场，而不是消费者福利。

2019年6月，美国众议院司法委员会启动了对在线竞争状况的调查，其中涵盖了对亚马逊、苹果（Apple）、脸书（Facebook）和谷歌（Google）四家公司商业行为的审查。2020年，调查组在《对数字市场竞争的研究》中表示，即使四家公司的主营业务存在差异，但它们的商业实践中都存在共同的特征，这些特点是数字经济垄断区别于传统垄断的关键。其一，每个平台都充当了一个关键渠道的守门人，通过控制市场准入，这些数字巨头可以在行业中挑选赢家。其二，每个平台都利用其守门人的地位来维持其市场力量，它们通过对其他企业的调查，识别潜在的竞争对手，并最终买断、复制或切断对手的威胁。其三，这些平台利用其中介机构的角色，进行自我推荐、掠夺性定价、排他性行为等，进一步巩固和扩大其主导地位。

10.2.4.2 数字经济反垄断

数字垄断不仅严重危害市场竞争秩序、阻碍动态创新、提高进入壁垒、降低市场效率、损害消费者福利和社会公共利益，还可能挑战全球数字产业链、全球数字秩序和全球数字规则体系，加剧收入分配差距，严重影响社会稳定和国家安全。进行反垄断监管主要有两个目的，一是保障用户在网上可以获得安全和公平交易的产品与服务，二是确保企业能够在线上开展公平、自由的竞争。

目前，各个国家都在反垄断领域重拳出击。据国家市场监督总局《对十三届全国人大四次会议第7050号建议的答复》，2021年4月10日，我国国家市场监督管理总局对阿里巴巴集团实施“二选一”垄断行为作出行政处罚，并给予182.28亿元人民币的罚款，相当于其2019年中国境内销售额4 557.12亿元的4%。除此之外，市场监督管理总局向阿里巴巴发出《行政指导书》，要求其全面整改，并连续3年向市场监督总局提交合规自查报告。这是继2015年中国对高通反垄断调查处罚60亿元以来的最高罚款，对互联网乃至其他领域的反垄断具有强烈的震慑作用。我国市场监督管理总局发布的《中国反垄断执法年度报告（2021）》显示，2021年查处各类垄断案件175件，同比增长 61.5%，罚没 235.92 亿元，但其中涉及数字经济反垄断案件数量总体较少，可见我国数字经济反垄断仍征途漫漫。韩国公平交易委员会在 2021 年 9 月宣布，因谷歌涉嫌滥用市场支配地位，阻碍三星等手机制造商生产搭载定制版安卓（Android）操作系统的手机，限制其竞争对手开发的操作系统进入市场，遏制了创新，决定对其处以 2 074 亿韩元（1 美元约合 1 200 韩元）罚款。[①] 2021 年 4 月 30 日，欧盟正式对苹果就其在应用程序商店（App Store）设定限制性条款发起反垄断诉讼，可能导致苹果公司被处以高达其全球营收 10% 的罚款。[②]

为打击数字经济领域的垄断行为，全球各个国家都相继颁布了法律法规等，旨在完善相关领域的法律建设。欧盟 2020 年 12 月 15 日公布的《数字服务法》（Digital Service Act，DSA）和《数字市场法》（Digital Market Act，DMA），目的均是要遏制大型数字平台的垄断行为。2021 年美国众议院表决通过了《终止平台垄断法案》《美国选择与创新在线法案》《2021 平台竞争和机会法案》《2021 通过启用服务切换法案》和《2021 收购兼并申请费现代化法案》5 项互联网平台反垄断相关法案。2022 年 8 月，中国修正后的《中华人民共和国反垄断法》正式实施。

但数字经济反垄断领域仍存在极大的挑战：

第一，传统的反垄断框架无法适应数字经济的发展。以消费者福利为标准的传统反垄断框架无法应对数字经济的挑战：其一，看似有利于消费者福利的“低价”策略，即掠夺性定价，不会受到反垄断调查；其二，在个性化定价的算法背景下，价格波动速度快，很难对数字平台的价格进行分析；其三，数字平台的竞争过程中，由于许多服务是“免费”的（实际上是由消费者的个人数据支付），消费者福利框架下的价格高低并不是最合适的标准。因此，消费者福利应该拓宽到其他标准，诸如消费者隐私与个人数据的保护、消费者选择的多样性、主导平台的锁定效应等。

第二，传统反垄断中若要判断企业在相关市场中是否有市场支配地位首先要界定相关市场，而在数字经济中存在双边市场、多边市场的现象，相关市场的界定难度大，各国的反垄断部门需要制定不同于传统的标准来定义数字经济中的相关市场。

第三，数字经济背景下，反垄断判断中有关垄断协议的认定也出现新的挑战。除横向垄断协议和纵向垄断协议（指在同一产业中两个或两个以上处于不同经济层次、没有直接竞争关系但有买卖关系的经营者，通过明示或默示的方式达成的排除、限制竞争的协议）外，又出现了由算法技术影响的轴辐协议（指处于产业链条不同层级的经营者为了追求共同的非法利益而设计的商业方案）。同时，由于数据、算法、平台规则等技

① 马菲．反垄断，韩国向谷歌开出巨额罚单［N］．人民日报，https：//wap. peopleapp. com/article/6330130/6221072，2021 - 10 - 13.

② 单宏鑫．欧盟首次对苹果发起反垄断诉讼　苹果：此举有违公平竞争［EB/OL］．央视新闻，https：//content - static. cctvnews. cctv. com/snow - book/index. html? toc _ style _ id = feeds _ default&share _ to = copy _ url&item _ id = 4499821975808933233&track_id = A7774CAF - 9EA9 - 4F47 - ABDC - 697631DEAD53_699069801199.

术手段的运用，垄断协议的隐蔽性越来越强，司法认定的难度越来越大。

第四，正当理由的认定出现诸多新情况。数字经济相比传统经济具有规模性、创新性和数据化三大特点，因此在认定数字经济领域的经营者实施滥用市场支配地位行为时，对于是否存在正当理由，需要结合其特点进行考量。

10.3 数字经济全球化的防控

10.3.1 加快数字经济法规制度建设

制度创新是数字经济发展壮大的坚实保障。在数字经济全球化过程中，政府、市场和企业要在各自不同的领域发挥各自的作用。政府需围绕数字经济全球化发展的特点和需求，抓住关键环节，加快制定相关政策法律，营造良好的制度环境。为此，一是要秉持“宽容并不纵容，放松并不放手”的理念，进一步明细化和具体化包容审慎、划清底线的监管原则，量身定制监管政策，创新数字监管方式，完善多部门参与及协调配合的数字经济监管体系。二是要加强数字知识产权保护，促进数据知识产权保护规则体系建设，要加强数字知识产权司法保护和行政执法，健全仲裁、调解、公证和维权援助体系，健全数字知识产权侵权惩罚性赔偿制度，提高数字知识产权犯罪的打击力度，加大损害数字知识产权的赔偿力度。三是积极探索数字经济发展规律，构建符合数字经济发展特征的规则制度体系，加强数字经济立法，完善相关法律法规。

扩展阅读 10－2

健全平台经济治理体系　实现规范健康持续发展

互联网平台经济作为生产力新的组织方式，对优化资源配置、促进创业创新发挥了重要作用，已成为经济发展新动能。近年来，互联网平台经济在全球范围内蓬勃发展，在新冠肺炎疫情冲击、世界经济陷入低迷的情况下，平台经济仍保持强劲发展韧性，实现逆势增长。截至 2020 年底，全球市值超过百亿美元的平台企业达 76 家，市值总额达 12.5 万亿美元，同比增速达 57%。

我国互联网行业同样保持良好发展势头，形成一批规模较大、有国际影响力的互联网平台企业。截至 2020 年底，我国市值超过 10 亿美元的平台企业达 197 家，较 2019 年增加 23 家。与此同时，互联网平台企业发展不规范问题日益突出，侵犯用户权益、扰乱市场秩序现象频频发生，威胁数据安全的风险不断增大，加强规范和监管互联网平台企业、建立健全平台经济治理体系已成为世界主要国家的共同选择。

我国平台经济领域逐步形成“一业一策”的治理模式

长期以来，中国政府秉持“鼓励创新、包容审慎”的治理理念，积极探索适合平台经济发展特点的审慎监管方式，推动平台经济实现快速发展。对于看不准的新业态新模式“先观察一段时间”，留足发展空间；对于看得准的新业态新模式，量身定制监管模式，加快制定监管规则；对于潜在风险很大、有可能造成严重不良社会后果的，严格加强监管，重点整治违法违规行为。目前，我国平台经济领域已逐步形成“一业一策”的治理模式，从电子商务到网络约车、从互联网金融到网络直播，针对平台经济的新模式新业态，相关行业主管部门大都制定了专门的监管规则。

可以说，“一业一策”治理模式在我国平台经济的成长期发挥了重要作用，随着互联网平台经济步入相对成熟的阶段，市场集中、数据集中、算法控制等带来新的风险和挑战，“一业一策”治理模式不适应、不兼容的问题也日益突出。比如，平台经济大多具有跨行业、动态变化的特点，往往涉及多个监管部门，对传统各个部门边界清晰的垂直监管体系带来新挑战。

世界主要经济体都在加速平台经济法律制度创新改革

随着平台经济发展特别是超大型平台崛起，世界主要国家普遍认识到平台越大、责任也应越大，欧洲、美国、日本、澳大利亚等主要经济体针对平台经济的监管政策几乎同时出现重大转向，纷纷加速法律制度创新改革，加强规范和监管互联网平台企业发展。国外法律制度创新主要体现在两个方面：

一是聚焦超大型平台制定专门的监管规则。由于超大型平台不仅引发了排除限制竞争等经济层面的问题，还越来越对社会乃至政治产生更广泛的影响。因此，欧美日澳等发达国家和地区都提出了专门针对超大型平台的监管政策，试图通过建立“事前监管”制度直接对超大型平台进行规制。例如，欧盟《数字市场法案》通过将超大型平台界定为“守门人”平台，直接对其可能实施的不公平竞争行为进行了严格限制。美国提出《终止平台垄断法案》等四项针对超大型平台监管的法案，同样提出“覆盖性平台”的认定标准以及必须履行的特殊义务。日本《提升特定数字平台的透明度和公平性的法案》、澳大利亚《新闻媒体和数字平台强制议价准则》的规制对象均为特定的超大型平台企业。

二是聚焦平台“竞争、数据、算法、内容”等共性要素建立通用监管规则。从竞争来看，欧盟、澳大利亚等均提出了针对互联网平台的创新性竞争政策，德国正式颁布了全球首部系统针对平台经济挑战而进行全面修订的反垄断法。从数据来看，最典型的代表为欧盟《通用数据保护条例》（GDPR），其中对包括平台在内的企业收集、存储和处理用户数据作出了明确要求。从算法来看，欧盟《人工智能法案》提出针对高风险人工智能系统建立数据库并加强算法公开透明；美国《算法正义和在线平台透明度法案》提出加强算法备案审查。从内容来看，德国、法国等均制定出台了相关法律法规，要求平台对内容监管承担更多责任；澳大利亚甚至将平台"未能防止重大暴力内容"在网络上传播列入刑法。

建议加强超大型平台通用监管规则建设

相较于我国"一业一策"治理模式，国外的平台经济监管模式更侧重于建立通用监管规则。建议结合我国实际、借鉴国外经验，在我国各行业分类监管的基础上，加强"竞争、数据、算法、内容"共性要素和超大型平台的通用监管规则建设，形成监管合力，健全平台经济治理体系，推动我国平台经济规范健康持续发展。

一是探索研究符合中国国情的超大型平台监管规则。从用户规模、市值规模等量化指标，以及资本扩张的范围和影响力等方面研究制定超大型平台的认定标准。从公平竞争、用户权益、网络和数据安全等方面施加额外的义务，规制超大型平台的行为。

二是围绕共性要素健全平台经济通用监管规则。完善反垄断和反不正当竞争相关规则，通过设立专条或细化规则等方式，提升其在平台经济领域的适用性；研究制定《数据安全法》《个人信息保护法》配套细化规则，完善数据分级分类管理，强化平台主体责任；研究制定科学合理的算法备案、算法审查等监管制度，加强高风险领域算法监管规则构建。

三是建立平台经济政策评估制度。加强平台经济各细分领域调查研究，加深对平台特点、商业模式等的认识，定期对平台经济相关政策实施效果开展评估，以适时根据平台经济发展情况进行修订，使政策更加科学精准、务实管用。

资料来源：张春飞．健全平台经济治理体系　实现规范健康持续发展［N］. 光明日报，2021-09-29（10）.

10.3.2 强化数字技术自主创新能力

数字技术是各国抢占新产业革命制高点的重要抓手，是重塑技术和产业竞争优势的关键。为此，一是要加大对数字技术领域的科研投入，大力支持高校、科研院所及高科技企业的产学研合作，培育数字领域核心技术攻坚团队，提高数字技术基础研发能力，推动关键共性技术攻关研究。二是要积极扩大数字技术领域开放，适当放宽数字技术领域外资市场准入，大力吸引全球数字技术领域跨国公司，发挥跨国公司在研发、规范、标准和管理等方面的技术外溢和示范带动效应。鼓励外资企业与我国高校、科研院所以及企业创新研发合作模式，并营造互利共赢的良好市场环境。三是推进高技术企业加快海外并购、组建研发中心等技术性投资，积极融入全球创新链，利用全球人才快速掌握前沿技术，在全球范围内开展技术创新合作，提升数字技术自主创新能力，突破关键核心技术。

扩展阅读 10－3

加快促进数字经济创新发展

习近平总书记指出，打好关键核心技术攻坚战，尽快实现高水平自立自强，把发展数字经济自主权牢牢掌握在自己手中。数字经济创新发展不但有利于构建现代化经济体系，提高数字经济的价值创造能力，重塑创新发展新格局，而且有利于构建产业创新生态体系，促进产业高质量发展，保障产业链安全和产业国际竞争力。实现数字经济创新发展，需要推动数字科技基础理论突破，提高关键数字软硬件供给能力，扩大高水平数字创新人才供给，促进数字经济与实体经济融合创新发展。

数字经济创新发展是构建新发展格局的重要途径

提高经济价值创造能力的必然要求。数字经济价值创造能力显著受制于对数字产业科技供应链的控制能力。当前，新一轮科技革命和产业变革推动全球数字经济价值链加速重构，如果不掌握核心数字科技，我国数字经济将面临“低端锁定”风险。数字经济创新发展有助于促进我国数字经济智能化、服务化、生态化发展，增强创新链、延伸产业链，提升数字经济的价值创造能力。

构建现代化经济体系的有效路径。数字经济创新发展能够促进创新要素、创新主体、创新环节之间的有效衔接，催生新业态、新模式、新产品，促使我国转变发展方式、壮大发展动能、优化产业结构，提高经济体系整体效能。数字经济创新发展能够拓展要素来源，加速要素的流通和重组，不断形成新的要素组合，催生创新驱动数字经济发展的新发展模式；有助于创新主体构建自主可控的智能化、平台化的产业创新生态系统，提高对外部环境变化的适应性和产业链的韧性。数字经济创新发展不仅意味着数字产业自身的创新发展，而且意味着数字赋能传统产业创新发展，进而推动经济体系系统性变革升级。

应对国际科技竞争的有力抓手。世界主要国家纷纷将数字经济创新发展作为占据未来国际科技竞争制高点的战略选择。面对严峻复杂的国内外形势，以习近平同志为核心的党中央提出构建以国内大循环为主体、国内国际双循环相互促进的新发展格局。从国际循环角度看，数字经济创新发展提供了国际创新合作契机，有利于我国数字经济深度嵌入全球数字经济合作网络，向全球价值链上游跃升。从国内大循环角度看，我国的社会主义制度优势、新型举国体制优势和超大规模市场优势为数字经济创新发展提供了海量数据资源和应用场景，能够确保数字经济高质量发展进程不被中断。

在应对挑战中推动数字经济创新发展

加强数字科技基础理论研究，推进数字经济创新体系建设。第一，加强数字科技的技术预见研究，面向先进计算、人工智能、隐私计算、数字孪生、人机交互、量子计算等重点领域，前瞻布局一批数字科技基础研究项目，夯实数字经济创新发展理论根基。第二，推动数字科技与其他自然科学、社会科学的交叉融合，支持数字科技开源软件框架、开源社区、开源代码托管平台建设，构建全球数字科技合作伙伴关系，打造交叉、开源、开放的数字科技生态体系。第三，面向产业发展需求，推动产学研深度融合，利用数字科技带动产业共性技术突破，完善数字科技应用的标准体系，形成关键数字科技的“非对称”优势。

提高关键数字软硬件供给能力。芯片、传感器、编译器、数据中心、工业软件、操作系统等数字软硬件是数字经济创新发展的重要载体。当前少数发达国家为占据数字经济发展制高点，通过出口管制、投资审查等方式对我国数字软硬件引进进行限制，严重威胁我国数字经济产业链供应链安全稳定，凸显了提高数字软硬件供给能力的必要性和紧迫性。第一，补数字软硬件短板。通过政府采购、税收优惠等方式提高电子元器件、智能传感器、高端芯片、操作系统、工业软件、工业机器人、数控机床等关键数字软硬件的自主研发、自主设计、自主制造能力，保障产业链供应链关键环节自主可控。第二，在科技、产业、社会、环境各领域拓展数字软硬件的应用场景，推动数字软硬件与传统基础设施融合，为数字经济创新发展提供载体支撑。

扩大高水平数字创新人才供给。根据工信部人才交流中心发布的《人工智能产业人才发展报告》(2019－2020年版)，在人工智能芯片、机器学习、自然语言处理等各个人工智能技术领域，我国人才供需比均低于0.4，而且大部分集中在应用开发岗，基础研究人才匮乏。因此，要加强计算机科学、数据科学等方向的学科建设，将数字人才培养作为学科建设的重要内容；支持地方政府、企业、高校、科研机构围绕数字经济创新发展需要加强合作，打造政产学研一体化数字创新人才培养基地；针对数据搜寻、数据管理、数字内容创作、数据应用、数据安全保护等数字技能，加强数字技能职业培训，完善数字技能职业标准和评价规范，培养更多驱动数字经济创新发展的卓越工程师。

促进数字经济与实体经济融合创新发展。习近平总书记指出，充分发挥海量数据和丰富应用场景优势，促进数字技术与实体经济深度融合，赋能传统产业转型升级，催生新产业新业态新模式，不断做强做优做大我国数字经济。如何利用数字经济撬动实体经济发展始终是困扰各界的核心问题，迫切需要推动数字经济与实体经济融合发展。第一，加快推进国家数字经济创新发展试验区建设，设立数字科技转移转化平台，推动重大数字科技成果的产业化应用，帮助实体企业拓展投入要素、加速新产品开发、优化工艺流程、改进组织模式、拓展新市场。第二，充分利用数字技术，构建平台企业、行业企业、用户等主体良性互动的产业创新生态系统，帮助行业企业整合产业链供应链资源，形成数字企业赋能实体企业的数字经济创新发展模式。第三，鼓励实体企业发展智能制造、服务型制造、绿色制造等新模式，总结可复制可推广的实体经济数字化转型经验，形成一批面向工程技术难题和产业技术问题的数字化解决方案。

资料来源：陈凯华，康瑾．加快促进数字经济创新发展［N］．光明日报，2022－06－21（06）．

10.3.3 加快数字基础设施建设

数字基础设施是支撑数字经济发展的重要载体。自2018年中央经济工作会议首次提出“新基建”概念以来，2020年国务院常务会议等党中央国务院多次重要会议与2019年政府工作报告，均要求加快以数字基础设施建设为核心的新型基础设施建设。为此，一是加快构建数字基础设施建设体系，适度超前建设数字基础设施，但也要防止数字基础设施建设盲目投资和重复建设，不搞“大水漫灌”；加大相关配套政策扶持和财政支持力度，包括更多的政策倾斜、税收优惠、财政补贴等。二是创新数字基础设施建设的投融资工具和模式，开发符合数字基础设施建设特性的金融产品，破解数字基础设施建设融资抵押难题；搭建多方对接交流平台，优化数字基础设施投融资审批制度，开设审批绿色通道，合力纾解数字基础设施建设投融资难题。三是完善数字基础设施供给模式，降低参与门槛，提高透明度，引导企业参与数字基础设施建设，探索市场化运作模式；同时，加大数字基础设施建设共建共享的广度和深度，拓展数字基础设施建设服务的受益范围，增加全体社会成员的总体福利。

10.3.4 积极参与国际数字经济合作

为维护国际数字经济发展秩序，要积极关注国际动向，主动参与国际组织数字经济议题谈判，开展双多边数字治理合作，维护和完善多边数字经济治理机制，提出中国方案。积极参与和支持全球数字治理和相对应的数字化合作倡议，结合中国的优势和发展经验，主动向世界提供数字治理公共产品，增强政府、智库、企业等主体与国际组织开展数字合作和数字治理的意识与能力，秉持共商共建共享的全球治理观，基于中国国情和利益提出数字治理主张，推动完善全球数字治理秩序，开创国际数字经济合作新局面。此外，在国际数字经济合作过程中，要重视和加强国家信息安全、数据安全等风险管理。

扩展阅读 10-4

参与全球数字经贸规则制定　推动数字经济国际合作

习近平主席日前在出席二十国集团领导人第十六次峰会时宣布，中国高度重视数字经济国际合作，已经决定申请加入《数字经济伙伴关系协定》（DEPA）。中国正式提出申请加入 DEPA，以及此前申请加入《全面与进步跨太平洋伙伴关系协定》（CPTPP），宣示了中国正以开放的态度积极参与全球数字经贸规则制定。

新加坡、新西兰、智利三国于 2020 年 6 月签署的 DEPA 内容广泛，是世界上第一个多国参与的专门数字贸易协议。就具体内容而言，DEPA 参考了先进的贸易协议例如 CPTPP 的相关条款，但采取了更为灵活的模块化结构形式。与其他数字贸易相关协议相比，DEPA 最契合中国的诉求，其倡导的开放、合作、普惠的数字贸易发展取向与中国秉承的理念基本一致。

客观来看，由于 DEPA 对数字贸易提出较高标准，中国加入需进一步完善法规细则落地，进一步推进制度性开放。近日国家网信办发布《网络数据安全管理条例（征求意见稿）》，在《网络安全法》《数据安全法》《个人信息保护法》“三法”的立法宗旨下，综合 2021 年以来发布的一系列法规，将数据跨境流动和数据安全领域的一系列规章落地，有助于中国加快数字贸易领域的改革开放，尽早加入 DEPA 这一在全球数字贸易领域领先的、高标准的国际协议。

DEPA 与数字贸易协议

在数字经济高速发展的背景下，各国普遍认识到数字贸易的巨大潜力和重要性，纷纷出台政策，旨在规制国与国之间数字贸易的国际谈判和协定，这已渐成主流。目前，国际数字经济和贸易相关政策主要分为几个层面。一是在世界贸易组织（WTO）框架下的电子商务谈判，截至目前已有超过 80 个 WTO 成员加入，各成员在完善贸易相关制度安排和缩小数字鸿沟等方面有一定共识，但在跨境数据流动、市场开放和知识产权保护等方面分歧较大。二是将数字贸易协议内容纳入自由贸易协定中，如 CPTPP 中有一章专门阐述电子商务和数字贸易，《区域全面经济伙伴关系协定》（RCEP）、《美墨加协定》（USMCA）等均包含数字贸易相关政策。三是部分国家间签订专门的数字贸易协定，如美国和日本 2019 年 10 月签署的《美日数字贸易协定》、澳大利亚和新加坡 2020 年 8 月签署的数字经济协议（DEA）以及 DEPA 等。

与 WTO 电子商务谈判相较，DEPA 涉及内容广泛且更具操作可行性。DEPA 在数字贸易合作方面已取得重要进展，但在 WTO 框架内核心分歧问题上并不尝试突破。需要指出的是，作为一个高标准的数字贸易协议，DEPA 在跨境数据流动、网络空间开放等方面提出了较高要求。

在跨境数据自由流动方面，DEPA 规定，数字贸易过程中，原则上应允许数据（包括个人信息）跨境自由流动、禁止要求数据本地存储或处理。在网络空间管理方面，DEPA 要求缔约方之间应建立信任，尽量减少数字贸易中的限制措施。对于包含密码的数字产品，缔约国不得要求以另一缔约国交出密钥作为数字产品准入的条件，等等。

加快数据跨境流动规则落地

我国在推动数字贸易和数据跨境流动、提高数据跨境流动治理能力方面作出了不懈努力。《网络安全法》《个人信息保护法》和《数据安全法》这三部法律构建起中国一般数据尤其是个人信息和重要数据本地化存储、数据出境需遵守安全评估和安全审查相结合的总体框架。2021 年 7 月以来，《网络安全审查办法（修订草案征求意见稿）》《数据出境安全评估办法（征求意见稿）》和《网络数据安全管理条例（征求意见稿）》相继发布。

中国对跨境数据流动的管理框架是在优先保障国家安全和个人隐私基础上构建的，对网络空间的管理也以国家安全、网络主权和国家利益为优先选项。比照 DEPA 的相关内容，中国需在保障国家安全、网络主权和个人隐私的前提下，推进数据跨境流动的规则落地，加快数字贸易领域的制度性开放和先行先试。

第一，推动数字贸易领域的制度性开放，核心是可落地执行的跨境数据流动评估体系。除须本土化储存的重要数据外，在保障安全和保护个人隐私的前提下，推动数据安全、有序、合规跨境流动，是中国加入 DEPA 等国际数字贸易协议的前提条件，对于提升我国数据要素市场的国际竞争力至关重要。同时，安全评估制度除了要管理数据出口外，还要为促进数据进口营造环境，鼓励国外数据向我国流动。

对于数据出境，《网络数据安全管理条例（征求意见稿）》做出了完整界定，在出境数据中包含重要数据、关键信息基础设施运营者和处理 100 万人以上个人信息的数据处理者向境外提供个人信息等情形，数据出境应当具备国家网信部门组织的数据出境安全评估，通过国家网信部门认定的专业机构进行的个人信息保护认证，以及符合国家网信部门规定的其他条件。

评估和审查的关系是怎样的？一些学者认为，如果在评估中发现数据跨境可能引发国家安全风险，评估就可能转化为安全审查。安全审查的一个重要特点是针对国家安全问题，是在特殊情况下发挥威慑作用，而非时时审、事事审。而安全审查和安全评估相结合的制度框架，也充分满足 CPTPP 在跨境数据流动中关于安全评估的规则要求。

第二，上海自贸区临港新片区、海南省等拥有政策空间的地区应积极试点推进跨境数据流动创新。上海自贸区临港新片区和海南省作为国家跨境数据流动的前沿试点地区，在跨境数据流动政策创新方面有较大空间。近年来，国务院、相关部委和两地政府均出台了关于支持跨境数据流动创新的诸多政策。综合各项政策看，临港新片区创新政策重点在数据跨境流动的安全评估、数据安全管理、离岸数据中心建设等方面，旨在于跨境数据流动安全和自由传输之间取得平衡。海南省政策重点则在数据跨境传输安全管理试点、个人信息安全出境评估等方面，与自由贸易港的地位和发展需要相契合。

上海和海南可在《网络数据安全管理条例（征求意见稿）》的框架下先行先试。例如，根据《上海市数据条例（草案）》，上海可按照国家相关法律法规的规定，在临港新片区内探索制定低风险跨境流动数据目录，促进数据跨境安全、自由流动。同时，在临港新片区建设离岸数据中心，按照国际协定和法律规定引进境外数据，支持企业开展相关数据处理活动。

第三，可与 DEPA 创始国新加坡及东盟开展跨境数据流动先行先试。习近平主席日前宣布，中国与东盟正式建立全面战略伙伴关系。2021 年 1 月，新加坡牵头更新《东盟数据管理框架》（DMF）和制定《东盟跨境数据流动示范合同条款》（MCCs），其中 MCCs 是东盟跨境数据流动机制实施的第一步，明确了数据整个生命周期内的治理结构和保护措施，下一步则是开展跨境数据流动认证。在中国东盟全面战略伙伴关系的背景下，上海临港新片区等地区可结合自身实际，与新加坡和东盟在跨境数据分级分类、流动机制、流动认证、个人数据传输等方面率先开展合作，例如先从低风险数据入手，推动数据非本地存储和跨境数据流动。

第四，推动政府开放公共数据、支持中小企业，推动可信人工智能。DEPA 的创始国新加坡、新西兰、智利非常关注数字产品和贸易对经济的促进作用、中小企业数字化转型、数字包容性等问题，这与中国提出的构建开放、公平、普惠、非歧视的数字发展环境不谋而合。政府的公共数据开放，对于支持中小企业、构建普惠数字环境至关重要。同时，确保知识产权数据库公开可访问，运用联邦学习、隐私计算等最新技术方法，支持可信、安全和负责任地使用人工智能，有助于营造良好的数字贸易和数字经济环境。推进这些与 DEPA 协议相关条款高度一致的数字经济政策，有助于中国早日加入 DEPA。

第五，充分运用例外条款。例外条款，是一国在国际贸易协定中充分保护自身的通行办法。在加入 DEPA 等数字贸易协定的谈判中，中国可充分运用一般例外、安全例外、审慎例外和货币、汇率政策例外等例外政策，在开放和安全之间取得平衡。此外，由于中国是数据大国，未来也可考虑建立相应的跨国治理机制。

资料来源：杨燕青，吴光豪．参与全球数字经贸规则制定　推动数字经济国际合作［N］．光明日报，2021－11－26（12）．

◎ 本章提要

数字经济全球化为世界经济发展带来全新的机遇与潜力：数字经济拓展了国际贸易的发展空间，扩大了国际贸易的规模；数字经济提高了全球价值链分工的深度和广度，推动全球价值链的转型与升级；数字经济打破了传统国际投资的资产配置结构，使跨国企业海外投资的全球布局更加灵活。伴随着数字经济全球化的深入发展，一系列风险与挑战也接踵而至。第一，国家间、国家内的数字鸿沟仍处在较大的水平，虽然全球数字经济发展近年来取得了瞩目的进展，但低收入国家的数字接入能力、数字技术能力、数字产出能力仍较低，随着数字经济发达国家在网络效应、规模经济与范围经济的综合作用下进一步巩固其领先地位，国家间的数字鸿沟会日益扩大。第二，数字贸易壁垒与日俱增，随着数字贸易不断发展，各国出于经济发展、国家安全、隐私保护等多重目的，出台了一系列不同的数字贸易保护措施与规制手段。第三，数据泄露、身份盗窃、恶意软件等数据安全事件与日俱增引发了关于数据安全的担忧。第四，数字经济巨头的垄断为反垄断工作带来全新的挑战，各国纷纷在反垄断领域进行改革与创新。面对数字经济带来的机遇、风险与挑战，我国应加快数字经济法规制度建设，强化数字技术自主创新能力，加快数字基础设施建设，积极参与国际数字经济合作，以响应党的二十大报告提出的“加快发展数字经济，促进数字经济与实体经济深度融合，打造具有国际竞争力的数字产业集群”战略目标。

◎ 概念复习

数字鸿沟　数字贸易壁垒　数据跨境流动限制　数字垄断

◎ 阅读资料

(1) UNCTAD. Digital Economy Report 2021：Cross-border data flows and development：For whom the data flow [R]. New York：UNCTAD，2021.

(2) UNCTAD. E－commerce and Digital Economy Programme：Year in Review 2021 [R]. New York：UNCTAD，2021.

(3) OECD. Measuring the Digital Transformation：A Roadmap for the Future [R]. Paris：OECD，2019.

(4) 国务院发展研究中心对外经济研究部、中国信息通信研究院课题组．数字贸易发展与合作：现状与趋势 [J]．中国经济报告，2021 (6)：53－64.

(5) 张茉楠．跨境数据流动：全球态势与中国对策 [J]．开放导报，2020 (2)：44－50. DOI：10.19625/j.cnki.cn44－1338/f.2020.0025.

◎ 课后思考题

（1）数字经济的发展对国际商品和服务贸易有何影响？

（2）简述美国、欧盟和中国的跨境数据流动限制政策的区别。

（3）数字经济垄断和传统垄断有何区别？

（4）数字经济给反垄断监管带来了哪些挑战？

（5）简述在全球化的背景下，我国应如何应对数字经济带来的风险与挑战。

第11章 数字产业化与数字产业

学习目标

（1）掌握数字产业化的概念与数字产业的特征；

（2）了解数字产业化与数字产业的发展现状和趋势、面临的挑战和应对；

（3）认识数字产业化的主要模式与路径。

内容提要

推动数字经济健康发展，要充分发挥产业数字化转型和数字产业化的“双轮驱动”作用，推动融合应用持续深入。数字产业化是指为产业数字化发展提供数字技术、产品、服务、基础设施和解决方案，以及完全依赖于数字技术、数据要素的各类经济活动，主要包括人工智能、大数据、区块链、云计算、网络安全、通信设备、核心电子元器件、关键软件等数字产业，是数字经济发展的源头活水。本章分析的主线是在厘清数字产业化的概念与数字产业的特征的基础上，介绍我国数字产业化的现状与面临的挑战，并进一步展望未来数字产业化的应对思路与发展趋势，最后分析中国数字产业化的主要模式与路径。学习研究的内容具体包括数字产业化的概念与数字产业的特征、数字产业化与数字产业的发展现状和趋势、数字产业化的模式与路径。

11.1　数字产业化的概念与数字产业的特征

数字产业化指信息技术产业的发展，数字产业是数字产业化的结果。数字产业化既是数字经济发展的重要组成部分，也是产业数字化的重要技术基础。本部分主要介绍数字产业化的概念与数字产业的特征。

11.1.1　数字产业化的概念

根据国家统计局公布的《数字经济及其核心产业统计分类（2021）》，数字产业化是指为产业数字化发展提供数字技术、产品、服务、基础设施和解决方案，以及完全依赖于数字技术、数据要素的各类经济活动，是数字经济发展的基础。[①] 数字产业化对应着国家统计分类中的数字经济核心产业，即数字产品制造业、数字产品服务业、数字技术应用业和数字要素驱动业四大类，主要包括计算机通信和其他电子设备制造业、电信广播电视和卫星传输服务、互联网和相关服务、软件和信息技术服务业等。

具体来看，数字产品制造业共包含计算机制造、通讯及雷达设备制造、数字媒体设备制造、智能设备制造、电子元器件及设备制造、其他数字产品制造业 6 个中类；数字产品服务业共包含数字产品批发、数字产品零售、数字产品租赁、数字产品维修、其他数字产品服务业 5 个中类；数字技术应用业共包含软件开发，电信、广播电视和卫星传输服务，互联网相关服务，信息技术服务，其他数字技术应用业 5 个中类；数字要素驱动业共包含互联网平台、互联网批发零售、互联网金融、数字内容与媒体、信息基础设施建设、数字资源与产权交易、其他数据要素驱动业 7 个中类。[②]

11.1.2　数字产业的特征

数字产业化的结果即数字产业，数字产业主要具有技术密集性、高渗透性、先导性和战略性、不确定性等特征。

11.1.2.1　技术密集性特征

数字产业具有技术密集性。数字产业作为技术密集型产业，产业增长动力强劲，数字技术可加速释放创新活力。初期信息网络是以数据传输为核心的网络体系，随着数据

---

① 国家统计局．国家统计局副局长鲜祖德解读《数字经济及其核心产业统计分类（2021）》［EB/OL］. http：//www. stats. gov. cn/tjsj/zxfb/202106/t20210603_1818130. html，2021 - 06 - 03.

② 国家统计局．数字经济及其核心产业统计分类（2021）［EB/OL］. http：//www. stats. gov. cn/tjsj/tjbz/202106/t20210603_1818134. html，2021 - 06 - 03.

量爆发式增长和计算模型日趋复杂多样，各领域、各行业对算力的需求和要求都大幅提升，对芯片、晶体管要求不断提高，信息网络逐步演化为融感知、传输、计算、交换于一体的信息基础设施。近年来，国内外数字企业巨头，如腾讯、微软、英特尔、Meta等持续加大技术和资本的双重投入，将开源开放这一数字时代的重要生产组织模式提升到战略层面。从创新活力看，数字产业是全球创新最活跃领域，强大的创新能力是竞争力的根本保证。据中国信息通信研究院数据显示，2018 年全球创新企业 1 000 强榜单中，共有 335 家数字企业，研发投入合计超过 3 000 亿美金，占总研发投入比重接近 40%，平均研发强度为 7.6%，是其他行业上榜企业的两倍有余。①

11.1.2.2 高渗透性特征

数字产业具有高渗透性。产品服务的丰富多样和应用的广泛性、多元化也促使数字产业不断向传统产业渗透融合。大数据、物联网、移动互联网、云计算等新一代信息技术具有渗透性和倍增性，可对传统产业进行多角度、全链条、全方位的改造提升。数字产业的渗透性表现为数字技术从消费端向生产端渗透延伸，从线上活动向线下活动发展，催生平台经济、微经济、共享经济等新模式和新业态不断涌现。传统产业不断向智能化、网络化、数字化转型，数字技术促进传统产业的效率提高，成为传统动能改造的新引擎，加速新旧动能接续转换。信息技术的通用性和开放性是信息技术渗透性的基础，信息技术的渗透性使数字产业对传统产业的渗透融合成为可能。

11.1.2.3 先导性和战略性特征

数字产业具有先导性和战略性。数字产业作为数字经济发展的基础产业，为数字经济发展提供技术、产品、服务和解决方案等。与交通运输产业成为蒸汽技术工业革命、电力电气产业成为电力技术工业革命的先导性产业类似，数字产业是数字经济时代驱动人民生活和生产变革的基础性、先导性、战略性产业。数据化的知识和信息作为关键生产要素在推动生产力发展和生产关系变革中的作用更加凸显。数字产业化和产业数字化重塑生产力，是数字经济发展的核心。数字产业的蓬勃发展使开放式创新体系不断普及，智能化新生产方式加快到来，平台化产业新生态迅速崛起。新技术、新产业、新模式、新业态方兴未艾，产业转型、经济发展、社会进步迎来增长的全新动能。数字产业加速重塑人类生产和生活形态，经济社会实现从生产要素到生产力，再到生产关系的全面系统变革，体现生产力和生产关系的辩证统一。

11.1.2.4 不确定性特征

数字产业具有不确定性。数字产业的不确定性主要表现为技术、市场和组织的不确定性。首先，技术的不确定性表现在技术创新是数字产业快速发展的核心，而重大技术创新往往伴随着风险和不确定性。例如，5G 技术想要带来万物互联的变革不仅面临着

---

① 中国信息通信研究院．2020 数字中国产业发展报告（信息通信产业篇）[R]．http：//www.caict.ac.cn/kxyj/qwfb/bps/202005/t20200518_282450.htm，2022－05.

巨大的技术挑战还需要高昂的资金投入。其次，市场的不确定性表现在很多技术和产品早期并不被消费者知晓或认可，需要过一段时间才能发现合适的目标消费者与更广泛的应用场景。例如，早期区块链技术广泛应用于数字加密货币领域，而在之后区块链技术所适用的应用场景更加多元化，包括政务民生类应用、司法存证、税务、产品溯源等领域。最后，组织的不确定性表现在由哪个企业或个人实现与推进技术革新是不确定的。产业中原有企业在产业发生根本性变革时，可能未能识别变革信号或者作出快速反应，从而错失变革机遇。

扩展阅读 11-1

我国数字产业集群加速成长

近年来，我国数字产业集群建设热度走高，一些地方开展了不少积极探索。具有国际竞争力的数字产业集群具备哪些特点？与之前认定的先进制造业集群、战略性新兴产业集群相比，有哪些不同？在推动数字产业集群发展上，各地形成了哪些经验？今天起，本版推出“关注数字产业集群”系列报道，走近一线，了解进展，展望未来。

——编者

江淮腹地，“中国声谷”。依托科大讯飞打造的合肥智能语音产业集群，2021 年实现主营业务收入 1 378 亿元、入园企业达 1 423 家，连续 5 年产值、企业数量增长率均超过 30%，跑出了惊人的“声谷速度”。

西湖之滨，“中国视谷”。大华科技和海康威视领军的杭州数字安防产业集群，2021 年核心产业实现营业收入 2 720. 8 亿元，同比增长 17. 2%，带动全市 4 322 家数字安防产业创新企业共同成长，包揽视频监控产品 DVR、摄像机等产销全球前两位，市场占有率超过 50%。

荆楚大地，“中国光谷”。以长飞光纤、华工科技等企业为代表的武汉光电子信息产业集群近 3 年累计投资超过 2 000 亿元，汇集光电子企业超过 1. 5 万家，全球首款 128 层三维闪存存储芯片、我国首个 400G 硅光模块等一批科研成果和国产化替代产品在这里实现突破。

语音识别与人工智能、视觉识别与核心算法、光纤制造与硅光芯片研发……党的十八大以来，伴随着我国数字经济持续快速发展，一批具有国际竞争力的数字产业高地、数字产业集聚区和数字产业集群从无到有、从小到大、从弱到强，为推动我国经济高质量发展提供了有力支撑。中国电子信息产业发展研究院统计显示，我国 25 个先进制造业集群中，六成以上主导方向是数字经济。

数字经济蓬勃发展带动产业集群提速换挡。

“你好，我刚到杭州……今年皇冠品牌在阿尔及利亚的销售额超过了 5 000 万美元，我带来了明年的新订单……”脉链集团董事长徐伟强向记者展示的微信留言，来自约旦商人穆德。

“凭借对北非五金市场需求的准确把握，穆德先生将当地需求录入脉链云商平台，形成平台采购订单，线上订单通过脉链未来工厂平台精确发送到对应厂家进行生产，并且按照出口国认证标准实施品控。”徐伟强介绍，接下来，贴上皇冠商标的五金产品将通过脉链云商的线下履约服务渠道，出口到阿尔及利亚本地仓。“今年，皇冠品牌在阿尔及利亚的市场占有率攀升到60%。”

全面融入阿里生态，为脉链带来了云服务、电商流量、物流等全方位助力，更为浙江永康五金产业集群数字化赋能。目前，脉链数字化平台已连接近 5 000 家工厂、200 家海内外服务商以及超过 2 万家零售网点。

“通过数字技术助力集群内企业经营优化、技术创新与协同合作，带动产业集群的生产过程升级、产品服务升级和价值链条升级等，为产业集群转型升级提供了关键驱动力。”国家工业信息安全发展研究中心发布的《产业集群数字化：构建协同发展的新生态》研究报告如此评价。

不过，在中国电子信息产业发展研究院数字经济战略研究室主任高婴劢看来，尽管脉链赋能永康五金产业集群是个典型案例，但严格来讲，数字化后的永康五金产业集群却不能算作数字产业集群。

那么，什么是数字产业集群呢?

“数字产业集群是以新发展理念为引领，从事数字产品制造、数字产品服务、数字技术应用、数字要素驱动的企业主体及其相关机构等组成的，具有较强核心竞争力的企业集群。”工信部有关负责人表示，数字产业集群高度依赖信息网络、互联网平台开展协同制造，通过数字化方式对集群活动进行管理，并以此吸引更多的资本、人才、数据等要素资源以及企业、机构等主体参与集群建设。

根据国家统计局发布的《数字经济及其核心产业统计分类（2021)》，数字经济产业范围包括数字产品制造业、数字产品服务业、数字技术应用业、数字要素驱动业、数字化效率提升业 5 个大类。其中，前四大类为数字经济核心产业。

“数字化效率提升业，包含智慧农业、智能制造、智能交通、智能物流、数字金融、数字商贸、数字政府、数字社会等。”高婴劢说，这些行业已经按照原先的分类进行了统计，不能算作数字经济核心产业，但为这些行业赋能的平台或数字化解决方案供应商，是算在数字经济核心产业之中的。

根据《“十四五”数字经济发展规划》，2020 年，我国数字经济核心产业增加值占 GDP 比重为 7. 8%，到 2025 年，预计可提高至 10%。“按照 2020 年我国 GDP 最终核实为 101. 3567 万亿元计算，当年我国数字经济核心产业增加值约为 7. 9 万亿元。”高婴劢说。

打破地理空间约束，助力产业集群稳链强链

11 月 21 日，位于四川绵阳市的智米净化器工厂，正在满负荷运转。“当日计划排产 1. 2 万台，实际产量为 1. 17 万台。”智米科技创始人、首席执行官苏峻介绍，进入 11 月，公司订单环比增长 15%，同比增长 10%，新上市的高端产品米家全效空气净化器 Ultra 占比达到 21%，这与上月底小米生态链数据平台提供的月度预测十分接近。

“基于大数据、人工智能的销售预测，可以帮助企业有效规避订单波动带来的损失，这只是小米赋能生态链企业的众多能力之一。”小米集团公司生态链部总经理屈恒介绍，通过集团工业设计平台、物联网云平台、供应链平台、质量控制平台、销售平台向生态链的延伸，遍布京津冀、长三角、珠三角以及川渝、湖北等地的 100 多家生态链企业，在设计、研发、采购、制造、质量、销售等领域协同创新，创造了上百款用户追捧的“爆品”。目前，米家开放生态平台上的企业开发团队超过 4 000 家。

“通过平台实现网络化协作研发生产，逐步摆脱地理空间的约束，是数字产业集群与传统产业集群最大的不同。”高婴劢说，产业集群最大的特点是产业集聚，由此带来产业上下游、物流、服务等集聚，形成协同效应，进而降低成本、提升效率；而数字产业集群，企业不一定都在同一区域，可以是产业集群加数字化，还可以是虚拟集群。

走进位于深圳坪山的荣耀智能制造产业园，荣耀新一代折叠屏手机 Magic Vs 正在自动化流水线上精密装配。“折叠屏搭载了全新零齿轮铰链技术，最复杂的支撑结构从 92 个零部件精简到只有 4 个。即使如此，也涉及上百个结构件精密配合，加工精度更要达到 0. 03 毫米。”荣耀公司首席执行官赵明说，通过荣耀自主研发的、具备智能诊断等功能的工业互联网平台，生产线上的物料会被匹配专属 ID 身份标识，从而实现物料数据与产业链上游企业的对接，实时监控质量异常。荣耀还在上游合作企业部署了自研精密智能装备，在整机厂装配时，可通过工业互联网平台对不同合作伙伴的物料数据实时匹配。“数字化带来的质量协同，让荣耀手机组装精度达到 0. 01 毫米。”赵明说。

“数字产业集群的另一个特点是协作方式不同。”高婴劢说，传统意义上的产业集群中，通过供应链互通进行的分工协作多是一对一，而通过平台方式打通相关业务后，数据的对接、互动以及人工智能分析，让产业协作更加柔性、精准，效率更高。比如可以提前预警关键零部件短缺，主动寻找备用供应商；可以提前预测市场波动，确保恰到好处的库存，实现及时生产等。

阿里研究院产业研究中心专家范秋辞表示，数字产业集群可以实现研发协同、订单协同、生产协同、质量协同、库存协同及服务协同等，通过各类系统全面数字化对接并形成业务协同闭环，助力产业链供应链稳链强链。

从数字产业化、产业数字化、要素价值化等方向发力，打造具有国际竞争力的数字产业集群。“目前，小米正在生态链推动全链路数字化，但是，在工厂端却遇到了人才难题。”屈恒说，招聘数字化转型需要的复合型人才，在广东、江苏、浙江等东部省份相对容易，在中西部地区却不太好办，“期待有关部门多关注数字产业集群相关人才的培养”。

“公司总部虽在珠三角地区，但伴随着跨行业、跨领域综合型工业互联网平台的搭建，集群产业链企业几乎遍布全国。可是，一些地方推动集群发展的出发点却更多是将核心制造能力留在本地。”一位数字产业集群链主企业总工程师坦言。

高婴劢认为，作为产业集群发展演进的新阶段，数字产业集群目前尚处于萌芽期，也可以说处于地方先行先试阶段。鉴于其融合特点突出，且打破了原有的行业边界，原有的垂直管理模式很难全方位推动集群发展，亟须统筹规划集群的发展重点、发展模式。

工信部有关负责人表示，将从数字产业化、产业数字化、数据价值化等方面发力，分阶段、分领域打造具有国际竞争力的数字产业集群。

在数字产业化方面，围绕打造战略竞争优势，加快推动代表国家战略方向、创新密度高、市场潜力大的产业集群化发展，如5G、集成电路、智能网联汽车、工业机器人、基础软件、工业软件等，突出共性技术攻关，增强本土产业链供应链竞争力，形成全局带动效应；围绕抢占新兴领域发展先机，鼓励推动云计算、大数据、工业互联网、区块链、人工智能等新兴产业集群化发展，打造具有核心技术产品、生态构建力强的行业龙头企业，通过规模集聚、优势互补促进新兴产业高速成长；此外，要贯彻落实国家大数据战略，依托12个大数据领域国家新型工业化产业示范基地，推动构建大企业引领、中小企业协同、创新企业不断涌现的发展格局。

在产业数字化方面，持续推动数字经济与实体经济深度融合，打造以智慧农业、智能制造、智慧物流、数字金融、数字商贸等为代表的新产品新业态新模式；推动数字技术向传统产业的渗透拓展，积极探索智能网联汽车、智慧矿山、远程医疗等数字化应用场景；加快传统产业数字化转型，培育发展一批数字化转型技术、产品、服务和解决方案，逐步引领产业集群向更高质量、更高水平演进。

在要素价值化方面，加快推进全国一体化大数据中心体系建设，充分发挥8个国家算力枢纽节点和10个国家数据中心集群的作用；覆盖数据采集、存储、加工、分析等全生命周期，加快培育数据标注、数据清洗、数据聚合等大数据产业；推行企业数据管理国家标准，提升企业数据管理能力和数据供给质量；依托北京、上海、郑州等40余家数据交易机构，积极探索数据流通交易新业态新模式，激活数据要素价值潜力，实现数据要素红利向产业发展势能的充分转化。

资料来源：王政．我国数字产业集群加速成长［N］．人民日报，2022－11－30（18）．

11.2　数字产业化与数字产业的发展现状和趋势

2013 年至今的移动互联网时代，以智能手机和通信技术为载体，线上线下界限日益模糊，中国数字产业化的基本格局成型。未来数字产业化将主要围绕大数据、云计算、物联网、人工智能和 5G 等新一代信息技术的应用进一步深化与扩展。本部分主要介绍我国数字产业化与数字产业的发展现状、面临的挑战和应对，以及未来的发展趋势。

11.2.1　数字产业化与数字产业的发展现状

根据中国电子信息产业发展研究院于 2022 年 7 月发布的《2022 中国数字经济发展研究报告》，我国数字产业化规模为 8.35 万亿元，同比名义增长 11.9%，占数字经济的比重为 18.3%，占 GDP 的比重为 7.3%，数字产业化发展正经历由量的扩张到质的提升的转变。数字产业化夯实基础，内部结构持续优化。ICT 服务部分在数字产业化增加值中占主要地位，软件产业和互联网行业在其中的占比持续小幅提升，分别较 2021 年提升 2.13 个和 0.6 个百分点，电信业、电子信息制造业占比小幅回落。从数字产业化内部细分行业来看，电信业保持稳中向好运行态势。数据显示，2021 年，电信业务收入累计完成 1.47 万亿元，比上年增长 8.0%，增速同比提高 4.1 个百分点。电子信息制造业经历波谷后迎来快速增长，2021 年，全国规模以上电子信息制造业增加值比上年增长 15.7%，增速创下近十年新高。软件和信息技术服务业保持较快增长，2021 年，全国软件和信息技术服务业规模以上企业超 4 万家，累计完成软件业务收入 9.5 万亿元，同比增长 17.7%。互联网和相关服务业持续健康发展，2021 年，我国规模以上互联网和相关服务企业完成业务收入 1.55 万亿元，同比增长 21.2%。

2022 年 10 月，在第十三届全国人民代表大会常务委员会第三十七次会议上，《关于数字经济发展情况的报告》总结了我国在数字产业化上取得的成绩，主要表现在数字产业创新能力提升加快，通过深入实施创新驱动发展战略，推进关键核心技术攻关，加快锻造长板、补齐短板，构建自主可控产业生态。该报告指出，“一是关键核心技术取得突破。数字技术研发投入逐年上升，量子计算原型机、类脑计算芯片、碳基集成电路等基础前沿领域取得原创性突破，人工智能、区块链、物联网等新兴领域形成一批自主底层软硬件平台和开源社区，关键产品技术创新能力大幅提升，初步形成规模化应用效应。二是产业创新活力不断提升。产业创新能力取得突破性进展，2021 年我国数字经济核心产业发明专利授权量达 27.6 万件，占同期全社会发明专利授权量的 39.6%。关键数字技术中人工智能、物联网、量子信息领域发明专利授权量居世界首位。不断发挥金融支持数字经济发展作用，深化股票发行注册制改革，2021 年至 2022 年 6 月，近 150 家数字经济相关企业在主板、科创板、创业板完成首发上市，募集资金近 3 000 亿元。持续扩大数字经济产业中长期贷款投放，截至 2022 年 6 月末，计算机、通信和其他电子设备制造业中长期贷款余额 1. 48 万亿元。三是数字产业快速成长。数字经济核心产业规模加快增长，全国软件业务收入从 2012 年的 2. 5 万亿元增长到 2021 年的 9. 6 万亿元，年均增速达 16. 1%。截至 2021 年，我国工业互联网核心产业规模超过 1 万亿元，大数据产业规模达 1. 3 万亿元，并成为全球增速最快的云计算市场之一，2012 年以来年均增速超过 30%”。由此可见，我国数字产业化整体发展局面向好，正成为 GDP 的重要组成部分。

11. 2. 2　数字产业化面临的挑战及其应对

11. 2. 2. 1　数字产业化面临的挑战

在我国数字产业化发展整体向好的同时，也遭遇了制约其进一步发展的新挑战，其主要表现在①：

第一，信息基础设施全球领先，但关键核心技术不能自主可控。总体来看，目前我国关键技术领域创新能力不足，关键核心技术不能自主可控、关键领域核心技术受制于人的状况没有根本改变。比如，我国仍面临着大数据核心技术受制于人的困境，高端芯片、操作系统、工业设计软件等均是我国被“卡脖子”的短板。关键核心技术不能自主，在用新一代信息技术为实体经济发展赋能的过程中，一些产品的关键技术无法破解。这就需要坚定不移走自主创新之路，加大力度解决自主可控问题。

第二，数据资源丰富，但数据要素市场远未形成。总体来看，我国数据资源规模庞大，但价值潜力还没有充分释放，数据资产化、商品化、价值化仍处于初期探索阶段，尚未形成统一标准的数据要素大市场。数据的权属界定、价格形成、交易流通、开发利用等各个环节均存在诸多问题，数据的资产地位尚未确立，数据确权难题尚待破解，数据交易流通障碍重重，数据安全和隐私保护问题突出等。数据要素市场化滞后，严重制约以数据为关键要素的数字经济发展。

第三，数字经济规模快速扩张，但发展不充分、不平衡的问题突出，不同区域之间的数字鸿沟有扩大趋势。从不同地区产业数字化程度看，上海、海南、福建、北京等省市产业数字化程度位居前列，贵州、黑龙江、甘肃、云南的产业数字化程度较低，东西部地区间差距十分明显，数字化发展水平差异使得东西部地区间的发展差距进一步拉大。

---

① 国兴智库. 当前我国数字经济发展面临的五大挑战及应对策略［EB/OL］. 国兴智库网站，http：//www. nrttc. com/? p = 548，2022 - 07 - 04.

第四，数字产业化过程中不规范的问题突出，数字经济治理面临挑战。从平台经济发展规律看，平台经济通常具有天然垄断性的趋势，数字平台企业在经过竞争、兼并、淘汰等市场行动后，往往最终形成“一家独大”“赢者通吃”的市场格局，由此滋生市场垄断、税收侵蚀、数据安全等突出问题。例如，一些数字平台企业滥用市场支配地位行为，实施没有正当理由的掠夺性定价、拒绝交易、搭售等；滥用自主定价权，实施低价倾销、价格串通、哄抬价格、价格欺诈等；非法收集、使用消费者个人信息，带来数据安全隐患；利用数据优势“杀熟”，损害消费者合法权益；利用技术手段破坏竞争秩序，违法实施经营者集中，排除和限制竞争；实施商业混淆、虚假宣传、商业诋毁等不正当竞争行为，危害公平竞争市场环境。传统的治理体系、机制与规则难以有效解决数字平台崛起所带来的市场垄断、税收侵蚀、安全隐私、伦理道德等问题，数字经济治理体系需进一步完善。

11.2.2.2　对所面临挑战的应对思路

针对上述数字产业化发展过程中面临的新挑战，需进一步完善技术创新与制度建设，具体来看：

第一，加快关键核心技术研发，尽快改变关键领域核心技术受制于人的不利局面。增强关键技术创新能力，提升基础软硬件、核心电子元器件、关键基础材料和生产装备的供给水平，强化关键产品自给保障能力。瞄准传感器、量子信息、网络通信、集成电路、关键软件、大数据、人工智能、区块链、新材料等战略性前瞻性领域，提高数字技术基础研发能力，实施数字技术创新突破工程，集中突破高端芯片、操作系统、工业软件等领域关键核心技术，集中突破智能制造、数字孪生、边缘计算、脑机融合等集成技术，重点布局下一代移动通信技术、量子信息、神经芯片、类脑智能、第三代半导体等新兴技术，推动信息、生物、材料、能源等领域技术融合和突破。尽快改变关键技术领域创新能力不足、关键核心技术不能自主可控、关键领域核心技术受制于人的局面。

第二，加快建立数据要素市场，充分释放数据要素价值潜能。数据要素要真正成为数字经济的关键生产要素，真正成为数字经济深化发展的核心引擎，其前提是要建立数据要素市场，明确数据要素产权，形成数据要素供求关系和市场价格。目前，我国没有形成统一标准的数据要素大市场，数据要素市场化发展相对滞后，这是制约我国数字经济发展的又一块短板弱项。要加快建立数据要素市场，充分发挥市场在数据要素配置中的决定性作用。一是着力实施数据质量提升工程，强化高质量数据要素供给。支持依法合规开展数据采集，聚焦数据的标注、清洗、脱敏、脱密、聚合、分析等环节，提升数据资源处理能力。加快数据资源标准体系建设，推动数字化共性标准、关键技术标准的制定和推广，打破技术和协议壁垒，努力实现互通互操作。二是着力实施数据要素市场培育试点工程，加快数据要素市场化流通。要围绕数据确权、数据要素定价、数据服务交易等难点进行试点实验，探索建立数据资产登记制度和数据资产定价规则。培育发展数据交易平台，探索数据资产定价机制，逐步完善数据定价体系，探索协议转让、挂牌等数据交易模式。探索建立数据资产评估、登记结算、交易撮合、争议仲裁等数据要素市场运营体系。三是着力创新数据要素开发利用机制。以实际应用需求为导向，探索建立多样化的数据开发利用机制，挖掘商业数据价值，推动数据价值产品化、服务化，促进数据、技术、应用场景深度融合。

第三，加快缩小数字鸿沟，促进数字经济均衡发展。要把加速弥合数字鸿沟，促进不同产业、不同行业、不同区域、不同群体、不同领域之间的数字化均衡发展，作为推动数字经济高质量发展的重要方面。统筹谋划，更好发挥政府在数字经济均衡发展中的作用，提高数字经济的普惠、共享、均衡发展水平。特别是，加快西部地区、农村地区信息网络基础设施建设，提升革命老区、民族地区、边疆地区、脱贫地区及偏远地区网络覆盖水平，加快缩小不同地区数字差距。综合采取产业、财政、科研、人才等政策手段，推动数字城乡融合发展，统筹推动新型智慧城市和数字乡村建设，加快推进城市智能设施向乡村延伸覆盖，促进数字城乡融合发展，让广大乡村也能跟上城市数字化发展的步伐。

第四，完善数字经济治理体系，促进数字经济规范发展。一是推进数字经济治理法治化、标准化和规范化，强化协同治理和协同监管。完善数据开放共享、数据确权、数据交易、知识产权保护、隐私保护、安全保障等法律法规。加快数字安全立法，明确界定数据产权归属，对数据的使用权限、应用范围等进行标准化与规范化管理。加快建立全方位、多层次、立体化监管体系，强化跨部门、跨层级、跨区域协同监管。二是增强政府数字化治理能力。着力实施数字经济治理能力提升工程，有效发挥数字技术对规范市场、鼓励创新、保护消费者权益的支撑作用。建立完善基于大数据、人工智能、区块链等新技术的统计监测和决策分析体系，提升数字经济治理的精准性、协调性和有效性，加强数字经济统计监测，有效监测和防范大数据、人工智能等技术滥用可能引发的经济、社会和道德风险。强化产权和知识产权保护，严厉打击网络侵权和盗版行为。三是建立完善政府、平台、企业、行业组织和社会公众多元参与、有效协同的数字经济治理新机制，形成治理合力。强化反垄断和防止资本无序扩张，推动平台经济规范健康持续发展。实施多元协同治理能力提升工程，重点强化数字平台治理，科学确定平台企业主体责任和义务，推进行业服务标准建设和行业自律，保护平台从业人员和消费者合法权益。四是强化数字经济安全，增强网络安全防护能力，确保重要网络系统和设施安全有序运行。建立健全数据安全治理体系，推动数据使用者落实数据安全保护责任。强化个人信息保护，规范身份信息、隐私信息、生物特征信息的采集、传输和使用，切实有效防范各类数字风险。

11.2.3 数字产业化的发展趋势

《“十四五”数字经济发展规划》从增强关键技术创新能力、提升核心产业竞争力、加快培育新业态新模式、营造繁荣有序的产业创新生态四个方面对加快推动数字产业化作出了战略部署，反映着中国数字产业化的未来战略方向与发展趋势。该规划具体指出：

第一，增强关键技术创新能力。瞄准传感器、量子信息、网络通信、集成电路、关键软件、大数据、人工智能、区块链、新材料等战略性前瞻性领域，发挥我国社会主义制度优势、新型举国体制优势、超大规模市场优势，提高数字技术基础研发能力。以数字技术与各领域融合应用为导向，推动行业企业、平台企业和数字技术服务企业跨界创新，优化创新成果快速转化机制，加快创新技术的工程化、产业化。鼓励发展新型研发机构、企业创新联合体等新型创新主体，打造多元化参与、网络化协同、市场化运作的创新生态体系。支持具有自主核心技术的开源社区、开源平台、开源项目发展，推动创新资源共建共享，促进创新模式开放化演进。

第二，提升核心产业竞争力。着力提升基础软硬件、核心电子元器件、关键基础材料和生产装备的供给水平，强化关键产品自给保障能力。实施产业链强链补链行动，加强面向多元化应用场景的技术融合和产品创新，提升产业链关键环节竞争力，完善5G、集成电路、新能源汽车、人工智能、工业互联网等重点产业供应链体系。深化新一代信息技术集成创新和融合应用，加快平台化、定制化、轻量化服务模式创新，打造新兴数字产业新优势。协同推进信息技术软硬件产品产业化、规模化应用，加快集成适配和迭代优化，推动软件产业做大做强，提升关键软硬件技术创新和供给能力。

第三，加快培育新业态新模式。推动平台经济健康发展，引导支持平台企业加强数据、产品、内容等资源整合共享，扩大协同办公、互联网医疗等在线服务覆盖面。深化共享经济在生活服务领域的应用，拓展创新、生产、供应链等资源共享新空间。发展基于数字技术的智能经济，加快优化智能化产品和服务运营，培育智慧销售、无人配送、智能制造、反向定制等新增长点。完善多元价值传递和贡献分配体系，有序引导多样化社交、短视频、知识分享等新型就业创业平台发展。

第四，营造繁荣有序的产业创新生态。发挥数字经济领军企业的引领带动作用，加强资源共享和数据开放，推动线上线下相结合的创新协同、产能共享、供应链互通。鼓励开源社区、开发者平台等新型协作平台发展，培育大中小企业和社会开发者开放协作的数字产业创新生态，带动创新型企业快速壮大。以园区、行业、区域为整体推进产业创新服务平台建设，强化技术研发、标准制修订、测试评估、应用培训、创业孵化等优势资源汇聚，提升产业创新服务支撑水平。

扩展阅读 11 - 2

加快推动数字产业化中的专项工程

一、数字技术创新突破工程

(1) 补齐关键技术短板。优化和创新“揭榜挂帅”等组织方式，集中突破高端芯片、操作系统、工业软件、核心算法与框架等领域关键核心技术，加强通用处理器、云计算系统和软件关键技术一体化研发。

(2) 强化优势技术供给。支持建设各类产学研协同创新平台，打通贯穿基础研究、技术研发、中试熟化与产业化全过程的创新链，重点布局 5G、物联网、云计算、大数据、人工智能、区块链等领域，突破智能制造、数字孪生、城市大脑、边缘计算、脑机融合等集成技术。

(3) 抢先布局前沿技术融合创新。推进前沿学科和交叉研究平台建设，重点布局下一代移动通信技术、量子信息、神经芯片、类脑智能、脱氧核糖核酸 (DNA) 存储、第三代半导体等新兴技术，推动信息、生物、材料、能源等领域技术融合和群体性突破。

二、数字经济新业态培育工程

(1) 持续壮大新兴在线服务。加快互联网医院发展，推广健康咨询、在线问诊、远程会诊等互联网医疗服务，规范推广基于智能康养设备的家庭健康监护、慢病管理、养老护理等新模式。推动远程协同办公产品和服务优化升级，推广电子合同、电子印章、电子签名、电子认证等应用。

(2) 深入发展共享经济。鼓励共享出行等商业模式创新，培育线上高端品牌，探索错时共享、有偿共享新机制。培育发展共享制造平台，推进研发设计、制造能力、供应链管理等资源共享，发展可计量可交易的新型制造服务。

(3) 鼓励发展智能经济。依托智慧街区、智慧商圈、智慧园区、智能工厂等建设，加强运营优化和商业模式创新，培育智能服务新增长点。稳步推进自动驾驶、无人配送、智能停车等应用，发展定制化、智慧化出行服务。

(4) 有序引导新个体经济。支持线上多样化社交、短视频平台有序发展，鼓励微创新、微产品等创新模式。鼓励个人利用电子商务、社交软件、知识分享、音视频网站、创客等新型平台就业创业，促进灵活就业、副业创新。

资料来源：国务院．“十四五”数字经济发展规划［EB/OL］. http：//www. gov. cn/zhengce/zhengceku/2022 - 01/12/content_5667817. htm，2022 - 01 - 12.

11.3 数字产业化的模式与路径

在数字经济发展的时代浪潮下，中国数字企业在实践中逐渐摸索出了具有中国特色的数字产业化道路。本部分主要介绍中国数字产业化的模式和路径，并在此基础上以浙江为例，介绍数字产业化发展的实践经验。

11.3.1 数字产业化的模式

数字产业化的本质是数字技术知识流动和数字产品创新的过程，其发展过程大致包括技术层、产品层和产业层三个阶段。按照数字产业化的驱动主体差异，可分为研发机构驱动模式、龙头企业驱动模式和特色小镇驱动模式，分别从研发创新、技术应用、规模发展等环节切入推动数字产业化。① 不同的驱动主体为数字产业化提供了不同的发展模式（见表11－1）。

表11－1　　数字产业化的三阶段对比

发展阶段	技术层	产品层	产业层
驱动主体	研发机构	龙头企业	特色小镇
主要任务	以研发投入带动数字创新活力	以龙头企业发展推动数字技术转化和应用	以数字产业集群增强数字产业发展优势
产生结果	基础研究创新和关键核心技术突破	形成核心数字产品和数字龙头企业	产业实现规模化发展，形成数字产业集群

11.3.1.1 研发机构驱动模式

研发机构是数字产业化的技术驱动力量。研发机构驱动模式是指大学、科研院所、新型研发机构和企业研究院等主体从数字经济的研发环节入手推动数字产业化的模式。基于5G、人工智能、云计算、物联网等领域的基础研究和技术创新，通过产学研合作、成果转化基金和开放平台建设等方式将基础研究成果传播和转化，进而驱动数字产业化的过程。研发机构驱动模式关注的是数字科技的前沿科学技术问题，具有很强的战略前瞻性。

① 杨大鹏．数字产业化的模式与路径研究：以浙江为例［J］．中共杭州市委党校学报，2019（5）：76－82.

研发机构主导的基础研究和核心技术是创新的源头，对数字产业发展具有重要作用。从科技发展规律来看，数字科技强调学科交叉融合，不断产生新的学科增长点，基础研究、应用研究、技术开发和产业化的边界日趋模糊，创新周期缩短。从国际形势看，全球数字科技创新和竞争格局正在发生深刻变化，为抢占未来数字经济发展的战略制高点，世界主要国家都在强化数字科技的战略部署，对基础研究和数字技术的重视也是前所未有的。数字产业化的关键在于基础研究和关键核心技术的突破。

11.3.1.2 龙头企业驱动模式

数字龙头企业是数字产业化的产品驱动力量。龙头企业驱动模式是培育在5G、人工智能、云计算、物联网等领域具有较高的成果转化能力的数字龙头企业，通过优势产品开发、裂变创业、市场拓展等方式发挥其在产业和地区内的辐射、引领作用，进而推动数字产业化的过程。龙头企业具有规模大、效益好、带动能力强等特点，往往在某个领域处于领先地位，在技术、人才、资金等方面具有充足的储备，在技术创新应用、开拓新市场和促进区域数字经济发展方面具有规模优势。

11.3.1.3 特色小镇驱动模式

特色小镇是以创新推动供给侧改革，推动产业升级，培育新产业、新业态、新动能，激发经济发展新动力的重要平台。特色小镇的核心是特色产业，如互联网金融、大数据和云计算、健康服务业等，表现为智力密集型产业。特色小镇驱动模式是指特色小镇以新兴数字产业为核心，加快互联网、大数据、云计算、人工智能和物联网等领域的企业集聚，通过搭建产品平台、建设孵化体系、优化创业生态，加速数字产业集群建设，以协同发展抢占数字产业制高点。

11.3.2 数字产业化的路径

数字产业通过研发机构、龙头企业和特色小镇等主体驱动发展，不同的主体有不同的发展路径和机理。如图11－1所示，研发机构通过产学研合作、成果转化基金和开放平台建设等方式传播及转化其原始创新成果；龙头企业通过优势产品开发、裂变创业、市场拓展等方式辐射、引领行业和地区内其他企业；特色小镇通过搭建产品平台、建设孵化体系、优化创业生态加速数字产业集群建设，快速抢占数字产业发展的制高点。

数字产业化的一般路径包括“数字技术研发、数字企业发展和数字产业集群形成”三个阶段，即数字技术的应用和产业化推动数字企业的发展，数字企业发展壮大并集聚形成数字产业集群。数字技术研发的核心是要突破一批核心技术，为数字产业化提供技术供给，以前瞻视野布局技术研发，抢占未来竞争的制高点。数字企业发展是数字经济基础研究和数字技术突破产生成果的产业化过程，即将数字化产生的数据资源转化为生产要素，通过数字技术创新和管理创新、商业模式创新及其融合发展，不断催生新产业、新业态、新模式，在这一过程中会涌现出不同产业环节的数字龙头企业和数字产业集群。数字产业集群的形成是数字产业链的龙头企业和中小企业的良性互动，它们带动产业发展集聚，不断完善数字产业生态，最终形成完整的数字产业链和数字产业集群（见图 11－2）。

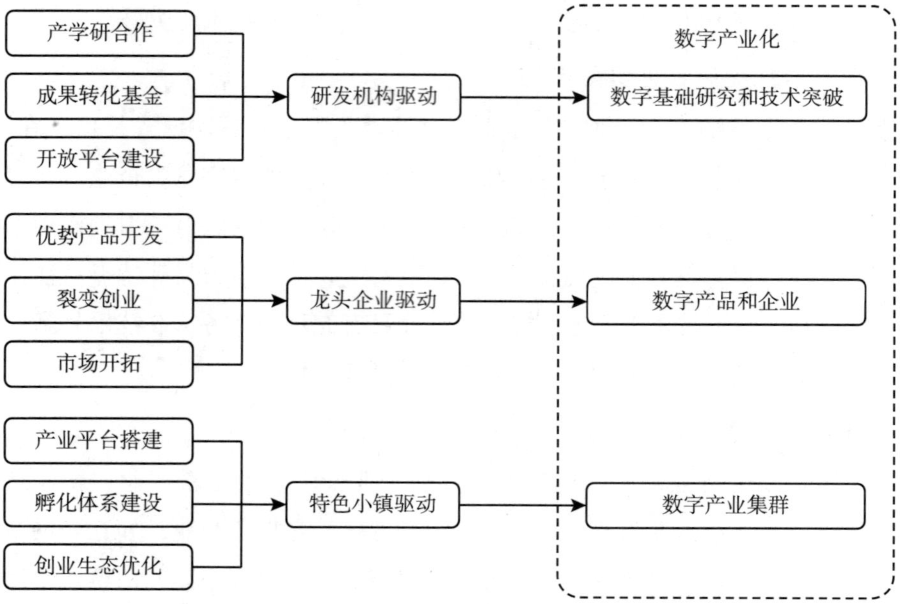

图 11－1　数字产业化的路径

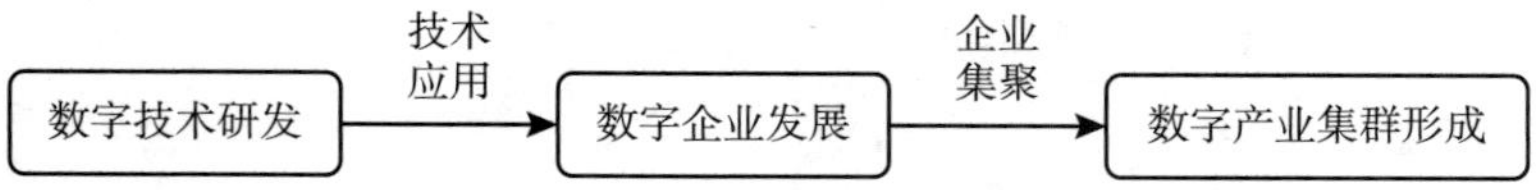

图 11－2　数字产业化的一般路径

11.3.3　数字产业化模式与路径的实践案例

浙江作为我国数字产业化发展的前沿阵地，在数字产业化方面取得了卓著成绩，有着一批具有代表性的企业并极具实践经验。本部分以浙江为例，介绍数字产业化模式与路径的实践案例。

11.3.3.1　研发机构驱动模式

浙江在数字产业化的过程中，构建了高校、科研院所和企业多元供给的数字技术研发供给格局，突破数字核心技术研发，抢占未来竞争的制高点。以之江实验室和阿里巴巴达摩院（以下简称“达摩院”）为代表的新型研发机构在浙江数字产业化的过程中发挥了重要作用。之江实验室以创建世界一流的国家实验室为目标，在人工智能和网络安全两大研究领域形成特色优势；达摩院从企业需求和科技前沿视角提出“BASIC”技术布局，加强数字技术的自主研发。浙江从研发机构的建设入手，积极组织实施重大科技基础研究、科技攻关和示范应用工程，逐步在人工智能、大数据、集成电路、工业软件等领域突破核心技术，形成重大创新成果，努力掌握科技和经济发展的主动权。

之江实验室在推动浙江数字产业发展方面有重要作用，通过战略合作、项目承担和平台建设等方式推进数字科技前沿成果的高效转化。战略合作上，之江实验室与阿里巴巴（中国）有限公司、杭州海康威视数字技术股份有限公司、新华三技术有限公司等企业形成战略合作关系，从数据收集、基础研究到产业应用开展全链路布局，以产业发展需求为导向开展智慧城市、安防和超级视觉等领域的原始创新，以基础研究驱动人工智能产业的快速发展。项目开展上，之江实验室在2019年的浙江省工业和信息化科技全球精准合作大会上，承担“人工智能开源开放平台”技术攻关项目，该项目主要技术指标实现了突破，并面向智慧安防、智能制造等浙江省优势产业，形成了人工智能赋能行业转型升级的示范性应用。开放平台建设上，一方面围绕工业互联网安全这一重点，设立网络安全技术研究中心，建设supET工业互联网平台，服务浙江省工业互联网体系建设；另一方面加强开放合作平台建设，以“强网杯”工业互联网安全主动防御国际邀请赛为载体，联合国内多方力量共同参与工业互联网安全平台的建设，建立工业互联网安全靶场。

11.3.3.2 龙头企业驱动模式

浙江在数字产业化进程中，积极培育数字龙头企业，突出龙头企业在产业发展中的引领效应，优先发展新兴数字产业，形成了经济发展新支柱。龙头企业快速发展也推动了数字技术产业化，阿里云经过数年发展成为全球领先的云计算科技公司，围绕产业需求自主研发核心软件，为产业数字化提供云解决方案；海康威视以安防监控产业为基础，扩展以视频技术为核心的物联网解决方案；新华三作为国内企业网络设备市场龙头，不断创新数字技术产品和解决方案，帮助用户快速有效实现数字化转型。

11.3.3.3 特色小镇驱动模式

浙江在推进数字产业化的进程中，以数字特色小镇为抓手，着力打造世界级数字产业集群。目前拥有5个超千亿元级的数字经济产业集群和27个数字经济类特色小镇，部分特色小镇如表11－2所示。

表11－2　　数字产业化的特色小镇驱动模式

特色小镇	主要产业	代表性企业	基本情况
物联网小镇（高新区）	物联网产业及其基础性支撑产业	海康威视、大华技术、聚光科技、宇视科技等	目前已集聚了一批具有国际竞争力的智慧经济龙头骨干企业，在数字安防、宽带接入设备、交换机、企业级路由器等产品市场份额居全国第一

续表

特色小镇	主要产业	代表性企业	基本情况
人工智能小镇（余杭区）	人工智能及其应用产业	深睿医疗、贝壳社、百度（杭州）创新中心等	截至2022年7月，园区累计举办了18批项目评审，吸引了中国信通院人工智能（杭州）研究中心、北航VR/AR创新研究院等高端研发机构19个及字节跳动杭州研发中心等高端项目913个，集聚创新创业人员近1.5万名，培育出强脑科技等人工智能领域的“领跑者”，74家企业获得社会融资，融资规模近56亿元。集中基金及投资机构资产管理规模达到1 000亿元，各类创业服务中介机构达到100余家，形成了具有一定规模的人工智能产业特点的科技服务业集聚地*
云栖小镇（西湖区）	云计算产业	阿里云、富士康科技、Intel、中航工业等	西栖小镇坐落于浙江省杭州市西湖区，是浙江省特色小镇的发源地、杭州“数字治理第一城”的起航地。依托阿里云计算有限公司、中国空间技术研究院（中国航天科技集团公司五院）、中国船舶重工集团有限公司、杭州数梦工场科技有限公司等知名企业，以及西湖大学、中国科学院大学、杭州云栖工程院等科研院所，重点发展云智能、城市大脑、空天信息、生物医药、智能制造五大产业
微纳智造小镇（临安区）	芯片设计制造	北京华卓精科科技股份有限公司、杭州奕力科技有限公司清华大学华卓精科、中科院光电研究院奕力科技等	青山湖微纳智造小镇位于青山湖科技城核心区，规划总面积3.17平方千米。小镇以智能传感器及芯片设计研发、封装测试和智能传感器应用集成为产业方向，集聚智能传感领域高端人才团队和项目，形成产业示范带动作用

* 资料来源：园区管委会微信公众号平台，https：//mp. weixin. qq. com/s？_biz = MzIwNjkxMzQxMg = = &mid = 2247511807&idx = 2&sn = b45306c825ecbb7ecd2ab94f165b30a7.

以杭州市高新（滨江）区为例，自物联网小镇成立以来，该区一直以信息经济为重点发展方向，形成了以阿里巴巴、网易为首的智慧互联产业集群，以海康威视、大华控股和宇视科技为代表的智慧安防产业集群以及以新华三、华为通信为代表的通信制造产业集群等。走出了一条主导产业突出、高新特色鲜明的产业发展之路。2018年滨江区数字经济实现收入3 070亿元，同比增长17%。① 通信设备、物联网、信息软件和电子商务产业贡献巨大，人工智能、集成电路设计、云计算、大数据等前沿技术领域企业快速成长。

滨江区通过搭建产品平台、建设孵化体系、优化创业生态推动数字产业化。首先，通过特色小镇推进工业化和信息化产业的集聚，积极培育数字产业和数字企业，大力支持新技术、新产品率先应用推广，不断壮大数字产业集群优势。

其次，把全区作为一个大孵化器，充分发挥国家级高新区的引领、示范与辐射作

① 杭州高新区（滨江）：建设全国数字经济最强区［N］. 浙江日报，2019 - 4 - 30（16），http：//zjrb. zjol. com. cn/html/2019 - 04/30/content_3223983. htm？div = - 1.

用，带动省市高新技术产业发展，提升区域竞争力。滨江区在20世纪90年代就成立的科创中心是浙江最早的科技孵化器，它以优化创业生态为目标，鼓励企业、高校院所建设孵化器，形成了杭州创业大街、海创基地、科创中心等众创空间集聚区。

最后，滨江区以产业发展和企业经营的客观规律为指引，打造“小政府、大服务”模式提供最优创业环境，不断优化创新创业的生态环境。包括以前瞻思维优化政务服务水平，滨江区不断学习产业和企业发展的规律，分析企业可能需要的政务服务和要素供给，为企业发展中可能会遇到的问题打上“预防针”，引导企业健康、快速成长；体制创新提升政务服务效率，滨江区构建以发展高科技为导向的“大部制”性质体制，在科技、人才和产业上形成合力，提高资源统筹效率；以“三到”文化重构政企关系，以“不叫不到、随叫随到、服务周到”作为核心理念，“围着企业和人才转、向着创新和创业跑”，政策及时落实、资金按时到位、服务随时提供，形成“亲清”政商氛围。

扩展阅读11－3

数字产业化的信息增值

数字产业化信息增值是指基于基础电信、电子制造、软件及服务以及互联网等的信息产业，通过对其产生的数据进行清洗、整理和分析形成数字产品，然后面向市场或者转而继续为自己公司所利用达到其整个产业的增值（见图11－3）。

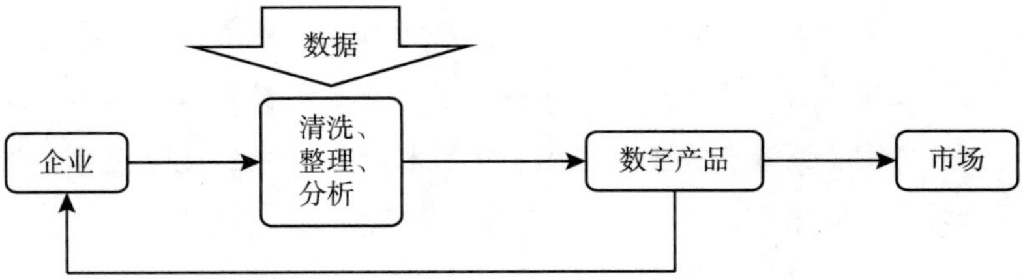

图11－3　数字产业化信息增值

中国数字经济快速成长发展，主要归功于第三方支付的普及、智能手机的崛起以及成本的降低。数字经济所产生的数据，例如行为数据等，也在飞速增长。而这些数据所形成的数据资产，成为当前数字经济的主要组成部分。通过第三方平台对数据进行清洗、整理、分析等多个步骤加工，可以明确得出客户的行为、位置以及市场所需的其他信息。而这些信息能够形成数据资产或者数字产品，不仅在整个企业中进行流转，使企业通过这些数字产品能够有针对性地进行各项服务，而且可以通过买卖在市场中流通，使整个信息产业能够通过这种模式完善整个产业链。在整个模式的运行中，其中数据处理形成数字产品是其核心。对于一般企业而言，并没有相关的技术能够使自己得到相应的支持，因此，萌生出的数据加工行业可以为企业所用。

在大数据的背景下，数据成为整个社会的主流，数据的运用成为整个产业最能提升产业价值的部分。大数据公司以数据分析能力作为其竞争优势，因此，它是数字产业化信息增值模式的具体表现形式。大数据公司指的是通过数据集成平台对大数据进行收集和整理，对其进行分析、挖掘来开发平台产品，得到一个可视化的结果为市场提供相关技术服务及解决方案，然后面向市场或者转而继续为自己公司所利用达到其整个产业的增值（见图 11 -4）。

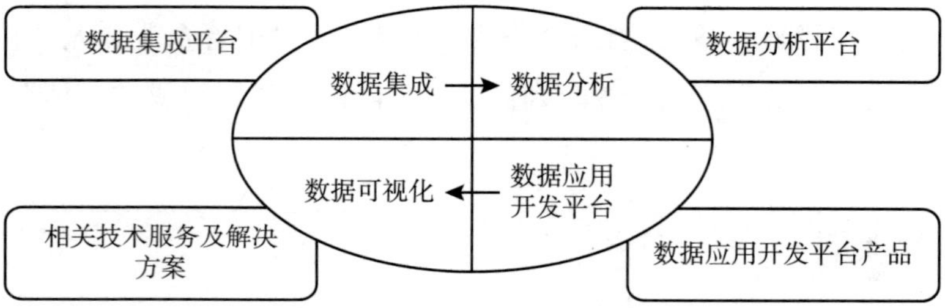

图 11 -4　大数据公司运作图

专注于大数据价值发掘的公司，它的主要工作就是提供大数据增值解决方案，如大数据分析产品、数据分析服务，根本原理是借助于大数据技术来推动企业各个环节的智能化转型，帮助企业贯彻落实智能制造战略。大数据挖掘公司的核心在于领先的大数据分析挖掘技术团队，依靠这种技术形成了包括大数据分析平台、大数据集成与管控平台、大数据应用开发平台在内的三大产品体系。不仅如此，大数据公司还努力拓展产业数据运营，大力发展技术和业务能力，从产品全生命周期管理和供应链等角度来分析不同产品的用户需求、产品设计和售后服务，从而提出大数据产业解决方案，逐渐实施业务的纵向拓展和横向扩张的战略目标，然后在此基础上发展大数据运营服务，创建数据生态链，从而形成产业数字化。

资料来源：李永红，黄瑞. 我国数字产业化与产业数字化模式的研究 [J]. 科技管理研究，2019，39 (16)：129 -134.

◎ 本章提要

数字产业化是指为产业数字化发展提供数字技术、产品、服务、基础设施和解决方案，以及完全依赖于数字技术、数据要素的各类经济活动，是数字经济发展的基础。数字产业化对应着国家统计分类中的数字经济核心产业，即数字产品制造业、数字产品服务业、数字技术应用业和数字要素驱动业四大类，主要包括计算机通信和其他电子设备制造业、电信广播电视和卫星传输服务、互联网和相关服务、软件和信息技术服务业等。数字产业是数字产业化的结果，主要具有技术密集性、高渗透性、先导性和战略性、不确定性等特征。中国数字产业化整体发展势头良好，但也面临着关键技术未自主可控，数据要素市场尚未形成，发展不充分、不平衡和不规范问题突出等新挑战。未来中国数字产业化的发展将主要围绕增强关键技术创新能力、提升核心产业竞争力、加快培育新业态新模式、营造繁荣有序的产业创新生态等展开。在中国数字产业化的模式与路径方面，按照数字产业化的驱动主体差异，可分为研发机构驱动模式、龙头企业驱动模式和特色小镇驱动模式，分别从研发创新、技术应用、规模发展等环节切入推动数字产业化，形成由“数字技术研发、数字企业发展和数字产业集群形成”三个阶段构成的数字产业化一般路径。

◎ 概念复习

数字产业化　数字产业　研发机构驱动模式　龙头企业驱动模式　特色小镇驱动模式

◎ 阅读资料

（1）“十四五”数字经济发展规划［EB/OL］. 中华人民共和国中央人民政府网站，http：//www. gov. cn/zhengce/zhengceku/2022 - 01/12/content_5667817. htm，2021 - 12 - 12.

（2）何立峰. 关于数字经济发展情况的报告——2022 年 10 月 28 日在第十三届全国人民代表大会常务委员会第三十七次会议上［EB/OL］. 中华人民共和国国家发展和改革委员会网站，https：//www. ndrc. gov. cn/fzggw/wld/hlf/lddt/202211/t20221116_1341446. html？code = &state = 123，2022 - 11 - 16.

（3）国家统计局副局长鲜祖德解读《数字经济及其核心产业统计分类（2021）》［EB/OL］. 国家统计局网站，http：//www. stats. gov. cn/tjsj/zxfb/202106/t20210603_1818130. html，2021 - 06 - 03.

（4）武良山，王文韬编著. 产业数字化与数字产业化［M］. 北京：中译出版社，2022.

◎ 课后思考题

（1）数字产业化是什么？数字产业化与数字产业有什么关系？

（2）简述我国数字产业化发展面临的主要挑战。

（3）简述我国数字产业化发展的主要趋势。

（4）我国数字产业化的主要模式有哪些？

（5）我国数字产业化的主要路径是什么？

第 12 章
产业数字化

学习目标

（1）理解产业数字化与数字产业化的根本不同，掌握产业数字化的趋势及其特征；

（2）了解技术攻关型、产业布局型以及场景应用型这三种产业数字化的发展模式；

（3）理解产业数字化的内外动力机制；

（4）了解产业数字化过程中带来的新风险、新挑战及其对策。

内容提要

美国社会学家丹尼尔·贝尔 1973 年在《后工业社会的来临：对社会预测的一项探索》一书中，把人类社会发展的历史分为三个阶段。第一个阶段是农业社会，人们主要依赖自然界所提供的原料和人的体力；第二个阶段是工业社会，人们开始用能源代替人的体力，实现了机器化大生产；第三个阶段是后工业社会，人们开始对信息进行收集和分析，以部分代替人的脑力，实现了智能化生产。当今信息时代就处在后工业社会，信息化技术所提供的支持和能力，使得业务和技术真正实现了交互，数字化转型正在悄然改变传统产业的运作模式，改变了传统的商业逻辑，为产业发展注入了新的活力。

12.1 产业数字化的趋势与特征

12.1.1 产业数字化的概念与趋势

产业数字化与数字产业化是数字经济的两大核心内容，两者相互促进、相辅相成，数字产业化是增量改革，产业数字化是存量改造。数字产业化是由大数据、人工智能、区块链等新技术所衍生出的新型产业，简单来说，数字产业化就是数字技术所带来的新的产品和服务。产业数字化则是指传统产业利用数字技术对业务进行升级，提升生产数量和生产效率的过程，是传统产业应用数字技术所带来的产出增加的效率提升部分，包括但不限于工业互联网、智能制造、车联网、平台经济等融合型新产业新模式新业态。

产业数字化的目的是利用数字技术破解企业、产业发展中的难题，重新定义、设计产品和服务，实现业务的转型、创新和增长。从实践来看，强化价值创造、数据集成以及平台赋能成为产业数字化过程中的重要趋势，具体可以体现在以下几方面：

（1）从生产驱动到以消费者为中心的价值创造。数字技术不仅增强了企业之间的连接，而且促进了消费者与企业之间的互动。在传统生产关系中，消费者一直被视为被动接受者。然而，在多数产品供过于求的市场环境下，传统产业的价值链中以供给为导向的商业模式逐渐式微，以消费者需求为中心的价值创造逻辑日益显现。数字化不仅仅是优化企业生产的技术手段，更是连接市场、满足消费者需求、更好服务消费者的渠道：一是通过互联网平台以及大数据等技术可以更好地了解消费者的偏好，并从单一的“产品”向“产品+服务”的方向升级，提供满足消费者多样化需求的全面解决方案；二是基于智能制造推动制造换法，以柔性化生产满足消费者的个性化定制；三是基于智能产品构建起全生命周期的服务体系，通过对产品使用中产生的数据进行监测、整理和分析，提高企业服务的附加值；四是基于互联网社区、众创平台鼓励消费者直接参与产品设计，通过对自身需求、感受、经验、建议等内容的及时反馈，为企业提供更完备的需求信息，企业则可以及时利用这些信息对已有产品和服务进行优化升级。基于数字化的价值创造，使得企业价值链重构为既包含制造业价值链增值环节，又包含服务业价值链增值环节的融合型产业价值链。

（2）从实体资产管理到数据资产管理。随着数据规模的不断扩大，加强数据资产管理成为产业数字化转型中企业的共识，越来越多企业将数据纳入企业的资产管理中。一方面，数据资产的应用范围已经从传统的企业内部应用为主发展为内部支撑与外部服务并重。“数据即资产”的理念被广泛认可，挖掘和释放数据价值、扩展数据应用和服务成为企业经营中的重要动力来源；另一方面，企业也意识到并非所有数据都能成为资产，伴随着大量外部数据引入和内部数据的不断累积，数据规模扩大、数据质量不高、业务之间数据融合度低、数据应用不到位等都会产生大量的成本。因此，围绕数据的采集、筛选、加工、存储、应用等各环节进行规划，基于数据加工的全链条进行数据资产治理体系建设，提高数据资产价值成为重要任务，针对数据资产的管理也呈现出运营化发展趋势。

（3）从企业内部的数字化到平台赋能的产业链协作。越来越多的互联网巨头企业以及重点行业中的骨干企业纷纷加大在工业互联网中的投入。除了加快自身数字化外，这些企业通过平台建设将自身关于数字化实践的经验提供给中小企业，形成对上下游相关主体的支撑。据工信部统计，截至 2019 年，我国工业互联网已经在航空、石化、钢铁、家电、服装、机械等多个行业得到了应用，具备行业、区域影响力的工业互联网平台超过 50 家，重点平台平均工业设备连接数近 60 万台、工业 App 达 1 500 个，注册用户数平均超过 50 万个。[①] 这些平台汇聚共享了设计、生产、物流等制造资源，有效整合了产品设计、生产制造、设备管理、运营服务等数据资源，开展面向不同场景的应用创新，不断拓展行业价值空间，平台赋能中小企业数字化转型的效果已经逐步显现出来，传统行业数字化转型整体进度加快。

12. 1. 2 产业数字化的特征

数字经济时代，产业数字化转型已成为大势所趋，其呈现出四个方面的核心特征：一是数据成为新的生产要素；二是供求信息精准匹配成为商业模式创新的动力；三是产业互联网成为产业振兴的助推器；四是“区块链 + 供应链”成为产业大规模协同发展的技术支撑。

数据成为新的生产要素。农业时代，以土地和劳动作为生产要素；工业时代，土地、劳动、资本、技术成为生产要素；数字时代，数据与土地、劳动、资本、技术一起成为新的生产要素。数据作为信息的载体，是产业数字化的核心，也是商业模式创新、业务流程优化、商业决策制定的核心依据，已经成为产业数字化转型的核心生产要素。大数据技术就是信息矿藏的开采和加工工具，让人们在结构数据（数据库）之外，进一步挖掘多种数据类型和巨大数据体量下的商业价值，实现了从数据到价值创造的有效转化，从而成为业务创新、产业升级、社会变革的重要源泉。如我国百度搜索、百度地图、阿里电商、腾讯社交等产生的大量数据，就成为产业发展的重要生产要素。特别是新冠肺炎疫情以来，大数据在阻断疫情传播路径方面发挥了巨大作用。例如，12306 票务平台利用实名制售票数据，实时配合地方政府及各级防控机构提供确诊病人车上密切接触者信息。北京新发地批发市场疫情发生后，通过微信、支付宝等大数据信息锁定

---

① 陈康亮. 中国工信部官员：中国工业互联网发展驶入快车道［EB/OL］. 中国新闻网，http：//www. chinanews. com/cj/2019/08 - 08/8921112. shtml，2019 - 08 - 08.

35万名相关密切接触人员。

供求信息精准匹配成为商业模式创新的动力。传统产业数字化程度普遍偏低，在云计算、人工智能、物联网等数字技术的推动下，产业数字化使得商业模式逐步向智能化发展，数字化平台颠覆了传统产品驱动的商业模式。生产端的企业可通过大数据、云计算等渠道获取消费者的偏好及需求，直接触及了消费端的用户，消费者的需求或体验成为驱动企业生产的新动力，形成生产商、中间商、消费者的信息互联互通，促使传统产业向柔性化、定制化和个性化方向变革，供求信息的精准且迅速匹配为商业模式创新提供新动力。如我国服装业领先的个性化定制厂商红领集团运用大数据、云计算、物联网、智能化的方式，提供互联网化的C2M平台，打造全定制工业化流程化生产方式，实现商业模式创新。

产业互联网成为产业振兴的助推力量。产业互联网的概念是基于互联网技术和生态，对各个垂直产业的产业链和内部的价值链进行重塑和改造，从而形成的互联网生态和形态，如交易平台、增信融资平台、智能制造平台、物流交付平台等。产业互联网是基于海量数据采集、汇聚、分析，融合应用云计算、物联网、人工智能等数字技术，构建生产服务体系，为产业资源的连接、弹性有效供给、高效精准配置提供技术支持，实现最新数字化技术与现代技术的深度融合，产业全要素的广泛链接，构成了资源汇聚分享的重要平台，使得产业能够实现数据的全面感知、动态传输，提高资源配置效率，构建智能生产模式、达成互动化服务闭环，成为传统产业振兴的助推器。如海尔集团的COSMOPlat平台、华为公司的OceanConnect IoT平台、西门子集团的Mindspher平台等产业互联网平台，通过数字化技术、大数据挖掘、智能化应用，支撑制造业数字化转型升级；上海钢联电子商务股份有限公司通过钢铁网发布的Myspic价格指数消除了信息不对称，提供撮合交易、金融服务、物流整合三位一体的钢贸服务；用友软件、软控股份、广联达、瑞茂通、汉得信息、保税科技、康美药业等企业依托产业互联网，实现企业数字化创新发展。

“区块链+供应链”成为产业大规模协同发展的技术支撑。区块链具有去中心化、开放性、共享性、透明性、私密性等特征。去中心化是区块链的典型特征之一，它是一种现象或结构，只能出现在拥有众多用户或众多节点的系统中，每个用户都可以连接并影响其他节点。其余看似互相矛盾的特征实际上也具有其合理性，区块链能够提供块链式数据存储、数据防篡改、基于共识的透明可信等信任协作机制，可以构建可信的应用环境，有效避免了信息的失真和扭曲，形成了开放共享的产业生态，能够有效满足联盟企业之间的利益及供应链管理的需求，为解决产业大规模协作问题提供了可靠的技术支撑。如“京东区块链防伪追溯开放平台”通过联盟链方式，实现全流程零售商品追溯与防伪；国际运输物流集团马士基推出首个基于区块链的行业级跨境供应链解决方案；区块链科技公司联合大型保险公司发布“基于区块链的中小企业信用险增信平台”，开创破解中小企业融资难的融资增信新模式。

案例 12 - 1

黄酒是世界上最古老的酒类之一，源于中国，与啤酒、葡萄酒并称世界三大古酒。塔牌黄酒（以下简称“塔牌”）作为中国绍兴黄酒中的精品，系类众多、品种齐全，可分为出口酒系列、年份酒系列、特性黄酒系列及其他酒系列。塔牌自 1958 年代表中国黄酒进入国际市场，是“中华老字号”企业，也是中国传统手工工艺黄酒酿造示范基地。其数字化转型的第一步是组织率先变革。塔牌曾尝试通过设立电商部门拓展线上业务。但作为北京分公司的电商部门，其运营、品牌宣传、物流服务等各环节的专业水平较低，难以适应电商发展需要。更为重要的是，作为地方分公司的下属部门，其更难以调动全国经销商资源形成服务合力。

基于此，2018 年 5 月塔牌在杭州成立全资子公司，并赋予了公司电商发展的相对独立权，从而使其能够全面拓展电商业务。塔牌集团将公司设立在杭州，要求子公司按照电商同行的标准运营，在薪资体系等方面独立于国有公司的塔牌集团。任命主管传统线下渠道的集团副总经理统一管理线上线下渠道，推动 O2O（online to offline）一体化发展。同时，其数字化转型聚焦响应消费需求。塔牌借助数据银行，将自有消费者数据与数据银行提供的线上消费者行为及标签交叉分析，进行线上线下消费者行为轨迹洞察，制定符合消费者偏好兴趣的营销活动，进而将消费者数据从记录转变为可触达、可运营的消费资产。例如，正宗黄酒本应是微酸、微甜、微苦的，俗语道“酸、辣、苦、甜是好酒”。塔牌通过大数据分析，在 2018 年推出了“小本酒”“黄九鲜”“丽春酒”等新品，其充分挖掘消费者偏好，聚焦了消费者对黄酒“度数低、不上头、不口干”等偏好，揭示了消费者聚会家常、小酌谈心场景意愿，从而以其轻巧小瓶装、时尚轻盈的设计满足了消费者需要。

资料来源：王强，刘玉奇．新零售引领的数字化转型与全产业链升级研究——基于多案例的数字化实践 [J]．商业经济研究，2019（18）：5 - 8.

12.2　产业数字化的发展模式

产业数字化是数字经济建设的主战场，其发展模式表现出显著的地域特色，在产业数字化的政策设计上，各地多是将产业数字化作为地方数字经济发展的其中一部分加以谋划，并出台支持产业数字化发展的专项政策。在发展模式的探索上，各地立足自身实际，形成了有特色、有基础、有创新的产业数字化发展道路，产业数字化的发展模式是基于产业基础和科技实力的选择。本部分将产业数字化的发展模式划分为技术攻关型、场景应用型以及产业布局型三种模式，并进行实例说明。

12.2.1 技术攻关型

技术攻关型发展模式是指重点聚焦新兴产业基础理论研究和前沿技术研发应用，更注重研发产业的发展模式。其中，研发产业是指从事研发活动且提供产品或服务的专业或非专业的组织与企业的综合，是从事研发活动并从中直接获取经济收益的组织和企业的集合。技术攻关型的发展模式主要以江苏、浙江、广东、北京等地为代表，如江苏明确提出“聚焦高端芯片、操作系统、人工智能关键算法、传感器等关键领域，推进基础理论、基础算法、基础材料等研发突破与迭代应用”①。

在全球芯片短缺的背景下，我国亟须全程自主研发芯片的能力，基础理论的研究以及核心技术的突破是当务之急，是其余产业数字化发展的基础。中国的芯片产业发展、起步很早，历经波折，经过“初创期”“波折期”“追赶期”“突破期”等阶段，终于在21世纪走上了持续追赶的快车道。2000年以来，在《国民经济和社会发展第十一个五年规划纲要》和《国家信息化发展战略纲要》的推动下，中国芯片产业加强政府引导，发展芯片产业，突破产业“瓶颈”，提高在全球产业链中的地位。在国家政策的支持下，中国的芯片技术不断实现突破。同时，国产芯片的商用化、市场化也取得突破。当前，在市场需求的拉动下，我国芯片产业快速发展，整体实力显著增强，产业规模快速壮大，芯片产业已经形成了包括芯片设计、芯片制造、芯片封装测试及相关配套产业共同发展的完备产业体系。但在关键领域和核心环节，特别是芯片设计、芯片装备、核心技术、人才队伍等方面与发达国家还存在着较大的差距。

接下来将以华为海思半导体公司的发展历程为例，以便读者能充分体会基础理论研究以及前沿技术研发的重要性和必要性。

2004年，华为在原集成电路设计中心的基础上组建成立海思半导体公司（以下简称“海思”）。这主要是基于两个目的：第一，吸取当时高通、思科等欧美企业在通信专利和芯片供给上遏制华为的教训，华为集团领导者任正非提出“防止被断粮”和“双供货商”战略；第二，加大研发投入，为当时刚刚兴起的3G网络和通信产品提供自主专用芯片（ASIC）解决方案，提高产品的差异化竞争力。2005年，海思研制出3G基带芯片。同时，为解决当时3G通信终端不足的行业问题，华为开始从上游通信设备市场扩展到下游移动终端市场。2007年底，海思开始立项研发4G芯片，即著名的巴龙（Balong）基带芯片。所以，华为在开发通信产品的过程中已经在通信

① 朱太辉，龚谨．产业数字化发展的内涵与路径［J］．清华金融评论，2022（2）：93－96．

设备、移动终端、专用芯片等领域有了广泛的布局。这为海思后来进入移动处理器芯片市场奠定了技术和组织基础。尤为重要的是，华为所依靠的通信技术（尤其是基带技术）塑造了海思的发展路径和竞争战略，成为海思在移动处理器市场中后来居上的重要基础。2006 年，海思组建智能手机移动处理器设计部门。经过两年研发，海思在 2008 年推出了第一款名为 K3V1 的独立应用处理器。K3V1 有意仿效当时的先发企业——台湾芯片供应商联发科技股份有限公司（简称“联发科”），为第三方厂商提供整体解决方案的商业模式。海思甚至提出了比联发科更加完整和便捷的方案。但是，当时的国内低端手机市场几乎完全被后者占据，K3V1 甚至不能在最为底层的山寨机市场上获得用户。海思面临着抉择：是放弃没有市场的产品，还是继续坚持研发？在可以向高通和联发科购买更加便宜及成熟的产品时，有必要扶持技术落后和成本高昂的自主研发产品吗？在这种危机背景下，企业家的领导力和抱负水平发挥了决定性作用。由于在国际通信市场竞争中屡次遭遇“芯片断供”和“专利起诉”的威胁，华为创始人任正非深刻地意识到必须自主掌握核心芯片技术。为了扶持海思 K3 芯片，任正非决定放弃最初“对外销售”的发展思路，转而选择“自产自销”。于是，一种“纵向一体化”的发展模式在危机条件下被塑造出来。这被认为是海思移动处理器芯片发展史上的第一次转折。

2012 年 1 月，在沉默 4 年之久后，海思再次发布了 K3 系列的第二款应用处理器 K3V2。任正非在 2012 年的内部会议上强调，海思是华为的一项长远战略投资，要在手机芯片投入“（每年）4 亿美元和 2 万人”进行“强攻”，“海思一定要站立起来，适当减少对美国的依赖”。[①] 任正非不顾智能手机终端部门的质疑，2012 ~ 2014 年坚持要求在中高端机型上使用 K3V2 芯片。而时任华为轮值首席执行官（CEO）的徐直军更是亲自担任海思公司总裁，以保证整个集团在资金、人才和市场方面对移动处理器项目的持续支持。但是，当时的华为智能手机正处于培育品牌形象和提高产品市场占有率的关键时期，而在中高端机型甚至旗舰机上使用未得到充分验证的 K3V2 芯片是一种风险极大的选择。实际上，因为无法很好地平衡功耗、性能和制程工艺之间的关系，尤其是在 GPU 和制造工艺选择上的失误，K3V2 在功耗、发热、软件兼容性、视频流畅度等方面频繁出现问题。这直接导致华为当时多款重点机型销售不如预期。华为手机终端部门不得不通过软件补丁和外观设计等来弥补芯片的硬件缺陷。

2013 年，在尚未完全解决功耗问题的前提下，海思决定在 K3V2 的平台基础上研发主流的系统级芯片（SoC）。之前的 K3 系列还只是独立地应用处理器芯片（尚未集成基带处理器），而只有掌握集成应用处理器和基带处理器等不同模块的 SoC 设计能力，才能够真正成为高端芯片生产厂商。2014 年，海思首款 SoC 处理器产品麒麟（Kirin）910 诞生。通过更换 GPU 和制程工艺，海思解决了困扰 K3 系列多年的兼容和发热问题。让

---

① 张利华．华为研发（第 2 版）［M］．北京：机械工业出版社，2013.

竞争对手出乎意料的是，麒麟910竟然首次集成了自主研发的4G LTE基带处理器芯片巴龙710。这款支持LTE Cat.4的基带芯片比竞争对手高通领先一年发布，而联发科等还尚未掌握基带技术。麒麟（Kirin）910的诞生意味着海思度过了自2008年以来最为艰难的阶段，麒麟处理器芯片终于达到了“稳定够用”的水平。这被认为是海思移动处理器发展史上的一次重要转折。从2014年开始，海思麒麟芯片开始紧跟主流技术变化步伐，并迎来了一个快速迭代产品和提升能力的历史阶段。2014～2016年是华为手机迅猛发展的3年，华为智能手机的全球市场份额从2014年的6.2%上升到2016年的9.6%，居全球第3位和中国第1位。

12.2.2 场景应用型

场景应用型，强调推动产业数字化的场景应用，从我国的区域分布来看，主要以宁夏、上海、湖北、湖南、辽宁等地为代表，如宁夏提出“实施场景应用‘十百千’工程，支持重点产业、重点行业和重点企业发展应用场景，围绕教育、医疗、旅游、养老等重点领域，拓展人脸识别、人工智能、自动驾驶等应用场景”①。

2021年，我国发布了“十四五”规划纲要，将“建设数字中国”单列篇章，框定了数字经济重点产业和数字化场景应用的具体范围。其中，数字经济重点产业包括云计算、大数据、物联网、工业互联网、区块链、人工智能、虚拟现实和增强现实产业。数字化场景应用则以智能交通为首，包括能源、制造、农业水利、教育、医疗等10个场景。这意味着发展数字经济产业、拓展数字化场景应用将是我国未来的重要经济发展任务，基于新技术而发展的数字经济产业将日益规模化，数字化场景应用也将向国民经济的各个领域快速延伸。技术的创新靠科技，规模化应用则靠需求创造能力，数字化场景应用就是数字技术需求创造的环境，其重要性不言而喻。数字经济相比于传统经济更强调应用场景，其根本原因在于数字化应用场景的可塑性很强，且其设计效果直接决定了需求和发展前景。网络空间中的场景可以是完全由代码编写的虚拟环境，如AR/VR体验、数字游戏等；还可以由现实空间与网络空间互动组成，如在线课堂、移动互联网出行、线上生鲜超市等，“十四五”规划纲要中所说的智慧交通、智慧能源、智能制造、智慧农业等场景就属于这一类。数字化场景应用对时间和空间做了延伸与拓展，又构建了人与人、人与物、物与物之间的泛在连接，数字孪生常用来表达现实空间和网络空间的这种耦合关系，它极富创造性，容易产生新业态，这也正是第四个工业革命带来的巨大经济增长点，备受全球关注。

---

① 朱太辉，龚谨．产业数字化发展的内涵与路径［J］．清华金融评论，2022（2）：93－96.

案例 12 – 2

人工智能在教育中的应用实例

我国教学系统的发展大致经历了三个阶段，由第一代学校考试系统发展到第二代个性学习系统再到如今的第三代基于人工智能的教学系统，即智能教学系统。智能教学系统（Intelligent Tutoring System，ITS）借助人工智能技术，在没有人类导师指导的情况下帮助学习者获取知识和技能方面起着重要作用。它通过互联网计算机人工模拟技术整合全国工作在一线的特级、高级教师和教学专家的教学资源与教研成果进行科学分析、智能判断及有目的地提供即时、有效、全面且具有针对性的教学。

基于机器学习的算法，研究者尝试以学习者为中心的学习系统，广泛采用知识图谱，构建学习者画像，为学习者学习提供精准化、个人化的学习资源、学习诊断，以及学习反馈。例如，ALEKS 自适应学习系统，为学习者提供一种个性化的学习方式，能够根据学习者自身的进度进行调整。系统会尽可能地找出适合学习者的学习材料，帮助学习者在课程中自定步调地展开学习。ALEKS 系统最早从数学内容起步，逐步在基础算术之外，加入了代数、几何、统计学、微积分等板块，并进一步覆盖化学、物理、会计学等科目。ALEKS 最为鲜明的特点在于能够在短时间内进行精准的学生学习起点评估。系统内部具有完整的知识图谱，并构建起每个知识节点的对应题库。题库一开始由教研团队设计，之后采用机器学习算法，不断对题目进行演化变形，最终形成理论上无限的题库，为有效地诊断学习者的学习情况提供了有力支撑。通过分析已有的自适应学习系统，诸如 ALEKS 系统、Knewton 系统、可汗学院等，大多数自适应学习系统采用知识图谱作为重要切入口，来表征知识的网络复杂结构关系，并配套对应的题库与学习资源。当学习者进入自适应学习系统之后，通过自身的学习就能够进一步形成个人的知识图谱情况，并基于此诊断出个人的能力模型，进而结合背景信息与学习风格习惯形成学习者画像。与此同时，大量学习者进入学习系统学习，也会反过来迭代与修正系统的总知识图谱。在群体的不断贡献与迭代中，每一个学习者既是用户，也是系统学习过程数据的贡献者，最终形成更加适合每个人的大规模个性化学习体系。

近些年来，虚拟现实技术取得了进一步的发展。无论是虚拟互动场景构建，还是用户佩戴沉浸虚拟现实的头盔进入拟真场景中，都为学习者创建了一个更加直观、更加多样、更加丰富的学习场景。基于沉浸虚拟学习环境，通过人工智能技术，能够充分利用虚拟现实中对学习者过程性数据的全面采集与记录，进行无感测评与反馈，还能够模拟大量个性化交互，从而构建一个面向个体的智能学习空间。例如，AI 虚拟现实博物馆。每个学习者戴上沉浸虚拟现实头盔之后，人工智能系统会根据学习者之前的偏好和经验，引导其参观符合自身兴趣的展品。不仅如此，在具体进行博物馆游览参观的时候，还会根据学习者的年龄段、已有的相关知识调整解说的词汇量、难度等细节。还能够通过人工智能模拟其他参观者陪同学习者参观博物馆，并与之进行对话交流。

资料来源：杨晓哲，任友群．教育人工智能的下一步——应用场景与推进策略［J］．中国电化教育，2021（1）：89－95.

12.2.3 产业布局型

产业布局型发展模式着力推动形成重点产业的数字产业链。其中，产业链指的是各个产业部门之间基于一定的技术经济联系而形成的链条式关联形态。这种联系涵盖原材料生产、技术研发、中间品制造、终端产品制造以及流通、消费等环节，是产业组织、生产过程和价值实现的统一。而数字产业链就是数字技术赋能后的产业链，数字技术的赋能可以解决一系列产业链中的痛点，下文将对此进一步作出解释。产业布局型的发展模式主要以贵州、陕西、内蒙古、青海、四川、天津等地为代表，如贵州提出“围绕大数据全产业链，实施数字经济万亿倍增计划，大力发展大数据有关硬件、软件、终端、内容与服务产业和数据流通交易”①。在产业布局型的发展模式下，数字技术是如何在产业链中发挥作用并解决传统产业链中的痛点的，下文将以供应链金融为例进行解释说明。

在传统的供应链中，往往会存在业务信息不对称、业务效率低下及风险控制难等诸多弊端，而数字技术与供应链的珠联璧合可以完美解决以上问题。（1）解决信息不对称。由于供应链上下游的小微企业信息化程度低，信息传递和融资流程通常为非加密共享操作，无法真实、有效、及时地传递交易数据以及信用信息。优质的小微企业无法证明其良好的信用历史，缺乏诚信的企业也无法让银行获得其历史数据，因此无法满足产业链的融资需求。而区块链技术可以克服信息传递不广泛的弊端，其分布式存储、防篡改、防抵赖等创新特征能够帮助整条供应链建立起可靠的信息系统和高效的信用共享机制，同时实现守信激励与失信惩戒，解决信息不对称难题。（2）提高业务效率。供应链单笔融资有“小、频、急”特点，企业希望根据贸易背景的货物流尽快获得融资。传统供应链业务中，操作流程繁杂。贸易背景审核、应收账款质押登记、存货和资金监管等环节均需人工完成。这既增加了操作成本，也影响了业务效率，且传统供应链下往往仅能惠及核心企业的直接上下游，广度远远不够。科技金融通过大数据分析，结合人工智能技术进行客户全生命周期管理，机器学习技术充分发挥客户个性化需求与潜在价值自然语言处理，基于合同扫描件，对该份合同的工程名称、工程金额、甲乙方、统一

---

① 朱太辉，龚谨．产业数字化发展的内涵与路径［J］．清华金融评论，2022（2）：93－96.

社会信用代码、签订日期、双方银行账号等关键信息进行提取。通过位置拼接、文本相似度衡量、命名实体识别、关系抽取等，实现身份影响识别、合同对比、车架号识别、发票识别、个人预填单等，形成了自动化标注数据解决方案。企业通过银行对公电子银行业务渠道（含企业网上银行、银企直联、第三方平台直联）进行线上操作，银行为其提供全流程线上化服务，提高办理效率，降低业务成本。（3）强化风险管理。风险可控是开展供应链金融业务的前提，但繁杂的业务流程和信息不对称问题决定了银行在进行应收账款核查时存在不少困难，可能发生核心企业与上下游企业串通，捏造虚假贸易信息，制作虚假订单合同或应收账款债权的情况。当面对传统应收账款的融资申请时，金融机构需要进行大量、复杂且耗时的贸易背景核实工作。部分企业虽在银行办理应收账款融资，但回款账户仍未变更，银行在开展业务时面临着较大的信用风险。数字供应链可以解决核心企业、供应商的道德风险，所有信息通过非中心的电子化储存。针对全量法人信息表、客户风险预警情况表以及企业法人之间的关联关系表进行分析，构建风险预警关联关系网状图，利用信息技术做好供应链融资业务的真实性背景、债权确认等方面的风险管理。充分利用中国人民银行应收账款质押登记公示系统，加强应收账款质押信息共享，防范重复质押风险。

12.3　产业数字化转型的动力机制

在前面的学习中，我们已经对产业数字化这一概念有了初步的认识，知道了它是一个由数字技术赋能传统产业从而提高生产效率的过程。那么，传统产业究竟为什么需要数字化转型？产业数字化转型的动力又来自何方？本部分将针对以上两个问题展开阐述，基于拉文斯坦（E. G. Ravenstein）提出的推—拉理论构建产业数字化转型的动力体系，产业数字化以数字技术赋能和经济模式变革为内在驱动力，以治理模式创新和基础保障支撑为外在拉力。

12.3.1　产业数字化转型的意义

产业数字化转型是深化供给侧结构性改革的重要抓手。当前我国经济运行的矛盾主要集中在供给侧，直接表现就是产能大量过剩与有效供给不足，企业所提供的产品和服务不能有效满足消费者需求，生产活动的市场价值无法兑现，经济运行难以实现良性循环。当前，在传统产业领域，需求乏力、品牌效益不明显、竞争过度、产能过剩等问题日益突出，这表明传统产业的转型升级是深化供给侧结构性改革的主要阵地。顺应消费升级趋势，以产品和服务数字化、智能化为导向推进传统产业转型升级，减少低端无效供给，培育发展新动能，是深化供给侧结构性改革的重要抓手。数字化转型就是要充分发挥数字技术在传统产业发展中的赋能引领作用，通过产品的智能化、消费需求的个性化满足以及企业服务的在线化等新业态新模式大大提升企业产品和服务的质量及效率，充分激发传统产业的新活力。以家电产业为例，据统计，2017 年我国智能家电市场规模达 2 828 亿元，其中智能冰箱、空调和洗衣机达 831. 3 亿元，且年复合增长率预计超 20%，发展态势远好于传统家电行业，孕育出发展的良好机遇。①

产业数字化转型是制造业高质量发展的重要途径。新中国成立以来，我国制造业发展取得了长足进步，但多数制造业企业仍处于较低发展水平，面临着人口、土地、技术等资源环境约束，综合成本持续上升。制造业中传统产业占比超过 80%，以传统产业改造提升推动制造业高质量发展具有巨大潜力和市场空间。美的集团从 2011 年底开始，主动推进数字化转型，投资 100 多亿元，全面重构系统，实施流程端到端、数据端到端，生产线自动化率比同类家电企业平均水平高出一倍以上，员工总数从 19. 6 万人降至 9. 3 万人，有效应对了劳动力成本不断上升的问题。根据工信部的数据显示，通过实施智能制造示范项目，建设具有较高水平的数字化车间或智能工厂，有效提升了生产效率，305 个示范项目改造前后对比显示，生产效率平均提升 37. 6%、能源利用率平均提升 16. 1%、运营成本平均降低 21. 2%、产品研制周期平均缩短 30. 8%、产品不良率平均降低 25. 6%。② 实践充分表明，数字化转型可将制造优势与网络化、智能化相叠加，有利于提高生产制造的灵活度与精细性，构建柔性化、绿色化、智能化生产方式，实现“制造换法”，是转变我国制造业发展方式，推动制造业高质量发展的重要途径。

产业数字化转型是数字经济发展壮大的重要支撑。2017 年，数字经济首入政府工作报告，报告提出要“促进数字经济加快成长”；2019 年，政府工作报告再次提及发展数字经济，但从“加快成长”上升为“壮大数字经济”，表明我国数字经济发展进入了快车道。数字经济实践包含数字产业化和产业数字化两个方面，其中数字产业化是数字技术创新及产业化的过程，产业数字化强调用数字技术来经营管理企业，把数字技术应用到产品和服务中去。根据中国信息通信研究院提供的数据，2018 年，我国数字经济规模达到 31. 3 万亿元，增长 20. 9%，占 GDP 的比重为 34. 8%；从构成占比看，数字产业化规模为 6. 4 万亿元，占比为 20. 4%，产业数字化规模为 24. 9 万亿元，占比达 79. 6%；从增长率贡献看，2018 年，产业数字化对数字经济增长的贡献率达 86. 4%。③ 从实践逻辑来看，传统产业成为数字技术应用、创新的重要场景，两者之间的融合支撑了数字经济的快速发展。因此，围绕量大面广的传统产业开展数字化转型是数字经济发

① 艾瑞咨询 . 2018 年中国智能家居行业研究报告［EB/OL］. http：//dy. 163. com/v2/article/detail/ECI01POG05386Q28. html，2019 - 04 - 12.

② 刘育英 . 中国 305 个智能制造示范项目生产效率平均提升 37. 6%［EB/OL］. 中国新闻网，https：//baijiahao. baidu. com/s？ id = 1619564513764500002&wfr = spider&for = pc，2018 - 12 - 11.

③ 中国信息通信研究院 . 中国数字经济发展与就业白皮书（2019）. http：//www. caict. ac. cn/kxyj/qwfb/bps/201904/P020190417344468720243. pdf，2019 - 04.

展壮大的有力支撑。

12.3.2 产业数字化转型的内部推力

12.3.2.1 数字技术赋能

产业数字化转型的数字技术赋能将数字技术与产品设计、生产、制造、销售、服务等各个环节充分融合，分别从数字层、平台层、硬件层、前沿技术四个方面赋能传统产业，提高生产效率。

数字层由数据汇聚而成，主要进行数据资源的采集、存储、分析和应用，将产业底层的物理层通过数字技术模拟产业生产过程形成大数据，同时通过数据建模等方式实现数据知识化赋能。随着数字技术的发展，越来越多的数据被记录，可被分析的数据量非常庞大，如何挖掘数据中蕴藏的价值，实现数据知识化运用，是当下企业数字化转型的主要诉求。在数据知识化中，我们需要明白知识来源于生产实践，服务于生产实践，在各企业的生产过程中产生的历史和即时数据，蕴藏着巨大的知识价值。由于原始数据十分庞杂，并不能为企业直接使用，因此为了提升企业核心竞争力，将业务数据知识化是企业迫切需要执行的任务。通过多样的数字技术，将海量数据知识化，提炼出其中蕴含的价值，将直接为企业的数字化转型提供技术支撑。

平台层主要由大数据和云计算平台构成，围绕数字闭环、业务闭环，搭建数字监控平台、数字技能培训平台、网络安全检测平台等，解决产业数字化转型中面临的问题。以京东为例，其作为我国网络零售业的典型代表，并不属于传统行业范畴，数字化水平相对较高，但其在进一步的数字化转型过程中所遇到的“瓶颈”和问题仍具有代表性。在线上流量红利达到饱和，企业整体规模的增速趋于稳定甚至出现下滑的背景下，京东利用大数据能力实现对线下的精准布局。京东基于大数据能力进行商业模式创新——京东新零售。京东新零售的主要特征主要体现在精准营销、O2O以及大数据三个方面。由于京东的目标客户大部分为“80后”“90后”等年轻群体，他们对于用户体验更为注重，京东通过布局线下，不仅满足消费者的需求，而且将潜在的线下目标客户引流线上，线上线下融合发展，线上为线下门店提供数据支撑，线下对线上进行引流。依托大数据，京东物流也得到了高效发展，通过多年的努力和巨额资金投入，京东集团建立了包括仓储、运输和配送在内的完整物流体系。在此基础上，京东不断改善物流服务模式，发展双向配送模式。京东的物流在保障其商城业务配送效率和质量的前提下，向外部市场开放配送服务，承接第三方配送服务，进而提高企业资源利用率和回报率。在为外部用户提供包裹配送服务的同时，京东所拥有的先进物流技术也在逐步向外部有偿输出，减少低效物流网络的建设投入，降低物流建设成本，将企业资金和管理资源集中到核心业务，以保持其市场领先优势。

物理层由传感器、网络等硬件基础设备和物联网、5G、超算中心等技术构成，负责数据采集传输和生产执行。而人工智能、区块链、人机交互、安全防护体系等数字化转型的前沿技术，推进产业价值链数字化。

总的来说，数字化转型涉及数据产生、数据传输、数据分析和数据交易等多环节全流程的处理，离不开“感知 + 连接 + 智能 + 信任”等信息通信技术的全方位支撑，因此，上述提到的数字层、平台层、硬件层、前沿技术四个层面并不是独立运作的，而是相辅相成、共同协作推进数字化转型的。

12.3.2.2 经济模式变革

产业数字化转型的经济模式变革是在数字技术的作用下，突破传统经济模式，创新产业经济形态，从而催生了新业态、新组织以及新管理，拓宽产业价值创造模式，提升产业生产效率，增加产业产出效益。

新业态。数字化重构供应链和产业链，重塑传统产业价值创造模式，创新商业模式，创造新兴业态。从研发与生产环节来看，传统产业的研发多由企业自身研发团队主导，对消费者及市场的调研具有局限性且时效性不强。产业数字化转型直接通过数字化平台与消费者进行及时、深度、持久的双向交互，对于市场变化与用户偏好的把握更加精准且快速，有针对性地随时调整研发方向与生产内容，极大提高了企业的效率。

新组织。数字技术为网络化协同制造、生产服务型制造、智能化协作等新兴数字化生产方式的实现提供有力的基础支撑。各专业化产业互联网平台互联互通，各要素、各环节和各流程的运营成本降低，规模效应显现，形成合作共赢的产业生态系统，通过整合产品和服务供给资源，促进产业组织间的交易协作，共同创造产业价值。

新管理。数字化转型推进了管理运行效率的提升，形成由数据驱动的扁平化管理结构和自组织形态的管理模式，其中扁平化管理结构与传统的科层制组织有许多不同之处，它打破了原有的部门界限，以工作流程为中心而不是以部门职能来构建组织结构，削减中层管理者，简化了烦琐的管理层次。自组织指的是系统内部各子系统之间能自行按照某种规则形成一定的结构或功能，其核心是去中心化、无边界、想方设法的开放。传统企业的管理模式通常为“金字塔”式层级架构，存在诸如组织僵化与臃肿、部门职责不清、业务衔接不流畅、内部协同壁垒和文化刚性病态等问题，难以保障组织对外部环境的灵活适应，难以支撑企业在数字化时代可持续发展。而数字化转型将数据这一关键要素引入了企业运营，推动企业组织架构向高弹性、高适应性和差异化方向发展。同时，新的管理模式在提升效率的同时，无疑会产生大量的数据，信息的流通必须足够精确与迅速，各子系统之间的沟通与协调也需要强有力的算法支撑。因此，唯有在先进的数字技术支持下，上述管理模式所产生的庞大数据信息才得以处理，从而为企业制定更为科学的决策提供依据。

案例 12－3

华为公司打赢“班长的战争”

华为公司组织模式最核心的是“平台＋项目制”。华为最有利的是真正深入客户一线的项目团队，但是项目团队的背后最核心的是支持服务体系。华为提出，“简化组织管理，让组织更轻更灵活，是未来组织的奋斗目标”。华为所做的一个大的改革，就是提出“班长的战争”，将中央集权变成小单位作战，“通过现代化的小单位作战部队，在前方发现战略机会，再迅速向后方请求强大火力支援，用现代化手段实施精准打击”。整体来看，缩小作战单元，让前方听得见炮火的人指挥战争，提升一线的综合作战能力，总部变成资源配置和支援的平台，这是华为组织变革的主要趋势。

资料来源：孙洁，李一繁．数字化转型对企业意义重大［J］．中国电信业，2021（5）：14－17.

12.3.3 产业数字化转型的外部拉力

12.3.3.1 治理模式创新

产业数字化转型的治理模式创新是在新的产业发展模式下建立新的社会治理模式，包括数据治理、人才支撑、可持续发展三个方面。

数据治理。数据治理是组织中涉及数据使用的一整套管理行为，由企业的数据治理部门发起并推行，关于如何制定和实施针对整个企业内部数据的商业应用及技术管理的一系列政策与流程。在世界数字经济组织重塑全球合作背景下，将从数据确权制度、数据安全与保护制度、数字产权交易制度、数据跨境流动制度方面创新数据治理。

人才支撑。产业数字化转型背景下，数字化人才需求规模激增，推动数字化人才结构性转变，倒逼社会就业升级及教育方式的转变。以电商行业为例，根据《2020 年中国电子商务报告》显示，中国跨境电商人才缺口接近 988.65 万余人，在职人员仅有 552.9 万余人，潜在就业率为 55.92%，由此可见，数字化人才的需求极其庞大，而供给是严重不足的。在供需极其不平衡的状态下，双方或者其中一方必须做出能够适应市场的调整，在这样的人才市场中，则表现为数字化人才的结构性转变。

可持续发展。数字化基础设施降低社会经济成本，数字化平台实现社会资源共享和集约化利用，数字化产业生态突破传统供应链供需边界、传统封闭式生产和运营模式，数字化转型重新定义传统商业模式，简化业务流程，扩大生产可能性边界，降低企业成本，提升运营效率，为社会创造更多的、灵活的就业机会，从而推动经济可持续增长。

12.3.3.2 基础保障支撑

产业数字化转型的基础保障支撑以“数字经济新基建”硬实力和“数字经济新管理”软保障为基石。

数字经济新基建。运用互联网、5G、云计算、物联网、人工智能等先进的数字化技术手段，促进传统产业技术改造和设备更新，支撑新型产业发展，产生新型经济模式。

数字经济新管理。企业基于工业互联网平台开展数字化新管理，打通研发、生产、管理、服务等环节，实现设备、车间、物流等数据的泛在采集，推动全生命周期、全要素、全产业链、全价值链的有效连接，打造状态感知、实时分析、科学决策、精准执行的数据流动闭环，辅助企业进行智能决策，显著提升了企业对于风险的感知、预测、防范能力，打造数据驱动、敏捷高效的经营管理体系，推进可视化管理模式普及。通过数字化战略、数字化思维理念，整合数字化资源，运用数字化工具，制定数字化规则，打造信息治理社会空间，优化政府数字化服务水平，提升政府数字化服务效率和质量，降低产业贸易成本、提供产业激励机制。同时，完备的技术伦理制度可以避免大数据引发的隐私问题、人工智能引发的安全伦理问题、算法歧视引发的公平问题等。例如，树根互联与久龙保险、三湘银行合作，将工业互联网与大数据分析应用于动产融资、UBI 保险等领域，实现对各档保险的精准定价和定向营销。

12.4 产业数字化转型的短板与对策

尽管我国目前处于数字化转型快速发展的新阶段，但与发达国家相比，我国企业整体数字化水平仍然偏低，尚处于起步阶段。从行业看，不同产业和不同管理维度下，数字化水平差距显著。ICT、媒体、金融与保险等行业数字化水平较高，房地产、建筑、农业、酒店服务等行业数字化水平较低。从区域看，不同地区企业数字化转型发展不平衡现象突出。北京、上海、浙江、江苏、广东、湖北等省份企业数字化转型成效显著，对于推动数字技术在农业、制造业、服务业的深度应用发挥了重要作用，资源配置高效有序，全要素生产率明显提升；而中西部地区数字化转型发展则普遍较慢。从管理水平看，我国企业在数字技术应用和决策模式创新方面数字化水平较高，在产品服务创新和用户体验创新方面数字化水平较低。对比发达国家数字化转型发展经验分析当前我国数字化转型过程中的“瓶颈”问题，突出表现在以下方面。

12.4.1 缺乏顶层设计和战略布局

我国在数字化转型过程中，往往更多关注当前市场的需求和痛点，缺乏对未来的战略谋划和布局。特别是在某些回报周期较长的领域，能够以长远眼光面对未来挑战，以全球视野布局行业发展，坚持高水平的创新投入，勇于大刀阔斧推动自我革新，以持久定力贯彻数字化转型战略的企业为数不多，绝大多数企业只是追随者而很少成为行业领跑者。对策如下：一是制定科学有效的政策。政策制定是否科学，直接决定着数字化转型的成败。建议组织各方力量，深化产业发展前瞻性研究，紧密跟踪集成电路、人工智能、5G、区块链等前沿技术的发展趋势，开展重大前瞻性课题调查研究，不断增强对前沿关键核心技术和产业发展趋势的理解力，为产业政策制定提供有力支撑。二是尽快健全法律法规和制度体系。完善体制机制，提升数字化治理体系和治理能力现代化水平。宏观层面应加强政策统筹协调，加快数据安全、数据共享、数据交易等方面的法律制度建设。微观层面的企业内部应建立一套数据综合治理体系，明确数据治理的最基本原则，制定包括信息架构管理政策、数据质量管理政策和数据源管理政策等在内的内部管理政策，推动员工统一认识协同作战。三是加快新型基础设施建设，推动数字技术和实体经济深度融合。加快建设高速泛在、天地一体、云网融合、智能敏捷、绿色低碳、安全可控的智能化综合性数字信息基础设施，打通经济社会发展的信息“大动脉”。高校和科研院所应加快对相关领域的关键技术研发和核心技术攻关，力争尽快在芯片、操作系统、嵌入式软件、工控软件等领域取得突破，并与企事业单位加强合作，完善成果转化机制，引导新一代信息技术向传统产业有效输出，提高全要素生产率，发挥数字技术对经济发展的放大、叠加、倍增作用。四是创新监管手段，增强治理能力。依托大数据改进监管技术，把监管和治理贯穿创新、生产、经营、投资的全过程，提升风险防范能力，及时有效化解重大风险。

12.4.2 数字化转型能力薄弱

一些企业对技术创新投入不足导致数字化转型缺乏技术基础。在缺乏战略方向的情况下，企业的数字化转型往往陷入孤岛式盲目部署，而不是全业务、跨职能的系统性拓展，因而难以从数字化投入中真正发掘和释放数据价值，短期内甚至出现数字化部署“失灵”，导致企业数字化投资持续性弱，形成恶性循环。以经济强省浙江为例，规模以上工业企业技术研发费用支出占主营业务收入的比重仅为2.16%。[①] 大量处于行业第二、第三梯队的企业由于资产规模和市场规模过小，受制于人才、资金、技术制约，加上社保、税收、融资等制度性成本较高，企业普遍生存压力较大，对于数字化转型的趋势还处于被动适应的状态。对策如下：一是着眼长远，提前布局，主动创造市场需求，

---

① 康芸. 加快传统产业企业数字化转型 [J]. 宏观经济管理，2022 (6)：82 -90.

引领和推动企业数字化转型。数字化转型是一个长期工程，需要企业从战略规划层面关注和重视。首先，应通过确立智慧企业的愿景、采用与开发数字化转型创新的框架、建立支持数字化转型的组织架构、创造新的与数字化转型相关的关键绩效指标（KPI），确保方向和目标正确；其次，构建数字化平台能力，奠定基础，持续对核心业务升级改进或重构；最后，实践落地与及时评估，形成数字化组织的常态运营和演进能力，重塑产业生态价值链，保证数字化转型效果。二是加大技术创新投入，提升企业内在创新能力。围绕企业数字化转型发展中的矛盾与问题，探索数据要素和创新要素协同联动，聚焦创新资源，培育更多更有价值的创新成果，提升产业化水平。三是着力推进数字化技术应用。将数字化管理的理念和应用实践于产品设计、生产规划、制造流程以及组织、服务等全过程，在推动企业自身数字化转型的同时，推动客户特别是上下游企业的转型升级，实现产业链和价值链的双提升。

12.4.3 平台寡头垄断

伴随着数字经济的迅猛发展，平台企业快速崛起，通过持续积累数据资产，打通数据、劳动、技术、资本、市场等全要素流动通道，实现供应链、创新链、服务链、物流链、金融链等全产业链上下游的高度协同，支撑产业数字化转型。平台接入企业则借助平台力量有效破解数字化投入能力弱、技术门槛高、维护成本高等难题，缓解“不会转、不能转、不敢转”的困境。所以，平台模式已经成为当前数字化转型和落地的主要实现方式。然而，平台经济的快速规模化和市场集中化在塑造效率优势的同时，也引发了对平台寡头可能阻碍良性竞争、侵害消费者权益的担忧。数字化时代的平台对传统反垄断理论提出了许多挑战。一是数字平台行业不同于钢铁、汽车等传统工业，传统工业规模经济的边际成本递减规律体现在随着生产规模的扩大，其单个产品成本呈现下降趋势。平台经济的特殊之处在于，其消费也具有规模经济的特点，是指当平台消费者增多，则该平台的价值就随之上升。二是数字化时代的平台垄断效应不同于工业经济时代的市场垄断，数字化打破区域分割之后，逐渐演变为“赢者通吃”，即第一名所占的市场份额比第二名到最后一名加起来还要多，这不仅会打破良性的市场竞争格局，还有可能成为影响政治生态的强大工具，所以《反垄断法》处理平台垄断问题必须采用新方法新策略。对策如下：一是针对数字化的典型问题加强立法。在反垄断相关配套立法、出台释法指南或今后必要修法时，充分体现数字经济时代的新特征；对产业数字化需求迫切的领域，加快出台与现行竞争法、行业规章相配套的实施细则；针对当前垄断行为高发的热点问题，尽快研究制定市场行为规范或执法指南。二是创新反垄断的执法思路。鼓励产学研机构和执法机构共同探讨产业数字化中出现的新问题，如分析数据滥用行为需要加强经济学家、法学家及信息技术行业专家的交流与合作；根据垄断机构的不同行业领域，分类对待、精准施策，关注潜在危害大的行为，增强反垄断法的威慑力。

12.4.4 专业人才紧缺与结构性失业

专业人才紧缺与结构性失业实际上是一个硬币的两个方面。要解决低端劳动力的“需求”不足以及专业人才的“供给”不足这一矛盾，必须站在不同的角度加以分析。

于企业而言。新增设大量新岗位，如围绕机器人的设计、制造、培训、融资、自动化解决方案等产生的新职业，因电子商务平台而出现的网店设计装饰员、网络模特、网店客服等新岗位，由于业务内容具有新颖性，拥有对应知识技能的人才相对稀缺，从而导致了人才的结构性短缺，即人才的“供给”不足。培养合适的人才和技能是重要的转型举措之一，而我国目前恰恰普遍缺乏深入了解相关行业，特别是制造业、农业等传统行业内企业运作流程与关键环节，并能够在细分垂直领域深度应用新一代信息技术进行数字化、网络化和智能化改造的跨界人才。杭州、合肥等人才、科研资源较丰富的城市仍面临数字经济领域高素质人才的结构性短缺，其他二三线城市也面临人才缺乏问题，特别是数字化转型落地的一线技术人员需求尤为突出。相应对策如下：一是明确数字创新人才的能力素质标准。在充分考虑企业对人才能力需求的基础上，对各级数字技能人才的专业能力以及业务运营、风险管控等跨界能力作出规定，推动数字专业技术人才与各传统行业的融合，并完善基于能力水平的数字技能人才职业化等级台阶设计，为数字技能人才指明成长路径。二是加强校企合作、政企合作，通过建设企业大学、企业培训基地等方式，鼓励高校根据市场人才需求，开设相应的培训课程，通过推动企业深度参与高校课程设置、教学设计、实训课程开发等方式，为培育既精通信息技术又熟悉经营管理的“数字工匠”夯实基础。三是发挥行业协会、培训机构、咨询公司等第三方组织在数字技能人才培育中的作用，适度将资格评定、继续教育、国际交流合作等工作交给第三方专业组织承担，促进政府规制和行业规制有效结合的数字技能人才培育体系的形成。四是积极营造良好环境，探索高效灵活的人才引进、培养、使用、评价、激励和保障政策，优化人才引进和培养环境。

于劳动者而言。服务行业的部分岗位被人工成本低且能吸引消费者眼球的服务型机器人所取代。当前我国结构性失业风险已经初步显现，无人超市、无人配送、无人驾驶等新业态的发展突飞猛进，使得重复性、低技术含量的工作被迅速取代，即低端劳动力的“需求”不足，未给失业者留下再就业的产业发展技术储备窗口期。虽然当前我国产业数字化转型引起的失业规模还不大，且基本被新创造出来的岗位所消化，但随着转型速度的加快以及转型程度的加深，结构性失业风险将会加剧。相应对策如下：一是支持创新创业，转变以标准就业为主的就业促进理念。通过发展新兴产业缓解就业的压力，积极发展众创空间、孵化空间等创新创业载体，加强对创业者的服务和指导，将支持就业的各类政策延伸覆盖至新就业形态人员。二是建立适应产业数字化转型的教育教学制度。支持高等院校和社会机构开设大数据、人工智能、信息技术等课程，培养高技能信息化人才，满足产业数字化转型对人才的需求；加强对劳动者的终身学习服务，持续增强整个社会劳动者的信息素养。三是完善灵活就业的保障政策。创新劳动者保险保障的机制和模式，完善新就业形态劳动者的保障制度和措施，扩大失业保险的覆盖范围，充分发挥失业保险对各类劳动者的保生活、防失业、促就业作用。

12.4.5 数据要素市场化程度不高

目前，我国多数地区采用先发展、后监管的路径，数据要素市场尚处于发展的起步阶段，数据的确权、开放、流通、交易及信息保护、信息安全防护等环节的相关制度尚不完善，已成为数字化转型的重要制约因素。从实际情况看，数据要素的使用仍普遍以企业内部数据为主，企业之间数据共享和再利用较少，阻碍了数据交易范围和规模扩张。此外，尽管国家在顶层设计上高度重视数据和信息安全问题，但由于在操作层面上仍存在意识不强、措施乏力等问题，导致数据流动和交易安全风险突出，制约了数据要素市场化配置进程。对策如下：一是加快制定出台相关法律法规，为数据要素市场化配置提供法律依据和监管底线。二是加强数据安全技术能力建设。积极研发和推广大数据保护技术，强化信息保护和数据安全管理，建立统一高效、协同联动的网络安全管理体系，推动数据资源开放共享。三是完善数字基础设施，畅通数据流通机制。大力推进政务信息共享和数据开放，探索数据资源确权、流通、交易、应用开发规则和机制化运营流程，发布实施数据共享责任清单和开放清单，促进政府和企业间数据高效、安全流通。四是完善监管治理。推动行业、市场主体自律，鼓励媒体、社会力量参与数据要素市场治理，规范市场主体交易行为，加快构建多元共治的数据要素市场治理体系。

12.4.6 区域经济分化

正如贫富差距被认为是工业化进程中的顽疾一样，数字鸿沟也成为数字化进程中的一大难以解决的问题。我国区域数字经济发展失衡已经初步显现。相比经济落后地区，我国经济发达地区在数字技术的拥有程度、应用程度以及创新能力等方面都有着巨大的优势，而数字化转型高度依赖技术的创新和成熟的应用市场，这使得处于鸿沟劣势的区域数字化转型更加困难，“富者愈富、贫者愈贫”的马太效应表现得更加突出。更让人担忧的是，目前的研究和统计数据表明，当前社会财富集中趋势正在加快，社会差别走向代际传递的趋势日益明显，数字化转型加剧区域间经济发展水平不协调的问题，会使得原有的社会矛盾进一步激化，区域分化和社会分裂的风险进一步提高。对策如下：一是从国家层面，结合区域特色和产业优势，统筹布局一批产业优势互补、转型效应显著、辐射带动能力强劲的示范区。对于数字化水平较高的粤港澳大湾区、长三角城市群等地区要继续发挥比较优势，拓展转型的广度和深度；对于数字化水平较弱的地区要加大新型基础设施建设的力度，尽快缩小区域间的数字基础设施差距。二是探索与完善促进数据要素跨区域流通的技术能力、激励机制和治理体系。以数据流引领技术流、物质流、资金流、人才流发展，支撑跨区域产业转移，促进区域协同发展。三是建立区域间重大事项重大项目共商共建机制。加强区域间项目、技术、创新、人才等方面的合作联动，发展水平较高的区域要向发展水平较低的区域提供必要的数字化转型要素资源支持。

12.4.7 新型安全隐患

当前，网络空间已经成为国家之间对抗的重要战场，数字化实现了物理空间和网络空间的高度融合，使安全风险从网络空间向物理空间蔓延扩散，形成了网络空间安全和物理空间安全高度交互交融的新型安全风险。与此同时，传统的面向物理空间的法律体系在网络空间面临着创造性破坏和破窗性挑战。例如，机器人和人工智能的发展，使得人类的认知和行为被赋予到机器人上，这将导致法律范畴内的权利义务关系和主体身份的混乱。又如，数据已经成为新的生产要素，但与传统生产要素相比，它有一些独特的属性，现有法律无法给出清晰的数据权利界定。数字技术的发展日新月异，而法律的制定和调整却程序繁复、耗时冗长，现有的立法机制和立法效率难以满足产业数字化转型给社会提出的新要求，使得新型安全问题的解决更加复杂困难。对策如下 ：一是强化信息安全工作的战略统筹和综合协调。统筹发展与安全、自主与开放、管理与服务的关系，重点保护基础信息网络和关系国家安全、经济命脉、社会稳定的信息系统，明确敏感信息保护要求，强化企业、机构在经济活动中保护用户数据和国家基础数据的责任。二是着重提升工业互联网安全保障能力。工业互联网是工业数字化转型的关键信息基础设施，其安全直接关系到产业安全和国家安全。当前工业互联网发展如火如荼，亟须构建覆盖全国的工业信息安全态势感知网络，运用先进的技术手段，实时、有效地进行工业信息安全研判预警。

◎ 本章提要

当今信息时代处在后工业社会，信息化技术所提供的支持和能力使得业务与技术真正实现了交互，数字化转型正在悄然改变传统产业的运作模式，改变了传统的商业逻辑，为产业发展注入了新的活力。本章先是对产业数字化的概念与特征进行了简要的说明。简单来说，数字产业化就是数字技术所带来的新的产品和服务。产业数字化则是指传统产业利用数字技术对业务进行升级，提升生产数量和生产效率的过程，是传统产业应用数字技术所带来的产出增加的效率提升部分。随后，我们对产业数字化的三种发展模式进行了梳理归纳，它们分别是技术攻关型、产业布局型以及场景应用型。在 12.3 部分，对“为什么要产业数字化转型?”以及“产业数字化的动力来自何方?”进行了解释说明。在本章最后，我们对产业数字化过程中所产生的几个典型性风险挑战进行了说明，并提出了相应对策。

◎ 概念复习

产业数字化 数字技术赋能

◎ 阅读资料

（1）沈建光，金天，龚谨．产业数字化［M］．北京：中信出版社，2020.

（2）刘冬冬，鲁四海．赋能数字经济［M］．北京：人民邮电出版社，2017.

（3）吕铁．传统产业数字化转型的趋向与路径［J］．人民论坛·学术前沿，2019（18）：13－19.

（4）康芸．加快传统产业企业数字化转型［J］．宏观经济管理，2022（6）：82－90.

◎ 课后思考题

（1）产业数字化与数字产业化有什么不同？

（2）简述产业数字化对促进我国经济发展的作用。

（3）产业数字化的过程中还有哪些新风险、新挑战？能否给出相应对策？

第 13 章 数字市场

学习目标

（1）了解数字产品物理特征和经济特征，掌握数字产品的基本概念、分类；

（2）了解数字市场分类的基本类型和典型特征，掌握数字市场的基本概念、特征和结构；

（3）了解数字产品的成本构成和供需规律，理解市场经济中的传统定价方法和数字市场中产品传统定价方法失灵的原因；

（4）理解数字产品的销售特点，掌握数字产品的定价策略；

（5）理解数字市场治理面临的困境和风险挑战，掌握数字市场的进入壁垒和数字市场垄断的基本形式；

（6）了解数字市场反垄断的国际和中国探索，理解美国反垄断理论的历史演变。

内容提要

近年来，随着数字经济的快速发展，数字市场在给人们生活带来极大便利的同时，也使消费者面临更加严峻的垄断问题，比如“二选一”、大数据杀熟等。全球多地的反垄断执法机构逐渐展开了对大型互联网平台运营的调查，也把所谓数字市场中的竞争问题推向了风口浪尖。数字市场的垄断展现出与传统市场截然不同的特点，给世界各国的反垄断实践带来了巨大压力。以欧美为代表的主要西方国家正在积极探索治理数字市场新型垄断的应对策略。因此，学习数字市场有助于深化对数字市场反垄断理论和实践的认识。本章首先介绍了数字市场的核心——数字产品，并通过对数字产品概念的界定引出了数字产品的分类和特征，为进一步介绍数字市场打下坚实基础。其次，本章在介绍了数字市场的概念后，详细介绍了数字市场的 10 种主要类别和数字市场的特征和基本结构。再次，通过对数字市场中产品的成本结构和供需规律分析，引出了数字产品定价中传统定价方法失灵的原因，比较翔实地介绍了数字产品的销售特点和定价策略。最后，本章梳理了美国哈佛学派、芝加哥学派和新布兰代斯学派近年来关于反垄断理论的“大争论”及对中国的借鉴意义，同时介绍了数字市场反垄断的必要性和风险挑战，并通过介绍国内外关于数字市场反垄断的立法实践，为中国探索促进数字市场健康发展的反垄断治理模式提供有益借鉴。

13.1 数字产品的概念与特征

20 世纪 90 年代以来，随着网络经济和信息技术的迅速发展，美国等主要西方国家抓住机遇逐渐开始发展数字经济，生产力获得了巨大的提升。经过几十年的快速发展，数字经济已经成为引领各国经济发展的主要推动力量之一。数字经济的迅猛发展促进了新的生产方式、生活方式及新的产品和服务的诞生。在这一背景下，许多企业需要重新定位它们的产品和服务，数字产品因其无论从自身属性还是销售方式上都有别于传统的产品，便从产品中分离出来了。只有认清数字产品的分类及特点，才能更好地为其制定价格策略和营销策略，从而顺利地完成马克思所言的“惊险的跳跃”。

13.1.1 数字产品的概念

数字产品这个名词诞生于 20 世纪 90 年代初。随着信息技术的飞速发展以及随之而来的网上经济活动的扩展，引领了一个新的经济时代的到来。数字化成为新经济的重要特征，而数字产品成为这个新经济的主体。

13.1.1.1 数字产品的概念

视频、音乐、网络游戏、新闻，这些我们每天都会接触无数次的产品，其实它们都有一个共同的名字——数字产品。数字产品是指在网络经济中交易的可以被数字化的，并能通过电子方式传送的产品，如计算机软件、电子图书、电子音乐等。数字产品可以分为有形数字产品和无形数字产品。有形数字产品是指基于数字技术的电子产品，例如，数码相机、数字电视机、数码摄像机、MP3 播放器等。无形数字产品，又称数字化产品，是指可以经过数字化并能够通过如因特网这样的数字网络传输的产品。本章所涉及的数字产品主要是指无形数字产品，即数字化产品。目前市场上常见的数字产品有计算机软件、网络游戏、新闻、音乐影像、电视节目等。

13.1.1.2 数字产品与信息产品辨析

现实生活中，人们常常把信息产品和数字产品相混淆。实际上，信息产品和数字产品是既有联系又相互区别的概念。如果不加以严格区分，它们可以指同一类交换物。

（1）数字产品与信息产品的联系。任何可以被数字化的事物都可以成为信息产品。从概念上看，信息产品是基于信息的交换物，数字产品是信息内容基于数字格式的交换物。例如，被数字化的报纸，既可以称为数字产品，也可以称为信息产品。但是，纸张形式的报纸只能称为信息产品而不能称为数字产品。可以说，信息产品和数字产品是包含关系，也就是说，凡是数字产品就一定是信息产品。（2）数字产品与信息产品的区别。信息产品强调的是信息通过加工处理提供给人的有用性，而数字产品除看重这种有用性外，还强调了信息的数字化格式。

13.1.2 数字产品的分类

许佳龙和帕特里克（Kai Lung Hui and Patrick Y K Chau，2002）提出了一种基于数字产品的可测试性和粒度的分类框架。如图 13 – 1 所示，这个框架将数字产品分为三类，分别是工具和实用产品、在线服务、基于内容的数字产品。这三类数字产品在互动性和可下载度方面也可以进行归类，工具类和基于内容类的产品可下载度高于在线服务类，而在线服务类型正是因为其下载性差则在互动性上略胜一筹。

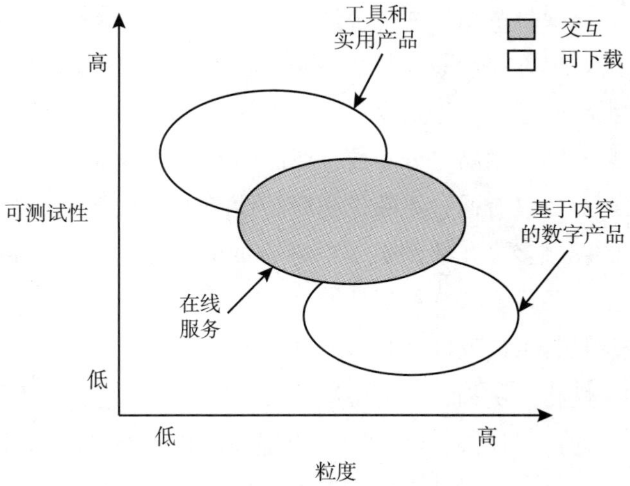

图 13 – 1　数字产品的分类

（1）工具和实用产品。工具和实用产品是一些非互联网产品的互联网化，指代表某种契约的数字产品，这些产品可帮助用户达成一定的目标和完成工作。总的来说，就是指帮助用户执行特定功能，或者为达到其他目的提供辅助用途，也就是说，商业软件、共享软件或者是免费软件，那些能很容易在网上下载到的都归入此类，如票务类产品（飞机票、火车票和演出门票等）和财务类工具（支票、电子货币和有价证券等）。

（2）在线服务。在线服务类产品是所有可以被数字化的交互行为的总称，包括通过连接服务器访问大量有用的在线资源来协助用户完成特定的任务。实际上网络咨询服务某种程度上涉及了前面提到的工具和实用产品，最大的不同点就是消费者不能真正购买这件产品，支付带来的仅仅是想获得的信息。这类产品的典型代表有信息传递服务（电子邮件、文件传输和即时信息等）、电子政务、商务交易、远程教育和远程医疗等。

（3）基于内容的数字产品。基于内容的数字产品是指表达一定内容的数字产品，这类产品的价值都是基于它的信息内容。这类产品的典型例子就是电子报纸和刊物、研究报告和数据库，还有在线的娱乐产品，如音乐、杂志和视频。在使用公共的数据库或者国家和行业的执行报告的时候，在读取信息或者数据处理的过程中可能会连带一些其他的功能和用途。

13.1.3　数字产品的物理与经济特征

知识时代的数字产品与工业时代的传统商品具有明显的差异，相比于传统商品，数字产品有明显的物理和经济特征。

13.1.3.1　数字产品的物理特征

第一，数字产品具有不易破坏性。数字产品的存在依托于一定的物理载体，如 MP3 文件存储在硬盘上，在线报纸通过网络传播而其内容储存在服务器中。数字产品的这种物理载体是可损坏的，但数字产品本身是不易破坏的。只要数字产品被正确地使用和存储，且其物理载体没有问题，无论反复使用多少次，它的质量也不会下降。因此，数字产品本身没有耐用品与非耐用品之分。数字产品的不易破坏性限制了消费者的重复购买行为。数字产品生产厂商只有通过不断提高产品性能、扩充产品信息量来进行产品升级换代，以吸引更多的新顾客，并使购买了旧版本的老顾客再次购买新版本的数字产品。这一特征是促使数字产品厂商持续创新的原因之一。

第二，数字产品具有可改变性。数字产品的内容是可以改变的。这使得厂商可以对产品进行定制化和个性化。例如，人力资源管理系统的供应商可以根据用户要求在基础软件的基本功能上，通过增加部分特殊功能以适应不同用户的具体业务需要。同样地，软件提供商可以通过提供升级软件对现有用户的低版本软件进行升级，利用数字产品的可变性来克服由不可破坏性带来的问题。另外，数字产品提供者不愿意用户能够轻易地修改产品的内容，遂采取一系列加密技术、合同约束或者其他措施来控制用户级的修改。由于用户的技能在不断进步，厂商希望完全控制用户级修改是困难的。

第三，数字产品具有可复制性。就一般意义而言，数字产品的可复制性并不构成数字产品的物理特征，大量的非数字产品同样具有可复制性。但是，数字产品的可复制性特指复制的边际成本几乎为零的特征。与高额的初始投资相比，复制拷贝的成本可以看作为零。数字产品的可复制性在给数字产品生产者带来丰厚利润的同时，也为数字产品的盗版活动提供了边际生产成本低廉的制造基础，从而给数字产品生产者带来巨大的经济损失。

第四，数字产品具有速度优势。数字产品可以在极短的时间内在全球不同时区的机构间进行传输、处理和交换，具有非数字产品无法比拟的速度优势。

13.1.3.2　数字产品的经济特征

第一，数字产品的非排他性。你有一个思想，我有一个思想，相互交换后每人都各有两个思想。数字产品的交易结果正如思想的交流那样，并不会因为自己的付出而丧失。数字产品的非排他性形成了两个重要的经济结果。一是数字产品易于形成规模经济效应，当花费近千万美元的操作系统被开发出来，厂商就可以以极低的成本拷贝卖给无数个用户。二是数字产品能有效降低社会交易成本：通过降低搜寻和磋商成本以降低事前交易成本；通过降低网上交易价格（如网上折价竞争）来降低交易成本；通过核销、确认和监督等环节的电子化来降低事后交易成本。

第二，数字产品易被定制化和个性化。数字产品中包含了大量的信息，相同的信息可以用不同的外在形式来表现，如用不同的字体、背景颜色和图片等来表达相同的信息。在内容性产品中，电子杂志的提供者可以对一篇文章配备多种背景供不同偏好的读者选择。数字产品易被定制化和个性化的特性，导致数字产品市场易于出现范围经济。

第三，数字产品具有时效性。数字产品的时效性可以从四个方面体现。首先，类似经典的数字电影和歌曲等内容性产品经久不衰，但也有部分内容性产品具有很强的时效性。例如，许多在线游戏在一段时间内很受消费者欢迎，但不久就会有更受欢迎的游戏将它们替代。其次，时效性对于不同对象的作用是不同的。例如，甲公司投资部的 A 经理正在收集乙公司的经营信息，为甲公司是否投资乙公司提供决策意见。当分析结论被甲公司决策层采用后，这些已收集到的信息对于 A 经理便失去了时效性，但对于乙公司整理销售收入表的 B 经理可能还有作用。再次，时效性可以成为影响数字产品定价的一个重要因素。最后，时效性也决定了数字产品的使用强度。某些数字产品可能只被消费者使用一次，而部分数字产品则可能会被消费者反复使用。

第四，数字产品的网络外部性。网络外部性是指当消费同样产品的其他使用者的人数增加时，某个使用者消费该产品获得的效用增加。数字产品市场普遍存在着网络外部性。数字产品对某个消费者的价值部分依赖于其他人对该产品的消费，或者说，消费者使用数字产品的价值部分依赖于数字网络中数字产品的用户数量。网络外部性可分为直接网络外部性和间接网络外部性。直接网络外部性是指同一市场内消费者之间的相互依赖性，如使用同一产品的消费者可以直接增加其他使用者的效用。直接网络外部性的基础是梅特卡夫定律。[①] 间接网络外部性是指主要产生于基础产品与辅助产品之间的技术上的互补性，这种互补性导致在产品需求上相互依赖。如计算机硬件与软件、CD 音响与 CD 光盘等。在存在间接网络外部性的市场上，消费者使用一种产品的价值取决于与该产品互补的产品的数量和质量，如消费者购买硬件时会考虑与硬件相互配套的软件流行程度和范围，从而形成市场的外部影响。

数字产品的网络外部性具有两个相互矛盾的特征：首先，使用数字产品的人越多，

---

① 梅特卡夫定律，是一个关于网络价值和网络技术发展的定律，其内容是：一个网络的价值等于该网络内的节点数的平方，而且该网络的价值与联网的用户数的平方成正比，即网络使用者越多，价值就越大。换句话说，某种网络，比如电话的价值随着使用用户数量的增加而增加。

数字产品的价值就越小。例如，假设你有一套目前市场上非常紧缺的游戏软件，那么其他人拥有同样的软件的数量对你拥有的软件的价值会产生负的外部性。其次，使用数字产品的人越多，数字产品的价值就越高。例如，流行的字处理程序要比非流行的字处理程序更有价值，这意味着数字产品拥有正的外部性。

13.2 数字市场及其分类*

2020 年 12 月，市场监督管理总局依据《反垄断法》对阿里巴巴集团控股有限公司在中国境内网络零售平台服务市场滥用市场支配地位行为立案调查。阿里巴巴集团因涉及“二选一”行为被罚 182.28 亿元，创下中国反垄断罚金的最高纪录，因此这也被称为中国数字市场反垄断“第一案”。那么，何为数字市场？数字市场具有哪些类型？数字市场为什么具有垄断倾向？因此本部分在介绍数字市场定义的同时，进一步分析了数字市场的分类、特征与结构，使我们对数字市场的认识更加全面和具体，为我们在本章 13.4 部分探讨大型平台型企业垄断倾向及治理提供基础。

13.2.1 数字市场的概念

西方经济学认为市场是物品买卖双方相互作用并得以决定其交易价格和交易数量的一种组织形式或制度安排。一个市场可以是一个有形的买卖商品的交易场所，也可以是利用现代化通信工具进行商品交易的接洽点。通俗地说，数字市场是物品（包括数字产品和一般商品）买卖双方的交易“场所”。不同于天然气、青稞酒等通常具有实际交易场所的市场形式，数字市场的主要交易场所是利用现代通信工具搭建起来的互联网虚拟交易平台。

数字市场包括了所有依赖于互联网和基于网络数字技术基础设施所展开的产品和服务交换活动。这其中包括大多数人较易理解的传统产品和服务交换的数字化，如电子商务和在线市场只是把线下交易直接转移到线上进行，也包括由互联网的创新特性（如网络效应和正外部性等）而发展出来的全新的产品和服务模式，如搜索引擎、网络浏览器、数字地图、社交媒体等平台的价值通过数字广告展示活动实现货币化——一种涉及多边交易的活动，也被称为平台经济学。

---

* 本部分主要参考全球智库思想研究组撰写的《理解数字市场》一文。详见未央网，https://www.weiyangx.com/404371.html，2022-04-23.

13.2.2 数字市场的分类

根据所依赖的数字技术和商业模式的不同，数字市场分为多个相关的细分市场，提供着不同的数字产品和服务。全球数字市场依据产品不同可以分为 10 类，包括搜索引擎、在线市场、社交媒体、移动应用商店、移动操作系统、数字地图、云计算、语音助手、网页浏览器和数字广告。

13.2.2.1 搜索引擎

搜索引擎使用户能够检索存储在互联网上的网页和信息。当用户在搜索引擎中输入一个查询内容后，搜索供应商返回与所输入搜索词相关的网页和信息列表。搜索引擎市场又可以分为横向搜索和纵向搜索两个细分市场。前者用于检索通用搜索结果的综合列表，如谷歌、百度和搜狗；后者则用于检索范围较狭窄的专业内容，如专注在酒店和飞机预定搜索的亿客行（Expedia）和携程网、找歌谱网和翻译搜索有道等。

与一般的横向搜索引擎不同，纵向搜索引擎提供商往往提供了专业的搜索服务，需要运用特别的工具和专业知识。例如，酒店和航班搜索，需要依赖第三方数据库而不是一般索引提取的结构化数据。纵向搜索引擎最大的挑战就是接触用户，而通常情况下，它们会依赖谷歌和百度等大型横向搜索引擎来获得用户。从中国市场来看，百度在过去 10 年里始终保持着中国第一搜索引擎的成绩，2020 年市场份额为 72.7%。[①] 此外，百度在百科、知识、图片、新闻、视频等垂直领域也拥有最高的搜索量，占据了领先地位。从全球市场来看，2021 年 2 月谷歌（Google）占全球搜索引擎市场的 92.03%，占比最大。[②]

13.2.2.2 在线市场

电子商务是指通过互联网进行购买或销售产品或服务的活动，而进行电子商务交易一般有两个渠道。一个是由一个企业通过自己创建的独立的电子商务网站向消费者直接销售服务和产品（B2C），如华为网站（Huawei.com）。另一个则是在线市场，它是一个连接买家和卖家的平台，包括来自各种不同卖家的各种品牌和产品，并同时向买家展示和销售，例如亚马逊市场、淘宝和京东。在线市场同时向消费者（买家）和卖家提供服务。一方面，在线市场为消费者用户提供购物服务，如根据价格、受欢迎程度和客户满意度等偏好来比较竞争产品。另一方面，在线市场平台还为卖家提供销售支持服务，如免费的库存跟踪和定价建议、付费的广告和物流服务（仓储、包装和运输）等。

13.2.2.3 社交媒体

根据美国反垄断监管当局的观点，社交媒体旨在通过促进在线内容和信息的分享、

---

① 可杨．百度的 22 年科技创新路：从搜索引擎到人工智能［EB/OL］．每日经济新闻，https://baijiahao.baidu.com/s?id=1751665629332569976&wfr=spider&for=pc，2022-12-09.

② 2021 年中国搜索引擎用户规模、使用率及市场格局分析：百度占中国搜索引擎市场的 71.1%［EB/OL］．产业信息网，https://www.chyxx.com/industry/202109/973941.html，2021-09-11.

创造和交流来吸引人们，其产品和服务可以分为三大类，包括社交网络、消息传送和媒体平台。在美国众议院司法委员会组织的有关 Facebook 市场力量的听证会上，一些市场参与者认为社交媒体是由人际网络驱动的，大多数社交媒体产品和服务包括诸如公开个人主页、精心策划动态、关注者、消息传送等一系列常见功能；另有一些则关注于公共和私人沟通的某些方面。

根据用户需求和平台使用方式的不同，社交媒体市场中的社交网络平台（如 Facebook 及其家族产品、Twitter）和媒体平台（如 YouTube、TikTok）被认为是互补产品。国际反垄断监管当局认为，社交网络平台是以提供社交体验为目的的，而其他社交媒体平台是以促进内容分发和消费为目的的，它们之间的根本区别在于社交网络平台拥有社交图谱（social graph），而其他社交媒体平台则没有。

13.2.2.4 移动应用程序商店

移动应用程序商店（App Store）是一种数字商店，它使软件开发者能够将软件应用程序（Apps）分发给移动设备用户。移动应用程序是一个标准化的软件，为移动设备使用进行了优化。应用程序商店的主要收入来源是对付费应用程序的分成。根据国际惯例，苹果、谷歌和微软等一些较大的应用商店一般会按照 70/30 的比例分配应用销售收入，即开发者分得应用销售收入的 70%，应用商店分得应用销售收入的 30%。在国内，这个比例在品牌之间差别很大。例如，华为在 2020 年采用的 90/10 的分成比例（开发者拿 9 成）；小米应用商店则效仿国际惯例采用 70/30 的分成比例；也有报道称一些国内安卓系统下的应用商店分得相当高比例的收入，甚至是 50/50。①

从全球范围看，苹果应用商店（Apple App Store）和谷歌应用商店（Google App Store）分别通过 iOS 和安卓控制着超过 95% 的应用商店市场份额。在我国，由于市场中有接近 80% 的用户都在使用装有安卓系统的移动设备，而谷歌应用商店在国内又是被禁用的，因而比较流行的应用商店都是来自国内的移动设备品牌，如腾讯应用宝、华为应用市场、OPPO 软件商店等，这些约占中国所有应用程序下载量的 75%。

13.2.2.5 移动操作系统②

移动操作系统为移动设备提供了用户界面、动作命令、按钮控制等底层功能，并方便用户操作设备的麦克风、摄像头、GPS 等。移动操作系统是移动设备硬件（如智能手机或平板电脑）和设备上运行的应用程序（如电子邮件或流媒体应用程序）之间的接口。移动操作系统预先安装在移动设备上，并且无法安装或替换替代的移动操作系统。移动操作系统的特性决定了移动设备的性能和功能，包括应用商店和可以在该设备上运行的应用程序。移动操作系统还决定了该设备与哪家公司的产品和服务生态系统集成。

在全球范围内，谷歌的安卓和苹果的 iOS 是两大主流移动操作系统。它们整体在全

---

①② 全球智库思想研究组．了解数字市场［EB/OL］．未央网，https://www.weiyangx.com/404371.html，2022－04－23.

球99%以上的智能手机上运行。在我国，市场中有接近80%的用户都在使用装有安卓系统的移动设备，苹果的iOS约占市场的20%。苹果的移动设备运行的是苹果专有的iOS操作系统，iOS不适用于非苹果设备。而安卓系统则与众多领先的手机制造商合作，例如国际市场上的三星和摩托罗拉等，以及国内的华为和小米等。

13.2.2.6 数字地图

伴随着智能设备的普及，数字地图已经成为用户和企业的重要资源，其为用户提供了现实世界的虚拟地图。数字地图为两类用户提供服务：一类是消费者用户，使用地图产品进行导航；另一类是企业用户，使用底层映射库和设计工具生成定制地图。这两种服务的基本投入是一个数字地图数据库。

在国际市场上，数字地图数据的领先供应商是谷歌地图，较小的供应商包括HERE和TomTom，以及开源供应商OpenStreetMap（OSM）。Waze是谷歌在2013年6月收购的另一家地图供应商，该公司依靠司机生成的实时地图和众包更新来开发可导航地图。在国内，高德地图和百度地图是市场上最受欢迎的两款数字地图产品，分别拥有33%左右的市场份额，其次是腾讯地图，约占市场的15%。①

面向消费者的地图服务提供商许可地图数据库以及地图数据之上的图层搜索和航行技术。消费者使用这些搜索和导航工具，要么通过高德地图等许可底层数据的独立导航服务，要么通过百度地图和腾讯地图等垂直整合的提供商。面向企业的提供商提供生成定制地图所需的地图设计工具和地图库。国际市场中，最主要的企业对企业地图软件供应商是谷歌、HERE、Mapbox和TomTom。其中HERE和TomTom主要服务于汽车客户，而ESRI则提供政府和空间分析人员使用的桌面GIS软件。国内的提供商包括百度、高德、华为云、地图慧、超图等。

13.2.2.7 云计算

云计算是指通过互联网提供远程存储和按需软件程序的服务。在云计算出现之前，数据被本地存储在计算机的硬盘驱动器上，在本地服务器或远程数据中心，同时公司管理所有的IT服务。今天，公司基本上可以租用网络访问可配置计算资源的共享池，包括网络、服务器、存储、应用程序和服务。由于方便和成本节约，云计算已经成长为技术部门最大和最赚钱的业务之一。它推动了Netflix、Airbnb、Lyft、Slack和Weather Channel等企业业务的增长，以及一些尚未家喻户晓的初创公司的发展。

云计算服务一般存在两类供应商：一类是基础设施供应商，另一类是独立的第三方软件供应商。根据美国国家标准与技术研究所，云计算供应商的服务模式一般有三种，每一种都满足了一组独特的业务需求。这三种服务模式分别是软件即服务（SaaS）、平台即服务（PaaS）和基础设施即服务（IaaS）。

---

① 全球智库思想研究组．了解数字市场［EB/OL］．未央网，https：//www.weiyangx.com/404371.html，2022－04－23.

13.2.2.8 语音助手

语音助手是一个用户界面，通过人的声音推动计算设备之间进行交换。今天的语音助手通过接收特定的请求并通过语音响应发送反馈来与人类进行交互。第一步是发出唤醒词，比如 iPhone 上的"嘿，Siri"用来激活系统。语音助手一旦被激活，就可以执行命令，从而触发语音应用程序。

根据 2017 年的数据，国内智能语音助手市场中最主要的服务提供商主要有科大讯飞、百度语音助手和苹果 Siri。[①] 语音助手主要分为两类：通用语音助手和专业语音助手。一般的语音助手，如百度语音助手和苹果 Siri，可以回答问题并与一系列应用程序交互。专业语音助手专注于特定的垂直领域（如科大讯飞的智慧教育、智慧司法和智慧医疗等），词汇量仅限于专业领域，且回应更为具体。

市场中常见的有两类供应商，一类是语音助手平台供应商，另一类是第三方硬件制造商（包括智能扬声器制造商和物联网兼容设备制造商）。语音助手平台供应商可以利用语音助手的生态系统将收入转移到电子商务、搜索或娱乐等互补业务上，从而使其平台货币化。语音助手平台还可以向语音应用程序开发人员收费，让他们的程序成为某个特定命令的推荐应用程序。第三方硬件制造商，通过销售硬件，或在某些情况下通过提供家庭监控等订阅服务获得收入。

13.2.2.9 网页浏览器

网页浏览器是一类用于访问万维网的应用软件。当用户从特定网站请求网页时，网页浏览器从网络服务器检索必要的内容，然后在用户设备上显示该网页。网页浏览器可用于各种设备，包括台式机、笔记本电脑、平板电脑和智能手机。当前全球领先的网页浏览器品牌包括谷歌 Chrome 和苹果 Safari，分别占全球市场的 65% 和 19%。在国内，谷歌 Chrome 占有近 50% 的用户市场，是国内使用量最大的网页浏览器，其次是 UC 浏览器、Safari、QQ 浏览器和 360 安全浏览器。

浏览器供应商通常有两个收入来源，一个是版税收入，另一个是广告收入。浏览器供应商利用用户访问来赚钱。例如，对于用户用 Firefox 浏览器在谷歌搜索引擎上搜索的每一个查询，或者当用户在 Firefox 浏览器中点击谷歌广告后，谷歌会向 Firefox 支付一笔版税。据公司财报披露，2018 年，Firefox 浏览器有近 4.51 亿美元的收入，其中 95% 来自版税。向广告商销售展示或搜索广告也是浏览器供应商的一个主要收入来源。例如，360 安全浏览器利用其奇虎 360 网站按照是否点击广告、广告点击的次数以及是否成功促成销售来收取不同的广告费，根据相关的公开财务数据，360 浏览器收入的 70% 都来自网络广告。此外，谷歌的收入也主要依靠数字广告。据谷歌财报披露，2019

---

① 全球智库思想研究组．了解数字市场［EB/OL］．未央网，https：//www.weiyangx.com/404371.html，2022－04－23.

年该公司收入 16 047 亿美元，其中约 85% 来自数字广告。①

13.2.2.10 数字广告

市场中主要有两种形式的数字广告——搜索广告和展示广告。搜索广告是指桌面或移动搜索引擎（如 Google.com 主页）上的数字广告，通过“搜索广告技术”与搜索结果一起显示。搜索广告通常通过广告商之间的实时竞价拍卖进行买卖，广告商设定他们愿意为查询中的特定关键字支付的价格。展示广告是指将数字广告内容投放到网站和移动应用程序上的广告空间，称为“库存”（inventory）。购买和销售展示广告也通常使用实时出价。

从所依赖的技术和商业模式看，数字广告市场中有两类供应商。一类是在自己拥有和运营的平台上直接向广告商销售展示广告的商家，称为第一方广告平台，如 Facebook、Twitter 和 Snap 等公司，国内的例子包括腾讯广告投放平台、百度搜索和阿里巴巴。另一类是独立运营的广告技术平台，由一个中间供应商运营，从而促进第三方广告公司和第三方广告发行商之间的广告交易。常见的第三方广告技术供应商包括 Google、Flashtalking、Sizmek（亚马逊所有）和 Trade Desk 等；国内的广告营销平台包括百度营销、阿里广告交易平台和旺翔广告交易平台（独立运营平台）。

扩展阅读 13-1

数字市场的“上下游部门”

数字市场的细分市场拥有着相同的上游基础设施和互联网服务，都高度依赖数据，将数据作为经济活动中的关键资源，并且数字市场需要通过数字广告服务货币化平台价值，因而数字广告有时也被认为是数字市场的下游部门。

数字市场的上游部门包括上游基础设施和互联网服务。上游基础设施是指支持数据传输所需的光纤和卫星等基础设施提供商，这些企业将这些设施出售或租赁给数字平台。互联网服务是指为数字交易提供服务的互联网服务供应商（Internet Service Provider，ISP）。ISP 为访问、使用或参与互联网提供大量的支持性服务，包括互联网接入、互联网传输、域名注册、网站托管、Usenet 服务和托管。

数据已经成为经济流程中的关键资源，是数字市场的一个重要投入要素，数据的获取和分析能够为数字市场参与者提供有用的信息，支持产品、流程或服务的开发和改善。通过将数据转换为有用的信息以进行更好的决策的业务链已经形

---

① 全球智库思想研究组．了解数字市场［EB/OL］．未央网，https：//www.weiyangx.com/404371.html，2022-04-23.

成，包括数据采集（提供新的数据源）、数据存储和仓库、数据建模和分析以及数据可视化。

数字广告是数字市场的下游部门。虽然现有对社交媒体、搜索引擎等市场的定义没有涉及（下游）数字广告市场活动，但数字广告显然是一些科技龙头企业最主要的收入来源。

13.2.3 数字市场的特征与结构

随着数字经济日新月异的发展，作为数字经济核心的数字市场也越来越受到社会各界的广泛关注，数字市场与传统商品市场具有与生俱来的差异，相对于传统商品市场，数字市场具有相当的虚拟性。因此，这一部分主要介绍数字市场的主要特征和基本结构，并为本章13.4部分分析数字市场的垄断倾向提供理论依据。

13.2.3.1 数字市场的主要特征

数字市场的交易活动一般具有以下六个特征，包括可移动性，对数据高度依赖性，网络效应和规模收益递增，互补性、兼容性和标准化，双边或多边性，以及高度集中和垄断倾向。

（1）可移动性。数字经济侧重于对无形资产（如软件、技术、设计和品牌等）的投资，对本地工作人员需求的减少以及很多情况下在服务器和其他资源位置的选择上具有灵活性，推动了业务功能的不断完善，最终实现了用户通过移动设备随时随地可以进行交易，无须限定在一个特定的地理位置或空间里进行当面交易。

（2）对数据高度依赖性。数字化、与基于云的基础设施的连接，以及更廉价的存储，使数字市场的参与者（如数字平台）越来越能够收集广泛的客户数据，从而从中获知消费者偏好，以进行有针对性的营销行动。此外，机器学习算法的不断改进，使得许多行业的公司越来越能够从数据中获得用于改进产品的信息。有了更好的产品，这些公司可以吸引更多的客户（或从现有客户那里获得更多的使用），从而获得更多的数据，这潜在地创造一个自我强化的循环，被称为数据的自我强化优势。数据的自我强化优势使得任何新进入者都难以竞争。

（3）网络效应和规模收益递增。在数字市场中，需求端存在网络效应，而供应端存在规模收益递减效应。网络效应是数字市场的一种典型的现象，即用户从消费某类产品或服务中获得的效用在一定程度上取决于其他人是否也使用这些产品或服务。当产品对客户的吸引力随着其他人使用该产品而增加时就出现了网络效应。例如，最初，互联网上的用户很少，因为它对上网以外的任何人来说都没有什么价值。然而，随着越来越多的用户接入互联网，他们产生了更多的内容、信息和服务。网站的发展和完善吸引了更多的用户相互联系和开展业务。

从供应端来看，拥有最大网络的公司有相当大的空间来实现规模回报递增。公司面临着开发和维护单一网络的成本，而这些成本可以分摊到大量且不断增加的产出上，从而降低平均成本。行业生命周期模拟了向增长阶段的过渡，部分取决于产品标准化。网络行业出现了更强大的标准化版本。作为行业标准，对于能够建立自己的网络或网络运行所必需的技术组件的公司来说，成本优势尤其显著。

（4）互补性、兼容性和标准化。互补性、兼容性和标准化是网络产业的共同特点。网络产业生产补充品，如火车和铁路轨道、相机和胶卷、计算机和软件、CD 播放器和CD，以及汽车和燃料。这些互补的产品必须彼此兼容，从某种意义上说，火车没有用处，除非它们适合轨道，如果想使用胶片相机，就需要胶卷。也就是说，互补的产品必须在相同的标准下运行。如果没有标准的量规、胶片尺寸或计算机操作系统，产品的标准化就无法实现，规模经济也就无法实现。

（5）双边或多边性。数字平台是数字市场的主要参与者，它可能拥有两个或两个以上不同的客户群体，并且在不同的情况下，这些客户的市场角色会发生变化，如淘宝的用户有时是买家，有时是卖家；移动电话用户有时是呼叫者，有时是接收者。在多个群体通过作为中介的平台进行互动的市场中，每个群体的决策都会通过正外部性或负外部性影响另一个群体的结果。因此，当用户浏览一个页面或点击链接时，这会为在那里显示广告的广告商创造一个积极的外部效应。而数字企业的收入不直接来自用户，而是来自向广告客户销售广告。

（6）高度集中和垄断倾向。数字市场的某些特征，如网络效应、规模收益递增和数据的自我强化优势，提高了数字市场的进入门槛，这使新进入公司很难进入数字市场并进行业务扩展，更难以与现已占据一定市场规模的公司进行竞争。这意味着，数字市场具有垄断或寡头垄断的倾向性，特别是在严重依赖网络效应的社交网络市场。

13.2.3.2 数字市场的基本结构

传统商品市场形成垄断往往需要较长的积累过程，有些垄断行业的生产需要巨大的前期设备投资投入，而且折旧时间长，固定成本有较大的沉淀性。与传统商品市场相比，数字市场因其赢家通吃、市场高度集中和“看门人”结构，具有更加明显的垄断倾向。

（1）赢家通吃。赢家通吃市场是指，仅比竞争对手的产品或服务质量稍微好一点，却几乎占据了该类产品或服务市场的全部收入份额（90%～100%）。换句话说，市场中最顶级的提供商的收入远远超过了其他竞争对手。最常见的传统市场例子，如娱乐界、体育界等，最优质的演员和运动员的收入会比稍差一些的高出很多。

（2）市场高度集中。在全球范围内，数字市场快速发展且高度集中。根据 UNCTAD 发布的《数字经济 2019》，数字经济的发展主要集中在中国和美国，这两个国家共同拥有全球超过 75% 的与区块链技术相关的专利，50% 的全球物联网支出，75% 以上的云计算市场。在全球 70 家最大的数字平台公司中，包括 7 家来自中美的“超级平台”，占全球数字平台公司总市值的 2/3，按规模排序依次是微软、苹果、亚马逊、谷歌、Facebook、腾讯和阿里巴巴。其中一些数字平台已成长为全球数字市场的“霸主”。

(3)“看门人”。大型数字平台掌控了主要的分销渠道，占有大量丰富的数据资源。由于这些数据资源过于封闭和集中，完全被主导数字平台控制，便形成了数据寡头，进一步强化了市场集中度和主导者的市场地位。2022 年初，欧洲理事会和欧洲议会就《数字市场法》(DMA) 达成临时协议，随后得到欧盟成员国代表的认可。《数字市场法》试图构建一个数字化的公平竞争环境，为大型在线平台(“看门人”)确立了明确的权利和规则，并确保没有任何一个平台可以滥用其优势地位。在欧盟层面规范数字市场将创造一个公平和竞争的数字环境，使公司和消费者能够从数字机会中受益。

13.3 数字市场中产品的定价策略

13.3.1 数字产品的成本结构与供需规律分析

随着互联网和数字技术的快速发展与普及，数字产品在我们生活中出现的频率越来越高，随着数字产品的日益丰富，数字产品的定价问题越来越引起人们的关注。要研究数字市场中产品的定价策略，首先要分析数字产品的成本构成和供需规律。

13.3.1.1 数字产品的成本构成

从数字产品提供商(生产商)的角度来看，数字产品的成本要素主要包括四个部分：生产成本(也称研发成本)、营销成本、服务成本和防盗版成本。

数字产品的生产成本是指数字产品在研究、开发和生产过程中物化劳动和活化劳动消耗的费用。物化劳动是指生产数字产品时投入的物质设备的折耗和生产数字产品时投入的数字信息材料的消耗之和。活化劳动是指数字产品需要投入的员工工薪成本。由于数字产品(如音乐、影视、软件产品)属于知识性产品，给予员工的工薪成本不同于传统的实物产品，因此数字产品一般具有前期投入费用较高的特点。数字产品的营销成本是指为了扩大数字产品市场占有率，提高其销售量而在分销渠道上所做出的努力水平。它通常包括通过电视、报刊等传媒所进行的广告投入；通过分销渠道专营(即在重要市场目标区域设置专卖点与培训点)所进行的投资；通过分销渠道联盟给予的折扣让利等。数字产品的服务成本是指数字产品提供商对数字产品开展售后服务时可能发生的各种费用。售后服务所发生的费用大小与数字产品消费者的素质高低成反比。消费者素质越高，数字产品提供商发生的售后服务成本越低，反之售后服务成本则越高。由于数字产品的易复制性，因此对于生产商来说，为了防止盗版产品在市场上的流通，必须对其研发的数字产品进行“防伪防盗”的技术保护，由此必然追加数字产品的总成本。

总之，在数字产品成本分析中，除了考虑其生产成本、营销成本、服务成本外，还应考虑数字产品的防盗版成本。数字产品的防盗版成本与实物产品的防伪防冒有着本质上的差别。

13.3.1.2 数字产品的供需规律

(1) 数字产品供给的影响因素。

社会信息需求。社会信息需求是影响数字产品供给的宏观基本因素。社会信息需求包括客观信息需求、现实信息需求和潜在信息需求。社会信息需求主要取决于科技、经济发展水平、国家信息化政策，以及公民的普遍信息意识等。不同国家、不同用户的客观信息需求的内容、数量、质量、形式和急切程度直接影响数字产品生产的品种、数量、质量和速度。客观数字信息需求是数字产品生产的导向和动力，没有客观数字信息需求，就没有数字产品生产的产生和发展，也就没有数字产品的供给。当然，客观信息需求和潜在信息需求必须转化为现实的信息需求，才能形成数字产品的供给，否则，数字产品只能被束之高阁。根据马斯洛需要层次理论，人的需求可分为五个方面：生理需求、安全需求、社交需求、尊敬需求和自我实现需求。人们要想满足各方面的需求就得从事各种活动，在这些活动中人们又必须获取各种信息，因此人对信息的需求是由总体需求引发的。如果将人们的需求分为基本的生存需求和高级需求，那么社会信息需求是人类生存所必需的一种间接需求和高层次需求。数字产品需求作为社会信息需求的一种，其需求的种类、数量、侧重点将直接影响数字产品供应的种类、数量和侧重点。

信息生产力要素。信息生产力是影响数字产品供给的制约因素。信息生产力是指信息劳动者、信息技术、信息工具、信息网络、信息科学理论与方法的总和。信息生产力通过对数字产品生产过程直接而强大的影响，间接地制约着数字产品市场的供给。信息劳动者、信息劳动资料（信息工具、信息网络等）、信息劳动对象（信息资料、信息载体等）是信息生产力的硬要素，其数量的增加和质量的提高，对数字产品的品种、数量和质量有着很大的直接影响；而信息劳动的管理和信息科学技术是信息生产力的软要素，有利于提高信息生产率，保证数字产品的质量，从而也对数字产品的供给带来一定的影响。如高素质的信息劳动者越多，数字产品的供给量就越大；信息科学技术的发展为数字产品生产提供了新工具和技术条件，必然增加数字产品供给量。

数字产品的价格。数字产品的价格是影响其产品供给的重要因素。价格越高，在其他因素保持不变的前提下，生产者的利润就越大，价格高的产品往往会得到供应商的青睐，具有较高的供应量；反之，价格较低的产品供应量也较低。当然，由于各种数字产品的供给价格弹性的不同，价格对其市场的影响也必然存在差异。

数字产品的公共物品属性。数字产品作为信息产品的一种，相应地也具有信息产品所特有的公共物品属性。公共物品属性主要表现为非竞争性和非排他性。非竞争性是指消费者把消费获得的产品给其他人使用，其他人不用支付边际成本，即同一单位的产品可以被多人消费，新增消费者使用该产品的边际成本为零。其含义包括：一旦某产品被提供，消费者的增多并不导致该产品生产成本的增加，也就是说，生产方无须追加投资来增加供给。非排他性是指一个人对某一产品的消费并不排除其他人对该产品的消费。其中包含不支付费用就可以使用该产品的“搭便车”行为。在数字产品的消费过程中，后使用者往往会先考虑自己能否从先使用者那里获得产品内容而不用付费。正是由于数字产品的公共物品属性，使得大量“搭便车”者存在。可见，数字产品的公共物品属性极大地限制了其在自由竞争市场中的供应量。

（2）数字产品需求的影响因素。

网络效应。网络效应一般被定义为：当消费同样产品的其他使用者的人数增加时，某一使用者消费该产品所获得的效用增量，即使用同一产品的消费者可以直接和间接增加其他使用者的效用，如电话、传真和互联网，以及人们所熟悉的即时通信产品，如腾讯 QQ、微信等。人们在选择使用何者时，总会考虑哪种用户多，这样的影响在消费者之间传递，网络效应十分明显。数字产品存在着互联的内在需要，这种需要的满足程度与使用者的规模密切相关，具有需求方规模经济的特征。从另一个角度讲，由于数字产品与一般物质产品相比，其使用价值具有明显的潜在性，只有真正使用过数字产品的用户，才能判断出该产品的好坏，而没有使用过的用户很难从外观等物理形态了解产品的功能和质量。因此，数字产品的消费往往要建立在其他消费者使用的基础上，后使用者受先使用者影响，这种影响不断积累便引起一种网络状连锁反应。用户这种在有限或不确定信息下参考或采纳他人信息的信息影响，通过用户个体的内在化过程产生真实的态度转变和行为。了解数字产品的方式既包括从一些网站、评论中获取，也包括口耳相传的传统的方式。在网络效应的影响下，用户购买一件数字产品的很大一部分原因将是：因为其他人也在使用。网络效应对消费者决策和行为的影响表现出跟随效应和从众效应。

西方经济学理论认为价格是影响需求的最重要因素。一般商品的需求曲线是一条自左向右下倾斜的曲线，这反映了需求量变动的规律：价格上涨，需求量减少；价格下降，需求量增加，两者通常按反方向变化。在网络环境下，数字产品总的需求曲线在需求水平较低时向上倾斜，在需求水平较高时向下倾斜。因为需求水平低、网络规模较小时，网络效应超过了价格效应，也即当产品的销售量小于临界值时，用户支付意愿随总需求的上升而上升。一旦网络规模超过一定数量（临界值）时，负的价格效应开始起支配作用，需求曲线变成向下倾斜的曲线。也就是说，当销售量一定时，用户的需求量随价格的下降而上升，这符合一般商品需求变动规律。

13.3.2 数字产品定价中传统定价方法失灵的原因分析

数字化发展的趋向是不但物质产品可以数字化，而且服务业也可以数字化。数字产品的范围非常广阔，而且还在迅速扩展。随着可数字化的产品越来越多，数字产品带来的问题越来越引起人们的关注，其中主要有数字产品的定价问题、数字产品的版权问题等。而数字产品的定价问题一直是个难题。理解数字产品定价的前提是了解传统定价在数字市场中失灵的原因。

13.3.2.1 市场经济中的传统定价方法

市场经济中常见的定价方法主要包括马克思主义政治经济学的“商品价值”定价法和西方经济学的“均衡价格”定价法，即边际成本定价法。

（1）马克思主义政治经济学的“商品价值”定价法。马克思的劳动价值论认为，商品的价值量是由生产商品的社会必要劳动时间决定的。“社会必要劳动时间是在现有的社会正常的生产条件下，在社会平均劳动熟练程度和劳动强度下制造某种使用价值所需要的劳动时间。”① 在实际情况中，商品价格与价值相一致只是一种偶然现象或者是一种理想状态。商品价格虽然以价值为基础，但引起商品价格变动的因素多种多样，比如市场上商品的供求关系、部门之间竞争所形成的平均利润等，因此，商品并不是总以商品的价值出售，而是围绕价值上下波动。

（2）西方经济学的“均衡价格”定价法。西方经济学认为，在完全竞争市场中，一种商品的均衡价格是指该种商品的市场需求量和市场供给量相等时的价格，商品的均衡价格是在市场上由竞争的供求双方自发地决定，此时厂商不享有定价权，只能被动地接受产品的市场价格。在不完全竞争市场中，垄断厂商可以通过控制市场供给量，从而影响市场的均衡价格，使其享有一定的定价权。此外，在有些情况下，垄断厂商会对同一种产品收取不同的价格，即价格歧视。价格歧视分为一级、二级和三级价格歧视。一级价格歧视是指垄断厂商对每一单位产品都按照消费者所愿意支付的最高价格出售；二级价格歧视是指垄断厂商对不同消费数量段收取不同的价格；三级价格歧视是指垄断厂商对同一种产品在不同的市场上（或对不同的消费群体）收取不同的价格。此外，生活中比较常见的定价方法还有两部收费制。两部收费制是指先向消费者收取一定数量的固定费用（如出租车的起步价、游乐场的门票等），然后再按消费数量向消费者收取使用费（如出租车在超过起步里程后的计程价、游乐场内单独收费的娱乐项目等）。两部收费制是与价格歧视有关但不完全等同于价格歧视的一种定价制度。无论是价格歧视还是两部收费制度，其定价所依据的基本原则依然是均衡价格理论。

13.3.2.2 数字产品定价中传统定价方法失灵的原因

互联网带来的市场环境与实物环境不同。数字产品的特殊性和网络环境的变化使数字产品的定价变得复杂。首先，数字产品定价的经济学基础同传统产品定价的经济学基础相比发生了巨大变化。其次，数字产品特殊成本结构的特殊性使传统定价理论不再适用。一方面，数字产品的成本特性、产品多样性（差别化）给厂商的定价策略的选择提供了广阔的空间；但是另一方面，其特殊性也给其定价带来困难。在数字产品的定价

---

① 资本论（第1卷）[M]. 北京：人民出版社，2004：52.

中，数字产品本身的特性使得传统的供求平衡的经济学规律难以适用，或者说不再起决定性作用。数字产品定价中传统定价方法失灵的原因主要有：

（1）数字产品的网络外部性。所谓网络外部性，是指当一种产品被更多的人使用时，它的价值就会增大。网络外部性并不是网络经济所独有的特征，事实上，只要是网络系统都存在网络外部性，如电话系统，如果没有人使用电话，它的价值就很小，但如果大家都用它，它的价值就很大。

（2）数字产品成本结构的特殊性。数字产品易复制性的优点集中在数字产品能被轻易复制、储存或传输，使得数字产品的生产形成其高固定成本、低边际成本的特殊成本结构。生产第一份数字产品花费的成本非常高，但以后生产（或复制）此产品的成本几乎可以忽略不计。

（3）数字产品需求曲线及供给曲线的变化。传统经济学中，需求曲线是向下倾斜的，消费者对某一商品的需求是随着价格的降低而增加的。而由于网络外部性的存在，某个数字产品对消费者的效用随着该产品的其他使用者数量的增加而增加，强调价格与数量的正相关性。事实上两者并不矛盾。传统的需求曲线描述了一个静态的单期行为，反映了价格对需求数量的影响。而网络外部性的存在使消费者决定是否购买该产品时，不仅要考虑该产品现有的用户规模是否足够大，而且还要据此预测该产品未来的用户规模是否会继续扩张。

（4）数字产品市场供求均衡的打破。均衡理论是西方经济学最基本的理论，经济学的各个领域都离不开均衡思想。如传统产品市场上价格、数量的决定就是供求均衡分析的一种结果。由于边际效用递减规律，需求曲线向右下方倾斜，而边际成本递增效应又使供给曲线向右上方倾斜。

对于一般商品而言，局部市场均衡点（马歇尔均衡）是唯一的、确定的，是需求曲线和供给曲线的交点。可见均衡原理产生的实质是消费者的边际效用递减和厂商的边际成本递减，它产生的是一种负反馈机制，使产品的市场移动和市场份额最终能达到一种可以预见的均衡。而在数字产品市场中，通过前面对市场中供给与需求的分析已知，传统的需求曲线和供给曲线在数字产品市场中并不是恒成立的。在网络经济学下，占主流地位的是规模报酬递增现象，它会导致正反馈，使经济中出现了许多可能的均衡点。首先在需求方面，由于网络外部性的作用存在需求方规模经济；其次在供给方面，高固定成本和低边际成本使供给方规模经济在更大市场上延续下去。这样，需求方规模经济和供给方规模经济有机地结合起来，其结果形成了超强的正反馈效应。

13.3.3 数字产品的定价策略

数字产品具有与传统产品不同的物理和经济特征，这就决定了数字产品不适合采用边际成本定价策略，而更适合采用市场价值定价策略，主要包括个性化定价策略、群体定价策略、版本划分策略、转换成本与锁定策略。在分析数字产品的定价策略之前我们首先分析数字产品的销售特点。

13.3.3.1　数字产品的销售特点分析

数字产品具有与传统产品不同的特征，也就意味着数字产品在数字市场中的角色也会与传统的产品大为不同。在介绍数字产品定义和分类的基础上，这一部分主要分析数字产品销售特点。

（1）工具和实用产品。因为工具和实用产品大多数都是能通过网络下载的软件程序，那么数字产品的价值将会在使用产品的过程中完全传递给消费者。此类产品几乎很少出现重复购买，除非是升级到一个新的版本，这样使得卖方获得的收入很分散，甚至很有限。

（2）基于内容的数字产品。同工具和实用产品一样，消费者能够通过网络下载基于内容的数字产品，所以，此类产品具有和工具类产品同样的价格和营销的问题。卖方几乎控制不了消费者在购买后的使用行为，也很难阻止消费者之间的再次出售等问题。

（3）在线服务类产品。在线服务的一个最大特点就是交互性，消费者通常在接受服务时需要发送交互性的请求并且接收交互性的回应。对于服务提供商来说，交互性主要体现在以下几个方面：第一，商品的价值是在不断的交互中得以传递的。一次性支付、分期付款、使用时付款等付款方式都可以运用在此类产品中，定价上可以很灵活。第二，再次出售的问题几乎不会在此类产品中出现，因为消费者很难或者几乎不可能保留或者复制整个服务的过程。

13.3.3.2　数字产品的定价策略

数字产品的成本结构特征表现为：研究与开发（R&D）成本高，生产制造成本低；生产过程中固定成本高，变动成本低；销售过程中生产成本低，销售成本高。总之，数字产品的沉淀成本高，边际成本低。由于数字产品具有边际成本低的特征，如果厂商对数字产品采用边际成本定价法，就可能会导致销售收入无法抵销前期大量的 R&D 投入而产生亏损。数字产品的这种成本结构特征决定了它与非数字产品的成本定价方式相比更适合市场价值定价。

首先，与传统制造产品不同，数字产品使厂商几乎不受折旧和持续生产能力的限制，厂商易于形成边际报酬递增效应。因此，数字产品厂商一般不需要像传统工业厂商那样极力寻找规模经济的平衡点。其次，与传统制造产品不同，消费者对同一数字产品的需求呈现更强的多元化，对同一产品具有离散性更强的预期价值。数字产品的以上两个市场特征，使数字产品厂商不适合采取以生产者为导向的定价策略或成本定价，更适合采取以消费者为导向的定价策略或价值定价。数字产品也存在成本定价的情况，但相对传统产品的成本定价而言，数字产品更适合价值定价。数字产品不是成本决定价格，而是产品对用户的价值（或效用）决定价格。

（1）个性化定价策略。由于数字产品具有可改变性，使得厂商可以进行数字产品定制化和个性化。这样，对数字产品可以采用个性化定价策略。即根据顾客的地理位置、人口特征、收入特征以及顾客对数字产品的认同程度，为每一顾客制定一种价格，向每一位顾客收取的数字产品价格刚好等于其意愿支付。例如，网上数据供应商几乎对每位顾客的要价都不同，价格取决于组织的大小、使用数据库的时间（白天、晚上）、使用数据库的数量（随量打折）、使用数据库的种类、使用数据库的方式（打印出来或在屏幕上看）等。

（2）群体定价策略。数字产品市场往往存在两类消费者，一是性能理性型消费者，二是价格理性型消费者。当市场存在性能高、价格高的产品和性能低、价格低的产品时，性能理性型消费者倾向于选择前者，而价格理性型消费者倾向于选择后者。也就是说，性能理性型消费者对于数字产品性能的敏感性或偏好高于价格理性型消费者；价格理性型消费者对于数字产品价格的敏感程度高于性能理性型消费者。在这种情况下，可以采取群体定价策略。对性能理性型消费者群体制定较高的数字产品价格，而对价格理性型消费者群体制定较低的数字产品价格。例如，网上免费的股票报价信息通常都是滞后 20 分钟或更长时间的报价，如果消费者期望获得实时报价信息，就必须向网站交纳一笔注册费。这种差别定价是基于不同的消费者获取报价的愿望不同而实行的。目前，极少有网站对报价单独索取费用，而是将报价作为整体收费服务的一个组成部分。那些单独提供实时股票报价的网站则通常是免费的。之所以会出现这样的竞争格局，是因为网站之间开展争夺顾客点击率的竞争。

（3）版本划分策略。在缺乏精确的客户资料的情况下，数字产品厂商根据不同类型顾客的需求提供不同的版本，为不同版本制定不同价格，为顾客提供一个产品系列，让顾客选择最适合自己的版本。版本划分的原则是：完整的产品系列，为顾客创造的总价值最大；强调顾客差异，从所创造的价值中获取最大的利润。版本划分的要素包括顾客对不同信息需求的急迫程度、用户界面与用户的经验、便利性、图像分辨率、操作速度、灵活性、容量、特征和功能、完整性等。版本划分太少无法对市场进行细分，但太多厂商需要额外的成本，还可能把顾客搞糊涂。回避极端是较好的策略，因为大部分消费者认为选择产品系列的最高端和最低端都是很危险的，定位折衷的产品会使厂商获得更多的购买者。在产品系列中增加一种高档产品不一定会使该产品本身销量很好，但是，它确实改变了购买者对产品系列中的低价产品的看法，并且影响低端顾客向高端产品靠拢。一般情况下，默认版本数量为三个版本。为避免版本之间的相残，可以采取降低高端产品的价格使其更具市场潜力，降低低端产品的质量使其吸引力更小的策略。

（4）转换成本与锁定策略。转换成本指消费者用一种商品取代原来消费的商品时所产生的成本。数字产品的转换成本可能表现为产品淘汰的机会成本、技术培训成本、时间成本、心理成本等。或者说，消费者在不同数字产品之间进行变更的选择会增加消费成本，因为从未消费过的产品可能具有质量不确定性，与新的供应商之间存在交易成本、心理接受成本、了解新品牌的时间成本、磨合的合作成本等。所以，厂商在对数字产品定价时，可以利用转换成本来锁定消费者。

13.4 数字市场的治理与完善

13.4.1 数字市场与平台垄断

随着全球数字经济的持续高速增长，以互联网为依托的线上线下市场要素和市场力量不断集聚，超级平台从市场要素发展为要素与市场的联合体。在互联网市场动态竞争的场景下，现行反垄断法规制的目标、逻辑及方法正面临巨大挑战。

13.4.1.1 数字市场的进入壁垒与平台垄断的形成

数字市场具有垄断或寡头垄断的倾向性。数字市场的特征和结构是导致垄断的根本原因，尤其是数字市场的网络效应、规模收益递增等特征以及用户的高转换成本、数据的自我强化等特性，是在位企业阻碍潜在竞争者进入的最重要工具，这是数字市场倾向于形成进入壁垒，造成市场垄断的根本原因。分析数字市场的进入壁垒是研究平台垄断格局的基础，可以从以下几个方面来探究。

（1）网络效应。数字市场具有强大的网络效应（network effect），使其容易形成集中和垄断的结构。当产品形成一个网络时，这种对市场参与者的影响被称为网络效应。网络效应有两种类型：直接效应和间接效应。在具有直接网络效应的市场中，使用产品或服务的人越多，该产品或服务对其他用户的价值就越高。相反，当更多地使用一种产品或服务形成一种新的标准并增加第三方投资开发兼容技术的动机时，就会产生间接的网络效应，而这反过来又会加强原始产品或服务在用户中的受欢迎程度。根据梅特卡夫定律，一个网络的价值等于该网络内节点数的平方。在线平台显示出强大的网络效应，因为它们连接着不同的细分市场，例如，像亚马逊、淘宝、京东和拼多多这样的在线商务平台连接买家和卖家。与社交网络一样，亚马逊、淘宝、京东和拼多多市场的价值随着更多用户——包括卖家和买家——参与该平台而增加。更早进入市场或因为通过颠覆性创新而获得更多资金、技术优势的数字平台，会因为先发优势而在竞争中占据更有利的位置，而不断出现马太效应。

（2）高转换成本。高转换成本为潜在的市场进入者的另一个障碍，当转换成本很高时，用户将被“锁定”在现有公司，而不是转向他们更喜欢的产品或服务所在的公司。当大型技术平台的用户转换成本很高时，则不容易失去现有用户，也因此更能够维持市场支配力量。搜索和社交媒体平台（如谷歌和百度、微信和 Facebook）都具有高转化成本的特征，即用户很难（甚至可能无法）将自己的数据迁移到竞争平台。数字经济条件下锁定效应普遍存在，导致数字产品或服务更换的转移成本较高，即通过路径依赖让用户习惯于一个经营者的产品和服务，在不付出高昂的转换成本的前提下无法使用另一个经营者的相类似产品，基于此，数字经济领域相比传统行业更容易成为一个寡头垄断的市场。

（3）规模收益递增。规模收益递增是数字市场的另一个特征，这使得数字市场容易走向集中和垄断。与传统经济不同，随着数字复制品的数量不断增加，复制效率不断提高，其边际成本无限下降并趋近于零，平均单位成本随销量增加而降低。由于进入这些市场需要大量的前期投入成本，那些当前已经具备较大规模的企业更受青睐，新公司很难进入市场并挑战现有大型企业，这使之倾向于集中和垄断。同时，享有规模经济效应的公司可以利用产品生态，以更低的成本将业务扩张到邻近市场。比如一家企业具有足够的技术实力以获取丰富的用户数据，那么将这种优势应用到一个新市场的成本相对较低。

（4）数据的自我强化。数据的积累可能成为进入数字市场的一个强大障碍。数据让公司能够精准定位广告，通过更好地了解用户参与度和偏好来改善服务和产品，并更快地识别和开发新的商业机会。就像网络效应一样，丰富的数据积累具有自我强化性。能够更好地获取数据的公司可以利用这些数据更好地定位用户或提高产品质量，吸引更多用户，进而产生更多数据——这是一个有利的反馈循环。在当前数据获取、使用和保护等相关法律规范还不完善的情况下，主导平台滥用数据的行为可能会加快数字市场的集中，迅速强化大平台对市场的支配力，造成更恶劣的市场排挤和限制竞争的行为。数据是平台竞争的关键要素，数字平台之间的竞争主要围绕数据展开，或者因数据争夺而产生竞争问题，数据封锁便成为突出的竞争问题，平台寡头格局之下的数据封锁容易造成进入壁垒。

在分析数字市场的结构时，我们知道赢家通吃是数字市场的一个重要结构特点之一，即如果某一个公司的产品或服务仅比竞争对手的质量稍微好一点，那么这个公司就能占据该类产品或服务市场全部收入份额的绝大部分。产生赢家通吃现象的原因主要是强大的网络效应、较高的用户转换成本、数据的自我强化优势以及规模收益递增等特征，使数字市场也倾向于赢家通吃的经济模式。许多技术市场倾向于垄断结构，即由一家或两家公司独霸市场。但是，赢家不可能永远都是赢家，威胁还是存在的，只是已占有主导地位的公司不会被取代，只会逐渐被新兴技术和市场淘汰。

13.4.1.2　平台垄断的基本形式与影响

数字平台所具有的相关特性，使其垄断的表现形式与传统经济下垄断的表现形式有很大不同。数字平台的垄断形式主要表现为要素的垄断和市场的垄断。其中市场的垄断形式主要包括数据垄断行为、算法歧视动态定价行为、捆绑搭售行为、限制性交易行为、杀手并购行为、自我优待行为等。

（1）数据垄断行为。数据垄断行为是要素垄断的主要体现形式，具体表现为，如QQ、微信等封禁抖音链接，拒绝为其开放数据接口；淘宝不支持微信支付等。这种垄断行为对竞争的破坏主要体现在：①通过对数据的垄断，进一步巩固了其市场地位和竞争优势；②建立起数据壁垒，排除竞争；③滥用数据、阻碍数据共享；④利用数据优势搭建信息茧房，获取消费者的注意力。

（2）算法歧视动态定价行为。算法歧视动态定价行为具体表现为，如旅游巨头Expedia旗下的订票网站Orbitz对用户使用不同的电脑实行差别化定价；亚马逊销售的DVD在新旧用户之间有价格差异。这种垄断行为的影响主要体现在：①利用数据算法对消费者进行差别化定价（大数据杀熟），严重损害了消费者的合法利益，破坏了市场公平竞争；②利用大数据熟知每个消费者的保留价格，实行“千人千价”，将消费者剩余全部攫取。

（3）捆绑搭售行为。捆绑搭售行为具体表现为，如Google要求安卓手机制造商将Google设为默认搜索引擎并在设备中预装Chrome浏览器；腾讯QQ捆绑搭售腾讯电脑管家、应用宝等软件。这种垄断行为的影响主要体现在：①侵犯了消费者的合法权益（知情权、自主选择权以及公平交易权）；②排斥其他竞争者；③增加消费者的注意力成本。

（4）限制性交易行为。限制性交易行为具体表现为，如电商、外卖等平台实施“二选一”行为。这种垄断行为的影响主要体现在：①损害了平台经营的自主选择权以及经济利益；②侵害了消费者的合法权益；③阻碍了生产要素的自由流动；④降低了资源的配置效率；⑤抑制了平台的创新发展。

（5）杀手并购行为。杀手并购行为并购的对象主要为初创企业，如Google收购Nest、Facebook收购THB等。这种垄断行为的影响主要体现在：①通过收购与其产品或业务存在较高重叠性的创新型企业，减少了竞争者的数量，进一步巩固其垄断地位；②可能会错失熊彼特式的创新；③减少了消费者的选择机会。

（6）自我优待行为。自我优待行为具体表现为，如亚马逊利用平台优势发现热销产品，以自营商品占领市场。这种垄断行为的影响主要体现在：①违反了市场公平竞争原则；②利用市场优势实行差别对待；③损害平台内经营者的利益。

13.4.2 数字市场反垄断治理的必要性与风险挑战

进入新世纪以来，世界范围内的互联网企业迅猛发展，互联网巨头开始涌现。这些科技巨头引起了越来越多的关注，甚至屡屡曝出丑闻，被社会各界所批评。Facebook于2018年3月被曝出超过5亿条用户数据泄露，继而被调查发现其存在对用户数据的滥用及缺乏必要的安全和隐私保护等问题。其后，Facebook也被当局指责，利用大数据技术精准投放广告来操控大选。在中国司法辖区内也有很多典型的案例，例如腾讯和360之争、电商平台“二选一”问题等，在这些案例中互联网巨头一些非传统的反竞争行为也受到诟病。针对互联网巨头的批评就像是一根导火索，世界各主要司法辖区，包括美国、中国和欧盟等，纷纷展开对产业经济、反垄断法、市场监管和竞争政策的全面再评估。

13.4.2.1 数字市场反垄断治理的必要性

当前，大规模、聚合性的数字经济平台不断发展，在加速释放经济增长新潜能的同时，也要清醒地看到在不同领域出现了一系列多维度、广应用、隐蔽性强的垄断行为。这些新问题与传统工业化时代的市场垄断、自然垄断、行政垄断等垄断形式有很大差异，不仅对数字经济平台健康有序发展造成影响，而且对线上线下市场竞争秩序的维护带来诸多严峻挑战。总的来说，数字市场中平台垄断对数字经济发展的影响还可以体现在以下几个方面。

（1）抑制创新和创业。垄断的技术市场拥有很高的市场进入壁垒，阻止了新兴创业者进入市场并进行业务扩张，这直接导致了新的想法和模式被扼杀在萌芽期，最终延缓了产品和服务的提升与迭代。创新和创业精神也随着垄断势力的不断加强而被削弱。风险投资者普遍认为，在过分集中或垄断的数字市场中，规模经济和网络效应是非常难以克服的障碍，这使得风险投资者认为投资新进入者不是好的选择，因而他们会尽量避免向新进企业家，以及将要与主导公司形成竞争的其他公司提供资金。这种现象又被称为“创新扼杀区”，即由于风险投资者不愿意向新进入者提供资金，而导致强大的垄断公司能够得以免受竞争压力。

（2）隐私和数据保护下降。持续收集和滥用消费者数据成为数字市场中拥有市场支配力的一个标志。平台是用户得以访问到日常产品和服务的主要媒介，在这个过程中，平台能够收集到越来越多的用户行为数据。在没有充分竞争的情况下，企业能够收集到更多的数据，从而进一步巩固其市场实力。由于在线持久数据收集通常是隐蔽的，因此比较不同产品和服务的隐私成本更加困难。消费者基本上不清楚公司的数据收集做法——一般以密集而冗长的形式披露公开。此外，操纵性设计界面也已成为一种普遍的工具，通过这些被称为“暗模式”的行为，推动了在线跟踪和在线广告市场的发展，以增强公司在电子商务领域的市场实力和竞争力。

（3）可靠新闻源的消亡。通过传统的新闻经营模式而报道的新闻通常具有很高的可靠度，然而，近年来新闻消费在很大程度上已转向内容聚合模式，平台通过该模式整合来自多个新闻源的内容。新闻出版商不得不参与内容聚合，特别是那些由主流平台运营的内容聚合，因为聚合商使用新闻出版商的内容确实会给新闻出版商带来大量流量。为了获取流量，必然会引起可靠新闻源减少的风险。超级数字平台越来越作为新闻和信息的扩散渠道，意味着可靠的信息可能会越来越少，随之而来的可能是越来越多的虚假的和误导性信息，以及越来越多的人们从社交媒体上获取本地新闻。

（4）影响经济自由度和政策决策。主导平台可能对经济和政治的自由度产生负面的影响。对经济的影响主要体现在主导平台对市场参与者进行的报复行为。比如，主导数字平台为了维护自己的市场地位而对竞争对手展开较极端的排挤行为。例如，腾讯曾因一些第三方小程序过于受欢迎而将其复制和封禁。主导平台对政府政策决策的影响力主要体现在主导数字平台对政府的游说活动明显增加。更多的游说活动可能会给公司带来更高的股本收益和市场份额，而这反过来可能会刺激更多的游说。除了传统上报道的和监管的游说活动以外，主导平台还为智库和非营利性宣传组织提供资金，以指导政策讨论。

13.4.2.2 数字市场反垄断治理的困境与风险挑战

在数字经济时代下，数字市场反垄断面临新的挑战，大型数字平台携数据、资金、网络等多重优势构筑难以撼动的市场地位，通过实施自我优待、数据不当合并、数据不兼容、施加不公平交易条件等不当行为攫取垄断利润。然而，传统的反垄断治理和监管策略已不能对数字市场中的平台垄断行为进行有效约束，在平台垄断治理领域出现诸多困境与挑战，集中表现在以下四个方面。

（1）传统反垄断标准不再适用。在数字经济时代，市场支配地位的认定不能单纯地依靠传统经济中的市场份额指标。全行业商业生态的建立是数字经济平台发展的重要趋势，跨市场、多行业的经营使得难以建立起普适性标准来统一核算平台企业在不同行业的市场份额，更有单个行业市场份额弱势但整体商业生态处于垄断态势的可能。“垄断高价”并非数字经济平台垄断行为的唯一主要表现。传统经济常以是否制造垄断高价作为衡量标准，而数字经济平台往往通过免费或价格补贴的形式取得垄断地位，垄断地位一旦形成，数字经济平台企业将通过提高商品价格、降低产品质量或“千人千价”等手段弥补初期亏损以及巩固自身垄断地位。

（2）算法优势阻碍反垄断规制。数字经济平台常利用算法的技术优势进行不公平竞价排列，一是优先展示平台偏好的产品或服务；二是以算法制定“自我优待”策略，提高竞争对手的相对成本，阻碍其获得平等的竞争机会。数字经济平台常通过滥用数据控制权进行不公平数据信息限制以阻碍竞争对手获取数据，并且通过限制用户与竞争对手的连接阻碍其他企业的正常经营活动，常见的手段有屏蔽竞争对手数据入口、限定消费者选定商品之后的支付方式等。数字经济平台还常通过设置不公平的数据准入门槛进行数据信息限制，率先进入市场并建立数据接口以此垄断其他企业进入市场的路径，从而占据市场份额、降低竞争程度，维持自身垄断地位。以上的垄断行为具有较强的隐蔽性，传统的监管手段难以捕捉。

（3）垄断策略高度组合增大监管难度。伴随着互联网技术、算法算力的不断超越和颠覆，数字经济平台竞争更加激烈，平台淘汰更新的速度远快于传统经济。高竞争性催生了数字经济平台垄断策略的高度组合，针对用户的垄断策略主要有“大数据杀熟”、指定支付手段、平台“二选一”以及拒绝协议则不能使用的“强盗式”隐私协议等；针对竞争对手的垄断策略则主要有准入标准歧视、掠夺性低价、屏蔽竞争对手数据接入口，以及大规模横向、纵向兼并和对角兼并，并且在算法算力支撑下对多种垄断策略进行动态调整，以规避传统经济条件下的垄断标准，给反垄断部门的调查取证带来新的挑战。

（4）反垄断工具落后于垄断实践。近年来，数字技术的高渗透性使得数字经济平台的经营范围逐渐扩大，并且呈现生态化的垄断趋势。数字经济平台垄断行为愈加复杂，逐渐显现出产品或服务零价格的混淆性、行业界限的模糊性、捆绑搭售行为的难判定性等特性，这给政府监管部门的工具箱储备以及治理能力提出了新要求。尽管近年来国内外反垄断监管机构都高度重视数字经济平台反垄断问题，然而由于缺少精准有效的反垄断工具，无法切实地实现反垄断“高悬之剑”的职能，监管效率较低。

13.4.3 数字市场反垄断治理探究

我国反垄断与欧美国家相比起步较晚，理论体系尚不完善，因此近年来美国关于反垄断理论的“大争论”对我国反垄断实践具有重要的借鉴意义。

13.4.3.1 美国反垄断理论的“百家争鸣”

近年来数字经济的发展给反垄断和竞争政策带来了巨大的挑战与争论。从反垄断理论的历史来看，美国的反垄断理论先后经历了重视市场结构集中对民主政治的影响的布兰迪斯学派、强调市场结构集中会损害市场效率的哈佛学派、主张反垄断不应关注市场结构而应以提高效率为目标的芝加哥学派、进一步提出反垄断应以提高消费者福利作为目标的后芝加哥学派、重新强调市场结构在反垄断中的重要性的新布兰迪斯学派的轮回。

（1）布兰迪斯学派。布兰迪斯学派是最早的一个成熟的反垄断思想流派，诞生于第二次工业革命末期的美国，脱胎于对彼时托拉斯问题的应对，布兰迪斯学派最能理解也最为反对垄断者以及垄断状态给经济和社会带来的危险，是反垄断思想史上最早的结构主义者，并且对哈佛学派有较深刻的影响。布兰迪斯学派主张通过反垄断立法和行政手段，防止垄断者的出现、控制垄断力量，实现保护经济民主、促进生产活动的公平参与、保护小企业和普通劳动者等经济和政治目标。布兰迪斯学派“规制性竞争”的思想没有得到主流经济学界的承认，也没有系统的理论进行支持，所以其应用，尤其是在数字经济中的应用仍然条件不足。但作为法学流派之一的布兰迪斯学派可以给反垄断经济学带来新的思考，其丰富的经济学思想、对市场经济独到的认识也对后来的一些宏观经济思想流派产生了影响。

（2）哈佛学派。哈佛学派是由一批经济学者组成的学派，20 世纪 30 年代由梅森教授在哈佛大学发起，他们主要围绕市场竞争过程中的市场结构、市场行为及其市场绩效进行研究。哈佛学派提出调整市场结构是反垄断最重要的环节，政府应该通过自己的力量干预市场，将市场结构调节到合理状态从而保证最佳的市场绩效。哈佛学派不仅支持政府对市场经济的干预，而且还为政府的干预提供了理论依据。“二战”以后哈佛学派的观点对美国反垄断政策产生了重要影响。

（3）芝加哥学派。芝加哥学派是 20 世纪 60 年代兴起的一个学派，它对哈佛学派提出的结构决定绩效的理论提出了批评并逐渐取代哈佛学派占据了主流地位。芝加哥学派以“效率”为中心因而又被称为“效率学派”。芝加哥学派认为，不能简单地认为企业规模的扩大和市场份额的提高就是垄断。相反，如果过分重视市场势力而忽视效率方面的因素，实际上并不是保护竞争，而是保护了竞争者，使得低效率的竞争者仍然能够在法律的保护下继续生存，从而损害了社会价值。因此，应该更多地注意企业行为和效率的关系。企业规模的扩大和生产的集中与垄断之间并没有必然联系，判断企业行为的原则应该是效率是否得到了提高。从芝加哥学派的角度来看，许多企业规模的扩大都是和效率相关的，因而不应该受到反垄断的指责。芝加哥学派具有行为主义倾向，其反垄断的理念是尊重市场竞争机制，尽量减少干预，而非保护竞争者。20 世纪 70 年代后芝加哥学派对美国反垄断政策的目标和实施产生了很大影响。

（4）后芝加哥学派。针对芝加哥学派不能简单地认为企业规模的扩大和市场份额的提高就是垄断的观点，后芝加哥学派提出质疑。后芝加哥学派指出，市场份额和市场集中度可以提供关于竞争状况的大量信息。此外，与芝加哥学派效率优先的反垄断目标不同，后芝加哥学派认为反垄断法的目标应该在于阻止财富转移，即阻止垄断企业将消费者福利转移为自身的垄断利润，并从理论上证明了将消费者利益作为反垄断首要目标的重要性。同时，后芝加哥学派抓住现实市场经济中信息不完全的本质特征，应用信息经济学的新成果，揭示了现实中市场机制本身的缺陷，证明了反垄断法存在的必要性。可以说，后芝加哥学派的反垄断思想既有坚实的理论基础又能准确地反映现实经济过程。后芝加哥学派在目前还不是一个统一的替代范式，在许多方面并没有取代芝加哥学派的方法，芝加哥学派更依赖于具体事实的方法将使反托拉斯判决更加困难。

（5）新布兰迪斯学派。在美国，近年来诞生了一个新的反垄断学派——新布兰迪斯学派，新布兰迪斯学派并不能算一个全新的学派，只是布兰迪斯学派的一个继承者。新布兰迪斯学派呼吁对互联网巨头企业施以严厉且激进的监管，其政策主张最激进、改革主张最彻底。新布兰迪斯派反对经济集权、呼吁经济民主，主张严厉监管大企业，呼吁保护小企业，严厉批判现有反垄断体系，呼吁恢复布兰迪斯时代的旧制。新布兰迪斯学派认为反托拉斯仅仅是反垄断的一部分，效率标准不该是反垄断的唯一标准。他们认为反垄断审查应该以竞争结构和竞争过程为中心，而不是以市场表现或经济账面底线为中心。社会平等与经济民主是更加重要的反垄断目标。新布兰迪斯学派特别关注和保护小企业的利益，既强调个体在经济活动中的平等参与，也强调平等的再分配。

13. 4. 3. 2　数字市场反垄断治理的国际经验

为了有效应对平台垄断和数字经济发展带来的新问题，全球主要国家和地区正加速推进反垄断法的修订。德国最早启动了修法进程，其在 2017 年对《反限制竞争法》进行第九次修订时，便规定了认定多边平台经营者市场力量的方法，在经营者集中控制制度中新增基于交易额的申报门槛等内容，成为世界上第一个明文规定“数字市场反垄断法”的国家。仅在 3 年后，德国便发布《反限制竞争法第十修正案（草案）》。该草案针对经营者集中控制、滥用市场支配地位等内容再次进行了修订，及时回应互联网平台垄断带来的新挑战。英国、法国等主要欧洲国家也在积极推进数字经济领域的反垄断修法调研。一些发展中国家也试图通过修订反垄断法，适应本国的转型发展和数字经济时代的到来。例如，印度在2020年发布了《竞争法（修订草案）》，其中涉及对经营者集中控制申报门槛的规定，印度竞争委员会（Competition Commission of India，CCI）可出于公共利益的需要，制定基于交易价值或交易规模或任何其他标准的经营者集中申报门槛，其目的在于强化对数字市场的经营者集中审查。

欧盟在2015年5月正式通过"数字单一市场"（Digital Single Market，DSM）的战略规划，旨在消除欧盟成员国间不必要的监管壁垒，确保消费者和企业接受更好的数字商品和服务，最大程度地激发欧洲数字经济的增长潜力。在欧盟2019年发布的《数字时代的竞争政策》报告中，就如何实现欧盟反垄断法的现代化提出若干见解。报告认为，数字市场的特殊性（主要包括极高的规模回报、网络外部性、数据的重要作用）打破了错误成本和实施成本之间的平衡，因而需要对既有的规则作出调整，例如重新定义和分配举证责任，为所有数字平台制定一套全面的新规则等。经过多番调研与多次论证，2020年12月15日，欧盟委员会正式公布了关于《数字服务法》（Digital Service Act，DSA）和《数字市场法》（Digital Market Act，DMA）的提案，成为专门规范互联网平台的现代化立法，并构成欧洲数字战略的核心内容之一。《数字服务法》（DSA）是对欧盟2000年发布的电子商务指令（e – Commerce Directive）的更新，旨在提高在线平台规则的透明度，更好地保护消费者权利，促进数字单一市场中的创新、增长和竞争力提高。DSA的适用对象包括提供网络基础结构的中介服务主体、托管服务主体和在线平台等，依据各类主体的规模、影响力的差异，DSA新增了与之相称的规则义务。《数字市场法》（DMA）旨在确保公平和开放的数字市场，通过建立一套狭义的客观标准，使大型在线平台具有所谓的"看门人"资格和特殊义务，从而保障创新者和技术初创企业拥有新的机会在平台经济领域开展竞争与创新，消费者也将有机会选择更多更好的平台服务。被指定为"看门人"的平台企业，必须遵守DMA第五、第六条所规定的禁令和义务，例如禁止实施自我优待的服务，确保与其他平台的互操作性义务，根据隐私规则允许其业务用户访问在使用"看门人"平台时生成的数据，为平台上投放广告的公司提供必要的工具和信息以使广告商和发布商能够对"看门人"托管的广告进行自己的独立验证，允许其业务用户推广其服务并与"看门人"平台之外的客户签订合同，等等。

13.4.3.3 数字市场反垄断治理的中国探索

为了有力回应平台经济发展对《反垄断法》带来的挑战，我国应加快推进数字经济维度的《反垄断法》修订和配套法律制度的完善。鉴于目前的平台垄断问题并未对《反垄断法》的整体框架产生颠覆性的变革，我国《反垄断法》的修订应采取审慎的立场，优先考虑执法实践中迫切需要解决的问题，为执法机关处理新型垄断行为提供明确的法律依据，对于国际上尚未达成普遍共识的条款不应急于纳入修订范围。基于这一立场，我国《反垄断法》的修订主要在以下方面体现对平台经济的考虑：一是在垄断协议规章制度中适当考虑算法共谋问题，将其作为协同行为加以规制；二是增加对经营者市场支配地位认定的考虑因素，基于互联网平台企业的特点，将网络效应、锁定效应、市场创新、数据掌握和处理能力等因素纳入考虑范围；三是完善经营者集中申报标准制度，在目前营业额标准的基础上引入交易额标准，加大数字市场并购交易的审查力度。针对平台经济领域不断涌现的新问题、新挑战，还可以通过制定和完善更具灵活性、阶段性、针对性的反垄断指南和配套规章等予以应对。

平台、数据、算法等新竞争业态和要素在《反垄断法》上得以有效规制，需在价格竞争等传统工业经济的基本原理和因素之外考虑新的原理和因素。2018 年 8 月《电子商务法》有关竞争条款与目前《反不正当竞争法》和《反垄断法》相关条款配套，形成了数字经济的反垄断和竞争的立法体系，而国家市场监督管理总局于 2020 年 1 月 2 日发布的《〈反垄断法〉修订草案（公开征求意见稿）》第二十一条第二款亦将平台和数据等因素纳入分析框架：认定互联网领域的经营者具有市场支配地位，还应当考虑网络效应、规模经济、锁定效应、掌握和处理相关数据的能力等因素。国务院办公厅 2019 年 8 月发布《关于促进平台经济规范健康发展的指导意见》，其中明确要求："依法查处互联网领域滥用市场支配地位限制交易、不正当竞争等违法行为，严禁平台单边签订排他性服务提供合同，保障平台经济相关市场主体公平参与市场竞争。"2021 年 2 月公布实施的《关于平台经济领域的反垄断指南》，由总则、垄断协议、滥用市场支配地位、经营者集中、滥用行政权力排除限制竞争和附则六章组成，是对我国平台经济领域具体适用《反垄断法》的细化规则指引，对涉及平台经济领域的《反垄断法》适用问题作出了较为细化的规定。可以预见，该指南的公布实施必将推动我国平台经济领域反垄断执法的有效开展，从而推动我国平台经济的规范有序创新健康发展。

◎ 本章提要

西方经济学认为市场是物品买卖双方相互作用并得以决定其交易价格和交易数量的一种组织形式或制度安排。一个市场可以是一个有形的买卖商品的交易场所，也可以是利用现代化通信工具进行商品交易的接洽点。通俗地说，数字市场是物品（包括数字产品和一般商品）买卖双方的交易"场所"。不同于天然气、青稞酒等通常具有实际交易场所的市场形式，数字市场的主要交易场所是利用现代通信工具搭建起来的互联网虚拟交易平台。本章主要介绍数字产品与数字市场的概念、分类及特征，分析数字产品的成本构成和供需规律，探讨数字市场不同于普通市场的产品定价策略，探究由数字市场的进入壁垒导致的平台垄断倾向问题，同时，分析治理平台垄断的必要性及面对的困境和风险挑战，通过梳理美国反垄断法理论脉络，探索中国促进数字市场健康发展的反垄断治理模式。

◎ 概念复习

数字产品　数字市场　进入壁垒　平台垄断

◎ 阅读资料

（1）市场监管总局依法对阿里巴巴集团控股有限公司在中国境内网络零售平台服务市场实施“二选一”垄断行为作出行政处罚［EB/OL］. 国家药品监督管理局网站，https：//www. nmpa. gov. cn/directory/web/nmpa/yaowen/shchjgyw/20210413083653103. html，2021 - 04 - 13.

（2）孙晋．数字平台的反垄断监管［J］. 中国社会科学，2021（5）：101 - 127 + 206 - 207.

（3）王先林，方翔．平台经济领域反垄断的趋势、挑战与应对［J］. 山东大学学报（哲学社会科学版），2021（2）：87 - 97.

（4）中华人民共和国反垄断法［EB/OL］. 中国人大网，http：//www. npc. gov. cn/npc/c198/200708/0402436ddd2147809faf77c343373c24. shtml，2007 - 08 - 30.

（5）张帆，刘新梅．网络产品、信息产品、知识产品和数字产品的特征比较分析［J］. 科技管理研究，2007（8）：250 - 253.

（6）孙毅．数字经济学［M］. 北京：机械工业出版社，2021.

（7）熊鸿儒．数字经济时代反垄断规制的主要挑战与国际经验［J］. 经济纵横，2019（7）：83 - 92.

◎ 课后思考题

（1）简述数字产品与信息产品的区别与联系，并举例说明。

（2）简述数字产品的物理和经济特征。

（3）简述数字市场的基本主要特征和基本结构。

（4）简述数字市场中产品的定价策略。

（5）数字市场为什么容易形成平台垄断倾向？

（6）简述美国反垄断理论的历史沿革。

第 14 章
数字金融

学习目标

（1）了解数字金融的产生过程，分析其与传统金融的异同点，掌握数字金融的含义、内容、应用；

（2）了解数字金融的发展现状和发展趋势，掌握数字金融的典型特征；

（3）了解数字金融与高质量发展的机制，掌握数字金融推动高质量发展的作用路径。

内容提要

数字金融产生于 1998 年在美国诞生的在线支付工具 PayPal，中国的数字金融则起源于 2003 年出现的支付宝，兴盛于 2013 年。数字经济不仅是科技发展到一定水平的产物，也是顺应了传统金融行业降低成本的要求。近年来，中国数字经济发展迅速，2021 年数字经济规模已超 45 万亿元，与此同时，数字金融也如雨后春笋般地发展起来。着眼于未来，数字金融作为一种新生事物，有着巨大的发展潜力与前景。本章聚焦于数字金融主题，主要对数字金融的含义、内容、应用进行介绍，分析其与传统金融的异同点，并剖析数字金融未来的发展趋势、典型特征，最后对数字金融推动经济高质量发展的作用路径进行阐述。

14.1 数字金融的内涵

2003 年支付宝的出现标志着中国数字金融的出现，但考虑到 2013 年余额宝的出现才引起人们对数字金融的广泛关注，并随之引爆了数字金融所蕴含的巨大能量，所以目前业界通常将余额宝业务开展的 2013 年视为中国数字金融发展的元年。同时，数字金融的出现也衍生出很多其他的相关概念：数字金融、金融科技、互联网金融等。本部分将在厘清数字金融的相关基本概念的基础上，介绍数字金融的特征，并明确其与传统金融的区别。

14.1.1 数字金融兴起

14.1.1.1 数字金融的早期实践

在数字金融兴起前，金融机构已经尝试通过数字技术完善金融服务。传统金融机构借助互联网传递信息，在线办理业务，简化、替代市场网点及人工服务。第一代互联网技术和智能手机的普及带来移动支付的快速发展，将线下的金融服务转移至线上，通过互联网平台提供交易撮合服务，通过线上渠道实现金融服务的触达，其典型模式包括网络银行、移动支付、网络借贷等。对于数字金融而言，一个比较大的突破在支付领域。传统金融主要关注储蓄存款和贷款，服务范围和效率并没有覆盖大部分人，而且还存在流程复杂、使用效率低等缺陷，而人们希望用简单、廉价和便利的方式来完成基本的金融交易。于是，金融结合数字技术提供了很多创新，如在 2000 年初就有很多有前景的金融创新出现，阿里金融是该领域的佼佼者。

案例 14－1

阿 里 金 融

2004 年，为解决在线交易中买卖双方的“信任问题”，阿里巴巴成立了支付宝公司。支付宝的诞生不仅使淘宝平台销量大增，而且为阿里金融生态圈的布局奠定了基础。2007 年，阿里与国有银行合作，向淘宝商户开放小额信贷申请服务。2011 年，支付宝获得中国人民银行颁发的国内首张《支付业务许可证》。与此同时，阿里开始独立开展小贷业务。2013 年 6 月，阿里推出互联网货币基金“余额宝”引爆市场。2014 年，在支付宝业务基础上，蚂蚁金融服务集团（简称“蚂蚁金服”）正式成立。当前，蚂蚁金服已提供支付、小贷、征信、理财等多类金融服务。

在蚂蚁金服的诸多数字金融产品中，“芝麻信用”“蚂蚁花呗”“蚂蚁借呗”具有代表性。“芝麻信用分”是芝麻信用对外推出的评分产品，目前已经被应用于衣、食、住、行多个场景。其中，基于芝麻信用分开展消费金融业务是最直接的应用方向，蚂蚁花呗和蚂蚁借呗正是蚂蚁金服为大众设计的互联网消费金融产品。根据个人芝麻信用分，蚂蚁花呗能够为用户提供500 元到5 万元不等的消费贷款，以便其在淘宝平台购物时使用。与蚂蚁花呗不同，蚂蚁借呗能够为用户提供现金消费贷款，即消费场景不再局限于指定线上平台，也可以是任意线下商户。根据证券时报网粗略数据统计，蚂蚁花呗和蚂蚁借呗的主要使用人群为“80 后”“90 后”，尤其受低收入人群青睐。

资料来源：借贷消费调查：那些负债的年轻人［EB/OL］. 齐鲁壹点，https：//baijiahao. baidu. com/s?id = 1684475908784961350&wfr = spider&for = pc，2020 - 11 - 27.

农村商业银行等中国传统金融机构也推出了与支付宝、银联在线等第三方支付平台相结合的移动支付业务，同时农村商业银行、邮政储蓄银行等还在农村设置了众多的便民金融服务站点，提供小额支付服务；一些商业银行借助电子银行平台为用户提供信贷、理财、缴费等多元金融服务。对于农村用户来说，只要有移动终端和通信网络，就可以随时随地便捷地获取需要的金融服务，大大拓展了金融的服务范围，提高了服务效率。

数字金融的起步阶段在 20 世纪 90 年代至 2013 年，其最早可以追溯到 1995 年美国经营互联网银行业务的 SFNB 银行和 1998 年美国电子支付 PayPal 公司，因为在初期，金融主要是由互联网科技公司应用和创新，所以这一时期学界或者现实中称之为数字金融或者科技金融。学者玛丽·克罗宁（Mary Cronin）在 *Banking and Finance on the Internet*（1997）一书中将数字金融定义为借助互联网技术解决企业金融业务中存在的问题。这一阶段，数字金融主要内容是金融企业利用 IT 技术实现业务自动化和电子化，其商业模式的创新和技术的发展主要还是在金融行业内，还没有扩散到传统金融行业核心业务。

在中国，数字金融的概念最早出现在 2012 年 4 月的金融四十人年会上，由时任中国投资有限责任公司副总经理的谢平公开提出，此后它迅速成为热门词汇，受到了学术界、业界和政府的广泛关注。到了 2013 年，互联网思维在金融业全面渗透，如同一场当代的文艺复兴，影响并改变着传统金融业的生态与格局：以阿里巴巴和腾讯为代表的互联网企业开始在金融领域发力并快速扩张业务版图，银行、券商等传统金融业机构也在积极求变，因此 2013 年也被称为中国的数字金融元年。但在数字金融概念形成之初，它的边界是很模糊的，人们用它来指代一切与互联网有关的金融服务。其中包括以支付宝为代表的第三方线上支付平台，以余额宝为典型的货币市场基金，以及网上众筹、网上银行、网上账户保险和网上券商等。为将问题简化，我们按照金融服务提供者的属性，将数字金融大致分为两类：第一类是由电子商务和信息技术公司提供的金融服务，第二类则是银行等传统金融机构业务在信息技术进步下的衍生产物。

这两类金融服务的区别是显而易见的，两者的数据来源不同。第一类数字金融企业包括了大家熟知的电商巨头——阿里巴巴和京东。例如，阿里巴巴向其电商平台下的小型微型商户提供小额贷款业务；京东也向其网上商城的消费者提供一定额度的消费贷。此类小额贷款业务的盈利模式是基于电商平台对交易数据的监测和利用，并在此基础上对商户和消费者进行信用分析，以更低的成本持续地获得大量交易数据，它们跨过了信息不对称这道坎，占据了竞争优势。

第二类服务的提供者是传统金融机构。部分传统金融机构除了进行技术升级并开展互联网和移动端的金融服务以外，也选择进军电子商务领域，通过电子商务平台为数字金融业务反向沉淀消费者数据，其中较为成功的例子是中国工商银行，它旗下的电子商务平台融 e 购在 2014 年初正式上线，但因为业务调整，中国工商银行在 2022 年 6 月停止融 e 购个人商城相关服务。

14.1.1.2 从人工实现到数字技术

案例 14－2

中国工商银行发布数字金融品牌 De-ICBC

发展金融科技，坚持数字化转型，中国工商银行（以下简称“工行”）一直是行业先锋。其年报指出，“坚持科技驱动、价值创造”被融入该行的战略内涵之中，强调以金融科技赋能经营管理，为实体经济、股东、客户、员工和社会创造卓越价值。数据显示，2021 年，工行金融科技投入达 259.87 亿元，金融科技人员 3.5 万人，占全行员工的 8.1%。该行个人手机银行客户 4.69 亿户，移动端月活超过 1.5 亿户。

“e－ICBC”战略升级为“D－ICBC”，催生“数字工行”。

工行推出了集团数字化品牌“数字工行（D－ICBC）”。这其中的 D（Digital）代表“数字生态、数字资产、数字技术、数字基建、数字基因”五维数字化整体布局。这是工行最新的数字化发展理念，也是该行的数字化新征程。

而在“D”之前，工行一直在“E”世界努力。

2015 年 3 月 23 日，工行向全国正式发布了互联网金融品牌“e－ICBC”和一批主要产品。时任董事长姜建清和行长易会满现场诠释了该品牌战略的含义，并在随后的几年里多次为该品牌站台。

逐年演进的“e－ICBC 3.0”战略实施为前进“D”做了充分准备，金融科技“新技监”的底座进一步被夯实。仅在 2020 年，该行的金融科技投入就达到了 238.19 亿元，金融科技人员为 3.54 万人，占全行员工的 8.1%。融 e 行用户达到 4.16 亿人，月活用户突破 1 亿人。

金融为本，科技为用。如今，金融科技已经成为各大银行用于固本的基石之一。2021 年，工行继续强化科技创新和机制改革“双轮驱动”，以科技强行赋能“数字工行（D－ICBC）”建设。

数字工行的运转逻辑：从“银行信息化”转向“信息化银行”。

坚持数字化转型，工行着手从“银行信息化”转向“信息化银行”，用数字技术推动业务发展的数字化 1.0 阶段，布局 IT 架构转型与“智慧银行生态系统 ECOS”工程建设，开启数字化 2.0 阶段。

这期间工行继续在金融科技应用方面投入资金。2021 年，工行的金融科技投入接近 260 亿元，达到 259.87 亿元，高于其他五大行（中国建设银行为 235.76 亿元；中国农业银行为 205.32 亿元；中国银行为 186.18 亿元；中国邮政储蓄银行为 100.30 亿元；交通银行为 87.5 亿元）；2021 年末，工行金融科技人员 3.5 万人，占全行员工的 8.1%。

报告期内，工行提出“数字生态、数字资产、数字技术、数字基建、数字基因”的五维布局，筹划推出面向未来的数字化品牌“数字工行（D－ICBC）”，同时依托集团金融科技和数据优势，以客户为中心、以“数据＋技术”双要素驱动，深化数字工行建设，积极融入数字中国建设和数字经济发展。

推进数字工行至少需要完成或加强三个运转逻辑：数字化转型助循环、构建 GBC 端数字共同体、践行科技自立自强。

数字化转型助循环。工行根据小微客户商业模式和交易特征，持续升级数字普惠产品与运营体系，通过线上发放的普惠贷款占新增余额的比例达到 94%。

构建 GBC 端数字共同体。通过 G 端创新数字政务服务新模式，B 端深度参与产业数字化，C 端着力打造云上工行服务新模式来构建多端数字共同体。

践行科技自立自强。通过 IT 核心架构转型升级，加快建设数字新基建，全面推进新技术布局和强化数据资产治理和数据安全管控等四个方面来强化自身科技自主能力。另外，工行还构建了以“一湖两库”为核心的数据架构，打造自主可控、分布式架构的大数据智能云平台，实现集团数据“全入湖”。

答卷：个人手机银行客户总量达 4.69 亿户电子渠道业务占比接近满级。

持续的高投入让 5G + ABCDI（指 AI 人工智能、BLOCK – CHAIN 区块链、Cloud Computing 云计算、Big – Data 大数据、IOT 物联网。）的技术应用和实践得以在工行的各业务条线中继续开展，也让工行可以依托智慧银行生态建设工程 ECOS，从模式创新、产品创新、生态开放创新三个维度深化科技赋能。工行的平台创新和渠道协同能力得到加强。

为适应国民经济数字化发展新需求，工行着力推进 e – ICBC 4.0 生态银行建设，构建“自有平台 + 开放银行”的“一体两翼”发展格局，平台战略价值日益突显。2021 年，电子渠道交易额 732.85 万亿元，比上年增长 14.4%，电子渠道业务占比 98.8%，接近“满级”。

2021 年，工行推出个人手机银行 7.0 版，实现财富陪伴、云端陪伴、专属陪伴、账单陪伴、权益陪伴“五大智能陪伴”，打造全方位互动、全旅程陪伴的手机银行；打造千人千面个性化服务体系，推出幸福生活版 2.0、美好家园版 2.0、小微普惠版 1.0、英文版等专属版本和“工银薪管家”代发工资专区等。

数据显示，2021 年末，工行个人手机银行客户 4.69 亿户，移动端月活超过 1.5 亿户。

资料来源：中国公司银行网站，https：//www.icbc.com.cn/ICBC.

当下，金融服务已经从传统的人工服务变成集聚诸多创新要素、辐射广泛的数字金融服务，全球正在加速从“网联”向“物联”“数联”“智联”不断跃迁，升级换代、架构演进、深度融合是当前数字金融的主要特征。

典型地，数字金融的驱动效应可以归纳为以下 3 个“+”和 3 个“驱动”。

一是“大数据 + 金融”的“数据驱动”效应。近几年，金融机构在充分消化、吸收大数据技术的基础之上，利用大数据的理念与技术，开展了一系列的大数据应用，从用户画像深入到用户特征分析，并通过不同角度的业务特征分析把数据应用扩展到日常运营、产品创新、风险控制、个性化客户服务等主要的业务领域。在一些业务领域中，大数据已经深度融入业务流程的计划、执行、监控、评估解释环节，形成了业务大数据的完整闭环。通过大数据闭环，可以快速验证数据应用的效果和价值。大数据与人工智能将推动新一波金融创新。诸如深度学习、图分析、自然语言处理、语音识别、图像内容理解等技术也在快速演进，将会逐渐发展成为金融细分业务的数据驱动引擎。智能投资、精准营销、反欺诈、反黑产等数据引擎已经进入实战阶段，显现出很高的业务价值。未来，越来越多的精细化、全流程的闭环业务驱动引擎将会出现，在金融经营活动的各个领域发挥价值，提升金融机构的经营效能。

二是“云计算 + 金融”的“算法驱动”效应。云计算将促进金融信息技术和数据资源的充分利用，并推动金融服务的持续创新。金融行业云计算服务下一步的重要发展方向是实施架构转型、提升资源效率、推进业务创新、提升用户体验、增强安全防控。其整体发展将包含三个层次。第一个层次是金融机构实施架构转型，并完成开发测试及运行环境、金融服务场景、金融应用的云化。第二个层次是形成金融机构的开放服务平台。金融机构要有策略、有计划、有针对性、安全合规地对金融服务进行开放。通过金融机构自身的信用认证、接口等公共服务应用程序接口（Application Programming Interface，API）、第三方合作伙伴 API 的开放和融合，将金融服务结合或植入合作伙伴所提供的服务场景中，形成多种创新的金融 SaaS 服务，提升金融机构业务创新、数据分析、安全防控的能力。第三个层次是形成金融机构间共建共享的云生态。通过金融机构间、互联网企业、云服务商、第三方金融软件应用提供商的合作，实现服务资源集中共享，建立灵活高效的金融应用市场。通过金融机构服务能力的输出和外部服务能力的引入，实现合作共赢，形成有利于各参与方的生态化体系。

三是“区块链＋金融”的“可信驱动”效应。区块链通过新的信任机制改变了数据和信息的连接方式，带来生产关系的改变，为不同参与主体间、不同行业的可信数据交互提供了有效的技术手段，优化了传统应用和产业的结构。区块链对金融的影响主要表现在以下几个方面。（1）区块链技术具有提升金融机构协同服务能力的潜力。银团贷款、供应链金融、贸易融资等业务可能涉及不同国家的多家金融机构、多家企业，需要相互之间较长时间的协调，业务办理过程也较为复杂。通过区块链的平台，不但可以减少中转费用，还因为区块链安全、透明、低风险的特性，提高了资金的安全性，以及加快结算与清算速度，大大提高资金利用率。区块链技术具有提升不同金融机构间开展业务的自动化程度、简化协同流程、加快协同效率的潜力。（2）区块链技术具有降低金融运营成本的潜力。金融机构各个业务系统与后台工作，往往面临长流程多环节。现今无论是 VISA、Master Card 还是支付宝，都是中心化机构运营，资金转移要通过第三方机构，这使得跨境交易、货币汇率、内部核算等时间花费的成本过高，并给资本带来了风险。区块链技术能够优化金融机构业务流程，减少前台和后台交互，节省大量的人力和物力，有望降低金融运营成本。（3）区块链技术将有助于金融监管及合规性检查。区块链技术的公开透明、时序不可篡改等特性可以帮助金融监管机构监控每一笔资金的流入流出，从而有助于管控金融资产，增强打击洗钱、地下黑产等违法犯罪活动的力度，防范金融市场中的系统性风险。区块链的技术特性也可以改变现有的征信体系，比如在银行进行“认识你的客户”（Know Your Customer，KYC）时，将不良记录客户的数据储存在区块链中。通过区块链的智能合约技术可自动验证交易和用户的合规性，提高合规性检查效率，降低合规性检查成本及出错概率。

14.1.1.3 数字金融时代的来临

数字技术的应用和推广把中国数字金融发展带上了快车道，在一定程度上实现对发达国家的“弯道超车”，这有赖于中国的监管环境相对比较宽松，使得金融创新可以马上落地和实验，好项目能迅速得到推广。

据蚂蚁金服统计，在网络支付领域，支付宝、微信支付等已经服务数亿用户，数倍于 PayPal 的全球活跃账户；在移动端，PayPal 虽连续收购 Braintree 和 Paydiant 两家支付服务提供商，但其 25% 的支付笔数增速远远落后于国内银行和第三方支付的移动支付增速。

在融资领域，2009～2016 年，Lending Club 累计发放贷款近 160 亿美元；SoFi 累计发放贷款 60 亿美元；Prosper 累计发放贷款 50 亿美元；在中国被广为宣传的 ZestFinance 累计发放贷款仅有数亿美元。相较之下，仅蚂蚁小贷在 2011～2016 年就累计向小微企业发放贷款超过 6 000 亿元人民币，规模达到 Lending Club 的 6 倍多。

在理财领域，美国知名的 Wealthfront 公司管理着 30 亿美元的资产，Motif Investing（一家美国股票交易网站）吸引了 20 万名投资者，而东方财富网日均登录者已超 1 000 万；有超过 2.6 亿个账户投资过天弘基金的互联网货币基金产品余额宝，其资产规模超过 1 000 亿美元。

在互联网保险领域，众安保险、华泰保险和中国人保 3 家保险公司在 2015 年“双十一”当日联合售出 3.08 亿笔退货运费险，创下单日保单量的历史新纪录。

表 14－1 总结了数字金融在全球的发展阶段。

表 14－1　　数字金融的发展阶段

时间	分类	典型案例
1990 年之前	萌芽	格莱珉银行（1983 年）
1990～1999 年	起步	Security First Network Bank（第一网络银行，1995 年）、PayPal（1998 年）
2000～2009 年	初步发展	ArtistShare（2003 年）、支付宝（2004 年）、M－Pesa（2007 年）、比特币（2009 年）
2010 年至今	快速发展	印度 Paytm（2010 年）、蚂蚁金服（2014 年）、数字人民币（试点版，2022 年）

14.1.2　数字金融内涵界定

14.1.2.1　数字金融的定义

数字金融是指传统金融机构与互联网公司根据数字技术实现融资、支付、投资和其他新型金融业务模式。概括来讲，数字金融是一种新型金融业务模式，主要包含两个方面的内容：一方面是传统金融机构利用新兴的数字技术提高和改善自己原有的金融服务，另一方面则是新型的科技公司利用它们的新技术所提供的新型金融服务。数字金融并没有改变金融的本质，只是信息技术手段与传统主要服务业务的融合创新，本质上是金融信息的传输、接收、分析和处理的革命。

14.1.2.2 数字金融的核心主体

根据数字金融的概念，首先我们考察提供金融服务的金融机构，然后在此基础上总结出数字金融的核心主体。之所以要筛选出数字金融的核心主体，是因为提供数字金融服务的传统机构中，除银行之外，其他机构提供的数字化金融服务相比核心主体来讲，其产品种类及服务量依然相对较少。

（1）传统金融机构。

在传统金融组织中，商业银行是数字金融的主力军。在传统金融服务的基础上，商业银行陆续推出了网上银行、手机银行、微信银行等数字化金融服务，在支付、储蓄/理财、微型融资等业务方面充分运用了数字金融门槛低、成本低、效率高、覆盖广等特点，弥补了传统金融服务的不足，提升了对以往传统金融业难以服务好的中小微企业和中低收入者的金融服务。

其他的传统金融服务商目前也在逐步利用数字技术提供服务，如中和农信项目管理有限公司于2015年7月推出的乡信互联网借贷平台等，但总体来说，这些服务商提供的产品及服务量仍然占比较小。提供金融服务的传统金融组织具体类别划分见表14－2。

表14－2　　　　中国提供数字金融服务的传统金融组织

类别	子类别	内容
银行	商业银行	四大国有商业银行、中国邮政储蓄银行、股份制商业银行、城市商业银行、农村信用合作社、村镇银行等
	政策性银行	国家开发银行、中国农业发展银行、中国进出口银行
保险及担保公司	贷款担保公司	对中小微企业贷款提供担保的公司
证券基金公司	证券公司	中信证券股份有限公司、国泰君安证券股份有限公司、华泰证券股份有限公司等

（2）新型金融组织。

提供金融服务的新型金融组织主要是指基于数字信息技术的金融组织（在某些场合也被称为类金融组织）。目前，我国此类金融组织包括三大类：数字交易平台、数字化信用评分组织、移动运营商。

数字交易平台主要通过电子化、数字化的交易平台或电子交易工具为交易参与者提供支付、转账、储蓄、信贷、保险、证券、财务规划和银行对账单等一系列金融服务，包含第三方支付平台、网络借贷平台、众筹平台、综合性互联网金融平台、互联网保险平台等。数字交易平台上的各类金融组织及其金融产品依托互联网、大数据、云计算技术，具有开放、共享、对等、高效、便捷的特点。针对其中的综合性互联网金融平台，我们按照是否基于电商平台、社交平台、门户网站等又做了进一步分类。

数字化信用评分组织是指在有合法授权前提下，运用数字技术，对个人和企业的结构数据以及非结构数据进行信用评价的组织。数字化信用评分比传统征信有更强的实时性和全息性，与传统征信方式相互补充，可以更好地对金融服务的对象进行风险评价。

移动运营商是指提供移动通信业务和网络服务的部门，其通过为其客户提供微型金融服务，参与金融活动。提供金融服务的新型金融组织具体类别划分见表 14－3。

表 14－3　　　提供金融服务的新型金融组织

类别		子类别	举例
数字交易平台	第三方支付平台		支付宝、微信支付等
	网络借贷平台		蚂蚁花呗、京东白条等
	众筹平台	股权众筹、产品众筹	京东东家、小米众筹等
	综合性互联网金融平台	基于电商平台的互联网金融平台	蚂蚁金服集团、京东金融集团、苏宁云商等
		基于产业背景的互联网金融平台	海尔金融、小米手机、大北农智慧平台、正大等
		基于社交平台、门户网站的互联网金融平台	腾讯、百度、360 等
	互联网保险平台	互联网保险公司	众安保险等
		网络互助保险平台	蚂蚁互保等
数字化信用评分组织			芝麻征信等
移动运营商		移动通信业务和网络服务公司的数字金融服务	中国移动、中国联通、中国电信

（3）核心主体。

从国内外实践经验来看，上述诸多金融服务商种类中，数字金融服务的主要提供商是商业银行、数字交易平台和移动运营商，在此，我们将其称为数字金融的核心主体。

商业银行之所以能成为数字金融服务的核心主体之一，是因为其作为传统金融机构的代表，有支付结算、存贷款业务和理财业务的完整金融服务业务经营许可，有长期积淀的庞大客户群体，中国商业银行的总分行制度也使得一些全国性银行拥有广泛的线下营业网点和销售渠道，能够为客户提供更完整的金融服务，但缺陷是运营成本较高。

数字交易平台作为新型金融组织的代表，其客户主要是使用移动端和电脑端的群体。从应用场景来看，其与电商平台、社交平台深度结合，金融服务内容包括支付、转账、储蓄、信贷、保险、证券、财务规划和银行对账单等。数字交易平台是实现数字金融目标的重要工具和支撑载体，其优势是在电商平台快速发展的背景下积累了大量用户，相对低的单位运营成本使其拥有长尾效应的好处；其局限是主要采用线上渠道，受制于网络基础设施的完善和人们使用数字化移动设备的习惯、网络信息的安全性，以及监管政策的不确定性。

移动运营商参与数字金融，源于其提供移动服务所积淀的客户群体。通过手机移动端，移动运营商可以方便地提供数字金融服务。随着网络基础设施的完善、手机移动端的普及、移动端 App（手机软件）的不断优化，移动运营商所覆盖的群体快速增长，手机移动端逐渐成为人们进行金融活动的主要载体。移动运营商在数字金融服务中的优势在于客户群体广泛、移动端使用频次高、用户黏性强、获客成本较低；局限性是对网络基础设施［4G（第四代移动通信技术）/5G（第五代移动通信技术）网络建设］依赖性强。必须强调的是，移动运营商作为数字金融的核心参与者，在其他发展中国家的发展情况远远好于在中国的发展情况，主要原因之一在于中国的移动运营市场集中度较高，主要移动运营商缺乏创新激励，错失了数字金融发展的早期机会。

表 14－4 对数字金融核心主体的商业特征进行了对比。

表 14－4　　　　数字金融核心主体的商业特征

商业特征	传统机构	新型金融机构	
客户群体	有银行卡记录、信用记录的群体	移动端、电脑端群体	手机移动端群体
应用场景	存贷款、金融理财、支付	支付、转账、储蓄、信贷、金融、保险、财务规划和银行对账单等	移动 App 消费、日常生活消费
主要服务渠道	线下网点、手机银行	线上渠道	线上服务
需要的基础设施支持	依托银行庞大的线下网点	互联网、移动通信网络	移动通信网络
在数字金融中的定位	主力军	重要工具和支撑载体	移动消费端提供方

表 14－5 对数字金融核心主体在提供金融服务中的优势及局限进行了比较。

表 14－5　　　　数字金融核心主体在提供金融服务中的优势及局限

优势与局限	传统金融机构	新型金融机构	
		数字交易平台	移动运营商
优势	庞大的客户群体； 庞大的线下网点； 完善的金融服务产品	覆盖群体广、具有长尾效应； 高效、便捷、低成本； 与电商、社交等平台相结合	客户群体广泛，且移动端使用频次高、客户粘性强； 积淀大量客户行为、社交等数据
局限	征信体系不完善； 覆盖群体广度不够； 服务成本高； 获客成本高	信息的安全性面临风险； 无法覆盖网络基础设施不完善的地区	无法覆盖网络基础设施不完善的地区； 支付风险、网络诈骗风险高

14.1.3 数字金融的应用

14.1.3.1 第三方支付

案例 14-3

快 钱 公 司

2004 年成立至今，快钱公司（以下简称“快钱”）以“科技，为企业加速”为使命，致力于通过科技创新能力，围绕场景搭建一个开放、共享的数字化服务平台，以整套数字新基建为国际和国内各类企业加速，助推万行千业实现数字化升级，支持实体经济发展（见图 14-1）。

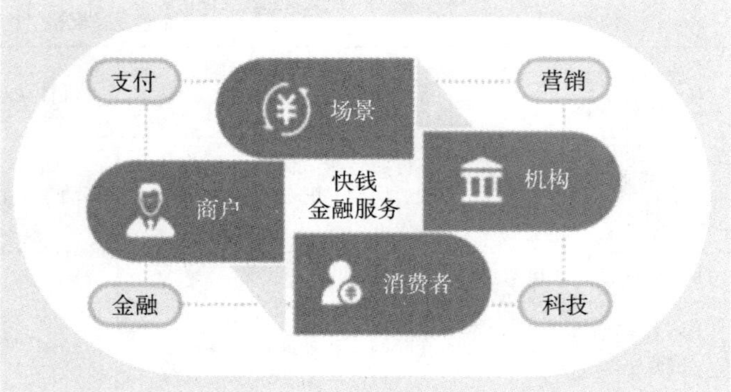

图 14-1 快钱金融服务关系

快钱作为成立多年的资深第三方支付公司，拥有与时俱进的支付产品体系，多年来根据行业内对支付需求的变化，为行业内客户提供创新型、定制化综合支付解决方案。

自 2005 年以来，快钱专注于 B 端的第三方支付业务，并且一直深耕保险、航空客票、零售、餐饮、网络购物等多个行业，在线上和线下积累了大量客户。与万达集团达成战略控股协议后，发展再次提速，借助万达集团海量自有场景，快钱发展成为“实体商业 + 互联网”企业。

快钱同时还提供金融云、增值业务等高品质、多元化的金融科技服务，融合创新的多种支付产品，赋能企业和用户，带来智能、高效、个性化的金融科技新体验。

（1）支付的概念。

支付是数字金融的起源和核心。支付指资金的流动，既可以独立形成系统，亦可在系统上衍生多样金融业务，同时是金融与实体经济的“节点”。第三方支付在数字金融中的地位也需要重视：其一，它是线上和线下闭环形成的重要节点，与交易场景和生活场景结合最紧密；其二，它与技术创新结合紧密，新技术带来新支付形态，也孕育了模式创新和商机；其三，支付的不断升级可以加速销售渠道与应用场景的衔接，是实现金融全面数字化的重要突破口。目前，电子商务已成为国际上各个国家制定经济政策的主要依据之一。网上支付是电子商务流程中的关键环节和发展“瓶颈”之一，第三方支付则为网上支付提供了一个可行的实现途径。

（2）传统支付的运作模式。

经济的不断发展和IT技术的应用使得人们对支付的运行效率和服务质量的要求越来越高，现在电子支付的发展也随之日趋成熟，支付系统的现代化指日可待，传统的支付方式也正面临着前所未有的巨大冲击。整体而言，随着商品社会及商品经济的发展，传统的支付体系主要经历了以下演变过程：

①原始社会的支付方式——以物易物的支付方式。

在原始社会中支付是以最原始的交换方式进行的，即便有交换，也是一种直接的以物易物。交换过程和支付过程同时发生，这时不存在支付工具。

②自然经济社会中的支付方式——以货币为媒介，实行等价交换。

自然经济社会中对应的是以实体货币为媒介的支付方式，这时的交换以某种物质（主要是贵金属）作为一般等价物进行交换，货币由此产生。交换和支付也是同时发生的，货币作为支付工具，初级的支付系统已形成。

③工业经济时代的支付方式——建立以银行信用为主的支付系统。

在工业化经济社会联系中，信息传播媒体多样化，各种形式的信息收集、加工、传播的壁垒被打破，信息具有了社会化性质。作为信用中介的银行则在社会交换和支付中起到了关键的作用，以银行信用为主的支付系统也随之应运而生。此时产生了最为典型的支付工具——支票。买方将资金存入银行，在商品购买过程中，用银行的信用工具——支票进行支付，卖方则通过支票得到所售商品的现金。商品的交换过程与支付过程出现了分离，也产生了各种具有银行信息性质的支付工具，如支票、汇票、本票等。此时已建立了较完善的支付系统。

④网络经济社会的支付方式——数字货币系统。

数字货币系统以及前端应用的建设是基于难以篡改和不可伪造的铸币（登记）中心，需要有高效率、高弹性、高安全性、层级化的铸币（登记）分中心，有货币流通全生命周期的全息记录，并在此基础上支撑全新的智能化商业应用。区块链技术满足各铸币分中心所服务的商业网络之间的数据一致性需求，比如共识算法和智能合约。但除了区块链技术，其他正在竞争和发展中的安全技术、可信技术，比如可信可控云计算，特别是芯片技术也是实现数字货币系统的关键。在数字世界里对用户而言最重要的就是密钥，其安全管理存储对于终端交易安全至关重要。为实现数字货币交易过程中的端到端的安全，数字货币在后台云端可利用可信技术，前台可利用芯片技术，传输过程可利用信道安全技术。

法定数字货币作为中央银行发行的数字货币，本身依然是货币，其竞争力体现在两个方面：一是从技术的角度看，一定要吸收借鉴先进成熟的数字技术，这恰恰是私人准数字货币的长处。二是从经济学的角度来说，要把传统货币长期演进过程中的合理内涵继承下来。因此，法定数字货币的内在价值并没有任何变化，变化的地方在于货币形态数字化，在于数字发行技术。同时，在央行发行法定数字货币对于货币政策和金融稳定的影响存在不确定的情况下，大部分国家的央行都倾向于采取循序渐进的思路，在起步阶段将法定数字货币定位成现金的补充或替代。

（3）第三方支付的概述。

第三方支付制度是整个数字金融生态环境的基础制度。目前数字金融的绝大部分模式与应用，包括数字金融产品的销售渠道、基于互联网的融资服务以及虚拟货币，都离不开第三方支付。第三方支付的作用不仅体现在其与电子商务的结合中，在供应链金融模式构建、支付清算体系的完善、货币结构改变等方面都具有相应作用。

随着阿里巴巴、淘宝网等第三方电子商务平台的迅猛发展，如何解决人们对电子支付的信任问题成为电子商务发展新阶段的难题，为了解决这个难题，第三方支付应运而生。

在第三方支付发展起来之前，主要依靠现金支付与银行支付的方式。作为两种传统的支付方式，它们在国内有着悠久的发展历史。随着信息技术的发展，现金支付和银行卡支付在实际使用过程中开始面临地域、距离、网点、时间等方面的限制，在有了更加快速便捷的选择后，这两种支付方式逐渐开始淡出舞台。现金支付逐渐成为第三方支付的辅助手段，依托于银行的支付也更倾向于巨额交易的场景（见图 14－2）。

第三方支付是指一些与各大银行签约，并具备一定实力和信誉保障的第三方独立机构提供的交易支撑平台。第三方支付平台作为网络交易的监督人和主要支付渠道，提供了丰富的支付手段和可靠的服务保证。在第三方支付平台上，客户选购商品后，使用第三方平台提供的账户进行货款支付，由第三方平台通知商家货款到达、进行发货；客户检验商品后，就可以通知付款给商家，第三方再将款项转至商家账户。第三方支付企业的作用就是通过搭建一个公用平台，将成千上万的小商家和银行连接起来，为商家、银行、消费者提供服务，从中收取手续费。

相对其他的资金支付结算方式，第三方支付可以更有效地保障货物质量、交易诚信、退货要求等环节。在整个交易过程中，均可以对交易双方进行约束和监督。在不需要面对面进行交易的电子商务实践中，第三方支付为交易成功提供了必要的支持。因此，随着电子商务在国内的快速发展，第三方支付行业也发展迅猛。

图 14－2　中国第三方支付产业图谱

资料来源：艾瑞网（www. iresearch. cn）。

14. 1. 3. 2　P2P 网络借贷

P2P 网络借贷是英文 Peer to Peer 的缩写，意即“点对点”贷款，国内又称为“人人贷”。P2P 网络借贷是指资金供给方与资金需求方借由第三方网络借贷平台实现资金的借贷流通过程，即互联网上个人与个人，或个人与企业之间的资金借贷过程。

P2P 网络借贷的参与者主要包括资金需求方（借款者）、资金供给方（投资者）以及第三方网络借贷平台，通过互联网上的资金借贷活动，资金需求方的资金需求得到满足，资金供给方获得相应利息收入，而第三方网络借贷平台在借贷过程中，作为撮合成交的中介，不介入交易，不集合资金，只是负责对双方的身份、经济实力、信用状况进行审核，并向借贷双方收取中介服务费等相关费用。

传统金融同样有 P2P 形式，民间借贷往往都是典型的 P2P 方式，但这种借贷受限于熟人社会，信用来自信任等因素不能规模化。P2P 网络借贷满足多层次的市场需求，对中小企业及自然人亟须的小额资金起到非常积极的作用。P2P 网络借贷将先进的互联网技术、小额信贷、电子商务技术等基本要素有效地整合到一起，从而产生了新的商业模式。这种创新模式的借贷过程不依赖传统的金融机构，而是依托第三方互联网平台实现对借贷双方的信息、资金、合同等相关操作，促成交易的实现。

但是，P2P 网络借贷由于先天不足、立法不完善等原因，相当部分网络借贷存在很多问题和风险。它在一定程度上干扰了宏观调控政策，削弱了政策有效性，而且平台往来资金的安全缺乏保障，个人信息保护存在隐患，加上资金往来缺乏监控，逃避反洗钱监管，参与人数广泛、实际利率高，有非法集资和高利贷嫌疑。

（1）国外发展状况。

P2P 网贷发源于英国，后因在美国的巨大发展而引起广泛关注。应该说，除了较为完善的征信体系外，发达国家 P2P 网络借贷发展空间不大。因为其国内早已完成利率市场化，商业银行对小企业和个人的贷款支持较好，因此发达国家的 P2P 平台数量并不多，金额也不大，但单个平台的规模较大。

英国是 P2P 网贷的发源地，这一信贷模式凭借高效便捷的操作方式和个性化的利率定价机制，使借贷双方互惠共赢，一经推出便得到广泛的关注和认可，迅速在其他国家复制。目前，国外知名的 P2P 网络借贷平台有 Zopa、Funding Circle 和 RateSetter 等。第一家 P2P 网络借贷平台（Zopa）诞生在英国的原因是：英国是银行业相当集中的国家，与美国有几千家商业银行、百花齐放的现象不同，英国有 5 家大型银行，几乎垄断了整个行业。这种垄断增加了个人与企业的贷款难度：贷款速度慢、贷款种类太少、贷款难、贷款手续冗长，店大欺客，银行体制已存在诸多问题。对比个人消费市场，个人贷款市场缺少一种直接连接需求资金的借款人与供给资金的投资者的桥梁，于是结合前两者的优点，2005 年 3 月，Zopa 于英国伦敦成立，P2P 借贷行业的帷幕就此拉开。

国外 P2P 网贷企业主要存在 4 种运营模式：

①Prosper 模式。

出借人根据借款人的个人经历、朋友评价和社会机构的从属关系来进行判断。对于借款人，可以创建最高 2.5 万美元的借款条目，并设定一个愿意支付给出借人的最高利息率。像拍卖一样，出借人开始通过降低利息率进行竞拍，拍卖结束后，Prosper 将最低利率的出借人资金组合成一个简单的贷款交给借款人。据了解，Prosper 的收入来自借贷双方，从借款人处提取每笔借贷款的 1% ~3%，从出借人处按年总出借款的 1% 收取服务费。Prosper 模式是比较单纯的信贷中介模式，出售平台服务并收取服务费。

②Zopa 模式。

Zopa 起源于英国，并在美国、日本和意大利推广。Zopa 提供的是比较小的贷款，金额为 1 000 ~25 000 美元，运用信用评分的方式来选择借款人。Zopa 希望能用各种保护措施降低出借人的风险，比如强制要求借款人按月分期偿还贷款、借款人必须签署法律合同、允许出借人将一笔钱贷给几位个人借款人。Zopa 的收入来源于收取借款人每笔 0.5% 以及出借人年借款额 0.5% 的服务费。Zopa 的模式获得了业界的认可，在 2007 年分别获得了威比奖（Webby Award）的“最佳金融/支付网站”奖和银行家奖（Banker Awards）的“最佳在线项目”奖。Zopa 模式的特点在于分散贷款、划分信用等级、强制按月还款，网站担负了较多的工作，较好地控制了风险。

③LendingClub 模式。

LendingClub 具有固定的贷款利率及平均 3 年的贷款年限。借款人在进行贷款交易前必须要经过严格的信用认证和 A ~G 分级。出借人可以浏览借款人的资料，并根据自己能够承受的风险等级或是否是自己的朋友来进行借款交易。LendingClub 不采取竞标方式，而是根据不同的借款人的信用等级有不同的固定利率。借款人可以在 LendingClub Facebook 应用中发出借款请求，因为 Facebook 中多为认识多时的朋友或同学，所以大多数借款人都觉得将借款请求在此公布会增加成功的可能性，同时也不必将自己的信用历史公布，增强了私密性。LendingClub 模式除了划分信用等级外，网站还规定了固定利率，并且利用网民交际平台为自己服务，这一点不得不说是一个创举。

④Kiva 模式。

2005 年成立的 Kiva 是一个非营利的 P2P 贷款网站，主要面对的借款人是发展中国家收入非常低的企业。出借人根据地域、商业类型、风险水平等选择企业或企业家。每一个贴出的贷款请求会详细提供各企业家的简历、贷款理由和用途、从其他出借人处借贷的总金额、贷款时限（一般为 6 ~ 12 个月），以及贷款的潜在风险。Kiva 采取的是“批量出借人小额借贷”模式，一般每位出借人只要支付 25 美元。一旦一笔贷款的总金额募集完成，Kiva 使用 PayPal 将贷款转账给 Kiva 的当地合伙人。当地合伙人一般是发展中国家当地的小额金融服务机构（MFI），它们负责找寻、跟踪和管理企业，同时负责支付和收集小额贷款，最后将到期的贷款收集齐后返还给 Kiva，Kiva 再通过 PayPal 返还给出借人。

（2）国内发展状况。

自 2007 年国外网络借贷平台模式引入中国以来，国内蓬勃发展、百花齐放，迅速形成了一定规模。一方面，P2P 行业仍旧高速增长；另一方面，与当前 P2P 行业蒸蒸日上的景象伴生的，则是跑路、倒闭、坏账风波不断。综观其在中国的发展历程，2014 ~ 2017 年，中国网贷平台经历了在疯狂爆发后趋于理性发展和有效监管的良好态势再到国家完全禁止 P2P 的形势。因此，按照网贷平台的关键时间节点来划分，中国网络借贷发展自 2007 ~ 2022 年大约经历了 5 个阶段。

第一阶段：2007 ~ 2012 年——以信用借款为主的初始发展期。

2007 年国内首家 P2P 网络借贷平台在上海成立，让很多敢于尝试互联网投资的投资者认识了 P2P 网络借贷模式，一部分具有创业冒险精神的投资人随之尝试开办了 P2P 网络借贷平台。

这一阶段，全国的 P2P 网络借贷平台大约发展到 20 家，活跃的平台只有不到 10 家，截至 2011 年底月成交金额大约为 5 亿元，有效投资人 1 万人左右。网络借贷平台初始发展期，绝大部分创业人员都是互联网创业人员，没有相关金融操控经验，因此他们借鉴的模式以信用借款为主，只要在平台上提供个人资料，平台进行审核后就给予一定授信额度，借款人基于授信额度在平台发布。但由于当时我国的公民信用体系并不健全，平台与平台之间缺乏联系和沟通，随之出现了 1 名借款人在多家网络借款平台同时进行信用借贷的问题。

基于以上问题的重复叠加出现，各个网络借贷平台于 2011 年底开始收缩借款人授信额度，很多平台的借款人因此不能及时还款，造成了借款人集中违约。以信用借款为主的网络借贷平台于2011年11月至2012年2月遭遇了第一波违约风险，此时网络借贷平台最高逾期额达到2 500万元，诸多网络借贷平台逾期额超过1 000多万元，截至2020年，这些老平台仍有超过千万元的坏账无法收回。

第二阶段：2012～2013年——以地域借款为主的快速扩张期。

这一阶段，P2P网络借贷平台开始发生变化，一些具有民间线下放贷经验同时又关注网络的创业者开始尝试开设P2P网络借贷平台。由于这一阶段开办平台的创业者具备民间借贷经验，了解民间借贷风险。因此，他们吸取了前期平台的教训，采取线上融资线下放贷的模式，以寻找本地借款人为主，对借款人实地进行有关资金用途、还款来源以及抵押物等方面的考察，有效降低了借款风险，这个阶段的P2P网络借贷平台业务基本真实。但由于个别平台老板不能控制欲望，在经营上管理粗放、欠缺，导致平台出现倒闭情况。

第三阶段：2013～2014年——以自融高息为主的风险爆发期。

自融高息是指利用投资人追高和追短期的喜好，承诺高回报收益，从网上筹集资金，并利用这些资金给自己的企业或关联企业输血。自融高息从定义上就偏离了P2P网络借贷信息中介的本质，在法律上也触及非法集资的红线。自融平台往往缺少互联网或金融经验，完全不考虑自己的经验成本和期限错配的风险，这无疑大大增加了风险爆发的概率。

这一阶段，P2P网络借贷系统模板的开发更加成熟。由于2013年国内各大银行开始收缩贷款，很多不能从银行贷款的企业或者在民间有高额高利贷的借款者从P2P网络借贷平台上看到了商机，他们花费10万元左右购买网络借贷系统模板，然后租用1间办公室简单进行装修就开始上线圈钱。这阶段上线平台的共同特点是以月息4%左右的高利吸引追求高息的投资人，这些平台通过网络融资后偿还银行贷款、民间高利贷或者投资自营项目。由于自融高息加剧了平台本身的风险，2013年10月这些网络借贷平台集中爆发了提现危机。

第四阶段：2014～2016年——以规范监管为主的政策调整期。

这一阶段，在经受草根式疯长之后，国资、上市公司背景的资本大鳄正跑步入场。目前，此类背景P2P平台正在成为行业自律建设的基石。国内已经有100多家强势集团涉足P2P行业，如陆金所、鹏金所、广金所等。

2016年是P2P网贷的监管元年。为规范网络借贷信息中介机构业务活动，促进网络借贷行业健康发展，更好满足小微企业和个人投融资需求，中国银行业监督管理委员会（以下简称“银监会”）会同工业和信息化部、公安部、国家互联网信息办公室等部门研究起草了《网络借贷信息中介机构业务活动管理暂行办法》（以下简称《办法》）。国家政府对P2P行业的监管正愈加严谨，网贷行业要在严管之下求发展，必须是保障平台能符合《办法》中的各项规定，必须积极主动去研究相继颁布的规范政策，最根本的还是平台要加强自律、实现自我规范。网贷行业的规范之路才开启篇章，行业规范仍有不可避免的难题，这都将预示着网贷行业的规范之路仍有一个过程。2016 年，对于网贷行业来说注定是规范化的初始篇章，是政策监管以及行业合规化的重要元年。

第五阶段：2016 年至今——繁荣之后的归零。

在政府严格监管下，2016～2018 年，P2P 频现爆雷潮，据上海互联网金融风险专项整治领导小组办公室统计，光上海地区 P2P 违约规模已超 2 000 亿元。2018 年 8 月 8 日，全国互联网金融整治向各省（自治区、直辖市）、深圳市互联网金融整治办下发了《关于报送 P2P 平台借款人逃废债信息的通知》，要求 P2P 平台尽快报送老赖信息。

2020 年 1 月 2 日，山西省互联网金融风险专项整治工作领导小组办公室和山西省 P2P 网络借贷风险专项整治工作领导小组办公室近日联合发布公告，对山西省全部 P2P 网贷机构的 P2P 业务予以取缔。各个省份也先后取缔了 P2P 业务。

2020 年 11 月 27 日，银保监会首席律师刘福寿在财经年会上表示，全国实际运营的 P2P 网贷机构由高峰时期的约 5 000 家逐渐压降，到 2020 年 11 月中旬完全归零。

14.2 数字金融的发展趋势

14.2.1 数字金融的发展现状

过去数年，中国数字金融取得了长足发展，在全球都产生了很大影响力，但却一直缺乏一个衡量其总体发展水平的指标体系。为此，北京大学数字金融研究中心和蚂蚁集团研究院的研究团队自 2016 年开始，利用蚂蚁集团关于数字普惠金融的海量数据，编制了一套“北京大学数字普惠金融指数”，以指数编制的形式对中国的数字普惠金融实践进行定量刻画。北京大学编制这套指数的目的是在不泄露金融消费者个人隐私和金融机构商业机密的前提下，为各界提供一套反映数字普惠金融发展现状和演变趋势的工具性数据。数字普惠金融是指运用数字技术为无法获得金融服务或缺乏金融服务的群体提供一系列正规金融服务，其所提供的金融服务能够满足他们的需求，并且是以负责任的、成本可负担的方式提供，同时对服务提供商而言是可持续的。通过“数字普惠金融指数”，可以反映中国数字普惠金融发展程度和地区均衡程度，了解中国数字普惠金融的发展现状和空间特征，识别数字普惠金融发展面临的“瓶颈”与障碍，促进数字普惠金融健康可持续发展。

在中国的数字金融多个业态当中，第三方支付起步较早，发展也最为成熟，对高质量经济增长的促进作用和便利居民的衣食住行价值也最大。而且，其他数字金融业务，凡是深耕于第三方支付形成的数字金融生态圈的，发展根基都相对较好，普惠价值也相对更高，例如基于第三方支付形成的大数据而发展起来的网商贷款、大数据征信等。而脱离这个生态圈单兵突进的业态，发展势头虽然一时出彩，但最终却暴露出很大的风险隐患，如P2P网络贷款。为了对中国的数字金融发展有一个总体的概览，在本部分，我们将借助北京大学数字金融研究中心课题组和蚂蚁集团研究院的研究团队编制的“北京大学数字普惠金融指数”，对中国数字金融发展的时序和空间特征进行简要总结。并在此基础上，对数字金融的发展趋势进行简要分析。

以省级数据为例，如表14-6和图14-3所示，中国的数字普惠金融业务在2011~2020年间实现了跨越式发展，2011年各省数字普惠金融指数的中位值为33.6，到2015年增长到214.6，2020年进一步增长到334.8。2020年省级数字普惠金融指数的中位值是2011年的10倍，指数值平均每年增长29.1%，由上可以看出中国数字普惠金融的快速发展趋势。从增速来看，最近几年数字普惠金融指数增速有所放缓，一定程度上表明随着数字金融市场的发展越来越成熟，该行业开始由高速增长阶段向常态增长过渡。2020年，我国经济社会各方面均受到新冠肺炎疫情的严重冲击，全年经济增速较往年显著下降，但数字普惠金融指数仍然比2019年增长5.6%。而且，进一步的分析也显示，即便是疫情最严重的湖北省武汉市，虽然曾经封城数十天，数字普惠金融指数仍然维持正的增长，显示了数字金融在疫情时代的独特优势和强大韧性。

表14-6　　中国数字普惠金融指数

省份	2011年	2012年	2013年	2014年	2015年	2016年	2017年	2018年	2019年	2020年
北京	79.41	150.65	215.62	235.36	276.38	286.37	329.94	368.54	399.00	417.88
天津	60.58	122.96	175.26	200.16	237.53	245.84	284.03	316.88	344.11	361.46
河北	32.42	89.32	144.98	160.76	199.53	214.36	258.17	282.77	305.06	322.70
山西	33.41	92.98	144.22	167.66	206.30	224.81	259.95	283.65	308.73	325.73
内蒙古	28.89	91.68	146.59	172.56	214.55	229.93	258.50	271.57	293.89	309.39
辽宁	43.29	103.53	160.07	187.61	226.40	231.41	267.18	290.95	311.01	326.29
吉林	24.51	87.23	138.36	165.62	208.20	217.07	254.76	276.08	292.77	308.26
黑龙江	33.58	87.91	141.40	167.80	209.93	221.89	256.78	274.73	292.87	306.08
上海	80.19	150.77	222.14	239.53	278.11	282.22	336.65	377.73	410.28	431.93
江苏	62.08	122.03	180.98	204.16	244.01	253.75	297.69	334.02	361.93	381.61
浙江	77.39	146.35	205.77	224.45	264.85	268.10	318.05	357.45	387.49	406.88
安徽	33.07	96.63	150.83	180.59	211.28	228.78	271.60	303.83	330.29	350.16
福建	61.76	123.21	183.10	202.59	245.21	252.67	299.28	334.44	360.51	380.13
江西	29.74	91.93	146.13	175.69	208.35	223.76	267.17	296.23	319.13	340.61

续表

省份	2011 年	2012 年	2013 年	2014 年	2015 年	2016 年	2017 年	2018 年	2019 年	2020 年
山东	38.55	100.35	159.30	181.88	220.66	232.57	272.06	301.13	327.36	347.81
河南	28.40	83.68	142.08	166.65	205.34	223.12	266.92	295.76	322.12	340.81
湖北	39.82	101.42	164.76	190.14	226.75	239.86	285.28	319.48	344.40	358.64
湖南	32.68	93.71	147.71	167.27	206.38	217.69	261.12	286.81	310.85	332.03
广东	69.48	127.06	184.78	201.53	240.95	248.00	296.17	331.92	360.61	379.53
广西	33.89	89.35	141.46	166.12	207.23	223.32	261.94	289.25	309.91	325.17
海南	45.56	102.94	158.26	179.62	230.33	231.56	275.64	309.72	328.75	344.05
重庆	41.89	100.02	159.86	184.71	221.84	233.89	276.31	301.53	325.47	344.76
四川	40.16	100.13	153.04	173.82	215.48	225.41	267.80	294.30	317.11	334.82
贵州	18.47	75.87	121.22	154.62	193.29	209.45	251.46	276.91	293.51	307.94
云南	24.91	84.43	137.90	164.05	203.76	217.34	256.27	285.79	303.46	318.48
西藏	16.22	68.53	115.10	143.91	186.38	204.73	245.57	274.33	293.79	310.53
陕西	40.96	98.24	148.37	178.73	216.12	229.37	266.85	295.95	322.89	342.04
甘肃	18.84	76.29	128.39	159.76	199.78	204.11	243.78	266.82	289.14	305.50
青海	18.33	61.47	118.01	145.93	195.15	200.38	240.20	263.12	282.65	298.23
宁夏	31.31	87.13	136.74	165.26	214.70	212.36	255.59	272.92	292.31	310.02
新疆	20.34	82.45	143.40	163.67	205.49	208.72	248.69	271.84	294.34	308.35

资料来源：北京大学数字普惠金融指数。

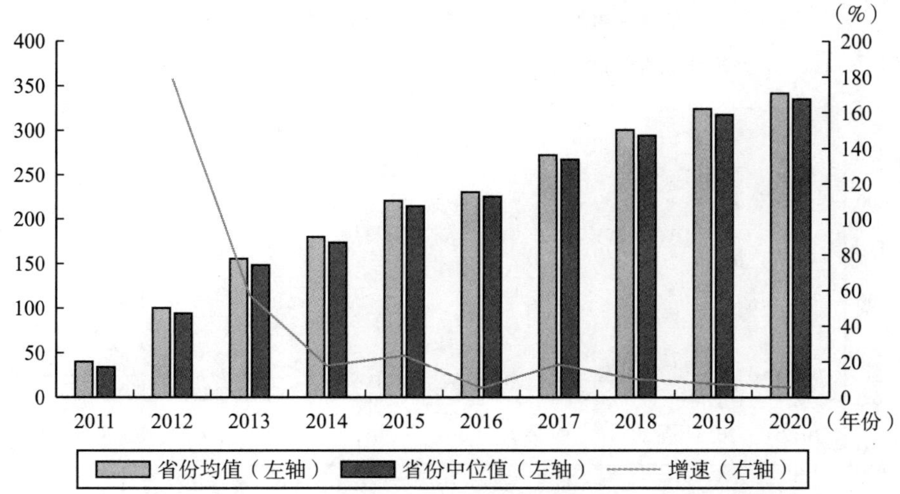

图 14－3　2011～2019 年省级数字普惠金融指数的均值、中位值和增速

资料来源：北京大学数字普惠金融指数。

从分指数来看，在 2016 年对 2011 ~ 2015 年第一期指数的分析中，我们曾发现 2011 ~ 2015 年当中，数字普惠金融的数字化程度增长最快，数字普惠金融的覆盖广度次之，使用深度增长最慢。但在对 2016 ~ 2018 年第二期指数的分析中我们又发现，2016 年后指数增长情况发生了一些变动，数字金融使用深度指数增长有超过数字金融覆盖广度指数的趋势。最近的数据也进一步确认了这一趋势：2020 年数字金融使用深度指数较上年增长 7.3%，快于数字金融覆盖广度指数和数字技术支持程度指数 7.2% 和 -0.1% 的增速。2016 ~ 2020 年 5 年间，有 4 年使用深度指数增速超过了覆盖广度指数，数字金融使用深度已经是数字普惠金融指数增长的重要驱动力。对此，图 14 - 4 和图 14 - 5 中也有非常直观的展示。随着数字普惠金融的覆盖广度和数字支持程度达到一定程度，其进一步拓展的空间有限，目前各分指数近几年的增长趋势显示，未来数字金融的发展，将主要依赖于使用深度的增长空间。

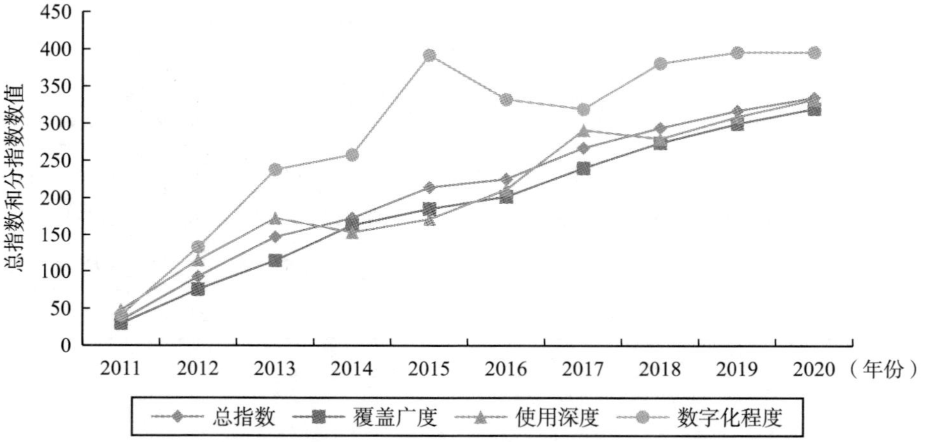

图 14 - 4　2011 ~ 2020 年数字普惠金融指数及分指数的省级中位值

资料来源：北京大学数字普惠金融指数。

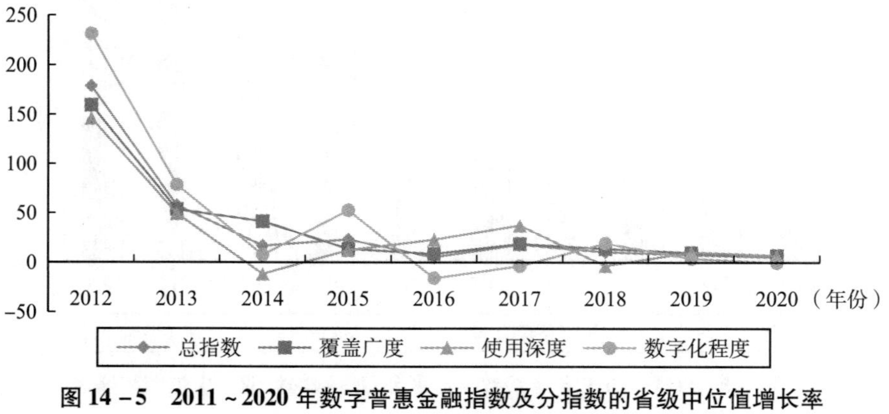

图 14 - 5　2011 ~ 2020 年数字普惠金融指数及分指数的省级中位值增长率

资料来源：北京大学数字普惠金融指数。

14.2.2 数字金融的典型特征

相比于传统金融模式，数字金融呈现出以下几大特征。

14.2.2.1 数据透明化

在数字金融中，数据将真正属于用户，公民将能在更大程度上掌握自身金融隐私信息的控制权和支配权。区块链可以帮助数据鉴权和确权、存证和流转、定价和交易、追踪和溯源、收益获取和分配，帮助进行金融活动的公民决定是否授权共享其隐私信息以及共享的范围和程度。进行金融活动的公民，将能确保自己的隐私信息不被他人非法侵占、利用、公开。更进一步，数字金融还将致力于研究在注重隐私保护前提下更完善的数据共享与协作、更完善的大数据、更完善的人工智能、更完善的金融服务。安全多方计算、可信硬件和可信执行环境、联邦学习、同态加密、零知识证明、差分隐私、区块链、其他数据隐私保护技术等协同应用，将在隐私信息保护前提下实现“数据可用不可见”“数据不动模型动”。用户既可以保护隐私、掌控个人数据，又可以享受大型互联网平台带来的便利应用体验。同理，对于企业、机构和政府部门而言，基于“数据可用不可见”“数据不动模型动”的数据治理能够优化配置数据所有权、使用权和监管权，能够真正打破“数据孤岛”“信息孤岛”实现数据互联互通，支持联合统计、联合查询、联合分析、联合建模、联合预测、联合决策，真正唤醒沉睡的数据，激发一大波数据驱动协同创新。数字金融将真正合法合规地激活大数据这一全新生产要素和生产力，发挥其倍增效应，使之成为推动经济高质量发展新动能。

14.2.2.2 中介平台化

在原有的金融模式下，资金需求者或持有好的项目但无法取得银行的信赖与支持，或并没有好的项目却能满足银行的借款条件。作为资金供给方的传统银行业，在这样的情形下更倾向于将资金借贷给那些大型的、有国家作保的国有企业，或者处于经济繁荣时期的行业，即使有的企业老旧、固化、收益率不高，即使有些行业可能存在“过热”的可能，但这样做可以保证银行拥有较低的不良贷款率。互联网金融机构则更多的是基于互联网的信息对称性，使得中介机构以一个互联网平台的角色出现，通过数字金融将社会上闲散的、碎片化的资金收集起来，使传统观念里神秘的金融业务平民化。

14.2.2.3 全面化

数字金融的全面化体现在覆盖范围和服务对象全面化。一方面是覆盖范围全面化，若要将常规金融服务落实至基层，通常需要依靠物理网点的布局与分支机构的设立。考虑到成本与效益，金融机构通常选择在人口稠密与经济发达地区投放资源，而忽略人口密度较低、地理位置偏远和经济欠发达地区。相较而言，数字金融依靠互联网和移动信息等数字技术，通过覆盖广泛的技术通信设施，突破了传统金融机构在布局方面的地域限制，因而在极大程度上帮助居民获取跨越空间的无差别金融服务与产品，县级、村庄、社区各层面的数字金融领域均获得根本性发展。

另一方面，服务对象全面化，数字金融不但具有实现服务对象普及化的普惠金融的目标，而且还实现了以相应的技术作为保障与支持。数字技术的灵活性可以更好满足当前的服务对象。例如，大数据技术可以使受到传统金融机构信用评估阈值限制的低收入群体与中小型企业满足获得金融服务的要求，帮助它们顺利实现信贷、投资与融资等金融活动。此外，伴随着新技术的发展，线上信用平台、众筹平台等新型业务形态已经出现，它们在一定程度上拓宽了普通用户和各类金融资本参与金融活动的渠道与机会。

14.2.2.4　成本降低化

数字金融依托互联网的便利性，通过汇聚互联网平台上产生的大量用户信息、产品信息和公司信息，可以大幅度降低金融交易中的信息搜寻成本；通过大数据处理技术对客户数据进行分析，实现对客户的精准营销，可以大幅度节省决策成本；基于客户的海量数据，利用大数据处理技术观测消费者行为动态变化，可以大幅度降低贷款全流程的实时监控成本和风险管理成本。

一方面，金融机构不管是铺设营业网点还是增加分支机构，都会带来一系列包括人力、物力、场地在内的固定成本的增加，尤其是对偏远地区或人口稀少的地区来说，当新增网点带来的长期收益不足以弥补成本时，将会抑制一部分普惠金融服务的供给。但数字普惠金融通过数字化技术可以取代相当比例的网点与人工投入，同时使服务新增客户的边际成本大大降低，从而在整体上为金融机构节省开支。

另一方面，由于市场信息不对称、金融行业风控要求高等原因，传统金融产品与服务往往存在着宣传推广效率较低、交易流程复杂烦琐等问题，在很大程度上增加了金融业务的成本。而通过领先科技的创新应用则可深度解决这些行业痛点问题。例如，以大数据技术作为支撑，通过多维度分析用户信息与数据，识别用户需求，进行精准营销，从而缩短金融服务供需双方搜寻与匹配的时间，降低金融机构获客成本，从而提升金融服务效率、降低成本，实现数字普惠金融的商业可持续性。

14.2.3　数字金融的发展趋势

14.2.3.1　服务趋向场景化

金融行业以服务实体经济为本质，数字金融自然也不例外。在推进实体经济的发展过程中，理应在资源和服务渠道等领域充分发挥数字技术的优势，不断提高金融行业的创新能力，提高金融服务水平，弥补传统金融服务模式的缺陷。数字金融的不断发展催生了“场景+金融”模式，场景金融会主动嵌入金融服务工作中，对客户信息进行敏锐、准确、彻底、完整的识别与感知，从而使金融供给对实体经济的多层次需求予以相应的满足和适应，不断提高金融供给服务的有效性。数字金融的一大发展特征是服务趋向场景化，金融服务需求能够和多元化场景进行自然融合，金融理财服务无须再通过银行和保险公司等入口，而是直接进入前端场景，满足用户的理财需求和消费需求。场景金融能够对传统高额保费业务和烦琐的理赔工作流程进行优化与改善，有效提升工作效率，加强广大用户对理财业务的认可与接受。场景金融与当代国民衣食住行等日常生活密切相关，如美团外卖、饿了么、滴滴在线支付、智慧菜市场、智慧停车等。另外，医疗服务业、房地产行业、教育行业、生鲜行业也建立了“云经营”模式，数字金融所提供的服务产品种类在不断丰富。

14. 2. 3. 2 运营管理数字化

从管理角度来看，当代数字金融运营管理数字化特征体现在以下两个方面：

第一，人力管理步入数字化。在数字金融的支持下，人力管理工作相继推出的技术产品有：智能柜机、自动聊天机器人、RPA 人力技术、媒体客服、柜面助手、语音识别（ASR）和自然语言理解（MLP）等，能够及时为客户提供问答交互服务，减轻了人工客服的工作压力，减少了人力成本开支，提升了金融服务工作的实效性。

第二，组织管理呈现出数字化特征。随着数字金融的深入，人力资源管理模式也呈现出数字化。许多企业建立了 SaaS 人资服务平台，该平台会提供员工招聘与配置、考勤管理、薪资福利待遇等多种自助云的应用。此外，在人力培训与开发以及绩效考核管理工作中，企业会依托 AI 的知识管理技术与平台，不断激发人才的潜力，增加企业人才资源，获取最高的员工智力资本，不断增强员工的创造力。与此同时，在内部管理层面，各金融机构均建立了数字量化模型，将绩效和价值观纳入模型之中，用于分析和监测本单位的工作数据，优化内控效果。另外，数字金融业务流程呈现出显著的数字化，综合使用技术、算法和场景等共同驱动的金融技术手段，对分散无序的业务进行整合，使之步入系统化与数据化，同时，对资源进行高效配置，不断增强业务能力，提高数字化流程运营效果。

14. 2. 3. 3 风险控制智能化

2021 年，政府在政府工作报告上指出要营造良好数字生态，建设数字中国。要充分运用大数据技术和智能化风险控制模式，来完善当代金融风险管理体制与方法。数字金融使金融服务形态发生了改变，与之伴随的风险特征也出现了新变化，这对金融风险控制提出了新要求。从总体上看，金融风险控制智能框架由人工智能技术、大数据技术、区块链技术、物联网和云计算技术等共同组合而成。其中，人工智能技术在数字金融风险控制智能化管理工作中的应用发展方向有运算智能、感知智能与认知智能。运算智能可以全面模拟人脑的记忆存储能力，进行快速计算；感知智能是对人脑视听觉与触觉的模拟感知；认知智能则是对人脑逻辑推理能力、分析能力与概念理解能力的模拟。大数据技术兼具容量大、数据信息类型多、信息存取效率高等优势，能够获取海量数据信息，做好数据分析工作，对不同格式与不同来源的信息进行分类存储，并准确实施关联分析，获取新知识，创造出新的价值，提升综合能力。在数字金融风险智能化控制管理工作中，大数据技术主要是提供数据信息存储与计算功能，结合数据内容评估金融风险等级，不断改善数据挖掘算法，确保数据信息计算的准确性。区块链技术是一种新型技术应用模式，其主要功能包括分布式数据存储功能、点对点传输功能、共识机制和加密算法。该技术能够实现共享，具有可追溯性与不可篡改性。物联网技术是运用二维码来识读设备、红外线感应器、射频识别装置、激光扫描仪、全球定位系统等。云计算技术的计算方式依托平台是互联网，该技术能够提供软件云服务，实现云共享，精确计算海量信息。

14.3　数字金融与高质量发展的机制路径

数字金融具有资源（包括但不仅限于资金）配置效应和创新效应，有助于助推金融业脱虚向实，提升金融服务实体经济的能力，这为推动经济高质量可持续发展提供了客观现实条件。作为数字科技与金融的结合，数字金融利用数字技术扩大了金融服务的范围，提高了数量巨大的小微和弱势经济主体的金融服务可得性，而其数字技术也使得金融服务针对性更强，能够为各经济主体提供更为高效的融资服务，这种“普惠”与“精准”特性使得金融服务实体经济兼具效率与公平，因此能够助推实现高质量发展。高质量发展能否实现，取决于经济增长模式能否真正从要素驱动转向创新驱动，而经济驱动力的转变势必要求金融服务模式的转变，这种转变离不开数字技术对传统金融的技术性改造。数字金融能够推动实现高质量发展，而高质量发展也离不开金融体系的数字化改造，探讨数字金融与高质量发展的机制路径，特别是数字金融通过什么方式促进高质量发展显得尤为必要。一方面，从数字金融的发展来看，数字金融是金融发展理论在数字技术应用背景下的深化，但金融服务实体经济的本质功能没有改变。因此，能否更好地服务实体经济是衡量数字金融发展是否健康的根本标准。另一方面，高质量发展除需要新发展理念指引外，亦亟须金融体系的变革为其提供资金支持，而数字金融能够通过资金配置效应和金融普惠效应助力实现高质量发展。但数字金融哪些具体服务模式最能有效提升经济发展的质量？数字金融通过哪些要素促进高质量发展？需对数字金融促进高质量发展的作用机制和逻辑关系深入探索。只有厘清这些问题，才能避免数字金融发展过程中的普惠异象，真正为实现高质量发展提供金融支撑。

14.3.1 数字金融通过产业结构优化促进高质量发展

14.3.1.1 缓解企业融资约束

（1）有效缓解信息不对称问题。

银行等金融机构与企业之间存在信息不对称问题，金融机构在向企业提供资金之前需要对企业的生产经营状况进行全面了解，在评估合格之后才会放款。但银行等金融机构获取中小企业经营状况的信息有限，并不能直接参与到企业日常经营活动中去，再加上部分中小企业财务制度不完善，财务报表可信度不高，真实的财务信息获取困难。同时，中小企业普遍缺乏合适的资产进行抵押，也不能提供有效担保，这就造成中小企业难以获得正规金融机构的资金支持。中小企业在经营过程中会涉及很多上下游企业，每一个上下游企业都可以从某一方面了解企业的部分生产经营状况。数字金融通过互联网技术和供应链技术的应用，将某个企业所有上下游公司所掌握的信息进行汇总，就可以全面掌握这个企业真实的经营状况，形成企业画像，可以有效缓解信息不对称问题，便于金融机构判断是否应当为其提供资金支持，从而促进经济发展。

（2）解决资金供求不匹配问题。

传统的大型金融机构，更愿意将资金提供给那些经营状况好、规模大的企业。中小型金融机构的出现，虽然在一定程度上缓解了中小企业的资金需求问题，但由于中小型金融机构自身资金量的限制，仍存在大量的资金缺口，不能满足中小企业的融资需求。而数字化金融的出现，解决了这一难题。互联网公司陆续进军金融领域，其以自身庞大的用户量吸收大量资金，并依托电商平台向广大的中小企业提供方便快捷的金融服务，给传统的金融行业带来巨大的冲击。传统的金融行业不得不通过创新进行自保，解决资金供求不匹配的问题。随着竞争的加剧，传统的金融机构和电商平台为了获得更多的资金流入，不断创新收益高、风险低的金融产品；同时，为了吸引更多的客户，金融机构纷纷进行创新，在加快贷款审批速度的同时减少交易成本，力求满足中小企业的资金需求。数字金融平台为中小企业提供更为灵活的资金筹集方式，为资金供需双方提供对接的渠道。

（3）降低融资成本和违约风险。

通过供应链、税务、核心管理人员社交系统等记录，数字金融平台可以多渠道获得企业信息，出具有价值的信贷评估报告。此外，通过网络平台，互联网金融机构可以建立起完备的智能风控体系，通过大数据技术的应用，结合企业核心管理人员实名制注册的规则，平台对违约企业和管理者进行披露，提高了企业的违约成本，若企业出现违约行为，由供应链的核心企业承担清偿责任，可达到有效控制违约风险的目的。

14.3.1.2 数字金融的发展为产业结构升级提供技术支持

数字金融的发展伴随着新技术、新业态、新模式的不断产生，数字金融是新一轮科技革命发展的产物，带动了科技创新和技术变革。新技术是数字金融发展的奠基石，技术的进步往往会促进产业结构的优化和经济发展方式的转变，数字金融的发展推动新技术的不断产生。互联网、人工智能、物联网等技术迭代更新，推动着产业朝着智能化、科技化、数字化的方向发展。产业结构升级需要技术进步的推动，数字金融的发展为产业结构升级带来了新技术、新应用、新发展模式的支持，推进产业结构内部调整，促进产业结构优化升级。第一，数字金融的发展为产业结构升级提供新平台。数字金融的发展加快了网络基础设施的建设进程，加强了各产业之间以及国内外两个市场之间的相互联系，促进了“共享经济”“开放经济”的发展，为产业发展提供许多新技术平台，推进新技术在产业中的应用，加速科技成果向生产力的转化。第二，数字金融的发展为产业结构升级提供新技术。新技术是数字金融发展的重要动力，数字金融催生新技术，新技术促进数字金融的发展，同时也带动了新兴产业的发展。我们处于一个信息化的时代，信息技术的变革催生了数字金融的发展，而数字金融的发展又推动了新兴产业、高新技术产业的产生，为经济高质量提供重要产业支撑，也为产业结构的升级带来了新的契机。数字金融带来的新技术推动了经济高质量发展，使制造业趋向智能化、信息化，提高供给体系质量，促进了资源的合理配置。以新一轮技术革命和产业变革为引领，互联网、大数据、人工智能等技术的发展，带动了数字金融的发展，从而促进了信息技术的变革，推动产业结构的升级，进而实现经济高质量发展。

14.3.1.3 数字金融的发展为产业结构升级提供内需支持

我国是世界上第一制造大国，人口众多，拥有巨大规模的消费市场，内需潜力巨大。数字金融的发展催生了新的消费热点和消费方式，推动了消费的转型升级。产业结构的升级需要内需的推动和引导，而内需的扩大离不开数字金融的支持，数字金融已经成为拉动经济增长、带动产业结构升级的关键动力。数字金融的发展创新了消费模式，推动人们提升消费层级，夯实了消费对于拉动经济增长的基础地位，引导新兴产业发展，推动产业结构的优化升级，助力经济高质量发展。第一，促进消费转型升级。数字金融的发展加快了网络基础设施的建设进程，推进了互联网和信息化消费的发展，促进了网络电商的发展。同时，提供了许多新型消费平台，促进了定制消费、知识消费、健康消费等新的消费热点的产生，促进消费的转型升级，带动相关产业的发展。第二，扩大有效投资。数字金融是伴随新一轮科技革命和产业变革而产生的新型金融形态，数字金融的发展需要新型基础设施建设的支撑。我国正在加强新型基础设施的建设，加速数字金融的发展。所以数字金融的发展会扩大对于新型基础设施建设的有效投资，引导资源向新兴产业和高新技术产业流动。第三，数字金融的发展优化了投资环境。数字金融的发展推动新技术的应用，逐渐提高国内供给体系的质量，优化投资环境，带动内需的不断扩大，促进资源的合理配置，推动传统产业转型升级。总的来说，数字金融发展所创造的新需求为产业结构升级提供了内需支持，从而促进了经济高质量发展。

14.3.2 数字金融通过出口贸易助力高质量发展

14.3.2.1 数字金融供给主体多元化，出口服务体系逐步形成

数字金融供给主体呈多元化发展趋势，全面赋能企业出口发展。一方面，传统商业银行立足自身金融资源方面的优势，通过与金融科技企业合作学习先进技术，不断增强企业出口服务的科技属性。《2021 中国数字金融调查报告》显示，国有大行及部分股份制银行在金融科技方面的投入占营业收入的比重约为3%，银行数字化转型已进入数智化阶段。传统商业银行借助技术手段可以更为清晰、准确地获取企业的财务数据与经营数据，因而缓解了信贷市场中一直以来存在的信息不对称状况，使企业出口融资不仅审批速度快速提升，贷款金额也大大增加。另一方面，互联网银行和金融科技公司立足自身技术创新方面的优势，通过研发并推广使用新技术推动了数字金融的开放性、平台化发展，拓宽了数字金融服务实体经济的渠道，能够更好地服务于企业出口活动的资金需求。在传统金融数字化转型与金融科技创新并行发展过程中，逐渐形成以国有商业银行、互联网银行与金融科技公司为主，股份制商业银行、民营银行、农村商业银行等为辅的数字金融出口服务体系。在多主体、多层次的出口服务体系下，一方面，数字金融的“普惠”特性被进一步激发，可以通过对接不同企业的出口融资需求，全方位推动企业出口发展。微众银行 2020 年披露公布运营数据，并发布《2020 年社会责任报告》，指出超 30 万家从未在银行获得贷款的企业在数字金融的助力下获取所需贷款，且出口融资额度提升了 70%、融资成本降低了 15%。另一方面，数字金融在不断创新中逐步加速金融业务在场景中的渗透，助力企业出口。德勤发布的《2021 中国制造业创新调查报告》显示，企业出口过程中产品服务创新占全部创新活动的比重达 32%、技术创新占全部创新活动的比重达 31%，并在数字技术利用、用户体验等方面取得显著成效。

14.3.2.2 数字金融产品种类的增多与服务力度快速提升，出口助力质量不断提高

在多主体、多层次的出口服务体系下，相关机构依据自身特点与市场定位提供不同的产品与服务。从整个行业看，传统商业银行、互联网银行、金融科技公司等机构借助第三方支付（包括移动支付和互联网支付）、网络融资（包括大科技信贷、P2P 平台贷款、网络众筹等）、网络投资、数字货币、数字金融创新（包括数字供应链金融、数字保险、金融服务外包等）等工具与手段，从不同维度提升助力企业出口的服务质量。从细分主体来看，国有商业银行和股份制银行基于自身强大的业务基础与雄厚的资金实力，通过提供全周期、宽领域、广覆盖的“一揽子”数字金融服务解决企业出口各环节的融资需求：融资业务提供币种灵活、形式多样的跨境融资方案，跨境现金管理业务实现全球资金的划转归集，跨境结算业务实现跨境资金支付的秒级到账；金融科技公司和互联网银行借助其行业领先的数字技术，为企业提供更智能、更先进的数字金融服

务，依托大数据、区块链等技术打造的快速通关的智慧贸易服务，极大提升了企业出口物流与贸易的便利化程度；民营银行和农村商业银行秉承“虽小但精”的定位，结合区域内企业特点深耕特色产品建设，其较高的放款额度和灵活的还款期限可以更多地照顾到企业出口过程中的痛点与难点，提升企业出口的可持续性。随着产品种类的增多与服务力度的快速提升，数字金融助力企业出口质量不断提高。据《中国金融认证中心：金融行业：2021 中国数字金融调查报告》显示，2021 年全国性商业银行企业网银用户数较上年上升 38%，越来越多的企业得以更为便捷地享受到银行提供的各项数字金融服务。相关机构提升金融服务模式与产品体系的包容性和普惠性，积极推动业务下沉，在精准提升数字金融供给效率的同时，不断释放数字金融助力出口贸易高质量发展的强大动力。

14.3.2.3 数字金融助力出口发展呈现异质性，不同区域、行业、贸易方式有所不同

数字金融助力企业出口呈现一定异质性。据《中国金融科技和数字普惠金融发展报告（2022）》分析，数字金融更多地推动了浙江、上海、江苏、广东、山东等东部沿海地区企业出口，该地区出口企业占所有出口企业比重高达 75%，但对中西部地区的企业出口助力效果有限。原因主要在于东部地区较西部地区的信息基础设施更为先进，为数字金融的发展提供了更为深厚的植根土壤，使数字金融助力企业出口的功能得到更好发挥。从行业分布看，数字金融更多推动了机械制造业、服装鞋帽制造业等行业企业的出口，这几类主要出口行业中出口企业在各自行业内占比约为 20% ~30%，在所有出口企业中占比高达 89%，但对食品制造业、饮料制造业、农副食品加工业等行业企业出口推动力度明显不足。原因主要在于机械制造业、服装鞋帽制造业等行业相对于主要面向国内市场的食品制造业、饮料制造业来说拥有更为广阔的海外市场份额，多数产品需要通过出口予以消化，出口融资需求更为强烈，因而在数字金融的助力下出口贸易取得了更快发展。从贸易方式看，在数字金融的助力下，企业一般出口贸易发展较快，占出口贸易总量的 57%，其次是代理加工制造，占比达 32%，海外代销和海外投产等方式占比较少。原因主要在于相对于代理加工制造等风险较小、出口固定成本更低的贸易方式，一般出口贸易需承担更多的固定成本和可变成本，因而对企业的自有资金提出更高要求。数字金融通过资金的足量供给可及时满足企业出口资金需求，帮助许多受到资金约束的企业跨越出口面临的资金门槛，推动一般出口贸易快速发展。

14.3.3 数字金融通过要素资源配置推动高质量发展

14.3.3.1 通过劳动力要素合理配置推动高质量发展

在劳动力要素配置中，劳动力往往会充分考虑个人能力和家庭情况，在不同就业方式中做出选择，以实现家庭效用最大化。从农村劳动力来看：一方面，许多劳动力对土地依赖大，出于保障性需求，他们往往不会将全部的土地流转给他人，而农业生产需要

投入时间和精力；另一方面，外出务工是中国农村劳动力流动的重要方式，而外出务工使得劳动力无法与家人相聚，造成了心理效用上的损失，这一损失在一定程度上会影响农村劳动力对就业形式的选择。此外，劳动力所处的环境亦会对劳动力要素配置产生影响。一是就业机会的多少。现阶段，中国劳动力市场提供的劳动岗位仍无法完全匹配劳动力的需求，这使得劳动力在流动过程中，浪费大量时间，造成摩擦性失业。二是转移成本的高低。劳动力在转移的过程中会产生就业信息获得成本、生活费用等转移成本，这使得许多经济实力有限的劳动力无法承担，不利于劳动力就业的实现。

数字金融的出现似乎为以上问题的解决提供了契机。其一，数字金融可以通过促进现有企业规模扩大和潜在企业设立，增加劳动力就业机会，进而有助于经济高质量发展。数字金融摆脱了对实体网点的依赖，建设成本低，可以实现以更低的成本提供金融产品。并且数字金融可以突破时空限制为借款人贷款提供便利，减少了时间成本；此外，与传统金融不同的是，数字金融一般不要求企业和个人提供抵押物，而是通过技术手段汇总梳理两者信用信息来决定是否放贷，大大降低了企业和个人的借贷成本，为企业经营规模的扩大和居民创业创造了有利条件。而企业的设立和发展释放出大量就业岗位，增加了劳动力就业的机会。其二，数字金融可以通过为劳动力流动支付转移成本进而利于劳动力合理流动。主要表现为：一方面，数字金融为劳动力提升就业能力提供资金和信贷支持，利于劳动力满足企业岗位的用人需求，进而提高劳动力与企业岗位匹配成功的概率；另一方面，数字金融通过缓解劳动力金融资源约束，为劳动力流动过程中产生的就业信息获得成本、交通成本、住宿饮食成本等提供金融支持，进而帮助劳动力尤其是经济实力有限的劳动力实现就业。数字金融可以通过增加就业机会和支持劳动力支付转移成本促进劳动力合理配置，进而促进经济高质量发展。

14.3.3.2 通过资本要素合理配置推动高质量发展

数字金融的发展有助于缓解信息不对称问题，减少资本市场摩擦，提高资本要素的配置效率。有学者认为信息不对称与资本市场摩擦程度正相关，导致企业承担着更大的交易成本是影响企业资本结构调整成本的重要因素（Myers and Majluf，1984）。一方面，数字金融能够降低金融机构和企业之间的信息不对称程度。金融机构借助数字技术进行信息搜集与处理，与传统人工手段相比能够提高信息筛选和风险甄别的准确性与及时性，从而减少获取信息和交易的中间成本。例如，基于互联网信息和数字技术的客户征信体系能够精准地绘制“企业画像”，简化烦琐的线下审核流程，大幅缩短信贷审核时间，提高资质审查效率，减少了可能通过上调贷款利率而转嫁给企业的审查费用，由此降低了企业的风险管理和评估成本。另一方面，数字金融也能够缓解监管机构和投资者与企业之间的信息不对称问题。数字技术结合金融的模式将企业的各种交易行为在网络上保存为可查验的记录，利用互联网上的“数字足迹”，金融监管部门能够更有效地把控企业的金融活动，投资者也能够更容易地参与对企业的监督，抑制企业利用隐形债务来操纵杠杆，倒逼企业向着更合理的目标调整自身资本结构，重塑资本要素配置，推动高质量发展。

数字金融的发展提升了金融服务的可触达性，拓宽了中小企业的融资渠道，从而加大了资本要素的供应量。传统金融由于存在着隐形信贷歧视，更愿意将贷款投放给大型企业、国有企业，造成金融贷款经常出现一系列结构性错配问题，导致部分更具发展潜能、更需要资金支持的企业或行业成了金融服务排斥的对象。数字金融依据商业可持续和机会平等原则，以相对友好、可承担的成本提供信贷服务。金融机构的金融产品和服务不断创新，创造了一系列新型融资模式，有助于降低传统金融服务的门槛，增加在资本市场中处于劣势地位的中小企业的信贷可得性。同时，数字金融不以抵押物和清算制度来评估企业风险，对中小企业的融资支持具有包容性，利用数字技术手段更加擅长识别企业的经营能力，能更多地服务于传统金融难以覆盖到的“长尾客户”。数字金融如雨后春笋般的创新发展，能够吸引广泛的投资者和机构参与投资，从而给予中小企业与众多投资者进行价格博弈的机会，降低融资约束，助力企业向目标资本结构加速调整，推动资本要素的合理配置，进而实现经济的高质量发展。

14.3.3.3 通过技术要素配置的重塑推动高质量发展

（1）数字金融塑造了新的技术要素需求。

数字金融的迅猛发展加速了技术要素在各领域的渗透，塑造了新的技术要素需求。无论是农耕经济时代还是工业经济时代，技术大都以一种独立的状态存在，且主要以机械化、专用性和自动化来实现人的“四肢解放”。而数字经济依托的新一代信息技术，是在互联网基础上升级而成的一种跨领域技术融合平台，具有数智化、虚拟化、柔性化等多种特征，更多地表现为“对人大脑的延伸”。这些技术特征一方面会产生更强的规模经济和范围经济效应，加快技术迭代；另一方面，也能降低企业技术服务购买成本，催生大量技术要素需求。

（2）数字金融塑造了新的技术要素供给。

不同类型的技术个体带给企业的利润水平是不同的。新的技术范式将通过打造一个基于网络、物理和社会的三维互动空间和智能系统，塑造新的技术要素供给。在以劳动、资本为主要生产要素并体现全要素生产率变动的传统生产函数中，技术要素是长期经济增长的动力所在。数字经济背景下，供给侧的技术创新和技术变化会影响整个经济系统内的技术结构革新，并通过新技术应用改变原来经济形态中的技术要素资源配置方式。根据阿里研究院的报告，以云计算、物联网、人工智能、数字孪生等为代表的智能技术群落正在构建新商业基础设施，预计将在未来尽快完成交付。这意味着技术要素供给数量和供给质量将得到进一步提高。

（3）数字金融重塑了技术要素配置路径。

数字金融基于平台双边、多边市场产生的网络外部性打破了传统经济下的垂直型组织结构，通过加快技术扩散速度、强化技术内生动力，改变技术要素配置路径。

第一，数字金融加快了技术扩散速度，引导技术要素向平台化配置转变。同以往的技术革命相比，新型“数字革命”技术具有通用性和模块化特征。这些特征一定程度上弱化了某些产业的技术门槛和技术垄断，让技术在同一产业内和不同产业间扩散速度变快、交易成本降低，进而增加多元主体协作，促进技术要素配置的有效性。此外，平台经济、共享经济等新型组织形态使得企业内外部组织协调成本和组织结构发生变化，企业管理模式向信息化、扁平化发展。这一趋势无疑加速了技术要素配置向平台化和协同化演变。

第二，数字金融强化了技术内生动力，促使技术要素配置向智慧化转变。数字经济时代的技术要素是对“人大脑的延伸”，通用且易于操作。从算法技术理论上讲，基于机器学习的人工智能可以任意数量的转换组合和权重调整完成更为抽象和复杂过程的状态输出，解决工业企业需拟合或仿真的现实问题，实现跨界资源低成本、高效率地再配置。如智慧信号灯利用浮动车轨数据，在计算各路口全部交通数据的基础上，可以通过参数调整，仿真模拟出不同优化方案的交通通行情况，大幅改善交通拥堵。数字经济的发展为新一代信息技术提供了应用平台，以智慧化为核心的技术要素配置格局加速形成，从而推动了经济向高质量发展转变。

因此，在数字技术的作用下，数字金融通过塑造新的技术要素需求、新的技术要素供给和技术要素配置路径，加快技术要素的配置效率，促进经济的高质量发展。

◎ 本章提要

数字金融的产生源于数字技术运用的日臻完善，是信息技术进步下的衍生产物，变革了传统的金融模式，使得交易效率、广度和深度不断提高，大大促进了经济发展。金融服务已经从传统的人工服务变成集聚诸多创新要素、辐射广泛的数字金融服务，全球正在加速从“网联”向“物联”“数联”“智联”不断跃迁。数字金融的驱动效应呈现为3个“+”和3个“驱动”：“大数据+金融”的“数据驱动”效应；“云计算+金融”的“算法驱动”效应；“区块链+金融”的“可信驱动”效应。在众多学者的研究下，数字金融的定义逐渐明晰，它是指传统金融机构与互联网公司根据数字技术实现融资、支付、投资和其他新型金融业务模式。核心主体主要包括商业银行、数字交易平台和移动运营商，并在第三方支付、P2P网络借贷等发挥重要作用。中国数字金融发展迅猛，在疫情时代也呈现出独特优势和强大韧性，表现出几大典型特征：数字透明化、中介平台化、全面化、成本降低化。这些特征将推动数字金融进一步发展。而未来数字金融的发展趋势呈现服务趋向场景化、运营管理数字化、风险控制智能化，从而真正合法合规地激活大数据这一全新生产要素和生产力，发挥其倍增效应，使之成为推动经济高质量发展新动能。高质量发展能否实现，取决于经济增长模式能否真正从要素驱动转向创新驱动，而经济驱动力的转变势必要求金融服务模式的转变，这种转变离不开数字技术对传统金融的技术性改造。数字金融能够推动实现高质量发展，而高质量发展也离不开金融体系的数字化改造，数字金融能够通过产业结构优化、出口贸易助力、资源要素配置促进高质量发展，从而避免数字金融发展过程中的普惠异象，真正为实现高质量发展提供金融支撑。

◎ 概念复习

数字金融　P2P 网贷　第三方支付

◎ 阅读资料

（1）北京大学数字普惠金融指数（2011－2020 年）［EB/OL］. 北京大学数字金融研究中心，https：//idf. pku. edu. cn/yjcg/zsbg/513800. htm，2021－04－21.

（2）中国向 G20 杭州峰会提交三个文件［EB/OL］. 新华网，http：//www. xinhuanet. com//world/2016－08/29/c_129259609. htm，2016－08－29.

（3）2014 年全球金融发展报告［M］. 北京：中国财政经济出版社，2015.

（4）借贷消费调查：那些负债的年轻人［EB/OL］. 齐鲁壹点，https：//baijiahao. baidu. com/s？id＝1684475908784961350&wfr＝spider&for＝pc，2020－11－27.

（5）中国工商银行 经营业绩实现“开门红” 支持宏观经济“开门稳”［EB/OL］. https：//www. icbc. com. cn/ICBC. html.

◎ 课后思考题

（1）数字金融相较传统金融有什么不同？

（2）简述我国数字金融的发展历程。

（3）简述数字金融的核心主体。

（4）数字金融的典型特征是什么？

（5）数字金融如何推动高质量发展？

第 15 章
数字贸易

学习目标

(1) 了解数字贸易内涵的演变过程并掌握最新数字贸易内涵，知晓数字贸易的基本特征；

(2) 认识数字贸易所包含的贸易对象，理解并区分数字货物贸易、数字服务贸易与数据贸易；

(3) 掌握常见贸易条件和数字贸易条件的内涵与区别，了解常见贸易条件的测算方式；

(4) 了解数字贸易在发展过程中面临的问题，掌握发展数字贸易的策略。

内容提要

在这一章，我们将学习数字贸易的相关内容，随着数字技术的进步与渗透，贸易数字化是数字经济发展的必然趋势，因此我们必须对数字贸易的具体内涵、贸易对象等基础知识有所了解。这一章的学习主要分为三个部分，在第一部分，我们将从数字贸易的内涵演变说起，了解数字贸易是如何由电子商务演变而来的，分化为现在的狭义内涵与广义内涵，并总结了数字贸易的一些特征，让读者能够更为深刻地认识数字贸易。在理解了数字贸易的定义后，我们将在第二部分详细介绍数字贸易涉及的贸易对象以及贸易条件的相关知识。在第三部分，通过对当前数字贸易发展情况进行分析，了解数字贸易发展面临的困境并提出针对性对策，从而让读者对数字贸易发展变迁有更为深刻的理解。

15.1　数字贸易的内涵与特征

15.1.1　数字贸易的内涵

国际贸易发展到现在经历了三个阶段：第一阶段是以最终产品为交易主体的传统贸易。第二阶段是全球价值链贸易，得益于工业革命与技术进步，全球贸易的运输成本大幅下降，以全球化分工为核心的价值链贸易逐渐成为国际贸易的主要形式。紧接其后的信息革命则将全球都推入了数字化浪潮之中，沟通、传输的方式变得更加快捷简便，成本更加低廉，经济全球化与数字全球化逐渐融合，国际贸易发展到了第三阶段——数字贸易阶段。数字贸易是由数字经济延伸出的一种新型贸易形式，是经济全球化、信息通信技术和数字技术发展到一定阶段的产物。数字贸易拓展了可贸易产品的边界，是一种全新的生产、交换和消费模式。

各国政府、国际机构及研究者在不同阶段从不同角度界定了数字贸易的内涵。在早期，受限于互联网和数字技术基础设施的普及程度，以信息通信技术为基石的数字贸易尚在萌芽期，各国尚未形成对“数字贸易”的认识。结合近年世界各国官方机构对数字贸易的定义来看，当时与数字贸易最接近的定义是跨境电子商务。1998 年 WTO 第二次部长会议设立了“电子商务工作计划”（E – Commerce Work Program），在这一计划中“跨境电子商务”得到了明确定义，即“通过电信网络进行生产、配送、营销、销售或交付的货物或服务”。2011 年 OECD 对跨境电子商务做出的定义大体与 WTO 在 1998 年做出的定义相符，认为跨境电子商务是指“通过计算机网络进行的专门用于接收或订购货物和服务的销售或采购活动”。这一定义突出了跨境电子商务的两大特征，一是区别于传统贸易的线下交易模式，通过互联网进行订购和交付；二是确定了跨境电子商务的交易对象不仅限于实物货物还包括服务。在这一阶段中，跨境电子商务在交易模式上还经历了一次变革。从早期的以网页形式展现的线上“产品价目清单”，仅为企业信息以及产品提供第三方的网络展示平台，不涉及任何交易的环节，到整合数字化支付和物流，通过数字技术将线下贸易模式完整地复刻到线上，形成专业的在线交易平台，跨境电子商务在国际贸易中的各项功能潜力得到了充分挖掘和延伸，构建了数字贸易的基本雏形。

数字贸易的概念直到 2013 年才被正式提出。2013 年 7 月，美国国际贸易委员会（USITC）在《美国和全球经济中的数字贸易 I》中指出，数字贸易是指“通过网络传输而实现的产品和服务的交换活动”，具体包括四个方面：一是数字交付内容，如数字化的音乐、游戏、视频和书籍等；二是社交媒体，如社交网站、用户评价网站等；三是包括普通搜索引擎和专业搜索引擎在内的搜索引擎；四是其他数字化产品和服务，如应用软件、通过云计算提供的数据和计算服务以及通过互联网传递的通信服务等。2013年的美版数字贸易定义将贸易标的设定为数字产品与服务，以数字交付作为核心要件，不包括通过互联网进行订购交付的实物产品，也不包括 DVD、数字软盘等含有数字特性的实物产品。数字贸易的对象被狭隘地限制在了以数字信息流方式存在的商品上，但在 2013 年，基于互联网平台的实物贸易已经非常繁荣并以极快的速度增长，逐步成为各国不可或缺的重要经济动力，这一版的定义却没有将其纳入数字贸易的定义之中，与现实存在较大偏差。

从 2014 年开始，各国政府及国际机构针对数字贸易的研究逐渐深入，数字贸易的内涵也在这个过程中不断被丰富和完善。2014 年 8 月，USITC 发布《美国和全球经济中的数字贸易 2》，对“数字贸易”内涵进行了拓展，认为数字贸易是“在订货、生产或提交产品和服务环节，互联网和基于互联网的技术起到显著作用的美国国内商务和国际贸易”。相较 2013 年 USITC 对数字贸易标的的严格限定，新版的美式定义要宽泛许多，把订货和生产环节中涉及互联网及互联网技术的交易也纳入其中，这意味着，基于互联网的实物贸易也被纳入了数字贸易的范畴。随着数字技术的不断进步及其与传统贸易的深度融合，美国贸易代表办公室（USTR）在 2017 年再次对数字贸易的内涵进行了更新，指出数字贸易是“通过互联网及智能手机、网络连接传感器等相关设备交付的产品和服务”，涉及互联网基础设施及网络、云计算服务、数字内容、电子商务、工业应用和通信服务共 6 种类型的数字产品和服务。这一定义不仅明确地指出互联网上销售的产品属于数字贸易，而且还将实现全球价值链的数据流、实现智能制造的服务以及无数其他相关的平台和应用纳入数字贸易范畴中，这主要是基于经济社会中数字技术与传统产业融合发展的现实，越来越多的商业活动采取了数字化的形式，企业普遍运用数字技术参与国际竞争与合作。

美国是数字贸易的起源地，因此在数字贸易内涵的界定中具有重要话语权，从数字贸易概念的出现到完善都有美国的身影。除了美国之外，主要经济体及国际经济组织也从不同角度对数字贸易这一概念进行过阐述，通过了解这些内容，能够从多元视角进一步认识数字贸易的内涵。

欧盟在 2015 年的《数字单一市场》（*Digital Single Market*）报告中把数字贸易定义为“利用数字技术向个人和企业提供数字产品和服务”，这一定义与 2013 年的美版定义相似，都把数字贸易限制在了数字产品与服务上，不重视基于互联网的实物贸易，这可能是由于美国和欧盟的竞争优势均集中在数字化产品与服务领域，对数字贸易的本初理解在这一角度上有更深的认识。相较而言，OECD 所阐述的数字贸易内涵则更加全面和贴近现实。

OECD 在 2017 年公布的研究成果《测度数字贸易：走向概念性架构》中，从贸易方式、贸易对象及贸易参与者三个维度分解了数字贸易内涵。贸易方式分为数字订购型（digitally ordered）、平台支持型（platform enabled）、数字交付型（digitally delivered）。其中，以数字形式订购的跨境交易指直接通过专门用于接收或下订单的计算机网络进行的商品或服务交易，其支付环节及货物或服务的交付通过线上或线下完成均可。该模式不包括以电话、传真等形式达成的交易，仅覆盖通过网页、外部网、电子数据交换达成的交易。平台支持型数字贸易指间接通过中介平台进行的商业交易，中介平台为供应商提供设施和服务，但不直接销售商品，如阿里巴巴、亚马逊、淘宝、京东商城等。数字交付型数字贸易指直接通过信息及通信技术网络远程提供的服务产品，包括可下载的软件、电子书、电子游戏、流媒体视频、数据服务等，但不包括有形货物的交付。贸易对象分为货物、服务和信息，贸易参与者包括消费者、企业和政府。OECD 并没有明确给出数字贸易的定义，而是将贸易方式作为数字贸易内涵划分的核心构成要件，只要符合其中一种贸易方式就能够称为数字贸易。除此之外，从 OECD 对贸易对象维度的划分可以发现，信息与货物和服务区分开来，成为一类独立贸易标的。在数字经济时代，数据与信息作为一种全新的生产要素成为贸易的重要内容，因此将信息独立划分成一类贸易标的是十分有必要的，OECD 版的数字贸易内涵相较美版定义得到了较大的完善和改进。

在以上内容中，我们梳理了数字贸易内涵的演变过程，总体来看，不同国家与国际机构对数字贸易的概念的定义各有侧重，其主要差异体现在对数字贸易对象的划分上，因此根据贸易对象我们可以将数字贸易划分为广义数字贸易与狭义数字贸易。广义数字贸易是指各经济体利用数字技术基于互联网、移动网络、其他信息网络开展的贸易活动，其贸易对象包括实体货物、数字产品及服务、数据与信息，其中实体货物贸易的交易流程中接洽、签约等部分环节是通过互联网实现的。狭义数字贸易是指通过互联网进行交付的数字化产品和服务，其贸易对象包括数字产品、数字服务及数据。狭义数字贸易的核心在于数字交付，即非实物形态的纯数字化商品，将广义数字贸易中的实物货物剔除在外。

15.1.2 数字贸易的特征

从哥伦布发现新大陆至今，人类社会先后经历了四次全球化浪潮：在第一次全球化浪潮中，航海技术的进步让人们对世界的全貌有了初步而较为完整的认识，以欧洲为代表的西方国家开始在亚洲、非洲、美洲进行殖民扩张和资本积累，劳动力、原材料、初级产品贸易逐渐兴起。第二次全球化，第一次工业革命开创了以机器代替手工劳动的时代，极大地加强了世界各地之间的联系，改变了世界的面貌，推动了城市化的兴起，第二次工业革命使资本主义世界体系最终确立，世界逐渐成为一个整体，催生了动力机器生产模式，美国、德国、英国、法国、日本等国工业迅速崛起，各国间的工业制成品贸易大幅增长。第三次全球化，以国际组织和规则为基础的国际治理体系日益完善，全球经贸关系紧密，韩国、日本等原本相对落后的国家通过积极参与全球价值链体系，实现本国经济的腾飞和工业化的快速发展，国际分工水平进一步提高，中间品贸易成为国际贸易的重要组成部分。第四次全球化，信息通信技术的应用与进步，使得国际贸易呈现高度数字化的特征，贸易方式的数字化、贸易对象的数字化极大地改变了现有的贸易模式，数字贸易蓬勃兴起。

当今世界正处于数字经济快速发展时期，数字产业化、产业数字化趋势日益明显。随着云计算能力的提升和传输加速，以数据为生产要素、以数字交付为主要特征的数字贸易蓬勃兴起，正在成为全球贸易的新形态、未来贸易发展的新引擎。虽然数字贸易与传统贸易在行为本质、内在动因、贸易利得上相同，但数字贸易的本质是生产要素和最终产品在不同主体之间的转移，数字贸易在时代背景、交易标的、监管体系、时空属性等方面与传统贸易有着显著的差别，其中最大的区别在于数字贸易所体现的贸易方式数字化和贸易对象数字化。其中，贸易方式数字化是指数字技术与国际贸易活动的深度融合，由此而出现的数字展会、智慧物流、社交电商、大数据营销等外贸新业态新模式，有利于外贸全流程各环节的优化提升；贸易对象数字化是指以数据形式存在的各类型要素、产品和服务成为交易的对象，如搜索引擎、在线文娱、云计算服务等，使得国际分工从物理世界延伸至数字世界。对比来看，数字贸易具有以下几方面特征。

15.1.2.1 以经济服务化和服务数字化为基础

随着社会分工的加深和信息技术的发展，一些产品和服务开始以数字的形式存储、传输和交易，超越物理的束缚，可贸易程度大大提升，制造业、农业呈现服务化发展趋势，在投入与产出中，服务这一生产要素所占比重逐渐增加，从投入来看，由单纯生产制造转向“生产+服务”；从产出来看，由单纯出售产品转向出售“产品+服务”。在此基础上，数字技术进一步改变了服务的生产和提供方式，一些服务变得可存储、复制和线上交付，磁盘、光盘、移动硬盘等传统的数字化存储设备正在被虚拟的、线上的云存储所取代，推动存储成本降低、存储方式优化和存储服务的演进，服务传输渠道进一步改善，全球网络普及率、速率稳步提升，网络使用价格持续下降，形成一个高效的数字化航道，数字化产品和服务从云端通过网络快速流入千家万户。随着服务输入、输出设备不断升级，从台式计算机、笔记本电脑到现在的智能手机、车载智能终端，硬件和终端设备的升级迭代，为更优质、更丰富的数字产品服务提供可能，服务的内容与范围呈扩大的趋势。

15.1.2.2 以安全有序跨境数据流动为驱动

自2008年金融危机以来，传统的货物贸易、服务贸易和资本流动增长缓慢，然而跨境数据流动却在快速增长，支撑和推动了几乎所有其他类型的跨境流动。随着数字技术进步，数字贸易蓬勃发展，数字贸易标的物的生产和营销衍生了大量使用成本几乎为零的数据，不仅为供需双方提供了大量有价值的信息，而且进一步促进了数字贸易规模的扩大。从规模经济来看，在数字贸易中，贸易规模较大的厂商能够通过线上平台获得大量的消费数据信息，并对其进行收集整理分析，从而明晰市场需求，顺应市场发展趋势，实现更大的规模经济。从范围经济来看，当不同的生产者和消费者均使用一种兼容性较强的数字基础设施时，可以进行资源共享，将生产和消费等数据信息应用于可替代品或互补品的生产与消费领域，于消费者而言可以获得更优质和多元的消费体验，于厂商而言有利于实现范围经济，从而扩大数字贸易规模。由于数字技术要素具有规模经济与范围经济特征，数字贸易标的物的生产和营销模式等呈现出了明显的跨境数据驱动特征，跨境数据流动，一方面可为不同国家间经济主体信息传递提供支持，使得价值链能够更高效地配置、协同，推动货物流、服务流、资金流向更低成本、更高效率、更贴近用户方向发展；另一方面促进了数字服务贸易的发展，使得搜索引擎、社交媒体、云计算等基于数据流动的新业态新模式成为国际贸易的一部分。跨境数据驱动的主要表现具体如下。

第一，数字要素驱动数字贸易标的物生产方式变革。在贸易中，以数据形式存在的要素、产品和服务越来越多，出现了大数据交易市场、各类服务中介平台、云计算服务、区块链服务、数字学习、云外包等新业态新模式。由于数字化产品生产和消费的边际成本近乎于零，故而生产与贸易活动在要素比例构成上呈现出更高的资本有机构成特征，云计算、人工智能等生产要素的广泛应用，不仅提高了劳动生产率，也降低了劳动成本，数字要素替代劳动力的趋势日益凸显。

第二，数字要素驱动数字贸易平台化与供应链扁平化。在传统贸易产业链中，生产端、交易端和供应链端各有其弊端导致运转效率较低，而数字贸易与平台经济的相互作用形成了平台化的市场组织模式，不仅实现了可贸易品供需双方有效衔接，还推进交易的数字化、智能化建设，汇集大量生产、消费信息，提高了数字贸易品供需匹配效率。数据的跨境流通降低了供需双方的信息壁垒和信用壁垒，实现了交易环节的降本增效，与传统贸易相比，降低了中间商在贸易中的作用，使数字贸易的整个供应链趋于扁平化。

第三，数字要素驱动贸易标的物趋向服务化。信息通信技术发展应用不断深化，极大地降低了跨境服务贸易成本，数字贸易的标的物在很大程度上也突破了服务“不可贸易”的局限，一些传统跨境服务贸易通过数字化方式实现服务线下至线上的转变，如在线教育、医疗等技术和服务的远程提供，开创了提供服务贸易的新方式。服务贸易的快速发展与互联网普及率和使用率的提高息息相关，一方面，数字技术的进步提高了数字网络的效率，形成了快速发展的数字基础设施，电信服务、计算机和信息服务、其他商业服务和金融服务等“可数字化服务”快速发展，其增长速度远超旅游、运输等传统服务。另一方面，数字技术的发展大大降低了通信和交易成本，弱化了空间距离对国际贸易的制约，丰富了跨境服务贸易的种类，数字服务贸易蓬勃发展。

15.1.2.3 以平台和平台服务体系为支撑

在数字贸易领域，互联网平台的作用比传统贸易环境下更为凸显。近年来，全球范围内出现了大量基于数据驱动发展模式的数字平台，如微软、苹果、亚马逊和腾讯等，推动数字经济快速发展。在传统贸易中，从产品生产到销售存在批发商、零售商等中间环节，提高了交易成本，而在数字贸易中，数字平台代替了传统的贸易中间商，实现供需匹配，既为供应商提供互联网平台接入、商品展示、接收订单的渠道，整合经济要素和创造价值，也为消费者提供快速搜索、满足需求的场所，同时提供包括在线支付、进出口、物流和消费者保护等在内的服务，最终集成数字贸易的商品流、资金流和信息流。这些平台的业务也不仅仅局限于所在国家，许多平台企业都在极力开展跨国业务，进入国际市场，将服务对象由国内延伸至海外，例如亚马逊的跨境电商业务、苹果的应用商店业务等。凭借大数据与人工智能等技术，数字服务平台可以实现供需双方的精准对接、各类资源的高效配置，进一步达成供需平衡。

15.1.2.4 以跨界融合的全球性数字化生态为发展方向

随着 IT、金融、物流等生产性服务业线上服务能力的提升，以及制造业、农业数字化转型所带来的分工和服务外包需求，产业链上下游企业逐步打通，促进产业链协同高效，“研发 + 生产 + 商业 + 金融 + N”的跨界融合数字化生态链加速形成，并从国内市场向国际市场延伸。就传统产业而言，数字化转型是利用数字技术进行全方位、多角度、全链条的改造过程，通过深化数字技术在生产、运营、管理和营销等诸多环节的应用，实现企业以及产业层面的数字化、网络化、智能化发展，推动企业的业务流程重塑、组织结构优化、商业模式变革有机结合，有利于企业构建“生产服务 + 商业模式 + 金融服务”跨界融合的数字化生态。以新一代信息技术与制造业深度融合的产物——工业互联网为例，借助大数据、云计算、人工智能等技术，为先进制造业提供新服务，通过设备联网将数据汇聚到一个平台上，实现人、机、物全面互联，从而助推先进制造业数字化转型。

15.1.2.5 以数字技术赋能数字贸易低成本化

由于数字信息可复制和可传播使得数字贸易在生产、流通、销售等环节呈现显著的低成本特性。一般情况下，贸易成本主要包括运输和物流成本、跨境成本、信息和交易成本等，数字技术的广泛运用使数字贸易的成本呈下降态势。

数字贸易呈低运输成本与低物流成本特性。数字贸易采用智能化的物流作业，有效减少了贸易的物流成本支出，将数字技术与物流运输业相融合，利用移动互联网、云计算、大数据、区块链、物联网、人工智能等技术，构建数字物流基础设施平台，将货物订单、运输企业、运输工具、物流场景等物流要素数字化，打造全新的物流运输生态圈，进行全方位资源整合和共享，不仅节省了数字贸易最终消费品的运输时间，而且降低了产品的运输成本，运用智能物流、智能码头提升整个物流系统的智能化、自动化水平，提升贸易物流的效率。

数字贸易呈低跨境成本特性，简化贸易流程。传统国际贸易中，跨境物流时间长、环节多、距离远、成本高，还涉及不同国家清关手续等复杂问题；预付货款、信用证等收付款方式挤占了企业资金，使企业资金回流周期拉长、风险增大，而随着数字技术的发展，尤其是跨境电商平台企业所提供的市场信息服务、物流信息服务、支付结算服务等跨境贸易综合服务的数字化，企业资金流、货物流和信息流融合程度不断加深，极大降低了服务外贸企业运营成本。通过智能关务、国际贸易“单一窗口”的应用，将货物流转变为数据流转，极大地提高了贸易便利化水平，提高了传统货物贸易的通关效率，降低了跨境成本。

数字贸易呈低信息和交易成本特性。互联网平台可以利用数字技术获取市场主体的相关特征，使得数字贸易双方供需匹配，提高企业间信息传输效率和质量。从信息获取角度来看，网络搜索引擎、数字广告已经成为企业走出去获取国际市场信息的重要渠道，在传统模式下，企业进入一个新的市场或与新客户开展贸易需要提前进行市场调研，以便充分了解市场行情、政策波动、客户资信等信息，降低贸易风险。随着信息技术的发展进步，企业可以通过互联网获取海外全方位的资讯，大大降低企业的信息搜索成本。从信息输出角度来看，互联网为企业提供了更廉价和高效的市场宣传方式，企业可以投放在线广告和开设虚拟网店，打造通往国际市场的跳板，随着跨境电商平台的发展和跨境支付体系的普及，有效地帮助企业克服国际贸易过程中存在的沟通障碍，物理时空的空间到场硬约束与固定时间规制硬约束被打破，买卖双方无须在规定时间、规定地点完成交易，交易更加灵活便捷，数字化贸易产品的边际成本近乎于零，提高了整个数字贸易的交易效率。

15. 2　数字贸易的对象与条件

15. 2. 1　数字贸易对象

15. 1 部分介绍了数字贸易内涵的演变过程，并基于贸易对象的差异将数字贸易划分为广义数字贸易与狭义数字贸易。接下来将从广义数字贸易角度进行展开，较为全面地认识数字贸易包含的贸易对象。

15. 2. 1. 1　数字货物贸易

数字货物贸易以实物为主要标的，通过信息通信技术赋能传统货物贸易方式，主要体现为跨境电子商务模式。

跨境电子商务是数字贸易的早期形态。随着数字技术的发展及其与经济生活的融合，数字贸易的内涵与贸易对象被大大扩宽，跨境电子商务不再等同于数字贸易，但它仍然是数字贸易不可或缺的一部分。中国商务部在《电子商务统计指标体系》中将电子商务定义为“通过电子形式进行的商务活动，具体指经济活动主体之间利用现代信息技术基于计算机网络（含互联网、移动网络和其他信息网络）开展商务活动，实现网上接洽、签约、交易等关键商务活动环节的部分或全部电子化，包括货物交易、服务交易等”。结合 2011 年 OECD 给出的定义可以发现，跨境电子商务不只是货物贸易，还有围绕货物贸易的开展而形成的一系列数字服务和数字服务贸易，其中最主要的是跨境电子商务平台企业提供的跨境贸易数字平台服务，此外还包括跨境电子商务生态中的市场信息服务、支付结算服务、物流信息服务等。在这一部分仅介绍跨境电子商务的货物贸易部分，数字服务贸易的相关内容将在 15. 2. 1. 2 部分进行介绍。

同传统贸易一样，跨境电子贸易也有进口与出口之分。2020 年，我国跨境电子商务蓬勃发展，《中国电子商务报告 2020》数据显示，全国跨境电子商务进出口总额达 1. 69 万亿元，按可比口径计算增长 31. 1% 。其中，出口额 1. 12 万亿元，增长 40. 1% ；进口额 0. 57 万亿元，增长 16. 5% 。全年通过海关跨境电子商务管理平台验放进出口清单达 24. 5 亿票，同比增加了 63. 3% 。跨境电子商务出口额占跨境电子商务进出口总额的 66. 27% ，显然，目前中国的跨境电子商务以出口为主（见图 15 – 1）。

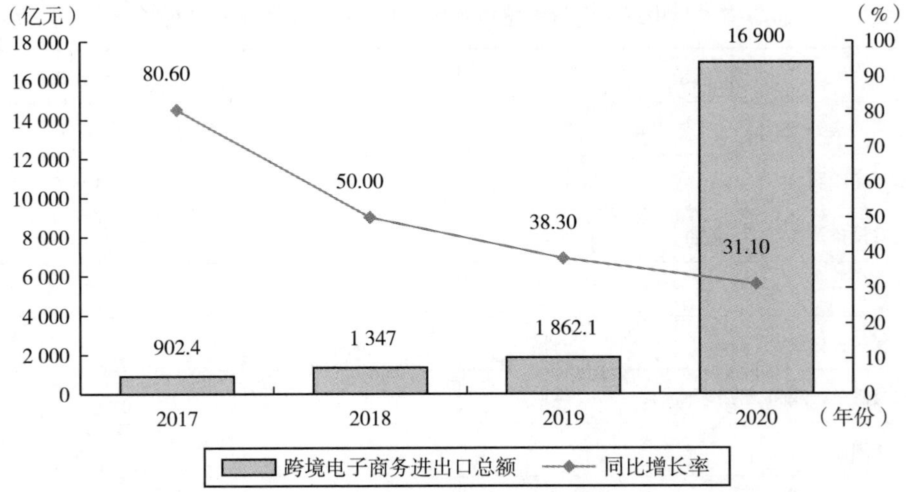

图 15 – 1　2017 ~ 2020 年中国跨境电子商务进出口总额及增速

资料来源：商务部电子商务和信息化司．中国电子商务报告（2020）［R］．全国电子商务公共服务网，https：//dzswgf. mofcom. gov. cn/news/5/2021/9/1631698018580. html，2021 – 09 – 15.

从商品品类来看，跨境电子商务的贸易对象涉及多种品类的商品，但相较于数字贸易包含的贸易对象，跨境电子商务属于一个微观的商品经济交易范畴，涉及的商品与人们的日常生活具有较高的相关度，我们可以从中国 2020 年跨境电子商务的品类数据来认识跨境电子商务主要涉及的交易对象。中国跨境电子商务进出口品类集中度较高，2020 年中国跨境电子商务零售出口额排名前十的品类合计占比为 97%，纺织原料及纺织制品，光学、医疗等仪器，钟表，乐器，革、毛皮及制品，箱包，肠线制品等实现快速增长，增速均超过 30%。2020 年中国跨境电子商务零售进口额排名前十的品类合计占比为 99%，活动物，动物产品、光学、医疗等仪器，钟表，乐器等实现较快增长，增速均超过 25%。出口品中除未分类产品外，占比最高的为纺织原料及纺织制品，其余商品也大多属于制造业子类。这是由于我国作为一个制造业极为发达的出口导向型经济大国，无论是传统贸易还是数字贸易，工业制成品都是极为重要的出口商品。从进口品看，化学工业及其相关工业的产品和食品类商品占据了绝大部分的进口额。化学工业及其相关工业产品的进口与我国制造业的发展密不可分，而食品类商品的进口则体现了跨境电子商务在我国消费中的高普及度与渗透度。随着人民生活水平的提高，中国消费者的购买能力逐步增强，这也必将促进消费方式的转变，越来越多的消费者已不满足国内产品带来的价值，同时由于互联网技术的普及、教育水平的提高，消费者能够通过网络获取世界各国商品的信息，通过跨境电子商务获取更高质量的商品。与早期以奢侈品为主的跨境购物不同，跨境电子商务的普及让更多经济实力中等的消费者也能购入跨境商品，而这些消费者的消费对象则集中于价格适中、性价比优良的进口食品，体现在数据上，就是占据了 1/3 跨境电子商务进口额的食品类商品（见表 15－1、表 15－2）。

表 15－1　2020 年跨境电子商务零售出口额排名前十的品类占比情况及增速　单位：%

商品品类	占比	同比增速
特殊交易品及未分类商品	51	161.3
纺织原料及纺织制品	18	106.0
机电、音像设备及其零件、附件	9	10.6
杂项制品	5	29.4
塑料及其制品，橡胶及其制品	4	20.1
革、毛皮及制品，箱包，肠线制品	2	31.4
贱金属及其制品	2	－39.2
光学、医疗等仪器，钟表，乐器	2	40.9
鞋帽伞等，羽毛品，人造花，人发品	2	30.0
珠宝、贵金属及制品，仿首饰，硬币	2	34.2

资料来源：商务部电子商务和信息化司．中国电子商务报告（2020）［R］．全国电子商务公共服务网，https：//dzswgf.mofcom.gov.cn/news/5/2021/9/1631698018580.html，2021－09－15.

表 15－2　2020 年跨境电子商务零售进口额排名前十的品类占比情况及增速　单位：%

商品品类	占比	同比增速
化学工业及其相关工业的产品	44	24.6
食品，饮料、酒及醋，烟草及制品	35	21.6
机电、音像设备及其零件、附件	4	23.0
杂项制品	4	－21.9
纺织原料及纺织制品	2	8.9
光学、医疗等仪器，钟表，乐器	2	28.4
活动物，动物产品	2	37.4
鞋帽伞等，羽毛品，人造花，人发品	2	－18.6
革、毛皮及制品，箱包，肠线制品	2	－11.9
动、植物油、脂、蜡，精制食用油脂	2	20.6

资料来源：商务部电子商务和信息化司．中国电子商务报告（2020）［R］．全国电子商务公共服务网，https：//dzswgf. mofcom. gov. cn/news/5/2021/9/1631698018580. html，2021－09－15.

15.2.1.2　数字服务贸易

（1）数字内容产品。

数字内容产品是指以数字形式进行传输和交付的内容产品，依据其定义可将其分为数字游戏、数字视频、数字音乐、数字出版四大部分。在互联网发展早期，这些内容产品大多是通过光盘、磁带、软盘等实体形式进行交易与传播，随着互联网云技术的出现与升级，基于云技术的数字服务平台成为数字内容产品的重要载体，虽然仍有部分内容产品以物理形式进行交易，但以数字形式进行交付的内容产品成为消费者的主要选择。在这一部分内容中我们将以实体形式交付的内容产品归类至数字货币贸易的范畴，仅将通过互联网进行传输和交付的数字内容产品划分至数字服务贸易中。

①数字游戏。

数字游戏是指依托于计算机软硬件技术和设备的游戏数字产品内容，包括下载游戏和附加内容、游戏订阅、手机应用游戏、社交网络游戏及其他在线和基于云平台的游戏与电子竞技。其中下载游戏类型主要包括下载至游戏主机或个人电脑的完整游戏、基于智能手机和平板电脑设备的移动游戏（付费应用下载和应用内购买）、可以直接在互联网浏览器或通过需要安装的客户端（基于订阅模式或包括游戏中购买）付费或免费的网络游戏以及基于订阅方式的游戏网络，如 Xbox Live Gold，PlayStation Plus 或任天堂交换机在线（Nintendo Switch Online）。数字游戏最早是以游戏软盘形式进行出售，消费者需要购买配套的游戏设施来进行游戏，这种交易模式下的数字游戏价格比较高，消费群体有限。而随着个人计算机和智能手机的普及与更新，当前大多数数字游戏都能够在计算机和智能手机上运行，降低了数字游戏的消费门槛，扩大了数字游戏的消费群体。随着人工智能、大数据、5G、云计算等技术应用水平的提高，新一轮的产业研发创新将推动数字游戏与 VR、AR 等虚拟现实技术等高新技术的进一步融合，加速游戏产业的换挡升级。从商业模式上看，数字游戏盈利主要来源于产品本身与广告，游戏产品本身可以通过下载收费、购买游戏时间或游戏内付费来创造收益，而广告则是大多数免费游戏所采取的盈利策略，以低廉的游戏入手成本来换取大规模的用户基本盘，再通过游戏内展示横幅广告、切屏广告和激励广告等方式来获取收入。

扩展阅读 15 -1

中国数字游戏产业的发展

2020 年，中国游戏市场实际销售收入 2 786. 87 亿元，其中规模最大的子行业是移动游戏，其收入达到了 2 096. 76 亿元，占比达到了 75%。中国的数字游戏行业是全球电子游戏行业的主要市场之一，拥有超 6 亿游戏用户。由于巨大的市场规模，中国被称为“世界游戏行业之都”，并成为世界最大的数字游戏公司所在地。目前世界最大的游戏制造商的总部位于美国、中国、日本和欧洲。2020 年，中国的“腾讯”公司收入规模排名全球第一位，达到了 293 亿美元。此外，2020 年中国的“网易”公司在全球排名第六位，收入规模达到了 84 亿美元。智能手机的普及使移动游戏成为中国乃至世界游戏市场的主流类型，中国游戏公司的高收入在很大程度上依靠流行的移动游戏，如腾讯旗下的“王者荣耀”“穿越火线”和当前国际上比较流行的“绝地求生：刺激战场”，还曾获得 Google Play “年度最受欢迎”“年度最佳游戏”奖项（见图 15 -2、图 15 -3）。

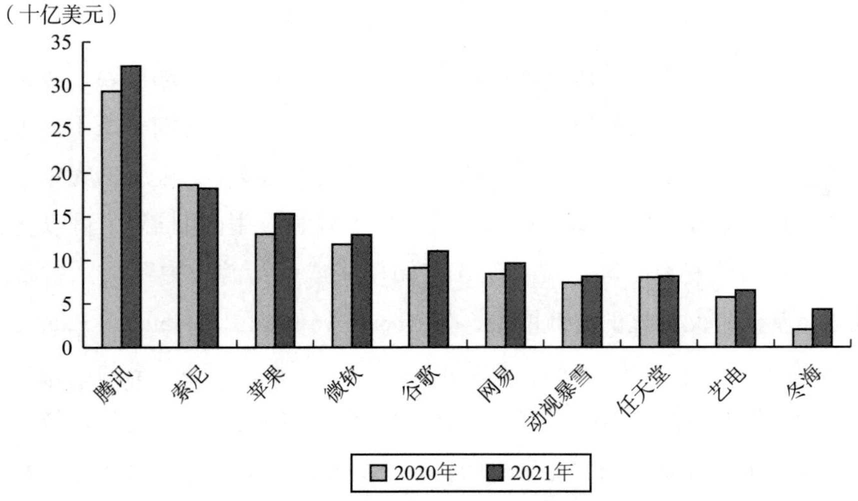

图 15 -2　2020 ~2021 年收入前十的上市游戏公司

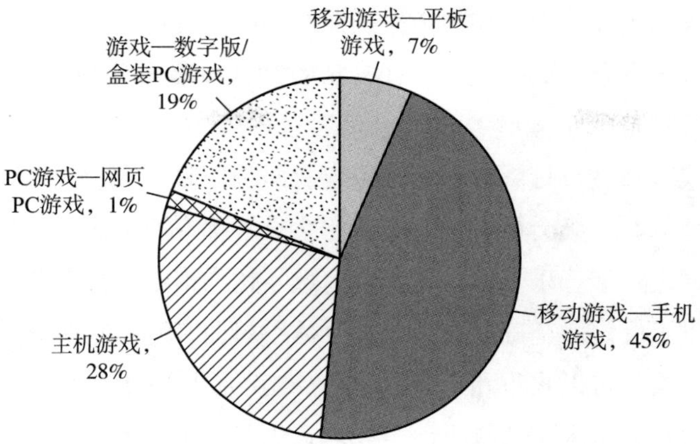

图 15-3　2021 年全球游戏市场规模

资料来源：张毅君，敖然．2020 年中国游戏产业报告［R］．北京：中国音数协游戏工委（GPC），2021.

②数字视频。

数字视频是指通过互联网进行观看和传播以免费或者有偿形式提供的视频流，包括传统电视播送内容、电影、体育赛事、短视频、网络直播等。移动通信技术的更新换代和普遍使用大大扩展了数据传输能力，云基础设施等硬件的改进则开拓了数据储存与计算能力的新边界，这使得最新数字视频逐渐摆脱笨重的实体外壳与传统电视载体，能够以更为灵活快捷的方式进行分发和传输。在这种背景下，随着消费者对视频点播的使用增加，视频内容行业经历了快速变化，以传统电视为主要载体的数字视频市场迅速被视频应用与网站占据，新出现的短格式视频大大扩大了数字视频的市场，诸如抖音（TikTok）等，成功将数字视频业务开拓至海外市场。数字视频的商业模式以商业广告、用户付费与版权分销为主。商业广告是指在网页、PC 客户端、移动 App（智能手机、平板电脑、OTT 电视等）等网络视频服务提供商各个渠道投放的有偿商业广告，例如美国的 YouTube 平台，其盈利的很大一部分来自谷歌广告。用户付费是用户通过支付给视频应用或网站一定的费用，获得特定视频在一定的时间期限内的观看权。当前主流用户付费模式包括会员制和点播制。会员制模式如 Netflix、爱奇艺、腾讯视频等，可以通过付费获得网站上绝大部分视频内容的观看权利。点播制是电影租借的数字化经营模式，通过对某部电影的单独付费来获得短期的在线观看权，如谷歌 Play 电影商店、海外苹果 iTunes 电影商店等，爱奇艺等国内主流视频应用也有部分影视内容采取该模式。版权分销模式是网站购买某些影视内容的独家网络版权后，将网络播放权再分销给其他网站，从中赚取差价。

③数字音乐。

数字音乐是指通过数字技术进行音乐的生产、存储、传播和交付。随着互联网基础设施的日渐完善及移动数字设备的普及，各类内容产品与信息逐渐以数字化的形式被消费者所触达，过去以唱片、磁带作为传播媒介的音乐内容产品也经历了一场变革，基于数字传播媒介的数字音乐以更为灵活、便捷的特质成为音乐市场发展的重要新生力量。数字音乐的商业模式与数字视频类似，也是通过内容付费、广告与版权运营来进行盈利。内容付费模式包括会员订阅与数字音乐售卖两种营收方式。我国音乐平台的会员制度基本分为普通会员和高级会员，每个平台的会员名称有所区别，会员享受的特权因等级高低而有所不同。数字音乐专辑是实体唱片数字化的模式，尽管各大音乐平台的会员制度，为用户提供了一定的基础服务，但部分数字单曲和专辑收听与下载是不包含在内的，用户需单独购买才可以收听和下载，与会员制不同的是数字单曲和专辑的收听下载期限是永久有效。在音乐未付费收听前，我国音乐平台主要依靠广告营收，包括广告投入商、平台以及通信运营的推广广告与商业广告。用户在打开 App 时首页弹屏广告、观看音乐视频前的广告、浏览界面广告插入等都是平台的线上广告，属于平台较为常见的广告模式。数字音乐的版权运营以独家版权模式为主，版权权利方直接将音乐作品的信息网络传播权、转授权以及维权权利独家授予网络音乐服务商。

④数字出版。

数字出版是指利用数字技术进行内容编辑加工，并通过网络传播数字内容产品的一种新型出版方式，其主要特征为内容生产数字化、管理过程数字化、产品形态数字化和传播渠道网络化。根据这个定义，手机游戏、互联网广告、手机音乐和铃声都可以看作数字出版产品，但由于其涉及的内容产品与数字音乐、数字游戏部分多有重叠，这里只介绍用来阅读的信息内容产品，可以分为互联网期刊、移动阅读、数字报纸与电子书四类。商业模式与其他数字内容产品类似，也是通过内容付费与广告获得收益。内容付费是用户直接通过手机客户端下载数字产品进行消费，包括会员制与买断制，会员制通常是一次支付，在某一段时间内无限量下载阅读；买断制是指部分内容免费试读，其余内容按照页数或字数收费，读者买下后能够永久阅读的一种内容付费模式。广告营收是指通过售卖广告或者依靠引入流量与移动运营商分成的模式获取利润，例如《爱美丽》《漫秀》等杂志的下载量都在百万次以上，内容很有针对性，受众集中，广告资源的销售也具有很明确的方向。在实际情况中，各大企业并非只有一种盈利模式，它们往往采用交叉付费的手段。

扩展阅读 15－2

高新技术与数字出版

先进技术应用于数字出版最典型的便是 5G 技术，5G 带来的增强移动带宽将极大改善 AR 出版、VR 出版的用户体验，为增强现实和虚拟仿真产业的发展带来一次重要机遇；5G 将对移动互联网知识服务进行重塑，行走的数字图书馆将变成现实；电视数字图书馆等基于广播电视网络的数字出版产品将得到跨越式发展；知识短视频、视频直播等数字视听产品将获得第二次腾飞和繁荣。随着 5G 与云计算、大数据、人工智能和物联网等技术的深度融合，将推动这些技术在内容产业的深层次应用，加速内容供给的智能化进程。例如 5G 技术的大力推广和应用将促进 VR、AR 技术与出版业的融合，以沉浸式、强交互性、无延迟感的用户体验助力产业规模的倍速发展。

2019 年，以生态文明知识服务联盟为主体的多家出版社，纷纷与武汉和思易科技公司合作，先后布局 VR 知识库、VR 党建一体机、VR 粤剧、VR 三生教育等 VR 出版新业态，如中国农业科技出版社研发 VR 果业产品、海洋出版社的 VR 海洋生态文明知识、地质出版社的 VR 地质博物馆等。作为国内 AR 出版技术领军企业，苏州梦想人科技公司依托符合国家标准的、具有自主知识产权的核心技术，先后在少儿出版、教育出版（K12 教材教辅、职业教育、高等教育出版）、国际出版领域发力，累计研发了数百种 AR 出版物，切实将标准落实到一本一本的 AR 图书之中。其与地质出版社、北京理工大学出版社、东北财经大学出版社等数十家出版企业开展合作，研发了地质 AR 知识资源库等系列产品，同时致力于 AR 出版行业标准的国际化传播，不断提高国际传播能力，与新加坡 September21、牛津大学出版社马来西亚公司、泛亚出版社马来西亚公司等多家国际出版商合作。

资料来源；张新新．传统出版与新兴出版深度融合，推进数字出版高质量发展——2019 年度数字出版盘点［J］．科技与出版，2020（3）：15.

（2）数字服务。

这里的数字服务主要介绍传统服务贸易的数字化及软件和信息技术服务，随着信息技术的升级与互联网在全球贸易中的渗透不断加深，传统服务贸易的数字化已成为不可逆转的发展趋势，如前文介绍过的数字金融就是金融行业的数字化，在这一部分的内容中，将简单介绍其他传统服务贸易是如何走向数字化，成为新时代数字贸易的重要组成部分的。

①数字医疗。

数字医疗是把现代的计算机技术、信息技术和通信技术应用于整个医疗过程的一种新型的现代化医疗方式。数字医疗与人工智能、大数据、5G 等新一代数字技术的结合有着极为广阔的应用前景，如人工智能助力医学知识图谱不断进步，赋能临床决策、辅助诊疗和智慧病案；5G 技术以其大带宽、低延时的特性赋能远程医疗，解决优质医疗资源分布不均、医疗专家在途时间消耗等问题，在新冠肺炎疫情防护时期，还能够减少患者乘坐交通工具、接近污染区域、接触高风险人群的交叉感染风险；基于大数据技术可充分挖掘和利用医疗信息数据的价值，并进行应用、评价、辅助决策，服务于急救管理与决策。当前医疗服务的数字化商业模式虽仍处于发展初期，未形成统一、成熟的商业模式，但以移动设备应用为载体的数字医疗平台或将成为医疗服务数字化贸易演变趋势的核心，以大数据资源数据库为共享平台，能够实现医疗产业链条资源合理科学配置，将医疗设备、医药研发、生物科技技术进行整合运筹，实现研发机构、医疗设备制造商、医疗机构等的实时共享和有效互动。

②数字旅游。

数字旅游是利用物联网、云计算、大数据、人工智能、区块链与金融支付等信息技术，通过互联网和移动互联网连接，借助移动或固定的网络终端，将旅游信息全面系统整合，构建数字旅游平台，以数字技术将旅游区域予以展示，并为用户提供订制化个性服务的新兴旅游模式。文化和旅游部数据显示，受新冠肺炎疫情影响，2020 年国内旅游人数28. 79 亿人次，比上年同期减少30. 22 亿人次，下降52. 1%，国内旅游收入2. 23 万亿元，同比减少 3. 50 万亿元，下降 61. 1%。全年入境旅游人数及收入同比分别减少81. 3%、87. 1%。出境旅游人数 2 023 万人次，同比减少 86. 9%。[①] 新冠肺炎疫情给世界旅游业带来的影响是巨大而深远的，在此背景下，数字旅游将成为旅游服务业转型发展的重要模式。通过 VR、AR 等虚拟现实技术，结合高速低延时传输的5G 技术，数字旅游能够将景点可视化、数字化，使相距千里的风景名胜成为触手可及的眼前之景，实现了不受空间限制，不受时间限制，仅通过网络就能够为用户提供方便舒适的旅行感受。数字旅游模式已在国内许多知名景区开通，如故宫与腾讯等数字平台进行合作，建成网站“数字文物库”“故宫多宝阁”“故宫名画记”“全景故宫”，微信导览小程序“玩转故宫”，微信游戏小程序“口袋工匠”等；龙门石窟也通过“智游龙门石窟”小程序为用户提供数字旅游的体验。

③数字教育。

数字教育是在互联网时代背景下，从大数据和流程再造的视角出发，通过“互联网技术”与“教育”的深度融合，有效实施教学和学习活动的新型教育模式，是教育网络化、市场化、产业化的过程。数字教育产业的产生和发展得益于计算机网络及信息技术的高速发展，无论是教育游戏、在线学习、泛在学习、移动学习还是当前正如火如荼的微课程、翻转课堂、慕课（MOOC）、智慧校园等，其发展都离不开一些新媒体、新技术提供的良好支持。正是与这些新媒体、新技术的交叉渗透，促进信息技术与教学内容的深度融合，为众多从事数字教育产业的公司、企业带来了良好的发展机遇。当前数字教育包括各类大学网络课程、中小学课外辅导、英语等语言教育、职业教育、研究生入学考试培训、出国留学考试培训、公务员考试培训等，初步估计已覆盖 2 亿多人，在

---

① 2020 年国内旅游数据情况［EB/OL］. 中华人民共和国文化和旅游部，https：//zwgk. mct. gov. cn/zfxxgkml/tjxx/202102/t20210218_921658. html.

花费超过500元的在职学习人群中，40%投入了互联网教育。目前数字教育主要采用收费、免费、收费免费相混合三种商业模式。数字教育以收费模式为主流，分为两种形式，一是订阅会员制，从受教育者那里收取会员费，在一定时期内提供广泛的线上教育资源；二是付费课程，付费课程大多出现在学历教育和职业培训中，而一般性的技能课程资源，在观看学习上通常不收取费用。在数字教育产业中，免费模式对数字教育产业推动教育变革提供了强大的动力，因为数字教育的免费模式能吸引关注度，以此来提升网站的关注度，在学习者免费获取资源的过程中，免费并不代表数字教育网站没有盈利，免费是针对学习者而言的，对于数字教育网站来说，盈利则来自入驻网站的机构和个人。

④软件贸易。

软件贸易包括软件产品与软件信息技术服务两大部分，软件产品贸易主要是软件通过光盘等载体进行，或者通过互联网下载客户端，并经过授权获得使用权。软件信息技术服务是对信息的传输、制作、提供和接收过程中产生的技术问题或技术需求提供的服务，具体涉及信息技术设备的引进和维护、通信网络的管理、数据中心的运作、信息系统的开发和维护、备份和灾难恢复、信息技术培训等。目前，软件贸易伴随数字技术的应用，软件开发的平台化和基于云计算的软件服务平台化趋势明显，软件产品与软件信息技术服务的界限逐渐模糊，软件贸易的货物属性正在加快转变为服务属性，并由此产生了新的发展模式，主要体现为云服务模式与平台服务模式。云服务模式是通过互联网云端提供软件的模式，客户无须安装软件，只需要连接到网络上就可以使用软件云服务。云服务的商业模式以订购服务制为主，即根据实际需求购买软件的特定功能或使用时间与次数，使得中小企业在产生对软件的临时使用需求时不再需要花费高额资金获取软件的完整使用权，降低了企业的生产成本，提高了软件的使用效率。平台服务模式是一种专用平台，是将服务器平台或者开发环境作为一种服务提供的商业模式，它用于公司开发云基础设施支持的软件和应用程序，包括各种集成开发环境（IDE）和测试工具，允许开发人员使用最新的组件架构，来进行应用程序编程。平台服务模式是对软件贸易上游的变革，能够为软件产品研发提供更完备先进的工具和开发环境；云服务模式则赋能软件贸易下游，以与消费需求相契合的新商业模式挖掘下游所潜藏的巨大消费潜力。

15.2.1.3 数据贸易

（1）搜索引擎。

搜索引擎聚合了网络上的信息，并通过对用户提问的回答呈现这些信息，将信息搜寻者和信息提供者匹配起来，在这方面，搜索引擎相当于网络信息的图书馆目录。技术上，用户如果知道某一网页的网址或统一资源定位符（Uniform Resource Locator，URL），不通过搜索引擎也可以定位到相应的信息。但实际上，用户大多不会专门记忆这些复杂的地址。而且，伴随互联网上信息量爆炸式增长以及其分散式分布的特征，用户并不知道互联网上存在哪些信息，更不知道这些信息存在于何处。因此，使用搜索引擎是绝大多数互联网用户获得信息的必要选择。而对信息的发布者来说，搜索引擎拥有控制相关信息内容的可视度（visibility）的巨大力量，能在很大程度上决定相关信息是否能被潜在的读者所获取。

搜索引擎发展早期的商业模式是搜索技术提供模式，当初，有名的搜索引擎企业只是搜索技术提供商，搜索引擎运营商作为门户网站的附属，成为当时的互联网主流门户网站，企业和政府机构提供搜索技术，并获取技术服务费，例如百度在2000年1月至2001年9月期间，主要是给硅谷动力、新浪等门户网站提供搜索技术服务并获取技术支持费。这种模式比起以数据为交易对象的数据贸易，更接近数字服务贸易的范畴，也不再是当前搜索引擎的主流商业模式，当前搜索引擎的主要商业模式以关键词广告模式为主，除此之外还有固定排名模式、增值服务模式、渠道流量模式等。

关键词广告是指商家可以与搜索引擎企业进行合作，向其购买部分关键词，当用户搜索某一关键词时，搜索引擎企业会在搜索结果页面上展示与之相关的广告内容，并根据广告内容的点击量，向商家收取相应费用。关键词广告可细分为两种：其一将广告内容置于搜索结果右侧，与搜索结果分开呈现，以不影响用户的搜索体验；其二将广告内容在搜索结果中体现，即竞价排名广告。谷歌主要采用第一种方式，以百度为主的中文互联网搜索引擎企业主要采用第二种方式。在竞价广告模式发展初期，搜索引擎企业将广告混杂于搜索结果中，并因此饱受社会舆论指责。为平衡商业利益和用户体验，搜索引擎企业开始将其竞价排名广告，在搜索结果页面的顶部与底部以不同于自然搜索结果的颜色显示，并标注广告字样，以降低舆论指责，提升用户体验。固定排名模式目前并未成为主流，其主要是用户搜索关键词时，商家的广告链接将在搜索结果页面中的固定位置出现，具体位置由商家通过竞价购买决定，在合同有效期内维持不变，商家根据合同所确认的价格向搜索引擎企业支付广告费用。增值服务模式是通过用户数据分析、学术搜索、地图服务等增值服务项目，拓展未来收入来源。对于任何互联网产品而言，通过吸引用户和增加网络流量来吸引广告主投放广告是最先采取的盈利方式。搜索引擎倘若没有用户量，即使再出众，也无法体现商业价值，而网络用户进入互联网的途径各不相同，所以掌控互联网用户进入互联网的渠道就很重要，一般网络用户进入互联网主要通过浏览器、门户网站、输入法、即时通信工具、导航网站及其他互联网入口。渠道流量模式就是通过拓展搜索引擎在互联网其他领域的空间，从用户流量入口处不断拓展自我领地，扩大各自的规模。

对于通过数字手段进行对外贸易及营销的企业而言，使自己的企业网站及销售的商品更容易被搜索到，是互联网营销的关键环节。在数字贸易中，搜索引擎为外贸企业提供了一个庞大而明确的用户群体。搜索引擎的本质就是为用户提供信息，并且将信息进行智能排序，供用户选择。用户所搜索的信息也体现了用户的需求和偏好，因此搜索引擎在为用户提供服务的同时，也掌握了具有极高商业价值的用户信息。而通过这些信息，搜索引擎运营方就可以将企业的营销信息与用户需求进行匹配，达到“一对一”精准营销的效果，同时满足用户群体和企业的需求。因此，我们可以发现搜索引擎已经成为数字化的国际贸易营销中必不可少的部分。

（2）通过云提供的数据服务。

这里所指的云，是指云计算，即一种支持对可配置计算资源共享池按需访问的无处不在且具有极高便捷性的模型（如网络、服务器、存储应用程序和服务），该模型需要极少的管理工作和服务，提供完整与快速的信息和数字配置、发布及交换平台。云计算基本功能大致可以总结为，云计算提供商使用配备有大记忆容量服务器的大型数据中心网络，以便确保数据有效地存储和处理，以及通过互联网提供给企业和个人访问这些服务器的功能。由于通过云计算技术，数据可以在多个服务器上同时进行处理和存储，因此其服务可以补充甚至直接与传统服务器内部部署平台进行竞争。由于传统的信息和通信技术基础设施将数据处理和存储的功能设置在公司所在场所的一台或一组机器上，因此系统处理信息的能力和速度往往取决于机器容量的大小。相比之下，一个基于云平台分布式的服务器网络分布于几个不同的地方（甚至不同的国家），因而允许将数据存储在记忆容量过剩的平台数据中心上。此外，云计算服务所使用的软件和应用程序存于云上而不是用户自己的设备里面，因此在很大程度上能够解决用户内容储存或设备记忆容量有限等问题。基于云计算的服务也包括通过互联网提供的社交媒体和网络邮件等大众市场应用程序，即将数据远程存储在某个数据中心而不是个人设备上。

通过云提供的数据服务是云计算服务的一种，是将各类异构数据集中化和抽象化，经过数据聚合、质量管理、数据清洗等处理后，提供给数据访问层，使用方通过统一接口及语义，便可访问数据供给方的全部可共享数据。这类数据编译服务通常与数据分析服务密切结合在一起，即分析并存储在云服务器上的大型数据集，以便为公司业务决策者提供发展趋势的描述和预测。主要有两种商业模式，一种是会员订阅制，用户支付一定费用获取一定时期内数据查阅调用的权限，这里的“一定时期”通常以月或年为最小单位，如天眼查、企查查等，用户通过订阅会员可以获得特定企业的详细信息。另一种则是按照数据容量来进行收费，卖方对数据的成本和效用进行价值评估，从而确定一单位的特定数据的价格，百度文库就是采取这种模式，对特定文档进行定价出售，价格并不统一，而是根据文档的价值有所浮动。

通过云提供的数据服务实质是将计算能力作为一种商品通过互联网进行流通，开发者专注于提升云服务质量，企业专注于贸易的运营。云技术等新兴数字技术的发展让贸易分工更为深入和专业化，同时也激活了中小企业的外贸潜力。无论是哪种贸易模式，大企业可以成为支柱，但中小企业才是基础与后盾，只有保障中小企业稳定增长，顺利盈利，才能支撑住贸易的基本盘。因此降低中小企业的贸易成本一直是各国贸易发展的重要方向。而云数据服务的最大受益者就是中小外贸企业。云服务可以将企业所需的软硬件、资料都放到网络上，在任何时间、地点，使用不同的 IT 设备互相连接，实现数据存取、运算等目的。企业无须架设任何设备及配备管理人员，便可享有专业的 IT 服务，对于一般创业者与中小企业来说，这意味着更少的前期投资和一个更可预知的月度业务费用流，大大降低了企业进行跨境数字贸易的成本。

15.2.2 贸易条件与数字贸易条件

在这一部分中，我们将会引入一个新的概念——数字贸易条件，但在这之前，我们首先要知道什么是贸易条件，数字贸易条件是贸易条件的延伸。

15.2.2.1 贸易条件内涵

贸易条件是指一国贸易的进出口交换比例，当一国出口的一定量的商品能够换来超过这一数量的进口商品时，我们认为贸易条件得到了改善，反之则是贸易条件的恶化。贸易条件是衡量一国进出口贸易经济效益的一项重要指标，通常用价格比率来表示，但由于进出口贸易涉及商品众多且价格存在波动，单纯由商品价格来进行贸易条件的测算过于烦琐，因此通常用出口商品价格指数与进口商品价格指数的比值来表示贸易条件，这也被称为贸易条件指数。

15.2.2.2 贸易条件指数

（1）价格贸易条件指数。

价格贸易条件指数是指一国在一定时期内出口商品价格指数与进口商品价格指数的比值，有时也表达为净贸易条件指数或进出口商品交换比价。用 N 表示价格贸易条件指数，用 P_X 表示出口商品价格指数，P_M 表示进口商品价格指数，则价格贸易条件指数的计算公式如下所示：

$$N = \frac{P_X}{P_M} \times 100$$

$N > 100$——贸易条件改善

$N = 100$——贸易条件不变

$N < 100$——贸易条件恶化

价格贸易条件指数只能用于表示进出口商品结构稳定时过去一段时期的贸易条件变动，也可以看作贸易利益的变化方向，当然，作为一个相对值，它并不能代表一国的贸易利益总量。需要强调的是，由于价格贸易条件指数仅通过价格指数来判断贸易条件，因此价格贸易条件的下降也不必然意味着贸易利益的减少，还需要结合劳动生产率等其他因素进行具体判断。

（2）收入贸易条件指数。

收入贸易条件指数是一定时期内一国出口量指数与价格贸易条件指数的乘积，它表示一国用出口支付进口的能力，用 I 表示收入贸易条件指数，用 Q_X 表示出口量指数，则计算公式为：

$$I = \frac{P_X}{P_M} \times Q_X$$

P_X 与 Q_X 的乘积表示的是一国的出口总收入指数，再除以进口价格指数，所表示的就是一国的进口支付能力。收入贸易条件引入了出口量这一概念，这意味着出口能力的提高和出口收入的增加将能够改善一国的贸易条件。

例如，假定一国在2010年的进出口价格指数、出口量指数均为100，即价格贸易条件指数与收入贸易条件指数均为100。2020年该国出口价格指数降至90，进口价格指数升至110，出口量指数为130，则该国价格贸易条件指数降至81.82，收入贸易条件指数升至106.36。这意味着，虽然在10年中进出口价格的滑坡不利于贸易条件的改善，但出口收入的大幅增长使该国的贸易利益得到了改善。

（3）单因素贸易条件指数。

单因素贸易条件指数是一国在一定时期内出口商品生产部门要素生产率指数与价格贸易条件指数的乘积，用 S 代表单因素贸易条件指数，用 Z_X 表示一国出口商品生产部门要素生产率指数，则计算公式为：

$$S = \frac{P_X}{P_M} \times Z_X$$

这个公式表示在价格贸易条件指数恶化的情况下，只要一国出口商品生产部门要素生产率指数的增长幅度够大，就能够改善一国的单因素贸易条件。当一国的要素生产率提高时，可以通过主动降低价格贸易条件指数来增加对外出口，只要要素生产率的增长幅度不低于价格贸易条件指数的下降幅度，就不会恶化单因素贸易条件，可以使本国获得更多的贸易利益。

（4）双因素贸易条件指数。

双因素贸易条件指数相对于单因素贸易条件指数还考虑了进口商品生产部门要素生产率指数对贸易条件的影响，用 D 表示双因素贸易条件指数，Z_M 表示一国进口商品生产部门要素生产率指数，则具体公式为：

$$D = \frac{P_X}{P_M} \times \frac{Z_X}{Z_M} \times 100$$

相比单因素贸易条件指数，双因素贸易条件指数除了考虑一国出口商品要素生产率指数外，还需要考虑进口商品要素生产率指数的增长，只有在出口商品要素生产率指数增长幅度大于进口商品要素生产率指数时，才能够抵消价格贸易条件指数的恶化，使双因素贸易条件指数得到改善。国际贸易的竞争实际上就是要素生产率的竞争，是决定一国能获取多少贸易利益的核心因素，在世界平均劳动时间不变的情况下，要素生产率相对他国的提高就意味着贸易条件的改善。

15.2.2.3 数字贸易条件

（1）数字贸易条件内涵。

在前一部分内容中，我们认识了贸易条件的内涵以及一些衡量贸易条件的相关指数，数字贸易作为贸易的现代发展模式，其贸易条件既与传统贸易的贸易条件存在密切联系，同时也体现了其数字属性。我们可以将数字贸易条件看作衡量一国数字贸易利益的一项指标，结合数字贸易的定义，可将数字贸易条件也分为狭义和广义两部分，狭义的数字贸易是指以数字形式进行交付的商品贸易，它的贸易对象为数字服务贸易及数据贸易；广义的数字贸易还包括通过互联网进行交付的实物商品，其贸易对象为数字货物贸易、数字服务贸易及数据贸易。因此，狭义的数字贸易条件是指以数字形式交付的数字商品的进出口交换比例，可以利用数字商品的出口价格指数与进口价格指数之比来进行衡量；广义的数字贸易条件则将数字货物贸易也纳入数字商品的范围，对其进出口价格指数之比进行测算。

上述两个指标由价格贸易条件指数演变而来，相对于范围较大、只能粗略比较两国贸易条件的价格贸易条件指数。狭义数字贸易条件指数将范围限定在了数字形式的商品中，能够更为精确地衡量两国的数字贸易条件，并将数字贸易区别于传统贸易进行单独评估。

在全球贸易逐渐数字化的今天，明晰数字贸易条件的内涵与衡量方式，能够指出在国际数字贸易中贸易利益的流向，帮助我们更好地判断什么才是现代国际贸易的利益所向，指引我们优化贸易结构，加快产业结构改革步伐，为获取更多的贸易利益指明方向。

（2）经济增长对数字贸易条件的影响。

国家之间的生产要素增长不是同步的，它是一种不均衡的增长状态。假设某个国家在一定的数字贸易条件下，只使用数据和资本两种生产要素，生产数据密集型和资本密集型产品，根据罗伯津斯基定理，其中一种生产要素的增长将扩大该要素密集型产品的生产，缩小另一要素密集型产业的规模，而如果呈扩大趋势的产业为该国的出口优势产业，缩小的产业为该国的劣势产业即进口竞争产业，那么随着这一趋势的进行，出口量和进口量都将得到扩大，如果这种扩张引起了出口价格的下降和进口价格的上升，那就会导致贸易条件的恶化。与之相反，如果扩张产业为进口竞争产业，缩小产业为该国的出口优势产业，那么，进出口量将会下降，如果这引起了出口价格的上涨和进口价格的下降，那么该国的贸易条件就会改善。因此，经济增长的方向决定了贸易条件的走向，在商品世界价格会受到生产要素影响的前提下，进口替代型经济增长将会改善一国的贸易条件，而出口扩大型经济增长将会恶化一国的贸易条件。

（3）国际直接投资对数字贸易条件的影响。

国际直接投资（Foreign Direct Investment，FDI）对数字贸易条件的影响可以从三个角度进行分析。首先是 FDI 对劳动力的需求，FDI 会对一国的劳动力市场产生显著影响，通过增加对熟练劳动力的需求，将提高熟练劳动力的工资水平。工资水平的提高会使相应产品的价格上升，如果该产品是出口产品，就会使出口价格上涨，带来贸易条件的改善。从供给角度看，劳动力的价格上涨，会减少出口产品数量，在需求等其他条件不变的情况下，也会带来出口价格的上升，从而改善贸易条件。其次，FDI 的流入部门也会对贸易条件产生影响。如果 FDI 涌入出口优势部门，将使出口产出增加，出口量上升，出口价格下跌，贸易条件就会恶化。如果 FDI 流入的是东道国的进口竞争部门，那么将使进口部门的产出增加、进口量减少、进口价格降低，在这种情况下，价格贸易条件将能得到改善。最后，FDI 通过示范效应和竞争效应，能够促进一国的技术进步和生产率的改善，这一改善将有助于提高该国出口品的价格，从而改善一国的贸易条件。

（4）知识产权对数字贸易条件的影响。

数字知识产权保护对数字贸易的影响涉及“市场扩张效应”与“市场势力效应”。“市场扩张效应”是指一国知识产权保护水平的提高将鼓励出口企业将其产品出口到该国，这是因为具有较高的知识产权保护水平的外国市场减少了盗版的风险，提高了公司在该国活动的盈利能力。“市场势力效应”则指出了另一种可能，更强有力的知识产权保护降低了本国企业的模仿能力，从而增加了出口企业的市场力量，出口企业会依靠抬高价格、减少出口等手段来维持这种优势，反而使得出口减少。这两种效应的强弱对比决定了知识产权对贸易的实际促进作用。相比传统贸易，数字贸易的产品主要以数字手段进行交付，生产成本主要体现为研发成本，一旦研发完成即可以相当低甚至为零的边际成本实现量产，同时还存在产品生命周期较短的特征，这意味着出口国可能更加倾向于扩大出口以抢占市场，即“市场扩张效应”比“市场势力效应”更为显著。在“市场扩张效应”占据主导的情况下，一国对知识产权保护水平的提升将促进数字产品的进口，但进口价格并未上涨，该国数字贸易条件将不会变化。在“市场势力效应”占据主导的情况下，一国对知识产权保护水平的提升将增加进口量、提高进口商品的价格，导致该国数字贸易条件的恶化。

（5）贸易政策对数字贸易条件的影响。

贸易政策对贸易条件的影响大多都是通过间接的方式达成。在出口方面，如果一个贸易大国的出口产品在世界市场中具有垄断地位，那么这些国家就可以对世界价格进行操纵，从而间接影响本国的贸易条件，因此许多国家会通过优惠政策扶持本国的出口优势企业，提高这些企业在国际市场的竞争力。在进口方面，政府能够通过进口配额、进口许可等非关税贸易政策影响企业和消费者的进口需求，引导进口结构的改变，从而确保进口价格的相对稳定，不会导致贸易条件出现大幅度恶化。在所有贸易政策中，关税政策是其中非常重要的一部分内容，在某些时刻，关税政策甚至能够直接影响一国的贸易条件。在数字贸易中，对于数字化产品的关税一直存在较大争议，当前通过数字交付的产品与服务暂时是免征关税的，我们可以探讨这种关税优惠的消失会对数字贸易条件产生什么样的影响。关税政策对数字贸易条件的影响仅出现在贸易大国之中，对于贸易小国而言，关税的增加不会影响产品世界价格的变动，因此也很难对数字贸易条件产生有效的影响。而贸易大国如果对数字产品进口征收关税，随之而来的进口价格上涨将会减少本国消费者的需求，这一需求的下降，将会影响这些产品的世界价格，导致该产品的价格下跌，在其他条件不变的情况下，该国的数字贸易条件就得到了改善。

15.3 数字贸易的策略与路径

15.3.1 数字贸易发展面临的挑战

15.3.1.1 网络基础设施不完善

互联网和 ICT 基础设施的顺利连接和访问是实现数字贸易利得的前提条件，我国网络基础设施和技术水平与发达国家相比较为薄弱，一些核心互联网技术及硬件设备还需从发达国家引进。虽然我国宽带覆盖率逐年递增，网速也有很大提高，但在城乡之间、东西部之间网络基础设施发展仍不平衡。根据我国宽带发展联盟发布的第 11 期《中国宽带普及状况报告》和第 50 次《中国互联网络发展状况统计报告》显示，从东西部发展来看，截至 2018 年第四季度，我国东部地区固定宽带普及率和平均下载速率分别达到 98.8% 和 29.12Mbps，西部地区则分别为 80.2% 和 25.74Mbps，东西部存在较大差异，发展不平衡；从城乡发展来看，截至 2018 年 6 月，城镇互联网普及率高达 72.7%，农村互联网普及率仅有 57.7%，农村地区固定宽带的普及率有待提高，城市移动网络的速度和稳定性也有待提升。

15.3.1.2 数字贸易监管体系和治理体系尚不完善

当前我国数字贸易发展迅速，但与之相对应的数字贸易监管体系和治理体系却未能同步发展，尚未制定相关法律来维护数字贸易和网络信息安全，导致我国数字贸易领域的活动没有明确的法律界限及行为规范。近年来，数据泄露、网络攻击等事件频发，给个人的隐私防护、社会发展甚至国家安全都带来了严峻的挑战；同时，由于我国对知识产权保护的法律和措施不完善，导致数字领域的盗版和侵权问题层出不穷，尤其是电影、音乐、书籍等盗版产品横行，从而降低了数字贸易领域开发和创新的积极性。消费者对数字产品的质量存疑，从而减少了对国内数字产品的购买，极大地削弱了我国数字产品的市场占有率和影响力。这些都是由数字贸易相关法律不完善所引起的争端，客观上降低了其他国家与中国开展数字贸易的积极性，也将在一定程度上削弱我国数字贸易的竞争实力。

15.3.1.3 缺乏完善的数据跨境传输规则

在数字经济时代，任何国家在经济社会运转中都会产生海量的数据，数据跨境自由流动是全球数字贸易开展的前提保障，然而出于社会稳定、数据隐私、消费者保护、互联网协议保护要求、网络安全及国家安全的需要，数据跨境自由流动受到不同程度的限制。国际上数据跨境传输规则可大致分为三类，分别是美式、欧式和俄式。美式数据跨境传输规则提倡数字贸易自由化，以强化数字竞争优势为主旨，以“贸易自由”为导向，确保所有合法数字贸易行为的自由及网络的开放；欧式数据跨境传输规则以保障数据主体权利为目标，以“人权保障”为导向，强调对私人数据的保护，注重私人数据的监管；而俄式数据跨境传输规则主要强调跨境数据的安全问题，要求数据信息在国内储存，以充分保证数据的安全性。目前，我国尚未建立完善的国内数据跨境传输规则，重点强调跨境数据流动限制，对数字贸易活动中的个人信息保护及安全等问题并未给予足够的重视，这将极大影响我国在国际数字贸易中的主动权和话语权，也使我国很难融入全球高端数字贸易圈。在国际数字贸易中，由于数据要素需要跨境流动，则需要双边或多边相互认证网络数字身份，但是由于数字贸易的战略性竞争态势，发展中国家在数字经济政策、跨境数据流动规则等方面处于防御地位，于是发达国家与发展中国家关于数据所有权的界定存在较大分歧，致使部分数据贸易跨境自由流动存在国别限制，因此，加强数据所有权确认，维护数字知识产权也成为影响当今数字贸易的重要因素。

15.3.2 数字贸易发展策略与路径

15.3.2.1 优化数字营商环境

第一，加快数字基础设施建设。数据是数字经济的核心，数字基础设施对数字经济的发展至关重要。数字新型基础设施既涵盖了传感终端、5G 网络、大数据中心、工业互联网等，也包括利用物联网、边缘计算、人工智能等新一代信息技术。加强数字基础设施建设，一方面，要加大国内大数据、云计算等数字基础产业布局，推动 5G、人工智能、量子信息、移动通信、物联网、区块链等技术的应用与发展，出台 5G 跨行业应用指导政策和融合标准，将 5G 网络与传统农业、医疗、交通等行业深度融合，培育新业态，提高网络覆盖面。由于我国第一产业、第二产业数字化程度较低，故应加强政策优惠力度，推动数字科技创新与实体产业深度融合，探索传统行业数字化改革的新方法，有效降低传统行业信息化投入的成本和风险，提升传统行业数字化水平，释放数字贸易潜能，缩小城乡、东西部之间的数字鸿沟，为数字贸易发展奠定良好的基础。另一方面，促进工业互联网创新发展，加快工业互联网网络、平台、安全三大体系建设，持续完善工业互联网发展生态，继续实施工业互联网创新发展工程，打造公共服务平台，培育系统解决方案供应商，提高产业供给能力，聚焦工业互联网内外网络建设改造，加快实施“5G+工业互联网”512工程①，推动5G与工业互联网融合发展。注重设施的形态培育、技术研发和应用推广，加大量子计算、下一代通信网络技术等的研发和试验力度，培育新一代智能计算中心、人工智能海量训练库、标准测试数据集和“智能+”行业赋能平台等人工智能基础设施，探索发展安全可扩展的区块链基础设施等。建设基于新一代信息技术的新型社会性设施，积极发展智慧环境设施、新型城市管理设施、智慧医院基础设施、智慧养老基础设施、智慧教育基础设施等。

第二，完善数字贸易监管服务规制体系。数字贸易监管是确保我国数字贸易健康发展的重要保障，应加快监管体系建设，营造良好的贸易环境，奠定数字贸易的基础法律框架。推进行业自律机制建设，丰富数字贸易监管主体，实现多元化的监管，形成监管合力，倒逼企业加强自律，提高对自身的要求，通过自律机制与监管机制，促进数字贸易的健康发展。创新政府监管手段，灵活运用物联网、大数据、人工智能等信息化手段提高治理能力，开发和整合各类监管信息资源，加快中央部门之间、地方之间、上下之间信息资源共享、互联互通，完善多层级信用体系，对主体行为进行高效约束，加快培育信用服务市场，积极发展第三方信用服务，建立各平台间守信激励与失信联合惩戒的机制，提高个体失信成本，共同促进业态的健康发展。升级贸易市场监管部门的业务架构和管理流程，实施信息化、智能化监管手段，提供全面、及时、高效的监管服务，构建透明与可视化的贸易信息链。推动数字证书、电子签名等的国际互认，试点数据跨境流动，建设国际信息产业和数字贸易港，探索建立以软件实名认证、数据产地标签识别为基础的监管体系。

第三，优化国际综合服务支撑体系。创建数字贸易一站式综合性服务，建设区块链基础服务网络和跨境贸易大数据平台，实现信息流、货物流、资金流的全覆盖和可追溯，拓展物流、金融、监管等服务。建立政府服务信息平台，搭载“走出去”综合服务平台，提供数字贸易企业“走出去”信息共享、政策咨询、政策匹配、项目对接等基础服务，以及专业翻译、法律咨询、数据合规咨询、风险预警、知识产权、支付清算、版权服务等专业化服务；发挥相关部门驻外机构作用，搭建数字贸易企业与海外市场资源的双向对接渠道。建设国际公共采购“一站式”交易服务平台，实现国际公共采购的有效管理、实时监督和资源管控。推进专业服务综合示范区建设，坚持外部引进和自主培育并重，集聚一批具有国际影响力的法律、会计、管理咨询、金融保险、风险防控、争议解决等高端专业服务机构、国际组织和行业协会，提高专业服务国际化水平。

第四，加强数字化人才队伍建设。人才资源是推动数字贸易发展的核心资源，也是影响我国数字贸易在国际市场中的影响力和竞争力的核心资源。当前数字贸易人才需求较大的领域主要涉及两类：第一类是数字贸易所涉及的核心技术领域的人才；第二类是

---

① 512工程，即打造5个内网建设改造公共服务平台，遴选10个重点行业，挖掘20个典型应用场景。

数字贸易的综合管理类人才。在新形势下，应重视数字贸易人才的培养，构建以基础教育为先导，以高等教育、职业教育为主体，以继续教育为补充的多层次数字化人才培养体系。聚焦数字化前沿方向和关键领域，将产业需求、行业实战与数字贸易人才培养紧密结合，依托国家“千人计划”等项目，培育数字化领军人才。整合“政、校、行、企”资源健全人才培养体系，积极整合高等院校、行业协会、龙头企业、社会培训机构等多方资源，通过广泛的产学研合作和深度的产教融合，有机整合线上线下优势资源，共建共享数字贸易人才培养所需的课程开发、理论研究以及实践服务等最新的教学资源，有效打造新型的数字贸易人才培育发展体系。建立“数字贸易人才资源库”“数字贸易专家资源库”“数字贸易名师体系”，优化建设数字贸易人才生态体系，从而有效地满足产业转型和企业发展需求。此外，应重视数字贸易背景下的版权人才培养，高校应重视人才培养过程中的版权教育，增强在校学生的版权意识。

15.3.2.2 积极融入全球数字分工与治理体系建设

第一，积极参与国际数字贸易规则制定。积极与沿线国家开展双边数字贸易规则洽谈，在周边地区、“一带一路”沿线区域推动适应数字贸易发展的新型贸易规则谈判，积极参与数字贸易国际规则制定，构建数字贸易“中式模板”，化被动为主动以应对由美国主导的在《美墨加协定》基础上形成的“美式模板”和欧盟主导的同加拿大、韩国、日本等国制定的经济合作协议形成的“欧式模板”带来的挑战。积极维护多边贸易体制，维护 WTO 贸易争端解决机制，主动参与数据跨境流动、数字产品和服务的税收、数字知识产权保护等议题的研究和规则的制定，坚持开放进程和发展导向，尊重发展中成员合理诉求。深度参与国际标准制定，在移动通信、下一代互联网、物联网、云计算、大数据、网络安全等关键技术和重要领域，深度参与数字贸易国际标准规则制定，针对我国自身跨境电子商务发展需要在技术中立等方面积极主动地提出符合自身利益的诉求和主张，加强国际数据治理政策储备和治理规则研究，扩大我国国际数字话语权和规则制定权。借鉴发达国家的数字贸易规则谈判经验，从知识产权保护、数字贸易壁垒、新型数字贸易规则影响等方面分析可能产生的问题，以完善我国数字贸易规则体系。同时，致力于形成透明、公平的全球数字贸易规则新框架，提高数字经济治理体系和治理能力现代化水平，构建以法治化、精细化和自律化为特征的新型数字经济治理体系。

第二，构建适应开放需求的数字治理体系。构建安全便利的国际互联网数据专用通道，依托区块链技术应用，整合高精尖制造业企业信息和信用数据，打造高效便捷的通关模式。健全数据流动风险管控措施，深入贯彻实施网络安全等级保护制度，重点保障关键信息基础设施和数据安全，健全网络安全保障体系，提升网络安全保障能力和水平。在保护知识产权、个人隐私等方面加快探索与国际通行规则接轨的数字贸易监管举措，同时在数据流通、数据安全、网络内容监管等方面形成有本地特色的监管体系。开展跨境数据分类分级，建立国际数据跨境交换规则与安全保护及风险控制机制，探索构建对境外数字服务提供商的监管体系，确保相关法律法规能对境外企业形成切实约束。

第三，推动数字服务领域继续开放。积极扩大数字服务出口，加快服务出口数字化转型，打造数字服务出口支撑平台，培育数字服务出口新主体，支持数字服务行业对外开放。构建和完善数字服务贸易促进体系，促进境内外数字资源、内容、产品、服务和项目的展示、交流和对接，鼓励外来直接投资，推动外资项目开展，并引导企业开展战略合作，创新“互联网 + 产业集群”营销模式，引导企业“借船出海”“抱团出海”，推动各类数字服务企业合作拓展海外业务，借助海外联谊会等平台，实现从单一企业“走出去”向产业链“走出去”转变。在确保数据流动安全可控的前提下积极推动试验区内少量试点企业与国外特定范围内实现数据流动合规，扩大数据领域开放，创新安全制度设计。打造数字贸易服务促进平台，设立数字贸易线上线下服务平台，搭载企业展示、海外推介、信息共享、项目对接、版权服务、影视文化、金融服务等核心功能，实现数字贸易功能的集聚。健全数字贸易政策和服务体系，支持设立一批信息技术、文化贸易、旅游服务等专业服务平台，为“一带一路”沿线乃至全球范围内的数字内容、服务与产品的展示、交流和对接等提供国际化、专业化、便利化服务。

第四，推动数字服务出口试点示范。加快国家数字服务出口基地建设，开展数字服务贸易基地培育，推动生产性服务业通过服务外包融入全球价值链，打造数字贸易重要载体和数字服务出口集聚区。支持基地发展信息技术服务、数字内容服务出口、离岸服务外包以及服务型制造，鼓励传统制造业数字化以及基地内企业开展战略合作，推动服务外包向高技术、高品质、高效益、高附加值转型升级，加快信息服务、文化贸易、技术贸易等新兴服务贸易发展，探索以高端服务为先导的“数字 + 服务”新业态新模式。整合数字技术产业链价值链，促进制造业、服务业深度融合，推动产业数字化转型升级，打造数字服务出口支撑平台，培育数字贸易新优势，推动消费互联网平台和产业互联网平台健康发展，打通各类型平台数据和数字服务壁垒，壮大平台经济、平台生态，着力提升平台国际化经营和服务水平，推动数字服务产业发展壮大，支持短视频、网络直播、网络游戏等数字内容产业发展，提升金融、保险、教育、医疗等传统服务业的数字交付能力。

15.3.2.3 完善数据要素交易流通制度

第一，明确数据归属，分级分类管理。数字贸易作为一种新型的全球贸易活动极大地依赖于数据的掌握与价值开发，大数据、人工智能等新兴技术的应用也离不开数据的支持。产权界定清晰是数据开放和市场化的基础，是国家和企业获得数据开放收益的依据，是保障数据安全开放的前提。通过立法形式，遵循坚持数据所有权和收益权分开、使用权和支配权分开，综合考虑经济效率与公共属性，平衡好个人隐私保护和企业数据权益，以数据安全有序流动为基准，激发数据资源价值为目标的原则，从数据的收集、挖掘、利用、共享和交易等环节对数据产权进行认定，加快制定数据产权界定的实施细则和办法。“一刀切”的数据跨境流动制度安排，无法满足商业行为下的数据跨境流动需求，对数据的跨境流动依托数据流动可能产生的风险因素进行分级分类，若数据与国家安全密切相关，则基于国家安全关切，对其采取严格的数据跨境限制的措施；若数据与集体利益及个人利益密切相关，则基于公共利益目的，对数据跨境进行风险评估和审查；除此之外，允许数据更大程度地自由流动。

第二，建立健全数据跨境传输规则。根据本国国情和经济形势，加快建立数据跨境传输规则，维护网络安全和数据主权。加大跨境数据的本地化审查力度，建立多层次数据跨境流动监管，对不同数据采取分类管理，建立跨境数据流动的黑名单制度，将故意窃取我国核心数据、危害国家安全等违规行为的数据控制者纳入黑名单，提高执法效果，以免国家机密的泄露和不实信息的散布。给予跨境数据流动一定自由度，降低数字贸易壁垒，坚持多边主导、多方参与，推动符合自身利益的跨境数据传输规则制定。建立行业性数据保护自律机制，鼓励企业加强同国内监管机构的合作对接，通过在企业内部设置数据安全管理人员，实现安全性管理。政府应加大数据跨境安全监察力度，通过政策支持鼓励企业积极参与数据安全管理国际标准的制定，让国家监督、市场补充。在数据技术管理方面，严厉打击数据的非法出境行为，通过技术手段预防、限制和制止相关违法行为。强化数据安全技术安排，用严厉的技术保障措施来维护数据流动安全平稳进行。积极吸收借鉴发达国家先进技术成果，可以采用信息加密或信息脱敏等方式从源头上做好安全信息保护工作，切实保障我国在数字贸易下跨境信息流动的安全与稳定。

第三，建立健全数据保护法律法规。建立数据跨境流动、知识产权保护等方面的制度，加强关于个人数据保护的立法，细化公共、私营部门数据共享规则，从制度层面填补漏洞，防患于未然。在顶层制度层面，加快制定出台有关促进数据市场化的指导意见，强调数据价值，实现数据安全与价值的平衡统一。出台《个人信息保护法》《数据安全法》等相关法律法规，明确数据市场化须遵守的法律秩序。加强各国政府间对话合作，建立数据跨境流动的互信机制，在已有的政府间经济对话机制中进行协商，逐步与国际社会各方建立跨境数据流动的国际合作与互助机制。针对跨境数据流动中容易出现的个人隐私或财产利益受损等问题，建立共同执法机制与司法互助机制，在调查取证上给予相互协助；针对全球性的网络安全威胁，积极开展国际的跨境数据流动监管机制，适时建立主席联席会制度，通过加强对话交流，展开健康有序的国际跨境数据交流与合作。

第四，提高数据要素流动效率。完善单一窗口建设，促进数字贸易便利化，包括对数字贸易及跨境邮件的单一窗口申报，推广智慧口岸与无人港口的单一窗口建设，加快“一带一路”沿线与世界上其他国家和地区单一窗口之间的互联互通，实现数字贸易自动转化功能。打破数字资源底层垄断，从数据产生、传输存储、采集、运用和共享等环节进行数字资源多维度防护，确保全球价值链数字资源流动畅通，深化数字贸易标准体系建设，促进数字贸易便利化。

◎ 本章提要

在这一章我们学习了数字贸易的演变历程，希望你已经了解了狭义数字贸易与广义数字贸易的定义，并且理解了两者的区别，进而掌握了当前数字贸易发展的特征。15.2 部分的重点是数字贸易对象和贸易条件，这些是研究数字贸易所必须掌握的基础知识，学习数字贸易对象将帮助我们选取恰当的数据来进行数字贸易的学术研究，学习数字贸易条件及其影响因素会让我们对当今的数字贸易形势和对策有更深的理解。数字贸易作为数字经济发展的新兴产物，虽然整体发展态势良好，但受限于各方因素，在发展过程中仍存在诸多问题，通过 15.3 部分的学习我们能明确当前数字贸易发展存在的问题以及针对问题而提出相应的对策，从而对数字贸易发展有更加全面而深刻的认识与理解。

◎ 概念复习

狭义数字贸易　广义数字贸易　贸易条件　数字贸易条件

◎ 阅读资料

（1）张二震，马野青．国际贸易学［M］．南京：南京大学出版社，2015.

（2）中国信息通信研究院．数字贸易与新发展格局［M］．北京：人民出版社，2022.

（3）中国信息通信研究院．数字贸易发展与影响白皮书（2019 年）［R］．中国信息通信研究院，2019.

（4）中国信息通信研究院．数字贸易发展白皮书（2020 年）［R］．中国信息通信研究院，2020.

（5）任保平．数字经济学导论［M］．北京：科学出版社，2022.

◎ 课后思考题

（1）简述数字贸易的特征。

（2）狭义与广义数字贸易对象有什么区别？

（3）什么是贸易条件？什么是数字贸易条件？

（4）试述一国国内经济增长对数字贸易条件的影响。

（5）知识产权保护政策会对数字贸易条件产生怎样的影响？

（6）当前我国数字贸易发展面临的问题有哪些？

（7）简述我国发展数字贸易的策略。

第 16 章
企业数字化

学习目标

(1) 了解企业数字化的发展历程与特征，掌握数字化的发展带给企业的竞争优势，使读者对企业数字化具有清晰认识；

(2) 了解数字化的发展对企业生产方式和组织结构进化的影响，掌握现代数字化企业转型的特点和主要方向；

(3) 理解现代企业数字化管理的模式，正确认识管理模式的优化升级对现代数字化企业转型带来的机遇与挑战；

(4) 理解数字化企业商业模式的产品战略、市场战略和运营战略，正确认识现代企业的商业模式创新。

内容提要

企业数字化在企业发展过程中有着越来越重要的意义。随着新一代信息通信技术的兴起及经济社会各个领域的快速发展，企业亟须顺应市场发展，加速数字化转型，提升企业竞争优势，全面提升数字化管理能力，向数字化方向转变，传统的企业生产方式、管理模式和商业模式被重新定义，这就意味着对企业的转型发展提出了新的要求。本章分析的是企业数字化的发展趋势和特征，以及这种数字化的发展给现代企业结构的优化升级带来的影响与挑战。学习研究的内容具体包括企业数字化的趋势与特征、企业数字化的生产方式、企业数字化的组织形式、企业数字化的管理模式、企业数字化的商业模式。

16.1 企业数字化的趋势与特征

以网络通信技术、大数据、人工智能、计算机与通信为代表的现代信息技术的普遍应用，构建了高度数字化的信息空间，不断变革着人类的生产方式与人们的生活方式，并开始逐步融入人类经济社会生活的方方面面。随着网络经济时代的发展，在现代信息技术环境下，企业的经营由传统的管理方式向数字化管理模式转变。所谓的数字化，就是利用网络技术完成对各种数据的整理、分析、计算等操作。数字经济作为数字经济下产生的一种新的经济发展形式，已经成为我国经济增长的新动力。如今，中国中小企业的发展和壮大离不开企业数字化经营，正是由于数字经济的快速性，一方面使得企业生产要素在市场上更新具有快速性，另一方面则使企业产品之间的技术联系具有快速性。IDC 调查显示，60% 的全球 200 强企业都将把数字化转型作为面向未来发展的战略目标。2022 年，无论是全球还是中国，超过 50% 的经济是基于数字化或是受数字化影响的，中国 2022 ~ 2026 年数字化转型总支出将达到 2.38 亿美元。

16.1.1 数字化是一种不可逆转的潮流

什么是数字经济（digital economy）？数字经济仍可以说是一个比较新的概念，它是伴随着我国经济发展的信息化和互联网化的不断深入而衍生出来的新事物，也正因如此，人们对于数字经济的认识还未达成一致。如今，国家层面和学术领域都没有对数字经济的概念进行统一。换言之，对数字经济的认识尚处在发展和探索阶段。许多时候，我们需要从它所展现出来的影响程度上来逐渐加深对它的认识。

随着数字技术的飞速发展，对数字经济的概念界定也是众说纷纭，出现了较大的变化。20 世纪 90 年代，美国学者唐·泰普斯科特（Don Tapscott）首次提出数字经济。尽管人们对数字经济概念的认识不一，但目前得到广泛认可的是《G20 数字经济发展及协作倡议》中给出的定义：数字经济是指以利用数字化的知识和信息作为关键生产要素、以现代信息网络技术作为重要载体、以信息通信技术的有效使用作为效率提升和经济结构优化的重要推动力的一系列经济活动。

由上述定义来看，数字经济具有以下重要内涵：

第一，数字经济是依靠现代信息网络和数字技术不断发展的。

第二，与传统经济的生产要素不同，数字经济时代将数字化的知识和信息作为关键生产要素。

第三，凭借数字技术的高效应用可优化企业经济结构，使企业效率获得一定提升。

数字经济简单来说，就是发生在经济领域内的、融合数字化技术的一次变革，能够使企业和消费者进行有效的交流和沟通。企业产品的流通和服务层面的其他因素，慢慢向更为合理便捷的方式转变。借助这种数字化技术的经济交易，使企业的相关要素系统整合，进而更高效地推进企业的运营和发展。

数字经济是未来经济增长的重点，也是世界经济创新发展的主流模式。2017 年 3 月，数字经济首次写入政府工作报告，数字经济已上升为国家战略。2021 年 10 月 18 日，习近平总书记在主持中共中央政治局第三十四次集体学习时强调："要加强数字经济发展的理论研究，就涉及数字技术和数字经济发展的问题提出对策建议。"① 2022 年 1 月 16 日，习近平总书记在《求是》杂志上发表署名文章《不断做强做优做大我国数字经济》，再次提出："要加强数字经济发展的理论研究。"② 2022 年 1 月，国务院印发《"十四五"数字经济发展规划》提出要求：深化数字经济理论和实践研究，完善统计测度和评价体系。中共中央明确提出：要构建以数据为关键要素的数字经济，推动实体经济和数字经济融合发展。这些政策的出台对我国数字经济的发展提供了理论支持。

数字经济成为我国拉动经济增长的重要引擎和产业升级的重大突破口。加快发展企业数字化，是发展数字经济的主要任务，也是深化供给侧结构性改革、推动经济社会高质量发展的重要内容。数字化是通过对企业经营业务、发展模式、管理模式等进行系统性的信息革新以及重塑，使得企业的生产过程、业务分布、管理流程、组织形式等变成在企业内部自由流动的数据的过程。借助数字化，企业可以准确把握行业信息，时刻更新业务动态，高效实现企业内部资源的合理分配。将企业的生产过程、业务分布、管理流程、组织形式等信息转换成数字信息的过程称为数字化。根据数字化的概念，数字化又包括狭义数字化和广义数字化：狭义数字化是通过数字技术将生产要素和管理要素转化为具体的数字信息，更注重企业组织形式的信息化建设。广义数字化是指运用数字技术，不断更新当前组织形式的生产要素和管理要素，从而使组织形式的整体效率得以大幅提升。

数字经济是完全不同于传统的农业经济和工业经济的一种新的经济形态，数字经济的发展速度快、辐射范围广、影响程度深，使企业的生产要素、组织形式、管理模式、市场组织结构等方面都产生了根本性的变化。数字经济逐渐融入经济社会发展的全过程，既影响了我国经济发展的外部环境、运行条件和体制机制，同时也对传统理论和经济模式产生了强大的冲击。综上所述，数字经济对国家经济的全面发展起着关键作用，只有把握数字经济发展方向，才能推动我国数字经济的健康发展。发展数字经济，既是经济市场发展的必然要求，又对国家供给侧结构性改革、国民经济高质量发展都将起到

① 习近平主持中央政治局第三十四次集体学习：把握数字经济发展趋势和规律　推动我国数字经济健康发展［EB/OL］. 中华人民共和国中央人民政府网站，http：//www. gov. cn/xinwen/2021 - 10/19/content_5643653. htm，2021 - 10 - 19.

② 习近平. 不断做强做优做大我国数字经济［J］. 求是，2022（2）.

重要的推动作用。

16.1.2 企业数字化的特征

产业数字化是数字经济的重要组成部分，数字经济正在重构行业新体系，企业数字化的优化是我国数字经济增长的重要动力。分析数字化的特征，实际上是要回答数字经济依靠什么才可以提升核心竞争力的问题。在政策加持与技术发展的背景下，实现数字化转型是大势所趋。然而，老生常谈的“数字化转型”，只是企业单纯地利用数字技术吗？数字化企业与传统企业相比，又有什么独特之处？因此，企业数字化的特征可以从其与传统企业及其他企业的同一性角度来认识和理解。

与传统企业相比，数字化企业在生产、营销、管理等方面表现出不同的特征，包括运营方式、技术结构等能力，其核心是打造“以用户为中心”的能力体系。企业数字化的特征主要体现在以下几个方面。

16.1.2.1 以客户为中心的组织能力体系

以客户为中心是传统企业与数字化企业的本质区别，其含义是强调客户对产品的体验感受，把客户体验放在首位，了解客户想要什么和需要什么，设计满足客户体验需求的互动方式，打造多层次的以客户为中心的组织体系。

（1）用户至上：以产品为中心向以客户为中心转变。

传统企业通常以产品为中心，以不同产品的营销服务为标准自成体系。而数字企业是针对同一目标客户群体，采用同样渠道，通过统一平台进行数据分析，根据客户需求推荐最有用的产品，针对性地提供服务。通过产品、服务、交互，提升用户体验，从而提高企业资源的利用效率。

（2）业务创新：流程驱动向场景驱动转变。

传统企业注重某一个业务流程和业务战略，企业内部的业务流程衔接不够密切，忽略了客户的整体需求。企业数字化能够充分挖掘客户的实际需求与潜在需要，设计整体解决方案。围绕客户需求，优化局部的运用效率和客户体验，通过多流程、多功能配合实现企业创新。

（3）客户互动：注重功能向注重体验转变。

传统企业注重联系特定的目标客户，与客户进行双向沟通，发展与客户亲密接触，从而赢得客户的信任和忠诚。客户体验主要包括线上和线下，顺着与用户进行的全互动、全方位流程，给用户带来便利和舒适，打造无缝综合用户体验。对每一类用户采用服务于用户的方法思路，围绕用户场景，完成人、机、物的有机融合，实现企业服务创新。

16.1.2.2 智慧管理

在技术的支持下，数字化企业能够通过数字化手段搭建一整套数字经济基础设施，以人工智能技术为引导，以数据价值为根本，搭建企业全局数据平台和智能分析系统，洞察和分析企业运营管理的所有环节，实现标准化、扁平化、规范化的高效协同管理模式，建立起“以人为中心”的管理体系，快速实现跨企业、跨系统、跨业务的办公。在企业的业务数字化和运营数字化初步建成后，将进入数字化运营和持续优化升级的阶段。数字化运营进程中，依靠“智慧大脑”产生洞察、发现运营问题、形成商业决策、跟踪优化效果，将是企业推进持续数字化转型的关键抓手。

“智慧大脑”需要满足三点要求：

（1）数字化企业需要处理大量复杂的非结构化数据，包括语音、图像、视频、文本等各种形式，需要树立系统思维，以动态思维模式实现企业精细化管理。

（2）“智慧大脑”采用分析加预测的架构，以“数据+算法”的策略应对各种不确定性，通过智能算法，处理海量数据。

（3）拥有独立的企业数据整合平台和分析平台，以数据服务的形式向企业提供服务。

16.1.2.3 技术架构

传统的IT架构下，以内部资源优化为主，以项目交付为主，主要是“点对点”地解决问题，其实就是以流程自动化为中心，预设流程场景，用软件实现信息化。然而，随着现代信息通信技术的飞速发展，使得企业的技术架构呈大迁徙态势，正在从基于传统IT架构的信息化管理向基于云架构智能化运营转变。传统IT架构的弊端开始显现，出现了技术职能的碎片化、技术架构的不统一、系统维护难度大等问题。

数字化视角下的IT架构，是基于大数据、云计算等信息技术的新架构，以数据服务为中心，打造服务于特定业务需求的产品，改变以往被动响应业务需求的局面。通过构建云架构的数据集成方案，实现全流程和全场景的数据整合、业务集成，使得反应更加敏捷，快速应对各种不确定性。

16.1.2.4 生产方式

过去企业以高消耗、低成本为核心，追求规模化、产业化的生产方式。如今，柔性生产、智能制造成为企业追求的新型生产模式。

所谓的柔性生产，主要是采用智能设备取代人工生产，追求的是多品种、小批量的生产方式。不仅使企业生产实现自动化，而更多地强调在数据互通后，企业能够及时洞察市场变化，依据需求情况，灵活调整生产策略。总之，柔性生产是为了适应市场需求和激烈的市场竞争，帮助企业缩短产品生产周期，提高产品质量，降低无用成本，从而获取更大效益。

16.1.2.5 营销策略

互联网时代信息呈爆炸式增长，人们每天被大量的信息包围着，依靠传统手段进行营销宣传，无法得到良好的效果。从文字到视频，从PC互联网到移动互联网，数字化以其特有的方式，全方位渗透到我们的生活中。我们置身于数字化时代，使用互联网的时间越来越多，而互联网上的人们，更是依据个性、兴趣等被细分成了无数小群体。所以，企业采用更加精准的数字化营销，与客户建立更直接、更密切的连接，满足消费者的个性化需求，可有效降低营销成本，提升营销效果。

16.1.3 数字化是企业发展的一个趋势

自 1994 年以来，以互联网行业发展为开端的中国数字经济实现飞跃发展，中国逐渐成为数字化大国。我国企业数字化发展经历了一段较长时间的演变，新企业和新模式不断涌现，技术创新成为行业竞争的核心驱动力，企业数字化效果成为商业模式成功的关键因素。我国企业数字化主要经历三个发展阶段：

第一阶段是萌芽阶段：1994～2002 年。

1994 年，中国正式进入互联网时代，数字产业化开始萌芽。以互联网行业的兴起为显著特征，伴随互联网用户数量的高速增长，一大批行业内的龙头企业相继成立。电子商务网站进入初创阶段，百度、腾讯等搜索引擎和社交媒体得到空前发展。

这一阶段，中国企业的数字化渗透程度较弱，企业的商业模式和管理模式较为单一，多数企业主要是借鉴国外成功企业的商业模式，还未足够重视技术创新。20 世纪 90 年代以来，多数企业的各职能部门开始采用区域网络技术进行连接，发展功能更强大的管理系统和办公自动化系统。许多企业对数据共享、协同工作产生了需求，也更加重视业务流程的优化。

第二阶段是高速发展阶段：2003～2012 年。

随着互联网用户数量的持续性增长，以网络零售为代表的电子商务带动数字产业化进入高速增长阶段。例如，2003 年，阿里巴巴推出个人电子商务网站“淘宝网”；同年推出的支付宝业务，逐渐成为第三方支付领域的先锋。同时，新兴业态不断涌现，自媒体的涌现和网民规模的高速增长，使人际交往方式发生了变革，社交网络和社交关系的联系也日益紧密。

进入新世纪后，我国企业普遍进入信息化应用阶段。借鉴供应链管理的思想，具有一定信息化基础的企业开始尝试对供应链上下游企业的数据综合集成利用，加强数据资源集成的力度与范围，实现供应链上下游企业间的数据共享和协同工作。

第三阶段是发展成熟阶段：2013 年至今。

随着互联网和高新技术的普及，国内网民使用手机上网的人群占比逐步提升。中国数字经济的基本格局已经形成并迈入成熟期。互联网逐渐发展成为行业要素的枢纽和载体，平台经济、共享经济成为全新增长点。人工智能、区块链、云计算、网络安全等技术、产品及服务不断成熟，5G 网络和千兆光网等信息基础设施加速建设，应用场景得以丰富，数字产业化的增长潜力日渐显现。

在先进数字技术的支撑和引领下，工业互联网、智能制造等融合型新模式大量涌现，企业利用数据驱动资金、技术、人才等要素资源合理配置的效率大幅提升。通过以模式创新为核心的方式，为中国数字经济的发展注入了新的活力。

企业数字化进程主要包括以下四个方面：

（1）数据系统化（IT）：需完成最基础的业务系统建设，如ERP系统及底层云平台等基础设施。

（2）数据可视化（BI）：打通系统孤岛，实现大数据可视化，如基于企业内外部业务数据的联合分析应用，对客户、供应链等内外部运营形成可持续、不断迭代的分析模型。

（3）数据洞察化（DT）：建立数据中台，进行多元结构化数据分析和业务赋能，实现大数据分析应用体系。如建立消费者触点搜集数据，在数据平台做融合，应用数据模型和数据挖掘洞察消费者。

（4）场景智能化（AI）：通过AI技术应用，在大数据的支撑下实现企业决策与运营管理职能化，包括生产、供应链、营销和销售等，分为感知AI、认知AI和行动AI三个递进的应用子阶段。

这四个阶段没有绝对的先后之分，但基本体现逐渐夯实数字化基础的过程。

数字化是凭借数据智慧赋能管理和业务，对内优化管理组织结构、提升管理运营水平，对外产生新的运营模式。从空间上来看，企业内部组织、沟通、业务不断网络化，企业组织越来越扁平化。通过数字化技术实现企业生态在线化后，扩大了企业的外部空间，企业的商业边界也变得越来越模糊。从时间上来说，通过数字化技术为企业的业务和管理赋能，提高企业运营效率，增强企业商业竞争力。

移动互联网、大数据、云计算、人工智能的快速发展，驱动企业进入全面数字化的时代。连接客户与企业关系的数字化营销，连接订单与生产关系的数字化管理，连接生产与设备关系的智能制造，连接企业与企业关系的产业互联日益成熟。基于互联网业态的企业已经占领了先机，但对于传统模式的企业而言，全面数字化已经不是一个选择，而是企业必然的发展趋势，所以企业必将数字化才能得以持续发展。

16.1.4 数字化带来的企业竞争优势

随着互联网技术的迅速发展，数字经济在各个领域中发挥着举足轻重的作用，企业间的连接和企业内部的交流边界也在逐步被打破。在我国，数字化不仅是社会经济结构发展的创新路径，而且还是企业提升竞争优势以及企业可持续发展的重要战略目标。

数字经济发展已经成为中国经济发展的重中之重。宏观上看，2021年，我国数字经济发展取得新突破，数字经济规模达到45.5万亿元，同比名义增长16.2%，高于同期GDP名义增速3.4个百分点，占GDP的比重高达39.8%，成为稳定经济增长的关键动力。[①] 微观上看，2022 年世界 500 强企业名单中，华为、微信、淘宝、腾讯等数字化企业榜上有名。由此可见，企业数字化的时代已经到来，对于各个领域的企业来说，企业通过数字化技术边界资源创造有利的生存环境，建立并维持竞争优势。

数字化使人们适应了一个更加灵活、方便和互联的世界。它使组织能够实时获取信息，评估数据，并跟踪客户的整个价值链，以确保数据的真实性和安全性。因此，数字化的发展给企业的经营带来了巨大的挑战，也带来了新的机遇。

16.1.4.1 数字化有助于企业打造可持续核心竞争能力

企业的核心竞争力是其能够在激烈的市场竞争中取得的长期优势。而企业数字化作为一种新技术，具有巨大发展潜力，且也日益增强。从战略层面来看：第一，通过对信息流进行整合和分析来挖掘潜在客户；第二，通过为客户提供个性定制服务等来提高自身的核心竞争力水平与竞争地位；第三，通过企业数字化建设实现经济社会可持续发展战略的需要。而这正是我们所要探讨的，企业的数字化战略是以客户为中心，而不是简单地通过互联网技术来实现数据信息共享和交换。

数字化对企业的影响并不是改变其本质，而是通过多维度有效的资源配置，使得价值能够充分发挥，为其赋能，提高资源配置的效率。数字化转型可以尝试新的商业模式，获得市场新机遇，在未来商业市场中占据有利位置。从企业层面来看，以客户为中心是企业在市场竞争中存活下来的关键。数字化浪潮的到来，极大地改变了用户信息不对称的现状，以客户感知价值最大化为导向，从根本上改变了以生产为中心的传统商业模式，使企业的经营具有巨大优势。

16.1.4.2 借助数据信息共享，打造新的产品或服务

与客户的互动以数字方式产生并依赖于越来越多的数据量。这些数据为分析功能提供数据，为数字化转型的组织提供见解，以加强满足客户需求和期望的持续循环。企业利用服务结构，通过云端资源，快速上线新的 IT 服务，此服务结构将满足特定客户需求的服务组合，拆分为不同的服务能力子项。在有新的需求时，仅需要通过对不同服务能力子项进行重新组合，便可提供新的服务。企业将数字化技术应用于新产品的开发，新的产品开发需要借助共享的数据和信息，对产品和服务迭代优化，使其更符合用户需求，打造数字化产品和数字化服务。

例如，谷歌的创新流程通过访问网址和创造新数据来实现。谷歌通过保存客户每一次使用的数据，来追踪用户并创造关于用户的数据，解决用户的问题。此外，谷歌围绕谷歌搜索、谷歌地图等产品，建设了数据驱动的数字化平台。同时，谷歌的数据增长促进了业务的发展，新的数据催生了新的产品，新的产品催生了新的业务。

---

① 中国信息通信研究院．中国数字经济发展报告［R］. 2022－07.

16.1.4.3 数字化有助于激发企业创新发展

企业采用动态的而不是静态的方式运用数据，需要灵活配置企业内部资源，并运用动态化的数据来创新产品的服务内容和营销方式。随着企业业务与数字化平台的连接，企业可以收集用户数据，出售关于产品或服务的设计等。这些集成的数据不仅能够衡量市场变化和复杂的系统，还能够帮助企业洞察；不仅推动着价格和供求关系的变化，还能刺激企业优化产品和服务。例如特斯拉首次为汽车配置了数字化平台，将数据采集系统和汽车连接起来，以便系统地采集汽车重要系统组件的性能数据。当汽车出现故障时，企业总部可以通过数字化平台进行干预。此外，车载系统采集的数据，还可以被用来详尽地解释事故的性质以及系统的卓越性能。

企业利用动态化数据进行创新，首先，可以借助产品的运营数据，帮助研发团队优化产品的设计；其次，整合分析运营数据，创造出更多影响客户决策的创新产品或数据服务；最后，企业运用数据实现自动化，缩短了大量时间，为客户提供更多的便利。

16.2 企业数字化的生产方式与组织形式

16.2.1 数字化改变生产方式

生产方式的变革经历了3个不同的阶段：第一阶段是“自然小生产”，长期农业社会的生产方式；第二阶段是“社会化小生产”，工业社会的企业生产方式；第三阶段是“社会化大生产”，信息化社会新兴生产方式，超越企业边界，实现生产和消费的高度融合。生产方式是社会生活中所必需的物质资料的习得方式，是生产力和生产关系在物质资料生产过程中的适应性变革。数字化转型改变了生产方式以及创新了生产方式的适应性。

数字化生产指将先进的数字化技术嵌入产品或服务的设计、生产、制造、销售的全过程。不管是离散型制造业还是流程制造型企业，都需要对企业自身的生产做出数字化优化升级。研究发现，各行各业都在以数字化的方式来优化生产流程，贯穿产品的全生命周期，向柔性化、定制化、智能化的生产方式转变。

数字化和信息化的发展使现代数字技术在企业中的功能日益凸显，现代数字技术已经成为连接全球信息网络和现代文明信息社会的重要手段。从生产角度看，数字化的结果使得企业与企业之间、生产者和消费者之间的联系更加紧密，极大地减少了中间环节，缩短了生产时间。另外，数字化一体化系统与通信网络技术相融合，使产品的生产和消费不受时间和地点的制约，从而定制出满足客户需求的个性化产品。

科学技术革命是影响生产方式变革的根本原因。如今的世界已进入数字化时代，以互联网技术为代表的新兴科学技术被广泛应用于各个领域，数字化不仅是企业发展的一个必然趋势，也是推动社会经济变革的关键因素，由此可见，数字化转型已成为社会发展的必然。在数字化转型的影响下，现有的生产方式发生了极大变化，社会生产关系和社会经济体系受到了前所未有的冲击，全球经济一体化的进程大大加快，国际经济格局面临新的调整。整体而言，科技革命推动经济发展的过程可以概括为：科学技术更新—生产要素更新—生产方式更新—国际经济格局变化。

进入数字化时代，人工智能、大数据、物联网等新的数字技术已经取代旧的生产要素占据主导地位，大数据与新要素相融合，形成特有的核心竞争要素，核心生产要素的变化，对企业的经营方式和发展模式都产生了深刻的影响。随着新兴产业的兴起，传统企业纷纷退出历史舞台，企业竞争优势发生改变，数字化催生企业生产新业态新模式，给社会经济格局带来了巨大的挑战。

16.2.2 组织结构进化特征

当前，要想使组织企业健康快速发展，就必须紧跟时代数字化潮流，迎合客户需求，满足市场发展，因此，企业数字化转型是大势所趋。在数字化背景下，越来越多的企业进行数字化战略结构的转型。企业与时俱进地进行数字化转型有利于降低成本，提高运营效率；有利于提高企业的决策水平和管理能力，提高企业的核心竞争优势，更科学高效地进行企业运营。

组织结构伴随着组织理论的研究而兴起。被誉为“科学管理之父”的泰勒提出了“任务管理法”的概念，他认为：科学管理的根本目的是谋求最高劳动生产率，而雇主和雇员实现共同富裕的基础就是最高工作效率，要达到最高工作效率的重要手段是用科学化的、标准化的管理方法代替经验管理。自 20 世纪初泰勒将组织理论相关研究整合以来，关于组织结构的研究不断发展更新。所谓的组织结构，就是组织内部对工作的正式安排，是组织设计的结果。组织结构的设计则需要在组织的领导下，为了实现组织的目标，组织成员上下通力，设计形成组织内部层次之间的多种排列方式，以便于设计出更好的组织结构，提升组织绩效。为实现预期目标，企业各部门、各岗位以及各项工作如何进行分配，则必须建立组织结构，将不同部门整合起来，协同不同部门的不同职能与生产经营活动，有利于高效地执行企业战略。企业组织结构一定程度上决定着企业工作标准化的程度和企业组织目标的实现。

随着企业的发展和外部环境的演变，组织不断改变结构以提高灵活性，组织结构逐渐呈现不同的形态。企业发展常见的企业组织结构的组合一般有以下几种形式。

（1）直线型组织结构。

直线型组织结构又称单线型组织结构，是最早的一种组织形式类型。直线型组织结构设置简单，其特点是各级行政单位从上到下实行垂直管理，没有单独的职能部门和独立的办公场所，下属部门只接受单一上级的指令，各级主管负责人对所属单位的一切问题负责。

（2）职能型组织结构。

职能型组织结构是指各级行政单位设有主管负责人，在组织中设立职能部门，要求职能部门参与组织活动的开展，且有权在业务范围内向下级单位发号施令。

（3）直线—职能型组织结构。

直线—职能型组织结构是融合了直线型和职能型两大组织结构的优点而设置的。这种组织结构形式是把企业管理机构和人员分为直线领导机构和人员、职能机构和人员两大类。

（4）事业部型组织结。

事业部型组织结构常常被大型公司所采用。这种组织结构形式有较强的灵活性，具有集中决策、权力下放、分散经营的特点。

（5）多重组合。

采用多种方式的组合结构，也称为矩阵组织结构或混合组织结构。矩阵组织结构中存在双重职权关系，为了保证完成一定的管理目标，每个项目小组都设负责人，在组织最高主管的直接领导下进行工作。

（6）网络型组织结构。

随着现代信息技术的飞速发展，一种新型的组织形式——网络型组织结构应运而生。该组织结构的核心是一个小规模的销售小组，直接监督公司内部开展的各项活动并协调制造、分销和执行网络组织的其他重要职能的外部机构之间的关系。从本质上讲，网络组织结构的管理者需要将大部分时间花在协调和控制外部关系上。

网络型组织结构作为一种新型的组织结构在数字化的今天备受关注。企业的组织结构设计要根据市场变化、客户需求和企业发展方向做出调整，当组织出现各单元之间缺少协调、决策缓慢或是质量低、组织不能创造性地应对环境变化时，就意味着组织内部关系与外部环境不再匹配，企业需要重新调整组织结构，朝网络型组织结构靠拢。一体化的网络型组织结构给今后企业组织结构改革指明了方向：第一，企业实现扁平化管理，促进信息和资源在企业员工之间的共享。建立以客户为主体的业务核心，促进信息的传播，加强企业与消费主体的信息交流。让员工充分参与到企业决策中，灵活自由地开展活动。企业利用独特的竞争优势，在有利的环境下创新独特的企业文化。第二，不断改进企业的基础设施建设。现代信息技术的迅速普及，加快了信息间的传递，借助现代化信息通信设备实现企业间的沟通，减少信息传递的误差，使信息共享成为现实。

16.3 企业数字化的管理模式

企业数字化管理在企业发展的过程中有着越来越重要的意义。推动数字化管理是未来企业数字化转型的一项关键举措。新冠肺炎疫情暴发后，企业如何牢牢地在管控的基础上积极稳妥地开展复工复产，对各地的管理智慧充满了挑战。从“云办公”到“云上课”，从助力企业化危为机到赋能行业管控，再塑企业业务流程，数字化变革浪潮已浩荡而来。

在新一轮工业革命背景下，工业企业的内部环境和外部环境都发生了巨大变化，行业和市场的竞争日益激烈，推进数字化管理是工业企业改进提升传统动能、培育壮大新动能、构建持续发展竞争优势的关键途径。当前，日渐增多的企业将数字化转型作为未来企业发展的重大核心战略，数字化管理、数字化发展已经成为核心企业提升影响力、竞争力、创新力的关键。企业的数字化转型带动了产业链上下游企业协同发展，为数字化管理服务市场提供了广阔空间。例如，中国石油天然气集团有限公司紧跟市场，将数字技术融入油田产业的服务和流程中，计划到“十四五”末初步建立“数字中国石油”，将重点打造智能油田、智能工程、智能销售等项目，并利用新一代信息技术，助力新产品的研发，提高产业效率。

16.3.1 数字化管理概念

管理是为了实现某种目的而进行的决策、计划、组织、实施和控制的过程。管理的真谛是聚合企业的各类资源，充分运用其功能，以最优的投入获得最佳的回报，实现企业的既定目标。企业管理包括计划管理、组织管理、物资管理、质量管理、成本管理、财务管理、劳动人事管理、营销管理、团队管理和企业文化管理十个方面的内容。企业实施数字化管理是一个新模式、一种新概念，必须切实把握这一管理模式的基本内涵和优势。

数字化管理是企业通过互联网、人工智能等信息技术的融合应用，打通核心数据链条，基于数据的汇聚整理，通过技术量化管理行为和管理对象，优化、创新乃至重塑企业战略决策、产品研发、生产制造、经营管理、市场服务、组织销售业务活动，提升数据驱动型高效运营管理模式的能力。数字化管理的本质是整合企业各类资源，通过信息科学技术将先进的管理理念和管理方法聚合到企业的管理运营过程中，实现信息交流的智能化、科技化，实时管理企业状况，全面提高企业的管理效率和运营效率。

在我国，数字化技术已融入企业研发、生产、营销、服务的整个业务过程。目前，企业数字化管理模式的运用，使企业的发展具有以下优势：第一，可以打通企业数据流通共享的难点，有效盘活企业数据要素资产。推进数据化管理可以盘活技术、系统、组织等各类数据资源，不断提升数据开发利用的广度和深度。第二，数字化管理大幅提升了企业的管理效率。企业的管理目标更加清晰明确，企业资源的整合更加合理有效，企业各部门之间的行动也更加协调。第三，开展数字化管理可优化企业组织结构，加快构建企业新型能力体系。通过数字化管理，开展企业精细化运营，及时洞察市场和客户需求，持续提升研发生产一体化等能力，提升企业发展的韧性。

16.3.2 精益生产

精益生产最初是由日本丰田企业衍生出来的一种生产管理方式，也是一种生产管理思想。基于精益生产影响力的不断增强，不仅仅是汽车行业，越来越多的行业也都将精益生产应用到自己的生产领域中。与此同时，随着社会经济发展和精益生产理论的完善，企业的精益生产已经形成了独立的体系。在精益化生产过程中，企业根据市场和客户的需要，利用机器或工厂高效、准时、自动生产某种产品，使得企业的产品质量、生产效率都有所提升。

精益生产的核心理念是精益管理思想，精益生产强调满足客户需求，整体优化各个创造产品价值的生产活动和生产过程，改善产品质量，杜绝超量生产，消除一切无效劳动和无效浪费。企业为什么要开展和推行精益生产？开展精益生产是为了减少浪费，实现零浪费目标，追求精益求精的一种生产方式，在一定程度上可以提高企业的生产效率，同时增强企业的市场竞争力。中国企业与世界先进企业之间的差距，关键在于生产方式和企业管理，国内很多成功企业的经验也都证实了这一点。因此，如何采用先进的生产方式和管理技术，成为目前绝大多数国内企业的当务之急，而精益生产则是解决企业目前生产与发展问题的药方。精益生产是对日本“丰田生产方式”的赞称；精，即少而精，投入必要的生产要素，不投入多余的生产要素；益，即有益处，强调所有的经营活动具有适应性和经营性。精益生产指的是以满足客户需求为基础，以消除生产浪费和不断改善为根本，降低企业成本，使企业以最经济的手段、最少的资源投入来实现企业的生产目标。

精益生产的实质就是管理过程。精益是通过改善企业活动、消除浪费，为客户提供新的产品和及时的服务；管理是将这些方法运用到企业的生产经营过程的方方面面；精益生产强调“适时、适量、适物”，是综合单件生产方式和批量生产方式的优点，降低库存以及缩短生产周期，力求实现低成本准时生产的一种生产模式。无论是产品开发、生产系统，还是企业部门的相互协调，其精益生产的最终目的是通过优化生产流程和持续改进，高效利用资源，最大限度地消除浪费，降低成本，向客户提供最完美价值的产品和服务。而精益生产管理的目标是提高企业的整体利润，可以概括为：企业在为客户提供满意的产品和服务的同时，把生产浪费的程度降到最低。

精益管理有助于企业管理模式的升级优化，促进企业稳定建设发展。精益管理不仅是一种行为，也是一种思维，它具有以下特点。

（1）全面质量化管理。

对产品质量的检验应该体现在生产过程的每一道工序之中。企业重在培养每位任职员工的质量意识，在每一道工序进行时注意产品质量的检测，保证及时发现质量问题。强调质量是生产出来的，由生产中的质量管理来保证最终产品的质量，换言之，即精益求精，做到最好。

（2）拉动式准时化生产。

用准确的信息决策、准确的工作时间，衔接到准确的工作方法。“准时化”生产是运用多种管理方法和管理手段，对生产过程中的诸多要素进行优化，确保在必要的时间内，按必要的数量，生产必要的零部件，以期达到杜绝超量生产，消除无效劳动，降低成本，提高产品质量，用最少的投入实现最大的产出目的的一种生产方式。强调物流平衡，追求零库存。

（3）强调整体性和自我完善。

精益生产企业的管理深度是无止境的，它的管理目标是根据公司的目标，从初级低层次逐步向高级高层次发展，是一个不断完善自我提高的过程，是一个不断要求创新优选的过程。精益生产方式综合运用多种现代化管理方式和管理技术，强调发挥整体功能，既要求各项专业管理有明确的分工，又要求相互之间有充实的配合与协作。

（4）同步化作业。

精益化生产具有鲜明的统一意志、统一行动和同步化作业的特点。即各生产线在同一时间内，生产相同数量的同一品种的零件。生产线之间协同工作，前方的生产与后方的服务围绕着“准时化”生产的要求同步进行。

16.3.3 供应链管理

面对市场激励的竞争环境，在企业经营管理的过程中，供应链管理占据重要的地位，企业的发展更依赖于供应链管理。作为一个策略概念，供应链管理用信息管理技术，从原材料采购到最终销售给客户的全部生产经营活动集成在一个无缝衔接的流程中。供应链管理通过采购、加工和销售的方式，对货物、服务、信息、资金的流动和存储进行专业管理，以满足客户的需要；供应链管理是对整个供应结构进行计划、协调、控制和优化的各种活动与过程。狭义的供应链管理通常包括：物流管理、采购和供应链计划，以及相关的信息分析和财务管理。经济全球化的背景扩充了供应链管理的内容和范围，供应链管理也不再只关注企业内部的运营，而是整个产业链和价值链在全球市场上的运作。广义的供应链管理的范围涵盖了国际物流、生产外包、战略采购、风险管理和可持续等。

在供应链管理中一个简单的供应链流程可以分解为工厂—仓库—客户，在一个复杂的供应链中存在着一级供应商、二级供应商、三级供应商等多重供应商。供应商的主体涵盖了供方即供应商企业、应方即消费者客户，供应链把供应商和客户连接在企业生产运营这一个完美的闭环中。而在供应链管理中，信息流、实物流、资金流始终都存在于供应商和客户中。因此可以说，供应链管理是流程的管理。

信息流是供应链管理的核心，贯穿供应链中的所有节点和相关流程。在供应链管理中，资金的往来和商品的往来都需要数据作为支撑，这些数据最后为供应链优化提供依据，并将各方面的数据进行跨组织交换，针对整体的供应链进行分析。

实物流，起初是资源在物理位置上的移动，广义的实物元素包括仓储、运输及相应的信息系统。实物流在所有企业里都广泛存在。

资金流，就是整条供应链货币流通的过程，客户把得到的产品或服务，通过货币的形式反馈给制造商和服务商。

随着供应链数字化的发展，流动的速度也在不断加快，帮助企业持续提高效率，降低成本，保障供应链安全。作为供应链管理的核心内容，信息流、实物流、资金流三流相互融汇在整个企业生产过程之中。

供应链管理是把供应链作为企业管理的目标，对生产过程中的每一环节、每一流程运用新一代先进的管理手段和管理方法进行设计与优化，从而提升企业的效率，增强企业在市场上的竞争优势。英国著名的物流专家克里斯托弗曾经说过："未来的市场将不再是企业与企业之间的竞争，而是供应链与供应链之间的竞争。"① 因此，新时代的企业管理层应打破传统理念，适应新时代供应链的管理模式，加强供应链上游企业之间的集成协同优化理念，使企业的管理水平更上一个新台阶。通过有效的管理方式提高企业的核心竞争力：一方面，供应链管理将所有节点企业融合成为一个有机整体，促进全方位的战略管理。企业管理要想实现整体效能的高效运作，就必须将整条供应链的各个环节紧密联系起来，成为一个不可分割、彼此相互推进的有机整体。另一方面，供应链管理对于企业更强调整体的有序性和时效性。与传统企业相比，供应链管理突破了只在自身企业内部管理范畴的局限，这种管理模式有效地应对了市场中不可预测的环境变化，使整条供应链更加有序、合理、节约地运作起来，达到最优化。

16.3.4 虚拟企业与动态联盟

由于企业自身资源的有限性以及市场机遇的需求，在信息技术和网络技术的飞速发展下，市场经济应运而生了一种特别的企业组织模式——虚拟企业（Virtual Enterprise，

---

① ［英］马丁·克里斯托弗. 物流与供应链管理（第4版）［M］. 何明珂等译，北京：电子工业出版社，2012.

VE)。虚拟企业的生命周期根据时间顺序一般分为四个阶段：准备期、建设期、运作期、解体期。准备期的主要任务是识别市场短缺的资源、机遇、目标、需求等；建设期的主要任务是寻找拥有短缺资源的合作企业、确定联盟的目标、签订联盟协议等；运作期的主要任务是根据目标对合作企业进行任务分工，合作企业完成各自的任务；解体期的主要任务是识别解体目标、清算资产、解体等。

“虚拟”指的是在现有真实的企业结构、资源和功能的基础上，企业运作方式及组织形态的虚化。虚拟企业在运作的过程当中，非常注重企业间的相互信任与合作，其实质是面向特定的生产或服务任务，选择适当的合作伙伴共同协作完成。合作伙伴选择的合理性，对虚拟企业的运作效率甚至成败起着至关重要的作用。鉴于此，我们可以从以下几个角度全面地理解虚拟企业的内涵：从组织形式角度，虚拟企业是两个或两个以上具有不同的核心竞争力和优势企业之间的动态联合，相互之间能力互补，基于特定的市场机遇，以合同为纽带联系在一起，更好地满足市场需求；从运行技术角度，信息技术的使用是虚拟企业正常运行、发展、盈利的基础，是企业间相互沟通的工具，占有重要位置；虚拟企业没有固定不变的组织系统，没有看得见的有形公司，通过信息化网络平台进行职能分工，以快速应对不断变化的市场形势；从组织结构角度，虚拟企业是针对特定的市场机遇组建或解散的，实现“多赢”是各成员企业组建虚拟企业的核心目标和驱动力。

虚拟企业是企业间存在的一种临时组织形式，也常常作为企业的竞争战略，它强调在企业原有系统的基础之上进行企业间的优势互补，弥补单个企业资源与能力的不足，整合不同地区、行业、组织的能力和技术，聚合不同企业的核心能力以满足市场需求，其共同目的是分担成本和风险、共享技术和利益、把握市场机遇、满足市场需求。虚拟企业是为了弥补企业自身资源的短缺以及满足不断扩大的市场需求而产生的一个临时性的、具有动态性的企业联盟。

动态联盟作为虚拟企业运营中一种新颖的运营模式，更多地体现在企业组织模式的不同。虚拟企业动态联盟模式是两个或两个以上的企业为了各自的利益，通过联合与结盟最大限度地利用有限的资源，进行优势互补，以快速适应市场变化需求的企业组织形式。在市场新机遇下，具有不同资源与优势的企业依托互联网技术建立起企业联盟，一方面，组建动态联盟企业就是各取所需、优势互补，建立正确的联盟协议和机制，加强了企业内部的优化整合，约束了企业之间的良性竞争与合作，对联盟的资源进行合理有效的配置和利用；另一方面，虚拟企业通过组织动态联盟，有利于企业在激烈的市场竞争和产品快速升级换代的环境下，及时有效地应对复杂多变的商业环境，提升企业的竞争力。

16.4 企业数字化的商业模式

16.4.1 数字化下的商业模式创新

商业模式是企业创造价值的核心战略，是企业价值的决定性来源。商业模式是对市场需求的洞察，形成的有关企业战略层面的思考；是为了满足某种市场需求，将企业内外部的资源进行整合，形成高效率的、具有独特核心竞争力的组织，同时又能实现企业可持续盈利的一个方案。简单来说，商业模式就是企业通过什么样的方法赚钱。

创新是商业模式的本质，也是当今企业发展的主题。尤其是当今数字化时代，科学技术飞速发展，给企业持续经营带来了巨大的挑战，原有的商业模式经历了一个相对稳定的阶段后，正面临着质的改变。在市场机遇与挑战并行的情况下，企业要想在竞争中立于不败之地，并有效把握住市场，对商业模式的不断创新就显得尤为重要。商业模式创新在企业发展过程中起到了不可估量的作用，也是一个企业做大、做优的必由之路。商业模式创新贯穿于企业资源开发、研发模式、生产方式、营销体系、流通体系等企业经营的全过程，特别是基于信息化的商业模式创新，是一项庞大而又系统的创新工程。商业模式创新为企业带来了战略性的优势，是新时期企业应具备的关键能力，国内外知名企业正是依靠独特的商业模式创新，获得了巨大的成功。

在“互联网 +”的时代，为什么企业越来越关注商业模式？那是因为在所有的创新之中，商业模式的创新是企业最本质的创新，也是企业管理创新的基础，商业模式代表了企业的根本属性。离开商业模式的创新，其他形式的创新将会失去可持续发展的可能性和基础。而创新推动时代进步是亘古不变的主题。因此，商业模式作为企业重要的创新领域，通过不断升级与创新，将推动企业在“互联网 +”时代实现更大的价值。在大数据信息高度连接的世界，客户拥有更多的选择，企业根据市场的需要，越来越以客户为中心，逐步提升客户体验，真正为客户创造价值。这也就意味着用户真正的主权时代到来了，整个商业从此将从以资源为中心的战略转变到以用户为中心的战略，从而对企业的整个商业模式进行重构。

与传统商业模式相比，数字化商业模式着重解释了企业组织如何将数字化技术融入业务管理中，如何筹划管理企业任务；数字化商业模式拓展了以往传统的商业模式，即组织是如何利用数字化技术来增强企业的竞争优势并从众多企业竞争对手中脱颖而出。互联网技术的发展既消除了空间上的地理距离，又改变了信息不对称的现状，随着社交网络平台的日益成熟，互联网时代的商业模式创新有以下趋势：

（1）“共享 +”。

互联网技术的推广以及云计算的发展，为共享模式的创新与应用提供了更多可能，“共享 +”模式随之兴起。共享模式的本质是资源的优化配置，即提高资源的利用效率，让服务、产品及数据在业内共享而不是占有。在“互联网 +”时代，移动互联网作为共享模式的中介，利用互联网技术促进信息的流通，削弱信息的不对称性，从而方便了人们的生活。

（2）“社群 +”。

社群是在互联网背景下兴起的人与人之间最快连接和高度信任的一种互联网沟通模式，是一群有相同兴趣和价值观的用户由于共同的追求和爱好，在一起互动、交流，是产品和消费主体共同作用形成的组织、运营经济系统。在社群中，互联网将人们聚合在一起，形成新的共同的消费需求，逐渐形成规模。所以社群经济的价值，根本上是满足消费主体个性化、多元化的需求。

（3）“跨界 +”。

如今进入了体验经济时代，大众的物质性需求已经得到了满足，根据马斯洛的需求层次理论，当基本生存需要得到满足后，人们将会追求更高精神层次的满足。这就意味着企业的发展不仅仅依靠单一的模式。因此，对于互联网企业来说，应利用传统行业价值链条中的某一环节，运用互联网工具和互联网思维，重新构建商业价值链，通过产业跨界融合，满足人们消费升级后的更高要求。

16.4.2 产品的战略

企业的创设，融入了创业者满腔的创业热情和强烈的创业冲劲，但仅仅依靠热情和冲动，企业是不可能走向成功的。在当今科学技术日新月异、消费需求不断变化、市场竞争日益激烈的情况下，企业要想成长就必须创新，必须不断推出新产品，以适应消费者的需求。面对新环境下产品新特征的出现，企业产品表现出了新趋势，因此，企业产品策略的调整势在必行。

16.4.2.1 产品战略概述

产品是面向市场的，满足消费者或用户某一需求和欲望的物品的总和，它包括具有物质形态的产品实体，也包括非物质形态的服务。产品的整体概念包括五个层次：核心产品、形式产品、期望产品、增值产品、潜在产品。

核心产品是消费者真正要买的东西，购买此产品能够满足消费者的基本需求和需要，也就是消费者真正要购买的利益和服务。

形式产品通常可以看得见、摸得着，它是核心产品借以实现的形式，具体表现为产品的某种形态和形状。

期望产品是消费者购买产品时期望得到的与该产品密切相关的一整套服务属性。例如，客户购买某种具体金额的产品，在获得满足核心利益服务的同时，期望获得产品的便利性、查询有关信息、提供咨询或建议等服务。

增值产品是消费者购买产品后产生的有关要求和想法，满足消费者更广泛的需求，使消费者得到更多的利益。

潜在产品属于产品整体概念中最高层次的产品，是指现有产品可能发展为未来最终产品的潜在状态的产品，预示着该产品最终可能会实现的附加部分和转换部分。

产品战略倾向于企业如何对产品进行分类，是为满足目标市场客户的需要，提升企业运营效率，开发新的产品或服务，实现企业总体经营战略所确定的目标，并制定良好的长远性的发展战略。

产品是企业战略开展的所有商业活动的核心，不论是高端的商业活动还是低端的商业活动，一定都是围绕产品展开的。一个企业的核心竞争力就是产品，所以，企业产品战略的升级首先就是企业产品的升级，一家企业的战略转型升级一定是围绕企业的产品展开的。企业产品战略决定着公司的存亡，它解决的是企业应该向市场提供什么样的产品，以及该产品规划该如何满足消费者需求等问题。所以，产品战略是针对企业产品的全局性谋划。

16. 4. 2. 2 产品优化战略

产品优化战略是依据产品组合的方法，对企业生产的全部产品进行全面评估，然后做出产品优化的策略。当前企业最常用的产品组合优化方法是“产品项目平衡管理技术”，又称 PPM 技术。该技术主要是根据产品对市场的吸引力和企业的实力进行分类，划分 9 个不同的象限，依据产品所在的象限位置制定不同的战略。产品结构优化是在各种条件的约束下，企业内不同产品之间的一种最佳组合。

在产品的有限期内，其所采用的产品策略、所制定的产品目标、所实现的产品形态是具有显著差异的。在进行产品优化的同时，也要根据产品所处的位置、迭代目标进行执行。产品的优化升级需要进行以下步骤：第一，全面系统地收集整理与合理分析数据是产品进行优化升级的前提；明确产品优化目标为收集产品数据提供了方向。围绕产品优化目标进行产品优化的工作，这是科学的产品优化的前提。第二，对产品核心功能需求以及产品生命周期进行客观评估。产品优化伴随产品整个生命周期，直至产品达到最终的产品目标。产品核心功能需求是满足用户核心诉求的重中之重，只有提升产品的核心功能需求，才能进一步强化产品的核心价值。第三，通过数据分析、用户反馈等途径来挖掘用户新需求，进而完善产品的功能服务。第四，在产品优化过程中对原有的业务流程、交互设计、信息体验、商业指标进行调整甚至重新设计，通过提升产品体验，达到既定的产品目标，最终实现商业目标。

产品优化是长期性的、有过程的，也是有层次区分的。产品优化必须要明确清晰的目标，同时在制订产品优化方案和落实产品优化方案的过程中，要时刻以目标为原则，引导企业实现战略目标，从而打造更加完美的产品和优质的服务。产品优化的根本目的是通过提升产品体验，达到既定的产品目标，进而实现企业的经营目标。所以，在进行产品优化的过程中，应对企业固有的业务流程、信息体验、商业指标进行调整，甚至进行重新设计与优化。

16.4.2.3 产品质量战略

产品的质量是指产品的使用价值，即产品满足消费者在生活中所需及所具有的价值。产品质量主要有产品性能、产品寿命、产品可靠性、安全性、经济性五个方面的特性。产品性能通常是指产品在功能上满足客户要求的能力；产品寿命是指产品能够正常使用的期限，包括使用寿命和储存寿命；产品可靠性是产品在规定条件下、规定时间内完成规定功能的可能性；安全性是指产品在制造、流通和使用过程中保证人身及环境免遭危害的能力；经济性是指产品在产品寿命期间内的总费用，包括生产、销售和使用过程中的费用。产品质量已成为一个企业在市场中立足和发展的根本保障，产品质量的优劣决定着产品的寿命，决定着企业的发展状况。产品质量战略是企业生产客户所需要的产品的质量特性，达到客户所需要的质量水平，所作出的长远性方略。

企业产品质量战略的制定是依据企业的战略目标，对产品的生产、销售、流通等进一步地规划，以生产出满足客户需要的高质量产品。产品质量战略是企业产品结构优化战略的一个重要内容。随着我国市场经济的发展和对外开放程度的不断加深，企业要想在市场中立于不败之地，就要适应企业与市场的新变化，要求企业及其产品的定位必须具有超前性，企业采用产品质量战略已是刻不容缓。

16.4.2.4 产品定位战略

（1）以产品功能为基点的定位。

产品功能是存在于产品中的特殊功能或优势。事实上，产品之所以能被消费者接受，主要是因为它具有一定的功能，能够满足消费者的需求，给消费者带来一定的利益。如果某一产品具有独特功能，能够给消费者带来特有的利益，那么该品牌就具有了较其他产品品牌明显的优势和差异。例如，有的药物牙膏突出防治牙疼的功效，有的药物牙膏突出防治牙龈出血的功效等，都是以功能为基点的成功定位。

（2）以产品外观为基点的定位。

产品的外观通常看得见、摸得着，是消费者最容易辨识的特征，产品的形态本身也是一种独特的市场优势，企业可以根据不同的消费需求设计不同形状的产品。由此，企业选择以产品的外观这个最有辨识度的产品特征作为品牌的定位基点，则会使品牌更具有鲜活性。

（3）以产品价格为基点的定位。

价格是厂商与消费者之间利益最直接、最显见的指标，也是许多企业在市场竞争中最常采用的竞争手段。由此可见，价格是产品定位的有效工具。企业以产品价格为基点进行定位，就是借价格的高低为消费者留下一个产品高级或低廉的印象。

（4）以产品品质为基点的定位。

质量是产品最特殊也是最核心的部分。产品的质量是关键，追求产品品质是企业生产的重点。由此可见，品质生产至关重要。企业以产品品质作为基点进行产品定位，将使企业拥有独特的竞争能力，并立足于市场竞争中。

16.4.3 市场战略

市场定位是企业在目标市场中建立并保持与众不同的位置的过程。其含义是企业根据竞争者现有产品在市场上所处的位置，针对消费者对产品特征的重视程度，将本企业产品塑造成鲜明的形象，并将这种形象生动地传递给消费者，从而使该产品在市场上确定适当的位置。

市场定位的关键是企业要设法找出自身企业相对竞争者来说更具有竞争优势的特性，企业市场定位的过程主要通过以下六大步骤完成。

16.4.3.1 决定层次定位

一般把定位分为三个层次。

（1）行业定位：企业选择在哪个行业进行竞争。企业对于不同的行业定位将直接影响企业定位和产品定位。

（2）企业定位：企业对自己在行业中的角色进行定位，决定企业在行业中的地位，企业的不同定位决定了企业在竞争中采取不同的策略。

（3）产品定位：根据产品所处的细分市场不同，通过找出本产品相对竞争对手的独特竞争优势，对产品进行定位。

16.4.3.2 细分市场属性

一旦明确了层次定位，就有必要识别所选细分市场中的重要属性，不同细分市场的客户选择产品时所关注的产品属性是有差别的。研究清楚不同细分市场所关注的属性的不同，是定位的基础。

16.4.3.3 进行市场定位

识别出产品的属性后，以这些属性为基础进行选择，可选用绘图的方式方便定位。定位图可以用来识别市场上潜在的空缺，准确进行市场定位。

16.4.3.4 评估定位选择

企业根据定位图找出需要进行差异化定位的位置，并对差异化定位进行评估：其一，加强与竞争对手的定位选择；其二，根据定位是否有意义、是否可信、能否带来竞争优势这三个维度来评估选择未被占据的市场空缺，并主动占据。

16.4.3.5 准确表述定位

企业进行定位选择后，需要把定位准确地表述出来，表述既要使企业的产品与竞争品相区别，又要将企业的品牌与消费主体的生活相联系。

16.4.3.6 根据定位确定营销组合

定位意味着战略方向的确定，而营销组合是根据定位的方向进行营销活动，营销组合包含的所有元素都会影响客户的感受、相关产品以及企业的定位。

应对新形势下的挑战，企业的战略需要灵活响应市场的变化，一方面要研究消费者对该产品属性的重视程度，另一方面要全面了解竞争对手的产品突出哪些特色，然后根据这两方面进行分析，再选定符合本企业定位的产品特色和独特形象。

16.4.4 运营战略

运营管理，就是企业的内控管理，它贯穿于业务管理的每个环节，支持企业管理者做出决策。对于管理者来说，“运营管理”就是一把“双刃剑”，管理者可以利用这把剑，掌握公司的经营情况，从而推动业务的发展。反之，如果管理者使用不当，会阻碍企业业务的发展。

数字化转型的目标是实现数字化运营；数字化运营从根本上来说也是一种运营方式，那么它和传统运营相比，有哪些特点？数字化运营不同于传统信息化建设，传统信息化建设注重的是程序，数字化运营更注重数据。第一，数字化运营更注重运营的效率。数字化运营是传统运营模式的升级，组织内部与外部的信息传递效率更高，组织的边界更加模式化，扁平化、短流程得以实现。第二，数字化运营具备数字化业务战略和市场化运营能力。业务数字化实现了业务运行的全面线上化和透明化，数字业务化则是利用数字驱动使企业运营更加精准化。第三，数字化运营更加注重发展质量。供给侧结构性改革使企业意识到了自己供给产品和服务能力之间不平衡的差异，企业采用数字化运营一头抓市场，及时掌握市场的变化；一头抓内部运营，具有更强的能力为市场客户提供优质服务。第四，数字化运营更加注重生态建设。通过新一代信息技术，使得企业连接客户的能力、连接供应商的能力、连接设备的能力更强，企业具备了整合外部资源为客户提供全方位价值的能力。

身为新形势下的数字企业，在转型过程中，首先应具备数字化运营的系统思维，构建高效的运营模式，搭建集成的“管理+数字化平台”。为了达到数字化企业运营的正常效果，数字化企业须培养数字化运营人才；新时代企业面临的外部市场环境日趋严峻，需要一批具备更强的经营分析能力、更强的数据整合能力，有数字化思维的年轻干部，借助他们的示范作用带动企业的数字化运营。数字化运营从战略决策到战略执行，再到具体的业务操作都采用量化的数字来管理，企业能较大程度地挖掘数据，并有效利用数据，才能在竞争中保持优势。企业需要建立数字化的连接和沟通，用数据形式、数字化的流程把客户、供应商、员工和产品连接在一起，只有建立强大连接的企业才会具备强大的市场竞争力。

企业运营管理决定着一个企业的市场经营。从长期来看，一个企业拥有光明未来的关键是企业能否找到经营所需要的运营模式并不断改进与完善。不同企业的运营模式具有不同的赢利潜力和竞争优势，创新企业运营模式就是不断提升客户的价值创造能力，找到适合企业发展的运营模式，才能延续企业的竞争优势，最终达到持续健康发展的目的。

16.4.5 组织变革

组织变革指的是组织根据自身内外环境的变化，及时对组织中的要素（管理理念、工作方式、组织架构、人员配备、组织文化等）进行改进和革新的过程。与传统企业相比，互联网企业在组织和文化层面呈现出了与传统企业完全不同的特点。以人为本、以客户为中心，以价值创造者为驱动在互联网世界中变成了现实。具体来说，互联网时代的企业组织主要体现出以下特点：

（1）产权关系复杂化。

在互联网时代，人力资本越来越重要，在企业中的价值也越来越大，人才成为企业发展的“瓶颈”，企业需要想尽办法吸引、保留人才。如今，人才与资金、资本相互制约且日趋平等，员工持股已经是大多数互联网企业的现状。

（2）组织结构动态化。

人际关系不再是以部门为单位进行固化，而是按照任务甚至是兴趣爱好，聚合成社群；员工之间形成了平等、相互尊重的氛围，实时地、无边界地开展活动与交流，通过内部社群等建立虚拟平台，自由地表达，随时、随地、随人进行沟通与交流。

（3）组织管理人性化。

互联网时代，企业的自主管理空间逐渐扩大，员工的自主管理权限也在逐步扩大，管理去权威化及去中心化是发展趋势，组织平台化和网络化已成为现实，这也要求在新时代下，企业管理者要采取更富有人性化的手段进行组织管理，充分尊重员工，释放员工的内在潜能，激发员工的发展潜力。

（4）人际关系平等化。

越来越多的企业开始推行平台型组织和生态型组织，组织与个人的关系不再是简单的绝对服从与被服从的关系，企业领导不再是组织唯一的领导中心；员工将拥有高度的管理自主权，每一个成员之间都平等且尊重。

（5）管理技术数字化。

在互联网时代，大数据使“智能管理”成为可能，用机器代替人工：一切过程留痕迹，一切管理有工具，一切决策靠系统，一切评估数量化。

（6）学习方式网络化。

互联网不仅仅是计算机的联网，也是人脑的联网。知识是动态的，信息和知识的传播与分享，问题的研讨和解决，思维方法的碰撞与融合以及学习型组织都在一个全新的模式下加快建设。

网络数字技术的快速发展，不仅改变了企业的运行方式和管理方式，也改变了产业结构。而新冠肺炎疫情的暴发，极大拓展了数字化的普及范围、加快了数字化的升级速度。越来越多的企业意识到，传统的组织管理模式已经难以适应新时代发展的要求。企业数字化转型的变革，首当其冲的就是其组织的变革，如何降低成本、合理利用资源，提升企业的组织效率与管理效率，是各大企业面临的亟须解决的问题，目前，越来越多的企业正在积极进行组织结构的变革与重塑。

以如今已成功实现数字化转型的企业——海尔为例，其人单合一模式在互联网环境下实现了组织体系革新。“人”是员工，“单”是用户价值，将每个“人”和他的“用户价值”联系起来，以用户为中心，实现组织的扁平化。恰恰得益于这种新型的组织模式，海尔转变成为一个“创业平台”。现在海尔的理念是“企业即人，人即企业”：企业中的每个人都可以成为创业者，企业只是一个创业平台，让每个人都能够创业，每个人都能够创造大型企业。企业由管控组织变成创业平台，员工由执行者变成创业者。海尔始终坚持以用户为中心，以敏捷高效为目标，不断加快用户交互的脚步，率先在国内实现了数字化转型。

正所谓“变者恒强”，企业唯有通过不断地改变和革新，才能以更好的姿态迎接各种挑战，拥抱各种新业态，并搭建出更适合自身发展、更适合市场需求的组织架构和企业文化，从而不断地提高自身的数字化水平，加快转型脚步。

◎ 本章提要

数字经济是将数字化的知识和信息作为管理生产要素；是依靠现代信息网络和数字技术不断发展的；凭借数字技术的高效应用可优化企业经济结构，使企业效率获得一定提升。企业数字化具有以客户为中心、智慧管理、技术架构、生产方式、营销策略的特征。数字化是企业发展的一个趋势，主要包括数据系统化、数据可视化、数据洞察化、场景智能化四个方面。数字经济的发展给企业带来了竞争优势，可以从现代企业的生产方式、管理模式、商业模式等方面进行分析，激发企业创新发展。

综上分析，企业数字化在企业发展过程中有着越来越重要的意义，结合企业数字化的趋势和特征，探索现代数字化企业发展的生产方式和组织形式、管理模式和商业模式。首先，数字化改变企业的生产方式和组织形式。企业的组织结构设计要根据市场变化、客户需求和企业发展方向做出调整，企业需要重新调整组织结构，朝网络型组织结构靠拢。其次，企业数字化的管理模式。数字化管理、数字化发展已经成为核心企业提升影响力、竞争力、创新力的关键。运用精益管理的模式提高企业生产效率；采用供应链管理技术有序优化企业生产运作；采用虚拟企业的组织模式快速提升企业竞争力。最后，企业数字化的商业模式。互联网时代的数字化企业商业模式创新具有“共享+”“社群+”“跨界+”的趋势；面对当今市场竞争日益激烈的情况，企业必须明确产品定位、不断推出新产品、提升产品质量，以适应消费者的需求。数字化运营更注重数据、更注重运营的效率、更加注重发展质量、更加注重生态建设。互联网时代下的企业组织变革主要体现了产权关系复杂化、组织结构动态化、组织管理人性化、人际关系平等化、管理技术数字化、学习方式网络化等特点。

◎ 课后思考题

（1）企业数字化的特征有哪些？

（2）简述企业数字化的管理模式的优化对现代数字化企业的影响。

（3）常见的企业组织结构组合形式一般有哪些？

（4）简述互联网时代企业商业模式创新的趋势。

第 17 章
数字化生活

学习目标

（1）了解数字化生活的基本概念，掌握数字化生活的基本特征；
（2）了解数字化生活的方式；
（3）了解数字化消费的方式，掌握数字化消费的内容以及数字化消费模式；
（4）掌握数字化消费模式的具体转化内容。

内容提要

数字技术为当代生活带来深刻变革。现代信息技术和产品将成为极其重要的生活工具，网络和数字产品将成为多数人的生活必需品。数字化的生活方式包括新零售、无人驾驶、智慧医疗等方面。数字化消费的形式、内容、模式也发生了改变。

17.1 数字化生活的趋势与特征

17.1.1 数字化生活的概念与趋势

数字技术为当代生活带来深刻变革。数字化生活服务以数据为关键生产要素，为提升生活服务供给水平带来巨大潜力，生活服务领域的数字化变革已成为当代全球发展的共同趋势。生活服务是指为满足城乡居民日常生活需求提供的各类服务活动。数字化可理解为将复杂信息转换成数字（数据）并进行处理运用，实现应用目标的过程。生活服务领域的数字化变革已成为当代全球发展的共同趋势，也是我国新时期的发展要求。

传统生活服务电商是基于互联网为人们日常生活消费提供的服务，分为到店服务（包括到店餐饮、酒店、影院等）与到家服务（包括外卖、家政等）两大类。数字化浪潮下，生活服务行业也经历着数字化的变革。生活服务电商升级为数字生活，具体包括餐饮外卖、旅游、交通出行、婚恋交友、房产、招聘、家装、医疗健康等各种服务消费的数字化。

高效、智能化的运作将提升整个社会的发展速度和资源使用率。在线经济的发展能够使各项资源的利用率最大化，减少以往人财物消耗所带来的不必要的成本，进而提升整个社会的发展速度和发展质量。大数据实现对海量数据的深度挖掘，促进数据资源向有价值的信息转化，在优化生产、降低能耗、精准营销等方面开展大量应用服务。边缘计算使数据实现本地化处理，减少云端传输里程，实现更快速的数据处理分析，提高应用服务效率。例如，工业互联网的建立有助于生产协同和产业预警，推进资源的有效配置和供需双方的精准匹配。尤其是在线医疗的发展，对于缓解当前我国社会存在的医疗资源短缺、医患关系紧张等问题，发挥着相应的积极作用。另外，受疫情影响，实体店的生产经营面临严峻挑战，而网络直播带货以及商场小程序等技术手段的出现，又使得诸多店铺借助互联网营销得以在夹缝中求生存乃至发展壮大。

总而言之，在线新经济的发展以大数据为依托，建构数据中心、重视数据要素，实现对数据的全方位、多场景应用，达到云资源高效优化配置的目标，通过对实体经济的深度融合实现传统产业的升级改造。在此基础上，通过对生产消费、生活消费和信息消费的多方位变革，带来全要素生产率的提高，实现人们“衣、食、住、行、学、娱”的信息化和智能化重构，满足人们“宅生活”和“宅工作”的商品以及服务需求，进而提升整个社会的发展速度和资源利用率，将给旧有业态和劳动力素质带来新的挑战。在线新经济的发展是智能化、网络化、数字化发展的必然结果，而这一结果意味着对劳动力市场的重新洗牌和对劳动力素质的崭新要求。例如，无人车配送、无人机、无人工厂等高新技术成果，能够缓解我国劳动密集型产业长期存在的用工荒问题，通过智能自动化控制可进行24小时不间断生产，但与之相伴随的是，这种技术性的操作将会使得大量低学历、低技能的劳动者丧失就业机会。然而，危机中蕴藏着机会。时代的飞速发展要求劳动力素质不断提升，新兴业态必然会带来新的用工需求，这就需要整个劳动力市场以及劳动者个人能够明晰时代发展的需求和自身的职业规划，进而抓住时代的机遇，而不是成为技术变革中的被淘汰者。尤其是对各级地方政府来说，需要优化自身的营商环境，打造适用于新业态、新模式的制度环境，科学制定市场准入条件和机制，允许试错、宽容失败、探索容错监管模式，抓好此次经济风口，从而在激烈的市场竞争中发展壮大。

线上转移，实现线上线下双向融合。例如2020年疫情期间广受好评的武汉大学“云赏樱花”活动，既能满足人们观看樱花的需求，又能做到不接触、不聚集，实现了线下资源的线上运作。另外，今后博物馆、美术馆、剧院以及科技馆的云展览、云演出等，可充分利用技术的进步做到互联互通，实现固定资源的最大化利用，既能节省成本，又能为相关单位带来较为可观的经济收益以支撑其后续发展。这一新经济模式正是将现实中的真实场景和资源通过互联网搭建的广阔云上平台输出，使得人们能够足不出户享受到更多、更便捷、更低成本的服务，满足不同地区不同群体的相对均等化需求。近些年来不断发展壮大的智能交通工程也是在线新经济中的重要组成部分，手机支付、人脸识别、智能提醒等业务的开通为人们的日常出行带来了极大的便利，大大降低了城市交通运营的人为损耗，提升了人们出行过程中的幸福感和便捷度。整体而言，将线下活动转移到线上是一个数字化转型的过程，尤其是社会服务领域的数字经济新业态给人们的生活带来了极大的便利，而传统的制造业、服务业和实体商业更要抓住在线新经济的发展机遇，实现自身的转型升级。

在线新经济是基于疫情的影响而催生出来的新模式，用于解决无接触、封闭环境下的生产生活需求。例如远程办公，疫情期间以“钉钉”为代表的线上办公软件发展火热，此类技术模式在于通过增加线上办公的比重，使得员工可以规避因无法出门上班抑或是其他问题所带来的不便，利用弹性工时制度实现工作不因时间、空间的影响而有所耽搁，进而实现工作的有序推进，甚至获得更高的效率。又如，疫情期间广受好评的“无接触”配送，通过网上团购、拼单乃至小区组织集体购买等方式，打通线上线下的需求，做到足不出户就能衣食无忧，满足了特定情境下人们的生产生活需求。上海市甚至在疫情发生之初就召集人工智能企业为疫情防控提供新产品、新技术，从而满足突发事件下的应急需求。另外，网上超市、菜市场、课堂、医院等多样化应用场景的出现，解决了出行不便、成本高昂的问题，给老百姓带来了实实在在的好处，顺应了当前消费需求越来越个性化和定制化的趋向，极大地提升了供给的质量、丰富了供给的渠道。受疫情影响，经济发展速度变缓，企业主动寻求以数字化手段突破发展困境，打造新商机，推动各类资源高效匹配对接，借助搭建的平台和网络快速实现技术更新、模式推广与价值增值，进而带来了社会的创新和发展进步。

17.1.2 数字化生活的特征

17.1.2.1 生活工具数字化

数字化生活时代，现代信息技术和产品将成为极其重要的生活工具，人们将像享受空气、阳光、水一样享受数字化生活工具带来的舒适和便捷。

网络和数字产品将成为多数人的生活必需品。互联网不再是高校和科研院所的学者们使用的工具，电话不再是什么新鲜时尚的玩意儿，再高级的数字产品也不再是什么"身份的象征"，每个人都将生活在网络和数字产品包围的世界中。更重要的是，根据摩尔定律和梅特卡夫定律，随着技术的不断创新与广泛扩散，其应用成本将显著下降，而其价值则显著增加。

传统生活用品的技术与信息含量越来越高，成为每个人日常生活必不可少的信息终端。随着物联网技术在城市管理中的广泛应用，果皮箱、路灯、井盖、道路等城市生活的必备品都将拥有自己的"身份证"，不管哪里出现问题，在移动 GPS 定位系统的跟踪搜索下，有关部门就会在第一时间发现并当场解决。

17.1.2.2 生活方式数字化

在信息社会中，借助于数字化生活工具，每个人的工作、学习、消费、交往、娱乐等各种活动方式都将具有典型的数字化特征，数字家庭成为未来家庭的发展趋势。

工作会更加弹性化和自主化。人们在工作时间上不必再遵循朝九晚五的定律，在工作地点上可以为距家千里之外的公司服务，网络创业等新的就业方式的出现将使弱势群体获得更多的发展机会。

终身学习与随时随地学习成为可能。互联网的普及和网上内容的日益丰富使学习更加便利，各种新型多媒体网络技术的普及和应用使学习过程更加轻松愉快，"寓学于乐"将成为数字化生活时代学习的重要特征之一。

网络购物跻身主流消费方式。"用鼠标逛商店，省钱又方便"的理念将使网络消费成为大多数人的选择，网络购物成为一种休闲时尚。购买商品前去网络上获取信息已经成为很多人的习惯，网络团购的兴起与发展无疑将使人们享受到更多的实惠和新的购物体验。

人际交往范围与空间无限扩大。借助于无所不在的网络，"人与人像日常生活那样联系，凭感情、缘分、兴趣快速聚散"，社交网络的出现和广泛应用正在帮助人们广泛构建一个基于互联网的真实的人际关系网。2003 年社交网络服务（Social Network Service，SNS）在美国悄然兴起，仅 5 个月就风靡整个北美地区。根据 Enfodesk 易观智库对 2010 年第一、第二季度中国 SNS 市场的季度监测研究，2010 年上半年，中国 SNS

市场规模为4.89亿元。同比增长33.3%，环比增长19.4%。SNS的理性似乎正在回应着麦克卢汉早在20世纪60年代的预言：人类社会正在经历着“重新部落化”，最终整个世界变成一个新的“地球村”。

娱乐方式数字化。数字化生活时代，各种数字媒体可以实现声音、文字、图像的综合集成与共享，视频点播、互动游戏、在线娱乐等新的娱乐方式将成为越来越多人的选择。

数字家庭成为未来家庭的发展趋势。随着通信、计算机、消费电子和数字内容的不断融合，家居设备越来越智能化，人们可以便捷、实时地对其遥控，数字家庭成为未来家庭的发展趋势。当前，许多发达国家已经把数字家庭建设作为解决人口老龄化问题的重要途径，开发了面向老年人的特种服务，例如美国的Grand Grae护理检测系统、英国的电子保姆服务等。

17.1.2.3　生活内容数字化

数字化生活时代，人们工作、学习、消费和娱乐的内容也具有典型的数字化特征。工作内容以创造、处理和分配信息为主。在信息社会里，现代信息服务业将随着技术发展和创新应用而快速发展，传统产业中的信息量和技术含量也将显著提高，使得人们的工作内容发生显著的变化：越来越多人的工作将是大量生产和处理信息，正如工业时代人们大量生产工业产品一样；与此同时，信息处理工作在每个人工作中的占比和重要性都将大幅提高。

学习内容个性化。数字化生活时代，基于网络平台的资源共享使得人人都可能平等地获得优质的教育资源，每个人都可以根据自己的兴趣和需要，选择适合自己的内容进行学习；网络空间提供了海量的信息和知识，大大增加了个人接触多元文化的机会。

信息成为重要的消费内容。在信息社会里，人们对于工业产品的需求得到了极大的满足，消费信息将呈现爆炸性增长。对个人而言，信息成为个人能力提高、不可或缺的重要资源。

娱乐内容数字化。基于现代多媒体技术的家庭娱乐中心将整合音乐、电影、电视、游戏、互联网服务，数字娱乐将成为人们重要的生活内容。据美国电影协会发布的2021年全球娱乐数据，2021年，全球影院和家庭/移动娱乐总收入达到997亿美元，比2020年增长24%，超过了2019年创纪录的981亿美元。未来，随着数字技术的不断创新和广泛应用，数字化内容将成为多数人娱乐活动的首选。

对数字化生活的测度有三个标准：

（1）网络与信息的终端是否高度普及。

在信息社会，网络和信息终端成为生活必需品，因而衡量是否进入数字化生活的标准之一就是网络与信息终端的普及程度，包括互联网、计算机、移动电视等主要信息技术产品。与此同时，传统生活用品数字化改造成为一种趋势。

（2）公众随时都能以支付得起的价格享受数字化服务。

作为生活必需品，如果应用成本过高，远远超过人们的支付能力，就意味着将影响大多数人的生活质量。从实际情况来看，资费水平是影响普及率高低的重要因素。从全球发展趋势上看，近年来全球电信和互联网服务尤其是固定宽带的价格正在逐步下降。

（3）数字化应用渗透到生活的方方面面。

在数字化生活时代，人们的工作、学习、休闲娱乐等方方面面的活动都离不开网络与信息终端。各种易用、廉价、便携的网络和终端使人们可以随时“逛”商店、“看”医生乃至“周游”世界，生活质量大大提高。

借助于物联网，2010 年的上海世博会让很多人体会到了什么是智能生活。在“太空家园馆”，家里的所有电器、食物都是互联互通的，电冰箱会根据食物的温度判断工作环境，电烤箱会将烤好的食物送进保温箱等待主人回来食用。在城市上空，无人机在实时巡查，一旦有任何危险情况，就将信号传回城市管理中心，采取相应的应急管理措施。

17.2 数字化生活方式

17.2.1 新零售

效用是经济学中常用的概念之一。一般来说，效用是指消费者通过消费或者闲暇等使自己的需求、欲望得到满足的一种度量方式。经济学家用它来解释理性的消费者如何把有限的资源分配在能给他们带来最大满足的商品上。

理解新零售，需要重新回到上述判断经济活动价值的标准上。在市场经济条件下，我们用来判断经济活动的价值标准在于，最终接受某项商品或者服务的用户对这些商品或者服务的主观评价。这也就意味着，并非投入的成本或者服务决定商品的价值，只有这些商品和服务最终满足了使用者的需求，这一经济活动才能实现其价值，否则就是在摧毁价值，而不是为社会创造价值。因为这些资源可以投入到其他的生产领域中，去满足社会的其他需求。

在消费者收入较低的时候，消费者的需求结构相对单一，主要的需求是一些生活必需品，随着收入的增加，消费者的需求越来越多样化，且随时面临着变化。如何更好地满足消费者的需要，需要利用不同技术的比较优势。通过线上线下优势互补，能够更好地满足消费者的需求，实现经济活动的价值。

所谓新零售，就是以消费者体验为中心的数据驱动的泛零售形态。新零售的本质在于，无时无刻始终为消费者提供超出期望的“内容”。传统零售业希望以消费者体验为中心，但是实现这一目标的手段过于昂贵，对于少数价值极高的产品或者服务，比如私人飞机、定制跑车等，这类产品的生产者会花大量的时间和精力去了解客户需求，对于大众的产品，生产商没有办法做到如此。但是随着数字经济时代的到来，这样的目标正在变为现实。在新零售时代，了解消费者需求的成本降低了，随着人工智能的广泛应用，生产者可以更好地了解消费者的需求，这些汇集的信息也将帮助生产者更好地配置资源，生产出更加符合消费者需求的产品，减少不必要的物流成本。

新零售是在原有的线下实体门店销售或是线上网店运营的基础上，增加缺失部分，开展线上线下双线并行的零售服务渠道。通过该模式可以将线上流量引至线下销售实体店，有效地拓展了线下门店的服务市场。实体店作为服务体验中心，能够积极地为当地客户提供购物社群，交流商品和服务体验，能够充分宣传企业文化和商品品牌。通过线下选购还可以降低商品的运营成本，减少不必要的运营损耗。

随着人们生活水平的不断提高，客户在消费购物时除了产品质量外，也更加追求个性化、定制化服务。新零售模式则能够有效地利用各类科技手段提供多元化融合性服务，提高客户的体验感。例如，在零售实体店内提供多样化免费餐饮和休闲娱乐设备，丰富服务的体验内容，提高消费者服务过程中的多维度体验感，如此一来，能够使得消费者在消费购物的过程中不断提高对企业服务质量的认可感，提升企业品牌的市场影响力，获得消费者依赖度。

企业文化和品牌文化是公司在进行产品和服务销售过程中的重要营销措施。新零售模式在运营过程中也少不了通过热点社会新闻和感动人心的故事来提升品牌价值，提高消费者共鸣和对品牌的认可度，从而自觉地通过口碑营销，拉拢市场中的其他潜在客户。通过一定新颖的故事形成的消费者部落也会不断地扩大信息分享和传播的范围，有效地提高营销服务的影响力，提升品牌号召力，从而更加迅速地打开市场。

据高盛的 AI 产业调研报告预测，到 2025 年，人工智能零售业每年将节省 540 亿美元的成本，带来 410 亿美元的收入。京东商城副总裁于永利认为这是一个比较低水平的预估，未来人工智能给零售业带来的利润和收益不止如此。

新零售得以不断发展，有其必然的趋势。一是技术升级促使零售行业发生改变。以互联网爆发式发展、移动网络终端全面覆盖、云计算大数据时代等为代表的技术升级与零售业紧密结合，促使零售业向新的方向发展；二是消费升级带动线下体验改造。对于市场上同质化的产品和购物场景，消费者希望有更高品质、更个性化的购物体验，传统零售行业的销售模式已经无法满足现今消费者多样的购买需求；三是线下线上流量融合促进零售转型。

从我国零售业态变迁来看，零售行业发展经历了跨渠道—多渠道—全渠道的新零售模式。具体来说，互联网技术的飞速发展，让电商一跃成为零售业的重要载体，并一度抢占了传统零售大量份额。随着互联网红利的消退，O2O 模式开始兴起，引领零售新浪潮。

新零售的特征。新零售是以互联网为依托，运用大数据、人工智能等先进技术手段对商品的生产、流通与销售过程进行升级改造，进而重塑业态结构与生态圈，并对线上服务、线下体验以及现代物流进行深度融合的零售新模式，简单来说，新零售是线上、线下、物流三者的结合，新零售的“新”主要体现在以下几个方面。（1）渠道一体化。企业为了满足消费者任何时候、任何地点、任何方式购买的需求，采取实体渠道、电子商务渠道和移动电子商务渠道整合的方式销售商品或服务，带给顾客无差别的购买体验。（2）经营数字化。所有数字化战略中，顾客数字化是基础和前提。在新零售时代，当每个消费者都和自己的智能手机“绑定”时，谁能将顾客的所有支付偏好、消费路径、消费习惯、会员信息、储值信息等数据全部收集，并利用大数据整合能力，将数据进一步分析、整理，谁就能做到运营、营销、服务体验等方面的优化升级。门店智能化移动技术重构了人、货、场，对店铺提出了效率更高、成本更低、消费体验更好的要求。越来越多门店依托先进科技手段，定义了门店的多种元素，以更为个性化的方式为顾客提供更具吸引力的服务，吸引顾客进店消费。（3）物流智能化。新零售要求顾客可以全天候、全渠道、全时段都能买到商品，并能实现到店自提、同城配送、快递配送等，这就需要对接第三方智能物流体系，让新零售在“最后一公里”取胜，在“最后一公里”实现便民化服务。

新零售将最大限度地提升全社会流通零售业的运转效率，与传统零售业的区别主要体现在以下四个方面。

一是智能化技术打通虚拟与现实的各个环节，实现实体与虚拟深度融合，传统零售的人、货、场在物理空间和时间维度上取得了巨大的延展，消费者不受区域、时段、店面的限制，商品不受内容形式、种类和数量的限制，消费者体验和商品交付形式不受物理形态的限制。

二是消费者实时“在线”，品牌商与零售商以消费者为中心，利用数字技术随时捕捉全面全域信息感知消费需求，完成供需评估与即时互动，激发消费者的潜在消费需求，给消费者带来全渠道、全天候、无缝融合的消费体验和服务。

三是回归零售本质，零售企业的利润将主要来自商品和服务的增值，而不再是信息差利润。中国传统零售业在发展过程中以商业地产租金、联营扣点方式赚取高额利润的模式将不可持续，借助新技术和新资源降低成本，尽可能为消费者提供差异化的、满足个体需求和用户体验的商品及服务，才是零售发展的方向。

四是全球供应链数字化，流通路径由复杂向简单转变，供应链前端更加柔性灵活，数据化管理为实现库存最优化乃至“零库存”提供精细的决策支持。供应链后端形成快速高效经济的新仓配一体化，供应链、交易交付链、服务链三链融合。部分供应链中间职能产生转变和分化，成为新生态服务商。

过去的购物，人们主要停留在买卖；而今天的购物，还成了一种线下的生活方式，这对于线下的零售业生态也带来了巨大的变化。一边是单个门店的线下实体变得越来越少，未来还将会有更多的门店关闭；另一边却是越来越多的融超市、逛街、电影、亲子、餐饮等众多消费于一体的超级购物中心开始不断涌现。

人们在购物的同时还有娱乐餐饮等消费需求，综合一体的大型购物中心应运而生。会有越来越多的恋人、小家庭去这种购物中心共度周末，体验智慧的新生活。

随着消费的不断升级，品质消费、个性化消费开始崛起，越来越多的线下零售商店开始推出个性化、私人订制的商品：有的服装店可以根据顾客尺寸定制服装，有的蛋糕店可以根据顾客照片定制独一无二的蛋糕。

人工智能、大数据等新技术的应用，对于满足用户个性化需求起到了一种至关重要的作用。借助大数据能够实现对用户个性化需求的精准把握，而借助人工智能则能够实现对用户制定、个性化消费的精准推荐，也能打造出更多的个性化服务产品。

在新零售时代的影响下，越来越多的品牌生产商正在把线下门店作为自己的体验店，用户在线下体验之后可以直接通过线上平台消费。这种线下的体验店一方面能够树立生产商的品牌形象，让用户更加了解自己的产品，给产品起到一个很好的宣传作用；另一方面，也能够带动和刺激用户的需求。这样，无形之中对整个零售业产生了巨大的影响，生产商可以去掉批发商、零售商的环节，而直接把线下门店作为自己的直营体验店，把线上品牌作为产商直接连接消费者的预定平台，这样一来，批发商、零售商将会变得越来越少，直营体验店将会越来越多，零售供应链正在重构。

扩展阅读 17－1

珠宝行业新零售模式。以客户为中心，体验式、场景式消费。相比传统零售模式，新零售模式的核心是客户，从客户出发，用心做产品和服务，为客户提供更广范围内的体验式服务，实现消费场景化。就珠宝行业的发展来说，珠宝零售不再局限于客户挑选固定的商品，而是根据顾客需求提供定制化服务，以获得客户最大限度的满意。

通过新零售大数据的支持，可以分析每个品牌的主体客户群体是哪些，针对性地分析不同客户群体具有怎样的消费习惯、对不同的设计产品具有哪些喜好等，通过详尽地了解客户的需求、关注点，可以向消费者精准推送产品信息，使消费者更清晰地了解产品，满足顾客的消费需求，并以此为基准制定相关的运营及零售策略。

借助 VR 技术，可以使消费者随时随地试戴珠宝产品，让顾客在试戴过程中获得良好的体验感，实现消费场景化，将需求转化成购买行为。例如，Forevermark 永恒印记上海兴业太古汇旗舰店开启全渠道数字化新零售模式，消费者可以在品牌旗舰店体验购买，还可以通过线上平台在线选购商品、查询门店、预约到店试戴、在线咨询，体验个性化定制服务；线下旗舰店设置“魔指”互动展示台，消费者可以通过此平台欣赏和试戴产品，自主享受个性化、定制化服务；品牌微信平台为消费者及时推送品牌及潮流美钻作品资讯。实现线下实体门店、线上官方微信号、官网、社交媒体等多种渠道及零售服务系统实时与消费者互动，为消费者提供体验式消费。

资料来源：唐亚丽．珠宝虚拟试戴技术的应用前景及其影响［J］．科技创新导报，2018（15）：2.

17.2.2 无人驾驶

据联合国发布的《2018 年全球道路安全状况报告》显示，全球道路交通死亡人数持续上升，每年造成约 135 万人死亡。这些事故，绝大部分是人类自身因素造成的，“马路杀手”越来越多。未来人们的驾驶技术，将会像男耕女织时期操作缝纫机、做木工手艺活一样，逐步离开大众，成为专业技能和个人爱好。

无人驾驶汽车是一种智能汽车，也可称为“轮式移动机器人”，主要依靠车内以计算机系统为主的智能驾驶仪来实现自动驾驶。它一般是利用车载传感器来感知车周围的环境，并根据感知获得道路、车辆位置和障碍物信息，控制车辆的转向和速度，从而使车辆能够安全可靠地在路上行驶。无人驾驶汽车集自动控制、人工智能、视觉计算等众多技术于一体，是计算机科学、模式识别和智能控制技术高度发展的产物。

2016 年 10 月 20 日，特斯拉公司首席执行官马斯克在电话发布会中宣布，所有特斯拉新车将装配“具有全自动驾驶功能”的硬件系统。这套系统包含 8 个摄像机、12 个超声波传感器以及一个向前的探测雷达。摄像机将提供 360 度的视角，能识别的最远距离为 250 米。汽车的“眼睛”和“大脑”正在快速进化，眼观六路、耳听八方，计算能力远远超过了普通的计算机。

自动驾驶的发展也催生了众多高市值的新兴汽车企业。近日，相关的调研机构发布了《2022 年 4 月中国车企市值榜》。根据榜单信息，目前中国车企中，市值最高的公司是比亚迪，超过了 7 000 亿元人民币，且比亚迪的市值总体呈现上涨趋势，其旗下有很多新能源汽车品牌，是国内新能源汽车市场上最主要的厂商之一。

我们可以预计，随着数字经济的发展，无人驾驶技术将逐步被应用到社会交通的方方面面，从而帮助减少交通事故，降低死亡率。2016 年 1 月 16 日，在阿里研究院举办的“2016 新经济智库大会”上，阿里巴巴副总裁金建杭认为，若干年后会出现一部法规，人类是不能驾驶汽车的，驾驶汽车是一种非法行为，这一天可能很快就来了。

17.2.3 智慧物流

阿里巴巴研究院院长高红冰预测三大趋势将深刻影响物流发展：数据驱动的全供应链将会形成，物流机器人将会大量出现，任一社会单元都将成为社会化物流的组成部分。高红冰认为，数字经济会对供应链模式产生很大影响。数据驱动的全供应链，从上游原材料到生产环节，再到下游分销端全部数据化，必然会导致全产业链条的重新组合，原来的线性或树状供应链结构变成网状。过去商家生产商品后，通过经销商把商品推给消费者，现在可以形成 C2B，直接送到消费者家里。未来库存可能由原来的商家端推到经销端，然后进一步推送到消费者端，带来更多的商品存储。天风证券研究所 2017 年发布的《新零售深度报告》中指出，“数字化物流的效果也导致社会资源在全社会的配置，不管是快递人员、运输工具、分拣设施，还是数据化的系统或者商品，都会组合到社会化物流体系中”。

国家邮政局监测数据显示，2021 年全国快递服务企业业务量累计完成 1 083.0 亿件，而 2013 年该数字仅为 91.9 亿件，翻了 10 倍。同时，中国互联网络信息中心（CNNIC）数据显示，截至 2022 年 6 月，中国网络购物用户规模达 8.41 亿，占网民整体的 80%。阿里巴巴集团副总裁提到，历年完成 1 亿个包裹签收的时间不断缩短，也说明电商物流效率的提高，其适应电商交易体系的能力得到空前的提高。

电商仓配备货平均距离是在 100 ~ 500 千米，大幅拉近了自然平均交易距离。出于成本方面的考虑，电商交易需要更近的距离配货，商家和物流公司的仓库和备货地应尽可能分布在离消费者近的地方菜鸟门店。发货项目负责人李望中表示，很多货并不需要纯电商的仓库，可以从靠近消费者的实体店发货，这些实体店将成为未来物流配送、快递的一个前端支点。

目前物流业最大的平台型企业就是菜鸟网络，其核心目标是为电子商务企业、物流公司、仓储企业、第三方物流服务商等各类企业提供平台服务而不是自建物流或者成为物流公司。

菜鸟网络董事长童文红曾公开表示，物流就是聚合，规模发生反应。这是行业特性，不可违背的客观规律。一车货的运费一定比一件货的运费平均价格低廉。菜鸟搭建的是中国智慧物流骨干网络，这个网络给商家使用、舱配的服务商使用，如果快递公司需要也完全可以开放。

童文红认为，菜鸟的长处就是数据，不仅有客户、商家、消费者的数据，还有物流信息路由的数据。凭借这些数据，菜鸟做的是物流订单的聚合工作。

随着物流行业的飞速发展，也伴随着配送车辆每年上千亿元的能源消耗。针对物流行业的高能耗现状，在 2017 年全球智慧物流峰会上，菜鸟网络发布了一项代号为“ACE”的未来绿色智慧物流汽车计划。会上菜鸟网络总裁万霖表示，ACE 计划旨在实现配送员、车、仓库、城市末端的全智能绿色覆盖。据中国物流采购联合会的数据统计，2016 年，中国快递业已实现连续六年增长率超过 50%，日均 8 000 万个包裹，快递量达 312.8 亿件。2016 年中国社会物流总费用与 GDP 的比率为 14.9%，高于美国的 8%。物流车辆空驶率高达 30%，新能源汽车在目前市场占有率不足 2%。分析认为，随着劳动力成本的增高、快递物流业的劳动力供给制约，智能化升级时代将到来。

17.2.4 智慧医疗

智慧医疗源于国际商业机器有限公司（IBM）提出的“智慧地球”战略概念，包括智慧医疗、智慧城市等在内的六大领域。智慧医疗指的是以智能的方式来满足社会医疗卫生领域多方面的需求，从而保证患者或健康人群能在最合适的时间获得预防性、治疗性的医疗相关服务。“智慧医疗”是借助信息化技术，当患者或健康人群无论何时需要获得相应的医疗服务时，都应该能够容易、便捷地获取，而且对于每个个体而言，都应得到公平的、高质量的医疗卫生服务。只有达到这样的水平，才可以称为“智慧”的医疗。智慧医疗，目前尚没有完整的、准确的并且被社会公众所普遍接受的定义，大多是从技术角度去理解，由物联网、大数据、云计算、人工智能、传感技术等领域的发展使得人民群众的医疗行为方式和医疗工作者医疗服务手段发生变化，引起医疗数据的处理能力呈数量级增长且呈人工智能化。智慧医疗是数字化信息技术在医疗保健领域的全面应用，主要用于疾病的诊断、治疗、健康监测、预防以及疾病管理等方面。

智能医疗是通过打造健康档案区域医疗信息平台，利用最先进的物联网技术，实现患者与医务人员、医疗机构、医疗设备之间的互动，逐步达到信息化。在不久的将来，医疗行业将融入更多人工智慧、传感技术等高科技，使医疗服务走向真正意义的智能化，推动医疗事业的繁荣发展。

17.2.4.1 智能诊疗

据中国报告网发布的《2018 年中国人工智能行业市场分析报告》显示，在智能诊疗的应用中，IBM Watson 是最成熟的案例。IBM Watson 可以在 17 秒内阅读 3 469 本医学专著、248 000 篇论文、69 种治疗方案、61 540 次试验数据、106 000 份临床报告。2012 年 IBM Watson 通过了美国职业医师资格考试，并部署在美国多家医院提供辅助诊疗服务。目前 IBM Watson 提供诊治服务的病种包括乳腺癌、肺癌、结肠癌、前列腺癌、膀胱癌、卵巢癌、子宫癌等多种癌症。IBM Watson 的实质是融合了自然语言处理、认知技术、自动推理、机器学习、信息检索等技术，并给予假设认知和大规模的证据搜集、分析、评价的人工智能系统。

在国内，浙江德尚韵兴的科学家是超声甲状腺结节智能诊断算法的研发者。利用深度学习处理超声影像，同时加入旋转不变性等现代数学概念，这套算法可以对甲状腺 B 超快速扫描分析、圈出结节区域，并给出良性与恶性的判断，大大节省诊断时间。2017 年 3 月 29 日，阿里云在云栖大会·深圳峰会上发布 ET 医疗大脑，数据显示，人类医生的准确率为 60% ~70%，而当下算法的准确率已经达到 85%。目前，该算法现在被集成到 ET 医疗大脑当中，并在多家医院进行试点。比如，浙江大学附属第一医院就利用 ET 实现了甲状腺 B 超的快速分析，准确率比三甲医院高出 21%。人工智能通过计算机模拟，可以对药物活性、安全性和副作用进行预测。借助深度学习，人工智能已在心血管药、抗肿瘤药和常见传染病治疗药等多领域取得了新突破。

17.2.4.2 智能药物的研发

美国硅谷公司 Atomwise 通过 IBM 超级计算机，在分子结构数据库中筛选治疗方法，评估出 820 万种药物研发的候选化合物。2015 年，Atomwise 基于现有的候选药物，应用人工智能算法，在不到一天时间内就成功地寻找出能控制埃博拉病毒的两种候选药物。

2016 年，上海华山医院借助阿里云的计算能力，用数字化模型代替部分临床实验，以及模拟小白鼠的活体实验，用于加快特效药研发。同样是在 2016 年，华大基因、阿里云和安徽医科大学在深圳、杭州、合肥共同宣布，基于华大基因开发的新一代基因云计算平台 BGI Online，三方共同协作在 21 小时 47 分 12 秒内完成了 1 000 例人类全外显子组数据的分析，创造了基因数据分析的“深圳速度”。但在 40 年前，人类若想对埃希氏大肠杆菌进行全基因组测序，需要 1 000 年的时间。

17.2.4.3 医疗机器人

目前实践中的医疗机器人主要有两种：一是能够读取人体神经信号的可穿戴型机器人，也称为“智能外骨骼”；二是能够承担手术或医疗保健功能的机器人，以达芬奇外科手术系统为典型代表。腹腔镜手术是一类外科手术，在手术过程中将以长柄械通过小切口插入患者体内需要动手术的目标部位。与传统的开放式手术相比，腹腔镜手术能缩短恢复时间、痛苦小、粘连少，使病人在术后能拥有更高的生活质量。但是，手动腹腔镜手术存在很多局限，包括不能感知深度、对相机的控制不强、仪器尖端能自动转动的角度和空间有限、医生手术机械能活动的幅度也受局限。这些局限会导致外科医生在手术过程中要忍受不自然和痛苦的手术姿势，从而容易疲劳。

机器人辅助腹腔镜手术，如达芬奇系统，能让外科医生坐镇立体声控台，通过患者床边的机械手臂实现对内窥镜手术机械的远程控制。达芬奇系统由三个部分组成：外科医生主控制台、病人床边用于放置手术器械的手术推车和成像处理设备。该系统的三维可视化功能可提供深度感知，而其类似于手腕状关节的微型化手术器械提高了外科医生的灵活度和扩大了运动范围。该系统还通过减少手的抖动和把外科医生的动作经系统处理之后按比例提供给机械手臂来加强（对手术精度的）控制。相比医生手动的腹腔镜手术，符合人体工程学的仪表—手—眼结合和直观的器械动作还可以缩短外科医生的训练时间。

达芬奇外科手术系统要求在病人身体开多达 5 个小型（小于 1 厘米）的切口，用于插入两个手术机械手臂和一个摄像头。放置在病人床边的配套推车将手术器械移动到病人身边，病人床边会有外科手术助手。与此同时，医生可以坐到房间的控制台来操作系统，其所见和感受与开放式手术是相同的。外科医生通过对主控装置（用于将外科医生的动作翻译并传递给机械手臂）进行操纵来进行手术，其用手抓住显示屏下方的主控装置，手腕相对其眼睛自然地动作。外科医生对主控装置的动作被转换成在患者体内进行的精确的、实时的机械手臂动作。通过外科医生的手腕、手和手指的运动来控制主刀的机械手臂，这和典型的开放式手术是一样的。此外，该系统还有一系列全套的 EndoWrist 手术器械可供选择。这些手术器械可以做 7 度角的旋转，超出了人类手腕的灵巧度。每一类手术器械都有特定的作用，如用于夹紧、缝合手术和组织处理。

病人旁边的推车用于容纳两个机器人手臂和一个内窥镜手臂，它们用来复制外科医生的动作。腹腔镜手臂以手术部位作为支撑，不用依靠患者的体腔壁，这样就把对组织和神经的损伤降到了最低程度。外科医生的助手们负责安置好合适的手术器械，在患者身上准备合适的切口，并监管腹腔镜机械手臂和正在使用的工具。

17.2.4.4 智慧医疗的作用

“智慧医疗”借助信息化技术，当患者或健康人群无论何时需要获得相应的医疗服务时，都应该能够容易、便捷地获取，而且对于每个个体而言，都应得到公平的、高质量的医疗卫生服务。

（1）智慧配置医疗资源。智慧医疗同时也包括科学的医疗卫生资源配置，现在的三级甲等医院（简称“三甲医院”）大多数都集科研、教学、医疗于一体；每个医院的工作内容同质化严重，随着医疗技术不断更新，医疗设备的不断进步，大多数医院都能完成常见疾病的医疗诊治。但是由于对顶尖三甲医院的崇拜，大多数常见病、多发病的患者仍涌入三甲医院进行就诊，造成基层医院等医疗资源利用度不够，三甲医院不堪重负，医疗资源不能妥善均衡。智慧医疗则可以通过大数据平台，使患者能够知晓周围医疗资源配置，引导普通常见疾病患者就近前往医疗机构进行救治，充分利用基层医疗资源，使得有限的医疗卫生资源在不同医院、不同地区和人群之间得到更合理的配置，为公众提供更加高效、公平、便捷的医疗卫生健康服务。

（2）智慧共享患者人群就诊信息。智慧医疗在医疗保健、医疗转诊、医疗保障体系等方面发挥着重要的作用。很多患者为了得到更好的诊治，在不同医院进行就诊，往往需要进行很多的重复检查，不仅增加了患者的经济负担，也拖延了患者获得诊疗的时间。而通过智慧医疗，可以安全地将患者就诊的电子医疗记录、检查检验资料、使用治疗药物的相关信息等传送给异地的医疗机构和医护人员，从而避免一些重复的检查，改进了医院的管理模式，提高了医疗资源的使用率，更有效地为广大患者进行服务。

（3）智慧优化门诊流程管理。门诊是患者在医疗机构中发生医疗行为频率最高的地点，也是目前人民群众整体满意度较低的就医环节，主要体现在患者挂号排队时间长、候诊等待时间久、缴费取药速度慢和就诊过程时间短。智慧医疗在门诊的应用主要体现在优化门诊流程管理、优化门诊信息系统等方面。优化门诊流程管理的方法有：①改变传统挂号方式；②规范医生门诊病历电子化书写、门诊电子处方的统一，简化患者的就医流程；③施行门诊就医一卡通，一卡进行挂号、就诊、检查及缴费治疗等医疗行为。

17.3　数字化消费

17.3.1　数字化消费概述

数字化消费的内涵。数字化消费，顾名思义，就是消费者的消费行为是基于互联网、移动互联网设备完成的一种经济活动，其中涉及货币性消费活动和非货币性活动两种形式。货币性消费活动比较普遍，例如淘宝、京东、拼多多等网络购物活动，而非货币性消费则主要是时间精力和生命的消费，例如微信、微博、今日头条等聊天社交平台活动。

信息化时代下，数字消费的特点主要是快捷性、边际效益递增、可持续性以及直接性。第一，快捷性特点。网络平台是数字化消费的重要基础，网络的出现和发展缩小了世界的时空差距，一方面，网络的存在消除了空间差距引发的障碍，在整个空间上世界形成一个整体。另一方面，互联网在时间上也有所突破，使得可在第一时间对接收到的信息进行处理，且能够根据市场变化来对信息进行处理。第二，边际效益递增性特点。在产品生产规模发生变化的时候，边际效益也会发生相应的变化。经济学的原理是收益递减规律，这种规律适用于各类产品，哪怕当生产数量变为唯一变量的时候生产的产品收益也会随着要素的投入呈现出从上升至下降的趋势。但是经网络集中的数字化消费呈现一种边际收益递增特点，主要原因包括以下几种：网络成本包括网络建设、信息处理和功能呈现等诸多内容，这些成本呈现出递减的趋势，但是边际成本的递减会比较缓慢，最终为经济决策者提供更有利的信息资源。在信息传递和使用的过程中还会使得数字化消费呈现出边际收益不断增加的发展趋势。第三，数字化消费具有可持续性特征。数字化消费兼具网络经济和知识经济的共同特征，信息和知识是其重要支撑。对于一般的实物商品来说，个体对商品的所有随着商品的出手而消失，也就是说，一旦实物商品进行了交易，出售者就失去了实物。但是，对于数字化消费来说，个体对信息和知识的所有并不会因交易而消失，而是形成一种共享关系。同时，数字化消费的主要支撑资源——知识和信息在知识生产过程中零消耗，这就更加促进了资源共享。知识和信息生产过程中零消耗的特点有效避免了传统工业生产中过度消耗能源和有形资源，从而实现经济的可持续发展。第四，数字化消费的直接性。数字化消费省略了传统消费模式中的中间商，简化了消费流程，生产者和消费者借助互联网平台直接进行交易。第五，数字化消费的方式有两种。既包含需要支付费用的货币性消费，例如在网上购物时需要支付费用，还包括非货币性消费，例如免费观看视频等。

与数字化消费相比，传统消费有一些不足。传统消费中渠道多级，信息流、资本流和物流等都要经过中间环节，消费者和生产者不能直接沟通，这样消费者在消费时不仅耗时费力，同时中间环节增加了消费的成本。传统消费中缺乏消费者的信息收集平台，同时消费者的信息价值得不到应有的发挥。而在数字化消费中，供应商通过对消费者的信息进行收集、汇总和大数据分析等工作来确定消费者类型、购物习惯、购物标准等，以此锁定消费者，定期向其推送迎合消费者兴趣的产品信息，刺激消费。传统消费过程中，消费者从众心理特征明显，盲目攀比成为其消费的主要动机，缺乏个性化消费，同时，传统消费中消费者缺乏理性消费的思考，常常冲动消费。这样不仅不能刺激创新性生产，也不是良好的消费习惯。传统消费中消费者的行为是相互独立的，缺乏消费群体内部影响机制。一方面，一个消费者的消费行为不能对另外消费者的消费行为带来任何影响；另一方面，因为消费者行为之间的独立性，不能组成消费群体的联合力量，因此，消费者对消费品或者服务的意见不能引起生产者的注意，或者不能激发生产者改善商品和服务的质量的行为，传统消费中消费者一直处于被动的位置。传统消费市场中，生产者的竞争方式单一，经常单纯地选取价格竞争的方式，为吸引更多的消费者，生产者不断降价促销、增加广告，以增加本身的成本来增加竞争力，这种恶性竞争方式终将不能持久。

数字化消费者是指借助互联网平台进行消费行为的消费群体。从实际操作上来看，数字化消费者具备以下几个方面的特点：第一，注重自我。当前网络用户大多以年轻、高学历的用户为主要群体，这些群体往往拥有不同的喜好和思想，对待消费也有着自己独特的看法。根据网络群体的这些特点，数字化消费的存在和发展需要满足不同网络群体的消费需求，尊重用户的想法和意见来进行网络产品的生产，从而为数字化产品吸引更多的消费者。第二，头脑冷静，擅长理性分析。网络用户大多是年轻人，在消费的时候往往不会受到网络舆论的影响，对待各类产品宣传拥有较强的分析判断能力。为此，在数字化消费的今天，网络营销企业需要结合数字化网络消费的特点来对其进行管理。第三，对新鲜事物有着较强的追求。数字化消费群体的兴趣爱好十分广泛，不管是对新闻还是网络娱乐等都有着自己浓厚的兴趣，对未知的领域具备较强的好奇心。第四，好胜心强，缺乏耐心。数字化消费群体大多是年轻人，在选择购物的时候他们往往缺乏耐心，在搜索信息的时候往往十分注重信息收集所花费的时间，如果信息搜索需要较多的时间则会离开搜索。

消费数字化是数字经济的终点，又是新一轮数字经济的起点。数字化消费是指依托互联网和数字技术，以“数据消费”为驱动力来满足人们各种需要的过程。从实践层面来看，消费的数字化转型主要表现在形式、内容、模式和思维四个方面，由表及里，逐步深入，其中，数据思维的形成是消费数字化的隐形层面。从理论层面来看，首先，消费数字化的本质是数字资本逐利性对消费转型的驱使，同时消费的数字化提升了消费效率，反过来加速了数字资本的积累，也就是数字经济与消费数字化相互促进。其次，消费数字化其实是消费升级的重要表现形式，消费数字化的直接原因就是数字经济的影响，数字经济主要通过加快生产阶段的数字化和智能化、降低交易成本并创造新的消费需求、加快居民消费理念及消费行为转变等对消费市场产生影响，这些影响通过消费结果和方式的升级、消费业态和群体的扩充以及城乡消费市场差距的缩小表现出来。此外，还有学者指出高端消费的回流也推动了消费的数字化升级，海外高端消费回流推动国内规模化消费升级，消费升级又进一步决定产业升级的方向，在数字经济的背景下，消费和产业升级的一致性就表现为数字化和智能化。① 不可忽视的是，消费数字化还会带来消费的异化，集中表现为消费被外在因素所控制，消费数字化让在线消费走向大众化，花样广告营销不断增多，人们的不合理消费理念被放大，容易在外在因素的影响下进行一些不必要的消费，产生冲动消费的行为。

根据目前中国数字化消费的现状及特征，未来中国数字化消费将向以下方向发展。数字化消费向高品质倾斜。目前中国消费者追求品质生活，消费时更加注重务实和产品质量，并且，随着中国国民消费水平的不断提高，城市化进程的不断加快，注重品质消费的消费者人群也将越来越多，必将引发一场消费品市场的品质变革，消费升级仍将继续。市场在生产时要充分考虑消费者的需求，做到生产、消费的完美对接。数字化消费市场要满足消费者的需求，必将在现有的基础上提升用户体验感、优化产品质量，向更高的品质方向发展。数字化消费市场必须向产品多样化、服务丰富化方向发展，同时注重不断创新，品牌要不断寻找新的亮点吸引并能持续抓住年轻消费者。数字化消费渠道将顺应中产阶级偏好。目前，在全部数字化消费者群体中，中产阶级占绝大部分，中产阶级的消费特点是关注服务体验、追求方便、不想在购物上花费太多时间，未来中等收入的群体仍将是促进中国数字化消费市场快速发展的驱动力，为迎合中产阶级的消费偏好，未来中国数字化消费市场将在现有的基础上提升客户亲身体验服务标准，设置更多的线下体验店，简化购物流程，为缩短购物时间会提供智能化向导，提供售后退货、换货服务，在无纸化、网络化、数字化方面优化财务互动功能。未来中国的数字化消费将会呈现产品和服务更加优质、过程更加简化顺畅、线上线下充分结合的局面，同时，数字化消费会深入传统行业的各个方面，届时，消费即数字化消费。

17.3.2 数字化消费形式

消费方式从银货两讫转向在线交易。随着数字经济时代的物流、移动支付、网络平台、区块链等多重因素的逐渐成熟，人们可以使用 PC 客户端和移动客户端进行在线消费。在线消费不受时间和空间的限制，可实现全天候跨区域消费，商品信息量丰富，操作简单便捷。目前，网购已成为人们生活的“必需品”，实体店则成为消费的起点而非

---

① 刘红红．产业数字化转型对消费结构优化的影响——消费回流的中间效应［J］．商业经济研究，2022（12）：52 – 55.

终点。

从PC时代到移动时代再到社交移动时代，从“人找货”到“货找人”的转变。随着互联网全覆盖、网络资费降低及智能移动终端的普及，在线用户数量不断上升。据工信部统计，截至2019年10月，我国4G用户规模为12.69亿户，2019年第二季度实现移动支付业务237.34亿笔，网络购物跃升为消费的主要渠道，成为现代智能生活的重要组成部分。在线消费方式完成了从单一购物App向“社交+电商”等多场景交互发展的转变，推出了拼团购、秒杀购、砍价购等多样化营销方式。在多组合商业模式下，网络购物呈现性价比高、便利快捷、不受时空限制等远优于实体购物的特点，深得广大消费者喜爱，在对碎片化和个人自由时间的消耗与占领中强化人们对于网购的依赖性。社交电商就是要实现社交与购物的深度融合，充分利用消费者的消费分享欲，促使电商发展内涵化、社交化，将电商融入社交，增强用户粘性，在社交裂变中将消费者变成“分销商”。同时，微信小程序、软文营销、QQ空间、朋友圈的广告植入、直播购物等，涉及各种领域、涵盖多个年龄群体，层出不穷的购物样式把人们的购物欲、好奇心充分调动起来，使用户从认识网购到习惯网购再到依赖网购。这正是数字资本逐利性推动的结果，让人们把在线消费从选择性行为变成习惯性行为。网络为消费者购物提供了丰富、及时、准确、灵活的商品和服务信息，可以大大减少他们购物所花费的时间、体力和精力，还能够提供24小时在家购物等便利。这一因素可细化为：网上购物节约时间、网上购物提高效率、网站有用。有研究表明，消费者网上购物的首要因素是方便和节约时间。[①] 网上购物方便是指个体相信网上购物不用付出很多的努力。方便的订购程序、清晰易懂的交易界面、简便的付款手续、及时地送货、便捷的退货程序以及与零售商联系的便利性等都属于网上购物方便的范畴。这一因素可细化为：网上供应商联系方便、网上订单撤销方便、网上订购程序简单和网上购物程序容易掌握等指标。

第三方支付是指在商品和金融交易双方之外，由第三方支付机构完成资金的监管、托管和资金的划付。像国际支付宝、PayPal等为跨境电商提供各种跨境支付业务的平台，就大幅提高了中小企业的资金回笼速度。第三方支付的特点是方便快捷、交易成本低，第三方支付企业作为独立于银行与商家、消费者的外部机构，不仅仅汇集了数以万计的小商户和上亿的消费者，而且与我国各大银行都达成协议，将各银行的支付方式整合在一起，可以在一个界面完成多家银行的支付结算。第三方支付服务平台将各支付终端汇集到同一页面，使用户可以在一个App上实现多项操作，并且完成交易支付。目前，我国发展较快的第三方支付服务平台有支付宝、财付通等。以支付宝为例，它一直在不断地进行自身功能升级，从过去只是简单地帮助买卖双方完成在线交易，到目前能够提供各种各样的服务，例如基金股票交易、各种生活缴费、娱乐活动及交通出行支付，另外与基金公司合作推出“余额宝”功能，将货币基金（余额宝）这一理财产品

① 倩倩．网络消费者购买意愿影响因素实证研究［J］．商业经济研究，2019（7）：55－58.

与支付宝这一支付产品更为紧密地结合，不仅能够充当电子钱包，而且能够为用户带来一定收益。由此可见，第三方支付平台为人们日常活动提供了更加简单的操作方式，提升了用户的生活幸福感。第三方支付平台的建立一般是基于一些大型门户网站，并且与多家银行达成合作协议，因此大多数具有较高的信用度。另外，第三方支付平台作为独立第三方，在买方和卖方间有很高的公信度，一旦买卖双方在交易过程中出现问题，第三方支付平台会保持中立态度，保护双方的权益，公平合理、不偏不倚地处理双方分歧，最大限度地维护双方的合法权益。第三方支付很大程度上解决了欺诈交易、货物质量纠纷及买家合理范围的退换货等问题。另外，利用第三方支付完成支付的银行可以利用其记录的交易信息为可能发生的交易纠纷提供可靠的证据，有一定的约束和监督功能。

17.3.3 数字化消费内容

消费内容从物质性消费转向物质性消费与非物质性消费并重。人们的在线消费不只是对衣食住行等物质性需求的满足，对于精神层面的需求也愈加重视，非物质性消费的增长趋势显著，这与当今时代人们对于“美好生活的需要”相契合。随着 App 和小程序的成熟运营，网络游戏、旅游教育、音乐视频等内容的在线消费人数呈现裂变式增长趋势，数据成为人们的主要消费对象，消费内容的数字化乃至人类生活的数字化成为社会的发展趋势。

随着收入的增加，传统的衣食住行中物质化内容的比例逐渐降低，人们消费中非物质类的商品越来越多。例如，以互联网为载体的视频、图片、音频和文字等成为人民越来越重视的精神享受内容。马克思在讨论劳动力价值时提到劳动力生产和再生产过程，既是劳动力恢复的过程，也是新的劳动力形成过程，故劳动力价值包括：维持劳动者自身正常生活状况所必需的生活资料的价值；维持劳动者家属子女即劳动力的接替者所必需的生活资料价值；劳动力的教育与培训费用。劳动力价值的决定，还包括历史和道德的要素。在马克思所处的时代，劳动力价值的内容主要以物质内容为主，而在数字经济时代，劳动力价值中精神层面的内容越来越多。随着互联网、人工智能、大数据和云计算等新技术的发展，消费内容越来越虚拟化。例如，网上娱乐、通信视频、数字教育、社区论坛等均是在网络虚拟空间等完成的。人们可以购买虚拟产品或信息产品来满足自己的各种需求。商品的虚拟化，使得人们的消费模式也发生了改变，网络空间成为人们获得虚拟消费商品的新场所，虚拟商品的需求规模不断扩大。

消费数字化其实是消费升级的重要表现形式，消费数字化的直接原因就是数字经济的影响，数字经济主要通过加快生产阶段的数字化和智能化、降低交易成本并创造新的消费需求、加快居民消费理念及消费行为转变等对消费市场产生影响。随着我国经济由快速增长阶段转向高质量发展阶段，各个产业的转型发展也正式步入正轨，产业的高质量发展之路成为理论研究的热点。

17.3.3.1　数字化消费对旅游业发展的作用

近年来，旅游业得到了快速发展，随着旅游需求的转变，旅游产品逐渐走向高端化、体验化、定制化，旅游逐渐成为人民生活中的必需品，成为满足人民美好生活的重要途径，在这一背景下，旅游业也走向了高质量发展的转型。消费数字化通过有效扩大旅游消费规模促进旅游高质量发展。

第一，一方面，旅游消费一般具有异地性，旅游者难以在旅游前对旅游产品的质量进行准确判断，而消费数字化具有一定的预见性，它可以通过数字技术将旅游目的地的风土人情、特色服务等在网络上充分展现，减少消费风险，刺激旅游消费，进一步扩大内需；另一方面，消费数字化具有一定的集约性，它提高了旅游商品的营销效能，提升了旅游消费的便利性和自主性，能够增强旅游产品的知名度，促进了消费频度和总量增长，产生了规模经济效应。

第二，消费数字化通过反推旅游生产效率提升促进旅游高质量发展。消费数字化的发展能够反向推进生产数字化的加深，为适应旅游者的数字化消费趋势，旅游产品提供者会不断提升自己的数字化经营和管理水平，数字化要素的不断加入又能够通过改善要素流通和匹配效率、加剧竞争、推动旅游产业结构升级、改变传统生产模式等途径提高要素配置效率和生产效率。同时，满足旅游消费动机的新奇特异需求必须进行差异化生产与个性化开发，消费数字化能够进行精准营销与生产，减少空置率，提高生产与消费的适配度，最终帮助实现旅游产业的高质量发展。

第三，消费数字化通过升级旅游产品质量促进旅游高质量发展。数字经济与旅游产品和服务的深度结合，有助于促进旅游业发展质量的提升，餐饮、交通等旅游企业引入智能设备，进行旅游设施和服务的智慧化升级，这既能够满足消费者对时尚化追求的消费理念，也可以有效提升旅游便利性和旅游体验感，对游客旅游质量感知的提升至关重要。同时，数字化技术的应用还可以通过加强对产品生产过程的监督，加快产品使用反馈的速度，促进产品升级换代来提高旅游产品质量，有效减少消费陷阱，使消费者获得更多的诚信保障。

第四，消费数字化通过加快产业创新促进旅游高质量发展。数字经济发展能够通过缓解融资约束、提升创新能力、降低创新风险等途径促进技术创新。旅游具有跨界性特点，产业链长、边界清晰度低，产业融合度的提高是旅游高质量发展的重要推动力，消费数字化带动了数字化技术的应用，这正是当前产品创新、业态创新、商业模式创新的重要方式之一，也是加快旅游产业与其他产业融合创新的重要连接点。随着数字化应用的迅速扩大，我国消费数字化趋势已经形成。而数字化对文旅产业的产业组织、产业结构、产业发展方向等特征的影响逐步显现，并且已经出现了加速化趋势。在这一背景下，研究消费数字化对旅游高质量发展的影响是十分必要的。

17.3.3.2　精神产品的数字化消费

精神产品主要是指劳动者在科学、技术、教育、文化、卫生、体育，以及信息、咨询、中介服务等领域以脑力劳动为主所提供的智力成果。按照马克思的观点，精神产品可分为两类：一是精神劳动创造的精神内容被嵌入物质载体中的产品，可称为有形产品，如书画、光盘；二是精神劳动不与物质形式相联系的精神产品，称为无形产品，如现场音乐会、戏剧、电影等。这种分类过于笼统，因为人类的任何产品，都是人类劳动的现实产物，就必然要由两个基本要素构成：一是精神内容，二是物质形式。

精神内容是产品中凝结的思想、情感和技巧，而物质形式是产品中能够被人们的感官所直接感知的物质载体，两者是不可分的。数字化精神产品是以比特的形式存在于互联网的精神产品。数字化精神产品综合了数字化的文本、资料、视听内容等多媒体服务，通过数字化终端或互联网传送、销售或发行，如电子书籍、以 MP3 文件存在的音乐、新闻、游戏、软件或者在线销售的研究报告等。

数字化精神产品的主要内容是数字内容产品，主要由两部分组成：一部分是由传统的精神产品通过数字化技术转化而来，如在线音乐、杂志、报纸等；另一部分直接产生于互联网平台，如网络游戏、在线聊天等。由于数字内容产业是内容产业、通讯产业和信息产业三大产业融合的结果，因此具有产业边界模糊的特性，随着信息技术的发展，新的内容必然不断出现。网络游戏是典型的数字化精神产品。目前，游戏和动漫产业是数字内容产业中最具产业潜质而倍受世界关注的明星产业，也是世界经济发展的重要组成部分，在欧洲、美国、韩国、日本等国家和地区，游戏与动漫产业已成为本国文化支柱产业之一。

扩展阅读 17 –2

自 2013 年起，我国已连续 8 年成为全球最大的网络零售市场。根据中国互联网络信息中心第 47 次《中国互联网络发展状况统计报告》显示，2020 年，我国网上零售额达 11.76 万亿元，较 2019 年增长 10.9%；其中，实物商品网上零售额为 9.76 万亿元，占社会消费品零售总额的 24.9%。以“互联网 +”为代表的数字消费更好地促进了国内消费，有利于加快形成国内大循环为主体，国内国际双循环相互促进的新发展格局。另外，随着互联网及信息技术手段与传统金融服务业态的有机结合，网上支付、移动支付、网上银行、金融服务外包以及网上借贷、网上保险、网上基金等数字金融服务相继出现。同时，随着数字经济的快速发展以及数字金融的广泛普及，诸多新的消费场景不断涌现，如电商直播、“云购物”、在线教育、在线医疗、智慧旅游等。

疫情防控期间，人们普遍居家隔离，线上服务需求爆发式增长，线上办公、在线游戏、线上教育培训等行业需求激增。同时，发展数字经济成为各国促进经济尽快恢复的一项关键性举措。在此契机之下，网上购物、电子消费迅速发展，推动了数字消费模式转型升级。数字消费不仅改变了人们的生活方式，同时逐渐改变着居民的消费模式。消费模式由以广播、电视等传统消费方式到如今以网络购物、网上支付为载体的现代服务方式，逐渐由实向虚，虚实并存。伴随着消费模式的转变，数字经济也推动居民消费习惯的优化。数字技术的普及和发展，为广大消费者提供了各种丰富的信息资源，提高了信息对称性，方便了城市居民的工作和生活，满足了个人全面健康发展的需求，推动了城市居民的消费结构由以往传统的以物质性消费为主逐步向物质性与非物质性消费并重转变，在某种程度上使得我国居民的恩格尔系数下降。居民的消费开始逐渐重视对精神财富的追求，这体现了我国居民生活水平的提高以及消费结构的优化。同时，数字金融的普及和规范化及法治化发展，利于中低收入家庭降低生产和生活成本，对生活相关的基础性消费具有显著的促进作用。

资料来源：刘杰．新冠疫情影响下我国实体零售的数字化转型及协同发展［J］．商业经济研究，2021（2）：25－28.

17.3.4 数字化消费模式

消费模式从单一化走向多元化。消费不再是直接的买卖，而是对消费过程进行内涵赋值，将消费与社交、兴趣、娱乐等多场景相连接，捕捉动态场景切换中的消费需求，实行精细化经营模式。

新型消费主要包括以下三大类别的新模式：第一类是“互联网＋服务”新业态，如在线教育、互联网健康医疗服务、在线文化娱乐、智慧休闲旅游、智慧广播电视、智能体育运动、在线健身等各种新业态；第二类是各种类型的共享经济和平台经济等新业态，如网约车、共享单车、共享住宿、外卖配送等新业态；第三类是无接触式的消费模式，如智慧超市、智慧餐厅等新型零售业态。新型消费也并非一个已经发展成熟或已定型的消费形态，随着新数字技术的加快发展，将来可能还会出现更多新的消费业态和消费模式。尽管如此，这些新的消费形态有一个共同的前提，那就是它们的存在与发展离开新的数字技术。

17.3.4.1 “互联网＋服务”新业态

“互联网＋新业态”是指在互联网技术的基础上，推出的一系列新的商业模式和业务形态，改变了传统的商业运作方式，促进了经济的发展和创新。“互联网＋服务”新业态的优势在于，它可以提高服务质量、提升服务效率、降低服务成本、创新服务模式，推动服务业转型升级，促进服务业与实体经济深度融合，从而推动经济发展。以五种“互联网＋新业态”的应用场景为例详细介绍其特点，一是O2O模式，即“线上到线下”，是互联网＋新业态中最具代表性的商业模式之一。它通过互联网平台实现线上和线下的有机结合，消费者可以在线上查找信息，下单购买，再在线下实现交易和消费。O2O 模式广泛应用于餐饮、零售、出行等领域，如美团外卖、饿了么等。二是 P2P 模式，即点对点，是一种无中介的金融交易模式，通过互联网平台实现借贷交易，使投资者和借款者可以直接交易，避免了传统金融机构的高额利率和费用。P2P 模式主要应用于个人贷款、小额融资等领域，如拍拍贷、人人贷等。三是社交电商模式，社交电商是一种结合社交媒体和电子商务的模式，将社交关系和消费行为紧密结合在一起，促进社交化购物。在社交电商平台上，用户可以分享商品、评论、点赞、追踪等，同时购买商品。社交电商模式主要应用于时尚美妆、母婴用品等领域，如小红书、蘑菇街等。四是车联网模式，车联网是指利用互联网技术将车辆与互联网相连，实现车辆之间、车辆与交通基础设施之间的互联互通。车联网模式应用于汽车行业，可以实现车辆智能驾驶、智能交通、智能服务等。如特斯拉的 Autopilot、百度的 Apollo 等。五是区块链模式，区块链是一种去中心化、安全可信的分布式数据库技术，通过多个节点共同验证交易信息的真实性和合法性，实现无须信任第三方的安全交易。区块链技术广泛应用于金融、物流、溯源等领域，如比特币、以太坊等。

17.3.4.2 共享经济和平台经济等新业态

所谓共享经济，是指利用互联网等现代信息技术，以使用权分享为主要特征，整合海量、分散化资源，满足多样化需求的经济活动总和。共享经济主要包括公众（个人、企业和政府等）、闲置资源（资金、实物、无形资产、知识和经验等）、通过互联网技术实现的社会化平台和收益四个要素。共享经济的出现刺激了经济发展，给人们生活带来了更多体验。

以网约车为例，网约车又称网络预约出租汽车，一开始出现在美国的街头，是基于互联网技术发展而来的智能交通出行解决方案，依托于高效的互联网平台，提供准确的信息服务，能够大大节省人们出行的成本，盘活社会闲置资源，对提高交通出行的效率意义重大。网约车是共享经济发展的典型代表，依托于高效的移动互联网技术平台，整合交通出行的供需矛盾，满足了人们对于出行个性化、多样化选择的需求。

17.3.4.3 无接触式的消费模式

与传统的消费模式相比，移动互联网时代打破了原有的时间和空间限制，消费者不需要亲自去实体店，他们可以通过移动终端，利用二维码扫描或者 App 获取浏览、挑选、比价、下单以及售后等一系列服务。又因为移动互联网具有碎片化特征，消费者的购买过程不像传统的立即购买，往往是不连续的。消费者还可以在第一时间得到来自世界各地不同消费者的信息，因此他们可以相互进行沟通互动，进而影响消费决策。

线上购物是指通过互联网查找商品信息，然后在电子交易系统上填写个人订单，再通过电子交易平台将订单发送到店家，店家接到订单后按照订单选购的商品通过邮政或者快递将商品寄送到消费者手上的买卖行为。因为快捷性和便利性的特点，线上购物受到广大消费者的追捧，尤其是随着中国网民数量的增加，线上购物的人也越来越多，其中青少年网民数量增长迅猛，线上购物的方式尤受他们的喜爱。并且，与传统的购物模式有很大的不同，传统的购物模式是一手交钱一手交货，而线上购物模式存在着货物的滞后，货物需要通过物流公司运输才能到达消费者手中，且消费者所付出的资金先保存在购物平台，等完成货物的运输且消费者确认收货后平台才会把资金转存给商家。线上购物相比于传统的交易模式还有一个很大的优势在于，线上购物一般会提供更加完善的售后保障。作为消费者，售后的完善程度会在很大程度上影响消费者的购物决策。在现有的几个购物平台中，所提供的售后服务一般有七天无理由退换货等，且很多商家在提供退换货的同时还提供退换货的运费险。这些完善的售后服务是传统的消费购物模式没有办法比拟的。

以近几年兴起的拼多多为例。拼多多是类似于淘宝、京东的电商平台，商家在平台上发布自己所卖的商品，买家通过平台搜索出自己心仪的产品，随后在线上进行交易。这样一来，传统产品就进行了数字化转型，从原来的一手交钱一手交货转变成现在的在网上进行交易，货物可以从一个地方快递到另一个地方，钱也先打入平台账户，交易跨越了时间和空间的维度。而拼多多与其他几个电商最大的不同在于，在淘宝、京东上的购物都是自己一个人，不与人交流，也不存在互动环节，而拼多多发明了一个拼团模式，加强了人与人之间的交流，还给消费提供了优惠。消费者既可以选择拼团模式享受优惠，也可以单独购买，保护消费者的隐私。

数字经济时代，数据产业化创造了新消费内容。数字产业化即通过数据储备、数据挖掘和数据可视化等技术，对数字实现管理、开发和利用，形成数据产品，例如网络操作、广告推送、大数据营销、搜索服务、数据定价和交易等。数据产业化发展过程中带动了经济的数字化和智能化升级，促进了产业结构优化和升级，推动了科技创新和社会进步。总之，无论是传统消费内容数字化，还是数据产业化发展，都依靠数字技术形成了多样化的产品和服务，使人们的消费选择范围更加广泛。

扩展阅读 17－3

疫情常态化推动网络教学常态化，促进教育教学方式改革。新冠肺炎疫情对各级各类学校的正常教育教学工作产生了巨大冲击，对儿童、青少年、在校学生及其家庭的教育理念和学习方式带来了深刻影响。疫情受到广泛关注是 2020 年春节期间，当时全国大、中、小学校刚刚进入寒假，如何安排新学年春季学期的教学工作成为教育部门首要考虑的问题。鉴于学校的人员和活动密集性、病毒的感染性强和传播迅速等特点，为了保障师生安全，各类学校的开学时间不约而同被推迟，离校回家的学生被要求原地不动，寒假前做好的教学安排被重新调整。随着疫情的持续和蔓延，网络教学成为教师和学生不得不正视的现实。

在新冠肺炎疫情发生之前，普通教育以学生全日制在校教育形式为主，而成人教育往往采取网络教育和开放大学等形式，以方便学员利用业余时间进行远程学习。因此，尽管网络教育对成人教育而言并不陌生，但对习惯了在校园课堂内外面对面从事教育教学活动的普通教育而言，却是新鲜事物。面对疫情，教育管理部门紧急拟订网络教学相关方案，配备软硬件设施，统筹网上教学资源，通过教师线上指导帮助与学生居家自主学习方式响应教育部“停课不停学”的号召，师生一起借助网络平台，通过在线直播、录播转放、视频会议、微信群聊等方式开展教育教学活动。网络教学需要家庭具备上网条件，需要电脑、手机等连接网络的电子设备，需要师生隔着屏幕互动交流，要在短时间内满足这些要求，对地区的网络信息设施建设、家庭的经济条件和教育投入、师生的应急学习能力、学校的教学秩序管理水平等都提出了较高的要求。

疫情防控进入常态化阶段后，为了应对多点散发和局部聚集性疫情交织叠加的态势，线上与线下混合教学模式已经成为学校教学方案的“标配”，建立课程微信群、上传微信二维码与提供教学大纲、教学参考书目等均是开课前重要的准备工作。网络教学的常态化对运用信息化手段推进教育教学方式改革、重塑教育理念和教育体系具有革命性意义。一方面，网络教学有助于打破优质教育资源的垄断，名校名师课程可以通过网络云平台、空中课堂等途径进行广泛传播，远程异地教学得以实现，教育欠发达地区的师生得以摆脱地域和经济条件制约，与教育先进地区师生共上一堂课，推进了教育公平；另一方面，普通教育与成人教育在教学方式上不再泾渭分明，传统相对单一的课堂面对面教学互动模式被多样化的在线教学方式所取代或补充，师生交流相比较线下更为直接坦率。网络教学常态化促进了现代教学技术手段的应用，对教师的授课模式和教学内容，对学生学习的自主意识和自律精神提出了更高要求。同时，网络教学所蕴含的意识形态风险也更值得关注。如何进一步提升教学质量、改革教学模式、保障学习效率成为师生面对的新挑战。

◎ 本章提要

数字技术为当代生活带来深刻变革。数字化生活服务以数据为关键生产要素，为提升生活服务供给水平带来巨大潜力，生活服务领域的数字化变革已成为当代全球发展的共同趋势。高效、智能化的运作将提升整个社会的发展速度和资源使用率。在线经济的发展能够使各项资源的利用率最大化，减少以往人财物消耗所带来的不必要的成本，进而提升整个社会的发展速度和发展质量。数字化生活时代，现代信息技术和产品将成为极其重要的生活工具，每个人的工作、学习、消费、交往、娱乐等各种活动方式都将具有典型的数字化特征，人们工作、学习、消费和娱乐的内容也具有典型的数字化特征，工作内容以创造、处理和分配信息为主。数字化的生活方式包括新零售、无人驾驶、智慧医疗等方面。数字化消费就是消费者的消费行为是基于互联网、移动互联网设备完成的一种经济活动，数字消费的特点主要是快捷性、边际效益递增以及可持续性。消费方式从银货两讫转向在线交易。随着数字经济时代物流、移动支付、网络平台、区块链等多重因素的逐渐成熟，人们可以使用 PC 客户端和移动客户端进行在线消费且在线消费不受时间和空间的限制。消费内容从物质性消费转向物质性消费与非物质性消费并重。人们的在线消费不只是对衣食住行等物质性需求的满足，对于精神层面的需求也愈加重视，非物质性消费的增长趋势显著。消费模式从单一化走向多元化。消费不再是直接的买卖，而是对消费过程进行内涵赋值，将消费与社交、兴趣、娱乐等多场景相连接，捕捉动态场景切换中的消费需求，实行精细化经营模式。

◎ 概念复习

数字化生活　数字化消费

◎ 阅读资料

（1）“十四五”数字经济发展规划［EB/OL］. 中华人民共和国中央人民政府网站，http：//www. gov. cn/zhengce/zhengceku/2022 －01/12/content_5667817. htm，2022 －01 －12.

（2）《“十四五”数字经济发展规划》解读｜发挥数字经济特征优势　推动数字经济健康发展［EB/OL］. https：//www. ndrc. gov. cn/xxgk/jd/jd/202201/t20220121 _1312591. html?code = &state = 123.

（3）汤潇 . 数字经济影响未来新技术、新模式、新产业［M］. 北京：人民邮电出版社，2019.

（4）唐亚丽 . 珠宝虚拟试戴技术的应用前景及其影响［J］. 科技创新导报，2018，15（15）：2.

（5）刘红红 . 产业数字化转型对消费结构优化的影响——消费回流的中间效应［J］. 商业经济研究，2022（12）：52 －55.

（6）庄倩倩 . 网络消费者购买意愿影响因素实证研究［J］. 商业经济研究，2019（7）：55 －58.

（7）刘杰 . 新冠疫情影响下我国实体零售的数字化转型及协同发展［J］. 商业经济研究，2021（2）：25 －28.

◎ 课后思考题

（1）简述数字化生活的特征。

（2）简述数字化消费模式的类型。

（3）简述精神产品的数字化消费。

第 18 章 数字劳动

学习目标

(1) 掌握数字劳动的概念界定与特征，深刻理解数字劳动的物质属性和劳动本性，了解不同数字劳动的表现形式；

(2) 掌握数字人力资本的概念与特征，理解数字人力资本与技术创新之间的关系；

(3) 了解数字劳动方式的类型及其变革特征；

(4) 理解数字劳动价值增值的基本内涵及其新特征。

内容提要

随着信息通信技术和数字媒体技术的飞速发展，以网络数字平台在线用户活动为代表的数字劳动日益成为当今世界不可或缺的劳动形式。数字劳动的出场和勃兴对于坚持和发展马克思劳动价值论提出了新挑战。本章分析的主线是数字劳动的出现所引发的劳动方式变革，及这种劳动方式变革对技术创新、价值增值方式带来的挑战与发展。学习研究的内容具体包括数字劳动的分类、特性与特征、数字人力资本与技术创新的关系、数字劳动方式变革的特征及其价值增值的新特征。

18.1　数字劳动的定义与分类

18.1.1　数字劳动的概念

随着信息技术与数字技术的蓬勃发展，数字劳动日趋成为日常生活中主要的劳动方式。泰拉诺瓦（Terranova）最早提出了“数字劳动”一词，她借用意大利自治主义马克思主义学派的“非物质劳动”理论对“数字劳动”进行了初步定义。泰拉诺瓦（2020）认为“网奴不仅仅是互联网上的一种典型劳动形式；它们同时也体现了一种复杂的劳动关系，这种关系在晚期资本主义社会很普遍”，这种互联网的劳动就是一种“非物质劳动”，是免费劳动的表现形式。舒尔茨在《为什么数字劳动在现在变得很重要》一文中，阐明了当前的劳动力市场正在向互联网发生转移，他还以 Facebook 为例，重点分析了大数据公司对个体数据的采集，这种采集过程也是一种新的剥削方式，他还提出了一个重要概念——“时间盗窃”（time theft）。我们的时间总是被各种网络媒介“盗窃”，正是这种“时间盗窃”阻止了我们对于他人的爱，这种“时间盗窃”的互联网劳动就是一种非物质劳动。此后一大批国外学者聚焦互联网媒体用户的无偿劳动，并对其冠以了不同的名称，如“玩劳动”“影子工作”“消费性工作”“产用劳动”“产消劳动”等。这些提法都强调在娱乐或消费的同时，创造出能够被企业收集并加以利用的信息，因此行为被认为具有了劳动的特征。学者们在给数字劳动下定义时，会从不同方面体现劳动的“数字化”特征。

文森特·莫斯可和凯瑟琳·麦克切尔（Vincent Mosco and Catherine McKercher, 2008）主张从广义的角度定义数字劳动，认为从事数字劳动的人包括“知识产品生产和传播链中的任何人”，这里知识产品中的很大一部分是数据产品。有学者指出涉及信息技术的知识密集型的脑力劳动就是数字劳动（Barry King，2010）。也有学者把数字劳动描述为由用户的网上行为活动所实现的非物质劳动（Trebor Scholz，2013）。还有学者指出数字劳动是通过数字化平台实现的劳动，即通过网络化新媒体技术加以协调的劳动形态（Eran Fisher，2012）。另有学者指出数字劳动的兴起见证了两个共性的改变。首先，对于数字工作来说，距离和时间之间的联系几乎完全被切断了。如今，雇主、员工和客户之间的距离，对数字产品或服务的交付速度几乎没有影响。其次，对于许多类型的服务工作来说，地理位置变得不那么棘手了（Mark Graham and Mohammad Amir Anwar，2018）。

将数字劳动简单归结为“非物质劳动”显然是不够的，这就涉及数据产品或者数字产品是否属于“物质”这个范畴。普通互联网用户在闲暇时间通过浏览网页、网络游戏、社交互动等信息活动生产大量的数据产品，而互联网企业的雇佣劳动者通过实时监测、收集整理和算法运算等专业技术操作生产出特定的广告产品、应用软件、数据库等数字产品。无论从哪个环节来看，这里的数字产品都标志着一种客观实在，人们的劳动过程表现为一种加工、改造数字资料的过程。在这个意义上，数字劳动同样具有物质性的特征。福克斯就是从“物质劳动”的角度来定义“数字劳动”的主要代表。他首先对马克思的“劳动”（arbeit）概念进行了词源学的考察，在英文中，这个概念有时被翻译为“labour”，有时又被翻译为“work”，英语学界通常是在不加区分的意义上来使用，但福克斯依据恩格斯对《资本论》的解读，认为“work”主要对应于创造商品使用价值的活动，具有“质”的规定性，能够确证人的本质力量，而“labour”主要对应于生产商品的抽象劳动，主要是一个“量”的范畴，是异化的主要表现形式，马克思的“劳动”过程有三因素，即劳动者、劳动对象和劳动资料，福克斯根据这三因素分析了“数字劳动”的基本过程，它也包含了三因素，即认知、交流、合作。他以Facebook为例具体分析了“数字劳动”的基本过程，尤其是在交流与合作层面，已经具有明显的“物质属性”，而且福克斯还重点研究了“数字劳动”过程中的剥削现象，“资本控制并拥有他们的人格（奴隶）、劳动力（雇佣工人）、生产和生活资料（外包合同劳动）、劳动产品（无报酬和报酬不足的劳动）”[①]。

国内学者同样抓住了数字化特征，但在产消劳动是否为数字劳动这一问题上存在三种不同的看法。一是在产消劳动的范围内定义数字劳动。乔晓楠、郗艳萍（2019）通过区分“工业劳动”来给数字劳动下定义。人们在使用数字设备时提供的数据信息被数字平台收集用于创造利润，乔晓楠等（2019）将生成数据免费为数字资本创造利润的过程称为数字劳动。二是认为消费者产生信息的活动不是数字劳动，只有从事数字技术相关业务的工人的劳动才是数字劳动。陆茸（2019）认为数字劳动过程中至少应当包含着劳动者对自己劳动结果的认知和预期。线上购物、社交、看电视等，目的并不是生产数据产品，只能看成是一种活动而非数字劳动。三是认为数字劳动既包括产消劳动，又包括工人参与的与数字技术相关的劳动。数字劳动是在非物质产品成果的数字化过程中付出的劳动，既包括直接创造数据的劳动，又包括对数据进行数字化加工、传输等环节中的劳动。这逐渐形成了数字劳动的狭义定义，即指向互联网平台用户的免费无偿的数字劳动，具有产消合一性的基本特点，也是一种新的剥削形式。但是，将数字劳动概念仅仅定义为互联网平台中存在的免费无偿的劳动，可能会严重忽视数字经济发展中劳动过程的重要发展和变化。吴欢和卢黎歌（2016）认为数字劳动既指涉我们的一般智力所形成的数据商品，也指涉与之密切相关的农业、工业等活动，她们还从复杂劳动、信息劳动、形式多样性三个维度具体探讨了数字劳动的概念。数字劳动不仅包括用户的内容生

---

① Tiziana Terranova. Free Labor：Producing Culture for the Digital Economy［J］. *Social Text*，2000，18（2）：63.

产、浏览阅读等非物质劳动，还包括农业、工业、信息等物质劳动形式。孔令全和黄再胜（2018）把数字劳动界定为以互联网为劳动领域，以互联网技术为劳动工具，以互联网的活动踪迹及人的情感、思想为劳动对象的非物质劳动。

我们在讨论数字劳动的概念时还应该关注到数字劳动产生的环境，即数字经济的广泛内涵。根据2016年G20杭州峰会通过的《二十国集团数字经济发展与合作倡议》，数字经济是指以使用数字化的知识和信息作为关键生产要素、以现代信息网络作为重要载体、以信息通信技术的有效使用作为效率提升和经济结构优化的重要推动力的一系列经济活动。在数字经济背景下，数字劳动工人不仅是模糊了生产和消费的玩劳工，还包括支撑起平台核心的付费业务的技术工人。数字劳动的平台不仅涵盖以数据为盈利点的平台，还包括以信息匹配发展起来的零工平台。

由此可见，目前对数字劳动的认识大致可以分为两类：一类认为数字劳动是在信息技术背景下，通过互联网实现的非物质劳动；另一类则认为数字劳动不局限于非物质劳动，应是更广泛的概念，可涉及工业、农业等领域。我们认为数字劳动是在数字经济背景下，数字化的知识和信息作为关键生产资料的生产性劳动和非生产性劳动。数字化的知识和信息作为关键生产资料是数字劳动区别于其他劳动的特殊性，而生产性劳动和非生产性劳动，则是数字劳动过程中的两种表现。按照马克思的劳动价值论，它们的区别仅在于是否与生产资料一起创造了新价值。

18.1.2 数字劳动的分类

按照数字劳动的表现形式，可以划分为互联网的专业劳动、无酬劳动、受众劳动和玩劳动四类。

18.1.2.1 互联网的专业劳动

这部分的劳动主要包含两个层面：一是指具有互联网相关专业知识的技术人员的劳动，如程序员、软件开发员、数据管理员等的劳动；二是指负责网络平台的日常操作和后期管理人员的劳动，如后台管理员、网站客服等的劳动。这两个层面的互联网劳动都具有两个共同特征：一是具有专业性、拥有技术性的要求；二是他们的劳动都属于雇佣劳动，因此也是一种有酬劳动，福克斯把这种专业劳动（有酬劳动）定义为“V1”①，而把一般互联网用户的数字劳动定义为“V2”，这里的“V2”就是一种无酬劳动，是福克斯探讨的重点。

18.1.2.2 无酬劳动

最早把数字劳动定义为一种无酬劳动的是特拉诺瓦，“把互联网看作是无酬劳动发

---

① 乔晓楠，郗艳萍．数字经济与资本主义生产方式的重塑——一个政治经济学的视角［J］．当代经济研究，2019（5）：5-15.

挥基本作用的一个具体例子"[①]，在特拉诺瓦看来，互联网用户的一般劳动就是一种典型的无酬劳动。福克斯也把互联网用户的一般劳动定义为"V2"，它是一种无酬劳动，"商业社交媒体平台的用户没有工资（V =0），它们的使用时间不是为了获得报酬来维持生计的"[②]。这里的"V"就是指"V2"，它是指一般互联网用户花在社交媒体上的"劳动"时间。布朗在《无酬工作：非雇佣关系数字劳动的生命政治》一文中对无酬的数字劳动进行了更加细腻的考察，他主要从劳动的本质、数字劳动的抵抗等五个方面比较系统地考察了数字劳动的无酬性。[③]

18.1.2.3 受众劳动

"受众劳动"是传播政治经济学的一个重要概念，斯麦兹和莫斯可等非常重视对"受众商品""受众劳动"等概念的分析，认为它们是数字劳动的主要表现形式，但斯麦兹和莫斯可等重点强调了"受众劳动"的无意识性，当代一些学者在这个问题上有了不同的理解，如布雷特就从多个维度展开了对斯麦兹"受众劳动"的批判，并重点分析了新媒体领域内的"数字劳动"；泰勒和伯尼也对斯麦兹"受众劳动"进行了批判，受众劳动并非都是无意识的，而且往往蕴含了很强的反抗性，受众也会抗拒把自己作为一种商品。[④]

18.1.2.4 玩劳动

"玩劳动"（play-labor，playbor）是舒尔茨提出的一个重要概念，代表了我们的"玩"和"劳动"之间的间隙已经逐渐消除了，这一点尤其表现在我们的网络游戏中。劳尔在《玩劳动和作品的游戏化：授权和剥削的边际空间》一文中批判性地分析了游戏化劳动的实践和理论结果，并探讨了这种"玩劳动"的剥削性质。王鹏宇在《劳动还是玩？理解数字游戏中的生产活动》一文中指出，"在数字时代，数百万玩家在游戏世界中产生了经济价值。这种新现象挑战了以前的劳动和游戏的二分法"[⑤]。游戏玩家的"玩"也是一种劳动，它也能够产生经济价值。尤利斯在《互联网中的"玩劳动"》一文中指出，在后福特主义时代，"互联网中的社交生活也成为了创造价值的场所"[⑥]。

另外，韩文龙和刘璐（2020）把数字劳动划分为四种类型，即传统雇佣经济领域下的数字劳动、互联网平台零工经济中的数字劳动、数字资本公司技术工人的数字劳动和

---

① 陆茸．数据商品的价值与剥削——对克里斯蒂安·福克斯用户"数字劳动"理论的批判性分析［J］．经济纵横，2019（5）：11-17.

② 吴欢，卢黎歌．数字劳动与大数据社会条件下马克思劳动价值论的继承与创新［J］．学术论坛，2016（12）.

③ 孔令全，黄再胜．马克思劳动价值论之数字经济时代拓展——西方资本主义社会数字劳动价值创造研究［J］．广东行政学院学报，2018（2）.

④ Christian Fuchs. *Digital Labour and Karl Marx*［M］. New York and London：Routledge，2014：103.

⑤ Brian Brown. Will Work for Free：The Biopolitics of Unwaged Digital Labour［J］. *Communication*，*Capitalism & Critique*，2014（2）：23.

⑥ Carawaybret. Audience labor in the new media environment：A Marxian revisiting of the audience commodity［J］. *Media*，*Culture & Society*，2011（5）：693-708.

非雇佣形式的产销者的数字劳动。黄再胜（2019）将数字劳动划分为三种代表性形式，即网络数字平台中的无偿劳动、网络数字平台的微劳动和网约平台的线上劳动。根据数字劳动是非物质劳动的观点，从数字媒体产业的全球价值链来看，项素琴（2021）将数字劳动分为互联网产业的专业劳动、体力劳动、无偿劳动和微劳动者四种类型。其中，互联网产业专业劳动主要包括那些拥有熟练专业网络技术的劳动者，他们从事的是与互联网网站设计、软件应用开发、编写互联网程序等相关的工作，以及一些例如后台管理员、网站客服、网络编辑人员等非技术人员所从事的日常管理的工作。体力劳动是指那些负责数字信息媒体生产制造的，如软件行业、富士康、电子制造业以及硅谷硬件装配工的劳动等，这些涉及硬件生产、加工制造的就属于体力劳动的范畴，他们从事的一般是基层的项目工作。无偿数字劳动主要是指在平台上花费时间和精力产生了数据信息，这些数据信息是可以被平台再次加以运用赚取收入的，但自身却没有得到劳动报酬的一类劳动者。微劳动主要是指在平台上主要负责处理人工智能难以处理的、单调重复、缺乏技术含量工作的数字劳动者。

由于不同的平台上运行机制不同，所以存在于平台上的数字劳动就有不同的类型。在加拿大著名学者尼克·斯尔尼切克（Nick Srnicek）发表的《平台资本主义》中提出的五种不同类型的数字平台的基础上，项素琴（2021）分别阐述了各个平台上包含的最主要的数字劳动类型。首先，在广告平台当中最主要的就是无偿数字劳动者提供的劳动力，他们通过微博、Twitter、Instagram 等生产数据信息内容，主要在平台上进行一些即时通信、搜索引擎、社交应用、远程办公等活动，充分地体现了用户生产性与主体性的特点，他们在满足了自身认知、交流、合作的需要的同时，产生了大量的个人数据信息；而另一部分是以用户的消费性、娱乐性为特点的体验活动，主要是用户的在线消费，比如观看网络新闻、网上购物、外卖、支付、直播、玩游戏时所产生的媒介消费活动，产生的数据信息可以很好地体现出用户偏好、兴趣和情感态度，也是在满足用户自身需求的同时，为媒介公司生产了更多的资源和数据，但这些数据信息却被社交媒体平台所觊觎。其次，在云平台主要依靠的是体力劳动者来建立平台的基础设施，包括一些软件和硬件系统等，云平台上的企业只需要租用这些设施即可；平台上还存在使用这些设施的无偿劳动者，他们的行为活动会在平台上产生大量的数据信息，然后再通过互联网专业劳动通过算法和应用程序类管理这些平台，随后运用复杂的分析工具来分析平台上产生的数据。

18.1.3 数字劳动的特性

本部分运用马克思主义的政治经济学批判，围绕数字劳动的物质性、价值创造过程及剥削机制等核心问题展开思考，分析数字劳动的特性。结合马克思关于物质性劳动与非物质性劳动的论述，阐释信息技术新元素的融入是否导致数字劳动物质属性的改变，进而深入思考数字劳动是对马克思劳动范畴的超越，还是只是劳动形式在信息化时代的延伸与新变种这一根本性问题。因此，有必要抓住数字劳动中“劳动”这个根本，剖析其物质属性及劳动本性。

18.1.3.1 数字劳动的物质属性

数字时代的劳动形式是否可以解释为“非物质劳动”？在马克思的政治经济学批判语境中，如何看待物质性劳动与非物质性劳动的区分？回答这一问题的基础步骤是对自治主义马克思主义的非物质劳动理论进行评析。第一，奈格里和哈特声称非物质劳动已然成为现代社会的前提和基础，这恰恰稀释了马克思有关物质生产是人类社会生存的先决条件的正确判断。实际上，过分强调非物质劳动霸权看似激进，但显然与历史唯物主义的基本观点相悖离。第二，他们仅从劳动产品层面来规定劳动的社会历史性，而马克思以劳动为入口对资本主义社会进行批判，其劳动理论不仅包括劳动过程、劳动产品维度，还包括关于劳动对自身及其环境带来的改变。如此才能对资本主义生产的历史性特征进行分析，以区分资本主义生产的特殊性与一般人类生产的普遍性。可以看出，哈特和奈格里与马克思的方法论基础并不一致。第三，哈特与奈格里所言的非物质生产劳动过程实际上已经内含于马克思关于劳动的概念范畴中。非物质劳动理论反复强调的“社会关系”生产本身就是历史唯物主义的基本内容，所有劳动都涉及对社会关系、社会生活的改变。

那么，在当代世界如何理解数字劳动所具备的物质属性？首先要明确所有劳动都具有物质性和非物质性两个方面。从劳动过程来看，马克思的劳动理论实际上已经厘定了物质性劳动和非物质性劳动这两个相互关联的过程。马克思把劳动的认知性、能动性作为“专属于人的那种形式的劳动”的本质特征，以区别于“动物式的本能的劳动形式”——“他不仅使自然物发生形式变化，同时他还在自然物中实现自己的目的”①。劳动者一方面要对劳动对象在头脑中进行认知加工，另一方面要进行物质交换。从劳动结果来看，由于人类劳动发生在一定的社会关系背景之下，必不可少地都包含社会交往元素，劳动在改造劳动对象、改变物质世界的同时，必然会影响和改变一定的社会关系，创造主体性。从劳动产品来看，马克思的劳动、商品二重性理论也涉及劳动产品的物质性与非物质性问题：人类劳动作为抽象劳动，形成商品的价值，对应劳动产品的非物质性；作为具体劳动，生产商品的使用价值，对应劳动产品的物质性。

数字劳动本质上也具有物质属性。第一，不论何种形式的人类劳动都是人类作用于一定目的、在一定的形式下表现出来的生命力本身，是劳动力有目的地耗费的具体形式。数字劳动生产，对劳动对象在头脑中进行认知加工，需要进行脑力与体力的消耗。实际上，数字劳动“依旧与世界的脐带相连”，是在剥离那些可计算的物理操作之后，把科学作为一种独立的生产能力与劳动分离开来之后，人类的不可计算的生命活动的体现，是一种人类无法让渡给机器的技能，它依赖于鲜活的身体而进行，是一种涉及身体

---

① 黄再胜．网络平台劳动的合约特征、实践挑战与治理路径［J］．外国经济与管理，2019（7）．

技能的认知活动。作为一种依赖于人的鲜活的身体而进行的脑力体力共同消耗过程，数字劳动也同时离不开对自然、物质的物质性消耗用以维持劳动力再生产。第二，所有劳动都是有目的地对物质进行某种程度改造的过程，是一种创造对象世界的活动，不能仅仅将直接创造有形产品的劳动看作物质劳动。数字劳动的劳动者直接作用于数据、信息、代码等对象，对它们进行加工并改造其形式，也只有在改造对象这一层面上，这种活动才会被客观化并且作为劳动而被意识到。第三，数字劳动本身也离不开物质形态的物质性生产劳动，不能忽略数字技术和数字劳动在社会实践和社会交互层面的实体表征。技术嵌入数字劳动中，必然通过一系列的物理性基础设施得以表征，如网络光纤、宽带、路由器、信号基站等；也要通过一定的实体平台得以展现，如手机、汽车、交通路况、商店等。同时，数字资本主义并不是脱离“生产后端”而独立存在的“技术前端”，工业劳动依然广泛存在于与数字经济发展相关的工业生产与制造业中。尽管数字经济时代下劳动主体的大部分生产活动都被网络数字平台所中介，物质性劳动之于人类社会发展仍然是基础性的，具有不可撼动的根本性。因此，数字劳动在本质上是物质的，仍然具备物质属性。

18.1.3.2　数字劳动的劳动本性

数字劳动的劳动本性，要结合马克思对一般生产劳动的概念界定以及人类劳动一般的本质规定来说明。一方面，马克思从简单劳动过程阐明了一般生产劳动的概念。马克思指出，“如果整个过程从其结果的角度，从产品的角度加以考察，那么劳动资料和劳动对象二者表现为生产资料，劳动本身则表现为生产劳动”①。尽管他补充说这一定义是绝对不够的，但他把这一定义看作一般生产劳动的概念。也就是说，任何劳动都是劳动者与劳动资料相结合并作用于劳动对象的过程，都是由“有目的的活动或劳动本身，劳动对象和劳动资料”这三个要素构成的。② 一是，数字劳动的劳动对象从物质形态转化为非物质形态的数据、信息、代码等内容，包括语言、文字、图像、行为、创意、经验等。二是，在马克思看来，随着生产力的发展、社会的进步，劳动资料会不断更新发展并最终体现为机器体系的形态。数字劳动中的劳动资料转变为数字信息技术，但技术必须以硬件设施为载体，借助于一定的工具以具体物质形态（计算机、智能手机等电子设备产品）呈现出来。三是，前面已分析表明，数字劳动是一种对虚拟的劳动对象直接进行认知加工的有目的的活动。基于此，数字劳动符合一般生产劳动的概念。

另一方面，马克思还从简单劳动过程概括了人类劳动一般的本质规定。这一本质规定体现在劳动二重性中：一切劳动，就其普遍性而言，都是“人类劳动力在生理学意义上的耗费”，是劳动者的体力和脑力在一定时间上的耗费，即抽象劳动；就其特殊性而言，都是“人类劳动力在特殊的有一定目的的形式上的耗费”，是劳动者的体力和脑力

---

① 马克思恩格斯文集第5卷［M］. 北京：人民出版社，2009：208.

② 项素琴. 数字劳动的价值创造与分配研究［D］. 内蒙古财经大学，2021：17.

在一定形式上的耗费，即具体劳动。质言之，劳动不仅是劳动能力发生作用和支出消耗的过程，还是创造使用价值的有目的的活动过程，任何劳动都是在特定形式下创造使用价值的体力和脑力的耗费过程。显然，作为脑力和体力消耗过程的数字劳动，总是表现为一定形式的数字产品，表现在一定的使用价值之中；数字产品具有满足人们某种需要的属性，如对信息与文化消费需要的满足、对社会关系发展需要的满足等。

由此得出结论：数字劳动并未超越马克思主义政治经济学的研究对象，仍然属于劳动范畴，其物质属性和劳动本性足以证明，马克思的劳动理论“仍然可以提供一种比‘非物质劳动’和‘生态政治生产’观念更有帮助的理论工具来把握这些发展”①。

18.1.4 数字劳动的特征

数字劳动作为一种新的劳动形态，必然与传统劳动有诸多差异。马克思的劳动价值论建立在资本主义雇佣关系的基础上，深刻揭示了商品经济的内在规律，阐明了劳动的本质和内涵。数字劳动中的“有酬劳动”（即与互联网公司签订劳动合同建立雇佣关系的专业人员的脑力或体力劳动），相比于传统劳动，只是劳动的对象有了新的变化，其劳动过程和劳动本质并无实质差异。但“无酬劳动”的出现，意味着劳动关系产生重大变化，其超出了传统雇佣劳动的范畴，体现出数字劳动与传统劳动的根本差异。因此，研究作为新的劳动形态的数字劳动的特点，应更多关注“无酬劳动”较之传统劳动的新特征。总的来说，数字劳动具有虚拟性、多样性、即时性、异化性四大基本特点。

18.1.4.1 虚拟性

数字劳动的产生依托于互联网技术的发展应用，不同于现实具体的传统物质劳动，数字劳动具有虚拟性特点。这里的虚拟性指数字劳动的非物质性，即非物质性的生产劳动，其劳动产品体现为非物质形式，主要是以数据符号的形式存在。数字劳动的虚拟性在于它所生产出的并不是看得见的、具体的实物商品，而是以社会关系呈现的、抽象的形式商品。不过，数字劳动不能等同于非物质劳动。非物质劳动存在于不同的社会形态中，表现为服务性劳动、辅助性劳动和脑力劳动等，而数字劳动更具有特殊性，是非物质劳动的最新表现形式。一方面，数字劳动是生产虚拟数据商品的劳动。互联网用户浏览或生成网络内容，会产生大量的数据信息，这些信息被互联网公司收集并作为商品对外出售。另一方面，互联网用户通过数字劳动在赛博空间中构建虚拟主体。互联网用户因社交、兴趣等因素，在社交媒体中不断更新、完善个人资料，构建自身在赛博空间中的虚拟主体，作为现实的人的网络用户自身不断被数字化、虚拟化。

18.1.4.2 多样性

数字劳动与传统劳动相比，还在于其具有多样性特点，包括涉及领域的多样性、

① 马克思恩格斯文集第5卷［M］. 北京：人民出版社，2009：208.

劳动场所的多样性以及劳动者身份的多样性。其一，数字劳动不再局限于某一特定领域，打破了行业之间的隔阂。在万物互联的当下，数字劳动关系渗入社会生活的众多方面，体现在政治、经济、社会、文化、生活等各个领域。其二，数字劳动不再局限于传统劳动所需的特定工作场所，打破了劳动的空间限制。移动终端（包括手机、笔记本、平板电脑等设备）的普及极大地推动了数字劳动的发展。对于“有酬劳动”而言，Facebook、微信等社交软件平台成为人们工作的“第二场所”，虚拟的工作平台使数字劳动脱离了现实空间的束缚；对于“无酬劳动”而言，只要互联网用户使用移动终端，就会进行数字劳动生产，因而现实空间变得“毫无意义”。其三，数字劳动者不再局限于传统意义上的工人阶级，打破了劳动者的阶级属性。数字劳动者包括从事互联网行业的专业技术工人、文化知识工作者以及庞大且复杂的互联网用户群体，这些身份迥异的数字劳动者在互联网的无形连接下形成了一个新的群体。

18.1.4.3 即时性

即时通信、实时数据处理技术的出现，使数字劳动具有了即时性的显著特征。其一，数字劳动不再局限于传统的工作时间，打破了工作时间对劳动的束缚。对于“有酬劳动”而言，数字劳动者在正常工作时间之外的任何时间都可能运用移动终端进行工作，实际工作时间不断延长；对于“无酬劳动”来说，互联网用户可以随时进行上网活动，同时互联网企业可以利用各种权限随时获取用户的数据资料。其二，数字劳动不再局限于劳动时间和非劳动时间，模糊了工作和休闲的界限。如用户玩电子游戏这一看似休闲的过程，实际上也是在进行数字劳动的过程，数字劳动越来越体现出劳动和休闲统一的新“二重性”。其三，数字劳动不再局限于先生产后消费的固有逻辑，打破了生产和消费时间先后的壁垒。在数字劳动的境遇下，商品不再是生产过程与消费过程分离的传统流通模式，而是产销合一、生产和消费同时进行的新型流通模式。数字劳动者既是数据商品的生产者，也是消费者，且在生产数据商品的同时不断进行消费。

18.1.4.4 异化性

马克思在《1844年经济学哲学手稿》中提出了异化劳动理论，他指出：在资本主义社会中，人同自己的劳动产品、自己的生命活动（劳动）、自己的类本质相异化，并直接推导出人同人相异化的结果。匈牙利思想家卢卡奇通过对《资本论》中提出的商品拜物教的分析，独立得出了与马克思异化劳动理论相似的物化理论。1923年，卢卡奇在《历史与阶级意识》一书中提出，在资本主义商品经济制度下，“人自己的活动、人自己的劳动，作为某种客观的东西，某种不依赖于人的东西，某种通过异于人的自律性来控制人的东西，同人相对立”①。同时，卢卡奇进一步指出并批判了资本主义社会中普遍存在的劳动者自身、劳动生产过程、人与人之间的关系、人的意识的物化现象。

---

① 马克思恩格斯文集第5卷［M］. 北京：人民出版社，2009：208.

在大数据时代下，数字劳动的异化本质仍处在马克思和卢卡奇的异化理论架构之中，但展现出了一些新的异化特性。

人同自身创造性相异化。马克思指出，工人的劳动成为维持自身肉体生存的手段，失去了人类的特性。[①] 卢卡奇提到，劳动者陷入了机器化、单一化的重复劳动，工人似乎成了机械系统中的一个零部件，而不再是生产的主人。[②] 从中可以看出，马克思和卢卡奇笔下的异化劳动，都体现出人丧失了主观能动性的特点，表现出动物性或物性。在数字劳动中，劳动者并没有完全丧失主观能动性，相反，数字资本甚至会要求用户发挥自身创造性。数字劳动中的“受众劳动”者，只是作为一种被动的接受者，数字资本需要的是其注意力累积形成的投放广告的价值。对“受众劳动”之外的“无酬劳动”而言，数字资本要求用户发挥一定的自身创造性，生产数量足够多、内容足够丰富的数据信息，以此攫取更多的“社会智力”资本。如谷歌、百度等互联网公司，需要用户不断创造新的词条、图片、音频、视频等数据信息，以此吸引更多的注意力，扩大自身影响力，以便收割更多的“社会智力”资本。在这一层面，数字劳动者能够展现出一定的“主观能动性”。但实际上，这种“主观能动性”时刻处在数字资本的监控和诱导下，不断壮大异于用户的数字资本的力量，是用户与自身创造性相异化的虚幻存在。从这一逻辑来看，大数据时代面临的劳动异化显然比马克思和卢卡奇时代的异化程度更加严重。

人同劳动工具相异化。马克思和卢卡奇都关注了劳动者、劳动过程、劳动产品以及人与人之间关系的异化，而在数字劳动中，出现了人和劳动工具相异化的新特性。劳动工具是劳动者在生产过程中对劳动对象进行加工的工具，对于数字劳动者而言，劳动工具主要指网络设备，其中最普遍、最主要的工具就是手机。互联网用户玩手机的过程，实际上就是进行数字劳动生产的过程。数字资本通过手机网络，不断对用户进行精神控制，使得人与手机的主客体地位发生了转换。手机作为劳动工具成为人的主人，它要求用户时刻保持工作状态，将注意力集中在手机上；而人似乎成为手机的一部分，变成了手机的奴隶。在实际生活中，“低头族”“网虫”群体越来越大，人对手机的依赖程度越发加深，一旦手机没电或者出门忘记带手机，人就会感到焦躁不安。数字资本不但向用户精准投放广告，还会利用手机定向推送文化资讯，使用户接受的资讯内容越来越集中于某一个方向，潜移默化地影响用户的思维方式，使用户成为互联网在现实生活中的延伸，使用户越来越数字化、虚拟化。因此，在这一过程中，手机不但是劳动工具，而且成为数字资本剥削、控制用户的有力工具，而人彻底沦为对象化的存在。

人同社会生活相异化。在马克思和卢卡奇那里，劳动属于资本主义雇佣劳动的范

① 马克思恩格斯文集第5卷［M］. 北京：人民出版社，2009：60.

② ［英］肖恩·塞耶斯. 现代工业社会的劳动——围绕马克思劳动概念的考察［J］. 南京大学学报（哲学·人文科学·社会科学），2007（1）.

畴，而大数据时代的数字劳动已经超出了这一范畴，并且打破了时间和空间的限制，使人的社会生活始终处在数字资本的监控之中。在大数据时代，劳动者的生产性劳动得以跃迁，扩大为“生产性生活”。这种“生产性生活”表现为数字劳动者的全部社会生活都变成了生产性活动，用户在社会生活中不知不觉地“被数字劳动”，而产生的劳动产品则被数字资本无偿占有。数字资本利用种种手段，几乎监控了用户的全部社会生活。只要用户有所活动，数字资本就可以利用网络技术获取它所需要的新的数据信息。现今各种手机软件普遍出现霸王条款，如果不允许软件获取各类权限，如位置信息、通讯录、通话记录、信息、相机等，那么在很大程度上人们就无法正常使用该软件。即便用户没有进行上网活动，互联网公司也可以通过这些权限，随时随地窃取用户的各种实时数据（如睡眠、心率、血压、运动等数据），用户在不知情的情况下“被数字劳动”，成了为数字资本不间断生产数据商品的免费劳动力。数字化非但没有减轻资本主义对民众的剥削程度，甚至还以数字媒介为手段，把人们生活的全部领地都纳入资本的内在化领地。因此，人的全部社会生活始终笼罩在数字资本的阴影之下，变成了具有生产性的活动，与人这一主体对立了起来。

18.2 数字人力资本与技术创新

18.2.1 数字人力资本的概念

在知识经济时代，由于教育对经济社会发展的重要性，信息资本与人力资源相结合，形成了数字人力资本（digital human capital）。这一概念极大地扩展了传统的人力资本理论（human capital theory）的应用范围，它不再将教育看作单纯的社会成本，而是当作一种中期或长期的社会经济投入，教育成本的增加能够带来生产率的提高，从而巩固经济的可持续发展。数字人力资本要求将数字信息技术视为一种提升人力资本价值的重要内容和途径，因为在一个以信息技术为核心的时代，人力资本的概念无论从内容还是从方式上都发生了根本性的变革，传统的人力资源教育和培训模式必须适应这种转变，将信息技术纳入其中才能形成有效的市场竞争力和国际竞争力。考虑到在知识社会中信息技术的重要作用，应该在信息技术的使用和应用上实现平等可及，让大多数人能够方便快捷地获取对于自身成长发展有利的信息。数字化信息时代的核心是基于数据的智能和智慧，突破时间和空间的连接与距离。随着数字技术的发展，互联网能够把人的能力转化为生产、教育以及参与社会的工具，使人成为具有数据处理能力的劳动力①，人力资本与知识经济构成数字人力资本的基础。

18.2.2 数字人力资本的特征

现阶段，数字经济已成为引领科技革命和产业变革的核心力量，人类社会正在进入以数字化生产力为主要标志的新阶段，其中数据成为该时代最为关键的生产要素。从生产力的角度来看，数字经济时代对于生产者的要求从体力和脑力结合变为人机智融合，而劳动工具则从机械、电气、信息技术、科技创新工具等转变为云计算、大数据、人工智能等；在生产关系方面，交换的范围扩大为全社会之内皆可通过网络云享，分配关系也逐渐转换为按价值分配，消费形式变革为以顾客为中心的个性化消费。

面对经济转型，把握数据这一主要生产要素的核心在于实现人力资本从“量”到“质”的转变。在数字经济时代，人力资本推动经济发展主要表现为“数字人才”在各个行业领域的贡献。不论是对于传统产业的数字化转型，还是对于新兴的数字化产业集群而言，“数字人力资本”一定是该时代企业发展或转型的基础和推动力量。在数字技术发达但掌握者稀缺的时代，人力资本内在价值中数字相关的技能和思想成为至关重要的需求。由此教育、培训等成本会相较于知识经济时代更高一些，毕竟现阶段中国的数字人才十分短缺，尤其是拥有顶尖数字技术的专业人才和具备数字思维与行业经验的跨界人才。因此，数字经济时代人力资本的补偿会因为其内在价值的侧重点不同而有所差异，由此大致可以分为数字技术型人力资本和一般人力资本，其中数字技术型人力资本还可以细分为底层/基础技术人力资本和应用技术人力资本，见表18－1。

表18－1　　数字人力资本的分类定义

数字人力资本	数字技术型人力资本		一般人力资本
	底层/基础技术人力资本	应用技术人力资本	
定义	掌握数字技术前提基础技术的人力资本	现代数字化应用技术的人力资本	非信息、数字等相关专业的人力资本
涵盖范围	以太网交换技术、广域网优化安全技术、集成电路、量子技术等	5G技术、数字编码、软件开发、云计算技术等	

这两大类人力资本的增值价值体现方式也有所区别：底层/基础技术人力资本主要借助一套完整的基础技术，同时作为多个数字技术的研发和应用的前提来实现其价值增值；应用技术人力资本的增值价值体现方式主要为其创作开发的软件为企业带来的持续收益。一般人力资本的增值价值则多体现于一般人才自主学习“数字化”的过程中。

---

① ［匈牙利］卢卡奇．历史与阶级意识［M］．杜章智等译，北京：商务印书馆，1992：147.

与传统人力资本相比，数字人力资本有以下两个特点。

首先，与传统工业生产中的劳动者“去技术化”现象不同，数字人力资本与互联网技术紧密存在、不可分割，这意味着数字资本公司无法采用传统的管理控制模式来干预数字人力资本的劳动过程，而需要构建出新的生产劳动管理方式——虚拟团队。虚拟团队成员内部表现出一种平等的合作关系，原本实体团队中占据领导地位的项目经理，在虚拟团队中却是充当协调、联络的角色。可以说虚拟团队在一定程度上消解了纵向科层制权力关系的运营方式。

其次，为了将工人的劳动能力转化为生产过程中的实际劳动，传统资本主义采用管理控制策略来降低劳动过程中的不确定性。在数字经济知识生产的过程中，不确定性问题的内核虽依然存在，但其发生的条件有了变化。在数字经济时代，创新成为数字资本公司发展的命脉，而且创新需要劳动者处于一个相对自由、平等的工作文化和环境当中。这也意味着，数字资本公司在解决劳动能力转化为实际劳动的不确定性问题时面临比传统生产企业更加复杂的局面，不仅需要保证剩余价值的生产被控制在理想范围内，而且需要激发数字人力资本的创新潜力，但是数字人力资本的知识、技能转化为创新需要相对自由、平等的环境氛围。对剩余价值生产的控制和激发数字人力资本创新潜力的自由环境提供显然在一定程度上是矛盾的。虚拟团队的运营方式正是数字资本公司面对数字人力资本的数字劳动过程的复杂、不确定性局面而采取的妥协性制度安排。在这样的制度下，数字资本公司在不断的利益争夺和矛盾斗争中高效、迅速地发展起来。

平等、自由的虚拟团队模式是否意味着数字资本公司数字人力资本不受资本的控制呢？事实上，在虚拟团队的劳动过程中，团队项目的设定本身就隐含着巨大的时间压力，项目的截止时间也是虚拟团队的存在期间，同时也是虚拟团队中每个数字人力资本绩效考核的关键。因此，虽然原始的行政命令在虚拟团队中已经很难产生影响，但是资本仍然可以通过利益的分配实现对技术工人的数字劳动过程的高效控制。此外，尽管有些技术工人转变成为成功的知识型企业家，还有些技术工人持有了少量的股权，但是阶级的划分并没有消失，在数字经济的企业当中，仍然是少数高管占据了绝大部分财富，而公司里的雇佣员工并没有拥有公司。

18.2.3 数字人力资本与技术创新的关系

大数据在创新活动的各个环节发挥着越来越重要的作用。这非但不意味着人力资本对经济社会发展的作用在数据要素的光芒下有任何削弱，而是需要强调，现有创新活动的任何一个环节都无不是以人力资本为依托。大数据之所以拥有这种巨大作用，不是数字技术自发产生的，也并非物质资本带来的产物。要让数据要素发挥作用，有赖于对大数据进行深度挖掘和分析，实施好这项工作需要具备较高的知识和技能水平。只有掌握大数据技术和善于运用物质手段的高技能、高素质人力资本才能够办得到，而正是在他们的正确“指挥”下，大数据攻城略地光芒四射，成为助推新经济发展的重要生力军。

换言之，是特定的专业人力资本，让大数据产生如此威力，数字人力资本是引领大数据释放创新红利的主导力量。

18.2.3.1 用好数字技术，充分发挥数字人力资本效应

数字人力资本能够利用大数据激发更多活力，更充分地发挥数字人力资本效应。这正是数字人力资本作为新经济主导性的生产要素，与大数据及新技术转化的新要素之间相互融通赋能的现实含义。

大数据的功能在于将一切量化，达到科学管理要求的可测量、可分析、可记录，科学利用大数据能有效降低企业组织和经营成本，这在人力管理上体现得越来越显著。例如，借助大数据，结合员工个性、职业发展规律、行业和企业特点、职业环境要素等，可以提前2～3年预测员工职业倾向，从而提高数字人力工作的预见性和精确性，解决人与机会的匹配问题。利用云存储和云处理技术，通过自动搜索上网痕迹和通过云端上传的原始数据，经过排列计算，企业可以有效测量和分析管理结果，从而为企业人力管理提供决策依据。在大数据支持下，数字人力资本的选、育、用、留都可以纳入量化范畴。以谷歌为例，其人力部门有一项核心的任务即员工数据追踪计划，其目的是通过数据分析更好地改善企业的数字人力管理；此外，如谷歌还聘用专门的社会学家及其人力团队组成了人力和创新实验室（People Innovation Lab，PiLab），通过持续的员工实验找出管理大公司的最好方式。除了招聘，企业在进行项目设计尤其是培训体系的设计时，可以利用大数据找出员工能力差距、知识和技能的差距，通过分析海量数据，企业可以找出员工的需求以及喜欢的学习方式。

18.2.3.2 数字人力资本依托大数据提升创新价值

大数据在数字人力资本引领下释放技术创新红利。熊彼特所提到的“创新”，并不单纯指技术上的进步，而是“突变”，是“生产要素的重新组合”。这种重新组合就生动地反映在数字人力资本这种新要素与大数据这种新技术的互动中。具体而言，以数字人力资本为依托和主导力量，大数据实现和提升了以下几方面的创新价值：

数字人力资本逐渐成为不可或缺的新生产要素。目前实体经济之所以利润薄、效率低，一方面，很大程度上是由于制造业传统生产要素（劳动力、资金、土地、能源原材料、物流等）供应增长受限导致成本居高不下；另一方面，整体营商环境等外部交易成本较高也强化了传统动能减弱趋势，迫切要求生产要素升级与革新。对企业而言，数字人力资本能够运用大数据放大生产力乘数，加速流程再造、降低运营成本、提升生产效率；对政府而言，数字人力资本能够运用大数据构建信息共享和信用体系，有望改善营商环境，帮助企业进一步实现降本增效和效率提升。在实践中，不少企业已建立起数字人力资本融合于各个应用环节的大数据平台，并不同程度地快速形

成对其中所产生海量数据的挖掘能力、计算能力和分析能力，率先实现了大数据等新生产要素带来的红利。

数字人力资本为发展新经济、培育新动能提供基础性应用。工业大数据是中国制造业转型升级的重要战略资源，数字人力资本则是大数据战略的重要实施者。随着制造强国战略的全面推进实施，工业大数据、云平台、移动互联网和物联网在技术、产品和商业模式方面不断探索，制造企业智能化服务发展已逐渐从概念萌发向实际应用期过渡。基于大数据应用，以智能生产、智慧服务等为特色的智能化制造服务企业脱颖而出，制造业与服务业融合步伐不断加快：一是数字人力资本能够开发工业大数据技术体系，促进生产性服务业发展，并带动制造业发展①；二是数字人力资本能够以工业大数据的智能化服务延伸企业价值链，提升市场竞争力；三是数字人力资本能够通过工业大数据等信息服务促进制造企业转型升级②，加速“制造＋服务”融合趋势。这些因素助推新旧动能传导转换，有力促进新经济发展。

数字人力资本提高产业链协同效率并催生组织变革。从微观视角看，数字人力资本能够运用大数据实现供需匹配，打通生产与服务全流程，提高产业链协同效率，催生内部生产组织和外部产业组织变革。传统的大规模生产模式已不适应当今的个性化制造，粗放型决策和撒网式营销等传统运行模式也无法适应新经济环境下的企业发展，如何通过大数据等新一代信息技术的融合创新促进企业转型，实现个性化定制、智能决策、精准营销和全业务流程协同，成为企业面临的全新课题和必然选择。随着大数据应用的日益深入，智能化生产、网络协同、个性化定制等多种服务化延伸模式日渐清晰，呈现研发设计协同化、生产管控集成化、购销经营平台化、制造服务网络化等态势，带动制造业技术进步、效率提升与组织变革，加快产业迭代兴替。

数据成为引领高质量发展和创新驱动的新兴力量。随着中国经济由高速增长转向高质量发展，必须抢抓新一轮科技革命和产业变革的难得机遇，以供给侧结构性改革为主线，推动互联网、大数据、人工智能与实体经济深度融合，通过“大数据＋智能制造”“大数据＋智能终端”“大数据＋现代物流”等新业态、新模式，助推产业、产品向价值链中高端跃升。加强大数据在重点行业和领域的应用，促进大数据引领的智能产业发展，打造具有竞争力的产业集群，推动智能技术转化应用和产品创新，加速制造业向数字化、网络化、智能化发展，提高全要素生产率、产品附加值和市场占有率。此外，在以万物智联的数字经济为代表的新经济时代，强化大数据在政务体系的应用，推进跨领域、跨平台、跨部门数据共享，提升政府决策科学化、公共服务高效化、治理能力现代化水平，进一步改善营商环境及生态环境，更好地服务民生和社会事业。

---

① ［匈牙利］卢卡奇．历史与阶级意识［M］．杜章智等译，北京：商务印书馆，1992：150.

② 袁立国．数字资本主义批判：历史唯物主义走向当代［J］．社会科学，2018（11）.

18.3 数字劳动方式的变革及特征

18.3.1 数字劳动方式的类型

所谓的劳动方式，主要是指劳动者将劳动资料作用于劳动对象的过程，以及在这个过程中相互发生联系和发生作用的形式。当社会经济形态发生了变化，作为人类社会生产的核心内容即劳动方式是否也会发生变化？这是毋庸置疑的。

马克思的社会生产方式一般分为广义的生产方式和狭义的生产方式，广义的生产方式是指生产力与生产关系的统一体，即我们所说的社会经济形态；而狭义的生产方式则是指劳动方式，即具体生产过程中劳动者与生产资料结合和作用的方式。显然前者是社会生产方式，后者则是具体的劳动方式，但是，两者是相互联系、相互作用而不可分开的。当整个社会的生产方式即社会经济形态发生变化之后，也就意味着具体的生产过程即劳动方式也发生了变化。

所以，要解析数字经济作为新经济形态的基本落脚点，必须首先审视现实的劳动方式是否已经发生了变化，这一切的答案都深植于经济生活本身的现实中。那么，现实世界中我们的劳动方式都发生了哪些变化呢？与传统经济相比，我们可以将数字经济的劳动方式概括为三种：

第一种是单纯数字劳动方式。即：数字劳动 + 数字劳动资料（程序机器、互联网场所）+ 数字劳动对象（原始数据）= 数据产品。这种劳动方式是指在一个生产过程中，仅生产一种数字产品或者信息产品。一般是数字劳动将原始数据按照一定的要求收集起来，通过程序机器将其整合，成为可以用来分析的数据集合。随后，再对这些数据进行挖掘利用，最终生产出解决经济生活中各种问题的信息产品或者数据产品。可见，这种劳动方式一般是对原始数据的加工过程。还有就是生产单纯的数字产品，诸如各类电子游戏、流媒体、短视频等。

第二种是实体劳动与数字劳动联合方式。在一个生产过程中生产出两种产品的劳动模式，即：劳动（数字劳动、一般劳动）+ 劳动资料（数据机器、实体机器等）+ 劳动对象（实体原材料、数据原材料）= 数据产品 + 实体产品。指的是一般性劳动和数字劳动联合起来，利用虚拟机器与实体机器这些生产工具，在实体生产场所和虚拟生产场所并存的实虚空间里，作用于实体原材料与数据原材料，最终生产出虚拟数据产品和实体产品。当然这两种产品往往融为一体，如嵌入数字内容的任何实体产品和负载在实体产品上的任何数字产品。

第三种是智能劳动方式。即人工智能程序完全主导数据收集、加工和生产的这一过程（如无人机收集交通信息、农业遥感技术收集气候信息等），原本作为生产者的数字劳动者的功能被人工智能所替代。概括为：人工智能 + 劳动资料（数据机器、实体机器等）+ 劳动对象（实体原材料、数据原材料）= 数据产品 + 实体产品。这种劳动模式虽然上下都承接着数字劳动，数字劳动者在其背后也始终发挥着主导作用，但其本身的生产过程是完全虚拟的，为此其价值不仅包含劳动价值，还包含一定的马克思所说的“虚假的社会价值”。

18. 3. 2　数字劳动方式的特征

以上三种数字劳动方式与传统生产的区别在于，劳动与生产资料的结合不再完全是实体的结合，劳动过程的部分或者全部发生在虚拟空间中，发生了虚拟化的劳动关系，创造出一部分“虚假的社会价值”，从而呈现出不同于传统经济的生产方式和劳动方式的变化。而正是这些劳动方式的变化，赋予了数字经济不同于传统经济的新特征，具体表现如下。

18. 3. 2. 1　虚拟化特征

这种特征首先是数字技术进步的产物，然后在数字技术作用下生成了数字化的虚拟劳动关系：一是数字技术通过镜像生成了一个虚拟的经济世界，各种数字经济关系都在这里远程地、非接触地发生虚拟的联系；二是数字生产要素，如程序和数据是支撑这些关系发生作用的无形技术载体，而互联网则是它们运行的虚拟平台；三是数字技术可以超越现实进行经济关系的逻辑重构，构建出虚拟的生产关系，以及各种虚拟关系载体，如虚拟企业、虚拟市场等；四是各个虚拟生产主体以及客体之间的关系也发生了虚拟变化，即不仅人与人之间的关系虚拟化，而且人与物、物与物之间的关系也呈现虚拟化状态。总之，在数字经济背景下，数字生产要素作为关键性生产要素并不在于表象的虚拟化与无形化，而是深植于内在的恰为一种逻辑关系的虚拟重构，即根据现实生产要素来构建一个既源于其中又超乎其上，反过来又深深融合在其中，并主导整个生产劳动过程的虚拟运行方式。

18. 3. 2. 2　实虚融合特征

数字生产要素一般是通过虚拟的线上活动来控制线下实体生产要素进行运行的。它的实现过程是线上的人（数字劳动）控制数字虚拟机器（程序），然后再由虚拟机器（程序）向线下的人（一般劳动者）和实体机器等生产资料发送指令，进行生产活动。这种生产运行方式是将传统的实体经济与数字时代的虚拟经济融合在一起，最后形成虚拟的数字产品或者具有物理载体的实体的产品，是对传统生产方式的革命，也是数字生产要素能够作为独立生产要素存在的社会生产基础。在这一融合过程中，数字劳动者和一般劳动者相互交叉，虚拟机器与实体机器相互交叉，极大地提高了生产和流通的效率，缩短了整个生产环节所需的时间。因此，在数字经济中，虚拟的数字劳动和实体一般劳动相互融合，并由虚拟主导实体，既代表着数字生产力的先进性，也是数字经济的主要特征之一。

18.3.2.3 超越时空特征

数字生产要素可以不受地理位置或底层物理配置的限制，数字劳动工具（程序）和劳动对象（数据）可以被直接复制到线上，数字劳动者之间的合作也不再受限于时间，最终在不同的时间和空间内相互结合，重构一个线上虚拟生产过程，形成数字产品。因此，数字经济超越时空的这一特征实现的基础主要源于劳动工具和劳动对象的数字化。正是作为数字劳动对象的数据可以通过作为数字劳动工具的程序被数字劳动者随时随地进行加工，并最终形成数字产品，摆脱了传统生产所受到的时间和空间的束缚，达到超越时空的特性。

首先，开源共享特征。在数字经济中，作为劳动对象的数据与作为劳动工具的程序具有非竞争性和准公共品的特征，其几乎无成本地移动、复制、协作及共享的功能在数字生产过程中起到了核心作用，两者也是数字生产不受时空限制的基础。因此，数字经济的生产过程和劳动成果是可以流动与共享的，数据也可以作为公有资本替代私有资本，实现数字生产的社会化。不同的数字劳动者可以在不同的时空使用相同的程序对同一种原始数据进行加工（开源加工），在生产出各种新的数据服务的同时，还可以对开源程序进行完善和拓展，并最终共享劳动成果。因此开源性和共享性也同样代表着数字生产的先进性，是数字经济最重要的特征之一。

其次，智能化特征。在数字生产过程中，数字劳动者可以通过数字劳动工具（人工智能程序）形成一种完全虚拟的数字劳动（无人劳动或智能劳动）。与传统经济相比，第一，智能劳动所使用的劳动工具更智能、更复杂，其中凝聚的科技水平也更高；第二，智能劳动具有部分自主性，在有效延伸人的意志的同时，还可以通过“算法”优化生产，达到现有资源的最优配置；第三，智能劳动可以远距离执行人的命令，拉长人和生产资料之间的距离，可实现“无接触生产”，极大地降低了生产风险，在当下意义重大。需要注意的是，尽管完全虚拟的智能劳动背后的主导依然是数字劳动者，它既是数字劳动者上一虚拟劳动的延续（数字劳动者通过编程形成人工智能程序），在形成数字产品之后，又承接着下一环节的运输、交换和分配过程，在上下两个环节内都凝结着人类的一般劳动，但是其本身的智能生产过程却是非劳动的，具有非劳动性和虚拟性。因此，智能经济的生产过程具有智能化和非劳动化的特征。

18.4 数字劳动价值增值的新特征

18.4.1 数字劳动价值增值的基本内涵

按照马克思的劳动价值理论，数字劳动可以分为生产性劳动和非生产性劳动。生产性劳动是以数字化的知识和信息作为关键性的生产要素，与其他生产资料和劳动力一起创造出有形产品或无形产品的劳动。生产性劳动是耗费了人的脑力或体力的劳动。在生产具体产品的过程中，它们具有不同的形式，产生了不同类型的产品，所以劳动过程体现了具体劳动的特征。同时，在生产有形产品或无形产品的劳动过程中，又要耗费体力或脑力的无差别的人类劳动，具有抽象劳动的特征。一般地讲，具体劳动与其他生产资料一起创造商品的使用价值，抽象劳动形成商品的价值。生产性的数字劳动产生的劳动产品，经过市场交换后成为商品，此类商品也具有使用价值和价值。数字劳动过程中生产的商品的使用价值是商品对人的有用性，价值则是凝结着商品中无差别的人类劳动。

在生产性数字劳动过程中，劳动力这种特殊的商品是形成数字商品新价值的关键。只是，在生产性数字劳动过程中，劳动者一般具有高素质和高技能，其劳动一般是复杂劳动，其生产的商品具有科技含量高和数字化程度高等特点。劳动力这种特殊的商品，与其他生产资料相结合，可以在劳动过程中创造出新价值，即价值形成与价值增值。新价值的一部分是劳动力价值，具体表现为数字劳动者的工资；另一部分则是剩余价值，归资本所有者无偿占有。在数字劳动过程中，剩余价值的产生，可以通过增加数字劳动者的劳动时间等绝对剩余价值生产方式实现，也可以通过提高技术水平进而增加劳动生产率等相对价值生产方式实现。随着劳动法律的健全以及技术进步，通过技术创新提高劳动生产率，进而提高相对剩余价值是资本所有者获得剩余价值的主要方式。一些率先采用新技术的企业，可能还会获得超额剩余价值。随着信用制度的创新，通过兼并、重组、股份制和上市等方式，一些以数字知识和信息为核心生产要素的公司能够迅速集中分散的小资本成为大资本，通过平台垄断等获得超额的剩余价值。垄断性的数字平台等，不仅可以获得超额剩余价值，还可以凭借平台优势获取接入平台的其他生产商或服务提供商缴纳的租金，以及攫取消费者的剩余价值。与传统产业相比，这可以解释为什么以数字化的知识和信息为核心要素的公司能够在很短时间内成为世界级的“巨无霸”公司。数字劳动过程中的非生产性劳动，则不能创造新价值。如娱乐性的“玩劳动”以及自助服务性劳动，仅仅是帮助实现商品的价值。在流通领域，商品资本的所有者会参与特定商品剩余价值的分配。如果商品资本的所有者建立起了垄断性的数字平台，可能会挤压前端生产者的剩余价值，同时攫取后端消费者的剩余价值。

资本家以占有劳动者剩余劳动的形式获取剩余价值，剩余劳动本质上是被资本家无偿占有的超过必要劳动时间的劳动，即无酬劳动。因此，剩余价值就是劳动者在无酬劳动时间内创造的价值，其实质是无酬劳动时间的对象化。互联网平台资本家的预付资本包括不变资本，用于购买技术设备、基础设施等生产资料，为网络用户提供创造或处理加工数字信息内容的服务场域，其价值量在价值创造过程中没有发生本质性的变化；以及可变资本，即数据处理员工的工资。资本家首先对经过生产阶段 L1——平台用户通过浏览、评论、分享等行为对网络上最初未被加工的数字信息内容进行加工、创造所生成的数字信息内容进行收集、占有；进而将经过生产阶段 L2——后台的数据处理员工对原数据进行处理、整合与分析所产生的数据产品商品化，如售卖给广告公司，或通过其他商业途径获取利润。至此，数据商品便转化为货币资本 M。同时，互联网资本家还会不断地把获取的利润与剩余价值投入企业的再生产，如此循环往复，实现资本积累。

可以看出，整个生产过程的可变资本应既包括有偿劳动 V_m，也包括用户的无偿劳动 V_d，即 $V = V_m + V_d$，M 是由互联网用户和企业员工共同劳动所得。在生产阶段 L1，资本家为用户提供了生产资料即互联网平台与技术，但并未对用户进行工资的支付，无偿占有其劳动。剩余价值的来源应包括有薪员工在剩余劳动时间内创造的价值量以及互联网用户在平台生成被资本增殖所用的数据内容的时间内创造的所有价值量，有薪员工与无酬数字劳动者共同创造了剩余价值。同时，用户的行为在被转化为具有商业价值的数字劳动行为的过程中，尽管有些数据资源没有立刻形成具有价值与使用价值双重属性的商品，但数字劳工与生产体系中的其他劳动者，如互联网软硬件的维护人员、程序员、ICT 技术人员等，一同参与了社会再生产的价值创造过程。总之，数字劳工不断地生产、输出与创造信息内容，无偿驱动着社交媒体与互联网企业的资本生产与商业增殖。

18.4.2 数字劳动价值增值的新特征

处于数字资本逻辑统摄之下的数字劳动已与新的资本盈利模式相勾连，互联网用户实际沦为资本增殖的“数据佃农”。与当代垄断资本主义下工人自发地接受工厂秩序相对应，那么，互联网资本家如何将数字劳工引诱进信息技术建构的虚拟空间？又如何使他们自愿地屈从于互联网所构建的资源分配规则与秩序？他们的剩余价值创造与资本增殖参与过程何以被遮蔽？显然，与大工业时代资本占有者的强制性不同，数字资本家以一种更具迷惑性的隐性机制强化了对数字劳工的剥削与控制，资本实现了对剥削对象的泛化、剥削场域的延展与剥削形式的进化。

18.4.2.1 垄断数据信息资源

大工业时代，资本家力图对物质生产资料进行积聚与垄断，反照当代，数字资本时代的资本家对核心技术与数据资源进行独占与垄断。[①] 资本家利用数据资源“非现实性、分享增值性、非稀缺性、非排他性和共享性”的特性，创造了全新的资源提取和垄断机制。一是创建和提供用于不同群体交互的数字化基础设施——数字平台，以发挥网络效应、实现用户聚合，用户对平台访问、对数据资源使用的次数越多，数据越增值，平台也就越增值。二是对数字平台进行垄断，圈占封闭的数据池，集中控制数据的生产与再生产过程，注重对数据潜在生产力的把控。三是继平台创建和垄断之后，将资本主义生产的方方面面整合进数字平台，从而占据整个资本生产产业链的顶端。

可以看出，互联网资本家一方面无偿占有平台用户的信息数据资源，使私人数据逐渐商业化、产业化与金融化；另一方面利用数据的分享增值性、共享性特征，将部分技术与数据资产去中心化、去组织化，允许用户免费获取分享资源、共享技术平台，发挥数据的分享增值功能。正如前面的分析，一是无偿占有用户被动留下的数据痕迹并转换为“一般数据”，使之成为谋取商业利润的来源与数字资本牟利的资源；二是无偿占有无数用户在自主性活动中为平台创造的源源不断的内容资源，以实现差异化、多样化的整体社会范围内跨专业、跨组织的个体动员与创意吸纳。数字资本正在被社会的全体成员所生产，但其成果却被资本家私有化了。总之，数字资本凭借网络平台的垄断性特征和“一般数据”的支配性地位，无偿占有劳动者剩余价值，对其实行强制性剥削。同时，由于数据正在越来越大的程度上决定经济价值，资本家只要控制网络的中心生产资料，即“一般数据”，就能够以绝对的统治权和压倒性资本优势支配整个社会机器大生产过程中的价值创造和分割全社会生产的剩余价值。

18.4.2.2 模糊工作——休闲界限

马克思指出，“机器就其本身来说缩短劳动时间，而它的资本主义应用延长工作日”[②]。数字资本重组劳动过程，以人工智能与技术设备取代人工，原本应使人们从复杂烦琐的工作中解放出来，获得更多的休闲时间，实际上却延长了工作日、加大了工作强度。同时，马克思指出，一切资本主义生产都具备一个共同点：“不是工人使用劳动条件，相反地，而是劳动条件使用工人，不过这种颠倒只是随着机器的采用才取得了在技术上很明显的现实性。”[③] 显然，数字资本主义下的技术控制仍然体现出这种异化与颠倒。资本主义由工业化转向数字信息化，重复琐碎的强制性机械劳动已相对松动为自

---

① 关于数据信息的垄断是知识分子探讨的重要议题，不论是左翼学者赫伯特·席勒、蒂姆·卢克，还是自由主义理论家加里·马克斯、戴维·伯纳姆、詹姆斯·鲁尔，他们都提醒数据库被寡头独占带来的负面效应。参见［美］马克·波斯特．第二媒介时代［M］．范静哗译，南京：南京大学出版社，2000：111－112.

②③ 马克思恩格斯文集第5卷［M］．北京：人民出版社，2009：487.

主自控性活动，活跃在智能设备上的人们似乎全程以一种主体性掌控自身。表面看来，数字化工作摆脱了以往工人纯粹听任机器指挥、充当机器的有意识肢体的状态，转而成为一种“工人使用劳动条件”的自主活动；但事实却是人们的娱乐活动被普遍劳动化，“工作时间和非工作时间泾渭分明”的状态被打破，几乎所有的休闲时间都被纳入数字资本主义的剥削体制之中。与劳动者拼命逃离高度压迫性劳动相反，劳动者不自觉蚕食自己的非劳动时间，对异化劳动的拒斥趋于消除，无间歇的工作观念被认同。数字劳动者“积极”参与资本扩张过程，同时遭受着资本的无耻剥削，这也就意味着数字资本主义样态下异化的加深。数字资本主义利用技术革新成功激活了人类劳动的延展性，将劳动者无缝地对接入工作世界中。

18.4.2.3 侵占社会生活全部领域

数字资本主义时代，几乎一切都被纳入数字化的轨道，人与人成为数据网络技术链条上的一个个环节。全面掌控着数字技术和信息资源的资本，无疑具备一种比机器大生产时代更具隐蔽性、更强大的驱动力来推动劳动者全方位地参与剩余价值生产和资本增殖的过程中。由于数字资本平台为人们提供了全面多样的数字化生活服务，为获取基本生存、社会交往、阶层跃升等资源的人们不得不依赖于数字技术平台进行活动。除工作外，人们的学习、休闲、消费、社交等活动被编织进数字技术构建的虚拟世界中，如果说人们不会察觉到数字劳工的身份，那么更不会拒斥“数字”对自己身、心、灵的全面接管，甚至还以极高的主动性参与并沉溺其中，为数字资本主义注入源源不断的“数据燃料”。

毫无疑问，以资本逐利为本质属性的数字平台正在以资本逻辑重组和架构人们的生活方式，生产体系之外的日常行为活动也难逃资本的操控。“互联网是资本的场域、剥削劳工的场域，也是社会的场域、阶级形成和抵抗的场域。”① 不同于大工业时代对生产工人剩余劳动的剥削，数字资本家直接把“生产流水线”内置于个人的移动设备或电脑端，资本逻辑实现向私人空间的撤退，并渗透蔓延到人们社会生活的各个角落。遭受着劳动剥削与心智奴役的人们越来越丧失其独立性和个性，日渐沦为“数字的奴隶”。总之，资本数字平台对人们的社会生活等领域实现了全方位的侵蚀与控制，社会生活领域的方方面面都被纳入资本体系。

◎ 本章提要

数字劳动是在数字经济背景下，数字化的知识和信息作为关键生产资料的生产性劳动和非生产性劳动。数字化的知识和信息作为关键生产资料是数字劳动区别于其他劳动的特殊性，而生产性劳动和非生产性劳动，则是数字劳动过程中的两种表现。按照表现形式，数字

---

① 马克思恩格斯文集第5卷［M］．北京：人民出版社，2009：508.

劳动可以划分为互联网的专业劳动、无酬劳动、受众劳动和玩劳动四类。数字劳动中的“无酬劳动”较传统劳动，使数字劳动具有虚拟性、多样性、即时性三大基本特点。结合马克思关于物质性劳动与非物质性劳动的论述，阐释信息技术新元素的融入是否导致数字劳动物质属性的改变，进而深入数字劳动是对马克思劳动范畴的超越还是只是劳动形式在信息化时代的延伸与新变种这一根本性问题，因此有必要剖析数字劳动的物质属性及劳动本性两种特性。

在知识经济时代，由于教育对经济社会发展的重要性，信息资本与人力资源相结合，形成了数字人力资本。数字人力资本是引领大数据释放创新红利的主导力量，且与互联网技术紧密存在，在解决劳动能力转化为实际劳动的不确定性问题时面临更加复杂的局面。处于数字资本逻辑统摄之下的数字劳动已与新的资本盈利模式相勾连，互联网用户实际沦为资本增殖的“数据佃农”。垄断数据信息资源、模糊工作—休闲界限和侵占社会生活全部领域已成为数字劳动价值增值的新特征。

◎ 概念复习

数字劳动　数字人力资本　数字劳动价值增值

◎ 课后思考题

（1）数字劳动的定义是什么？数字劳动可以划分为哪几类？数字劳动的特性和特征分别表现在哪几个方面？

（2）数字人力资本与技术创新之间存在什么关系？

（3）数字劳动方式的变革包括哪几类？变革的特征有哪些？

（4）数字劳动价值增值的基本内涵是什么？数字劳动价值增值有哪些新特征？

参考文献

[1] Ivan Sarafanov. 金砖国家数字产品贸易壁垒对数据密集型行业全要素生产率及宏观经济影响研究 [D]. 对外经济贸易大学，2020.

[2] 埃里克·罗尔. 经济思想史 [M]. 北京：商务印书馆，2021.

[3] 柏培文，张云. 数字经济、人口红利下降与中低技能劳动者权益 [J]. 经济研究，2021，56 (5)：91 - 108.

[4] 蔡伟钊. 数字化转型中卷烟零售终端的新零售应用探讨 [J]. 现代商贸工业，2022，43 (15)：43 - 45.

[5] 蔡跃洲，马文君. 数据要素对高质量发展影响与数据流动制约 [J]. 数量经济技术经济研究，2021，38 (3)：64 - 83.

[6] 蔡跃洲. 数字经济的增加值及贡献度测算：历史沿革、理论基础与方法框架 [J]. 求是学刊，2018 (5).

[7] 曹萍，张剑. 数字产品定价中传统经济学方法失灵原因及定价策略 [J]. 经济与管理，2008 (10)：68 - 72.

[8] 曹媛媛. "第五个现代化"：国家治理实践创新的中国逻辑 [EB/OL]. 中国社会科学网站，http：//www. cssn. cn/zzx/yc_zzx/201911/t20191129_5050724. shtml，2019 - 11 - 29.

[9] 陈兵. 因应超级平台对反垄断法规制的挑战 [J]. 法学，2020 (2)：103 - 128.

[10] 陈冬梅，王俐珍，陈安霓. 数字化与战略管理理论——回顾、挑战与展望 [J]. 管理世界，2020，36 (5)：220 - 236 + 20.

[11] 陈江华，乜勇. 我国数字教育产业的发展研究 [J]. 数字教育，2015，2 (1)：5.

[12] 陈玲，孙君，李鑫. 评估数字经济：理论视角与框架构建 [J]. 电子政务，2022 (3)：40 - 53.

[13] 陈梦根，张鑫. 数字经济的统计挑战与核算思路探讨 [J]. 改革，2020 (9)：52 - 67.

[14] 陈若芳，周泽红. 数字经济新特征及发展逻辑：一个政治经济学的分析框架 [J]. 改革与战略，2021，37 (3)：41 - 50.

［15］陈万钦．数字经济理论和政策体系研究［J］．经济与管理，2020，34（6）：6－13.

［16］陈晓红，李杨扬，宋丽洁，汪阳洁．数字经济理论体系与研究展望［J］．管理世界，2022，38（2）：208－224.

［17］陈滢．数字旅游产业发展的机遇与路径探析［J］．中国经贸导刊（中），2020，986（11）：54－55.

［18］陈永伟．美国众议院《数字市场竞争状况调查报告》介评［J］．竞争政策研究，2020（5）：5－20.

［19］陈志刚．企业数字化管理系统框架构建及其实证研究［D］．武汉理工大学，2008.

［20］戴长征，鲍静．数字政府治理——基于社会形态演变进程的考察［J］．中国行政管理，2017（9）：21－27.

［21］戴双兴．数据要素：主要特征、推动效应及发展路径［J］．马克思主义与现实，2020（6）：171－177.

［22］杜江萍，薛智韵，高平．数字产品免费价格策略探析［J］．企业经济，2005（5）：61－63.

［23］杜昕然．产业数字化发展的战略逻辑与现实举措［J］．理论视野，2022（7）：56－60.

［24］杜雪锋．数字经济发展的国际比较及借鉴［J］．经济体制改革，2020（5）：164－170.

［25］二十国集团数字经济发展与合作倡议［EB/OL］．中国网信网，http：//www.cac.gov.cn/2016－09/29/c_1119648520.htm，2016－09－29.

［26］冯虎．数字政务让公共服务触手可及［EB/OL］．中国经济网，http：//www.ce.cn/xwzx/gnsz/gdxw/201905/08/t20190508_32021079.shtml，2019－05－08.

［27］高鸿业．西方经济学：微观部分．第7版［M］．北京：中国人民大学出版社，2018.

［28］高晓雨．2020年二十国集团沙特会议关于数字经济测度议题的讨论［J］．中国信息化，2020（12）：102－104.

［29］耿志云．数字经济关键要素解读［J］．科学24小时，2019（7）：12－14.

［30］郭启全．大力加强数字政府网络安全综合防御体系建设为数字政府和数字经济保驾护航［EB/OL］．人民网，http：//www.egovernment.gov.cn/art/2022/7/5/art_194_6390.html，2022－07－01.

［31］国务院．国务院关于加强数字政府建设的指导意见［EB/OL］．中华人民共和国中央人民政府，http：//www.gov.cn/zhengce/content/2022－06/23/content_5697299.htm，2022－06－23.

［32］国兴智库．当前我国数字经济发展面临的五大挑战及应对策略［EB/OL］．http：//www. nrttc. com/？p＝548，2022－07－04.

［33］哈里·布雷弗曼．劳动与垄断资本：二十世纪中劳动的退化［M］．方生等译，北京：商务印书馆，1978.

［34］韩向东，季献忠．企业数字化转型八大发展趋势［J］．管理会计研究，2021，4（Z1）：21－26＋101.

［35］韩亚品．数字经济生态系统的内涵、特征及发展路径［J］．国际经济合作，2021（6）：43－51.

［36］何大安．中国数字经济现状及未来发展［J］．治理研究，2021，37（3）：5－15.

［37］胡明雪．"数字政府"的建设与传统行政文化的冲突与消解［C］．第六届公共政策智库论坛暨产业数字化与数字化产业国际研讨会论文集，2020：183－186.

［38］胡若痴，张宏磊．数字金融助力我国制造业企业出口的动态机制与对策研究［J］．经济纵横，2022，444（11）：64－71. DOI：10. 16528/j. cnki. 22－1054/f. 202211064.

［39］胡雯．中国数字经济发展回顾与展望［J］．网信军民融合，2018（6）：18－22.

［40］黄丽．企业立足之本——产品质量战略［J］．价值工程，1998（2）：44－46.

［41］黄满盈．中国贸易条件实证分析（1981～2004）［D］．北京：对外经济贸易大学，2006.

［42］黄益平，黄卓．中国的数字金融发展：现在与未来［J］．经济学（季刊），2018，17（4）：1489－1502. DOI：10. 13821/j. cnki. ceq. 2018. 03. 09.

［43］金丹凤．网络经济下的数字产品定价策略［J］．市场周刊．理论研究，2006（8）：54－55.

［44］金星晔，伏霖，李涛．数字经济规模核算的框架、方法与特点［J］．经济社会体制比较，2020（4）：69－78.

［45］康芸．加快传统产业企业数字化转型［J］．宏观经济管理，2022（6）：82－90.

［46］克雷格·兰伯特．无偿：共享经济时代如何重新定义工作［M］．孟波等译，广州：广东人民出版社，2016.

［47］蓝庆新，窦凯．美欧日数字贸易的内涵演变、发展趋势及中国策略［J］．国际贸易，2019（6）：48－54.

［48］雷楠，吴欢．数字平台垄断问题及其治理策略研究［J］．中国物价，2021（11）：36－38＋66.

［49］李飞．全渠道零售的含义、成因及对策——再论迎接中国多渠道零售革命风暴［J］．北京工商大学学报（社会科学版），2013（2）：1－11.

［50］李洁，张天顶．投入产出分析与中国数字经济规模的测量［J］．当代经济管理，2021，43（10）：66－73.

［51］李婧，李凌汉．中国数字内容产业发展中存在的问题及政府调控［J］．经济

研究导刊，2009（4）：21 -22.

［52］李娟，刘爱峰．数字经济驱动中国经济高质量发展的逻辑机理与实现路径［J］．新疆社会科学，2022（3）：47 -56.

［53］李仙娥．数字经济时代数字劳动的辩证法［N］．中国社会科学报，2017 -04 -27.

［54］李霄．我国搜索引擎产业创新中的科技伦理问题研究［D］．武汉大学，2017.

［55］李晓华．数字经济新特征与数字经济新动能的形成机制［J］．改革，2019（11）：40 -51.

［56］李旭东，李阳．国内外数字医疗产业模式实践进展——对比分析的视角［J］．工业技术经济，2020，39（7）：7.

［57］李延舜，冯洁峰．数字市场垄断行为的认定［J］．河南社会科学，2021，29（8）：28 -36.

［58］李妍．从芝加哥学派到后芝加哥学派：理论变迁与政策影响［D］．东北财经大学，2010.

［59］李焰，高弋君，李珍妮等．借款人描述性信息对投资人决策的影响——基于P2P 网络借贷平台的分析［J］．经济研究，2014，49（A01）：13.

［60］李永红，黄瑞．我国数字产业化与产业数字化模式的研究［J］．科技管理研究，2019，39（16）：129 -134.

［61］李玉昊．RTAs 框架下美式数字知识产权规则及其数字贸易效应研究［D］．对外经济贸易大学，2021.

［62］李原，罗英．企业动态联盟的理论渊源与演进探析［J］．企业导报，2012（19）：244 -245.

［63］李允尧，刘海运，黄少坚．平台经济理论研究动态［J］．经济学动态，2013（7）：123 -129.

［64］李政，周希禛．数据作为生产要素参与分配的政治经济学分析［J］．学习与探索，2020（1）：109 -115.

［65］梁华．整体性精准治理的数字政府建设：发展趋势、现实困境与路径优化［J］．贵州社会科学，2021（8）：117 -123.

［66］林度空间．全产业链数据价值释放路径：数据的资源化、资产化与资本化［EB/OL］．思谋网，https：//www. scmor. com/view/7532，2022 -01 -18.

［67］林秀芹．论数字经济反垄断的范式转变——以欧盟《数字市场法》为镜鉴［J］．知识产权，2022（7）：3 -19.

［68］刘昌新，吴静．塑造数字经济：数字化应用场景战略［J］．清华管理评论，2021（6）：92 -96.

［69］刘世昕．国家机构改革重塑：以人民为中心 提升国家治理能力［EB/OL］．中

国青年网，http：//news. youth. cn/gn/202206/t20220615_13772591. htm，2022 - 06 - 15.

［70］刘淑春．中国数字经济高质量发展的靶向路径与政策供给［J］．经济学家，2019（6）：52 - 61.

［71］刘向东，陈成漳．互联网时代批发商的“再中介化”——价值链整合视角［J］．商业经济与管理，2016（6）：5 - 14.

［72］刘向东，何明钦，米壮．全渠道零售系统：基于中国的实践［J］．北京工商大学学报（社会科学版），2021，36（3）：13.

［73］刘亚洲．IT 分销企业数字化转型战略分析［D］．北京交通大学，2021.

［74］刘卓军，周城雄．中国数字内容产业的创新模式分析［J］．中国软科学，2007（6）：111 - 114.

［75］卢卡奇．历史与阶级意识［M］．杜章智等译，北京：商务印书馆，1992.

［76］吕铁．传统产业数字化转型的趋向与路径［J］．人民论坛 · 学术前沿，2019（18）：13 - 19.

［77］罗欢欢．基于移动终端的数字出版产品研究［D］．河北大学，2014.

［78］罗贞礼．我国数字经济发展的三个基本属性［J］．人民论坛 · 学术前沿，2020（17）：6 - 12.

［79］马克思恩格斯全集第 23 卷［M］．北京：人民出版社，1972：52.

［80］马克思恩格斯文集第 5 卷［M］．北京：人民出版社，2009.

［81］马克思恩格斯选集第 1 卷［M］．北京：人民出版社，2012.

［82］梅宏．大数据与数字经济［J］．求是，2022（2）.

［83］欧阳日辉，杜青青．数据要素定价机制研究进展［J］．经济学动态，2022（2）：124 - 141.

［84］裴长洪，倪江飞，李越．数字经济的政治经济学分析［J］．财贸经济，2018，39（9）：5 - 22.

［85］蒲嘉陵．数字化及其对印刷生产方式的影响［J］．北京印刷学院学报，1999（4）：6 - 12.

［86］戚聿东，蔡呈伟．数字化企业的性质：经济学解释［J］．财经问题研究，2019（5）：121 - 129.

［87］戚聿东，肖旭．数字经济时代的企业管理变革［J］．管理世界，2020，36（6）：135 - 152.

［88］戚聿东，肖旭．新基建，新引擎：产业动能转换与企业管理创新［J］．清华管理评论，2020（9）：74 - 83.

［89］齐爱民，盘佳．数据权、数据主权的确立与大数据保护的基本原则［J］．苏州大学学报（哲学社会科学版），2015，36（1）：64 - 70 + 191.

［90］钱金叶，杨飞．中国 P2P 网络借贷的发展现状及前景［J］．金融论坛，2012，17（1）：46－51．

［91］乔纳森·克拉里．24/7：晚期资本主义与睡眠的终结［M］．许多，沈清译，北京：中信出版社，2015：13．

［92］乔晓楠，郗艳萍．数字经济与资本主义生产方式的重塑——一个政治经济学的视角［J］．当代经济研究，2019（5）：5－15．

［93］任保平．数字经济学导论［M］．北京：科学出版社，2022：197－209．

［94］任剑新．美国反垄断思想的新发展——芝加哥学派与后芝加哥学派的比较［J］．环球法律评论，2004（2）：234－245．

［95］尚新丽，马云飞．数字产品供求影响因素分析［J］．图书馆学研究，2014（10）：55－58＋17．

［96］沈芳．经济理论对美国反垄断政策的影响［J］．上海师范大学学报（哲学社会科学版），2008（2）：12－17．

［97］盛斌，高疆．超越传统贸易：数字贸易的内涵、特征与影响［J］．国外社会科学，2020（4）：15．

［98］《数字政府》，百度百科，2022 年 10 月 15 日，https：//baike. baidu. com/item/数字政府/2273341．

［99］宋冬林，孙尚斌，范欣．数据成为现代生产要素的政治经济学分析［J］．经济学家，2021（7）：35－44．

［100］宋捷．数据安全风险分析及应对策略初探［J］．通信与信息技术，2022（5）：59－61．

［101］宋涛．政治经济学教程（第 13 版）［M］．北京：中国人民大学出版社，2021：43－45．

［102］宋宇，嵇正龙．论新经济中数据的资本化及其影响［J］．陕西师范大学学报（哲学社会科学版），2020，49（4）：123－131．

［103］孙杰．从数字经济到数字贸易：内涵、特征、规则与影响［J］．国际经贸探索，2020，36（5）：87－98．

［104］孙晓雅，陈娟娟．网络型组织结构如何有效推动知识管理——基于 IBM 的案例研究［J］．图书馆学研究，2016（2）：13－17．

［105］孙远钊．论数字市场和网络平台的竞争与垄断——国际实证调研梳理与欧、美最近发展［J］．竞争政策研究，2021（2）：5－28．

［106］唐建培．精益管理在企业管理中的运用分析［J］．产业创新研究，2022（6）：123－125．

［107］田刚元，陈富良．经济全球化中的数字鸿沟治理：形成逻辑、现实困境与中国路径［J］．理论月刊，2022（2）：88－94．

[108] 佟家栋，张千．数字经济内涵及其对未来经济发展的超常贡献［J］．南开学报（哲学社会科学版），2022（3）：19－33.

[109] 万福才，王伟．数字产品动态定价方法［J］．系统工程，2006（10）：92－95.

[110] 万鹏，谢磊．俞可平：推进国家治理体系和治理能力现代化［EB/OL］．中国共产党中文网，http：//theory. people. com. cn/n/2014/0227/c83859－24485027. html，2014－02－27.

[111] 王春英，陈宏民，杨云鹏．数字经济时代平台经济垄断问题研究及监管建议［J］．电子政务，2021（5）：2－11.

[112] 王乐，周艳春，柳艳娇．小微企业动态联盟及运行模式探究［J］．价值工程，2013，32（34）：111－112.

[113] 王磊，杨宜勇．数字经济高质量发展的五大瓶颈及破解对策［J］．宏观经济研究，2022（2）：107－114.

[114] 王磊．日本中小企业产品策略实证分析［J］．鸡西大学学报，2016，16（11）：78－80.

[115] 王强，刘玉奇．新零售引领的数字化转型与全产业链升级研究——基于多案例的数字化实践［J］．商业经济研究，2019（18）：5－8.

[116] 王拓．软件贸易发展新趋势、影响及我国的应对［J］．湖北社会科学，2019（3）：6.

[117] 王伟玲，王晶．我国数字经济发展的趋势与推动政策研究［J］．经济纵横，2019（1）：69－75.

[118] 王先林，方翔．平台经济领域反垄断的趋势、挑战与应对［J］．山东大学学报（哲学社会科学版），2021，245（2）：87－97.

[119] 王小丹．新零售时代现代物流发展途径研究［J］．长江工程职业技术学院学报，2022，39（2）：66－69.

[120] 王晓玲，孙德林．数字产品及其定价策略［J］．当代财经，2003（12）：17－19.

[121] 王震．农村老年人数字化生活适应与支持对策研究［D］．江南大学，2021.

[122] 王知津，潘颖．中文搜索引擎商业模式比较：以百度和谷歌为例［J］．图书馆工作与研究，2012（11）：8.

[123] 王子都．供应链及其管理探析［J］．中国市场，2022（8）：168－169.

[124] 魏中龙．数字经济的内涵与特征研究［J］．北京经济管理职业学院学报，2021，36（2）：3－10.

[125] 吴汉洪，王申．数字经济的反垄断：近期美国反垄断领域争论的启示［J］．教学与研究，2020，496（2）：40－54.

[126] 习近平．切实把思想统一到党的十八届三中全会精神上来［J］．求是，2014

(1): 3 - 6.

[127] 鲜祖德，王天琪. 中国数字经济核心产业规模测算与预测 [J]. 统计研究，2022，39 (1): 4 - 14.

[128] 谢富胜，吴越，王生升. 平台经济全球化的政治经济学分析 [J]. 中国社会科学，2019 (12): 62 - 81.

[129] 谢康，王帆. 数字经济理论与应用基础研究 [J]. 中国信息化，2019 (5): 7 - 13.

[130] 谢莉娟，毛基业，王诗桪. 互联网驱动的自有品牌服装零售——韩都衣舍. 中国管理案例共享中心案例库、中国人民大学商学院案例库.

[131] 谢莉娟，王晓东. 数字化零售的政治经济学分析 [J]. 马克思主义研究，2020 (2): 100 - 110.

[132] 谢武生，董帝烺，何晋毅. 5G 网络赋能数字医疗的探索及应用 [C]. 北京：2019 年 5G 网络创新研讨会，2019.

[133] 新闻出版总署关于加快我国数字出版产业发展的若干意见 [EB/OL]. http: //www. gov. cn/gongbao/content/2011/content_1778072. htm，2010 - 08 - 06/2022 - 08 - 05.

[134] 幸元斌. 打造政府数据共享平台，加快"数字政府"建设 [J]. 企业文化 (下旬刊)，2017 (001): 252.

[135] 熊静岚. 精益管理在企业管理中的运用 [J]. 现代商业，2022 (4): 142 - 144.

[136] 熊巧琴，汤珂. 数据要素的界权、交易和定价研究进展 [J]. 经济学动态，2021 (2): 143 - 158.

[137] 徐水尚. 虚拟企业运营模式研究 [D]. 华中师范大学，2007.

[138] 许宪春，张钟文，胡亚茹. 数据资产统计与核算问题研究 [J]. 管理世界，2022，38 (2): 16 - 30.

[139] 闫世刚. 数字内容产业国际发展模式比较及借鉴 [J]. 技术经济与管理研究，2011 (1): 104 - 107.

[140] 杨波，黄嘉珍. 数字经济融入微观经济学教学内容的方案设计 [J]. 商业经济，2021 (4): 186 - 188.

[141] 杨大鹏. 数字产业化的模式与路径研究：以浙江为例 [J]. 中共杭州市委党校学报，2019 (5): 76 - 82.

[142] 杨东. 论反垄断法的重构：应对数字经济的挑战 [J]. 中国法学，2020，215 (3): 206 - 222.

[143] 杨凯鸽，董雪. 人工智能技术在教育中的应用现状与展望 [J]. 科技创新与应用，2022 (12): 189 - 192.

[144] 杨晓哲，任友群．教育人工智能的下一步——应用场景与推进策略［J］．中国电化教育，2021（1）：89－95.

[145] 杨卓凡．我国产业数字化转型的模式、短板与对策［J］．中国流通经济，2020，34（7）：60－67.

[146] 叶雅珍，刘国华，朱扬勇．数据资产相关概念综述［J］．计算机科学，2019，46（11）：20－24.

[147] 于晓，叶申南．欧日韩数字经济政策、发展趋势及中国策略［J］．财政科学，2021（6）：135－141.

[148] 俞明南，鲍琳琳．数字产品的经济特征分析［J］．情报杂志，2008（7）：105－107.

[149] 袁红，陈伟哲．数字产品成本结构的特殊性及其应用［J］．情报杂志，2007（10）：123－125.

[150] 袁红．电子政务数字产品及其经济学分析［J］．情报杂志，2006（9）：93－95.

[151] 臧旭恒．从哈佛学派、芝加哥学派到后芝加哥学派——反托拉斯与竞争政策的产业经济学理论基础的发展与展望［J］．东岳论丛，2007（1）：15－20＋1.

[152] 曾德麟，蔡家玮，欧阳桃花．数字化转型研究：整合框架与未来展望［J］．外国经济与管理，2021，43（5）：63－76.

[153] 翟云．中国数字政府建设的理论前沿问题［J］．行政管理改革，2022（2）：42－51.

[154] 张春飞．数字贸易的主要特征、发展趋势和对策研究［J］．新经济导刊，2021（3）：62－66.

[155] 张二震，马野青．国际贸易学［M］．南京：南京大学出版社，2015.

[156] 张帆，刘新梅．网络产品、信息产品、知识产品和数字产品的特征比较分析［J］．科技管理研究，2007（8）：250－253.

[157] 张峰，刘璐璐．数字经济时代对数字化消费的辩证思考［J］．经济纵横，2020（2）：45－54.

[158] 张辉，石琳．数字经济：新时代的新动力［J］．北京交通大学学报（社会科学版），2019，18（2）：10－22.

[159] 张莉，卞靖．数据要素定价问题探析［J］．中国物价，2022（4）：4.

[160] 张丽，邢玉玉，马晓琳．制造企业数字化转型的动力、模式与路径研究［J］．全国流通经济，2021（24）：132－134.

[161] 张路娜，胡贝贝，王胜光．数字经济演进机理及特征研究［J］．科学学研究，2021，39（3）：406－416＋4.

[162] 张群，周丹，吴石磊．我国数字贸易发展的态势、问题及对策研究［J］．经济纵横，2020（2）：106－112.

[163] 张雯. 数字资本主义的数据劳动及其正义重构 [J]. 学术论坛，2019，42 (3)：106－111.

[164] 张新新. 传统出版与新兴出版深度融合，推进数字出版高质量发展——2019 年度数字出版盘点 [J]. 科技与出版，2020 (3)：15.

[165] 张勋，万广华，张佳佳，何宗樾. 数字经济、普惠金融与包容性增长 [J]. 经济研究，2019，54 (8)：71－86.

[166] 张燕. 江西传统产业数字化转型的模式与路径研究 [J]. 中国集体经济，2022 (17)：28－30.

[167] 张毅君，敖然.2020 年中国游戏产业报告 [R]. 中国音数协游戏工委 (GPC)，2021.

[168] 张勇进，王璟璇. 主要发达国家大数据政策比较研究 [J]. 中国行政管理，2014 (12)：113－117.

[169] 张蕴萍，栾菁. 数字经济平台垄断治理策略研究 [J]. 经济问题，2021 (12)：9－15.

[170] 赵剑波. 数字化企业的成长路径 [J]. 清华管理评论，2019 (9)：94－101.

[171] 赵鹏. 搜索引擎对信息传播的影响及其法律规制 [J]. 比较法研究，2018 (4)：13.

[172] 赵涛，张智，梁上坤. 数字经济、创业活跃度与高质量发展——来自中国城市的经验证据 [J]. 管理世界，2020，36 (10)：65－76.

[173] 赵涛，郑诗田. 数字产品定价策略探析 [J]. 价格理论与实践，2009 (9)：75－76.

[174] 赵星. 数字经济发展现状与发展趋势分析 [J]. 四川行政学院学报，2016 (4)：85－88.

[175] 郑夕玉. 互联网时代我国数字经济发展策略研究——基于美国和欧盟发展经验的启示 [J]. 西南金融，2019 (12)：53－60.

[176] 支宁宁. 加快推进数字政府建设　打造高质量发展新引擎 [EB/OL]. 宣讲家网，http：//www.71.cn/2022/0507/1166651.shtml，2022－05－07.

[177] 郅宏宇. 新零售背景下社群营销的发展模式及创新路径 [J]. 商业经济研究，2022 (12)：81－83.

[178] 中国互联网络信息中心. 中国互联网络发展状况统计报告：第 35 次 [R]. CNNIC，2014.

[179] 中国信息通信研究院. 数字贸易发展白皮书 (2020 年) [R]. 中国信息通信研究院，2020.

[180] 中国信息通信研究院. 数字贸易发展与影响白皮书 (2019 年) [R]. 中国信息通信研究院，2019.

[181] 中国信息通信研究院．中国数字经济发展报告［R］. 2022：5－6.

[182] 周夏伟，杨彬如，岳太青．产业数字化、引致创新与区域经济增长［J］. 经济体制改革，2022（3）：119－126.

[183] 周延云，闫秀荣．数字劳动和卡尔·马克思——数字化时代国外马克思劳动价值论研究［M］. 北京：中国社会科学出版社，2016.

[184] 朱太辉，龚谨．产业数字化发展的内涵与路径［J］. 清华金融评论，2022（2）：93－96.

[185] 朱岩，石言．数字经济的要素分析［J］. 清华管理评论，2019（7）：24－29.

[186] 朱永彬，吴静．释放数字化发展红利 全面开创数字政府建设新局面［EB/OL］. 中工网，https：//www. workercn. cn/c/2022－07－11/7007298. shtml，2022－07－11.

[187] 祝合良，王春娟．"双循环"新发展格局战略背景下产业数字化转型：理论与对策［J］. 财贸经济，2021，42（3）：14－27.

[188] Armstrong M. Competition in Two－Sided Markets［J］. *Rand Journal of Economics*，2006，37（3）：668－691.

[189] Ayres R U，Williams E. The digital economy：Where do we stand?［J］. *Technological Forecasting and Social Change*，2004，71（4）：315－339.

[190] Bhatnagar Roheet，Tripathi Nitin Kumar，Bhatnagar Nitu，Panda Chandan Kumar. *The Digital Agricultural Revolution*：*Innovations and Challenges in Agriculture through Technology Disruptions*［M］. John Wiley & Sons，Inc.，2022－05－13.

[191] Brian Brown. Will Work for Free：The Biopolitics of Unwaged Digital Labour［J］. *Communication*，*Capitalism & Critique*，2014（2）：23.

[192] Brynjolfsson E，Yu J H，and Simester D. Goodbye Pareto Principle，Hello Long Tail：the Effect of Search Costs on the Concentration of Product Sales［J］. *Management Science*，2011，57（8）：1373－1386.

[193] Brynjolfsson，Erik and BrianKahin，eds. *Understanding the Digital Economy*：*Data*，*Tools*，*and Research*［M］. MIT Press，2002.

[194] Caraway B. Audience labor in the new media environment：A Marxian revisiting of the audience commodity［J］. *Media*，*Culture & Society*，2011（5）：693－708.

[195] Carlsson B. The Digital Economy：what is new and what is not?［J］. *Structural Change and Economic Dynamics*，2004，15（3）：245－264.

[196] Christian Fuchs. *Digital Labour and Karl Marx*［M］. New York and London：Routledge，2014.

[197] Darrell R. The Future of Shopping［J］. *Harvard Business Review*，2011（12）：4.

[198] Fisher M L. What is the Right Supply Chain for Your Product［J］. *Harvard Business Review*，1997，75（2）：105－116.

[199] Fleder, D, and Kartik, H. Blockbuster Culture's Next Rise or Fall: The Impact of Recommender Systems on Sales Diversity [J]. *Management Science*, 2009, 55 (5): 697 -712.

[200] Fudenberg, D, and Villas - Boas, J M. Price Discrimination in the Digital Economy. In *The Oxford Handbook of the Digital Economy*, edited by Martin Peitz and Joel Waldfogel, Oxford and New York: Oxford University Press, 2012: 254 -272.

[201] Gans, J S, Goldfarb , A. , and Lederman, M. Exit, Tweets, and Loyalty. *University of Toronto Rotman School of Management Working Paper*, 2016, 2889388.

[202] Goldfarb, A, and Tucker C E. Digital Economics [J]. *Journal of Economic Literature*, 2018, 57 (1): 3 -43.

[203] Gu G, and Zhu F. Trust and disintermediation: evidence from an online freelance marketplace [J]. *Management Science*, 2021, 67 (2).

[204] Heald P J. Does the Song Remain the Same? An Empirical Study of Bestselling Musical Compositions (1913 -1932) and their Use in Cinema (1968 -2007) [J]. *Case Western Reserve Law Review*, 2009, 60 (1): 1 -46.

[205] Hine, Christine. *New Infrastructures for Knowledge Production: Understanding E - Science* [M]. 2006 -02 -28.

[206] International Trade Commission of the United States. *Digital Trade in the U. S. and Global Economies*, Part One [M]. Washington: USITC , 2013.

[207] International Trade Commission of the United States. *Digital Trade in the U. S. and Global Economies*, Part Two [M]. Washington: USITC, 2014.

[208] Lee, T Y and Bradlow, E T. Automated Marketing Research Using Online Customer Reviews [J]. *Journal of Marketing Research*, 2011, 48 (5): 881 -894.

[209] McDevitt, R C. "A" business by any other name: firm name choice as a signal of firm quality [J]. *Journal of Political Economy*, 2014, 122 (4): 909 -994.

[210] Mejias Ulises. "Playbor" on the internet [J]. *Afterimage*, 2010 (4): 2.

[211] Milton L Mueller, Karim Farhat. Regulation of platform market access by the United States and China: Neo-mercantilism in digital services [J]. *Policy & Internet*, 2022, 14 (2): 348 -367

[212] Negroponte N. Being Digital [M]. New York, 1995.

[213] OECD. *Measuring Digital Trade: Towards a Conceptual Framework* [R]. Paris: OECD, 2017.

[214] *Organization for Economic Cooperation and Development*, *OECD Guide to Measuring the Information Society* 2011 [M]. Paris: OECD, 2011.

[215] Peitz, Martin and Joel Waldfogel, eds. The Oxford handbook of the digital econo-

my [M]. Oxford University Press, 2012.

[216] Richard E Peterson. A Cross Section Study of the Demand for Money: the United States, 1960 - 1962 [J]. *The Journal of Finance*, 1974, 29 (1): 73 - 88.

[217] Rosen, S. The Economics of Superstars [J]. *American Economic Review*, 1981, 71 (5): 845 - 858.

[218] Tadelis, S. Two-sided e-commerce marketplaces and the future of retailing. In *The Handbook on the Economics of Retailing and Distribution*, edited by Emek Basker, 2016: 455 - 474. Cheltenham: Edward Elgar Publishing.

[219] Taziana Terranova. Free labor: Producing Culture for the Digital Economy [J]. *Social Text*, 2000 (2): 33.

[220] Terranova T. Free labor: Producing culture for the digital economy [J]. *Social Text*, 2000, 18 (2): 33.

[221] UNCTAD. Digital Economy Report 2021: Cross-border data flows and development: For whom the data flow [R]. New York: UNCTAD, 2021.

[222] U. S. International Trade Commission, Global Digital Trade 1: Market Opportunities and Key Foreign Trade Restrictions [M]. Washington: USITC, 2017.

[223] Wang, Pengyu. Labor or Play? Understanding Productive Activities in Digital Games [D]. *Uppsala universitet: Medier och kommunikation*, 2015: 3.

[224] Wioleta Kucharska, Ewa Lechman. *Technology Brands in the Digital Economy* [M]. Taylor and Francis: 2022 - 09 - 27.

[225] World Trade Organization, Work Programme on Electronic Commerce [EB/OL]. 1998 - 09 - 25/2022 - 07 - 05.

[226] Wright, Julian, Hagiu and Andrei. Marketplace or reseller? [J]. *Management Science*, 2015, 61 (1): 184 - 203.